EL OCULTISMO Y SU REINO

EL OCULTISMO Y SU REINO

WALTER MARTIN

JILL MARTIN RISCHE

KURT VAN GORDEN

GRUPO NELSON

Una división de Thomas Nelson Publishers

Desde 1798

NASHVILLE DALLAS MÉXICO DF. RÍO DE JANEIRO

Publicado en Nashville, Tennessee, Estados Unidos de América. Grupo Nelson, Inc. es una subsidiaria que pertenece completamente a Thomas Nelson, Inc. Grupo Nelson es una marca registrada de Thomas Nelson, Inc. www.gruponelson.com

Título en inglés: *The Kingdom of the Occult*

Publicado por Thomas Nelson, Inc.

Editora General: *Graciela Lelli*
Adaptación del diseño al español: *Grupo Nivel Uno, Inc.*

ISBN: 978-1-60255-858-8

Impreso en Estados Unidos de América

Dedicatoria

A Darlene Martin, con amor. Gracias por confiar en mí en cuanto a algo tan querido: el legado de Walter Martin. No podría haberlo hecho sin ti.

Y a Carol Rische, una suegra que me dio el amor de una madre y me enseñó a estar contento. Ausente del cuerpo y presente ante el Señor. Te añoramos, mami.

«Se levantan sus hijos y la llaman bienaventurada» (Pr. 31.28).

—Jill Martin Rische

A mi esposa, Cindy, que tuvo abundante paciencia y amor a lo largo de este proyecto.

Y a toda la familia Martin, cuyo amor por la verdad de Dios no tiene fin. Cuando el doctor Martin ofició nuestra boda en 1980, nos bendijo a mi esposa y a mí con una bendición que todavía perdura. Gracias de corazón a la familia Martin por invitarme a este proyecto y por su amor, oraciones y apoyo a nuestra labor misionera entre las sectas y el ocultismo todos estos años.

«Y todo lo que hagáis, hacedlo de corazón, como para el Señor y no para los hombres» (Col. 3.23).

—Kurt Van Gorden

Acerca del director editorial

KEVIN RISCHE es fundador y director de Walter Martin Ministries, situado en Minneapolis, Minnesota. Es el productor del programa radiofónico de ámbito nacional *Essential Christianity,* que presenta al doctor Walter Martin como «el *original* hombre de las respuestas bíblicas». Kevin diseñó, desarrolló y mantiene el sitio web de Walter Martin Ministries www.waltermartin.com, que incluye su extensa audioteca y el catálogo de CD, DVD y casetes. Suya es también la responsabilidad de la conservación de los cientos de conferencias y otros recursos del doctor Martin. Kevin es graduado en la Universidad de Concordia, St. Paul, Minnesota.

Contenido

Agradecimientos

Este libro no se habría escrito sin el amor y el apoyo de mi esposo, Kevin, y de nuestros hijos, Christina y Justin. También quisiera dar las gracias a todos los que nos han enviado grabaciones de Walter Martin: su bondad significa mucho. A Kathleen Rasmussen, por tu excelente labor en la transcripción de las grabaciones de mi padre: has sido una parte vital de nuestro equipo. A Steve Laube, cuya sabiduría marca la diferencia. A mi madre, Elaine Stein, por su constante estímulo. A mi hermana y mi más querida amiga, Elaine Martin, tú iluminas nuestras vidas. A mi cuñada, Lynn Friedman, por los consejos (y por todos esos divertidos viernes). A Rick y Ronaele Wolf, por amarnos: ustedes ocupan un lugar especial en mi corazón. A Jan Loewen y a su hija, Amanda, por su amistad y amor: son ustedes un regalo. Y a Jennifer Stair, por su amabilidad.

—Jill Martin Rische

Quisiera dar las gracias a Steve Laube, que ha realizado un trabajo magistral como agente, y a la persona que ha trabajado más duro a mi lado, mi esposa, Cindy, que como codirectora de nuestras misiones ha ayudado a mantener en equilibrio nuestro trabajo y ha revisado las lecturas de prueba de cada capítulo, aportando útiles sugerencias. Mark, nuestro hijo, también realizó una importante labor con las lecturas de pruebas de los capítulos manuscritos. Los amo a todos.

Por último, quisiera dar las gracias a mi antiguo amigo y mentor, doctor Walter R. Martin, que me enseñó lo necesario para la investigación e inició nuestra labor misionera entre las sectas. Sus respuestas de apologética bíblica permanecen vigentes porque la verdad es impenetrable por el error.

—Kurt Van Gorden

Introducción

Recuerdo cómo, hace años, mi padre paseaba de un lado a otro hojeando un cuaderno de notas con referencias sobre el ocultismo. Siempre pensó escribir un volumen que acompañase a *The Kingdom of the Cults*, pero siempre había algo que le impedía comenzar el nuevo proyecto.

Reflexionando en ello, puedo ver que Dios tenía otros planes.

Cuando mi esposo Kevin y yo iniciamos los Ministerios Walter Martin en 1998, conversamos sobre las cosas que queríamos conseguir y *El ocultismo y su reino* fue lo primero de nuestra lista. Nunca pensé que sería yo quien lo escribiese; tan solo sentía que había que hacerlo. Y entonces nuestro amigo (e intrépido agente) Steve Laube nos presentó un día la imperiosa necesidad de un libro sobre ocultismo, por lo que esta vez yo supe que el plan de Dios para *El ocultismo y su reino* me incluía a mí. Kurt Van Gorden, el dotado investigador de mi padre y antiguo amigo de la familia, parecía dar el perfil idóneo como coautor, y entonces comenzó este viaje. Puedo decir con toda sinceridad que ha sido un peregrinaje extraordinario en muchas maneras. Nunca pensé que trabajar en un libro sobre el ocultismo sería una experiencia para toda la vida, pero se ha convertido exactamente en eso. Hay un versículo que hizo un gran aporte a mi vida y a la de Kurt durante el año pasado: «El gozo de Jehová es vuestra fuerza» (Neh. 8.10).

En medio de todas las cosas malignas que había que leer y evaluar, la presencia del Espíritu Santo nos protegió constantemente. Cada vez que nos sentábamos para escribir, orábamos por la protección de Dios, que siempre nos respondió. Rodeados de libros de brujería, satanismo y posesión diabólica, podíamos ver llenos nuestros corazones con el gozo de que Jesús derrotó a Satanás y a cada aspecto del ocultismo en la cruz. Había gozo en el hecho de que Él es más grande que todo lo que pueda venir contra nosotros, y había paz en cuanto a saber que nos ama y nos llamó a su obra. La Palabra de Dios y el poder del Espíritu Santo nos fortalecieron de una manera que nunca antes experimentamos. Ha sido un año maravilloso y esperamos que el abrumador sentimiento de gozo y victoria que sentimos cada día al escribir este libro brille en cada una de sus páginas.

Aunque mi padre está con el Señor, el ministerio que tuvo en la tierra como representante del evangelio de Jesucristo sigue vivo. La sabiduría de Dios es, por supuesto, eterna. Nuestra vida física en este mundo puede terminar, pero eso no significa que Dios haya dejado de usar nuestro camino y nuestro testimonio para su gloria. Mi padre siempre quiso escribir *El ocultismo y su reino*, y ahora, en pensamiento y palabra, lo ha hecho. A Dios le corresponde el hecho.

El ocultismo merece un sano respeto, pero no es algo por lo que un cristiano deba tener miedo. Es el enemigo por antonomasia en poder y propósito, pero Jesús enfrentó lo peor que él podía ofrecer... y venció. Somos los vencedores, los hijos escogidos de Dios. Y como amados hijos suyos, tenemos que estar preparados tanto para proclamar el evangelio como para *defenderlo*. Y eso es exactamente lo que mi padre, Kurt y yo hemos hecho en este libro.

El ocultismo y su reino es el resultado de una particular mezcla de ideas. El trabajo de mi padre en torno al ocultismo puso el fundamento sobre el que edificamos Kurt y yo. Editamos manuscritos de sus conferencias y secciones de sus escritos, añadiendo nuestros capítulos, comentarios y críticas donde hacía falta. En la medida de lo posible, mantuvimos literalmente sus palabras. Solo se han realizado cambios o añadidos para incluir asuntos que mi padre apenas había enseñado o para facilitar la fluidez del manuscrito. Se ha preservado con cuidado el significado de sus palabras y, en todo material nuevo, se ha expresado con claridad su posición. Muchos de los estudios monográficos de este libro reflejan las experiencias de mi padre en su trato con el ocultismo, por lo que son valiosísimas herramientas de aprendizaje para quienes luchan contra el mundo de lo oculto.

En 1978, Walter Martin tenía estas palabras sobre la defensa de la fe:

> Hoy, la iglesia no está en avance, sino en retirada. La razón de esta huida yace en que el mundo la amenaza. Por todas partes nos rodean personas que intentan desmentir las Escrituras en lugar de proclamarlas. Recibimos ataques por parte de filósofos, psicólogos y psiquiatras; por parte del sólido frente del mal y vestido de diversas maneras. La idea es derribar a la iglesia. Y solo hay un modo en que ustedes puedan resistir esa fuerza: «No con ejército, ni con fuerza, sino con mi Espíritu, ha dicho Jehová de los ejércitos» (Zac. 4.6). Se trata de cimentarse en la Palabra de Dios, de la plenitud en el Espíritu y en la vida, de tomar conciencia de que, si vamos a ser más que conquistadores en Cristo, debemos tener en orden nuestras prioridades y tenemos que *introducirnos* en las Escrituras y *salir* con las respuestas...
>
> Cuando usted hable con personas inmersas en el ocultismo, recuerde que son seres humanos de carne y hueso, no personajes sobrenaturales. Tienen necesidades y anhelos, sangrarán si les clava una aguja y llorarán si se les muere un ser querido. No han renunciado a su ciudadanía en la raza humana porque hayan sido cautivados por el diablo. Usted debe ser capaz de identificarse con

ellos. Debe darse cuenta de que podría ser uno de ellos, si no fuese por la gracia de Dios. Es de enorme importancia entender que son personas con valor y dignidad para Dios, que todas las blasfemias, rabia y cosas terribles que puedan decirle *sobre* Cristo las dicen en ignorancia, justo igual que el apóstol Pablo, que dijo de sí mismo que era el último de los apóstoles y alcanzó misericordia por haber hecho lo que hizo en ignorancia.

Usted y yo somos siervos ordenados y comisionados del Rey de reyes. Él nos dio la oportunidad de obtener este conocimiento. Nos dio el poder del Espíritu. Nos dio acceso a su Palabra. Nos desafió a ser más que vencedores. Él abrió los campos para la cosecha.

¿No oirá usted la voz del Señor de la viña? Vea los campos de las sectas y el ocultismo y tiéndales la mano en el nombre de Jesús.[1]

No tenemos lucha contra sangre y carne, sino contra principados y potestades (Ef. 6.12). Se necesita la Palabra de Dios, su amado hijo y el asombroso poder de su Espíritu para derrotarlos.

En definitiva, *El ocultismo y su reino* trata acerca del magnífico poder de Dios y de su triunfo sobre el mal, la prueba de lo que mi padre siempre solía decir: «¡Ánimo! Te traigo buenas noticias: he leído el final del libro ¡y *vencemos nosotros*!»

JILL MARTIN RISCHE
KURT VAN GORDEN
15 DE SEPTIEMBRE DE 2007

1. Martin, *Evangelizing People in the Cults and Occult*, CD/audiocasete, Melodyland Christian Center, Anaheim, CA, agosto 1978.

Pido también que les sean iluminados los ojos del corazón para que sepan a qué esperanza él los ha llamado, cuál es la riqueza de su gloriosa herencia entre los santos, y cuán incomparable es la grandeza de su poder a favor de los que creemos.

—Ef. 1.18-19 NVI

Breves apuntes acerca del ocultismo y su reino

- El término *ocultismo* procede el latín *occultus,* que se refiere a cosas escondidas o secretas.[2]

- Dios define lo *oculto* como algo que tiene su origen en Satanás, el diablo.

- Satanás es un ente espiritual orgulloso, un ser personal creado en otra dimensión por el ser todopoderoso, el Dios de la creación.

- El ocultismo suele negar la Trinidad, la deidad de Cristo, su sacrificio expiatorio en la cruz por nuestros pecados y su resurrección corporal, pero también puede promover una combinación de creencias cristianas y ocultistas.

2. *University of Notre Dame, Latin Dictionary and Grammar Aid Online,* s.v. "occult", [ocultismo] http://catholicarchives.nd.edu/cgi-bin/lookup.pl?stem=occulo&ending= (acceso obtenido 25 septiembre 2006). Existen numerosos diccionarios latín-español en Internet, como por ejemplo http://www.traductorlatin.com/eslatin/dictionary.asp.

1

El ocultismo y su reino

Resulta triste y aterrador que las personas se sientan fascinadas por los secretos de las cosas «ocultas» que Dios ha condenado (Dt. 18.9-12). Uno no puede ver una película como *Harry Potter* o leer *El exorcista,* que presenta francamente a Satanás y describe la verdad de la posesión diabólica en términos que todos pueden entender, sin sumirse en el corazón del ocultismo. En la actualidad hay una tremenda fascinación por lo misterioso y lo desconocido. El gran erudito C. S. Lewis escribió: «En lo que se refiere a los diablos, la raza humana puede caer en dos errores iguales y de signo opuesto. Uno consiste en no creer en su existencia. El otro, en creer en los diablos y sentir por ellos un interés excesivo y malsano. Los diablos se sienten igualmente halagados por ambos errores, y acogen con idéntico entusiasmo a un materialista que a un hechicero».[1]

La era moderna es prueba evidente de esa malsana fascinación. Las personas son atraídas por el mal y cautivadas por él. La creciente revuelta contra la ciencia y la tecnología que, por mucho que se esfuerce, no puede satisfacer el hambre espiritual de las personas ha provocado que sean vulnerables ante la tentación. Las personas se preguntan: «Si se suponía que la ciencia y la tecnología iban a hacer todo lo bueno, ¿por qué no lo consiguen?» En lugar de ello, hay una continua degradación de la personalidad. Ya no se trata a las personas como a seres humanos sino como a datos informáticos, números asignados desde la cuna a la sepultura.

Hoy las personas se ven forzadas a vivir en un tremendo vacío espiritual, dado que le dieron la espalda al Dios vivo e intentaron llenar el hueco resultante con placer físico. El hombre abarrota ese vacío con todos los valores éticos y morales propios del mundo material. Una y otra vez protestan las personas: «Tiene que haber algo más que esto, porque no estamos satisfechos». La satisfacción no ha llegado con la marca del dólar. Tampoco ha llegado con la píldora. Ni el crecimiento económico, ni las conquistas políticas ni la supremacía militar nos han traído la satisfacción. Perdido en un vacío espiritual, el

1. C. S. Lewis, *Cartas del diablo a su sobrino,* Ediciones Rialp, Madrid, 1998, prólogo.

corazón humano busca alguna clase de realidad fuera de Dios y de su Palabra, por lo que descubre la realidad oculta procedente de otra dimensión.

En la actualidad, el reino del ocultismo abarca todo el planeta como una inmensa tela de araña, con una membresía estimada de cientos de millones de personas.[2] El propósito de este libro es investigar esa dimensión oscura y examinar su influencia en Estados Unidos y en todo el mundo. También nos proponemos familiarizar a los lectores con «las refrescantes verdades del evangelio de Cristo» para que puedan «ver la gran herencia que poseemos en la fe cristiana y ser desafiados» a vivir y dar testimonio del Salvador con mayor eficacia.[3]

Nuestro método para tratar el tema es triple: (1) *análisis histórico* de hechos clave conectados con el surgimiento del ocultismo, (2) *evaluación teológica* de las principales enseñanzas ocultistas, y (3) *contraste apologético* desde el punto de vista de la teología bíblica, con énfasis en la exégesis y la doctrina.[4] El estudio del ocultismo es un asunto serio. Sus enseñanzas representan una fuerza espiritual en aumento en el mundo actual, una fuerza destinada a apartar a la gente de las iglesias cristianas establecidas y de las enseñanzas históricas de la Biblia.

La dimensión de la oscuridad

La Biblia es un libro dimensional, entendiendo dimensión como un reino de realidad, a veces imperceptible, pero genuina en todo caso. Los hombres viven en una dimensión sujeta a los cinco sentidos y tienden a caer en el error de creer que cualquier cosa que esté más allá de esos sentidos simplemente no existe. Desde una perspectiva bíblica, sería un grave error aceptar semejante razonamiento.

Incluso como personas vivimos en la dimensión de la tierra, porque la Biblia dice que hay otra, la celestial, donde Dios reina como Soberano. Esta segunda dimensión, el cielo, es más real de lo que los sentidos humanos pueden captar; es una dimensión hacia la que se tendió un puente cuando Dios decidió hacerse hombre en la persona de Jesucristo. Gracias a Él, la humanidad puede ahora acceder a un reino de poder infinito, amor indescriptible y justicia cósmica.

La tercera dimensión es la de la oscuridad espiritual, controlada por Satanás y sus huestes. La Biblia la describe como el infierno, o el distanciamiento de la naturaleza espi-

2. *The Association of Religion Data Archives Online*, sección "International Data", http://www.thearda.com/internationalData/countries/Country_234_2.asp (datos recogidos por World Christian Encyclopedia y World Christian Trends), http://worldchristiandatabase.org/wcd/ (acceso obtenido 26 septiembre 2006).
3. Walter Martin, ed. Ravi Zacharias, *The Kingdom of the Cults*, rev., act., exp. ed., Bethany House, Grand Rapids, 2003, p. 23.
4. Adaptado de Martin, *The Kingdom of the Cults*, p. 18.

ritual del hombre de la comunión con su Creador. Pertenece al «príncipe de la potestad del aire, el espíritu que ahora opera en los hijos de desobediencia» (Ef. 2.2). Esta dimensión se describe en Efesios 6.10-12, donde se advierte que consiste en el dominio de unas fuerzas con incalculable maldad, presidida por aquel a quien la Biblia llama «el príncipe de este mundo» y «el dios de este siglo» (Jn. 14.30; 2 Co. 4.4). Dicho dominio se describe en la Biblia de varias formas, como «las tinieblas de afuera» (Mt. 8.12; 22.13; 25.30), «fuego» (Mt. 5.22; 13.42; 18.8, 9; 25.41; Mc. 9.22-49), «castigo del fuego eterno» (Jud. 7), la conciencia de la separación de Dios y el temor de que otros sufran lo mismo (Lc. 16.19–31), «encarcelados» (1 P. 3.19), y, metafóricamente, un gran lago de azufre, del cual no hay forma de escapar (Ap. 19.20; 20.10, 14, 15; 21.8).

Tal vez resulte mejor descrita esta dimensión en términos de la condición de sus ocupantes, que se presentan como «estrellas errantes, para las cuales está reservada eternamente la oscuridad de las tinieblas» (Judas 13).[5] El apóstol Pedro indica que algunos de los ángeles caídos están encadenados en la oscuridad del infierno, aguardando el juicio: «Dios no perdonó a los ángeles que pecaron, sino que arrojándolos al infierno los entregó a prisiones de oscuridad, para ser reservados al juicio» (2 P. 2.4). Por tanto, es posible que el infierno sea una dimensión con muchos niveles, algunos restrictivos y otros no, puesto que Satanás y un desconocido número de sus demonios siguen libres para deambular por la tierra.[6]

La teología bíblica enseña que Jesucristo vino al mundo para liberarnos de esa oscuridad, porque en su origen el infierno fue preparado *no para el hombre* sino para

5. Estos tres dominios están enumerados solo por distinción, no en orden bíblico.
6. Albert Barnes analiza la posible estructura del infierno: «[arrojándolos al infierno] —en griego *tartaroosas*— "echarlos al Tártaro". El término aquí utilizado no se da en ninguna otra parte del Nuevo Testamento, aunque es habitual en los escritores clásicos. Se trata de un verbo formado a partir de Tártaro [Tartaros], que en la mitología griega era la parte inferior o abismo del Hades, Hadees, donde se suponía que las sombras de los malvados eran encarceladas y atormentadas, y se corresponde con el término hebreo Geenna, "Gehena".

Por lo general se consideraba que estaba bajo tierra, que se entraba por una tumba, que era oscuro, lúgubre y sombrío, y que era un lugar de castigo. Compárense las notas de Job 10.21-22 y Mateo 5.22. La palabra en este versículo se refiere a un lugar de castigo, puesto que todo el argumento se refiere a ello y no se puede pretender que los "ángeles que pecaron" sean llevados a un lugar de felicidad a causa de su transgresión. Debe también referirse a un lugar de castigo en un mundo que no es el nuestro, porque no hay evidencia de que ESTE mundo se halla creado como lugar de castigo para los ángeles caídos. [Los entregó a prisiones de oscuridad]: "Donde la oscuridad permanece como cadenas sobre ellos" —Robinson, *Lexicon*. Parece que el significado es que están confinados en esta oscura prisión COMO SI tuvieran cadenas.

No hemos de suponer que los espíritus estén literalmente atados; pero era habitual atar o encadenar a los prisioneros en las mazmorras, y la imagen se toma aquí de ese hecho. Esta representación de la multitud de los ángeles caídos confinados en el "Tártaro" o infierno no es coherente con las representaciones que se ven en muchas partes en las que su jefe puede merodear por la tierra, y en las que muchos de esos espíritus tienen permitido tentar a los hombres. Aun así puede ser cierto que la multitud de ellos esté confinada en los límites de su oscura morada, a la vez que puede ser cierto también que Satanás y los que tienen permitido deambular por la tierra estén bajo cautiverio y solo se les permita moverse dentro de unos límites, y que estén por tanto seguros de que al final serán llevados al juicio». *Barnes' Notes*, Biblesoft.

Satanás y sus seguidores. Ellos van allá por decreto divino, mientras que el hombre es el único ser creado que elige con libertad. Esto se desprende claramente de las palabras de Jesús: «Entonces dirá también a los de la izquierda: Apartaos de mí, malditos, al fuego eterno preparado para el diablo y sus ángeles» (Mt. 25.41). Sea lo que sea la dimensión del infierno, una cosa es segura: si hizo falta que muriese el ser más perfecto que jamás vivió para librarnos de ella, entonces hay que evitarla a toda costa.

El cristiano sostiene un combate mortal contra ese dominio de oscuridad, no contra carne y sangre. Esa dimensión es la puerta sin abrir que tiene el pomo por *nuestro lado* en la dimensión de la tierra. El hombre abre esa puerta con las herramientas del ocultismo, y por ella entra el poder de un mal increíble. No hay fuerza en la tierra que supere a Satanás, salvo Jesús, que es la cabeza de todos los principados y potestades, y la iglesia, que es su cuerpo (Col. 1.15-20; Ef. 6.12).[7]

SATANÁS: AYER Y HOY

A lo largo de la historia, la percepción pública de Satanás ha pasado de la fascinación a la repugnancia, y desde los primeros momentos en que los expertos pueden adentrarse en el estudio de la religión encuentran algún tipo de concepto o imagen de él (aunque su nombre varía con frecuencia). Los caldeos y los babilonios, por ejemplo, produjeron numerosas caricaturas y representaciones de Satanás. Resh Lakish comenta en el Talmud de Babilonia que «Satanás, el acusador y el Ángel de la Muerte son todos el mismo».[8] Sin embargo, el retrato más claro de Satanás, alias el diablo, el adversario, Abadón, Belial o Beelzebú («Baal-zebub», de 2 R. 1.2), aparece en el Nuevo Testamento. Para poder entender el poder del ocultismo es importante comprender la clara descripción bíblica de la naturaleza de Satanás.

Según Ezequiel 28, Satanás, llamado «rey de Tiro», fue en otro tiempo un ser creado con gran hermosura; un maravilloso mensajero de luz. El nombre original de Satanás, Lucero, significa *portador de luz*, y ocupaba una oposición de tremendo privilegio y responsabilidad en el reino de los cielos. En la actualidad, muchos maestros populares enseñan que Satanás era «la más hermosa» de las creaciones de Dios, pero esa afirmación no puede verificarse, puesto que la única descripción que se nos da es *hermosura*. La Biblia

7. Aparte del ocultismo, hay otras maneras de abrir la puerta a los dominios de Satanás. La rebeldía, que es como la hechicería, la tozudez, que es como la idolatría (1 S. 15.23), y el pecado descarado. El doctor Martin solía decir: «Si el diablo nunca hubiese existido, hay suficiente mal en el interior del hombre como para enviarlo al infierno sin la ayuda de Satanás».

8. *Babylonian Talmud: Tractate Baba Bathra Online*, s.v. "Folio 16a v. 4", http://www.come-and-hear.com/bababathra/bababathra_16.html (acceso obtenido 20 agosto 2007). En español, Mario Calés y Abraham J. Weiss, ed., *Talmud de Babilonia Hebreo-Castellano*, Acervo Cultural, Buenos Aires, 1998.

revela que Lucero fue arrojado de su alta posición en el cielo. Fue, casi literalmente, expulsado por el arcángel Miguel, que le combatió hasta que prevaleció el poder de Dios (Ap. 12.7-9).[9]

En el relato del profeta Isaías, Lucero se rebeló contra el trono de Dios porque quería ser como el Altísimo, de modo que su orgullo le hizo caer de su lugar de gloria (14.12-21). Jesús dijo: «Yo veía a Satanás caer del cielo como un rayo» (Lc. 10.18), lo cual elimina para los cristianos cualquier duda sobre la existencia y la caída de Satanás. Aunque perdió el brillo y el esplendor que se reflejaba desde el trono del Señor, y del que quedaba impregnado por su alta posición, Lucero (en este punto con el nuevo nombre de Satanás) dirigió toda la fuerza de su propio ser y de sus compañeros en la rebelión angélica hacia una gran guerra cósmica con la pretensión de perturbar el plan divino y obtener ventajas en los términos de un armisticio con el Creador, o incluso la victoria final.

Evidentemente, la estrategia de Satanás dependía de la falaz premisa de que, puesto que no había sido aniquilado por la ira divina, Dios era incapaz de dicha acción y por tanto no era infinito ni omnipotente.[10] No hay mayor engaño que el que se hace uno mismo, y Satanás llegó a engañarse a sí mismo. La decisión de seguir sus propios deseos soberbios, en lugar de la voluntad del Creador, le movieron a ejercer el gran poder y autoridad a su disposición en una guerra espiritual contra el trono del Eterno.

En el tercer capítulo de Génesis, Satanás tienta a Eva para que pecara con el mismo método del orgullo con que en otra era él mismo propició su caída. Aunque su obra ya era conocida en el universo en general (que ya sufría la perturbación del pecado y sus consecuencias), Satanás todavía no había conseguido penetrar en el jardín del Edén y someter esa parte de la creación de Dios a su esfera de influencia y poder. Pero, con la caída de Adán y Eva, Satanás consiguió ese propósito también, aunque no sin incurrir en la divina profecía de que un día la simiente física de las personas a quienes había llevado a la rebelión espiritual y a la destrucción física la aplastaría y la arrojaría a su destrucción final (Gn. 3.15). Como postrer Adán, Jesucristo llevó a cabo ese triunfo por medio de su muerte y su resurrección.

9. Satanás era la fuerza real que había tras el rey de Tiro, que se convirtió en un rey títere. Además, la popularidad de la inexacta enseñanza de que Satanás era «la más hermosa» de las criaturas de Dios se hace patente al comprobar la gran cantidad de resultados que ofrecen los motores de búsqueda, pero no tiene fundamento bíblico.

10. Algunos pueden argumentar que no sabemos cuáles fueron los razonamientos de Satanás, aparte de la descripción que hace Isaías de sus pensamientos de soberbia, pero esto no significa necesariamente que él pensase que Dios *no* fuese todopoderoso. Más bien, puede que pensara que él era como Dios. Satanás, al destruir a la humanidad, puede que no piense que *todavía* puede ascender al trono de Dios o derrotarle. Puede que simplemente esté luchando para destruir el máximo número posible de criaturas de Dios antes de caer al fin.

EL TRIUNFO DE SATANÁS

Satanás triunfó en el Edén. El hombre fue expulsado del jardín y quedó separado de la comunión con su Creador, un hecho que sin duda alimentó la teoría que Satanás tenía de que el Creador no era omnipotente, ya que podría haber evitado la caída del hombre e incluso la de los ángeles. Al ignorar la verdad bíblica de que el amor verdadero está basado en la libertad de elección (Jn. 3.16) y que Dios había mostrado esta clase de amor al crear a los ángeles y los hombres con esa capacidad, Satanás se metió de lleno en su plan de perjudicar a la raza humana entera e interferir en la voluntad de su Creador.

A lo largo de la Escritura, lo encontramos una y otra vez intentando frustrar la voluntad divina. Fue el poder de Satanás el que facultó a los sacerdotes de los dioses demoníacos de Egipto que se opusieron a Moisés cuando intentaba liberar a Israel, fue también Satanás el que imitó los milagros de Dios para confundir a Faraón, algo que también hará durante la impresionante venida del Anticristo (Éx. 7.11-12; 2 Ts. 2.9-12).

En el libro de Job, Satanás acusó, atacó y tentó al justo patriarca. Satanás le dijo a Dios que Job le maldeciría en su cara, y abogó por que el poder divino dejase de proteger a Job y a su familia. Satanás esperaba fortalecer su argumento de que Dios perdería en cuanto el hombre se enfrentara a una libre elección. Pero Job comprobó que Satanás se equivocaba, ya que mantuvo su integridad espiritual. La experiencia de Job revela mucho sobre los métodos y la naturaleza del diablo. Por ejemplo, Satanás inspiró a Herodes para que asesinase a los niños, en un intento por destruir al niño Jesús (Mt. 2.16), e influyó en Judas para traicionar al Hijo de Dios (Jn. 13.27). Pero durante su ministerio en la tierra el Señor Jesucristo invadió el reino de Satanás y consiguió atarlo: se encontró con él en el monte de la tentación y ejerció la autoridad divina al derrotarle en la cruz (Lc. 4.1-13).

Cristo les dio a sus apóstoles poder sobre los demonios y la capacidad para resistir al diablo, aunque no dudó en describirlo como «el príncipe de este mundo» (Jn. 14.30). El apóstol Pablo llamó a Satanás «el dios de este siglo» (2 Co. 4.4), y urgió a la iglesia a vestirse «de toda la armadura de Dios» (Ef. 6.11-18). Otros apóstoles escribieron que hemos de resistir al diablo (Stg. 4.7; 1 P. 5.9).

EL AUTÉNTICO SATANÁS

Debemos hacer todo lo posible por no pensar en Satanás conforme a sus caricaturas históricas. No va vestido de rojo, no lleva barba ni cuernos, ni esa lasciva sonrisa con que se le suele presentar en Halloween. La pezuña hendida es un símbolo de Satanás, como lo es la cabeza de cabra o la cruz invertida, pero no se trata más que de figuras imaginarias que se le atribuyen. Satanás no huele a azufre, no tiene una cola puntiaguda ni está conectado en modo alguno con las llamas del infierno. Si nos basamos en lo que podemos aprender de la Biblia, todavía no ha estado cerca de esas llamas, ni lo desea.

Satanás no es un *él* en nuestro sentido de macho o hembra; él es, según la Biblia, una personalidad sin género. Satanás es un espíritu soberbio, una personalidad creada en otra dimensión por un Ser todopoderoso, el Dios de la creación. Fue creado para servir al Señor, pero recibió libre albedrío. Eligió ejercer su voluntad contra la soberanía de Dios y cayó de su inicial posición de gloria cuando pronunció esas terribles palabras: «Seré semejante al Altísimo» (Is. 14.14). «Yo seré... yo... yo» es la constante afirmación egoísta de Satanás.

En *El paraíso perdido,* el poeta John Milton describió a Satanás como algo semejante a un héroe. Muchos medios de comunicación, al debatir sobre el exorcismo, han enfatizado el poder de Satanás hasta tal punto que Jesucristo palidezca en la comparación. Pero nada más lejos de la realidad. Aunque el poder de Satanás es enorme, y aunque lo ejerció en el Edén para dar entrada al pecado y la muerte, Jesucristo, el postrer Adán, se enfrentó a él y lo derrotó (Ro. 5.14-15).

En Juan 14.30, Jesús dijo que había vencido a Satanás, pero que aún se mantendría con poder y gran autoridad durante un tiempo. El brillante predicador del siglo diecinueve, Donald Grey Barnhouse observó en cierta ocasión: «El príncipe de este mundo ha venido y ha encontrado *abundancia* en nosotros».[11] En todo el mundo es de sobras conocida la actividad de Satanás. Si recordamos los campos de concentración nazis de Dachau, Auschwitz, Belsen, Buchenwald o el *Archipiélago Gulag* de Aleksandr Solzhenitsyn, nos damos cuenta de que la actividad de Satanás no es un «mal general» sino violencia, engaño y odio *personales.*

Cuando los hombres tratan con Satanás, no están tratando con una ilusión ni con una proyección de la maldad humana; están tratando con una entidad real que fue total y absolutamente derrotada por Jesucristo. El final de la derrota de Satanás llegará cuando sea arrojado al lago de fuego y azufre, un lugar que la Biblia describe como *eternidad sin Dios.*[12] En ese lugar, Satanás y todos los que le siguieron, reconociéndole como su dios y negándose a reconocer al Dios verdadero y a su Hijo Jesucristo, encontrarán la terrible realidad del juicio eterno.

---

11. Walter Martin, *Doctrine of the Demons* [Doctrina de los demonios], CD/Audio, www.waltermartin. com.
12. Véase la ilustración de Jesús sobre esto en Marcos 9.44, 46, 48.

Caso real

Walter Martin

Cuando hablamos de ocultismo, no puedo evitar pensar en lo letal que puede llegar a ser. Hace algún tiempo estaba dictando una serie de conferencias en Nueva York y se me acercaron un ministro religioso y su esposa con una historia increíble.

—Walter, quiero contarle algo porque sé que usted me creerá —comenzó diciendo—. Si se lo contase a otro, no me haría el menor caso.

—Bueno, después de todas las cosas que he visto en veinte años, sí, pienso que puedo creerle —respondí un poco sorprendido—. ¿Qué le ocurrió?

Este fue su relato:

> Procedemos de una familia de espiritistas. Cada miembro de la familia practicaba como médium y realizaba sesiones espiritistas. Nací de nuevo y escapé de ello, pero mi hermana siguió. Ella practicaba con la tabla güija y pasaba por todo el proceso. Yo estaba tan preocupado por ella que una noche me presenté en su casa. De camino al lugar, le dije a mi esposa: «Esta noche haremos que enfrente el asunto».
>
> Llegamos y entramos. Ella estaba sentada frente a una tabla güija en la mesa. Le advertí: «He venido para mostrarte que eso es algo diabólico». Ella simplemente se rió de mí. Me senté a la mesa frente a ella y comenzamos un diálogo con la tabla güija. (Parker Brothers fabrica tablas *güija* por millares.) Sentado allá, en esa sala, me invadió un sentimiento espeluznante. Empecé a formular preguntas a la tabla y ella me respondía.
>
> La primera pregunta que le hice a esa «fuerza» fue: «¿Quién eres?»
>
> La fuerza deletreó «E-S-P-Í-R-I-T-U».
>
> «¿Cómo te llamas?» Se negó a responder.
>
> «¿Estabas tú allí cuando se produjo la resurrección de Jesucristo?»
>
> La tabla devolvió un «sí».
>
> «¿Qué experimentaste?»
>
> «M-I-E-D-O».
>
> En ese momento empecé a preocuparme. «¿Qué sientes hacia mí?»
>
> «O-D-I-O».
>
> «¿Qué piensas de la Biblia?» La respuesta fue una grosería.
>
> En ese punto, decidí romper el contacto con la tabla güija. Entonces me levanté de la mesa, agarré mi Biblia y dije: «Ya no quiero tener nada que ver con esto. Es diabólico». Y arrojé mi Biblia al centro de la tabla.

En ese momento, la tabla levitó sobre la mesa y lanzó la Biblia al aire con tal fuerza que atravesó la sala y golpeó contra la pared. Mi hermana y mi esposa gritaron.

Mientras yo observaba la escena, algo me golpeó en el estómago y me derribó en el suelo. Yo estaba doblado del dolor, sin aliento, con la cabeza entre las rodillas, y lo único que podía decir entre jadeos era: «Jesús, Jesús, Jesús. ¡Ayúdame!»

Mi hermana dijo: «Te has pasado. Ya no me engañas».

Pero yo me encontraba en el suelo en una posición tan fuera de dudas que mi esposa y mi hermana acudieron a socorrerme. Cuando levantamos mi camiseta, ¡había una marca roja del tamaño de un puño en mi plexo solar! En esas condiciones, mi hermana reconoció que yo había recibido un golpe de *nada que fuese visible en aquella sala*. Lo siguiente que recuerdo es a todos nosotros sosteniendo una reunión de oración. Mi hermana salió del ocultismo y vino a Cristo, la tabla güija acabó destrozada y quemada.

—Jamás lo habría creído, Walt, si no hubiese pasado por ello —concluyó diciendo—. ¿Qué crees que me golpeó?

—Bueno, lea el libro de los Hechos —le dije—. Los siete hijos de Esceva posiblemente se hicieron la misma pregunta. ¿Recuerda cómo intentaban expulsar a los demonios? ¿Qué ocurrió? El demonio dijo: «A Jesús conozco, y sé quién es Pablo; pero vosotros, ¿quiénes sois? Y el hombre en quien estaba el espíritu malo, saltando sobre ellos y dominándolos, pudo más que ellos, de tal manera que huyeron de aquella casa desnudos y heridos» (Hch. 19.15-16).

—He aprendido la lección —respondió—. Le dejo la tabla güija y todas esas cosas al Espíritu Santo. Ya no volveré a meterme con ellas.

No son cosas inocuas. Son cosas peligrosas a las que los creyentes en Cristo debemos oponernos. Las personas que juegan con la güija y piensan que es divertido, las que intentan la levitación de mesas, las que leen las cartas del tarot, las que interpretan las hojas de té, las que leen las manos, las que se interesan en saber su signo del zodíaco y en lo que el periódico ha dicho hoy sobre lo que depara el mañana: todas ellas están coqueteando con el reino de lo oculto. Eso es *peligroso*, porque se extiende a otra dimensión y pone en riesgo el alma. No tiene usted que ir a África para encontrar demonios. África, Sudamérica, los continentes oscuros del mundo: Estados Unidos los supera en oscuridad.[13]

13. Martin, *Doctrine of the Demons*, CD/Audio, www.waltermartin.com

Respuesta de la Escritura

En Hechos 13, los apóstoles Pablo y Bernabé habían sido enviados por el Espíritu Santo. Mientras pasaban por la ciudad de Pafos, se enfrentaron a un hechicero (ocultista), un falso profeta que se hacía llamar Barjesús, o «hijo de Jesús»:

> Y habiendo atravesado toda la isla hasta Pafos, hallaron a cierto mago, falso profeta, judío, llamado Barjesús, que estaba con el procónsul Sergio Paulo, varón prudente. Este, llamando a Bernabé y a Saulo, deseaba oír la palabra de Dios. Pero les resistía Elimas, el mago (pues así se traduce su nombre), procurando apartar de la fe al procónsul. Entonces Saulo, que también es Pablo, lleno del Espíritu Santo, fijando en él los ojos, dijo: «¡Oh, lleno de todo engaño y de toda maldad, hijo del diablo, enemigo de toda justicia! ¿No cesarás de trastornar los caminos rectos del Señor? Ahora, pues, he aquí la mano del Señor está contra ti, y serás ciego, y no verás el sol por algún tiempo». E inmediatamente cayeron sobre él oscuridad y tinieblas; y andando alrededor, buscaba quien le condujese de la mano. Entonces el procónsul, viendo lo que había sucedido, creyó, maravillado de la doctrina del Señor (vv. 6-12).

A partir de este encuentro surgen una serie de aspectos interesantes que ponen de relieve la imperturbable actitud de Dios ante toda forma de práctica ocultista y ante los que se involucran en ellas. La palabra *mago* viene del griego *mavgos*, que significa *vidente* o *hechicero.*[14] El objetivo principal de Barjesús era apartar a Sergio Paulo, gobernador de la isla, de la fe cristiana. Cuando Pablo se dirigió a Barjesús, debe destacarse que el apóstol estaba «lleno del Espíritu Santo», por lo que fue en realidad el Espíritu Santo quien pronunció las palabras condenatorias contra aquel ocultista y contra las prácticas de ese tipo en general. Las palabras del Espíritu son determinantes, imperativas y de juicio. Acusó al ocultista de fraude y de estar lleno de engaño, lo llamó hijo de Satanás y enemigo de toda justicia. Lo acusó de trastornar los caminos del Señor, que son *rectos* en contraste con los suyos. A continuación, a esta afirmación le siguió un juicio inmediato (ceguera). Como resultado de este juicio realizado por el Espíritu Santo, Sergio Paulo alcanzó la salvación porque vio el poder del Señor y quedó convencido de la verdad de la enseñanza de Pablo y Bernabé.

---

14. *The KJV New Testament Greek Lexicon Online*, s.v. «mavgos», http://bible.crosswalk.com/Lexicons/Greek/grk.cgi?number=3097&version=kjv (acceso obtenido 20 agosto 2007).

La verdad de Dios

Un análisis más detallado de este encuentro de Hechos 13 revela precisamente lo que, conscientemente o no, son en realidad los practicantes del ocultismo:

1. Forman equipo con Satanás y poseen ciertos poderes sobrenaturales.
2. Son falsos profetas.
3. Procuran influir en las personas a nivel político y eclesiástico, particularmente en los que ostentan cargos de poder (vv. 6-7).
4. Se oponen a quienes predican la Palabra de Dios, para evitar que quienes procuran escucharla puedan aprender de ella (v. 8).
5. Como meta principal tratan deliberadamente de apartar de la fe a los posibles convertidos (v. 8).

En contraposición a esto, el juicio del Espíritu Santo es explícito:

1. Califica tales intentos y prácticas como «lleno de todo engaño y de toda maldad» (v. 10).
2. Señala el origen del ocultismo y sus prácticas en el diablo, al llamar a Barjesús «hijo del diablo» (v. 10).
3. Desenmascara las tácticas ocultistas y las declara enemigas de todo lo que es justo. Las denomina como trastorno para los caminos del Señor, los cuales son «rectos» o justos (v. 10).

Por si no fuera suficiente, el Espíritu dejó al ocultista (o médium) ciego y se valió de este juicio para convencer a Sergio Paulo, un buscador de la verdad, de que el evangelio de Jesucristo es la verdad y el camino del ocultismo lleva a la destrucción. La actitud de Dios hacia el ocultismo y sus prácticas se mantiene inalterable. Sigue siendo la misma tanto para los que enseñan tales prácticas como para los que las siguen para sus propios fines.

Las mentiras de Satanás

El ocultismo seduce al desprevenido con su oferta de conocimiento del futuro y supuesto control sobre las vidas de otros.[15] Promete poder. Si alguien involucrado en el ocultismo puede demostrarle a un individuo que sabe cosas de él que nadie más conoce y predice

---

15. Deuteronomio 13.1-2 nos dice que en ocasiones los ocultistas anunciarían señales o prodigios que se cumplirían. El Señor consiente esta prueba para nuestros corazones, para ver si vamos a seguir a dioses falsos (Dt. 13.5). Satanás proporciona verdadero conocimiento a los ocultistas.

algo que se cumple, entonces el ocultista tiene poder asegurado, por medio del temor, sobre la otra persona.

El ocultismo sostiene la promesa del amor, pero no el divino e incondicional amor de Dios (*ágape*) descrito en la Escritura. Más bien se trata del amor psicosexual (*eros*), lo cual explica por qué muchos de los que están en el mundo ocultista son inmorales y no reconocen más que el patrón de autoridad que establece su propio razonamiento.[16] El ocultismo ofrece un pequeño nivel de certeza en un mundo de incertidumbre. Fuera de los dominios de la religión establecida, promete cosas que la iglesia prohíbe. Proporciona un sentido de pertenencia, algo que necesitan con desesperación los que rechazan el amor de Dios en Jesucristo y aceptan sucedáneos en lugar de la regeneración a imagen de Dios por medio de la fe en el Señor Jesucristo. En su corazón, el ocultismo es egocéntrico: el ocultista busca primero sus propios fines y después los de los otros. No proporciona una salida de las realidades de la vida y del problema del pecado, es meramente una desviación satánica que a menudo se enmascara tras terminología cristiana. Por eso encontramos con frecuencia iglesias espiritistas que niegan la Trinidad, la deidad de Cristo, su expiación en la cruz por nuestros pecados y su resurrección corporal, aunque siguen utilizando terminología cristiana, citan la Biblia y cantan himnos (cambiados para encajar en su sistema teológico). Tienen la *forma* de la unidad cristiana, como el mago de Hechos, pero están desprovistos del evangelio histórico, que salva (2 Ti. 3.5). No debe sorprendernos que Satanás, que formó «otro Jesús… otro espíritu… otro evangelio» (2 Co. 11.4), pueda introducir prácticas disfrazadas de cristianismo que parecen seguir un modelo bíblico pero que culminan en muerte espiritual eterna.

16. Para más información sobre la diferencia entre amor *eros* y *ágape*, véase Anders Nygren, *Eros y ágape: La noción cristiana del amor y sus transformaciones* (Sagitario, Barcelona, 1969, trad. José A. Bravo).

Conclusión

Basta con leer Deuteronomio 18.9-14 para entender que Dios consideraba las prácticas cananeas del ocultismo como «abominaciones» dignas de la pena capital:

> Cuando entres a la tierra que Jehová tu Dios te da, no aprenderás a hacer según las abominaciones de aquellas naciones. No sea hallado en ti quien haga pasar a su hijo o a su hija por el fuego, ni quien practique adivinación, ni agorero, ni sortílego, ni hechicero, ni encantador, ni adivino, ni mago, ni quien consulte a los muertos. Porque es abominación para con Jehová cualquiera que hace estas cosas, y por estas abominaciones Jehová tu Dios echa estas naciones de delante de ti. Perfecto serás delante de Jehová tu Dios. Porque estas naciones que vas a heredar, a agoreros y a adivinos oyen; mas a ti no te ha permitido esto Jehová tu Dios.

Dios entrega en estos versículos un índice de prácticas ocultistas. Otros pasajes, como Isaías 47.12-15 y el libro de Daniel, donde Dios condena la astrología y esas prácticas en los más rotundos términos, demuestran que Dios no cambió de parecer; sigue diametralmente opuesto a todo ocultismo.

La afirmación divina «Porque yo Jehová no cambio» (Mal. 3.6) se extiende también hacia la revelación del Nuevo Testamento. En Hechos 19.19, los que habían oído la voz del Señor y habían creído trajeron toda la utilería ocultista que poseían a los pies de los apóstoles y los quemaron, porque tales prácticas eran malditas. La práctica de la brujería se menciona concretamente y se condena con dureza en el Antiguo y el Nuevo Testamento (Éx. 22.18; Lv. 19.31; Dt. 18.9-14; 1 S. 28.7-19; Gl. 5.20). Dios identificó lo que el hombre no había conseguido reconocer: el conocimiento del futuro es algo que está en la mano de *Dios*, y todo intento por obtener de la mano de los demonios lo que la voluntad divina nos ha negado es un experimento lleno de riesgos y peligros que el alma humana ni imagina.

Los creyentes en Cristo debemos evitar el mundo del ocultismo porque somos templo del Espíritu Santo (1 Co. 6.19). Hemos de evitar la *participación* en las actividades de esa dimensión oscura a la vez que nos mantenemos firmes contra ella para contender «ardientemente por la fe que ha sido una vez dada a los santos» (Jud. 3). A los cristianos se nos insta a vestir toda la armadura de Dios para pelear la batalla en la dimensión espiritual, confiados en que, si resistimos al diablo, huirá. Recuerde, «porque mayor es el que está en vosotros, que el que está en el mundo» (1 Juan 4.4), una referencia a la fortaleza del poder de Dios contra Satanás y sus huestes, ya sean espirituales o corporales (Ef. 6.11; Stg. 4.7).

La iglesia de Jesucristo debe permanecer firme y luchar contra el mal del ocultismo porque se le ha encomendado dicha tarea y porque posee el poder para llevarla a cabo. Cristo ha resucitado de los muertos y es el vencedor sobre todas las fuerzas que se alzan contra Él; era imposible que la muerte retuviese al único que recibe en la Escritura el nombre de «Autor de la vida» (Hch. 3.15). El «gran sumo sacerdote» de la iglesia cristiana rechazó a Satanás en la tierra y lo derrotó en la cruz para redimir a los hijos de los hombres (Heb. 4.14; Lc. 4). El Rey de la eternidad despreció las prácticas ocultistas, porque se originan en Satanás y quienes las practican son verdaderos necios que se lanzan de cabeza adonde los ángeles no se atreven ni a poner el pie (Jud. 9).

La revuelta actual contra la razón y la lógica ha conducido a la cultura de las drogas y a un ansia por alguna sensación de seguridad. Ha ocasionado que nos quedemos absortos con el alcohol, las drogas, el sexo y ahora la muerte, que está reemplazando con rapidez al sexo en la cultura occidental. Dicha revuelta contra la razón y la lógica ha producido una fe y un modo de vida irracionales: un buen caldo de cultivo para el ocultismo.

En directa oposición a esas falsas doctrinas satánicas está la buena y sana doctrina de la Escritura que Cristo enseñó y ordenó a los apóstoles. Solo esas doctrinas son puras y verdaderas puesto que tienen su origen en Dios mismo, quien nos manda por su Espíritu Santo que prosigamos en las cosas que hemos aprendido de su Palabra y que la estudiemos para mostrarnos aprobados, obreros fieles que usan bien la Palabra de verdad (2 Ti. 2.15).

Recursos recomendados

1. Barnhouse, Donald Grey. *La guerra invisible: Panorama del continuo conflicto entre el bien y el mal.* Editorial Vida, Miami, 2002.
2. Lewis, C. S. *Cartas del diablo a su sobrino.* Ediciones Rialp, Madrid, 1998.
3. Martin, Walter. *Spiritual Warfare* [Guerra espiritual], CD/cinta de audio, Walter Martin Ministries, www.waltermartin.com.
4. Mather, George y Larry Nichols. *Diccionario de creencias, religiones, sectas y ocultismo.* Clie, Terrassa, 2001.

Breves apuntes acerca de la revolución ocultista

- Los ocultistas definen el ocultismo como verdad; una verdad más profunda que la que proporciona la ciencia de los hechos visibles.
- El ocultismo se fundamenta sobre una palabra: experiencia.
- La experiencia no está sujeta a la autoridad divina.
- La muerte no es resultado violento del pecado, no tiene aguijón y no es amiga ni enemiga.

2

La revolución ocultista

El mundo ocultista nació en el momento en que Lucero cayó del cielo y se convirtió en Satanás. El «conocimiento secreto» u oculto nacido de esa rebelión echó raíces y creció con vigor, alimentado en la tradición oral y escrita que transmitió rituales secretos, hechizos y encantamientos de una generación a otra.[1] El hombre de la antigüedad construía sus ciudades en la paz y las destruía en la guerra, dejando a su paso clara evidencia de adoración a imágenes labradas, altares de piedra, templos y sepulcros.[2] Aunque la naturaleza y origen de la adoración ha sido siempre tema de debate, hay claras pruebas de que, desde tiempos inmemoriales, los hombres reconocían la existencia de un poder sobrenatural y lo *adoraban*.

Hay convincentes mensajes en los deteriorados pergaminos y en las desgastadas tablillas de los antiguos; sus palabras y hechos resuenan desde el pasado, portando el poder de enseñar mediante el ejemplo. Los detalles de su vida cotidiana, recompuestos a partir de los restos de sus ciudades, son una fuente principal de conocimiento. La historia de la adoración antigua está escrita en las ruinas de muchos países, como Italia, Egipto e Israel.

El ocultismo en la antigüedad

Los primeros hombres, en el libro de Génesis, eran monoteístas, tal como ha sido la verdadera fe en Dios a lo largo de los siglos.[3] Génesis 1.27 muestra con claridad la naturaleza íntima de la relación entre un Dios, el Creador, y el hombre, su creación: «Y

1. John G. Gager, *Curse Tablets and Binding Spells from the Ancient World*, Oxford, Nueva York, 1992, p. 7.
2. Mitchell Dahood, "Are the Ebla Tablets Relevant to Biblical Research?" *Biblical Archaeological Society Archives*, http://members.bib-arch.org/nph-proxy.pl/000000A/http/www.basarchive.org/bswbSearch.asp=efPubID=3dBSBA&Volume=3d6&Issue=3d5&ArticleD=3d6&UserID=3d0& (acceso obtenido 22 julio 2006).
3. Para un estudio reciente sobre monoteísmo primitivo, véase Norman L. Geisler, "Primitive Monotheism", *Christian Apologetics Journal* 1, no. 1, (1998): 1-5. En él, Geisler argumenta a favor del monoteísmo primitivo a partir de la historia bíblica, los descubrimientos arqueológicos (tablillas de Ebla), los estudios antropológicos y la filosofía, para concluir que «hay evidencia muy temprana para creer que el monoteísmo fue la primera religión». Este artículo también se puede consultar en Internet en http://www.ses.edu/Portals/0/journal/articles/1.1Geisler.pdf.

creó Dios al hombre a su imagen, a imagen de Dios lo creó; varón y hembra los creó». Y después de que el diluvio eliminase a toda la raza humana con la excepción de Noé y su familia, «habló Dios a Noé y a sus hijos con él, diciendo: He aquí que yo establezco mi pacto con vosotros, y con vuestros descendientes después de vosotros» (Gn. 9.8-9). El relato bíblico describe una relación personal entre Dios y el hombre de los primeros tiempos; una estrecha relación emocional y un vínculo espiritual de comunicación y adoración.

William F. Albright, uno de los más importantes arqueólogos del mundo, confirma la credibilidad del relato bíblico como evidencia histórica legítima en *Arqueología de Palestina*. «Un descubrimiento tras otro han establecido la exactitud de innumerables detalles y han conducido a un reconocimiento cada vez mayor de la Biblia como fuente histórica».[4] Pese a que el debate teológico sobre el monoteísmo frente al politeísmo en la antigüedad está lejos de considerarse resuelto en algunos círculos académicos, no debe obviarse el hecho de que el hombre antiguo dejó evidencias significativas de creencias monoteístas. Brian Brown, en su minuciosa obra *The Wisdom of the Egyptians*, observa: «En cada caso en que nos podemos remontar a los estadios más primitivos del politeísmo, encontramos que resulta de combinaciones de monoteísmo».[5] Como resultado directo de la evaluación científica de las pruebas de la antigüedad, ahora tiene más aceptación entre los expertos la desviación desde el monoteísmo hasta el politeísmo.

El relato bíblico deja claro que Adán y Eva adoraban a un solo Dios y que el ocultismo jugó su papel en la caída en el politeísmo que se produjo al principio de la historia de Israel.[6] En el libro de Éxodo (circa 1400 A.C.), Moisés escribió: «A la hechicera no dejarás que viva» (22.18).[7] Y de nuevo en Levítico 19.31: «No os volváis a los encantadores ni a los adivinos; no los consultéis, contaminándoos con ellos. Yo Jehová vuestro Dios».[8]

En Romanos 1.18-32, el apóstol Pablo detalla la desviación de la adoración por parte del hombre, desde la inspirada por Dios hasta la inspirada por los demonios: adoración politeísta de bestias, cosas repugnantes e insectos. Cuenta que la caída de la

4. W. F. Albright, *The Archaeology of Palestine*, Penguin, Baltimore, 1960, pp. 127-128. En español, *Arqueología de Palestina*, Ed. Garriga, Barcelona, 1962.
5. Brian Brown, *The Wisdom of the Egyptians*, Brentano's, Nueva York, 1923, cap. 2, p. 43, http://www.sacred-texts.com/egy/woe/index.htm (acceso obtenido 21 agosto 2007).
6. Véase Merrill F. Unger, *Biblical Demonolgy: A Study of Spiritual Forces at Work Today*, Kregel, Grand Rapids, 1994, pp. 9-20.
7. La tradición sitúa el Éxodo en 1446 A.C., pero algunos expertos defienden una fecha más temprana.
8. Véase también Lv. 19.26-31; 20.26-27, y Dt. 18.10-12. Lev. (1440-1400 A.C.). Los Rollos del Mar Muerto contienen porciones de los últimos capítulos de Levítico escritos en paleo-hebreo (o cananeo), lo cual se utilizaba para indicar la autoría de Moisés; el manejo de estos escritos data de los siglos VI a IV A.C. Para más información véase Golb, Norman, *The Origins of the Dead Sea Scrolls: The Search for the Secret of Qumran*, pp. 95-104.

raza humana hacia las falsas religiones a nivel mundial fue resultado de haber eliminado «con injusticia la verdad» (v. 18). El elemento clave en Romanos es que Dios los «entregó a la inmundicia» (v. 24) que manaba de la propia adoración de sus criaturas. Esta «inmundicia» abarca una amplia y exhaustiva área que adopta prácticas fundamentales como el animismo, el paganismo y varios rituales ocultistas. Al discutir las actividades ocultistas prehistóricas entre las civilizaciones antiguas, el erudito del Antiguo Testamento, Merrill Unger, apunta que «el tráfico en el reino de los malos espíritus se remonta a los tiempos más remotos hasta el mundo antediluviano... La historia primitiva de Egipto, Mesopotamia y el mundo grecolatino están repletas de ejemplos de cultivo de las artes demoníacas».[9]

Siguiendo el tema, Pablo afirma que los hombres caídos se dejaron llevar por «las concupiscencias de sus corazones, de modo que deshonraron entre sí sus propios cuerpos» (Ro. 1.24). A simple vista, esto indica perversión sexual, pero es importante apreciar el plural «concupiscencias», que no se limita a la pasión sexual y puede referirse a toda clase de formas de deshonrar el cuerpo. Tales «concupiscencias» se encontraban a menudo en los rituales ocultistas y en el paganismo antiguo que los adoptó, ya que en muchos ritos paganos la perversión sexual es algo central, lo cual encaja con las «pasiones vergonzosas» que vemos en el versículo 26.[10] La conclusión de Pablo es que el hombre, entregado a su propia disposición y capacidad, nunca asciende hacia Dios por sí mismo, sino que desciende hasta las más bajas formas de religión, incluso a prácticas ocultas y secretas que han pasado de un iniciado a otro.

Stonehenge (3100 A.C.), en Gran Bretaña, así como el menos famoso pero más complejo Avebury (2400 A.C.), detallan la devoción en el Neolítico a diferentes tipos de adoración pagana y el interés por el conocimiento oculto.[11] La civilización etrusca alcanzó su cenit en el norte y occidente de Italia en torno al 500 A.C., pero los restos de su cultura se mantienen como una potente ilustración de la tesis del apóstol Pablo.[12] Aunque hay pocas reliquias de esas sociedades antiguas y se ha perdido en el tiempo la verdad sobre su historia, lo que ha perdurado basta para testificar de la influencia del ocultismo sobre sus religiones y culturas.

Los etruscos abrazaron la creencia en lo sobrenatural. En su libro, *A History of Pagan Europe* [Una historia de la Europa pagana], los modernos líderes paganos Prudence Jones

---

9. Unger, *Biblical Demonology*, p. 158.
10. Pueden encontrarse detalles de estos ritos en Michael Grant, *Eros en Pompeya. El gabinete secreto del Museo de Nápoles*, Ediciones Daimon, Barcelona, 1976.
11. Stonehenge, "About Stonehenge", http://www.stonehenge.co.uk/about.htm (acceso obtenido 18 julio 2006).
12. Para más información véase Michael Grant, *The Etruscans*, Scribner, Nueva York, 1981.

y Nigel Pennick señalan: «La religión etrusca no era una simple religión de práctica y precedente, al más típico estilo pagano, sino también una religión revelada, cuyos escritos sagrados daban instrucciones precisas para ceremonias y sobre la naturaleza de los poderes divinos».[13] Evidencias arqueológicas detalladas halladas en tumbas etruscas indican el reconocido poder de esa revelación divina. La doctrina de los etruscos queda plasmada en tres libros sagrados. «Eran los libros de adivinación (interpretando vísceras), los libros de interpretación de presagios (sobre todo relámpagos) y los libros de rituales».[14] El fatalismo también jugaba un papel clave en la vida diaria, con individuos que optaban por no luchar contra el fin de las cosas o contra la propia muerte.

Para los etruscos, la ciencia y lo sagrado estaban entrelazados de manera inextricable. Los reyes etruscos también eran sumos sacerdotes, preparados profesionalmente en lugares equivalentes a las universidades de hoy. Era una mezcla que causaría consternación a nuestros políticos: la mezcla por antonomasia de iglesia y estado. En la sociedad etrusca todo parecía estar determinado por la adivinación, hasta el punto en que incluso los romanos que llegaron tras ellos prefirieron desechar tales minuciosos análisis como simple superstición. Con el tiempo, la adoración a deidades etruscas como la gran diosa, Voltumna, así como a Tinia y Uni, se diluyó en la gran fuerza social de la guerra y los inevitables cambios que esta produjo. La maquinaria bélica romana se había formado y crecía a pasos cada vez más grandes.[15]

La religión romana comenzó como una creencia general en lo sobrenatural. Creció en los corazones de simples aldeanos y se extendió como resultado de la expansión demográfica. Al crecer el número de personas, los dioses se multiplicaban para satisfacer sus necesidades. En esa era de proliferación de deidades, se ofrecían sacrificios universales por parte de los adoradores para cualquier dios o diosa anónimo que pudiese estar a cargo de algún campo o bosque en particular. A medida que Roma y su influencia crecían, sus divinidades desarrollaron identidades más concretas, hasta que tuvieron treinta y tres nombres, según se recoge en las inscripciones de las tabletas imperiales.[16] Marte, el dios de la guerra; Vesta, la diosa de la vida interior: todos tenían su objetivo y sus seguidores. Pasaron los siglos y, con su paso, la adoración a múltiples dioses y el «conocimiento secreto» tan ligado a ellos se convirtieron en parte intrínseca de la vida romana.

El Renacimiento llegó a Europa a comienzos del siglo XIV, situando de nuevo el foco sobre esos ancestrales secretos. Aunque la mayoría de los expertos dijeron que el antiguo paganismo estaba muerto y había renacido en esencia en fechas posteriores,

13. Prudence Jones y Nigel Pennick, *A History of Pagan Europe*, Routledge, Londres, 1995, p. 26.
14. Ibid.
15. Ibid., pp. 26-27.
16. Ibid., p. 36.

Jones y Pennick disienten e indican que la tradición de las religiones nativas europeas (en gran medida como las norteamericanas) nunca dejó de existir en Europa. Ellos afirman que, así como otras religiones han retenido sus creencias básicas y sus auténticas tradiciones, el patrimonio religioso europeo sobrevivió durante siglos para resurgir indemne en el mundo moderno. «Esta tradición se presenta como reemplazada por el cristianismo primero y el islam después y, más recientemente, por el humanismo postcristiano… Al contrario, ha seguido existiendo e incluso florece más o menos abiertamente a día de hoy, en que está experimentando una nueva restauración».[17]

Aunque no hay amplia evidencia para esta opinión, Jones y Pennick podrían haber encontrado sólidas pruebas históricas para apoyar su posición en las cartas del obispo de Winchester a San Bonifacio. En los años 723 y 724 A.C. escribió para animar a Bonifacio en su conversión de los «paganos» y para darle instrucciones sobre cómo defender la fe ante sus creencias. «¿De dónde o por medio de quién fue engendrado el primer dios o diosa? ¿Creen que los dioses y diosas engendran a otros dioses y diosas? Si lo creen, el número de dioses debería ser infinito. En tal caso, ¿quién es el dios más poderoso entre tantos? Seguramente no hay mortal que pueda saberlo. Incluso, el hombre debe tener cuidado de no ofender a ese dios que es más poderoso que los demás».[18] Los comentarios del obispo confirman la supervivencia y el vigor de los dioses y diosas paganos, así como el predominio de su influencia sobre las personas.

El poder del ocultismo no es nada nuevo y desde luego nada secreto. Su influencia recorre los siglos y continúa en el mundo actual. El ejemplo del apóstol Pablo en Romanos es justo lo mismo que encontramos hoy en el reino del ocultismo.

El ocultismo hoy

Para el observador avezado no puede haber duda de que nuestro mundo postmoderno occidental se halla en medio de una violenta revuelta contra la razón y la lógica. Las personas actúan de manera contraria a la razón y sus patrones de conducta no tienen relación con la lógica. El gran horror de los asesinatos de la secta La Familia, de Charles Manson, fue justo eso: total irracionalidad. La secta de Manson fue acusada de los asesinatos, el 8 de agosto de 1969, de la actriz Sharon Tate, de su hija aún no nacida y de sus cuatro invitados, además de los asesinatos de Leno y Rosemary LaBianca el 10 de agosto de 1969. Un miembro de la secta, Charles «Tex» Watson, dijo justo antes de entrar en

17. Ibid., p. 261.
18. *Medieval Sourcebook,* s.v., "The Correspondence of St. Boniface", http://www.fordham.edu/halsall/basis/boniface-letters.html (acceso obtenido 11 febrero 2005).

el hogar de los Tate: «Soy el diablo, que he venido para hacer la obra del diablo».[19] ¿Qué sentido había tras estos asesinatos? ¿Qué se deducía de ellos?

La Iglesia de Satán, fundada en 1966 por Anton Szandor LaVey, se creó con el único propósito de adorar a un mal corporativo conocido como Satanás.[20] Partiendo de su entrevista con LaVey en 1976, el periodista John Godwin trazó un detallado retrato del hombre y sus motivaciones:

> LaVey realizó una buena entrada. A sus cuarenta y pocos años, es un tipo enorme de metro noventa, vestido completamente de negro, con un alzacuellos y una medalla de un pentagrama de plata colgado. Lleva la cabeza afeitada, al estilo tártaro y perilla negra al estilo Iván el Terrible.
>
> Posee una voz poderosa, tranquila, una risa sorprendentemente afable y un modo cuidadoso de responder con paciencia a preguntas que tiene que haber escuchado ya cientos de veces.
>
> «¿Cómo visualizamos a Satanás? De manera puramente simbólica, como la fuerza que lo penetra todo. En efecto, el único Dios verdadero».
>
> «Entonces, ¿de quién es adversario?»
>
> LaVey sonrió. «Es adversario de todas las religiones espirituales fabricadas por el hombre. De todo lo que consideramos despreciables muletas que el hombre ha tenido que inventar. Rechazamos de plano el concepto de que sea una antítesis de Dios. Él es Dios».[21]

En la respuesta de LaVey a Godwin se ve claro que hay sectores de nuestra sociedad occidental que han adoptado un humor irracional. Después de todo, si Dios existe de verdad como Creador del universo y soberano de todas las cosas, ¿quién desearía el segundo mejor? ¿Quién necesita al diablo si eres lógico y racional? En medio de esta revuelta contra la razón y la lógica, ha surgido una fe irracional y el ocultismo encaja a

19. Se atribuyeron con el tiempo más asesinatos a la secta de La Familia. Tomado del alegato final del fiscal Vincent Bugliosi en *State of California vs. Charles Manson, et al.*, 21 enero 1971. Se puede leer en http://www.law.umkc.edu/faculty/projects/ftrials/manson/mansonsummation.html (acceso obtenido 15 julio 2006).

20. Su nombre de nacimiento era Howard Stanton Levey, nacido en Chicago, Illinois, el 11 de abril de 1930. Esto según la hija de Levey, Zeena Schreck, que confirmó el nombre de pila de Levey con su certificado de nacimiento. http://www.churchofsatan.org/aslv.html (acceso obtenido 15 julio 2006). La historia oficial de la Iglesia de Satán presenta el propósito original de LaVey al fundar la secta como «la primera iglesia organizada de los tiempos modernos que promulga una filosofía religiosa que ensalza a Satán como el símbolo del individualismo y la libertad personal». Véase http://www.churchofsatan.com/home.html (acceso obtenido 30 mayo 2006). En español http://www.churchofsatan.com/Pages/WelcomeSp.html.

21. John Godwin, *Occult America*, Doubleday, Nueva York, 1972, pp. 241-249. Entrevista disponible en línea en http://www.churchofSatanás.com/Pages/LaVeyOccultAmerica.html (acceso obtenido 9 mayo 2006).

la perfección en ella; es una fe no científica, metafísica y, desde luego, no sigue las cuatro leyes formales de la lógica. Atrae a muchos que no están dispuestos a entender o aceptar las grandes cuestiones del tiempo y la eternidad.

En la actualidad, las innegables evidencias de la explosión ocultista impregnan cada aspecto de la sociedad. El periodista estadounidense Nat Freedland observó este fenómeno a finales de los sesenta y, tras investigarlo, llegó a la convicción de su poder, por eso más tarde se introdujo en las ciencias ocultas. Freedland escribió: «Ninguna sociedad moderna, postindustrial ha experimentado jamás nada semejante a esta explosión ocultista».[22]

¿Por qué existe ese tremendo desarrollo en el campo del ocultismo? ¿Cuál es la poderosa fuerza que lo maneja? La respuesta más fácil es «el diablo está detrás», pero en este caso no es solo la respuesta más fácil sino también la verdad: el diablo *está* detrás de ello. La Escritura dice que él es «el dios de este siglo» y «el príncipe de la potestad del aire» (2 Co. 4.4, Ef. 2.2). Hoy, en Estados Unidos y en nuestros campos misioneros extranjeros, hay millones de personas involucradas en el reino de las sectas, pero hay *cientos* de millones de personas involucradas en la revolución ocultista; las cifras son elevadas y no se pueden contabilizar con exactitud.[23]

David Moore, escritor para la Gallup Organization, analiza el interés estadounidense por el ocultismo: «Una reciente encuesta de Gallup muestra que tres de cada cuatro estadounidenses sostiene alguna creencia paranormal, en al menos uno de estos puntos: percepción extrasensorial (PES), casas encantadas, fantasmas, telepatía mental, clarividencia, astrología, comunicación con los muertos, brujas, reencarnación y canalización».[24] Según Gallup, esta encuesta del 2005 muestra «pocos cambios» con respecto a la hecha cuatro años antes (2001). Con una población en Estados Unidos que ronda los 300 millones de personas, estos creyentes alcanzarían los aproximadamente 225 millones de estadounidenses. A la vista de tales estadísticas, el número de adeptos a nivel mundial debe ser astronómico. Esto no indica que los que creen en ello también lo practiquen, pero la creencia suele ser el primer paso hacia la práctica.

Por desgracia, hoy es cada vez más normal que las personas investiguen los fenómenos psíquicos, exploren la PES y la clarividencia, y acudan a la astrología para descubrir

22. Nat Freedland, *The Occult Explosion: From Matic to ESP—The People Who Made the New Occultism*, G. P. Putnam's Sons, Nueva York, 1972, p. 14. En español, *La explosión del ocultismo*, Diana, México, 1974.
23. Hay dos razones que dificultan establecer una cantidad: el solapamiento entre muchas sectas y el ocultismo, y el hecho de que nadie haya intentado una encuesta o una estadística mundial sobre los practicantes del ocultismo. Sin embargo, véase el apartado resultante en las estadísticas de la encuesta Gallup 2005 sobre la creencia de los estadounidenses en las prácticas ocultistas.
24. David W. Moore, "Three in Four Americans Believe in Paranormal", Gallup, 16 junio 2005, http://www.gallup.com/poll/16915/Three-Four-Americans-Believe-Paranormal.aspx (acceso obtenido 2 junio 2008).

lo que puede traer el mañana. En la parapsicología y en el estudio de los fenómenos psíquicos se han realizado tremendos progresos que hace cincuenta años habrían sido considerados absurdos por los expertos.[25] La Universidad de Duke tomó la delantera nacional en el asunto al poner en marcha un departamento de estudio de la parapsicología, pero en la actualidad hay al menos veinte publicaciones académicas, muchas realizadas en universidades, dedicadas al estudio de lo paranormal y de la parapsicología. En nuestro mundo moderno, han alcanzado una convalidación pseudocientífica por medio de los programas mediáticos que proporcionan a la audiencia justo aquello que desea: parte con autenticidad, parte cuestionable. Esta peculiar combinación de fantasía y realidad suscita el interés del público, de manera que, gracias a ello, puede llegar a creer en los poderes psíquicos, la PES y la parapsicología.[26]

El canal SciFi, en su programa paranormal *Ghosthunters* [Cazafantasmas], abre la puerta al peligroso mundo de la actividad demoníaca mediante el popular formato de reality TV [show televisivo en vivo]. Los espectadores solo tienen que sentarse y ver cómo los demonios golpean sillas, pinchan a los investigadores o susurran confusos comentarios mediante la moderna tabla güija, una grabadora digital. Esta práctica, conocida como *fenómenos de voz electrónica, psicofonías* o *EVP*, por sus siglas en inglés, supone una amenaza aun mayor que la famosa y a menudo vituperada tabla güija; se pulsa un botón y los demonios aparecen en nuestro mundo y hablan. El Canal Travel, el Canal National Geographic y muchos otros ofrecen programas acerca de lugares encantados y rituales tabú inmersos en el ocultismo. Esta cobertura mediática ha otorgado cierto estatus al ocultismo y al poder de la hechicería.

Varias escuelas ofrecen ya cursos sobre ocultismo. El creciente interés generado por los relatos de Harry Potter hacia la magia y la hechicería han movido a una universidad australiana a lanzar un curso especial abierto al público. «El curso de doce semanas de la Universidad de Adelaide explorará los médicos brujos de África, los chamanes del Amazonas y del valle del Zambeze, las brujas del siglo XVI y otros practicantes *[sic]* de rituales mágicos».[27]

El interés en la brujería está creciendo en enormes proporciones dentro y fuera de Estados Unidos.[28] Su creciente influencia se puede ver en espacios televisivos como

---

25. La Universidad de Duke puso en marcha un departamento para el estudio de la parapsicología, el Rhine Research Center, en 1935.
26. Aunque el mundo del ocultismo es una realidad, rara vez actúa frente a las cámaras de televisión. Los hechos, las evidencias y las pruebas circunstanciales se pueden manipular y combinar con sofisticadas conjeturas para hacer que cualquier cosa parezca plausible.
27. BBC News, "Potter prompts course in Witchcraft", 18 febrero 2002, http://news.bbc.co.uk/1/hi/education/1827166.stm (acceso obtenido 15 mayo 2006).
28. Michael Jordan, *Witches: An Encyclopedia of Paganism and Magic*, Kyle Cathie Limited, Londres, 1996, p. 11.

Encantada y *Buffy cazavampiros*, películas como *Las brujas de Eastwick* y *The Craft*, además de libros como la serie de Harry Potter. Hay realidad en el mundo de las brujas. Las personas han experimentado la brujería y dan testimonio de la veracidad de tales experiencias. Por ello, al haberse puesto más de moda, más personas resultan atraídas por la brujería.

Es importante destacar que muchas experiencias son reales en el sentido de que algo ocurrió, pero dichas experiencias no son válidas como patrón para lo que es verdad. Hay experiencias reales que pueden contradecir la verdad, como ciertos fenómenos ópticos. Un espejismo en el desierto o en el asfalto es prueba de ello. El «agua» de un espejismo puede ser fotografiada y vista por muchas personas, pero en realidad no hay tal agua; solo se trata de la refracción de ondas de calor sobre la superficie de arena o asfalto. La experiencia es real, pero es bastante distinta de la verdad. Así ocurre con muchos aspectos del ocultismo. Las personas tienen experiencias reales, pero la verdad de tales experiencias revela una fuente que es un enemigo de Dios y de su pueblo. Para el cristiano, la prueba definitiva de la verdad es examinar toda experiencia bajo la Palabra de Dios. Al referirse a este problema de la experiencia frente a la verdad, el erudito cristiano Os Guinness dijo: «Está igualmente claro que la Biblia afirma que el carácter real del ocultismo no le otorga legitimidad. El Antiguo y el Nuevo Testamento se unen al rechazarlo como malo, aunque sea real».[29]

Como resultado de esta insidiosa ofensiva mediática, millones de personas han aceptado como válido algún aspecto del ocultismo. Las defensas espirituales han sido y continúan siendo minadas y debilitadas, hasta el punto de que ya es bastante normal encontrar católicos y protestantes que leen el horóscopo más religiosamente que la Biblia y sustituyen su vida de oración por técnicas de relajación de yoga. El *International Herald Tribune* aportó recientemente documentación sobre este resurgir mundial de la creencia ocultista en su artículo «Meanwhile: Europe's Love of the Occult» [Entre tanto, el amor de Europa por el ocultismo], en que el autor, Michael Johnson, muestra el creciente porcentaje de europeos amantes de lo oculto y sopesa la predominante actitud de irracionalidad. «Deja de intentar explicarte el mundo. El ocultismo puede hacerlo por ti… Quiromancia, bolas de cristal y astrología nunca habían sido tan populares».[30]

La actitud de que «todos lo hacen» aporta un falso sentido de aceptación y unidad con los demás. A medida que el vocabulario ocultista invade el lenguaje cotidiano de la sociedad, los términos suscitan menos preocupación y encuentran un lugar de reposo en

29. Os Guinness, *The Dust of Death: The Sixties Counterculture and How It Changed America Forever,* IVP, Downer's Grove, IL, 1973, p. 310.
30. Michael Johnson, "Meanwhile: Europe's Love of the Occult", *International Herald Tribune,* 15 agosto 2007, http://www.iht.com/articles/2007/08/15/opinion/edjohnson.php (acceso obtenido 2 junio 2008).

las mentes desprevenidas. Hoy, la iglesia tiene que ser lo bastante sabia para captar lo que está ocurriendo y enfrentarse a las cuestiones que tenemos delante.

La brujería y el ocultismo

La palabra *ocultismo* deriva del latín *occultus*, que significa «cosas secretas o escondidas». Cuando alguien discute en torno al ocultismo, se está refiriendo a cosas escondidas o secretas que incluyen alguna forma de religión, y algo relacionado con lo metafísico. Un brujo o bruja es alguien que utiliza poderes ocultos para fines que él o ella considera buenos o malos. La brujería se confunde a menudo en los medios con el satanismo, aunque la mayoría de los brujos adoran a la divinidad de la naturaleza (expresada en dioses y diosas) y no tanto a Satanás.[31] El Pacto de la Diosa, que afirma ser «una de las mayores y más antiguas organizaciones de la religión neopagana Wicca» define *brujería* como «una religión de la tierra, un reenlace (re-ligio) con la fuerza vital de la naturaleza, en este planeta, en las estrellas y el espacio exterior».[32]

Algunos brujos eligen la etiqueta *brujo blanco* o *brujo negro*, dependiendo del propósito con que emplean sus poderes, aunque esa distinción ya no es tan común como antes. De forma similar, la incorrecta identificación del fenómeno con las mujeres como brujas y los hombres como magos sigue vigente en los libros, películas y programas de televisión. *Man, Myth and Magic* [Hombre, mito y magia], una autorizada enciclopedia sobre ocultismo, explica que «tanto los varones como las mujeres miembros de la Wicca se conocen como brujos o brujas, aunque la secta es principalmente matriarcal».[33]

Pese a que los cristianos los ven a ambos como ramas corruptas del mismo árbol, en los últimos años los brujos han empezado a distanciarse de los satanistas. Ambos afirman tener una diferente cosmovisión y no coincidir en muchos temas.[34] Según la *Witches Encyclopedia of Paganism and Magic* [Enciclopedia de brujos sobre paganismo y magia], «Tal vez cabría clarificar un punto: los que practican el diabolismo no son brujos. El diablo es un individuo particular del cristianismo y la doctrina de la brujería rechaza al dios cristiano. Por tanto, todos los brujos se distancian del satanismo y de las artes

31. Hay excepciones para esto, en las que algunos practicantes mezclan brujería y satanismo, pero el panorama general de la brujería moderna es de adoración a la naturaleza.
32. Pacto de la Diosa, "Basic Philosophy", http://www.cog.org/wicca/about.html#PHIL (acceso obtenido 21 agosto 2007).
33. Frank Smyth, "Modern Witchcraft" en *Man, Myth and Magic: An Illustrated Encyclopedia of the Supernatural*, ed. Richard Cavendish, Marshall Cavendish, Nueva York, 1970, 14:1866.
34. Josh McDowell y Don Stewart, *The Occult: The Authority of the Believer Over the Powers of Darkness*, Here's Life Publishers, San Bernardino, CA, 1992, p. 199.

diabólicas representadas por personajes tan grotescos como Anton Szandor LaVey y el infinitamente más siniestro Charles Manson».[35]

Pero los comentarios públicos de Anton LaVey sobre la brujería, realizados en 1970, parecen dibujar una perspectiva cultural de la brujería *antes* de su deliberado desvío de la apariencia maligna. El fundador de la Iglesia de Satán, y practicante de la brujería negra, rechazaba completamente el concepto de «brujos blancos», afirmando de modo categórico: «Los brujos blancos no son más que un producto del cristianismo, o no deberían llamarse brujos. No creo que los brujos blancos tengan la fuerza de sus convicciones».[36] Resulta irónico, los brujos modernos culpan a los cristianos por el diablo y los satanistas culpan también a los cristianos por los brujos. Sin embargo, la opinión de LaVey de que no existe eso de los brujos blancos parece hallar apoyo en la historia. El profesor de historia Jeffrey Burton Russell señala que esta perspectiva de la brujería blanca es en gran parte «creación de escritores modernos, sobre todo ocultistas, y apenas aparece en la historia de la magia en el mundo».[37]

Dejando a un lado las definiciones, toda la brujería busca el poder oculto, y nada de este poder puede considerarse por lógica que proceda de Dios. El motivo cristiano para rechazar la brujería blanca y la negra es su oposición a la Palabra de Dios (Dt. 18.9-12). Para combatir con eficacia en el reino espiritual, los cristianos deben limpiar sus mentes de las caricaturas de los brujos malos y los buenos, como los que se encuentran en *El mago de Oz*, de L. Frank Baum, con su gorro puntiagudo, sus zapatos brillantes y sus palos de escoba. Deben dejar de lado las aventuras de la escritora J. K. Rowling sobre Harry Potter y pensar en los brujos como individuos reales perdidos en la oscuridad, un mundo espiritual cuidadosamente confeccionado durante miles de años por Satanás y sus ángeles, almas desesperadas, absorbidas por los misterios secretos o escondidos del ocultismo.

Este insidioso poder sobrepasa todas las barreras del tiempo y resiste con firmeza la prueba del tiempo. En los años setenta, un pequeño y barato librito titulado *Everyday Witchcraft: Love Magic, Charms, Spells, Fortune-telling* [Brujería cotidiana: magia amorosa, encantamientos, hechizos y adivinación] indicaba el camino al ocultismo y, aunque ya descatalogado, sigue presente, treinta y cinco años después, en Amazon.com.[38] En su interior revela el secreto de la brujería: «Aunque no tienes que ser un brujo para practicar

35. Jordan, *Witches: An Encyclopedia of Paganism and Magic*, p. 15.
36. John Fritscher (más conocido como Jack Fritscher), "Straight from the Witch's Mouth: An Interview with Anton Szandor LaVey, High Priest and Founder of The Church of Satanás", http://www.jackfritscher.com/Non-Fiction/Witchcraft/Straight%20Witches%20Mouth.html (acceso obtenido 4 junio 2006).
37. Jeffrey Burton Russell, *Witchcraft in the Middle Ages*, Cornell University Press, Nueva York, 1972, p. 6.
38. Véase http://www.amazon.com/Everyday-witchcraft-fortune-telling-everything/dp/B00072ODZ4/ref=sr_1_1?ie=UTF8&s=books&qid=1212417852&sr=1-1.

la brujería, hay algunas cosas de brujo que tienes que hacer si quieres invocar poderes ocultos».[39] Este es el disparo de salida: invocación de poderes ocultos. Sigue y advierte: «Hay diversas influencias malignas que andan siempre sueltas en el ambiente. No importa lo que hagas o dejes de hacer, un día esas fuerzas pueden decidir centrarse en ti o en tu familia. Sin embargo, cuando empiezas a practicar la brujería, la posibilidad de atraer la atención de esos seres traviesos aumenta en gran medida».[40] Este librito, publicado por una editorial secular, informa a las personas que pueden invocar poderes ocultos, pero que si lo hacen *deben vigilar* porque hay fuerzas malignas que habitan el universo y —si alguna opta por abrir la puerta—, solo Dios sabe lo que puede venir del otro lado.

El mundo tecnológico del siglo XXI ha producido un recargado y confuso escaparate de parafernalia ocultista. Atrás quedaron las pequeñas y oscuras librerías de ayer, en su lugar están las cadenas de librerías de los grandes centros comerciales, las páginas web paganas y las subastas mundiales en la red que dedican gran espacio a la brujería, la reencarnación, experiencias paranormales y curaciones con poderes psíquicos. Todas esas prácticas irracionales, de charlatanería, que divertían a la gente de principios del siglo pasado, se las toman hoy en serio millones de creyentes.

Por primera vez en la historia, la puerta de entrada al ocultismo se queda abierta permanentemente a escala mundial, atrapando a los desprevenidos, veinticuatro horas al día, en la dimensión de la oscuridad. Los chicos que juegan con la güija y creen que es divertido; los adolescentes que intentan hacer levitar mesas y leen el tarot, las hojas de té o las manos; los padres que se identifican como Virgo o Escorpio y creen lo que el diario de hoy dice sobre *mañana*, son todos personas que están coqueteando con el reino de lo oculto, y eso es peligroso porque les da acceso a otra dimensión y pone en peligro el alma.

ESPIRITISMO

En los últimos años, el número de personas involucradas en el espiritismo ha ascendido a cientos de millones.[41] Quienes creen en ello profesan religiones muy diversas: brujería, paganismo, vudú e ideología Nueva Era, todas enseñan que se puede acceder a los muertos por varios medios. La teosofía y las religiones orientales aportan un halo venerable

39. Delphine C. Lyons, *Everyday Witchcraft: Love Magic, Charms and Spells, Fortune Telling: Everything You Need to Know to Enjoy Occult Power!*, Dell, Nueva York, 1972, p. 4.
40. Ibid., p. 14.
41. Debido a que tiene muchos seguidores en solitario y a que el conocimiento ocultista resulta asimilado por religiones indígenas y tradicionales, solo se puede presentar una estadística sobre sus practicantes a grandes rasgos. Para revisar estadísticas basadas en varios investigadores y escritores, véase Adherents, http://www.adherents.com/Na/Na_617.html. Véase también Worldwide Religious News (WWRN) (buscar Occult), http://www.wwrn.org/. En español, http://www.horst-koch.de/joomla_new/index.php?option=com_content&task=view&id=135&Itemid=146 (acceso obtenido 1 agosto 2008) habla de setenta millones.

sobre algo que no es más que la influencia de los demonios en los fenómenos psíquicos. Ahora más que nunca, la influencia de dichos intentos de comunicación con los muertos impregna la cultura moderna. La gente ha adoptado un tipo de cristianismo de secta oriental, ligeramente rociado de terminología bíblica.

Uno de los mejores ejemplos de esto es el doctor Marcus Bach, el famoso teólogo liberal que puso en marcha en los sesenta una investigación de los fenómenos psíquicos. Dicha investigación estaba motivada en principio por el escepticismo.[42] Bach asistió a muchas sesiones de espiritismo durante su minuciosa exploración de los fenómenos ocultistas, con la intención de examinarlos bajo las más exhaustivas condiciones de análisis. El escéptico por antonomasia, Bach, examinó todas las experiencias. Si aparecían trompetas flotando, movía sus manos por encima, por debajo y alrededor de ellas. Si se producía una materialización de un fantasma, él lo tocaba. Una noche, mientras se preparaba para abandonar una sesión, le ocurrió algo único:

> Estaba yo realizando anotaciones mentales cada minuto de todo lo que estaba pasando (el revoloteo y bamboleo de los «espíritus», el ritmo de vida, como el movimiento de las mareas, al menos cuatro voces susurrantes hablando a la vez, agitadas, urgidas a persuadirme). De repente, la constelación de espíritus se derritió. Durante un largo y quieto momento no pasó nada. Entonces salió del suelo un efluvio ectoplásmico como un remolino que tomó en seguida la forma de una joven. Antes de que la figura se acabara de formar, habló:
>
> —Marc, querido, Marc, querido, Marc, querido.
>
> Quienes me conocen bien me llaman Marc; quienes me conocen mejor me llaman Marc, querido, así que supe que debía ser un «espíritu familiar». Me levanté y me acerqué a aproximadamente un metro.
>
> —¿Sí? —dije— ¿Quién eres?
>
> —¿No me conoces? —dijo, con un tono de decepción en la respuesta.
>
> No la conocía. No tenía idea de quién podría ser. Había estado demasiado absorto como para pensar en un contacto personal con los espíritus...
>
> Tampoco me propuse ofrecer ningún indicio de quién pensaba yo que *podía representar*.

---

42. Sin duda, hay charlatanes en el mundo de los espiritistas, pero no todo son trucos. También hay un mal espiritual recalcitrante y profundo; existe y es real. Harry Houdini, el famoso mago y escapista investigó en el espiritismo y tuvo mucha razón cuando dijo que podía reproducir muchas de las experiencias de los espiritistas. Su demostración reveló los trucos engañosos empleados por los embaucadores y charlatanes del mundo de los ruidos, golpeteos, pasos y apariciones en las sesiones. Tras años de investigar sesiones espiritistas encontró que ninguna le había convencido de que era real. Véase Harry Houdini y Joseph Dunninger, *Magic and Mystery: Incredible Psychic Investigations of Houdini and Dunninger*, Weathervane, Nueva York, 1967.

Sin pistas, decidí.

—No te conozco. ¿Quién eres?

—Paula —llegó la respuesta.

El nombre y la suavidad con que los pronunció me hicieron revivir de repente un drama ya olvidado. Veinte años atrás, mi hermana Paula había muerto, a los veintitrés años de edad. Su hija Janette había fallecido poco antes. Estas muertes se encontraban entre las hondas penas de nuestra familia, pero el tiempo y los viajes reducen el pasado al olvido. Ningún médium ni espíritu había sacado ese nombre de mi mente, puesto que yo no estaba pensando en Paula. No había pensado en ella en ningún momento de la sesión.

Miré de cerca a la presencia ante mí.

—¿Qué aspecto tengo? —preguntó.

—Se te ve muy bien —contesté.

—¿Y mi altura? —susurró— ¿Crees que debería ser más alta?

—No, tienes la altura que recuerdo.

—Quería hacerlo bien —dijo con seriedad—. ¿Tengo buen aspecto?

—Sí —le aseguré, y recordé que una teoría de la materialización dice que el espíritu «toma» el ectoplasma y lo moldea conforme a la forma humana con que se vestía en la tierra.

…¿Se parecían a Paula esta forma y esos rasgos? Debo admitir que sí. La figura era reconocible y convincente. Era como una «fachada», un cuerpo plano y bidimensional con mangas que parecían de una oscura película entre blanca y gris. El rostro, aunque con aspecto de máscara, era increíblemente evocador. Había una ilusión de larga cabellera rubia. No puedo decir si era o no la voz de Paula. Después de veinte años no podría recordar. Sin embargo, en ese preciso instante, era Paula que regresaba.

Pero, ¿por qué no iba a ser ella? Me preguntaba allá en pie. Los espiritistas de Chesterfield sabían que yo iba a venir. Si, como algunos dicen, tienen un bien montado sistema de espionaje, podían haber investigado sin problemas a mi familia y haber obtenido la descripción de Paula. Si se trataba de alguien «disfrazado», actuando, o una marioneta con la voz de un ventrílocuo, es natural que lo organizaran para representar a Paula. Este pensamiento me cautivó más que la presencia. Deseaba poder convencerme de alguna manera. El impulso para alargar la mano y tocar a la figura fue más fuerte. Me acerqué. Me desplacé con cuidado a un lado para que la luz roja diese sobre el rostro del espíritu más directamente. Estábamos como a un metro. Paula estaba hablando acerca de la vida en el mundo de los espíritus. Yo le hacía preguntas atropelladamente: ¿Has visto a Jesús? ¿Cómo es el cielo? ¿Y el factor tiempo? ¿Puedes estar en todas partes a la vez? ¿Dónde tú estás se usan términos como metodista, reformado, presbiteriano o católico?

Su voz parecía reír. A todas las preguntas respondía «no, no», excepto a la cuestión sobre el cielo. Era como hablar con alguien vivo en secreto, clandestinamente, sabiendo que el tiempo se agotaba. Sus rasgos parecían aclararse. Tal vez eran triquiñuelas de mi mente.

Y entonces me vino un pensamiento.

—Paula —le dije—, ¿recuerdas el catecismo que aprendimos en casa?

—¡Por supuesto!

—Paula, ¿recuerdas la primera pregunta del catecismo?

—La recuerdo.

—¿Cuál era? —pregunté casi con miedo.

—¿Cuál es tu principal consuelo en la vida y en la muerte? —llegó al fin la respuesta.

—¿Y qué más? —le urgí.

—Que yo, en cuerpo y alma, tanto en la vida como en la muerte, no me pertenezco —entonces se interrumpió—. ¡Aquí, donde estamos, las palabras tienen un significado aun mayor!

Entonces, rápidamente, sin pestañear, me dijo que servir a Dios significa desarrollarse personalmente. La vida en el plano espiritual es un desarrollo. Como cuando se rompe una crisálida. Como el ascenso en una espiral. Como el crecimiento del sentimiento moral hacia los «cielos» más y más altos. Varias veces se interrumpió para decir: «¿entiendes?, ¿está claro?» como si sintiera que su mensaje era vital, concerniente a todo. La muerte, insistía ella, no era un resultado violento del pecado. No tenía aguijón. No era amiga ni enemiga. Era parte del propósito divino, un propósito sin principio ni fin.

El susurro se fue debilitando.

—No puedo quedarme más tiempo. Tengo que irme ya.

—Paula, una cosa más. ¿Puedes abrazarme?

—Voy a darte un beso —dijo—. Acércate.

—Acércate tú a mí —yo quería que se acercara a la luz roja. Lo hizo. Había poco más de un palmo de distancia entre nosotros. Su cara era luminosa, parecía transparente y sin relieve.

> Me incliné y bajé la cabeza. La textura de los brazos del ectoplasma, semejante a una telaraña, rodeó mi cuello. Algo suave y como de blonda rozó mi frente. Entonces Paula se desvaneció; en el suelo, al parecer.
>
> Regresé a mi butaca y me senté… La sesión había terminado.[43]

Marcus Bach inició como escéptico su estudio del espiritismo y acabó siendo un converso de esa realidad. Nos prestó un gran servicio al ir allá donde ningún cristiano debe aventurarse, la guarida de los demonios, y regresar con algo muy revelador: la muerte no es un resultado violento del pecado, no tiene aguijón, no es amiga ni enemiga. Esta información contradice directamente lo que dice la revelación divina: «¿Dónde está, oh muerte, tu aguijón? ¿Dónde, oh sepulcro, tu victoria?» (1 Co. 15.55). El apóstol Pablo enseñó justo lo contrario a lo que dijo el fantasmagórico visitante del doctor Bach: «Porque la paga del pecado es muerte, mas la dádiva de Dios es vida eterna en Cristo Jesús Señor nuestro» (Ro. 6.23).

Cuando el espiritismo crece sin medida y se pueden encontrar los horóscopos en los periódicos y revistas de todo el mundo, cuando los cursos de brujería y paganismo son fácilmente asequibles en las universidades, cuando los libros de autoayuda que enseñan hechizos y cartomancias a niños y adultos se pueden encontrar en la tienda de la esquina, entonces la iglesia tiene que despertar al hecho de que el reino del ocultismo es real y poderoso, y tiene la mirada puesta en las almas de los hombres.

Caso real

Walter Martin

Hace unos años fui el orador invitado en una iglesia de Newport Beach, California. Una vez terminado el culto, el pastor me preguntó si podía presentarme a una joven que había tenido serios problemas en su vida. Ellos creían que esos problemas estaban directamente relacionados con la participación de ella en fenómenos psíquicos, posiblemente relacionados con las actividades que antes había desarrollado en el campo misionero. El pastor me describió algunas de las experiencias de ella, incluyendo varias que se habían producido en presencia de un psicólogo cristiano

—Walter —me dijo—, me parece que aquí se trata de Satanás.

Accedí a que me la presentara y en cuanto entramos en el estacionamiento del motel donde me alojaba, sentí de repente que teníamos que orar. Inclinamos

43. Marcus Bach, *They Have Found a Faith*, The Bobbs-Merrill Company, Indianapolis, 1946, pp. 117-121.

nuestras cabezas y comenzamos a orar, e hicimos bien en ello. Estacionado junto al nuestro había un auto, dentro del mismo se encontraba la joven a quien teníamos que ir a ver. En cuanto comenzamos a orar, ella entró en estado semicatatónico y comenzó a emitir extraños sonidos. Tenía los ojos vidriosos, más tarde nos contó que podía oír todo lo que estábamos diciendo y ver todo lo que hacíamos, pero no podía moverse. *No podía salir del auto.* Estaba atada al asiento. Después de que termináramos nuestras oraciones, me acerqué a verla y allá estaba, sentada en el auto y emitiendo ruidos extraños.

—Si sales del auto y vienes con nosotros —le dije mirándola—, te dejarán en paz y serás libre. ¡Pero tienes que venir!

Ella realizó un esfuerzo hercúleo para despegarse del asiento, pero no pudo. Dos hombres tuvieron que sacarla del auto y cargar con ella por el césped hasta la habitación. En el momento en que entramos en la habitación, hizo que a los *cuatro* hombres les resultara casi imposible retenerla. Jamás había visto una fuerza así en un ser humano. Explotó con tal rapidez —los sonidos y la violencia que siguieron fueron tan impresionantes— que le dije al pastor: «Ahora sabemos con qué estamos tratando, y creo que esto nos va a tomar un buen rato»

Tres horas después, supimos que la joven estaba repleta de demonios, ¡y no estábamos en el siglo primero, estábamos en el veinte! Se trataba de una joven que había vivido una vida cristiana superficial sin llegar *nunca a serlo*, una chica que había representado el papel sin llegar a creerlo, alguien que había dado clases de escuela dominical mientras adoraba a Satanás, y que finalmente había sido tomada por él. Ella tenía toda la forma y la apariencia: la perfecta cizaña en el campo de trigo.

Cuatro hombres la sujetaron mientras orábamos por ella. Cada vez que decíamos «en el nombre del Señor Jesucristo, ¡sal fuera!» su cuerpo saltaba, se retorcía y se sacudía con fuerza sobre la cama. Con una sonrisa de diversión, retorcida, en la boca dijo: «Podemos aguantar más que ustedes».

Pero no estábamos dispuestos a que nos superaran.

Y así durante tres horas. Cada poco tiempo emitía un gemido y salía un demonio. Al final, se sentó y dijo: «Estoy bien, me siento mucho mejor. Vámonos».

El psicólogo, que no creía en la posesión demoníaca hasta que entró en aquel cuarto, era ahora un *firme* creyente. Aquello cambió la trayectoria de su profesión por completo. Me dijo: «Jamás habría creído esto si no lo hubiera visto. Ahora creo».

Sé que creía porque una vez, en el transcurso de la tarde, ella dijo: «Ya me siento bien. Creo que me iré a casa». Cuando intentó levantarse de la cama, él le dijo que no, la agarró y la empujó de vuelta a la cama. En ese momento ella se puso a gruñir y a retorcerse; tuvimos que sujetarla otra vez entre cuatro.

El interruptor para pasar de la normalidad a la posesión era instantáneo. Una terrible presencia invadió la habitación y estuvo allí todo el tiempo. Al terminar las tres horas, le pedimos que orara, pero no podía pronunciar el nombre de Cristo. Se le atoraba en la garganta. Se le agarrotaban los músculos del cuello y se le hinchaban las venas de la frente. Durante cinco minutos no consiguió abrir la boca y decir «Jesús». Oramos por ella; supimos que si podía orar a Cristo, sería liberada. Le pedimos que orase y le pidiese perdón a Dios por haber orado a Satanás y que «renunciara a Satanás y a todas sus obras».

—¡Puedo hacerlo! —exclamó— ¡Puedo hacerlo!

—Renuncia a él en el nombre del Señor Jesús.

—¡Jesús, perdóname! —gritó finalmente.

Renunció a Satanás y a todas sus obras, aun cuando le costó al menos media hora ser capaz de decirlo.

Tres horas después, una joven totalmente distinta se levantó de la cama, abrazó a su esposo y salió por la puerta. Más tarde nos contó que sabía que los demonios habían estado allí todos esos años, pero que les tenía miedo. La habían amenazado con matarla si alguna vez hablaba de ellos con alguien. Formaba parte de una iglesia cristiana, profesaba nuestra fe, pero no era creyente. Después de estos acontecimientos, la iglesia siguió protegiendo a esta mujer y a su familia, y tengo entendido que desde entonces es una esposa y madre totalmente renovada, y forman una familia totalmente nueva.[44]

¿Cómo ocurrió eso? Empezó en el Lejano Oriente y continuó en América; la joven se había iniciado en el ocultismo. Descubrió que la segunda fuerza mayor en el universo era la satánica. Estaba desanimada y oprimida, por lo que no encontró respuesta a sus oraciones a Dios. ¿Qué hizo entonces? Se adentró en el mundo del ocultismo y se entregó a Satanás. Giró la manilla de la puerta y la abrió, eso fue lo que entró. Eso es lo que seguimos encontrando hoy: personas en el mundo del ocultismo que aceptan el cristianismo. Siguen adelante con una capa superficial de evangelio, sin creerlo en sus corazones.

44. Para más información sobre la posesión demoníaca véase nuestro capítulo 14.

El ocultismo y la iglesia

Los cristianos deben tomar conciencia de los peligros de la infiltración del ocultismo en la propia iglesia y deben ser capaces de detectar su presencia. Desde el obispo hasta el laico, nadie está a salvo de su sutil tentación:

> El ejemplo clásico podría ser el del reciente obispo episcopaliano, James Pike, que… empezó a consultar a médiums, como al famoso Arthur Ford, en un intento por contactar con el espíritu de su hijo muerto. Pike se convirtió en un firme creyente en la vida después de la muerte más a partir de su introducción en el ocultismo que de la doctrina bíblica y llevó a mucha gente consigo al oscuro mundo de lo oculto. Cuando la iglesia resta lugar al evangelio de Cristo, la puerta de las prácticas ocultistas se abre de par en par.[45]

Otro caso señalado es el de la Iglesia Luterana de América, que envió una porción de literatura a sus supervisores de Escuela Dominical en un esfuerzo por convencerles para comprar un kit llamado «Viaje de misterio». El kit contenía seis pósteres, un juego délfico de la fortuna, incienso, cartas tarot, un casete sobre cómo entender y practicar el ocultismo, una guía del líder y una copia de un artículo del *Reader's Digest* sobre ocultismo.[46] Se trataba de un conjunto completo de ocultismo para autodidactas, *no* enviado por la asociación ocultista local sino por la Iglesia Luterana, en un peligrosamente desviado intento por ayudar a los jóvenes a entender el ocultismo.

Los cristianos se sensibilizan al mundo oculto cuando consultan las cartas astrológicas, juegan con la güija, visitan a quienes leen la mano o emprenden la oración contemplativa que les lleva al silencio y a «abrir» sus espíritus para lo que sea que quiera entrar. Nunca se puede abrir la puerta del alma impunemente. Alguien saldrá dañado, lo más seguro es que sea usted. Tomarse un tiempo de quietud para reposar en el poder, la gloria y el amor de Dios es bíblico; hacer letanías mecánicas con el nombre de Jesús, construir iconos para la adoración y recorrer laberintos enfocándose en la conciencia de uno mismo no es bíblico. Un laberinto detalladamente trabajado de sillas, estaciones de oración, la madera o los setos (laberintos), así como la meditación que acompaña todo eso, no le garantizarán acceso a la sabiduría divina. Y nunca ha sido necesario eso. Jesús dijo: «Venid a mí todos los que estáis trabajados y cargados, y yo os haré descansar» (Mt. 11.28). La Biblia enseña que el camino a Dios es sencillo, no complicado.

---

45. McDowell y Stewart, *The Occult*, p. 20.
46. En la biblioteca particular de Walter Martin hay un ejemplar de «Viaje de misterio».

La infiltración del ocultismo en la iglesia hoy ha sido astutamente planeada y bien ejecutada, no solo por los que la proponen visiblemente, sino por los *invisibles.* La Biblia subraya que el enemigo al que se enfrentan los cristianos no es carne y sangre, por lo que es fácil asumir que el poder que hay tras este movimiento tiene su origen con el príncipe de la potestad del aire.

El movimiento de la Iglesia Emergente empezó con cuestiones de fundamento como: *¿Quién es Dios?* y *¿Cuál es nuestro propósito aquí?* Floreció mediante la incorporación de algunas prácticas cuestionables de adoración, históricamente asociadas al misticismo católico, luego se aventuraron en el reino de lo oculto al desmantelar activamente la autoridad de la Biblia. Durante la última década, su mensaje de confusión se ha esparcido por las denominaciones evangélicas con paso rápido. Los protestantes, insatisfechos con el servicio eclesial promedio, fueron buscando algo «nuevo» y aventurado, en algunos casos, dentro del reino de las cosas secretas o escondidas: el mundo del ocultismo.

En la Iglesia Emergente, las letanías, las estaciones de oración y los rituales reemplazan a la simplicidad en la adoración. Una cosa es arrodillarse y orar fervientemente, y otra muy distinta salmodiar mecánicamente el nombre de Jesús una y otra vez. La Escritura enseña que Dios es nuestro Padre y Jesús nuestro Hermano. ¿Es necesario o incluso lógico repetir el nombre de su padre terrenal una y otra vez? ¿Qué propósito hay en hacerlo con el nombre de su Padre celestial? Jesús enseñó exactamente cómo hay que orar, y no mencionó nada de mantras, estaciones de oración o laberintos:

> Y orando, no uséis vanas repeticiones, como los gentiles, que piensan que por su palabrería serán oídos. No os hagáis, pues, semejantes a ellos; porque vuestro Padre sabe de qué cosas tenéis necesidad, antes que vosotros le pidáis. Vosotros, pues, oraréis así: Padre nuestro que estás en los cielos, santificado sea tu nombre. Venga tu reino. Hágase tu voluntad, como en el cielo, así también en la tierra. El pan nuestro de cada día, dánoslo hoy. Y perdónanos nuestras deudas, como también nosotros perdonamos a nuestros deudores. Y no nos metas en tentación, mas líbranos del mal; porque tuyo es el reino, y el poder, y la gloria, por todos los siglos. Amén.
> (Mt. 6.7-13)

Hay gran poder en el Padrenuestro, Jesús no nos hubiera enseñado a seguirlo si no fuera necesario cada día. En las batallas espirituales que los cristianos enfrentan cada día, necesitamos desesperadamente la oración constante de «líbranos del mal». Hoy se ven por todas partes las señales de la revolución ocultista, incluso en la iglesia, y ya no se las puede seguir ignorando.

Hay varias enseñanzas clave que revelan la infiltración de ideas aberrantes en los cuerpos eclesiales locales:

- *Se enfatiza la experiencia personal por encima de la autoridad definitiva de la Escritura.* Velas, incienso, estaciones de oración, mantras, yoga, laberintos e iconos se usan junto con la enseñanza bíblica.
- *Se reinterpretan las doctrinas bíblicas clave.* El libro de Apocalipsis, por ejemplo, puede presentarse como algo ya «cumplido» y se desecha o mengua la importancia de Israel.
- *La iglesia moderna se convierte en el nuevo «Israel».* Desde esta perspectiva, también conocida como suplantación teológica, Dios ha abandonado a Israel por sus hijos adoptivos, una desviación de la teología bíblica, la cual el apóstol Pablo refutó: «Si las primicias son santas, también lo es la masa restante; y si la raíz es santa, también lo son las ramas. Pues si algunas de las ramas fueron desgajadas, y tú, siendo olivo silvestre, has sido injertado en lugar de ellas, y has sido hecho participante de la raíz y de la rica savia del olivo, no te jactes contra las ramas... Y aun ellos, si no permanecieren en incredulidad, serán injertados, pues poderoso es Dios para volverlos a injertar» (Ro. 11.16-18, 23). Dios nunca apartó su amor de Israel; nunca se retractará de su promesa, como algunos creerían.
- *Se promueve tolerar todas las creencias a expensas de la integridad doctrinal.* Defender la fe cristiana como el único medio de salvación se considera algo «sin amor» e «intolerante».
- *Se ignora la madurez espiritual a favor de las experiencias emocionales.* El tiempo personal con Jesús se omite en favor de ceremonias y sacramentos preelaborados.

Los escépticos pueden intentar restar importancia a la penetración ocultista en todas las áreas de la sociedad moderna calificándola como absurda, pero es imposible no ver los millones de dólares gastados en promover el ocultismo año tras año. Hay alguien escuchando, alguien leyendo y alguien haciendo preguntas.

Razones para la revuelta

¿Por qué los seres humanos, creados a imagen de Dios, se vuelven hacia cualquier cosa creada y auspiciada por el diablo? Lo primero y principal, la atracción por lo oculto es el resultado de una revuelta contra la ciencia y la tecnología, y contra la era en que vivimos. Las personas están hartas de comprobar y validar la verdad por el método empírico. En su revuelta contra este sistema están buscando algo *fuera* de la realidad que conocemos.

En segundo lugar, hay una rebelión contra el materialismo. En una sociedad opulenta y materialista, los jóvenes se vuelven a las drogas, al alcohol y al sexo para escapar de ella. Se rebelan de muchas maneras porque rechazan una sociedad que muestra tan *poca* preocupación por tantos. En su lugar, persiguen una nueva realidad para llenar el vacío del alma, y Satanás está preparado para suplir esa realidad.

Tercero, hay un rechazo a la religión en general. Muchos creen que ella es la responsable de los problemas del mundo y se apartan en particular del cristianismo porque la iglesia está en una era de apostasía. Está en un estado de corrupción, rechazando las verdades históricas pero guardando las apariencias, la forma de la santidad sin el poder intrínseco en su estructura (2 Ti. 3.5). La revuelta es contra la religión y contra su conexión con el orden mundial por completo. Sorprende bastante que muchos de los ataques que se producen contra el cristianismo en esta revuelta no vengan de filósofos o científicos; los ataques más devastadores proceden de los púlpitos y de los seminarios teológicos. Las lanzas y las flechas contra la fe vienen de quienes deberían estar predicando el evangelio y defendiendo la fe; los pastores puestos para cuidar de las ovejas. Es un triste pero irrefutable hecho que los peores enemigos de la fe son con frecuencia los que tenían el encargo de proclamarla.

Hay que entender cuidadosamente esta amenaza: la iglesia cristiana está dividida entre ortodoxia y anarquía. Esta dividida entre los teólogos conservadores que procuran defender la fe y los liberales que desmitifican la mayor parte de la esencia del evangelio y luego lo remitifican de nuevo, reteniendo únicamente sus valores éticos y morales. A esta mezcla se añaden los teólogos de la *muerte de Dios*, que trabajan diligentemente para sepultar la esencia del evangelio cristiano y preservar el cadáver embalsamado, la iglesia, para que pueda continuar pagando los salarios que cobran aunque no hayan empezado a ganárselos. Después están los teólogos *neoortodoxos*, que quieren parte de la esencia del evangelio y parte de la forma del evangelio, sin ningún compromiso real con la autoridad de ambas.

Estamos en un tiempo de anarquía en la iglesia, en que los líderes, más interesados en la metodología que en la obediencia bíblica, han sacrificado la defensa de la fe, ordenada en Judas 3, sobre el altar de los compromisos. Estos compromisos se fomentan con el disfraz de un «nuevo» método evangelístico que confunde a la mayoría y promueve en los medios la imagen de los cristianos como «tolerantes». Tal vez el mejor ejemplo reciente de esto sea la «Velada de amistad» celebrada el 14 de noviembre de 2004 en Salt Lake City, Utah, donde dirigentes cristianos adoraron junto a los mormones en su Tabernáculo, pese al hecho de que esta secta tiene el firme propósito de destruir al cristianismo.[47] En medio de este caos, ¿sorprende que la gente esté confusa? Este tipo de alianzas demuestran cuánto se ha extraviado la iglesia del ejemplo de Jesucristo. Entre los modernos teólogos y seminarios, y los débiles intentos de la iglesia por «relacionarse» con los que están resueltos a destruirla, es fácil ver por qué el que visita el banco de la iglesia no quiere saber nada del cristianismo.

Se ha rechazado a la iglesia dividida: aunque aquí, en este terrible rechazo, está una de las mayores oportunidades del cristianismo evangélico. La iglesia tiene que presentarle algo al mundo que este necesita con desesperación: un Cristo sin divisiones y un evangelio sin cambios, un testimonio vital y dinámico, un Redentor vivo que puede transformar las vidas de los hombres, mujeres y jóvenes porque Él *vive* y tiene poder para transformar. Esta es la respuesta al rechazo a la iglesia dividida.

Finalmente, otra razón para la moderna revolución ocultista está en la fascinación del corazón del hombre ante lo misterioso y lo desconocido. Las personas están buscando, intentando dar con algo que les proporcione seguridad en un mundo que parece haberse vuelto loco, un mundo que adopta la nueva moralidad, un mundo que tolera la ética situacional y un mundo que se muestra en rebelión. Necesitan creer que no son piezas inanimadas de una gran rueda, sin propósito ni metas en la existencia. Anhelan certeza en una era de incertidumbre y el ocultismo les ofrece este seductor cebo: *Venga al mundo de lo oculto y encuentre lo que la iglesia no puede ofrecer: secretos y misterios para satisfacer las necesidades del día.*

Respuesta de la Escritura

Frente a todo esto, la iglesia cristiana tiene que aprender cuál es la posición bíblica y entrar en acción decidida. Hay un triple acercamiento: examinar las muchas facetas del ocultismo, explorar lo que la Biblia dice sobre el tema y evaluar la mejor manera de llevar la verdad bíblica al mundo.

---

47. Para más detalles, véase Carrie A. Moore, "Evangelical Preaches at Salt Lake Tabernacle", *Deseret Morning News,* 15 noviembre 2004, http://deseretnews.com/dn/view/0,1249,595105580,00.html.

El mundo del ocultismo se edifica sobre una palabra: *experiencia.* No se fundamenta en la autoridad revelada. Por tanto, el cristiano debe analizar toda experiencia a la luz de la autoridad divina. El propósito de este libro no es discriminar ni atacar a las personas. La Biblia enseña a los cristianos «examinadlo todo; retened lo bueno» (1 Tes. 5.21). El apóstol Pablo nos recuerda que lo examinemos todo, sin importar lo que aparente. En Hechos 16 y 17 entregó la gloriosa verdad del evangelio a los de Berea, y después de que escucharan el evangelio de Cristo (el *Carisma*, el mensaje de redención) tomaron la revelación de Dios mismo, examinaron las Escrituras del Antiguo Testamento y las compararon con lo que Pablo decía. Vieron que estaban en perfecta sintonía y *entonces* creyeron en el evangelio. La Escritura dice que ellos fueron más nobles que los de Tesalónica porque escudriñaron las Escrituras (Hch. 17.11).

¿Qué dice la Biblia sobre el ocultismo? ¿Qué dice sobre la información que recibió Marcus Bach, la doctrina de los demonios, de manos de un demonio que tenía exactamente el mismo aspecto que su hermana? La experiencia de Bach tiene un paralelo en 1 Samuel 28.6-19:

> Y consultó Saúl a Jehová; pero Jehová no le respondió ni por sueños, ni por Urim, ni por profetas.
>
> Entonces Saúl dijo a sus criados: Buscadme una mujer que tenga espíritu de adivinación, para que yo vaya a ella y por medio de ella pregunte. Y sus criados le respondieron: He aquí hay una mujer en Endor que tiene espíritu de adivinación. Y se disfrazó Saúl, y se puso otros vestidos, y se fue con dos hombres, y vinieron a aquella mujer de noche; y él dijo: Yo te ruego que me adivines por el espíritu de adivinación, y me hagas subir a quien yo te dijere. Y la mujer le dijo: He aquí tú sabes lo que Saúl ha hecho, cómo ha cortado de la tierra a los evocadores y a los adivinos. ¿Por qué, pues, pones tropiezo a mi vida, para hacerme morir? Entonces Saúl le juró por Jehová, diciendo: Vive Jehová, que ningún mal te vendrá por esto. La mujer entonces dijo: ¿A quién te haré venir? Y él respondió: Hazme venir a Samuel. Y viendo la mujer a Samuel, clamó en alta voz, y habló aquella mujer a Saúl, diciendo: ¿Por qué me has engañado? pues tú eres Saúl. Y el rey le dijo: No temas. ¿Qué has visto? Y la mujer respondió a Saúl: He visto dioses que suben de la tierra. Él le dijo: ¿Cuál es su forma? Y ella respondió: Un hombre anciano viene, cubierto de un manto. Saúl entonces entendió que era Samuel, y humillando el rostro a tierra, hizo gran reverencia.
>
> Y Samuel dijo a Saúl: ¿Por qué me has inquietado haciéndome venir? Y Saúl respondió: Estoy muy angustiado, pues los filisteos pelean contra mí, y

Dios se ha apartado de mí, y no me responde más, ni por medio de profetas ni por sueños; por esto te he llamado, para que me declares lo que tengo que hacer. Entonces Samuel dijo: ¿Y para qué me preguntas a mí, si Jehová se ha apartado de ti y es tu enemigo? Jehová te ha hecho como dijo por medio de mí; pues Jehová ha quitado el reino de tu mano, y lo ha dado a tu compañero, David. Como tú no obedeciste a la voz de Jehová, ni cumpliste el ardor de su ira contra Amalec, por eso Jehová te ha hecho esto hoy. Y Jehová entregará a Israel también contigo en manos de los filisteos; y mañana estaréis conmigo, tú y tus hijos; y Jehová entregará también al ejército de Israel en mano de los filisteos.

¡Qué contradicción! Aquí tenemos a un rey practicando el espiritismo, violando la Palabra de Dios y, además, jura *por Dios* proteger a la mujer poseída por el demonio. Esto demuestra lo lejos que los hombres pueden apartarse de la gracia divina cuando se alejan de la presencia de Dios. Los espiritistas saltarán diciendo aquí que la adivina de Endor materializó a Samuel, pero no es así. Ella planificó la materialización de algo que Saúl pudiese *creer* que fuera Samuel; el propio texto indica que ella se llevó el susto de su vida. El profeta Samuel apareció en realidad por intervención divina; predijo un juicio general y la sesión terminó en destrucción. Esta es la única sesión espiritista registrada en la Biblia, y Dios la interrumpió. Concluyó con una declaración de juicio.

En este punto es importante notar que no aparece el nombre de «bruja» en la Biblia; la palabra que se usa en la Biblia de las Américas es «médium», una persona gobernada por otro espíritu. Esta médium, o *bruja*, intercedía ante los muertos. Ella tenía un espíritu de adivinación, un demonio, cuya función consistía en imitar aquello que la mujer invocara, como el demonio que imitó a la hermana de Bach. Pero esta vez ocurrió algo que no estaba en el programa.

Los médiums intentan interpretar y predecir el futuro; en todos los foros ocultistas pretenden predecir el futuro. ¿Qué persiguen con todo eso? Primero, quieren controlar la vida y sus circunstancias. Segundo, prometen sanidad para los cuerpos y las mentes. Tercero, prometen afrodisíacos, secretos de amor que solo pueden descubrirse mediante fenómenos ocultos. El ocultismo está intensamente cargado de implicaciones psicosexuales y los que se meten en él suelen estar inmersos en inmoralidad. Cuarto, buscan constantemente el conocimiento del futuro; intentan siempre retirar el velo de la eternidad para ver lo que Dios va a hacer.

Este es el objetivo de todos los espiritistas: penetrar mediante los fenómenos psíquicos en otra dimensión de la realidad. Y las otras dimensiones de la realidad *existen.* Hay una dimensión conocida como el trono de Dios y una dimensión conocida como el infierno. Efesios 2.2 describe una dimensión llamada el dominio del «príncipe de la potestad del aire», el dios de este siglo. Y por último, los hombres habitan un nivel continuo de espacio-tiempo, puesto que hay cuatro dimensiones que Dios ha revelado. No descarte el hecho de que hay otras dimensiones de la realidad: simplemente porque nuestros sentidos no puedan percibirlas de manera inmediata no significa que no existan. La Biblia no dice que Jesucristo ascendió a los cielos pasando por la estratosfera, la ionosfera y el espacio exterior, todos los cuales forman parte del continuo espacio temporal de la dimensión material. Jesucristo ascendió *a través* de los cielos; la dimensión abierta, y pasó *a través* de ellos hasta el mismísimo trono de Dios. Esteban le vio con los cielos abiertos, a la diestra de Dios, una figura descriptiva de autoridad y poder.

La lección a aprender del pecado de Saúl es que el mundo psíquico está habitado por fuerzas de oscuridad, no por el tío Carlos, la tía Elena o el primo Guillermo o todas las personas que uno quisiera invocar en una sesión espiritista. No están a nuestro alcance. Hay una gran sima entre esta dimensión y la dimensión, cualquiera que sea, donde ellos se encuentran, sea el cielo o el infierno. Lucas 16 revela la presencia de dicha separación. Las personas quieren internarse más allá de la siguiente dimensión, y esa dimensión es *hostil* a la nuestra. Está controlada por la persona a quien Jesucristo llamó el príncipe de este mundo, así que ¡ni se acerque! Una vez se abra la puerta, Satanás y su poder entrarán.

En Génesis 40.7-8, encontramos una de las afirmaciones más fuertes de la Biblia al respecto. José era uno de los hijos de Dios y un profeta, y tenía algo que decir sobre Dios que resulta muy interesante: «Y él preguntó a aquellos oficiales de Faraón, que estaban con él en la prisión de la casa de su señor, diciendo: ¿Por qué parecen hoy mal vuestros semblantes? Ellos le dijeron: Hemos tenido un sueño, y no hay quien lo interprete. Entonces les dijo José: ¿No son de Dios las interpretaciones? Contádmelo ahora».

¿Qué estaba diciendo el profeta? *¡Acuda a Dios por las repuestas!* No busque respuestas de otra fuente que no sea la divina, o serán las respuestas equivocadas, y si le proporcionan una información adecuada, es para apoyar un camino *erróneo*. Satanás le dará algo bueno para que se produzca algo malo.

La interpretación pertenece a Dios. En Isaías 8.19, los hijos de Israel tenían exactamente el mismo problema y Dios les dio una respuesta: «Y si os dijeren: Preguntad a los encantadores y a los adivinos, que susurran hablando, responded: ¿No consultará el pueblo a su Dios? ¿Consultará a los muertos por los vivos?» Dios revelará lo que las personas necesitamos saber; busque las respuestas de Él. Recuerde, todas estas cosas están en la mano de Dios. ¿Debe la gente consultar a los que están poseídos por demonios? No, consulte a Dios. Si hay algún conocimiento digno de confianza que llegue hasta usted, viene de Él, no de otras fuentes. Dios advirtió a Israel: *apártense de ellos.*

Dios estaba tan decidido a comunicarles esto que mandó en Éxodo 22.18: «A la hechicera no dejarás que viva». Esta era la sentencia establecida en la ley de Israel: ejecutar al médium. «Y la persona que atendiere a encantadores o adivinos, para prostituirse tras de ellos, yo pondré mi rostro contra la tal persona, y la cortaré de entre su pueblo... Y el hombre o la mujer que evocare espíritus de muertos o se entregare a la adivinación, ha de morir; serán apedreados; su sangre será sobre ellos» (Lv. 20.6, 27).

El Espíritu Santo da más advertencias en Isaías 47.13-14, y de nuevo en Daniel 1.17-20:

> A estos cuatro muchachos Dios les dio conocimiento e inteligencia en todas las letras y ciencias; y Daniel tuvo entendimiento en toda visión y sueños. Pasados, pues, los días al fin de los cuales había dicho el rey que los trajesen, el jefe de los eunucos los trajo delante de Nabucodonosor. Y el rey habló con ellos, y no fueron hallados entre todos ellos otros como Daniel, Ananías, Misael y Azarías; así, pues, estuvieron delante del rey. En todo asunto de sabiduría e inteligencia que el rey les consultó, los halló diez veces mejores que todos los magos y astrólogos que había en todo su reino.

Eran *diez veces mejores* que todos los astrólogos, agoreros y ocultistas del reino en cuestiones de conocimiento. El Espíritu del Dios viviente estaba en ellos.

Por último, en Daniel 2.27-28, vemos una maravillosa descripción de cómo trata Dios con estos asuntos. «Daniel respondió delante del rey, diciendo: El misterio que el rey demanda, ni sabios, ni astrólogos, ni magos ni adivinos lo pueden revelar al rey. Pero hay un Dios en los cielos, el cual revela los misterios, y él ha hecho saber al rey Nabucodonosor lo que ha de acontecer en los postreros días». Los sabios, los astrólogos y los adivinos fracasan, pero hay un Dios en los cielos que revela los sueños y las visiones; a Él le pertenecen las interpretaciones.

Conclusión

A las puertas de la iglesia tenemos todo un campo de misión compuesto por las almas introducidas en las sectas y el ocultismo. Los cristianos deben estudiar los principios de estos elementos para poder utilizarlos contra un enemigo sobrenatural empeñado en su destrucción. Hay millones de personas sin alcanzar con el evangelio de Jesucristo. Se trata de almas por las que Cristo murió. Dios le pide a la iglesia que se instruya en estas cosas, no para golpear en la cabeza a las personas con ese conocimiento, sino para que los cristianos sientan compasión por los perdidos y salgan a llevarles el evangelio del Señor Jesús.

Porque no envió Dios a su Hijo al mundo para condenar al mundo, sino para que el mundo sea salvo por él (Jn. 3.17, 12.47). Si la iglesia de Jesucristo no alcanza a los espiritistas o a los mormones, ¿quién lo hará? Algunos cristianos puede que nunca tengan la oportunidad de cruzar los océanos para conocer a un aborigen o a un zulú, pero ellos pueblan todo el paisaje de Estados Unidos. Simplemente llevan diferentes etiquetas, como brujos, paganos o unitarios universalistas, lo que sea.

La Escritura nos dice en Isaías 47.13 que Dios quiere que aprendamos algo:

> Te has fatigado en tus muchos consejos. Comparezcan ahora y te defiendan los contempladores de los cielos, los que observan las estrellas, los que cuentan los meses, para pronosticar lo que vendrá sobre ti.

Las personas que quieren descubrir el futuro no pueden ver que Dios tiene planeada su destrucción. Hasta tal punto resultan inútiles; no pueden salvarse a sí mismas. ¿Cómo salvarán a otros?

No olvide que el mundo del ocultismo es el mundo del demonismo. No hay un diablo debajo de cada silla ni detrás de cada farola, pero no lo dude, Satanás existe. Se le encuentra de muchas maneras, pero la más común es el mundo de los fenómenos psíquicos. Él está ahí, siempre intentando convencer y controlar a las personas mostrándoles cosas extraordinarias.

Hay otro Jesús, otro espíritu y otro evangelio (2 Co. 11.3-4). Son engañosos, no se deje confundir por ellos. El Jesús de los espiritistas es un médium avanzado; el Jesús de los brujos es un superbrujo; y el Jesús de los teosofistas es la reencarnación del alma del mundo. Pero el Jesús de la Biblia es el Señor Jehová Dios en forma humana, y eso es lo que separa para siempre a los hijos de Dios del reino de lo oculto. Estudie al otro Jesús, pero no se deje desviar por él. Puede que parezca muy real, pero no lo es. Cuando esas personas digan: «Creo en Jesús», míreles directo a los ojos y pregunte: «¿En cuál?» Eso tiene un gran efecto para desarmarlos.

¿Quién es Jesús? ¿Qué espíritu está activo en la obra? ¿Qué evangelio se está predicando? ¿Es el de la gracia sola mediante la fe? Jesús respondió las preguntas de la gente. Pablo también y los apóstoles. Y hoy, los que tienen éxito en llevar adelante el ministerio del evangelio siguen dedicándose a responder preguntas. Esto es parte del desafío del ocultismo y su reino.

Recursos recomendados

1. Albright, William F. *Arqueología de Palestina.* Ediciones Garriga, Barcelona, 1962.
2. Gordon, Cyrus H. *The Common Background of Greek and Hebrew Civilizations* [El trasfondo común de las civilizaciones griega y hebrea]. Norton, Nueva York, 1965.
3. Martin, Walter. *The Baptism of Boldness* [El bautismo de denuedo]. CD/cinta de audio, Walter Martín Ministries, www.waltermartin.com.

BREVES APUNTES ACERCA DE LA DOCTRINA DE LOS DEMONIOS

- Satanás fomenta una religión que se presenta como pura y verdadera.
- Esta doctrina enseña que Jesucristo no es Dios hecho hombre. Jesús era perfecta humanidad; Cristo era la idea de Dios en Él.
- Jesús es uno de muchos dioses iguales. Él es un aspecto de la verdad; es un fragmento de la vida.
- El conocimiento secreto del futuro existe fuera de Dios, y es algo para buscar.
- Aparte de Dios, hay seres sobrenaturales con los que es posible contactarse y que pueden controlarse.

3

Doctrina de demonios

El antiguo proverbio salomónico «nada hay nuevo debajo del sol» (Ec. 1.9) ha demostrado su idoneidad cuando se aplica a la fascinación del hombre por lo oculto y a su característico interés por la actividad demoníaca. Según los manuscritos bíblicos más antiguos, los demonios estaban presentes en la antigüedad, como lo están hoy. Hay abundante evidencia histórica que apoya la posición bíblica, proporciona detalles de las descripciones físicas y de las personalidades diferenciadas de innumerables demonios en todas las civilizaciones conocidas. El profesor J. den Boeft, en su comentario *Calcidius on Demons,* escribe: «La creencia en la existencia y actividad de los demonios jugó un amplio papel en la vida de la antigüedad remota, tanto en la religión práctica de cada día como en las reflexiones teóricas de la filosofía y la teología. Las perspectivas religiosas y filosóficas muestran una gran variedad que va desde la simple fe hasta sistemas muy elaborados de demonología».[1]

A lo largo de la historia, los expertos han discutido el significado cultural de la palabra *demonio,* argumentando que se refiere tanto a espíritus buenos como a malos, pero la Biblia es clara en su definición. Los demonios nunca se refieren a otra cosa que a los seres sobrenaturales malignos. El Antiguo Testamento usa el término hebreo *sheediym* para describir seres espirituales que son racionales y malvados: «Sacrificaron a los demonios» (Dt. 32.17).[2] El *Comentario de la Santa Biblia de Adam Clarke* analiza las traducciones bíblicas de la palabra «demonio»:

1. J. den Boeft, *Calcidius on Demons,* E.J. Brill, Leiden, 1977, p. 1.
2. *Ethusan* NT:2380; *daimoniois* NT:1140. «El término original *sheediym* se ha entendido de varias maneras. Los manuscritos sirio, caldeo, Targum de Jerusalén y Jonatán, y el samaritano, conservan la palabra original... Las traducciones Vulgata, Septuaginta, las árabe, persa, copta y anglosajona tienen diablos o demonios. El anglosajón tiene diablos. *Lasheediym,* AT:7700; *shod* (sombra); de AT:7736; un demonio (como algo maligno): *rúakj,* de AT:7306; viento; por similitud, aliento o respiración, es decir, una exhalación perceptible (o incluso violenta); en sentido figurado, vida, furia, insustancialidad; por extensión, una región del cielo; por similitud, espíritu, pero solo el de un ser racional (incluyendo su expresión y funciones)» *(Adam Clarke's Commentary on the Bible* [CD-ROM, 1996], *Interlinear Transliterated Bible* [Biblesoft, 1994] y *Nueva concordancia Strong exhaustiva).*

> La Septuaginta traduce *ethusan* [y] *daimoniois*, sacrificaron a los demonios: la Vulgata copia de la Septuaginta: el árabe tiene *sheeateen*, plural de *Sheetan*, Satán, con quien parecen encajar muy bien los ángeles rebeldes, dado que la palabra viene de la raíz *shatana*, era alguien obstinado, soberbio, contumaz... Y es probable que estos espíritus caídos, al haber perdido definitivamente el imperio al que estaban destinados, fuesen adorados bajo diferentes formas y nombres en distintos lugares.[3]

El término *demonio* deriva del griego *daimónion*, que significa espíritu o espíritus malos, comparable al sentido de *pneúmati toó akathártoo*, que se refiere a espíritus inmundos.[4] Esta definición cuenta con el apoyo de múltiples ejemplos a lo largo de la Biblia y el especial encuentro que Jesús tuvo con un demonio en Lucas 9.42, donde Él mismo relacionó la palabra *demonio* con *espíritu inmundo*. «Mientras se acercaba el muchacho, el demonio le derribó y le sacudió con violencia; pero Jesús reprendió al espíritu inmundo, y sanó al muchacho, y se lo devolvió a su padre». Jesucristo identificó «demonio» con «espíritu inmundo», lo que supone la base para la interpretación cristiana del griego. La Biblia es tanto una obra histórica como teológica y su testimonio presencial debe ser considerado en la balanza; no debe descartarse.[5] Aunque los historiadores y los teólogos discutan sobre la interpretación cultural griega del término, la clara interpretación bíblica en significado y contexto es que se trata de seres espirituales malignos, poderosos y empeñados en la destrucción de los hombres.

Parece claro a partir de los registros históricos que el mundo antiguo reconocía la existencia del mal y la manifestación del mismo a través de la actividad demoníaca. Desde la sangrienta diosa india Kali hasta la sumeria Ishtar, desde el dios amonita Moloc hasta las Arpías y Gorgonas griegas, la historia está repleta de nombres, caras y hechos del reino demoníaco. La voz del rey David resuena desde el pasado remoto, revelando la práctica común de la antigua adoración a los demonios y la participación de Israel en ella: «Sacrificaron a los demonios, y no a Dios; a dioses que no habían conocido, a nuevos dioses venidos de cerca, que no habían temido vuestros padres» (Dt. 32.17). Y de nuevo en Salmos 106.37-38: «Sacrificaron sus hijos y sus hijas a los demonios, y derramaron la sangre inocente, la sangre de sus hijos y de sus hijas, que ofrecieron en sacrificio a los ídolos de Canaán, y la tierra fue contaminada con sangre».

---

3. Clarke, Adam. *Comentario de la Santa Biblia,* Casa Nazarena de Publicaciones, Kansas City, MO, 1980.
4. Juan 8.49, demon = NT:1140; *daimónion*; neut. de un der. de 1142 *(Interlinear Transliterated Bible)*.
5. Para una interesante revisión de las evidencias arqueológicas bíblicas, véase G. P. Hugenberger, *Evidences for the Historicity of the Bible,* Park Street Church, http://images.acswebnetworks.com/1/934/Historicity_of_Bible.pdf (acceso obtenido 2 junio 2008).

Roma fue ejemplo de la práctica de la adoración de demonios, mostrando en la cumbre de su poder templos, murales, escritos e inscripciones que detallaban la influencia de lo demoníaco. En ningún sitio está tan claro como en las ruinas de la condenada ciudad de Pompeya. El historiador Michael Grant arroja luz sobre la inmersión de la cultura romana en la adoración de múltiples deidades, especialmente su participación en las llamadas *religiones mistéricas,* cultos que solían incluir borracheras y orgías. Aunque la adoración a Júpiter y a Vesta tenía muchos seguidores, eran las religiones mistéricas como la de Baco (Dioniso) e Isis, con toda su oscuridad y perversión implícitas, las que cautivaron al imperio. «Había ciertos cultos de carácter cívico nacional. Pero lo que más emocionaba a los pompeyanos, como a millones de habitantes del imperio, eran las religiones mistéricas. Porque prometían salvación en la otra vida para sus iniciados y solo fueron, mucho después, frenadas por el cristianismo de manera que no llegaran a apoderarse de todo el mundo antiguo».[6]

La Edad Media avivó el conocimiento del reino demoníaco y su relación con las personas. El renacimiento se recuerda por su genio y belleza, pero contaba con un lado mucho más oscuro que el retrato histórico de la *iluminación* creado por Miguel Ángel y otros. Conjurar demonios se convirtió en una práctica tan común durante ese tiempo que los autoproclamados magos y hechiceros que los invocaban empezaron a registrar nombres de demonios, sus poderes y descripciones físicas.[7] La iglesia intentó combatir a los conjuradores con abundantes libros y tratados acerca de cómo tratar con hechiceros, brujos y magos, pero el interés general se mantuvo con fuerza. Inevitablemente, el conflicto entre la iglesia y los practicantes de las «artes oscuras» se intensificó, culminando en algunos de los crueles juicios contra la brujería de la historia. Cientos de años después, este espíritu de histeria se reafirmó una vez más en Europa y América, produciendo los mismos terribles resultados.

Desde los tiempos antiguos a los actuales, la presencia del mal ha dejado su marca en los corazones, las mentes y la historia de la humanidad. Los demonios son reales y poderosos. Si las personas los ignoran, lo hacen bajo su cuenta y riesgo.

Demonología

El apóstol Pablo revela la verdad de la estrategia demoníaca en 1 Timoteo 4.1, y sus palabras adquieren gran significado hoy. «Pero el Espíritu dice claramente que en los postreros tiempos algunos apostatarán de la fe, escuchando a espíritus engañadores y a doctrinas de demonios». El verbo «apostatarán» viene de *aposteésontai* que significa deslizarse

---

6. Grant, *Eros in Pompeii,* p. 51. En español, véase nota 10 de cap. 2.
7. J. S. Forsyth, *Demonologia or, Natural Knowledge Revealed,* A. K. Newman, Londres, 1831, p. 315.

de algo; «escuchando a espíritus engañadores» o errantes; y «*didaskalíais daimoníoon*», la enseñanza de los demonios. *Didaskalíais daimoníoon* son dos palabras que solo aparecen juntas una vez en el Nuevo Testamento, y esa aparición debería llamar la atención de cada cristiano que se tome el Nuevo Testamento en serio. Aquí, el apóstol Pablo, escribiendo de un plumazo bajo la inspiración del Espíritu Santo, revela que hay algo llamado enseñanza de los demonios; hay algo que *se origina* en Satanás y que se presenta como una religión pura y verdadera.[8]

En el mundo actual, algunas personas sienten que es políticamente incorrecto o incluso bochornoso reconocer el genuino y realmente importante estudio de los demonios en el Antiguo y el Nuevo Testamento. Pero cualquiera que tenga idea del ocultismo o del reino de las sectas sabe inmediatamente lo insensato que es eso: los demonios no son pequeños personajes que andan por ahí con rabos puntiagudos y tridentes, copias y caricaturas del diablo que a él le encanta que haga el mundo, especialmente en Halloween. Los demonios son seres malignos simplemente de *otra dimensión*; viven en una dimensión distinta a la nuestra, pero son capaces de entrar aquí.

Como vimos en el primer capítulo, la Escritura enseña la realidad de otras dimensiones. Está la dimensión del cielo, el trono de Dios. El Señor Jesucristo ascendió —en griego *dieleeluthóta toús ouranoús* significa «entró en los cielos» (Hch. 1.9; Ef. 4.10)— por las dimensiones, para entrar en el cielo, el trono de Dios (Heb. 4.14).

Después hay otra dimensión que la Escritura menciona como controlada por el príncipe de la potestad del aire, más allá de la cual está el trono de Dios. La Biblia enseña que si no fuese por la directa intervención de Dios el Espíritu Santo, la iglesia sería derrotada por el poder de Satanás. «Porque ya está en acción el misterio de la iniquidad; sólo que hay quien al presente lo detiene, hasta que él a su vez sea quitado de en medio» (2 Ts. 2.7). Dios permite que el mal continúe y mientras tanto lo detiene, hasta que se quite lo que lo detiene. Cuando eso ocurra, la Escritura enseña que se armará un tremendo caos sobre la dimensión terrenal, pero es el Espíritu quien lo detiene ahora. Por eso exclama Juan en 1 Juan 4.4: «Mayor es el que está en vosotros, que el que está en el mundo». Los cristianos están protegidos por la persona, la presencia y el poder del Espíritu Santo.

Evidencias de los demonios

¿Qué pruebas tenemos exactamente en el Nuevo Testamento de la existencia de los demonios? Los mejores ejemplos se encuentran en las experiencias de Jesucristo. Cuando se enfrentó a Satanás, no se enfrentó al mal corporativo de la humanidad, no se enfrentó

8. *Interlinear Transliterated Bible,* Biblesoft.

a una abstracción filosófica ni estaba usando una mera personificación para hablar del mal. Cuando Jesús se enfrentó al diablo, mantuvo un diálogo con él. Ahora bien, en dicho diálogo vemos que Cristo, o bien era esquizofrénico, cosa que el Nuevo Testamento rechaza de plano, o bien estaba hablando con *otro* ser dimensional y, en su conversación con él Satanás reveló algo: «Y le llevó el diablo a un alto monte, y le mostró en un momento todos los reinos de la tierra. Y le dijo el diablo: A ti te daré toda esta potestad, y la gloria de ellos; porque a mí me ha sido entregada, y a quien quiero la doy. Si tú postrado me adorares, todos serán tuyos» (Lc. 4.5-7). Esto es lo que desea el diablo: *adoración.*

Los demonios son casi literalmente hijos de Satanás, ángeles caídos o espíritus que siguieron a Lucero en su rebelión contra el trono de Dios. Adoran al diablo, no a Dios. Cuando, al principio de su ministerio, Cristo se enfrentó a los demonios, se ocupó de ellos y le confesaron algo: «¡Ah! ¿qué tienes con nosotros, Jesús nazareno? ¿Has venido para destruirnos? Sé quién eres, el Santo de Dios» (Mc. 1.24). Cuando Cristo se encontraba con los demonios, los expulsaba.

El Nuevo Testamento enseña sobre un ser satánico. Enseña que hay seres del mal o seres espirituales que controlan a los individuos. Son capaces de producir enfermedades mentales y síquicas; pueden atar a las personas; pueden crear toda clase de síntomas en la vida del hombre y, si no se les reconoce, producirán una destrucción terrible. No hay un demonio detrás de cada farola ni debajo de cada asiento, pero es una gran insensatez pensar que no existen. Esto es precisamente lo que el mundo da por sentado, y eso explica su condición actual. Esa gran fuerza anda suelta; las personas intentan ponerle otros nombres, pero no sirve de nada.

Análisis de caso real

Sir Arthur Conan Doyle; Gales, 1920

Este es el relato de las andanzas geográficas y especulativas de un espiritista...

Hacía una noche estupenda mientras caminaba con mi cabeza palpitando y todos mis huesos estremecidos desde la villa de míster Sotheray, en Merthyr. Detrás de mí el desinhibido resplandor de la herrería Dowlais iluminaba el cielo, y al frente centelleaban las luces de la ciudad galesa. Durante dos horas mi esposa y yo habíamos estado allí sentados escuchando los susurros de los muertos, voces llenas de ardiente vida y de deseos de atravesar la barrera de nuestros embotados sentidos. Habían vibrado y se habían movido a nuestro alrededor, dándonos nombres de mascotas, dulces recuerdos sagrados, la íntima conversación de los viejos tiempos. Sobre nosotros se habían cernido elegantes luces en la oscuridad, señales del poder espiritual. Era un mundo diferente y maravilloso. Ahora, con esas voces frecuentando todavía nuestros recuerdos nos habíamos escabullido en silencio hacia el centelleo de las ventanas de la casita de campo. Como no había considerado bien todo aquello, agarré la mano a mi esposa en la oscuridad y grité en voz alta: «¡Dios mío, si solo supieran, si solo pudieran saber!» Quizá en ese grito surgido del fondo de mi alma surgió el inicio de mi viaje al otro lado del mundo. El deseo de servir era fuerte en los dos. Dios nos había dado maravillosas señales, y estaba claro que no eran solo para nosotros…

He aquí una muestra de la auténtica enseñanza del otro lado que se aplica a la cuestión. La tomo del destacado relato de míster Miller, de Belfast, cuyos diálogos con su hijo después de su muerte me parecen tan ciertos como todos los casos que me han llegado. Al preguntar al joven soldado algunas cuestiones sobre la exacta posición de Cristo en la religión, él contestó con modestia que tal asunto le quedaba grande y le pidió que le dejara preguntar a su guía superior para poder responder. Con una nueva voz y con unas maneras más serias, el médium dijo a continuación:

«Quisiera responder a su pregunta. La designación apropiada es Jesús el Cristo. Jesús era perfecta humanidad. Cristo era la idea de Dios en Él. Jesús, a causa de su pureza, manifestó en el más alto grado los poderes psíquicos que produjeron sus milagros. Jesús nunca predicó sobre la sangre del cordero. Los discípulos, después de su ascensión, olvidaron el mensaje por su admiración a aquel hombre. El Cristo está en cada ser humano, y también todos los poderes psíquicos que Jesús utilizó. Si dieran al desarrollo espiritual la misma importancia que otorgan a la comodidad y al crecimiento de sus cuerpos materiales, su progreso en la vida espiritual se aceleraría y se caracterizarían por las mismas obras que realizó Jesús. Lo único esencial para todo en la tierra por lo que cabe esforzarse es un conocimiento más pleno y el crecimiento en la vivencia espiritual».

Creo que la frase «olvidaron el mensaje por su admiración a aquel hombre» es una de las más fecundas que he oído.

Australia, 1920

Las celebraciones sociales son algo fuera de lugar con mi actual estilo de pensamiento, y me encontraba más en mi salsa la tarde siguiente en una reunión del «círculo de rescate» presidido por el señor Tozer...[9] El círculo se sienta alrededor cantando y rezando mientras el señor Love cae en un estado de trance... Entonces queda bajo el control del chino Quong, que es una persona de tal posición y sabiduría del otro mundo que los espíritus inferiores tienen que obedecerle. Hay poca luz, pero aun así se aprecian muy claramente las características del chino, su cabeceo, el costado, el humor de su mirada, la astuta sonrisa, las manos cruzadas y metidas en lo que parecían las anchas mangas de un vestido de mandarín. Saluda a los presentes en un inglés algo artificial y dice que tiene a muchos que podrían convenirnos más para nuestras ministraciones.

—Envíenoslos —dice el señor Tozer.

El médium se sienta recto de repente y le cambia completamente la cara para expresar una austera dureza.

—¿Qué es este obsceno absurdo? —grita.

—¿Quién es usted, amigo? —dice Tozer.

—Me llamo Mathew Barret. En vida di testimonio del Cordero, y de Él crucificado. Insisto: ¿qué es este obsceno absurdo?

—No es ningún absurdo, amigo. Estamos aquí para ayudarle y para enseñarle que ha sido atrapado y castigado por su estrechez de ideas, y que no puede progresar mientras no sea más bondadoso.

—Sigo creyendo lo que testifiqué en vida.

—Cuéntenos, amigo, ¿encontró al otro lado las cosas tal como las había predicado?

—¿Qué quiere decir?

—Pues, por ejemplo: ¿vio a Cristo?

Se produjo un embarazoso silencio.

—No, no lo vi.

—Entonces, considere que tal vez pueda haber verdad en lo que enseñamos, amigo.

—Eso va contra lo que he predicado.

9. Un círculo de rescate era una reunión o sesión espiritista con el propósito de ayudar a almas confundidas «del otro lado», para ayudarlas a encontrar la luz.

Un momento después, el chino estaba de vuelta con su cabeceo y su astuta sonrisa.

—Buen hombre, pero estúpido. Aprenderá en su momento. Tiene mucho tiempo por delante.

Hubo muchos otros, la mayoría de los cuales agradecieron los beneficios derivados de anteriores reuniones. «Nos han ayudado mucho», decían. Entre uno y otro, el viejo sabio chino realizaba comentarios sobre los distintos casos, con su amable y sabia alma veterana, dotada con ese toque de travieso humor que le recorría. Tuvimos una demostración del inútil don apostólico de lenguas durante la velada, porque dos de las damas presentes prorrumpieron en lo que después nos dijeron que era lengua maorí, manteniendo una larga y bien audible conversación. No pude comprobarlo, pero estaba claro que era algún tipo de idioma coherente. En todo eso no había nada que uno pudiese tomar aparte y citarlo como evidencia definitiva y absoluta, y sin embargo el efecto total resultaba de lo más convincente. No obstante, he tenido contacto con algunos círculos de rescate en los que podía establecerse la identidad de los pacientes, como los llamamos, de manera absoluta.[10]

Siempre ha sido posible comunicarse con los demonios, pero es algo expresamente prohibido por Dios. Sir Arthur Conan Doyle y su esposa ignoraron el consejo bíblico que dice: «probad los espíritus» (1 Jn. 4.1) y emplearon el resto de sus vidas en promover la doctrina de los demonios.

Doctrina de demonios

En Hechos 16 Dios revela exactamente cómo opera la doctrina de los demonios. Está minuciosamente detallado. No es una alucinación de un teólogo, es una revelación del Nuevo Testamento. Lo lamentable es que esto no se predica con mucha frecuencia, sobre todo porque puede ser un tema difícil, pero los cristianos deberían encararlo. Nada se resuelve escapando de ello, sino enfrentándolo en el poder de la resurrección de Cristo.

En Hechos 16.16-18, el apóstol Pablo estaba llevando a cabo un glorioso ministerio de evangelización. Como estaba predicando y realizando este maravilloso ministerio, era inevitable que Satanás saliese a escena, lo que hizo:

10. Arthur Conan Doyle, *Wanderings of a Spiritualist*, George H. Doran, Nueva York, 1921, pp. 13, 16, 26, 137-139.

Aconteció que mientras íbamos a la oración, nos salió al encuentro una muchacha que tenía espíritu de adivinación, la cual daba gran ganancia a sus amos, adivinando. Esta, siguiendo a Pablo y a nosotros, daba voces, diciendo: Estos hombres son siervos del Dios Altísimo, quienes os anuncian el camino de salvación. Y esto lo hacía por muchos días; mas desagradando a Pablo, éste se volvió y dijo al espíritu: Te mando en el nombre de Jesucristo, que salgas de ella. Y salió en aquella misma hora.

El espíritu de adivinación asociado a esa joven, *python* en griego, está directamente relacionado en la traducción a un área de Grecia llamada Delfos, donde el oráculo de Pitia respondía a los acaudalados peregrinos las preguntas sobre su futuro (videncia).[11] «Tener un espíritu de Pitón o de Apolo. Pitón era, según la leyenda, una gran serpiente que tenía un oráculo en el monte Parnaso, famoso por predecir los eventos futuros; Apolo mató a la serpiente y desde entonces recibió el sobrenombre de Pitio. Llegó a ser célebre como predictor de los eventos futuros; y todos los que podían o fingían predecir acontecimientos futuros estaban bajo la influencia del espíritu de Apolo Pitio».[12] Esta esclava poseía un espíritu de adivinación asociado al espíritu délfico y, por medio de sus poderes, aportaba grandes ganancias para las personas que utilizaban sus servicios.

Es importante subrayar aquí que «ella» seguía a Pablo. Satanás es bastante religioso; viste todas las formas de lo diabólico con la más piadosa terminología. Aquí ella anunciaba al mundo: «Estos hombres son siervos del Dios Altísimo, quienes os anuncian el camino de salvación». Nuestra traducción dice *el* camino de salvación, pero en el griego no aparece el artículo definido «el». El original dice «*un* camino de salvación». Satanás no recomienda el evangelio de Jesucristo; lo distorsiona. Satanás no admitirá bajo ninguna circunstancia que Jesucristo es el eterno Dios, el camino, verdad y vida hechos carne. Más bien, Satanás presenta a Jesús como uno más de los muchos buenos caminos; es un aspecto de la verdad, un fragmento de la vida. Esta joven que caminaba detrás de Pablo gritaba «estos hombres son siervos», pero ella no hacía lo mismo. No se lo dijo una o dos veces; lo gritó «por muchos días». Al final, Pablo acabó hartándose y le dijo al *espíritu* que había en la joven (no a ella): «Te mando en el nombre de Jesucristo, que salgas de ella. Y salió en aquella misma hora». El demonio salió en aquella misma hora y, cuando el amo de la joven vio que se había quedado sin su fuente de ingresos, se enfureció (v. 19).

---

11. Número de la Concordancia Strong NT:4436, Python. *Nueva concordancia Strong exhaustiva,* Grupo Nelson®, Nashville, TN, 2002.
12. *Adam Clarke's Commentary.* Para más información sobre el Oráculo de Delfos, véase Rachael Kohn, The Ark (Radio National), 9 enero 2005, http://www.abc.net.au/rn/ark/stories/2005/1266794.htm (acceso obtenido 1 de agosto 2008).

El Espíritu Santo resulta muy perjudicial para el negocio demoníaco de la adivinación. Por eso el ocultismo teme la presencia del Espíritu. No temen a otros espíritus, pero temen a los cristianos llenos del Espíritu Santo. No quieren tener nada con cristianos llenos del Espíritu, que tienen el poder para vencerles. Algunos cristianos tienen miedo a los demonios, eso no debería ser. Son los demonios los que tienen miedo de los cristianos. Lo tienen porque «mayor es el que está en vosotros, que el que está en el mundo» (1 Jn. 4.4). La iglesia no debería temer a las doctrinas de los demonios ni a los propios demonios. Más bien son *ellos* los que deberían estar advertidos para temer a la iglesia, porque es ella la que representa a Jesucristo, y contra *ella* no prevalecerán las puertas del infierno (Mt. 6.18). Esta es la promesa de Cristo y lo saben. Por tanto, los cristianos se equivocan al retroceder ante algo contra lo que deberían marchar victoriosos, con la cruz por delante, llevando liberación a las almas de los encarcelados.

Jesús es «un camino»

Presentar a Cristo como «un camino» es una de las primeras tablas de la plataforma de la doctrina de los demonios. Jesús es *un* camino, pero no *el* camino (Jn. 14.6). Los espiritistas dicen que Él es el más grande médium. Los bahai dicen que es una de las nueve grandes manifestaciones proféticas de la deidad. Los Testigos de Jehová dicen que es un superángel llamado Miguel. Los mormones dicen que es un dios de un panteón de divinidades, pero el relato de las Escrituras dice que Él es el mismísimo Señor Dios Jehová en forma humana, y esto es algo que no pueden afrontar. Por eso cuando Pablo se volvió hacia la joven y le dijo: «Te mando en el nombre de Jesucristo», el espíritu salió de ella. No hay poder capaz de resistir al Señor Jesús.

Es vital hacer preguntas, poner a prueba la teología de los otros. Algunas personas pueden etiquetar al cristiano que tal hace como «intolerante», pero es un método nacido de la preocupación, y la iglesia tiene que preocuparse *hasta la desesperación.* Porque donde los hombres han dado la espalda al Dios vivo, se han abierto a la doctrina de los demonios y tienen moviéndose en su interior los poderes de la oscuridad. Esas fuerzas están aquí y son reales.

Procurar el conocimiento secreto

Una de las doctrinas de los demonios enseña que las personas pueden obtener información de fuentes ajenas a Dios y que ese conocimiento secreto es de fiar. Pero Dios avisa que ese conocimiento hará extraviarse a la gente en una gran oscuridad espiritual. La persona que quiere interpretar el futuro *aparte* de Dios es alguien que podría apartarle a usted del Señor su Dios, y tal persona es peligrosa. No importa quién sea ni si lleva una cruz colgada al cuello; las cruces son baratas, así como la jerga piadosa. Una persona puede llegar a estar bautizada en la iglesia, enseñar en la escuela dominical, casarse con un cristiano y vivir una vida pseudocristiana, pero en realidad estar llena de toda clase de espíritus inmundos, si nunca ha acudido a la cruz. Hay personas así en iglesias de todo el mundo. ¿Nos sorprende que la iglesia sea ineficaz? La mayoría de los cristianos tienen poco discernimiento. El apóstol Pablo enseña que uno de los dones importantes del Espíritu de Dios es el «discernimiento de espíritus» (1 Co. 12.10). Los cristianos deben aprender a discernir. Dios no nos ha dejado a oscuras.

Explorar poderes ajenos al de Dios

Esta es la tercera tabla de la doctrina de los demonios: explorar o jugar con poderes *distintos* al poder de Dios. Una de las estrategias demoníacas de mayor éxito es la *absorción,* jugar con algo que uno no puede controlar. Esta absorción por parte de los poderes ocultos aparta a las personas del único que controla todas las cosas, en cuyas manos la iglesia debe comprometerse como testigo y sirviente de Jesucristo. El diablo está empeñado en intentar que la gente se obsesione con el futuro y los poderes que intervienen en revelarlo. Hechos 16.16-19 dibuja el retrato de una joven poseída absorbida por la predicción del futuro, y está claro (basándonos en la gran riqueza que producía) que *muchas* personas estaban fascinadas con aquello.

En Génesis 40.8 se arroja abundante luz sobre ese peligroso engaño. José, profeta de Dios, recibió esa iluminación del Espíritu Santo después de que el mayordomo principal y el jefe de los panaderos de Faraón acudiesen a él y le dijesen: «Hemos tenido un sueño, y no hay quien lo interprete. Entonces les dijo José: ¿No son de Dios las interpretaciones?» Esto es lo que el Creador, Señor del cielo y de la tierra, tiene que decir sobre el tema de la adivinación: el futuro le pertenece a Él, no es algo con lo cual jugar.

Isaías 45.11 es otro pasaje sobre la videncia. El profeta dice aquí, en términos muy claros, qué es exactamente lo que Dios quiere que las personas sepan en cuanto a la búsqueda del conocimiento secreto aparte de Dios: «Preguntadme de las cosas por venir; mandadme acerca de mis hijos, y acerca de la obra de mis manos». Dios está diciendo: *¡Hablad de ello conmigo! No habléis con las bolas de cristal ni con los barbudos profetas; no habléis con los que leen las manos o las hojas de té; no habléis con los que aseguran conocer las cosas secretas.* Y a continuación presenta sus credenciales: «Yo hice la tierra, y creé sobre ella al hombre. Yo, mis manos, extendieron los cielos, y a todo su ejército mandé. Yo lo desperté en justicia, y enderezaré todos sus caminos» (vv. 12-13). Dios termina con la promesa de que «Israel será salvo en Jehová con salvación eterna» (v. 17).

¿Cuál es la respuesta de Dios a las personas que se pasan la vida intentando averiguar el porvenir? *Si realmente quieres respuestas, habla conmigo. Yo tengo las respuestas, y si elijo no dártelas, es mejor que no las conozcas.* Si ahora mismo las personas supieran qué les depara el futuro, puede que esta noche ya no se acercasen a casa; puede que se apartasen de la persona a su lado o de un miembro de su familia; puede que la vida se les convirtiera en algo insoportable. Por eso ha colocado el Señor estas cosas en su propia providencia.

Equiparar la verdad con la mitología

En 2 Timoteo 4.3-4 se revela la cuarta tabla de la doctrina de los demonios. El apóstol Pablo estaba hablando a la iglesia respecto de las expectativas de Dios en cuanto a sus hijos y acerca de la naturaleza de los tiempos del fin. Describió cómo iba a ser el mundo entonces, y le explicó a la iglesia lo que cabía esperar. Son palabras de gran fuerza, con las que Pablo quiere no solo que la iglesia sea edificada, sino que *las transmita* a los demás y medite con oración en ellas. Pablo dijo que en la consumación del tiempo pasarían ciertas cosas: «Porque vendrá tiempo cuando no sufrirán la sana doctrina, sino que teniendo comezón de oír, se amontonarán maestros conforme a sus propias concupiscencias, y apartarán de la verdad el oído y se volverán a las fábulas».

Eso es exactamente lo que ha ocurrido en la actualidad, la gente solo oye lo que quiere oír: las luces suaves, la música suave y hasta los sermones más suaves caracterizan nuestro tiempo. La palabra «fábulas» es traducción de *mitos*, el término griego referido a la ficción o a la mitología. Una de las escuelas teológicas protestantes predominantes hoy es la escuela de la *desmitologización* de Rudolph Bultmann. Este teólogo examinó la Biblia y quitó todos los «mitos» del Antiguo Testamento, así como todos los «mitos» del Nuevo Testamento y, cuando hubo terminado, ya no quedaba mucho de ambos, de modo que tuvo que *remitologizar* todo el libro. Bultmann nos entregó un mundo con un Nuevo Testamento remitologizado: una cruz transformada en un mito que hay que interpretar para obtener una especie de significado esotérico para el día de hoy.[13]

En su segunda carta a Timoteo, Pablo advirtió a la iglesia para que estuviera vigilante precisamente ante eso. Habló del gran deterioro que tendría lugar en la moral, la ética y la espiritualidad hacia el fin del tiempo. El apóstol hizo todo lo que pudo para decir que estos son hombres que mantienen una forma externa de religión pero que son una negación viviente del poder de la misma. Esta enseñanza de los demonios o de los espíritus malignos dominará en la consumación del tiempo.

13. Para más información sobre la desmitologización de la Biblia de Rudolph Bultmann, véase Philip Edgcumbe Hughes, "Scripture and Myth: An Examination of Rudolf Bultmann's Plea for Demythologization", http://www.biblicalstudies.org.uk/article_myth_hughes.html.

La doctrina de los demonios pone al mismo nivel la verdad y la mitología, y rodea a la iglesia por todos lados en la actualidad. ¿Quién está al frente de esa acometida? Los teólogos y los seminarios eclesiásticos. Los mismísimos lugares que deberían presentar la verdad promueven ahora la más mortal de las mentiras. La Biblia de ellos es mitología: fábulas y leyendas que hay que reconstruir para satisfacer las necesidades de nuestro tiempo. La verdad ha quedado equiparada con la mitología.

Negar a Jesucristo

¿Cuál es la doctrina principal de los demonios? Esta: la negación de que Jesucristo es verdaderamente Dios en carne humana. En 1 Juan 4.2-3 se advierte: «En esto conoced el Espíritu de Dios: Todo espíritu que confiesa que Jesucristo ha venido en carne, es de Dios; y todo espíritu que no confiesa que Jesucristo ha venido en carne, no es de Dios; y este es el espíritu del anticristo, el cual vosotros habéis oído que viene, y que ahora ya está en el mundo». Quien niegue que Jesús es el Cristo, es anticristo. Quien niegue que Jesús ha venido en carne, no es de Dios. Las personas integradas a sectas o al ocultismo llamarán a Jesús cualquier cosa menos *una*: eterno Señor.

Ese es el corazón del cristianismo: Jesucristo es Señor para gloria de Dios Padre, y un día toda lengua lo confesará. El primer capítulo de Juan entra en hermosa combinación con 1 Juan 4 en este tema importante donde los haya. El autor de ambos textos dice exactamente lo mismo: «Y aquel Verbo fue hecho carne, y habitó entre nosotros» (Jn. 1.4) y «todo espíritu que no confiesa que Jesucristo ha venido en carne, no es de Dios» (1 Jn. 4.3). Este es el principal ataque de Satanás; tiene que menoscabar la persona del Señor. No se arriesga a consentir la adoración al Señor Jesús, porque busca adoración para sí mismo. Recuerde las palabras de Satanás a Cristo en Mateo 4.9: «Todo esto te daré, si postrado me adorares».

El Jesús de la Biblia

En 2 Corintios 11.3-4, Pablo subraya que hay otro Jesús: uno falso, no el real. Es un Jesús que se parece al Cristo de la Biblia, pero que no es Dios hecho hombre. El Jesús de los mormones o de los Testigos de Jehová y el Jesús del ocultismo no es el de la Biblia. Hoy cualquiera puede pronunciar el nombre de Jesús, por lo que es crucial que la iglesia pregunte: «¿Cuál Jesús?» El único verdadero, la respuesta del Nuevo Testamento es Jesucristo, Dios Hijo, la segunda Persona de la Santísima Trinidad, Dios hecho hombre. Cualquier otra definición solo sirve para engañar y apoyar las enseñanzas de los demonios. El Señor Jesús nos advirtió sobre esto en Marcos 13.6, cuando dijo que al final de los tiempos habría quienes vendrían en su nombre, afirmando ser el Cristo, que es justo lo que ha ocurrido.

Moisés advirtió contra los falsos profetas ya en Deuteronomio 13. Jesús avisó: «Guardaos de los falsos profetas, que vienen a vosotros con vestidos de ovejas, pero por dentro son lobos rapaces. Por sus frutos los conoceréis» (Mt. 7.15-16). Algún día estarán delante de Él y dirán: «Señor, Señor, ¿no profetizamos en tu nombre, y en tu nombre echamos fuera demonios, y en tu nombre hicimos muchos milagros?» Pero Cristo se volverá a ellos y les dirá: «Nunca os conocí; apartaos de mí, hacedores de maldad» (vv. 22-23).

Siempre hay poder en el nombre de Jesús, pero hay que preguntar quién está usando ese poder y con qué propósito. Recuerde las palabras de Pablo: «Algunos, a la verdad, predican a Cristo por envidia y contienda; pero otros de buena voluntad. Los unos anuncian a Cristo por contención, no sinceramente, pensando añadir aflicción a mis prisiones; pero los otros por amor, sabiendo que estoy puesto para la defensa del evangelio. ¿Qué, pues? Que no obstante, de todas maneras, o por pretexto o por verdad, Cristo es anunciado; y en esto me gozo, y me gozaré aún» (Fil. 1.15-18).

Lo que importa es que las buenas nuevas salgan; Dios juzgará los motivos de las personas que las predican. *Manténgase alerta ante el engaño.* Sea o no sea con milagros, cualquier cosa que lleva a las personas lejos de Dios es doctrina de los demonios. Recuerde que un milagro no significa nada por sí mismo. Su objetivo es conducir a alguien a una adoración más profunda a Dios y a comprometerse para servir al Señor Jesús. Si el milagro ordena a alguien que haga algo prohibido en la Sagrada Escritura, no es de Dios y debe ser rechazado, porque la Escritura dice que Satanás se presenta como ángel de luz (2 Co. 11.14).

Conclusión

La iglesia de Jesucristo tiene una seria responsabilidad. Debemos rendir cuentas ante Dios. Sí existe la llamada doctrina de los demonios; representa un desafío que la iglesia debe asumir. No olvide jamás las palabras de Judas 3: «Amados, por la gran solicitud que tenía de escribiros acerca de nuestra común salvación, me ha sido necesario escribiros exhortándoos que contendáis ardientemente por la fe que ha sido una vez dada a los santos». ¡Peleemos la buena batalla de la fe!

El término griego *epagonizomai* se refiere a poner una dura resistencia por la fe, a luchar, a competir por un premio.[14] Esta es la responsabilidad de la iglesia, una responsabilidad que no podemos eludir.

---

14. Número Strong 1864: «de 1909 y 75 *luchar por* —contender ardientemente», *Nueva concordancia Strong exhaustiva.*

Si alguien ataca al cristianismo, Dios ordena una respuesta. La iglesia no puede quedarse quieta, sonriendo con benevolencia y citando Juan 3.16. Tenemos que dar respuestas. «Procura con diligencia presentarte a Dios aprobado, como obrero que no tiene de qué avergonzarse, que usa bien la palabra de verdad» (2 Ti. 2.15). A lo que los cristianos hemos sido llamados es a *estudiar*. No se consigue la información por ósmosis; Dios pide a su pueblo que estudie su Palabra.

Pablo expuso su pensamiento con claridad en 2 Timoteo 4.1-2, cuando dijo: «Te encarezco delante de Dios y del Señor Jesucristo, que juzgará a los vivos y a los muertos en su manifestación y en su reino, que prediques la palabra; que instes a tiempo y fuera de tiempo; redarguye, reprende, exhorta con toda paciencia y doctrina». Porque vendrán tiempos cuando las personas no podrán soportar la sana doctrina, seguirán tras sus propios deseos y harán acopio de un montón de maestros alrededor porque tendrán «comezón de oír» (véase v. 4). Cerrarán los oídos a la verdad para volverse a la mitología.

La iglesia debe encarar la dificultad, trabajar para extender el evangelio y cumplir con todos los deberes de su llamamiento, para que podamos decir con el apóstol Pablo: «He peleado la buena batalla, he acabado la carrera, he guardado la fe» (2 Ti. 4.7). Ese debe ser el testimonio de cada cristiano: la gran carrera, el recorrido y la fe. Pelear la buena batalla de la fe. Las armas de nuestra lucha no son carnales, sino espirituales (2 Co. 10.4). «Vestíos de toda la armadura de Dios, para que podáis estar firmes contra las asechanzas del diablo» (Ef. 6.11).

Este es el reto del tiempo en que vivimos. El desafío ha llegado; este es el momento.

Recursos recomendados

1. Bruce, F. F. *The New Testament Documents: Are They Reliable?* Grand Rapids: Eerdmans, 2003.
2. Gromacki, Robert G. *New Testament Survey.* Grand Rapids: Baker, 1974.
3. Kaiser, Jr., Walter C. *The Old Testament Documents: Are They Reliable and Relevant?* Downers Grove, IL: InterVarsity, 2001.
4. Kitchen, Kenneth A. *The Bible in Its World. The Bible and Archaeology Today.* Grand Rapids: Eerdmans, 2006.
5. Martin, Walter. *Evil and Human Suffering.* CD/cinta de audio, Walter Martin Ministries, www.waltermartin.com.

Breves apuntes acerca del paganismo antiguo

- El paganismo antiguo enseña la existencia de un Ser Supremo: hay múltiples dioses bajo la autoridad de dicho Ser (henoteísmo); los demonios existen aparte de tales dioses.
- Jesús es un dios poderoso entre muchos otros.
- El paganismo moderno cree en el principio divino: masculino y femenino; puede haber o no muchos dioses dentro de ese principio.
- Jesús fue un buen hombre que exhibió la divinidad presente en toda la humanidad.
- La naturaleza es una manifestación de la divinidad, no una creación «caída» de la deidad.[1]
- La naturaleza esencial de la humanidad es buena; puede que se necesite la salvación, o no, pero la reparación de la mala conducta se puede obtener mediante buenas obras.

1. Jones y Pennick, *A History of Pagan Europe*, p. 2.

4

Paganismo antiguo

Para poder entender las creencias de hoy tenemos que explorar minuciosamente las creencias de ayer. Las raíces de las religiones paganas actuales se adentran con fuerza y profundidad en la historia de la humanidad, influyendo en casi cada aspecto de la sociedad humana. Dichas creencias son incontables y sería imposible examinarlas todas con un mínimo de propiedad en el limitado alcance de esta obra. A la luz de esta realidad, hemos escogido las civilizaciones de Grecia, Roma, Egipto y Persia a causa de su influencia global, tanto antigua como moderna, así como por su implicación en el ocultismo.

Las evidencias arqueológicas muestran que el hombre siempre ha adorado, siempre se ha dirigido a un poder que consideraba mayor que el humano, un poder externo a sí mismo. Las ruinas del mundo se levantan como monumentos a tales ceremonias, y los escritos antiguos proporcionan valiosos detalles que apoyan el hecho de que la fe religiosa era una parte integral de la historia del hombre, excepcionalmente arraigada dentro y fuera de él: su *naturaleza espiritual*, como se demuestra en sus palabras y hechos, y la *existencia física* del Divino, como se confirma por la revelación y el testimonio presencial.[2]

En apoyo al relato bíblico, Guillermo Schmidt mantenía que todas las culturas antiguas del mundo contenían la creencia en un Ser Supremo. El autor detalla la evolución de las creencias religiosas antiguas en su *Manual de historia comparada de las religiones:*

- El Ser Supremo se reconoce por lo general como creador y se le llama *Padre* en toda cultura primitiva donde se menciona. Siempre vive por encima de la tierra.
- Es un ser, por lo que no se puede representar de forma adecuada su forma física. Se le describe como *invisible, semejante al viento o al fuego.*

2. Para una información más detallada sobre estas civilizaciones, incluyendo algunas historias personales de la vida en el mundo antiguo véase, de Fordham University's *Internet Ancient History Sourcebook*, http://www.fordham.edu/HALSALL/ANCIENT/asbook07.html. Un recurso semejante en español: http://www.uned.es/geo-1-historia-antigua-universal/HISTORIA%20GENERAL%20HISTORIA/historiaantigua1.htm#ant.

- Es eterno: existía antes que cualquier otro ser y no morirá.
- Es todopoderoso y omnisciente.
- Es bueno y todo lo bueno procede de él, incluyendo la ley moral. Es invariablemente justo.
- Desprecia el mal, que debe mantenerse apartado de él.
- Es el juez justo. Los hombres están separados de él debido a ofensas pasadas y le abandonaron por dioses más accesibles; sin embargo, las religiones más antiguas mantienen su recuerdo como el Dios del cielo.[3]

Schmidt apoyaba la existencia de un Dios del cielo universal entre muchas culturas, pero solo en la Escritura vemos la plena identidad de Dios revelada. La Biblia explica también la naturaleza grave de las ofensas que la humanidad cometió en un pasado remoto. La mayor parte de la historia humana describe la necesidad del hombre por adorar, por estar en comunión con el Padre, y, en su rechazo a Dios, el hombre se privó de esta necesidad básica, creando así un vacío espiritual de enormes proporciones. A ese vacío llegó Satanás, que se esforzó por incitar la separación entre Dios y el hombre; su intención era ser «semejante al Altísimo» (Is. 14.14). Procuró conseguir la adoración de la más preciada criatura de Dios, el hombre, y con ello la destrucción del mismo. Su meta era la idolatría, que consiguió con brillante éxito.

La historia detalla la evolución de la rebelión de la humanidad contra el Padre, su aciaga elección de seguir su propia sabiduría o la que le ofreciera cualquier cosa o persona excepto Dios. Desde la primera revuelta en el huerto de Edén, el hombre se desvió desde la adoración al único Dios Verdadero, Elohim.[4] El resultado de su rebelión fue el paganismo, con su idolatría inherente.

La historia de Jacob y Raquel es el primer relato en el que aparece la palabra *ídolos* en la Biblia, y revela el temprano declive del hombre hacia el paganismo. El libro de Génesis, escrito por Moisés en torno al 1450 a.c., sitúa al paganismo como algo remoto de la esfera de los ancestros. Según Génesis 31.19, «Labán había ido a trasquilar sus ovejas; y Raquel hurtó los ídolos de su padre». La importancia de esos ídolos familiares puede verse en el riesgo que corrió Raquel al llevárselos. Su padre, Labán, estaba tan furioso con

---

3. Adaptado de Wilhelm Schmidt, *The Origin and Growth of Religion: Facts and Theories,* Cooper Square, Nueva York, 1972, pp. 264-273. Existe traducción española directa del original alemán: Schmidt, P. Guillermo. *Manual de historia comparada de las religiones: origen y formación de la religión, teorías y hechos,* Espasa-Calpe, Madrid, 1932.
4. Génesis 1.1, número Strong 430 «plur. de 433; *dioses* en el sentido ordinario; pero espec. que se usa (en plur. así, espec. con el art.) del *Dios* supremo» (*Nueva concordancia Strong exhaustiva*).

el supuesto robo de Jacob y con su partida del campamento que lo persiguió sin descanso durante siete días hasta que lo alcanzó:

> Y dijo Labán a Jacob: ¿Qué has hecho, que me engañaste, y has traído a mis hijas como prisioneras de guerra? ¿Por qué te escondiste para huir, y me engañaste, y no me lo hiciste saber para que yo te despidiera con alegría y con cantares, con tamborín y arpa? Pues ni aun me dejaste besar a mis hijos y mis hijas. Ahora, locamente has hecho. Poder hay en mi mano para haceros mal; mas el Dios de tu padre me habló anoche diciendo: Guárdate que no hables a Jacob descomedidamente. Y ya que te ibas, porque tenías deseo de la casa de tu padre, ¿por qué me hurtaste mis dioses? Respondió Jacob y dijo a Labán: Porque tuve miedo; pues pensé que quizá me quitarías por fuerza tus hijas. Aquel en cuyo poder hallares tus dioses, no viva; delante de nuestros hermanos reconoce lo que yo tenga tuyo, y llévatelo. Jacob no sabía que Raquel los había hurtado. Entró Labán en la tienda de Jacob, en la tienda de Lea, y en la tienda de las dos siervas, y no los halló; y salió de la tienda de Lea, y entró en la tienda de Raquel. Pero tomó Raquel los ídolos y los puso en una albarda de un camello, y se sentó sobre ellos; y buscó Labán en toda la tienda, y no los halló. Y ella dijo a su padre: No se enoje mi señor, porque no me puedo levantar delante de ti; pues estoy con la costumbre de las mujeres. Y él buscó, pero no halló los ídolos.

Raquel no solo hurtó los dioses, sino que arriesgó su vida al guardarlos, una clara indicación de la importancia de la adoración a los ídolos en los tiempos antiguos y de la participación de Raquel en ella

Visión general de la historia

3800-3000 a.c.[5]	Los asentamientos humanos evolucionan a ciudades; año

5. Todas las fechas son aproximadas. Los expertos no están de acuerdo en (y no se pueden respaldar) muchas fechas, por lo que nuestro intento es proporcionar un marco histórico general. Véase "Context of Ancient Israelite Religion" (circa 2000-539 a.c.), Jewish Virtual Library, http://www.jewishvirtuallibrary.org/jsource/History/context.html; *La Ilíada*, en http://www.gratislibros.com.ar/paraleer/Homero-Lailiadad001.htm, y "Timelines of Art History: The world (b.c./b.c.e.)", en la web de historia del arte, http://www.art-and-archaeology.com/timelines/tl001.html para más detalles.

Los términos *a.c.* (Antes de Cristo) y *a.d.* (del latín Anno Domini) fechan la historia partiendo del nacimiento de Cristo. La fecha exacta de dicho nacimiento, sin embargo, no se conoce, lo cual pone en cuestión la exactitud de las dataciones hitóricas con un margen de +/- diez años. El sistema A.E.C. (Antes de la Era Común) y E.C. (de la Era Común) fecha la historia contando hacia atrás a partir del año presente (p. ej. 2008). Recientemente se ha aguzado el debate sobre el tema, con algunas declaraciones que temen borrar a Cristo de la cronología histórica si se mantiene el sistema A.E.C. En el lado opuesto se contesta que

	primero del calendario judío (3760); primera escritura fonética (3500); Neolítico en Europa occidental; ciudades estado sumerias; las tribus semíticas se asientan en Asiria; pruebas de existencia de la astronomía en Egipto, Babilonia, India, China
3000-2000 A.C.	Se desarrolla el alfabeto más antiguo conocido, el sumerio (3100), que evoluciona hasta el cuneiforme (2600); epopeya de Gilgamesh; los faraones comienzan a reinar en Egipto (3100); construcción de Stonehenge y Avebury en Gran Bretaña (2900); el rey Jufu (Keops) termina la Gran Pirámide de Giza (2680); los fenicios habitan las costas de Líbano/Siria; civilización minoica en Creta (2000-1500); se desarrolla el hinduismo; Hammurabi, rey de Babilonia, escribe su código (2250)
2000-1500 A.C.	Nace Abraham (2000-1800); surge el Imperio Asirio, ciudades de Asur y Nínive; los hititas usan jeroglíficos (1500); éxodo israelita de Egipto (1400-1300); los micenos conquistan a los minoicos (1400); el alfabeto fenicio, precursor del griego, se desarrolla y expande (1100)
1500-1000 A.C.	Akenatón revela su religión monoteísta en Egipto (periodo de Amarna, 1350); su hijo Tutankamón retorna a los dioses primitivos de Egipto; los griegos destruyen Troya (1250); se inicia el Oráculo de Delfos (1200)
1000-800 A.C.	Salomón sucede al rey David, construye el templo de Jerusalén (975); tras la muerte de Salomón, el reino se divide entre Israel y Judá; los judíos empiezan a registrar los libros bíblicos del Antiguo Testamento (la tradición oral preservó las creencias judías durante cientos de años); los griegos desarrollan el alfabeto precursor del actual (800)
900-700 A.C.	Los profetas Amós, Oseas e Isaías; *La Ilíada* y *La Odisea* de Homero (800); primeros juegos olímpicos registrados (776); los asirios conquistan el reino de Israel (722-721)

el sistema A.C. es de naturaleza cristiana y excluye a los que no lo son. Sin embargo, resulta indiscutible que la alteración del sistema de fechas es revisionismo histórico.

700-500 A.C.	El rey Ezequías de Judá y el profeta Isaías resisten con éxito el asedio asirio a Jerusalén (716); fin del Imperio Asirio (616); los caldeos (neo babilonios) y los medos destruyen Nínive; los griegos fundan Bizancio (660); la influencia tribal de los druidas celtas gobierna en Gran Bretaña (600); construcción de la Acrópolis de Atenas
600-500 A.C.	Profetas Jeremías y Ezequiel (600-580); Lao Tse, filósofo chino, fundador del taoísmo (550); el rey babilonio Nabucodonosor destruye Jerusalén (587-586); cautividad babilónica de los judíos; Ciro el Grande de Persia conquista Babilonia, libera a los judíos (539); se desarrolla la democracia en Atenas; Confucio (500) desarrolla su filosofía en China; Buda (300) funda el budismo en la India[6]
500-400 A.C.	Profetas Esdras, Nehemías y Malaquías (450); los griegos derrotan a los persas, desarrollo de la Grecia clásica; nacimiento del Imperio Romano; Jerjes I, rey de Persia (485)
400-300 A.C.	Alejandro Magno (356-323) conquista Persia y Jerusalén, invade la India, muere en Babilonia; Sócrates es ejecutado (399); Platón escribe sus *Diálogos*; nace el filósofo Aristóteles (384)
300-151 A.C.	Comienzo del dominio romano en el mundo; eruditos judíos traducen la Biblia hebrea, o *Tanaj*, al griego en Alejandría, Egipto, que recibirá el nombre de *Septuaginta* o LXX (70), en referencia al número de responsables (250); el Corán (200)
100-51 A.C.	Julio César (100-44); el general romano Pompeyo conquista Jerusalén (63); Cleopatra en el trono de Egipto
50-1 A.D.	Herodes es el gobernador romano de Judea (37); César es asesinado (44); Octavio, sobrino de César, derrota a Marco Antonio y Cleopatra (31) y gobierna el Imperio Romano con el nombre de Emperador Augusto; nacimiento de Cristo (3 A.C.- 6 A.D.)

Definición

Desde el punto de vista cristiano, se puede definir el paganismo como la adoración a muchos dioses (politeísmo) distintos al Dios de la creación revelado en la Biblia. El

6. Véase Heinz Bechert, ed., *Dating the Historical Buddha*, Vandenhoeck and Ruprecht, Göttingen, Alemania, 1991; 1992, vols. I y II, para una reciente revisión de la fecha tanto tiempo sostenida del 560 A.C. para la vida de Buda.

término *pagano* procede del latín *paganus*, que significa rural o rústico (*pagus* significa aldea o comarca campestre), pero su significado actual puede variar en dependencia del idioma, la cultura o el contexto.[7]

La iglesia primitiva se refería a los suyos como «soldados de Cristo» y a los que no eran cristianos como *pagani* o civiles.[8] Sin embargo, según la etimología de la palabra *paganus* dicho término era por lo general una clasificación neutral. «En otro tiempo se creía que su significado de "no cristiano, pagano" se desarrolló a causa de que la religión idólatra antigua permaneció presente en las zonas rurales mucho después de la aceptación del cristianismo en los pueblos y ciudades del Imperio Romano. Aunque puede ser cierto que las religiones romanas antiguas perdurasen en las aldeas remotas, no es ese el verdadero origen del término».[9]

El historiador Ronald Hutton indica la nueva explicación del significado en círculos académicos, señalando la posición de Pierre Chuvin, según la cual es más probable que se refiriese a las personas que simplemente seguían la fe del *pagus*, «la unidad de gobierno local; es decir, la religión con raíces, antigua».[10] El hebreo utiliza la palabra nekaar, que significa «extraño» o «diferente» (cualquiera que esté fuera de la norma socialmente aceptada), y se traduce como *extraño* o *ajeno* en la Biblia Reina Valera.[11]

En su escrito, *A History of Pagan Europe* [Una historia de la Europa pagana], los líderes paganos Prudence Jones y Nigel Pennick aportan la estrecha definición de *paganismo* como tradición espiritual de adoración a la naturaleza.[12] Sostienen que su definición tiene raíces en la antigüedad, pero no ofrecen pruebas históricas de tales raíces.[13] Sobre la base de su afirmación, describen las religiones paganas como poseedoras de las siguientes características:

---

7. University of Notre Dame Latin Dictionary and Grammar Aid, s.v. «Paganus», http://catholic.archives.nd.edu/cgi-bin/lookup.pl?stem=Paganus&ending= (acceso obtenido 20 septiembre 2006). En español, «perteneciente a la aldea, de la aldea// aldeano, rústico // paisano, no militar // acepción cristiana: infiel, pagano», según *Diccionario Esencial Latino, Latino – Español,* Vox, Barcelona, 2006.
8. Véase Efesios 6 para la referencia de apóstol Pablo a la iglesia como soldados, y el artículo de James J. O'Donnell, «Paganus» en http://www9.georgetown.edu/faculty/jod/paganus.html, para un comentario más en profundidad sobre el origen y el uso del término *Paganus.* La misma explicación, en castellano, se puede encontrar en la definición de la RAE, http://buscon.rae.es/draeI/, y, con amplio apoyo documental, en la entrada «pagano» de la Wikipedia, http://es.wikipedia.org/wiki/Pagano.
9. The Institute for Etymological Research and Education, "Words to the Wise", Take Our Word for It, http://www.takeourword.com/TOW143half/page2.html (acceso obtenido 20 septiembre 2006).
10. Ronald Hutton, *The Triumph of the Moon: A History of Modern Pagan Witchcraft,* Oxford, Nueva York, 2001, p. 4.
11. De 5234; *foráneo,* o (concr.) *un extranjero,* o (abst.) *paganos:*—ajeno, extranjero, extraño (*Nueva concordancia Strong exhaustiva).*
12. Jones y Pennick. *A History of Pagan Europe,* p. 2
13. Ibid.

Politeísmo: una pluralidad de seres divinos que pueden o no ser avatares… u otros aspectos de una subyacente unidad/dualidad/trinidad, etc.

La naturaleza como teofanía: una manifestación de la divinidad, no una creación «caída» de la misma.

El principio de la Divinidad Femenina: llamada la Diosa, junto al o en lugar del principio divino masculino, el Dios.[14]

Lo que a lo largo de la historia queda claro es que el paganismo se mantiene como la antítesis del cristianismo. Mientras los paganos adoran a muchos dioses, los cristianos adoran a uno solo.[15] Mientras los paganos recitan encantamientos y adoran lo divino de la naturaleza, los cristianos oran y adoran al *Creador* de la naturaleza.[16] Los paganos ven el mal del mundo como algo externo a ellos. Por lo general son víctimas del mal. Los cristianos ven el mal de este mundo de dos maneras: como algo de su interior y como algo externo.[17] Los antiguos paganos reconocían a un Dios supremo, pero en su lugar adoraban a dioses menores que creían que les serían de más ayuda. Practicaban la magia (manipulando poderes sobrenaturales), en la cual se empleaban encantamientos y tablillas de maleficios, con la pretensión de influir en las vidas de propios y ajenos para bien o para mal.[18]

Partiendo de las semillas de la rebelión contra Dios, había nacido el poder del ocultismo, un poder del cual vive y se nutre el paganismo, auspiciado por Satanás y sus demonios. La adoración a numerosos dioses y diosas se impuso ampliamente en el mundo antiguo durante miles de años; innumerables divinidades dominaron los conocimientos, la cultura y las ceremonias, con sus diversos nombres y rostros diseminados por reinos y naciones. El profesor Georg Luck, en su recopilatorio de escritos antiguos *Arcana mundi: magia y ciencias ocultas en el mundo griego y romano,* comenta: «La historia antigua nos muestra una sucesión de grandes imperios —Egipto, Persia, Atenas, Macedonia, Roma—, existiendo en cada uno de ellos su panteón de poderes divinos. Cuando una cultura conquistaba a otra, se apropiaba de algunos de sus dioses, normalmente de aquellos que podían identificarse con una deidad autóctona o, al menos, los adecuados para convertirse en ayudantes, cortesanos por así decir, de estas deidades».[19] Los hombres

14. Ibid.
15. La creencia en un Dios, o monoteísmo, se ve en Mc. 12.29; 1 Co. 8.5-6; Gl. 4.8; y Stg. 2.19.
16. Mt. 4.10; Jn. 4.23-24; 1 Ti. 2.8.
17. 2 Co. 1.12; Gl. 6.14; Ef. 2.2; Col. 2.20; 1 Jn. 2.16.
18. Georg Luck, *Arcana mundi: magia y ciencias ocultas en el mundo griego y romano,* Gredos, Madrid, 1995, p. 233.
19. Ibid. pp. 38-39.

pueden haberlos llamado dioses, pero el Dios de la Biblia reveló la verdadera identidad de ellos como *demonios*:

> Le despertaron a celos con los dioses ajenos;
> Lo provocaron a ira con abominaciones.
> Sacrificaron a los demonios, y no a Dios;
> A dioses que no habían conocido,
> A nuevos dioses venidos de cerca,
> Que no habían temido vuestros padres (Dt. 32.16-17).

PAGANISMO ANTIGUO

El paganismo antiguo se define a partir de sus escritos, que se encuentran en cualquier parte, en casi todas las culturas conocidas. Una parte importante de dichos escritos que revelan el abrumador número de dioses y diosas, así como las relaciones del hombre con ellos, se conservan en las tablillas de maldición y en los hechizos del mundo antiguo. Ignorados durante largo tiempo por los académicos y ahora objeto de intenso escrutinio debido al trabajo pionero de estudiosos como Georg Luck y John Gager, esta extraña colección de pedazos de pergamino, madera, piedra, metal y piedras preciosas excavadas en ciudades antiguas, abre miles de pequeñas ventanas hacia mundos ya pasados.

Las tablillas de maldición y los hechizos son personales, repletos de detalles de la vida cotidiana. Nombres, lugares, deidades: se puede encontrar de todo. Estas valiosas instantáneas de la vida de las gentes y culturas muertas hace tanto tiempo muestran el poder del politeísmo y su enraizamiento en el hombre antiguo. John G. Gager en *Curse Tablets and Binding Spells from the Ancient World* [Tablillas de maleficio y encantamientos del mundo antiguo], hace esta observación acerca de las primitivas creencias y actitudes del hombre:

> Es necesario tener presente tres características fundamentales del «universo espiritual» de la antigua cultura mediterránea: primero, el cosmos literalmente repleto, en cada nivel y lugar, de seres sobrenaturales; segundo, aunque los antiguos teóricos trataron de clasificar esos seres en categorías claras y distintas, la mayoría de las personas tenía menos seguridad acerca de dónde trazar las líneas de separación entre dioses, *demonios*, estrellas, ángeles, querubines y cosas semejantes; y tercero, el espíritu o alma de los muertos, sobre todo de los que habían

fallecido de forma prematura o violenta, deambulaba de un modo incansable y sediento de venganza cerca de su sepultura.[20]

Un vistazo dentro del mundo antiguo merced a las tablillas de maldición revela una creencia profunda en lo sobrenatural:

> Grecia/Asia Menor—Siglo Primero A.C. (Tablilla de plomo)
>
> Yo Antígona, hago una dedicatoria a Deméter, Koré, Plutón y a todos los dioses y diosas con Deméter. Si he dado veneno/hechizos a Asclapiadas o he considerado en mi alma hacerle algo malo; o si he llamado a una mujer del templo, ofreciéndole una mina y media por quitarlo de entre los vivos (entonces) que Antígona, habiendo sido atacada por la fiebre, vaya a Deméter a confesarse, que no encuentre a Deméter misericordiosa sino que más bien sufra grandes tormentos. Si alguien ha hablado a Asclapiadas contra mí o ha comparecido ante la mujer, ofreciéndole sus monedas de cobre… (*detrás*) Que se me permita a mí (presumiblemente en compañía del destinatario de la tablilla) ir al mismo baño, bajo el mismo techo o en la misma mesa.[21]

Y otra dice:

> Entrego a Deméter y a Koré, y a los dioses con Deméter, a aquellos que me atacaron, me azotaron y me pusieron en cadenas y me acusaron… Pero que yo quede sin culpa.[22]

Otro ejemplo de la creencia en múltiples dioses es el Gran Papiro Mágico de París. Dicho papiro, de origen egipcio, data de los años 100 a 150 A.D. y fue realizado como parte de un exorcismo:

> En lo tocante a la fabricación del amuleto, escribe en una lámina de estaño «[*palabras mágicas*]» y cuélgala al cuello del paciente, para espantar a cualquier demonio al que tema. Realiza el conjuro poniéndote de frente. Esta es la fórmula del conjuro. Este es el objeto que da miedo a todo demonio y lo espanta. Ponte en pie ante él y exorcízale. La fórmula del exorcismo es la siguiente: «Te

20. Gager, *Curse Tablets and Binding Spells*, p. 12.
21. Ibid., p. 189.
22. Ibid., p. 190.

conjuro por el dios de los hebreos, Jesús [*palabras mágicas*], tú que te muestras en el fuego, tú, el que está en medio de la tierra y de la nieve y de la niebla; Tanetis, que descienda tu ángel, el inexorable, y exorcice al demonio que rodea a esta criatura que Dios formó en su santo Paraíso; porque yo te suplico, santo Dios, por Amón [*palabras mágicas*]. Te conjuro a ti, que fuiste contemplado por Israel en una columna luminosa y en una nube durante el día, que salvó a su pueblo del Faraón e hizo caer sobre el Faraón las diez plagas por haberlo desoído. Yo te conjuro, espíritu de todo demonio, para que digas de qué clase eres. Pues yo te conjuro, por el sello que puso Salomón sobre la lengua de Jeremías y habló.

»Habla también tú, di de qué clase eres, celeste o aéreo, terrestre o subterráneo, o infernal o ebuseo o querseo o fariseo, di qué clase de espíritu eres. Pues yo te conjuro, dios portador de luz, indomable, que sabes lo que hay en el corazón de todo ser vivo, el que ha modelado con tierra la raza de los hombres, el que resucita de la oscuridad y amontona las nubes y humedece la tierra con la lluvia y bendice sus frutos, a ti, a quien bendice toda fuerza celestial de ángeles, de arcángeles. Te conjuro a ti, gran dios Sabaot, por quien el río Jordán se retiró y el Mar Rojo, sobre el que caminó Israel, volvió a ser intransitable; pues yo te conjuro a ti, que mostraste las ciento cuarenta lenguas e hiciste la distribución según tu personal mandato. Te conjuro por el que hizo arder a los soberbios gigantes con huracanes, a quien canta el cielo de los cielos, al que cantan las alas del querubín. Te conjuro a ti, por el que puso montes alrededor del mar o un muro de arena y le ordenó no traspasarlo. Y le obedeció el abismo.

»También obedéceme tú, cualquier espíritu demoníaco, porque yo te conjuro por el que pone en movimiento a los cuatro vientos desde los sagrados eones, el que tiene forma de cielo, de mar, de nubes, portador de luz, indomable. Te conjuro por el que está en la Jerusalén pura, para quien arde el fuego inextinguible eternamente, con su nombre santo [*palabras mágicas*] ante el que tiembla el infierno de fuego y las llamas arden a su alrededor y el hierro se quiebra, y toda montaña tiembla desde sus cimientos. Te conjuro, cualquier espíritu demoníaco, por aquel que vigila sobre la tierra y hace temblar sus cimientos y lo hizo todo de la nada para que existiera».[23]

La mayoría de los académicos considera que este escrito es más antiguo en su *idea* que en su fecha aproximada de escritura. Se cree que el autor sería un erudito; tal vez un

23. Luck, *Arcana mundi*, p. 233.

médico, un mago o posiblemente las tres cosas a la vez. Esta ventana a la antigüedad nos deja claro que el autor no dudaba en combinar elementos del cristianismo y el judaísmo con el culto egipcio de Amón y de otros dioses. Al tratar con un demonio, la actitud predominante parece ser la de «más vale prevenir». Lo más interesante para el cristiano es que el poder que aquí se refleja como dominante es el de Jesús y el gran Dios Sabaot: un nombre militar de Jehová.[24] Los magos no dudaban en incluir a cualquier deidad, con tal que eso favoreciese la magia. El doctor Gideon Bohak explica que los expertos todavía no están de acuerdo en cuanto a una definición universal del término *magia*: «lo que una sociedad puede etiquetar como "magia", otra podría llamarlo "religión" y otra "ciencia", por lo que al elegir una etiqueta estamos implícitamente eligiendo un bando».[25]

La esencia de la magia puede ser un misterio para algunos, pero la Biblia revela que el propósito de las artes mágicas es *cazar almas*:

> Por tanto, así ha dicho Jehová el Señor: He aquí yo estoy contra vuestras vendas mágicas, con que cazáis las almas al vuelo; yo las libraré de vuestras manos, y soltaré para que vuelen como aves las almas que vosotras cazáis volando. Romperé asimismo vuestros velos mágicos, y libraré a mi pueblo de vuestra mano, y no estarán más como presa en vuestra mano; y sabréis que yo soy Jehová (Ez. 13.20-21).

El paganismo penetró en todas las sociedades en que los hombres buscaban algo que adorar. Presentaba muchos rostros, pero siempre la misma motivación: un ataque sin descanso contra el Creador. Esta campaña no era solo la imaginación del hombre reaccionando ante los hechos tangibles de la vida (*creación del mito*); su origen era mucho más profundo. El pensamiento y la práctica paganos se formaron a partir del corazón del hombre, un corazón en feroz rebelión contra Dios.

Mundo grecorromano

La historia de Grecia abarca un período de al menos seis mil años, mientras que el Imperio Romano evolucionó a partir de los etruscos en torno al 500 a.c.[26] La Grecia clásica es quizás la más admirada, gracias a brillantes filósofos como Sócrates y Platón, a legendarios escritores como Esquilo y Homero, y a Pitágoras, padre de las matemáticas. Los

24. Para más información sobre este nombre, véase NT 4519, *Nueva concordancia Strong exhaustiva.*
25. Gideon Bohak, "Traditions of Magic in Late Antiquity", University of Michigan Library, n.d. http://www.lib.umich.edu/pap/exhibits/magic/ (acceso obtenido 3 octubre 2006).
26. Los etruscos eran también politeístas, adoraban a dioses como el Dios principal Voltumna; Tinia; y Uni.

minoicos y micénicos precedieron a los griegos clásicos pero dejaron poca información acerca de sus civilizaciones, con excepción de su alfarería, sus figuras de barro, algunos objetos de bronce y varios restos. Hay algunas evidencias de altares en las cuevas de Creta y se piensa que minoicos y micénicos (que la conquistaron) adoraban a los toros y les ofrecían sacrificios.

Cronología griega

2900-2000 A.C.	Edad de Bronce temprana; se esparce el politeísmo; ninguna escritura; adoración a la diosa de la fertilidad (de la cultura neolítica)
2000-1400 A.C.	Civilización Minoica; adoración al Toro (posiblemente Mitra); pruebas de adoración a la Diosa (diosa serpiente); emergen las religiones mistéricas (1800)
1500-1100 A.C.	Civilización Micénica; la cultura guerrera domina a los minoicos, más pacíficos; Guerra de Troya (1200)
1100-750 A.C.	Edad Oscura; desarrollo del alfabeto griego; se registra la mitología griega; Oráculo de Delfos; se forman las ciudades estado (800); colonias griegas en Italia (750); Homero escribe *La Ilíada* y *La Odisea* (700); derrocada la monarquía, la reemplazan los arcontes: ciudades estado griegas y sus gobernantes (680)
750-480 A.C.	Período Arcaico; los espartanos conquistan Mesenia (región del suroeste de Grecia); reformas legales de Dracón (625); se introduce la moneda (600); nace Pitágoras (580)
480-336 A.C.	Período Clásico; los festivales de Dioniso influyen en el teatro griego; se desarrolla la democracia en Atenas; Guerras Médicas (490 y 480-479); se inician el Partenón y la Acrópolis (449); el historiador griego Heródoto escribe *Los nueve libros de la historia* (430); juicio de Sócrates (299); Platón (386); Aristóteles (384); Alejandro Magno de Macedonia derrota a los persas (333)
336-146 A.C.	Período Helenístico; primeras victorias romanas sobre Grecia (200)

La gran cantidad de información de que disponemos hoy relativa a la culturalmente rica civilización de Grecia exige un enfoque y análisis más especializados. El conocimiento ocultista penetró en muchos aspectos de la antigua sociedad griega y romana, pero en ninguna parte se hizo tan evidente como en las religiones mistéricas que absorbieron el interés del pueblo llano griego y casi consiguieron abarcar todo el Imperio Romano. Un examen más a fondo del uso de las ceremonias secretas, sacrificios, oráculos, tablillas de maldición, hechizos y magia, todo entretejido con los mitos de los dioses, pone de manifiesto su importancia en el mundo grecorromano.

El mundo antiguo bañado por el Mediterráneo era geográficamente un espacio pequeño, pero su influencia en la cultura del hombre ha abarcado siglos. Israel, Turquía, Italia, Egipto y Grecia rodean el Mediterráneo como una gran gargantilla. Visto solo con los ojos de la geografía, es fácil observar por qué el mundo antiguo se considera el nacimiento de la civilización y el más importante crisol de todos los tiempos.

En la actualidad, cualquier turista puede tomar un transbordador desde Italia y llegar a Grecia en ocho horas; Haifa, en Israel, está a unos 240 kilómetros de Chipre; y Estambul, en Turquía, está a unos 560 kilómetros de Atenas, Grecia. Es un mundo muy reducido. Así como la cultura estadounidense penetra e influye en el mundo de hoy, así el poder de Grecia y Roma penetró en cada rincón de la civilización de la antigüedad. Esta saturación abarcaba todas las áreas de las iniciativas humanas, como el arte, la música, la filosofía y la religión. Con el tiempo, Grecia y Roma llegaron a estar entrelazadas de modo inseparable en la historia: sus culturas se entremezclaron y sus dioses se

27. Mapa "La influencia de Pablo", Biblia Plenitud NVI, Nashville, Grupo Nelson®, 2006, p. 1552.

fundieron. Ambos imperios tenían en común religiones estatales, filosofías y lo que llegó a ser conocido como las religiones mistéricas, llamadas así por un velo de secretismo que con esmero tejieron sus poderosos partidarios.

Lo racional frente a lo irracional

En la historia del mundo siempre se ha visto a Grecia como la cátedra del racionalismo. Aristóteles, Sócrates, Platón y otros filósofos griegos impactaron al mundo antiguo y al de hoy con sus enseñanzas, pero es importante destacar que ellas representaban una *parte* de la cultura griega, no su totalidad.

Observar una cultura a través de la lente única del racionalismo es no tener en cuenta el poder de lo irracional en la vida de un pueblo complejo. Sería como si, dentro de miles de años, el mundo juzgase a Alemania solo a través de los ojos de Karl Marx o Friedrich Nietzsche. Los antiguos griegos estaban convencidos de la lógica de la mente, pero esa creencia fluctuaba en popularidad, con flujos y reflujos semejantes a las mareas.

E. R. Dodds, en su obra *Los griegos y lo irracional,* sugiere que la creencia primitiva griega en los fenómenos irracionales o sobrenaturales fue importante en la formación y desarrollo de su cultura. Afectó la forma en que los antiguos veían su mundo y reflejaba la fe, ampliamente generalizada, en seres sobrenaturales, así como el temor y el respeto que sentían por los poderes que tenían dichos seres.[28] Este claro registro histórico de la reverencia de los griegos por lo sobrenatural es difícil de discutir, y debe ponerse en la balanza junto a la realidad del racionalismo para producir un retrato equilibrado del antiguo pueblo griego. John Gager coincide con la afirmación de Dodds sobre la antigua sociedad griega, e indica que «como claramente muestra el testimonio de las tablillas de maldición, la confusión entre los asuntos legales y los políticos generó una necesidad por parte de la mayoría para recurrir a poderes superiores que pudieran apoyar sus causas... el uso de tablillas de maldición no estaba limitado en absoluto a los miembros "iletrados y supersticiosos" de las clases inferiores. En la Grecia clásica, así como en la Roma imperial, todos aceptaban y empleaban su poder, incluyendo a los ricos y poderosos aristócratas atenienses citados en numerosas tablillas griegas».[29]

28. E. R. Dodds, *The Greeks and the Irrational,* University of California Press, Berkeley, 2004, p. 136. En español, *Los griegos y lo irracional,* Alianza Editorial Sa, Madrid, 2007.
29. Gager, *Curse Tablets and Binding Spells,* p. 119.

Los cultos mistéricos

Se creía que las religiones mistéricas se habían desarrollado en Grecia en torno al 1800 a.c., aunque muchos expertos piensan que es la religión egipcia la que influyó de manera considerable en Grecia en los siglos anteriores a Alejandro. Esa idea la apoya Plutarco (46-122 a.d.), un famoso filósofo griego y sacerdote de Apolo en Delfos:

> Ciertamente todos los hombres tienen a Isis y la conocen a ella y a los dioses de su compañía; porque aunque aprendieron, no hace mucho, a llamar a algunos de ellos por los nombres que sabían los egipcios, todavía conocen y honran el poder de cada uno de ellos desde el principio… No dioses diferentes de pueblos diferentes, ni bárbaros y griegos, ni del norte o del sur; simplemente así como el sol y la luna, y la tierra y el mar son comunes a todos, aunque diferentes a la Providencia que es una y que también dirige los poderes ordenados para servir bajo su mandato para todo propósito, así tienen diferentes honores y títulos recibidos conforme a las leyes de diferentes naciones.[30]

Los ciudadanos pertenecían a uno de los tres distintos niveles de las dos principales religiones mistéricas, los misterios órficos y los eleusinos. Los ciudadanos griegos de todo estrato social aspiraban a alcanzar uno de los niveles superiores de cualquiera de ambos cultos. Se caracterizaban por ceremonias secretas y sacrificios de animales; los llamados «misterios mayores» estaban relacionados con la estación de las cosechas (septiembre u octubre), y la pertenencia a ellos era algo exclusivo. Los ritos de los «misterios menores» tenían lugar bien entrado el invierno y estaban abiertos a casi todo el mundo. El culto a Dioniso entró en la categoría de los «misterios mayores»; comenzó en las zonas rurales de Grecia, abriéndose paso con el tiempo en las ciudades, donde los misterios órficos adoptaron ese culto. Hoy, Dioniso sigue siendo aclamado como el «mito del Salvador», precedente a Jesucristo. El paganismo utiliza el argumento del mito del Salvador (o mito de Cristo) para reforzar la errónea creencia de que el cristianismo no es más que una religión copiada, cuando en realidad era, y sigue siendo, única. El mito de Dioniso nunca tuvo nada en común con la verdad de Jesucristo. «El culto dionisíaco estaba ligado a la producción del vino e involucraba juegos y procesiones fálicas. Comenzando en las áreas rurales, fue más tarde incorporado a la vida urbana en Atenas, y después los misterios

30. W. M. Flinders Petrie, *Personal Religion in Egypt Before Christianity,* 2a ed., Harper & Brothers, Londres, 1912, pp. 121-123.

órficos añadieron un nuevo misticismo al culto a Dioniso, que se convirtió en el dios que resultó destruido, desapareció, renunció a la vida y luego volvió a nacer».[31]

El Oráculo de Delfos gozó de un gran poder político y religioso en la antigua Grecia. Peregrinos de toda Grecia y más allá marchaban durante días por un escarpado sendero montañoso, solo para consultarlo. Era un esfuerzo que consumía mucho tiempo y dinero, el salario de diez días, por lo que se convirtió en un lujo solo al alcance de los ricos. Hoy, la exploración científica del área del templo de Delfos ha dado apoyo a las antiguas descripciones de su especial ubicación sobre una grieta volcánica.[32] Una cofradía femenina servía a Apolo en el templo en Delfos, pero solo una era seleccionada para ser su «voz», y recibía el nombre de pitia o pitonisa.[33] La pitonisa se sentaba en el interior de una cueva, encaramada en un alto banco o asiento dentro de una hendidura (o cavidad) de la tierra. Los investigadores modernos han confirmado que hay escapes de gas etileno procedentes de las grietas de la cavidad y que existe una mezcla de peligrosos productos químicos que podrían haber influido en el estado mental de la pitonisa, dejándola vulnerable a influencias externas y reduciendo su esperanza de vida. El antiguo historiador griego Plutarco (circa 100 A.D.), dejó claro que el gas por sí solo no provoca el trance de la pitonisa; muchas otras personas lo olían y consideraban que su aroma era «dulce», pero eso no les hacía caer en trance.[34]

El doctor John Hale, un arqueólogo que estudia las ruinas de Delfos, confirma la exactitud de las descripciones históricas de la pitonisa y de su papel en la sociedad antigua: «Hemos estado trabajando… con colegas geólogos, químicos y toxicólogos, creo que podemos decir que las condiciones de Delfos apoyan con firmeza las fuentes antiguas».[35]

El politeísmo dominó en las civilizaciones de Grecia y Roma, donde el culto público y privado de muchos dioses era parte intrínseca de la vida cotidiana. Cuando Roma conquistó Grecia en el 146 A.D., asimiló muchos de los dioses griegos en su panteón de divinidades.

---

31. Elliott Shaw, ed. gen., "Greco-Roman Religion", resumen de la página Web de World Religions, PHILTAR (Universidad de Cumbria), http://philtar.ucsm.ac.uk/encyclopedia/europe/grecorom.html (accedido 26 agosto 2007).
32. La descripción de un famoso cuadro titulado *Priestess of Delphi* [Sacerdotisa de Delfos] de John Collier (1891) se puede encontrar en Wikimedia, http://commons.wikimedia.org/wiki/Image:John_Collier_-_Priestess_of_Delphi.jpg (acceso obtenido 26 agosto 2006).
33. Se cree que la mujer a quien Pablo rechazó en Hechos 16 era miembro de esa cofradía o quizás incluso la propia pitonisa.
34. John Hale, entrevista con Rachael Kohn, "The Delphic Oracle", *The Ark* (ABC Radio International, 8 agosto 2004), http://www.abc.net.au/rn/relig/ark/stories/s1266794.htm (acceso obtenido 7 septiembre 2006).
35. Ibid. Es una fascinante y detallada entrevista.

Dioses griegos y romanos

Nombre griego	Nombre romano	Otro nombre	Símbolo	Rasgo dist.	Animal	Esfera de influencia	Lugar (no exclusivo)
Afrodita	Venus	Cipris o Cipria	Cupidos	Alas	Paloma	Amor, sexo	Chipre
Apolo	———	Febo	Arco, corona de laurel, lira, halo	Cabello largo, sin barba	———	Música, medicina, arquería, profecía, el Sol	Delos, Delfos
Ares	Marte	———	Armadura, armamento	Barba o no barba	———	Guerra en su sentido negativo	Tracia
Artemisa	Diana	Febe	Medialuna. Arco (principios del período moderno)	Vestido corto de caza	Ciervo	Caza, las jóvenes, el desierto	Arcadia Braurón
Atenea	Minerva	Palas	Casco, lanza, armadura, olivo	Seria, belleza	Lechuza	Sabiduría, batalla justa, ciudades, tejedores, carpintería	Atenas
Deméter	Ceres	———	Trigo, antorcha	———	———	Grano, fertilidad, agricultura	Eleusis
Dioniso	Baco	Nykterios	El vino	———	———	Vino, fertilidad	No exclusivo
Hades	Plutón	Dis	Corona	———	———	Inframundo	No exclusivo
Hécate (hija de Deméter)	Hécate	Triple diosa	Una antorcha en cada mano	Tres mujeres espalda con espalda	———	Nacimiento, fertilidad, muerte	No exclusivo
Hera	Juno	———	———	———	Vaca	Matrimonio	Argos
Pan	———	———	———	Medio cabra	———	Rebaños, pastos, campos y bosques	Arcadia
Poseidón	Neptuno	———	Tridente	Barba	Caballo, criaturas del mar	Mar, terremotos	No exclusivo
Zeus	Júpiter	Jovis	Rayo	Barba	Águila, toro	Cielo, meteorología, reyes, justicia	Olimpia[36]

36. Adaptada de una tabla del doctor Lawrence Kim, University of Texas, disponible en http://www.utexas.edu/courses/larrymyth/thegods.html (acceso obtenido 3 octubre 2006). Kim apunta que esta tabla no lo abarca todo y que los lugares asociados a los dioses son muy selectivos. Algunos objetos de Artemis/Diana, como el cuarto creciente, se le asignaron en tiempos posteriores, a principios de la era moderna o más tarde, por lo que no representan necesariamente las descripciones grecorromanas de la diosa.

Roma

El mundo romano, sobre todo en los tiempos del nacimiento de Cristo, tenía mucho en común con el actual. Civilizaciones de los cuatro rincones del planeta se reunían y entremezclaban en el Imperio Romano, produciendo una hueste de increíbles proporciones y una deslumbrante variedad de divinidades. Ese impresionante panteón floreció bajo una actitud religiosa tolerante que alentó la exploración y la explotación.

En muchos aspectos, el Imperio Romano se presenta con muchos parecidos con los Estados Unidos de hoy. «Era esta una época en que el materialismo, el afán de lucro, la vulgaridad y, con frecuencia, un menosprecio total de los cánones éticos comúnmente aceptados se combinaban con creencias y prácticas religiosas genuinas».[37] El pueblo romano buscaba algo de cordura en un mundo de guerra constante, feroz intercambio de críticas políticas y el pesimista musitar de los filósofos estoicos griegos predicando la «reabsorción» al cosmos.[38] Las religiones estatales dedicadas al culto a Júpiter, Juno, Minerva y otros dioses (pertenecientes al panteón original de las treinta y tres deidades establecidas por los romanos antes de la inclusión de los dioses extranjeros) dominaban Roma, pero los sentimientos patrióticos que engendraban no eran suficientes para el ciudadano romano medio. El historiador Michael Grant observa que el hombre de la antigüedad necesitaba creencias que pudiesen «satisfacer su convicción, cada vez más profunda, de que el terror y el poderío de la muerte destructora… podían superarse, y que, después de todo, la vida tenía un sentido».[39]

Los romanos veían sus dioses nacionales como algo que no les suscitaba emociones. Cada dios tenía una tarea específica que cumplir, y era esa tarea lo que importaba (y su impacto en la vida diaria), no la personalidad de un dios o una diosa en particular. El culto a las deidades coincidía con las necesidades básicas humanas, como las cosechas y sus estaciones, la fertilidad y la producción del vino. La idea de una relación personal con un dios era algo prácticamente desconocido:

> La religión romana estaba esencialmente controlada por el estado, las familias mantenían altares en el hogar dedicados a la fertilidad y la abundancia, pero el ciudadano como individuo no tomaba parte en los rituales religiosos del estado, los cuales eran realizados por los pontífices, los augures y los *flamines* (sacer-

---

37. Michael Grant, *El mundo romano,* Guadarrama, Madrid, 1960 p. 198.
38. «Según los estoicos, el activo principal del mundo es el Logos, el sutil fuego que en todas partes ordena el movimiento. Ellos enseñaban la polinomía, es decir, que los diversos nombres de los dioses no eran sino distintos títulos del Dios único» (Schmidt, *The Origin and Growth of Religion,* p. 19).
39. Grant, *El mundo romano,* p. 198.

dotes especiales). Con la excepción de la Tríada Capitolina de Júpiter, Juno y Minerva, esto se extendió hasta que el culto estatal dio paso al culto al emperador. La divinización del emperador comenzó tras el asesinato de Julio César en el 44 A.C. Cuando el Senado Romano lo proclamó dios y continuó divinizando a los poderosos emperadores, la mayoría prefirió no obstante gobernar bajo los auspicios de alguna deidad por encima de ellos, la más popular de las cuales era Sol Invictus, el invencible astro rey.[40]

Cronología romana

3000-1000 A.C.	Edad de Bronce: pequeños asentamientos, probablemente influenciados por la cultura nórdica
1000-500 A.C.	Se desarrolla la civilización etrusca. Predomina el politeísmo con sus sacrificios, lecturas de entrañas y fatalismo
510-300 A.C.	Roma vence a los reyes etruscos; Roma conquista Italia
299-100 A.C.	Guerras civiles; guerras púnicas (cartaginesas); Roma conquista Grecia y España (130); los nombres de los dioses romanos/griegos empiezan a usarse indistintamente
100 A.C.-0	Florecen las religiones mistéricas (Mitra, Isis y Dioniso); Augusto se convierte en primer emperador romano. Destrucción de Pompeya
0-400 A.D.	Firme expansión del Imperio Romano; el cristianismo entra en Roma, probablemente relacionado con la influencia del apóstol Pablo (decapitado por Nerón en torno al 64 A.D.)[41]; Pedro crucificado cabeza abajo; Nerón persigue a los cristianos (60); Jerusalén destruida (135); Justino Mártir (150); Clemente de Alejandría (180); continua persecución contra cristianos (303-305); Constantino llega a emperador (312), tiene una visión del signo ji-ro (primeras dos letras de la palabra Cristo en griego) en el cielo y lo coloca en todos los escudos de su ejército (313) con la orden de «con este signo vencerás»; el cristianismo se convierte en la religión del gobierno. Constantino envía a su

40. http://philtar.ucsm.ac.uk/encyclopedia/europe/grecorom.html.

41. La iglesia primitiva cuenta que Pablo y Pedro fueron martirizados por Nerón. Sus nombres han sido localizados en cementerios romanos. Véase Clemente, *The Persecution Under Nero*, y Eusebio, *Chronicon* 2.211; *Hist. eccl.* 2.25. Disponibles en inglés en Early Christian Writings, http://www.earlychristianwritings.com/1clement.html, y Christian Classics Ethereal Library, http://www.ccel.org/ccel/schaff/npnf201.toc.html. En español, la *Historia Eclesiástica* se encuentra en http://escrituras.tripod.com/Textos/HistEcl00.htm.

	madre, la reina Elena, a buscar e identificar los lugares clave del cristianismo (el pesebre de Belén, el Gólgota, la tumba de Jesús); Constantino convoca el Concilio de Nicea (325); Eusebio (300)
410-540 A.D.	Los godos saquean Roma (410); destronados los emperadores de oriente y occidente; caída del Imperio Romano (455); Bizancio conquista Italia

Al igual que en Grecia, las religiones mistéricas comenzaron a aumentar su poder gradualmente en el Imperio Romano. Cargadas de una gran influencia de los cultos mistéricos griegos, asumieron los nombres y características del panteón de los dioses romanos. En los cultos mistéricos, los individuos sí jugaban un papel, de modo que la religión pasaba de ser algo impersonal a algo personal. Ese cambio fue el que provocó una impresionante respuesta emocional. El pueblo de Roma ansiaba algo más que sus dioses nacionales, algo que las religiones podrían aportar, un hecho apoyado por las ruinas de una de las más populares ciudades de descanso: Pompeya. Michael Grant explica la enorme influencia de las religiones mistéricas en Pompeya y a lo largo de todo el Imperio Romano. «Prometían salvación en la otra vida para sus iniciados y solo el cristianismo, mucho después, evitó… que se apoderara de todo el mundo antiguo».[42] Si fuera cierto que el cristianismo no fue más que una religión plagiada, la lógica impone que habría tenido poco o ningún efecto sobre los cultos mistéricos, puesto que en esencia serían lo mismo. Pero el cristianismo acabó triunfando sobre las religiones paganas mistéricas porque tenía algo completamente diferente que ofrecer al mundo antiguo.

Los cultos mistéricos

Aunque están más relacionados con Grecia y Roma, el antiguo historiador griego Heródoto (430 A.C.) escribió que su origen estaba en Egipto: «Las hijas de Dánao los trajeron de Egipto y se los enseñaron a las mujeres de los pelasgos».[43] Estas religiones mistéricas relacionadas con la diosa de la tierra, Ceres (Deméter, Isis), el dios Baco (Dioniso, Osiris), Mitra y otros se beneficiaron de la amplia insatisfacción reinante incorporando el «éxtasis irracional» junto a un impresionante boato.[44] En dichos cultos, los seguidores se

42. Grant, *Eros in Pompeii,* p. 51.
43. El historiador griego Heródoto llegó a conocerse como el «Padre de la Historia» gracias a sus detallados relatos sobre el mundo antiguo (The Internet Classics Archive, "The History of Herodotus", http://classics.mit.edu/Herodotus/history.2.ii.html [acceso obtenido 18 febrero 2008]). En español, http://es.wikisource.org/wiki/Los_nueve_libros_de_la_Historia.
44. Grant, *Eros in Pompeii,* p. 51

entregaban a la devoción del misterio de una deidad, la cual se convertía en su salvador y les ayudaba a resistir la vida cotidiana y les prometía una vida llena de dicha tras la muerte. Con el tiempo evolucionaron hasta que prácticamente se convirtieron en sectas que trajeron el caos y la consternación a los templos de Júpiter, Marte, Vesta y otros dioses y diosas de patrocinio estatal. Aunque carecían de la influencia política de las religiones del estado, la sensación de libertad que ofrecían los cultos mistéricos seducía a muchos, a quienes apartaba del culto privado de Júpiter y Vesta. Y cuando los corazones privados andaban de un lado a otro, a menudo les seguían sus tesoros.

Las estaciones, como la primavera (fertilidad) y el otoño (cosecha), dependían de la benevolencia de diversas deidades que tenían que ser complacidas para bendecir a sus seguidores. La adoración a la diosa Ceres solía incluir al dios Dioniso también. Durante esos ritos, el sacerdote y las sacerdotisas llevaban a cabo una representación religiosa clasificable como porno que reproducía el matrimonio de la «Señora del Grano», Proserpina (la griega Perséfone) y Plutón, dios del inframundo.[45] Esto se convertía en un constante recordatorio de la mortalidad; la pérdida inminente de algo joven y hermoso a manos del dios de la muerte. Michael Grant señala que esta ceremonia estuvo originalmente vinculada a la bendición del grano, su fertilización y crecimiento, comenzando como parte integral del ciclo estacional de la vida y reteniendo ese nivel de importancia a lo largo de su desarrollo. Los iniciados en este culto se alineaban en uno o dos escalones: el más alto se llamaba los «Contempladores». Su obligación era llevar (y por tanto, contemplar) los objetos sagrados en una procesión. También se tomaban un «sacramento» de agua de cebada y menta para asegurarse las bendiciones de las deidades que controlan la otra vida.

Si Ceres representaba una mezcla de pasión y serenidad femenina, el culto a Baco/Dioniso ofrecía un viaje por los elementos indómitos, animales de la naturaleza humana. Un mural de la sala de culto de una familia patricia de Pompeya (circa 50 A.C.) muestra ritos secretos de iniciación en los misterios que incluyen «lectura de un texto sagrado, purificación, flagelación del iniciado con danza y éxtasis, la revelación del falo sagrado y... un matrimonio místico con el dios».[46] Los miembros de ese culto se entregaban a los placeres de la carne y alcanzaban, al menos por unos momentos, un escape del mundo que los rodeaba.

A lo largo de la historia, el culto a Baco ha mantenido gran parte de su misterio original, revelando únicamente atisbos en la oscuridad que parecía cultivar, una oscuridad

---

45. Véase Heródoto en "Accounts of Personal Religion, c. 430 BCE - 300 CE", *Ancient History Sourcebook* http://www.fordham.edu/halsall/ancient/personalrelig.html (acceso obtenido 18 febrero 2008).
46. Hellenic Communication Service, "Roman Shipwrecks", http://www.helleniccomserve.com/mccannlecture6.html (acceso obtenido 6 octubre 2006).

plagada de fiestas de borrachera, perversiones secretas y del poder del ocultismo. «Desde el siglo I A.D. se vislumbra lo tentador y siniestro de sus ritos, mezclados con la mitología, en los murales de la Villa Item de Pompeya».[47] Una pintura muestra una figura femenina de demonio con alas y calzado; otra muestra a una joven ocultando su cabeza en el regazo de una mujer mayor, como temerosa o asustada; otra describe violentos ritos de iniciación. El culto a Baco tuvo un largo historial de violencia y salvajes orgías sexuales, con excesos tales que movieron al Senado romano a prohibir completamente sus celebraciones en el 186 A.C. Parece ser que no mejoró con el tiempo, como prueban más allá de toda duda los murales de Pompeya. Si Ceres representaba la pasión, entonces la adoración a Baco representaba el caos.

En los tiempos del Imperio Romano, las personas buscaban paz en un mundo peligroso donde simplemente no existía paz de ninguna clase. El gran historiador romano Tácito (115 A.D.) reveló:

> Estoy entrando en la historia de un período rico en desastres, lúgubre por sus guerras, desgarrado por las sediciones, negativo, salvaje en sus pocas horas de paz. Cuatro emperadores perecieron a espada; hubo tres guerras civiles; hubo más con extranjeros, y algunas civiles y externas a la vez... Roma fue devastada por incendios, sus antiguos templos ardieron, el propio Capitolio ardió a manos de romanos. Se profanaron los ritos sagrados; hubo adulterio en la más altas instancias; el mar se llenó de exiliados; los acantilados se empaparon de asesinatos. Pero más salvaje fue el frenesí en Roma; la nobleza, la riqueza, el rechazo o aceptación del ceremonial, todo era un crimen, y la virtud era la ruina más segura. Las recompensas a los delatores no eran menos odiosas que sus hechos; uno obtenía su pago en el sacerdocio o como cónsul; otro como gobernador de una provincia; otro detrás del trono; y todo era un delirio de odio y terror; se sobornaba a los esclavos para que traicionaran a sus señores, libertos de sus patrones. El que no tenía enemigo acababa destruido por su amigo.[48]

Las religiones mistéricas sedujeron a sus seguidores con la oferta de conocimiento y realización secretos. Los ritos religiosos que implicaban sacrificios, inmoralidad sexual, lectura adivinatoria de entrañas de animales, oráculos y predicciones revelan la influencia y poder del ocultismo en el mundo antiguo. Cuando finalmente el crecimiento del

47. Michael Grant, *Eros in Pompeii,* p. 51
48. Tácito, *Histories,* libro I, Internet Classics Archive, http://classics.mit.edu/Tacitus/histories.1.i.html (acceso obtenido 28 agosto 2007).

cristianismo empezó a desbancar a los cultos mistéricos, la creativa mentalidad romana animó a muchos a adoptar las religiones mistéricas *y* el cristianismo a la vez, en una estrategia de no decidirse francamente por ninguna, la que prevalece todavía hoy. «Tenemos noticias también de alejandrinos que adoraban a Sarapis y a Jesús, y la nueva concepción de la maternidad en las representaciones de la Virgen María recuerda a veces las efigies de Isis».[49] Los cristianos primitivos combatieron a los sacerdotes de Cibeles, luchando para recalcar el carácter único de la expiación de la sangre de Jesucristo por mucho que los sacerdotes paganos pretendían equipararlo con la matanza ritual de un toro realizada en la adoración a Cibeles.

Egipto

Tierra de magia y misterio, Egipto ha cautivado la imaginación de millones de personas a lo largo de los siglos, y el mundo moderno ha manifestado estar tan fascinado como siempre por todo lo egipcio. Las películas de alquiler como *La momia* y *El rey escorpión* dan testimonio de la permanente popularidad de la cultura egipcia. La televisión por cable ofrece interminables programas especiales sobre las excavaciones en tumbas y templos egipcios, exámenes con TAC de las momias y especulaciones sobre el método con que los egipcios construyeron las pirámides. Pero hay una cara mucho más oscura en la cultura egipcia, reflejada en innumerables historias sobre el tema.

Cronología de Egipto

Arcaico	3100-2800 a.c.	Politeísmo; Faraón Menes
Imperio Antiguo	2650-2150 a.c.	Faraones Imhotep, Jufu; desarrollo del papiro, la astronomía; los mitos egipcios se desarrollan (predominan Osiris e Isis)
Imperio Medio	2130-1640 a.c.	Faraones Amenemhat I, II, III; se desarrolla el alfabeto de caracteres (2000)
Imperio Nuevo	1550-1050 a.c.	Akenatón revela la religión monoteísta en Egipto; su hijo Tutankamón retorna a los antiguos dioses; Tutankamón, Nefertiti, Ramsés II, III

49. Grant, *El mundo romano*, p. 221.

Período Intermedio Tercero y Tardío I	1059-517 A.C.	Ciro el Grande conquista la costa mediterránea; la alianza grecoegipcia es derrotada pero Egipto no es invadido (549)
Período Persa I	515-425 A.C.	Influencia persa en todas las áreas de Egipto; Darío, Jerjes, Artajerjes; evidencias de influencia religiosa egipcia sobre los griegos (Heródoto 430)
Período Persa II	340-330 A.C.	Darío III, Artajerjes III
Período Grecorromano	330-30 A.C.	César Augusto, Alejandro, Tolomeo I[50]

Hasta donde se remontan los registros históricos, Egipto adoraba a muchos dioses. Se han escrito miles de libros detallando los nombres, tareas e influencias de sus deidades en la vida cotidiana de Egipto y en las vidas de sus vecinos. Las antiguas culturas de Mesopotamia no existieron de forma aislada; el comercio y las conquistas animaban las relaciones, y Egipto participó activamente en ambas. Un combinado de pensamientos, ideas y creencias impregnaba todas las áreas de la vida: arte, arquitectura, filosofía y religión.

Buena prueba de esta mezcla la encontramos en las tablillas de maldición y los hechizos traducidos y analizados por John Gager. «A escala geográfica, nuestras tablillas van desde Bretaña hasta el norte de África, desde Mesopotamia hasta España. Tras esta amalgama subyace una intención consciente de nuestra parte para socavar la confianza con la que se aplican las etiquetas culturales, geográficas y cronológicas a los textos y tradiciones de la antigüedad, como si representasen categorías claras, diferenciadas y no superpuestas».[51] La historia muestra un patrón de influencia que se esparce de un país a otro, de un pueblo a otro. Los dioses egipcios tienen mucho en común con los dioses que se adoraban en Grecia y Roma.

Dioses paganos de Egipto

Nombre	Responsabilidad	Forma o animal sagrado
Aker	Dios-tierra • ayuda a los muertos	Dos cabezas de león
Amón	Dios-viento • dios de Tebas• ayuda a los piadosos	Humana (carnero y oca sagrados)

50. Esta cronología pretende ser una breve panorámica de una historia egipcia larga y compleja, las fechas son siempre aproximadas. Para una cronología más detallada, véase http://www.touregypt.net/ehistory.htm.

51. Gager, *Curse Tablets and Binding Spells*, p. 7.

Anubis	Glorificador de los muertos	Cabeza de chacal, de piel negra
Apis	Asegura la fertilidad	Toro
Atón	Dios-sol	
Atum	Dios-criatura primigenia	Humana-serpiente
Bes	Protección al nacer • Dispensador de virilidad	Grupo de demonios
Edjo	Diosa del Delta/Bajo Egipto	Serpiente Uraeus
Geb	Dios-tierra • Consorte de Nut • progenitor de Osiris	Humana
Hathor	Diosa-cielo • diosa del amor, la danza y el alcohol	Vaca
Heket	Diosa primigenia	Rana
Horus	Dios-cielo	Halcón
Isis	Diosa de la sanidad • hija de Geb • Consorte/hermana de Osiris• Madre de Horus	Humana
Jepri	Dios primigenio • sol naciente	Escarabajo
Jnum	Dador del Nilo • Creador de la humanidad	Humana con cabeza de carnero
Jonsu	Dios-luna	Humana
Maat	Justicia • hija de Ra	Humana
Mesjenet	Diosa protectora de los recién nacidos y del destino	
Min	Dios de la virilidad y la reproducción	
Mut	«Ojo del sol» consorte de Amón	Buitre u hombre
Nejbet	Diosa del alto Egipto	
Nut	Diosa-cielo • Consorte de Geb • Madre de Osiris y Seth • Madre de los cuerpos celestes	
Osiris	Faraones muertos • Gobierna la muerte, la vida y la vegetación	
Ptah	Dios-creador • señor de los artesanos	
Ra	Dios de sol, tierra y cielo • padre de Meat • dios nacional	Humana con cabeza de halcón
Sejmet	Diosa de la guerra y la enfermedad	Humana con cabeza de león
Serket	Guardián de la vida • Protector de los muertos	Escorpión
Seshat	Diosa de los escritos y los libros	

Seth	Dios del caos, el desierto y la tormenta, cosechas • hermano de Osiris	
Shu	Dios del aire, poseedor del cielo	
Sobek	Dios-creador	Cocodrilo
Sotis	Dios de las crecidas del Nilo	
Thermuthis	Diosa de la fertilidad y la cosecha; destino	Serpiente
Tot	Dios de la sabiduría, la luna, la cronología • Mensajero de los dioses	Ibis o babuino
Tueris	Diosa de la fertilidad y de las mujeres de parto	Hipopótamo[52]

La historia de Egipto es rica en detalles. Es una brillante civilización con muchos logros en la cultura del hombre: ciencia, arquitectura, medicina, arte y tantos otros. Sin embargo, lo que no es tan conocido es la amplitud de la fusión de creencias que se produjo entre las religiones egipcias, griegas y romanas.

Deidades griegas	Romanas	Egipcias
Apolo	Apolo	Horus
Dioniso	Baco	Osiris[53]
Deméter	Ceres	Isis
Zeus	Júpiter	Amón[54]
Tifón (hijo de Hera)	———	Tifón

Heródoto señala que tanto Hércules como Pan pertenecían originalmente al panteón de los dioses egipcios.[55] El egiptólogo William Petrie confirma esta fusión intercultural de deidades en su *Personal Religion in Egypt Before Christianity.* Ciertos detalles de la educación religiosa que Plutarco recibió por parte de un tutor egipcio, Ammonio (66 a.d.), documenta las escuelas egipcias de teología como solo podría hacerlo una fuente

52. *Nelson's Complete Book of Bible Maps & Charts.*
53. Heródoto confirma que los antiguos egipcios creían que el dios griego Baco era Osiris. «Por no adorar los egipcios a unos mismos dioses, excepto dos universalmente venerados, Isis y Osiris, el cual pretenden sea el mismo que Dioniso» (Heródoto, *Historias* Libro II, XLII), http://es.wikisource.org/wiki/Los_nueve_libros_de_la_Historia (acceso obtenido 5 agosto 2008).
54. «Por ser Amón el nombre de Júpiter en lengua egipcia» (Ibid.)
55. Ibid.

contemporánea. Petrie considera que esas creencias religiosas fueron comúnmente aceptadas durante muchos años antes de la fecha del texto de Plutarco. «Su información debe tomarse como propia del sacerdocio oficial y de la religión del estado, más que como propia de sectas más especulativas y eclécticas. Como iniciado de los misterios de Osiris y Dioniso y como alto funcionario en el ritual de Apolo en Delfos, parece más un clérigo filósofo de una iglesia establecida, con un gran aprecio por sus propios conocimientos y creencias, que un teólogo aficionado intentando establecer un nuevo sistema o desacreditar antiguas creencias».[56] Como alumno de un tutor egipcio, las afirmaciones de Plutarco sobre la religión egipcia son de incalculable valor.

Algó muy importante para la teología egipcia era la creencia en que el *logos* o conocimiento racional (parte racional del alma) infundía la vida al hombre. Sin este *logos* no había verdadera existencia. Con el aliento del *logos* el hombre llegaba a entender la vida y a los dioses que la controlaban.

Los faraones de Egipto se consideraban hijos de Amen (Amón), lo cual les ligaba a la divinidad. Pero más allá de este corriente estereotipo del rey como dios, Plutarco ofrece una aguda comprensión de las varias escuelas de pensamiento religioso que operaban en el antiguo Egipto. Examina la religión egipcia con perspectiva, presentando «ocho teorías sobre el origen y naturaleza de los dioses».[57]

Heroica. Durante el reinado de Alejandro Magno (350 A.C.), «Euhemero de Mesenia que, componiendo por sí mismo un contraalegato de una infundada ciencia de mitos indignos de ningún crédito, inundó el mundo civilizado con puro ateísmo, haciendo una lista de... todos los que son considerados dioses, con nombres de generales, almirantes y reyes que existieron en tiempos pasados».

Daimónica. Una teoría de la preferencia de Plutarco: los héroes del pasado eran dioses que una vez fueron demonios (espíritus buenos o malos). Los mitos son «pasiones no de los hombres ni de los dioses, sino de poderosos *daimones* que habían nacido con más valentía que los hombres, superándolos por mucho en la fuerza de su naturaleza, pero no poseedores de la pura naturaleza divina, sino dotados con la naturaleza del alma y el sentido del cuerpo, susceptibles de placer, dolor y todas las pasiones».

Física. Petrie comenta que algunos creían que la tierra, el mar y el cielo (todos los elementos) eran dioses físicamente distintos. «La muerte de Osiris era en Hathor el descenso del Nilo. Tifón venciendo a Osiris era el mar invadiendo el valle del Nilo, como muestran las conchas y la sal residuales; y Horus subyugando a Tifón era la fuerte lluvia que provoca la crecida del río».

56. Petrie, *Personal Religion in Egypt*, p. 108.
57. Ibid., pp. 114-123.

Cósmica. Petrie señala que esta teoría fue probablemente resultado de la influencia de la India. «Fue un resultado de la teoría física, en tanto que adoptaba a Osiris como el principio húmedo y a Tifón como el principio ardiente. Así pues, el sol se convirtió en Tifón y la luna en Osiris. Los veintiocho años de vida o reinado de Osiris eran los días del mes; el entierro de Osiris en un sarcófago tallado en un tronco fue en un féretro en forma de medialuna; el despedazarlo en catorce partes era una referencia a los días de la luna menguante... El emparejamiento de Osiris con Isis es la luna debajo de la tierra».

Dualista. Adoptada de Persia, «a partir de dos principios opuestos, y de dos poderes antagónicos (uno que conduce a la derecha y hacia adelante, y el otro que invierte y deshace) han sido creados, mezclados, la vida y este cosmos irregular, variable y susceptible de toda clase de cambios. Puesto que nada ha sido traído a la existencia sin una causa, y el *bien* no puede ser causa del mal, tanto la naturaleza del mal como la del bien han de tener un génesis... Entonces Zoroastro llamó a uno Ormuz (Ahura Mazda) y al otro Ahrimán, y además anunció que uno se asemeja a la luz... y el otro a la oscuridad y a la ignorancia, mientras que entre ambos estaba Mitra; por eso los persas llaman a Mitra el Mediador».

Alegórica. Según Petrie, Plutarco prefería este sistema por encima de los otros. «Porque Isis es la parte femenina de la Naturaleza y la que es capaz de recibir la totalidad del génesis; en virtud de lo cual Platón la llamó "Nodriza" y "La que contiene todo", y la multitud la llamó "La de los miles de nombres", por haber sido transformada por el logos y haber recibido todas las formas e ideas». Pero Petrie llegó a comentar: «El sistema es meramente un amasijo de ideas introspectivas muy vagas, sin ninguna probabilidad de que tales pensamientos hubiesen jamás inducido a la humanidad a creer en tales dioses y adorarlos».

Estacional. Una teoría que Plutarco condenaba. «Tenemos que ocuparnos de la embrutecida muchedumbre que se complace en asociar las ideas sobre estos dioses ya sea con los cambios de la atmósfera en función de las estaciones, ya sea con la producción del grano, el sembrar o el arar, o con decir que Osiris es sepultada cuando el grano sembrado queda escondido en la tierra, y viene a la vida y se manifiesta de nuevo cuando empieza a brotar. Por eso mismo dicen también que, al sentirse embarazada, Isis se coloca un amuleto en el sexto día del mes de Paofi, y que Harpócrates es traído en torno al solsticio de invierno, imperfecto y como un niño pequeño, en las cosas que brotaron demasiado pronto. Por eso también le ofrecen sus primicias de las lentejas y guardan los días de gracias para un reparto seguro después del equinoccio de primavera. Porque les encanta escuchar estas cosas y creerlas, sacando la convicción de las cosas inmediatas, habituales y a la mano».

Animal. Petrie declara la reacción de Plutarco a varios aspectos de esta teoría: (1) «Primera opinión, "que los dioses, por temor a Tifón, se convirtieron en estos animales", lo cual le produce risa, y dice que "supera a cualquier malabarista o cuenta cuentos"». (2) Sigue la opinión de «que todas las almas de los muertos que perduran renacen solo en esos animales», cosa que califica como «igualmente increíble».

La conclusión final de Plutarco sobre esto es que la humanidad «no honra a estos (los animales) sino a lo divino a través de ellos».[58]

En Egipto había diferentes escuelas de pensamiento, como hoy, y esa diversidad influyó en la formación y desarrollo de diferentes cultos religiosos.

Osiris, Isis, Dioniso y Zeus

Hermano y hermana, esposo y esposa, gobernador del mundo y reina del cielo, Osiris e Isis dominaron los mitos de Egipto. Se cree que aparecieron en algún momento de la Quinta Dinastía (2500-2300 a.c.), Osiris como el dios principal de la otra vida e Isis como la madre. Ambos dioses eran representados por algún aspecto de la agricultura, se pueden encontrar elementos de sus mitos en múltiples culturas del mundo antiguo. Esto señala una vez más la importancia de la geografía en la historia primitiva de las religiones. El mundo civilizado era una versión en miniatura del actual; imagínese las ciudades de Nueva York, Boston, Atlanta, New Orleans, Chicago y Los Ángeles, todas en el estado de California, cada una a unas pocas horas de distancia de la otra, con fácil acceso por barco o camello. Las rutas comerciales terrestres y marítimas garantizaban la expansión de las creencias individuales, por lo que conquistadores como Alejandro Magno y los emperadores romanos dirigían la extensión del conocimiento a gran velocidad.

El punto central del mito de Osiris es su asesinato a manos de su hermano Set, y su posterior resurrección mediante la ayuda de Isis. Tanto los rituales de Osiris como los de Dioniso están asociados al vino, por lo que es probable que los griegos apreciaran muchas coincidencias entre su Dioniso y el relato de Osiris (muerte, desmembramiento, resurrección). Osiris y Dioniso representaban el renacer y la promesa de algo eterno. También se cree que en algún momento se fundieron Zeus y Osiris, debido a la expansión del culto a Isis. «La difusión del isidismo entre los griegos condujo a la identificación del antiguo dios griego Zeus con Osiris, y del antiguo dios griego Apolo con Horus, dejando a Isis más bien identificada con Hera. El nombre de Isis se mantuvo en algunos nombres de personas (Isidorus), mientras que el significado real de Diodorus era "dado

58. Adaptado de Ibid.

como regalo por Osiris/Zeus", y Apollodorus significa que el portador del nombre había sido "dado como regalo por Horus/Apolo"».[59]

En el primitivo culto a Isis, se la conocía como la diosa de la fertilidad, la magia y la maternidad. Tenía una naturaleza dual: maternal y maliciosa (aunque en mitos posteriores se la solía representar solo benevolente). Diosa de mil nombres, Isis se suele asociar a cuadros de la cosecha del grano llevando en brazos a su hijo mientras se prepara para darle el pecho. Como diosa matriarcal, se solía pedir su bendición para los matrimonios. La historia posterior de la adoración a Isis (100 A.D.) da muestras de una evolución de lo sensual en su mito y sus rituales, sobre todo en la época del Imperio Romano. La promiscuidad relacionada con el culto mistérico de Isis llegó a ser tan predominante y depravada a lo largo del Imperio Romano que acabó siendo prohibida en torno al año 250 A.D. La historia apoya el hecho de que Osiris e Isis eran enormemente populares, extendiendo su culto desde Egipto a Grecia, Roma y más allá:

> La expansión del culto a Isis fuera de Egipto comenzó incluso antes de su conquista por los griegos y después por los romanos. Ya en el siglo V A.C., el historiador y etnógrafo griego Heródoto describía la adoración a Isis en Egipto, Cirene, Bubastis, Sais y Menfis. En su *Historia,* Heródoto afirma que Isis es Deméter en griego (2.LIX.156), y que los «misterios» conocidos como Tesmoforias en Grecia, que celebraban a la diosa Deméter, tenían su origen en el culto de Isis en Sais. En la Grecia continental, Isis también recibía adoración en el Pireo, el puerto de Atenas, por los mercaderes egipcios ya en el siglo V A.C. (Turcan 1996, 81). A principios del siglo II A.C., el culto de Isis, con o sin sus deidades relacionadas (Zarpáis, Horus y el dios Anubos, con cabeza de chacal) se conocía en todo el mundo helenístico, desde Sicilia hasta las costas del Mar Negro».[60]

Sin duda alguna, la expansión de las religiones influyó en la amalgama que era el antiguo mundo grecorromano. Como expresó Plutarco: «Ciertamente todos los hombres tienen a Isis y la conocen a ella y a los dioses de su compañía; porque aunque aprendieron, no hace mucho, a llamar a algunos de ellos por los nombres que sabían los

59. Muhammad Shamsaddin Megalommatis, "Yemen and the Bab el Mandeb Straits According to the 'Periplus of the Red Sea'", Buzzle, http://www.buzzle.com/editorials/8-6-2005-7432.asp (acceso obtenido 8 octubre 2006).

60. Gail Corrington Streete, "An Isis Aretalogy from Kyme in Asia Minor, First Century B.C.E.", en Richard Valantasis, ed., *Religions of Late Antiquity in Practice,* Princeton University Press, Princeton, 2000, p. 369.

egipcios, todavía conocen y honran el poder de cada uno de ellos desde el principio».[61] Los mercaderes transportaron sus creencias por dondequiera que viajaban, como las aplicadas abejas esparcen el polen. Con la llegada de Alejandro Magno, la religión y los pensamiento griegos se expandieron por las culturas del mundo antiguo (era helenística). La tolerancia de Roma para dar plena bienvenida a la mayoría de los dioses extranjeros condujo al crecimiento de las religiones mistéricas y a la fascinación por ellas. Numerosos altares de diversas divinidades llenaban los antiguos templos mientras las personas procuraban apaciguar a todos los dioses.

El poder del ***individuo*** se ve a lo largo de toda la historia. Personas particulares se apropiaron de los dioses de un territorio y los introdujeron en otro, trasplantándolos de una localidad a otra en el curso de la vida cotidiana. A veces, mantenían los nombres; otras veces no. El registro histórico manifiesta que desde las primeras y más primitivas culturas de la tierra existía un conocimiento común acerca de un Ser Supremo, lo que se llegó a diluir en una cosmovisión politeísta.[62]

Persia

Persia se conoce en la actualidad como Irán. Es un país rico en historia, conquistando y siendo conquistado a lo largo de los siglos por imperios como Asiria, Babilonia y Grecia.

Cronología de Persia

5000-2300 A.C.	Predomina el politeísmo. Se parece al politeísmo encontrado en la India (védico) e incluye tres nombres idénticos para las divinidades: Ahura Mazda (Ormuz, dios supremo), Deva, y Mitra; Ur se desarrolla, capital de Sumeria y hogar de Abraham.
2000-1800 A.C.	Abraham deja Mesopotamia rumbo a Canaán, la actual Israel
1900-1600 A.C.	Mesopotamia se divide en estados rivales, Babilonia en el sur y Asiria en el norte
1700-1600 A.C.	Hammurabi, rey de Babilonia, escribe un código de leyes (1750); el profeta Zaratustra (1200, en griego Zoroastro) subraya la importancia de Ahura Mazda, y enseña la realidad de la lucha entre el bien y el mal (dualismo); se sigue practicando el politeísmo[63]

61. Petrie, *Personal Religion in Egypt*, p. 121.
62. Schmidt, *The Origin and Growth of Religion*, p. 262.
63. Algunos seguidores modernos de Zoroastro afirman que sus enseñanzas datan del 6000 A.C., pero es pequeña la evidencia.

850-730 A.C.	Los registros asirios mencionan por primera vez a los árabes, nómadas que pastorean ovejas y cabras en los desiertos de las Península de Arabia, al sur de Mesopotamia; el Imperio Asirio se expande desde el Golfo Persa hasta Egipto y Asia Menor, incluyendo Mesopotamia y la presente Israel
580 A.C.	Bajo el reinado de Nabucodonosor, los babilonios arrebatan Siria a Egipto y conquistan Judea; los babilonios destruyen el primer templo de Jerusalén y toman a los israelitas como esclavos; Ciro el Grande (590-529 A.C.) conquista la costa de Mesopotamia y Asia Menor, derrota a la alianza grecoegipcia; unificación del Imperio de Media y de Persia (medopersas 560 A.C.)
530 A.C.	Persia conquista Babilonia y envía a los judíos de vuelta a reconstruir Jerusalén y el segundo templo
330 A.C.	Alejandro Magno conquista Persia y crea un centro comercial en Babilonia
160 A.C.-110 A.D.	Los ejércitos romanos anexan territorios persas a su imperio en expansión
215-630 A.D.	Surge un nuevo Imperio Persa con centro en Mesopotamia: paganos, cristianos, judíos y budistas adoran al lado de los zoroastras, cuya antigua religión es la fe oficial
570 A.D.	Nace Mahoma, fundador del Islam; enseña que hay un solo Dios; Jesús es un profeta y también el Mesías, pero la salvación solo puede hallarse en el Corán[64]

A diferencia de los romanos y los egipcios, los reyes persas no se consideraban dioses. Más bien, actuaban como representantes de su dios supremo, Ahura Mazda. La historia de la religión persa puede dividirse en tres épocas distintas: primero, el culto politeísta a Ahura Mazda, a deidades menores como Mitra y a los elementos (aire, agua,

64. Cronología adaptada de "The History of Iraq", *Seattle Times*, http://seattletimes.nwsource.com/news/nationworld/usiraq/timeline/ (acceso obtenido 10 octubre 2006). Para referencias a Jesús como Mesías en el Corán, véase Sura 3:45; 4:157, 171. «Es interesante comparar a Jesús y Mahoma conforme al Corán:

Jesús hizo milagros (Sura 3:49; 5:110), pero Mahoma no (Sura 13:8: "tú eres solo un alertador [del juicio divino que viene]"; también 6:37; 6:109; 17:59 y 17:90-93).

Jesús fue sin pecado (Sura 3:46), pero Mahoma pecó y necesitó perdón (Sura 40:55; "pide perdón por tu pecado"; 42:5: "y pedir Su perdón en favor de los que están en la tierra"; 47:19; "pide perdón por tu pecado"; 48:2: "Para perdonarte Alá tus primeros y tus últimos pecados").

Jesús fue llamado "el Mesías" y ¡nació de una virgen (3:45-57)! No obstante, se supone que Mahoma es el más grande de los profetas» (Martin, cap. 16, "Islam", en *Kingdom of the Cults*).

fuego y tierra); segundo, la llegada del dualismo de Zoroastro; y por último el surgimiento del islam, que acabó reemplazando al zoroastrismo.[65]

Las gentes de Persia, también conocidos como arios (indoeuropeos) reconocían la existencia de un dios supremo (mazdeísmo) ya antes de Zoroastro, pero también adoraban a muchas deidades menores, como Spenta Mainyu. Ahura Mazda era considerado el Creador y el más importante de todos los dioses, pero en la práctica los antiguos persas adoraban a muchos dioses, incluyendo a Mitra (dios de la guerra). Heródoto describió la religión persa como simplista, un culto a muchos dioses y, a veces, a la propia naturaleza: viento, fuego, agua, tierra y cielo.

> Las leyes y usos de los persas he averiguado que son estas. No acostumbran erigir estatuas, ni templos, ni aras, y tienen por insensatos a los que lo hacen; lo cual, a mi juicio, dimana de que no piensan como los griegos que los dioses hayan nacido de los hombres. Suelen hacer sacrificios a Júpiter, llamando así a todo el ámbito del cielo, y para ello se suben a los montes más elevados. Sacrifican también al sol, a la luna, a la tierra, al agua y a los vientos; siendo estas las únicas deidades que reconocen desde la más remota antigüedad, si bien después aprendieron de los asirios y árabes a sacrificar a Venus. Urania; porque a Venus los asirios la llaman Milita, los árabes Alita, y los persas Mitra. En los sacrificios que los persas hacen a sus dioses no levantan aras, no encienden fuego, no derraman licores, no usan de flautas, ni de tortas ni de guirnaldas. Lo que hacen es presentar la víctima en un lugar puro, y llevando la tiara ceñida las más veces con mirto, invocar al Dios a quien sacrifican; pero en esta invocación no debe pedirse bien alguno para sí en particular, sino para todos los persas y para su rey, porque en el número de los persas se considera comprendido el que sacrifica. Después se divide la víctima en pequeñas porciones, y hervida la carne, se pone sobre un lecho de la hierba más suave, y regularmente sobre trébol. Allí un mago de pie entona sobre la víctima la Theogonia, canción —para los persas— la más eficaz y maravillosa. La presencia de un mago es indispensable en todo sacrificio. Concluido este, se lleva el sacrificante la carne, y hace de ella lo que le agrada.[66]

65. Las fechas de la cronología solo pueden considerarse aproximadas, pues no se conoce mucho de la vida de Zoroastro.
66. Heródoto, *Historia,* Libro I, Michael Crawford y David Whitehead, *Archaic and Classical Greece: A Collection of Ancient Stories,* Cambridge University Press, Cambridge, 1983, p. 201.

La adoración a cualquier cosa considerada divina acabó llevando a la depravación, y fue en ese escenario donde hizo su aparición el profeta Zaratustra, enseñando que algunas cosas no eran dignas de adoración; llamó al pueblo a regresar a las verdaderas enseñanzas de Ahura Mazda (mazdeísmo). Según los zoroastras modernos, esas enseñanzas eran antiguas y el propósito de Zoroastro era *recordárselas* al pueblo.[67]

Los expertos siguen debatiendo sobre el origen del dualismo persa (el bien contra el mal), algunos señalan al parecido con los nombres de los tres dioses de la India (Ahura Mazda, Deva y Mitra), mientras otros argumentan que tales dioses representan significados opuestos en cada cultura, por lo que no podrían ser los mismos. Por ejemplo, Deva recibe honra en la India; Davaï (usado en plural) recibe desprecio en Persia. Sin embargo, hay ciertas evidencias de la influencia babilonia sobre el dualismo:

> Hay un origen claro e históricamente lógico para el dualismo persa y es raro que tantos estudiosos lo hayan pasado por alto en su búsqueda. Lo tenemos al alcance de la mano. Es el mito babilonio de la lucha entre Merodach y el Dragón, entre el Dios de la inteligencia y la diosa monstruo Tiamat de la profundidad del caos. Hay muchos puntos de coincidencia, e incluso de identidad, entre las concepciones dualistas babilónica y zoroástrica. En las tablillas de la creación, Tiamat… es personificada como el poder que gobierna sobre el caos y la oscuridad primigenios… Marduk, como el representante selecto de la luz y el orden, se adelanta a reunirse con ella.[68]

La cuestión de la evolución del dualismo nunca ha obtenido una respuesta que contente a todos, pero la similitud de ideas (Babilonia) y nombres (India) señala una vez más a la dinámica del crisol geográfico. Al examinar la antigua religión de Persia antes del nacimiento de Zoroastro, Mary Boyce concluye que las similitudes entre aquella y la nueva religión que enseñó Zoroastro son evidentes, «como si la segunda fuese en muchos aspectos un desarrollo natural de la primera, en una continuidad sin ruptura».[69]

---

67. "Traditional Zoroastrianism: Tenets of the Religion", http://tenets.zoroastrianism.com/ (acceso obtenido 13 octubre 2006).
68. Henry Goodwin Smith, "Persian Dualism", *The American Journal of Theology* 8, no. 23 (1904): pp. 490-491, http://links.jstor.org/sici?sici=1550-3283%28190407%298%3A3%3C487%3APD%3Ew.0.CO%3B2-Y (acceso obtenido 7 octubre 2006).
69. Mary Boyce, "On Mithra's Part in Zoroastrianism", *Bulletin of the School of Oriental and African Studies* 32, no. 1 (1969): p. 11, http://links.jstor.org/sici?sici=0041-977X%281969%2932%3A1%3C10%3AOMPIZ%3E2.0.CO%3B2-A (acceso obtenido 7 octubre 2006).

Las enseñanzas de Zoroastro

1. Ahura Mazda es el no creado Creador de todo, pero algunos dioses menores siguen siendo dignos de adoración.
2. Muchos dioses de Persia eran corruptos, por lo que no podían ser verdaderos dioses. No son dignos de adoración.
3. Todos los seres se dividen en dos clases (dualismo): los que pertenecen a Ahura Mazda (el Sabio), y los controlados por Angra Mainyu (la Mente Destructora), fuente de todo mal. «Cuando el hombre hace el bien añade peso en el platillo del bien en la balanza de la vida; y cuando realiza actos malos añade al peso en el platillo de las fuerzas del mal».[70]
4. Zoroastro es el mayor de todos los profetas: «El creador Ahura Mazda habló a Zaratustra: "¡Oh, Zaratustra! No he creado a nadie mejor que tú en el mundo, ni voy a crear a nadie mejor cuando te hayas ido. Tú eres mi escogido, y he hecho este mundo visible por causa de ti. Y todos estos pueblos y monarcas que he creado siempre han mantenido la esperanza de que yo te crease en sus tiempos, así que deben aceptar la religión y sus almas deben llegar al cielo supremo"».[71]
5. Los hombres están cautivos en la lucha entre el bien y el mal. Hay serias consecuencias por las elecciones realizadas.
6. El libre albedrío determina la elección entre el bien y el mal, tal como enseñan los Avesta/Gathas (Escrituras).[72]
7. La rectitud conduce a la felicidad, la impureza a la infelicidad.
8. Los dioses y los hombres tienen un espíritu guardián (no el alma). Mitra, Rashnu, y Sraosha determinan el juicio en el puente Chinvat («Puente del Juicio») en la otra vida. «Habrá un día del juicio y está al llegar. En ese día de días el sabio Señor [Ahura Mazda] triunfará sobre el espíritu maligno Angra Manyu. Todos los muertos volverán a la vida y se separarán las almas buenas de las malas. Serán pasados por un caudal de metal derretido. Los buenos lo atravesarán como si fuese leche tibia. No sufrirán ningún daño. Pero los malos arderán para siempre».[73]

---

70. Morris Katz, *The Journey,* Trafford Publishing, Victoria, B.C., 2004, p. 40.
71. "What is Zoroastrianism?" Avesta—Zoroastrian Archives, http://www.avesta.org/zfa1.html (acceso obtenido 14 octubre 2006). (SD81.3)
72. S. A. Nigosian, *The Zoroastrian Faith: Tradition and Modern Research,* McGill-Queens University Press, Montreal, 1993, p. 23.
73. Katz, *The Journey, pp.* 41-42.

ZOROASTRISMO MODERNO

1. Toda Escritura es sagrada (los Gathas, Yashts y el Vendidad). Deben rezarse en los templos del Fuego, ante el Fuego Sagrado para ser más recto y luchar contra el mal.
2. Todos los rituales y los templos del fuego de la liturgia Yasna son sagrados.
3. Todas las criaturas de Ahura Mazda son dignas de adoración.
4. El único método por el que un zoroastra puede destruir un cadáver es por la exposición a los elementos (Dakhma-nashini).
5. En el Vendidad se manda que todo zoroastra solo puede casarse con otro zoroastra, para preservar la fuerza espiritual de la religión Aria Mazdayasni y la identidad étnica de los zoroastras arios.
6. Los justos de todas las religiones van al cielo, todas la religiones son iguales y es absurdo convertirse. Dios nos ha dado nuestro nacimiento en nuestras respectivas religiones, para adorarle en ellas, no para poner en duda Su Juicio (sic) y rebelarnos y pasarnos a otra fe. Porque cada fe conduce en definitiva a Dios. Los seguidores de Zoroastro no convierten a otros, pero deben *casarse dentro* de su fe y *aumentar el número de hijos* para crecer en cantidad.
7. Ahura Mazda envía el Saoshyant a la tierra para derrotar al mal y aumentar la justicia (Ashoi). La religión zoroástrica fue la primera en proclamar que Ahura Mazda enviará al Saoshyant, nacido de una virgen, y muchas otras religiones tomaron esta creencia.
8. Cuando venga el Saoshyant (Salvador), comenzará la batalla espiritual final entre las fuerzas del bien y del mal, produciendo la completa destrucción del mal. Tendrá lugar Ristakhiz, la resurrección (sic) de los muertos: los muertos se levantarán, por voluntad de Ahura Mazda. El mundo será purificado con metal derretido, el cual los justos atravesarán como si pasaran por leche tibia, y los malvados se escaldarán. El juicio final de todas las almas comenzará a manos de Ahura Mazda el Juez (Davar) y todos los pecadores serán castigados, después serán perdonados, y la humanidad será hecha inmortal y libre de hambre, sed, pobreza, envejecimiento, enfermedad y muerte. El mundo será de nuevo perfecto, como lo era antes de la arremetida del maligno.[74]

---

74. Adaptado de "Traditional Zoroastrianism: Tenets of the Religion", http://tenets.zoroastrianism.com/ (acceso obtenido 13 octubre 2006).

Mitra

Una vez considerado el principal rival del cristianismo en el siglo II A.D., el culto al dios Mitra también parece haber traspasado los límites de la geografía. El mitraísmo tiene raíces en muchas culturas diferentes: hay pinturas en cuevas de Creta que detallan lo que parece ser el culto a Mitra de los ancestros de los griegos, los minoicos y los micenos; en el panteón de los dioses de la antigua Persia figuraba Mitra; y el año 50 A.D. contempló la llegada del culto de Mitra a Roma. Mitra, dios de la guerra, obtuvo la lealtad de las legiones romanas. Se trataba de una religión mistérica, abierta solo a varones. Justino Mártir (150 A.D.) puso de manifiesto cómo el culto mistérico pagano de Mitra en Roma copió y pervirtió los ritos cristianos:

> Porque los apóstoles, en las memorias que compusieron, llamadas evangelios, nos han entregado lo que se les mandó; que Jesús tomó pan y, después de haber dado gracias, dijo: «Haced esto en memoria de mí, esto es mi cuerpo»; y que, del mismo modo, habiendo tomado la copa y dado gracias, dijo: «Esto es mi sangre»; y se la dio a ellos. Esto lo han imitado los pérfidos diablos en los misterios de Mitra, mandando que se haga lo mismo. Porque ustedes mismos saben o pueden aprender cómo en los ritos místicos de iniciación colocan pan y una copa de agua con ciertos encantamientos.[75]

En Persia, Mitra era un dios que se vengó de modo sangriento de los enemigos del pueblo persa. En la India le adoraban como un dios de la fidelidad y la amistad. El mito religioso romano lo presentó como un dios salvador, que murió y fue resucitado, ofreciendo salvación a los que creen en él.

El mito del Salvador[76]

Osiris, Dioniso, Mitra, los salvadores resucitados del mundo pagano, se convirtieron en poderosos rivales del cristianismo durante el siglo segundo (100-195 A.D.), pero la falsa promesa del mito del Salvador representó una amenaza que la iglesia primitiva enfrentó y refutó con destreza. El testimonio presencial de los apóstoles sobre la persona y enseñanzas de Jesucristo proporcionó un fundamento sólido para la defensa de la fe cristiana

75. Justin Martyr, *Apology I* (Christian Classics Ethereal Library, 2007), p. 66, http://www.ccel.org/fathers2/ANF-01/anf01-46.htm#P3935_744654 (acceso obtenido 14 octubre 2006). En español, Justino Mártir, ed. Alfonso Ropero, *Lo mejor de Justino Mártir* (Clie, Terrassa, 2004).
76. También conocido como *mito de Cristo.*

frente al rampante paganismo. Hoy día, un testigo presencial por sí solo puede enviar a un reo a la muerte en el sistema judicial estadounidense y, sin embargo, los escépticos que se oponen al mensaje del cristianismo desechan una y otra vez el registro bíblico como fuente primaria, repleta de relatos de testimonios presenciales y con fuerte apoyo de los descubrimientos arqueológicos. No obstante, basándonos en el testimonio irrefutable de los discípulos y de otras fuentes históricas de crédito, sigue siendo un hecho que el Jesús histórico *existió* y no tiene nada en común con los salvadores paganos.

El historiador Hans Kippenberg pone en entredicho la denominada similitud entre estos paganos «salvadores resucitados» y Jesucristo, aduciendo que no estaban relacionados con Él ni siquiera como arquetipo, puesto que muchos de ellos murieron y no volvieron a levantarse. «Investigaciones recientes han establecido que no se puede sostener una interpretación de estos dioses [salvadores resucitados] como muriendo y renaciendo, por la sencilla razón de que la mayor parte murieron sin luego regresar. En el mejor de los casos, fueron rescatados de la completa aniquilación. Por tanto, está claro que no son antecesores de Jesucristo».[77] Por desgracia, los cristianos de hoy enfrentan normalmente una versión resucitada de ese argumento que pone en cuestión la propia existencia de Jesucristo sin ofrecer ni una simple fuente primaria que apoye su afirmación.

El aspecto más perturbador de ese argumento es un curioso patrón narrativo que parece repetirse a lo largo de los siglos: nace un hijo de un dios (a veces de una virgen), es asesinado por un enemigo maligno y resucita para convertirse en salvador del mundo. Tales aparentes similitudes fueron la base del ataque pagano contra la validez del cristianismo en el mundo antiguo, y hoy siguen usándose con el mismo propósito. El argumento suele discurrir de la siguiente manera: los paganos tenían la historia primero; por tanto, los cristianos tienen que haberla tomado de las antiguas religiones paganas. Entonces, el cristianismo no es más que un plagio repleto de teología robada a los paganos y reinterpretada para encajar en un temario cristiano. Si todos esos hechos se pueden encontrar en los mitos paganos siglos antes del cristianismo (un niño concebido por una virgen, asesinado y luego resucitado) entonces lo más probable es que Cristo jamás hubiera existido (o, todo lo más, se construyeron leyendas mitológicas alrededor de Él después de su muerte, para divinizarlo). Por tanto, en lo esencial, Jesús fue producto del mito o la imaginación (mitificación).

Parecen abundar las similitudes con la religión cristiana en varias culturas cuyos dioses, supuestamente:

77. Hans G. Kippenberg, "Comparing Ancient Religions", *Numen* 39, no. 2 (1992): p. 221.

- nacieron de una virgen o cerca del 25 de diciembre
- nacieron en una cueva
- se hicieron con doce discípulos
- sufrieron una terrible muerte a manos de un enemigo
- descendieron al inframundo o infierno y más tarde fueron resucitados
- prometieron el fin de los sufrimientos seguido de una felicidad eterna
- recibieron el apelativo de Liberador o Salvador por parte de sus seguidores

En el pasado, estas afirmaciones han causado confusión entre cristianos y no cristianos, en gran parte debido a que era difícil acceder a las fuentes primarias sobre el tema. Sin embargo, en realidad los *salvadores resucitados* de múltiples culturas rara vez tienen mucho en común. Sus historias pueden aparentar cierto paralelismo en principio pero, irónicamente, «el diablo está en los detalles». Plutarco escribió en su disertación sobre el origen y naturaleza de los dioses antiguos:

> De todos los dioses que no son engendrados o son indestructibles, los cuerpos yacen sepultados con los sacerdotes cuando ellos han realizado su labor, y les han prestado servicios, mientras que sus almas brillan en el cielo como estrellas; los griegos al alma de Isis la llaman Kuon (la Estrella del Perro), pero los egipcios Sotis, la de Horus la llaman Orión y la de Tifón (Set) la llaman Arktos (la Osa Mayor)… Pero solo aquellos que habitan la región de Tebas… creen que ningún Dios está sujeto a la muerte y que el que ellos llaman Nef es no engendrado e inmortal (xxi, 2, 3). La misma idea aparece en Luciano (*Jup. Trag.*) donde se presenta la tumba de Zeus en Creta como muestra de que hasta él murió. El grado de dioses así sujetos a la muerte es el de los que han sido creados y, por tanto, pueden perecer, no ser eternos. Y esto estaba relacionado con la antigua teoría de los daimones, de que las almas eran transformadas a partir de ellos para convertirse en hombres o dioses; porque «Isis y Osiris siendo transformados por virtud de los buenos daimones en dioses (como después fueron Heracles y Dioniso) poseen la dignidad de dioses y daimones al mismo tiempo.[78]

78. De Plutarco xxvii, 3, según lo cita Petrie. Petrie observó: «Se consideraba que la naturaleza de los dioses variaba mucho» (*Personal Religion in Egypt*, pp. 111-112). Para más información sobre esto, véase, de Plutarco, *What is God?* Disponible en línea en FullBooks, http://www.fullbooks.com/The-Complete-Works-Volume-3-Essays-and2.html. En español, la consideración sobre qué es Dios aparece concretamente en la segunda

Isis, Osiris, Dioniso, todos fueron simplemente «buenos daimones» elevados a la categoría de dioses. Zeus, el gran dios griego, murió y allí se quedó, tal como confirma su tumba en Creta. Cuanto más acercamos la lupa de la historia a los detalles de los salvadores resucitados, menos se parecen al único Salvador.

Al refutar el mito del Salvador, es importante primero separar el problema del Jesús histórico del caso de los salvadores paganos. Jesús es una persona de la historia: el Evangelio de Juan (circa 90 A.D.) ofrece detalles del más temprano relato presencial de su vida. Este antiguo documento es digno de crédito y ofrece más pruebas de autenticidad que otros manuscritos prestigiosos, como *La Ilíada* de Homero (800 A.C.) o las escrituras de los budistas, registradas más de ocho siglos *después* de la muerte de Buda. Además del relato de Juan, hay testimonios presenciales de Mateo, Marcos y Santiago. Flavio Josefo (circa 37 A.D.) también se refiere a la muerte de Santiago, hermano de Jesús:

> El procurador Festo había fallecido. El sucesor, Albino, todavía no había tomado posesión. Hizo que el sanedrín juzgase a Santiago, hermano de Jesús, que era llamado Cristo, y a algunos otros [o, algunos de sus compañeros]. Los acusó de haber transgredido la ley y los entregó para que fueran apedreados: pero en cuanto a los ciudadanos más equitativos, los más contrarios a que se quebrantase la ley, no les pareció bien lo que se había hecho.[79]

El historiador romano Tácito (circa 110 A.D.) proporciona la que tal vez sea la prueba aislada más importante sobre el Jesús histórico, aparte del Nuevo Testamento:

> Mas ni con socorros humanos, donativos y liberalidades del príncipe, ni con las diligencias que se hacían para aplacar la ira de los dioses era posible borrar la infamia de la opinión que se tenía de que el incendio había sido voluntario. *Y así Nerón, para divertir esta voz y descargarse, dio por culpados de él, y comenzó a castigar con exquisitos géneros de tormentos, a unos hombres aborrecidos del vulgo por sus excesos, llamados comúnmente cristianos. El autor de este nombre fue Cristo, el cual, imperando Tiberio, había sido ajusticiado por orden de Poncio Pilato, procurador, de la Judea,* y aunque por entonces se reprimió algún tanto aquella

---

sección del siguiente volumen: *Plutarco. Sobre la malevolencia de Heródoto. Cuestiones sobre la naturaleza. Sobre la cara visible de la luna. Sobre el principio del frío.* Biblioteca Clásica de Gredos, vol. 9. Gredos, Madrid, 2002.

79. Flavius Josephus, *Antiquities,* 20, cap. 9, disponible en línea en inglés en Christian Classics Ethereal Library, http://www.ccel.org/j/josephus/works/ant-20-htm. En español, Flavio Josefo *Antigüedades de los judíos* (Editorial Clie, Terrassa, 1986).

perniciosa superstición tornaba otra vez a reverdecer, no solamente en Judea, origen de este mal, pero también en Roma, donde llegan y se celebran todas las cosas atroces y vergonzosas que hay en las demás partes.

Fueron, pues, castigados al principio los que profesaban públicamente esta religión, y después, por indicios de aquellos, una multitud infinita, no tanto por el delito del incendio que se les imputaba, como por haberles convencido de general aborrecimiento a la humana generación. Añadióse a la justicia que se hizo de estos, la burla y escarnio con que se les daba la muerte. A unos vestían de pellejos de fieras, para que de esta manera los despedazasen los perros; a otros ponían en cruces; a otros echaban sobre grandes rimeros de leña, a los que, en faltando el día, pegaban fuego, para que ardiendo con ellos sirviesen de alumbrar en las tinieblas de la noche.

Había Nerón diputado para este espectáculo sus huertos, y él celebraba las fiestas circenses; y allí, en hábito de cochero, se mezclaba unas veces con el vulgo a mirar el regocijo, otras se ponía a guiar su coche, como acostumbraba. Y así, aunque culpables estos y merecedores del último suplicio, movían con todo eso a compasión y lástima grande, como personas a quienes se quitaba tan miserablemente la vida, no por provecho público, sino para satisfacer a la crueldad de uno solo.[80]

El Jesús histórico es real y desde luego defendible. Una vez puesto a un lado este argumento, el mito del Salvador se puede refutar señalando los siguientes hechos:

1. Los *salvadores resucitados*, tras un examen caso por caso, no tienen prácticamente nada en común. Cualquier similitud entre ellos y Jesucristo solía demostrar que era parte mito y parte imaginación. «Ahora existe el equivalente a un consenso académico contra lo adecuado del concepto [de dioses que mueren y resucitan]. Los que siguen pensando de otra manera son considerados miembros residuales de una especie casi extinguida… La categoría de deidades que mueren y resucitan, tal como la propagó [Sir James] Frazer ya no puede sostenerse».[81]
2. Los hombres, independientemente de sus diferencias culturales, comparten la misma naturaleza en todo el mundo. Las investigaciones históricas apoyan el hecho de que los seres humanos más primitivos creían en un Ser Supremo,

80. Énfasis añadido. Nerón esperaba que el público acusaría a los cristianos del incendio de Roma. Sobre Nerón y los cristianos, véase Tácito, *Anales* [circa 110 A.D.], Libro 15.XLIV. En español, disponible en http://www.antorcha.net/biblioteca_virtual/historia/tacito/indice.html (acceso obtenido 6 agosto 2008).

81. Tryggve N. D. Mettinger, *The Riddle of Resurrection: "Dying and Rising Gods" in the Ancient Near East*, Coronet Books, Philadelphia, 2001, pp. 7, 41.

inmortal, que existía desde la eternidad.[82] Este ser está por encima de los dioses menores y es común a miles de culturas. No es ni un gran fenómeno ni un resultado del plagio que abunden los salvadores a lo largo del mundo antiguo o que el cristianismo tenga en su eje *al* Salvador, Jesucristo.

3. La cuenca mediterránea es un área geográfica reducida, por lo que las culturas neolíticas estaban en contacto y compartían elementos culturales en su época (8000 A.C.).[83] Las caravanas y barcos de comerciantes esparcieron el conocimiento entre las culturas durante milenios. «El carácter internacional de la cultura mediterránea oriental se refleja en la intrusión de los dioses cananeos en el panteón egipcio durante el periodo imperial. Astarté y Anat aparecen en la contienda entre Horus y Seth».[84]
4. Las guerras y los climas extremos influyeron en el desarrollo cultural. José gobernó Egipto (1520 A.C.), y Jacob emigró a Egipto a causa de una hambruna ocurrida aproximadamente en el 1500 A.C. Los israelitas conquistaron Canaán (1300 A.C.).
5. La influencia del judaísmo antiguo es evidente a lo largo de distintas culturas.[85] El monoteísmo y las profecías sobre un salvador, nacido de una virgen, sacrificado por los pecados y resucitado pueden encontrarse en los documentos del Antiguo Testamento. Su primer libro, Génesis, se escribió aproximadamente en el 1446 A.C. (la tradición oral lo habría conservado probablemente durante incontables años antes de esa fecha) y el Antiguo Testamento se tradujo completo al griego en torno al 250 A.C., con lo que estaba disponible en el idioma común del Imperio Helenístico que se extendió hasta los confines del mundo conocido. Puesto que el Antiguo Testamento profetizaba el nacimiento virginal del Mesías, no ha de sorprender que la historia se extendiera antes de la primera venida de Cristo. Un papiro egipcio fechado en el 340 A.C. dice: «¿Quién es el autor del Re-nacimiento? El Hijo de Dios, el Hombre Único, por la Voluntad de Dios».[86] Y extraemos de otra fuente, fechada por el mismo tiempo: «el Señor y hacedor de todo… de sí

82. Schmidt, *The Origin and Growth of Religion*, p. 176.
83. Para más información sobre esto véase W. Creighton Gabel, "European Secondary Neolithic Cultures: A Study of Prehistoric Culture Contact", *The Journal of the Royal Anthropological Institute of Great Britain and Ireland* 88, no. 1 (1958), disponible en http://links.jstor.org/sici?sici=0307-3114%28195801%2F06%2988%3A1%3C97%3AESNCAS%3Es.0.co%3B2-2 (acceso obtenido 8 octubre 2006). Véase también http://archaeology.huji.ac.il/golan/.
84. Cyrus H. Gordon, *The Common Background of Greek and Hebrew Civilizations*, Norton, Nueva York, 1965, p. 127. Véase también "The Contendings of Horus and Seth", http://touregypt.net/contendingshorusseth.htm. La fecha aproximada de la contienda entre Horus y Set es durante la época de Ramsés V (1150 A.C.).
85. Para más información véase Tony Fahey, "Max Weber's Ancient Judaism", *American Journal of Sociology* 88, no. 1 (1982): pp. 62–87, disponible en http://links.jstor.org/sici?sici=0002-9602%28198207%2988%3AI%3C62%3AMWAJ%3E2.0CO%3B2-3 (acceso obtenido 8 octubre 2006).
86. Petrie, *Personal Religion in Egypt*, pp. 114-123.

mismo hizo al segundo Dios, el Visible… a quien amó como su Hijo». Aunque no coinciden con la doctrina cristiana en cuanto a la naturaleza del Hijo, estos dos escritos anteceden al cristianismo y señalan hacia lo que puede considerarse un conocimiento común. La historia del Antiguo Testamento (oral y escrita) proporciona una base para la existencia del conocimiento mutuo, puesto que diferentes autores en diferentes ocasiones se refieren a semejantes prácticas culturales y religiosas de naciones vecinas y distantes.

A la luz de estos hechos históricos, el mito del Salvador puede verse como una creencia común que emerge a partir de la similar naturaleza de los seres humanos, una difusión de conocimiento desde una base central, Oriente Medio, y el resultado directo de la distorsión de la profecía bíblica. El conocimiento común producía por lo general historias parecidas con detalles invariablemente diferentes. El libro de James Frazier, *La rama dorada: magia y religión* (1900) proporcionó abundante munición para los paganos y los anticristianos, todo basado en algo que los eruditos modernos consideran pobre academicismo. El historiador de las religiones Jonathan Smith afirma que el mito de los dioses que mueren y resucitan tal como lo presentan Frazier y otros es pura fantasía, producto de un pensamiento tendencioso sin apoyo en las pruebas históricas.[87]

Un examen detallado de las identidades de los *salvadores resucitados* apoya con firmeza la conclusión de Smith.

Objeciones al mito del Salvador

Nombre	Mito	Verdad
Osiris	Hijo de Geb y Nut (la tierra y el cielo); desmembrado y esparcido por su hermano Set; Isis (hermana y esposa) reúne los pedazos, los entrega a los embalsamadores egipcios, y Osiris es resucitado.[88]	Osiris fue un daimón (demonio) bueno, un ser creado elevado a la categoría de dios; no nació de una virgen; es uno de muchos dioses, no Dios encarnado; no se sacrifica por los pecados del mundo; no tiene amor incondicional por las personas; una vez resucitado, se convierte en dios del inframundo, lo que implica una resurrección espiritual, no física; no ofrece salvación eterna por gracia.
Dioniso/Baco	Concebido por la diosa Deméter/Perséfone, adoptado por Zeus/Júpiter; colocado en el vientre de Sémele (descendiente de Poseidón) hasta que Sémele muere quemada por Zeus y Hermes salva al niño, es sembrado	Concebido por una diosa, no nacido de una virgen mortal; uno de muchos dioses, no Dios encarnado; no sacrificado por los pecados del mundo; no tiene amor incondicional por las personas; resucitó solo como recién nacido, no como hombre; no ofrece salvación eterna por gracia.

87. Para más información véase Jonathan Z. Smith, "Dying and Rising Gods", *Encyclopedia of Religion*, MacMillan, Nueva York, 2005; y *Drudgery Divine: On the Comparison of Early Christianities and the Religions of Late Antiquity*, University of Chicago Press, Chicago, 1990.

88. Petrie, *Personal Religion in Egypt*, pp. 111, 132.

	en el muslo de Zeus y nace por segunda vez.[89]	
Mitra	Nacido adulto de una roca antes de que se crease la tierra; unos pastores presenciaron su nacimiento (antes de que hubiesen sido creados los hombres); es posiblemente un ángel, es un dios menor que Ahura Mazda en el panteón persa; Mitra mató a un toro de alguna parte de la luna y la sangre del toro trajo la vida de la creación al universo; durante la batalla, el perro, el escorpión (o un cuervo) y la serpiente le ayudaron a vencer; se convirtió en dios invencible y amigo de los soldados en la mitología romana (Mithras).[90]	No nacido de una virgen mortal; es un dios menor y uno de muchos dioses, no Dios encarnado; no se sacrificó por los pecados del mundo; no tiene amor incondicional por todas las personas; no resucitó; no ofrece salvación eterna por gracia.
Adonis/Tammuz (deidad sumeria o babilónica)	Nació en el mismo lugar de Belén donde Jesús nació tiempo después; dios de la naturaleza (fertilidad, grano/plantas); era un pastor responsable de la leche para los corderos; considerado sanador, salvó a gente de la muerte; se casó con Inanna, lo asesinaron unos ladrones del inframundo, que le robaron las ovejas; Inanna y los demonios lo trajeron de vuelta del inframundo.[91]	No nacido de una virgen mortal; uno de muchos dioses, no Dios encarnado; asesinado para robarle las ovejas, no sacrificado por los pecados del mundo; no tiene amor incondicional por todas las personas; resucitado por el poder de demonios; no ofrece salvación eterna por gracia.
Aris (deidad frigia)	Nacido de Nana, hija del dios río Sangario y de la diosa Cibeles, que se transformó en el dios masculino Agdistis y dejó embarazada a Nana; condenado a muerte al nacer (un 25 de diciembre) por su abuelo, es abandonado a la muerte en un río, pero un pastor lo rescata; se castra a sí mismo por su infidelidad a Cibeles con	Nacido de una deidad del río, no de una virgen mortal; suicidado al castrarse por una infidelidad sexual, no es una deidad sin pecado sacrificada por los pecados de la humanidad; no tiene amor incondicional por todas las personas; resucitado como mujer, no como hombre, para convertirse en hija y amante de su madre, no ofrece salvación eterna por gracia.

89. Grand Valley State University, "Greek History and the Gods", http://faculty.gvsu.edu/websterm/Greekhistory&gods.htm (acceso obtenido 27 agosto 2007).

90. Franz Cumont, cap. 4 de *The Mysteries of Mithra* (Internet Sacred Texts Archives, 2006), http://www.sacred-texts.com/cla/mom/index.htm (acceso obtenido 31 agosto 2007).

91. La Jewish Encyclopedia sostiene que «Adonis-Tammuz, sin embargo, era una deidad solar, del dios-trueno no se creía que hubiese muerto, y el motivo por el que se tuvo que instituir un lamento por él y se convirtió en algo típico del luto es uno de los enigmas sin resolver en el modo de interpretación que ahora se favorece» (http://www.jewishencyclopedia.com/view.jsp?letter=H&artid=31 [acceso obtenido 27 agosto 2007]). Véase también Donald A. Mackenzie, *Myths of Babylonia and Assyria* (Project Gutenberg, 2005), http://www.gutenberg.org/files/16653/16653-h/16653-h.htm (acceso obtenido 11 septiembre 2007).

	ella misma (Agdistis) y muere; Cibeles lo resucita tres días después y lo proclama su hija y su amante. Recibe el apelativo de buen pastor y salvador de la humanidad.[92]	

Otros supuestos *salvadores resucitados*, como Baal, tienen poca o ninguna semejanza con Jesucristo. Según el eminente arqueólogo Cyrus H. Gordon en su traducción de los textos ugaríticos, Baal era uno entre un panteón de dioses muy parecido en naturaleza y personalidad al panteón griego. No nació de una virgen mortal, ni sufrió ni murió por los pecados del mundo: sufrió como resultado directo de sus constantes batallas con otro dios, Mot (la muerte). Fue resucitado muchas veces coincidiendo con los ritos estacionales de fertilidad, copuló con una vaquilla antes de una de sus muertes y trajo como resultado un hijo con forma de toro. A pesar de sus repetidas resurrecciones, siguió siendo el eterno esclavo de Mot.[93]

Hércules, Asclepio, Horus, todos los detalles de sus míticas biografías difieren notablemente de la vida histórica de Jesús; no hay ninguna igual. Un análisis detallado del mito de Gautama Buda, del que se dice haber «nacido de una virgen», pone también de manifiesto serios defectos. El nacimiento en sí está marcado por «llamativas manifestaciones de la naturaleza», por lo que el niño Buda se pone de pie y camina inmediatamente después de nacer, diciendo: «Entre todas las criaturas, soy el más excelso, porque voy a destruir y a extirpar las raíces del lamento causado por el mal universal del nacimiento y la muerte».[94] El mito de Buda sobrepasa ampliamente los hechos de su vida como hijo de un cacique nepalí. No hay evidencia histórica en absoluto de un nacimiento virginal ni de otra similitud con la vida de Jesucristo.

Krishna es otro sombrero colgado en la percha de los *salvadores resucitados* por parte de los que pintan el cristianismo como un derivado del hinduismo. La afirmación habitual es que Krishna fue crucificado, murió y resucitó doce siglos antes que Cristo. Pero es interesante notar que, a diferencia de Jesús, Krishna ni siquiera fue una persona histórica,

92. Para más información véase Giovanni Casadio, "The Failing Male God: Emasculation, Death and Other Accidents in the Ancient Mediterranean World", *Numen* 50, no. 3 (2003): pp. 231-268.
93. Gordon, *The Common Background of Greek and Hebrew Civilizations*, p. 201.
94. John Fenton, "Biographical Myths; Illustrated from the Lives of Buddha and Muhammad", *The Folk-Lore Record* 3, no. 1 (1880): pp. 26-39, disponible en http://links.jstor.org/sisi?sici=17441994%281880%293%3A1%3C26%3ABMIFTL%3E2.0.CO%3B2-P (acceso obtenido 28 agosto 2007). El relato histórico: Gautama Buda, fundador de la religión budista, era hijo de Suddhodana, un jefe local que gobernaba uno de los distritos cercanos al Himalaya en lo que hoy se conoce como Nepal. A temprana edad, Siddhartha Gautama, su verdadero nombre, observó las muchas contradicciones y problemas de la vida; abandonó a su esposa y a su hijo cuando sintió que ya no podía soportar la vida de noble rico, y se convirtió en un asceta errante en busca de la verdad de la vida. Para más información véase Martin, "Buddhism", en *Kingdom of the Cults*.

fue la octava encarnación (o avatar) del dios hindú Visnú.[95] El doctor Edwin Bryant, profesor de hinduismo en la Rutgers University, en una reciente respuesta al apologista cristiano Mike Licona, contestó que la afirmación de la crucifixión de Krishna «es un completo absurdo. No hay absolutamente ninguna mención en ninguna parte [en el Bhagavata-Purana (vida de Krishna)] que aluda a una crucifixión». Bryant siguió diciendo: «Krishna fue asesinado por una flecha de un cazador que le disparó accidentalmente en el talón. Murió y ascendió. No fue una resurrección».[96]

Los sitios web paganos que —diseminados por toda la Internet— atacan al cristianismo utilizan la sobada y desacreditada táctica del salvador que resucita. Rara vez, o nunca, citan alguna fuente primaria en apoyo de sus afirmaciones. Hay muchos otros dioses salvadores en las culturas de todo el mundo, pero un examen de sus mitos usando documentación de fuentes primarias pone de manifiesto las diferencias entre Jesucristo y los mitos. Jesús no es un Salvador plagiado: es *el* Salvador, el cumplimiento de la antigua profecía. El cristianismo no fue una religión plagiada; fue el cumplimiento del judaísmo. Fue el recordatorio de, y el retorno a, la verdad profética tal como la proclamaron los escritos judíos durante siglos. No es imposible que en la corrupción del monoteísmo que dio lugar al politeísmo, tales profecías y verdades (conocidas por los hombres y por los seres sobrenaturales caídos) fueran asimiladas, reinterpretadas y apropiadas.

Hay un Dios Supremo; Él creó y ama a todas las personas; el pecado separó al hombre de Él; envió al Salvador del mundo, Jesucristo, como sacrificio para quitar la barrera del pecado; Jesús conquistó la muerte y dio vida eterna a todos los que creen. Jesús es cumplimiento de la profecía.

Profecías mesiánicas	Antiguo Testamento (Tanaj)	Cumplimiento en el Nuevo Testamento
El Mesías será: Un descendiente de Eva que derrotará a Satanás	Gn. 3.15	Gl. 4.4
Descendiente de Abraham	Gn.12.3; 18.18	Hch. 3.25-26

95. M. M. Ninan, *Hinduism: What Really Happened in India*, 2a ed., Global Publishers, San Jose, 2004, disponible en "India: A Christian Heresy", http://www.scribd.com/doc/416127/Hinduism-A-Christian-Heresy (acceso obtenido 16 mayo 2008). Muchos afirman que Krishna fue un personaje histórico, pero hay escasa prueba de ello.

96. Mike Licona, "A Refutation of Acharya S's Book, The Christ Conspiracy" (TruthQuest Publishers, 2001) en el sitio web Risen Jesus, http://www.risen-jesus.com/index.php?option=content&task=view&id=22 (acceso obtenido 27 agosto 2007).

Descendiente de Judá	Gn. 49.10	Mt. 1.2 y Lc. 3.33
Dios encarnado	Éx. 3.13-14; Dt. 18.15-16; Is. 9.6	Jn. 4.26; 5.45-47; 8.58
Nacido de una virgen; El Hijo de Dios	Is. 7.14; Sal. 2.7	Mt. 1.18; 3.17; Mc. 1.11 Lc. 3.22
Nacido en Belén	Miq. 5.2	Mt. 2.1
Montado sobre un pollino	Zac. 9.9	Mt. 21.2
Traicionado por un amigo	Sal. 41.9	Jn. 13.18, 21
Crucificado; atravesado por clavos en manos y pies (no se rompen sus huesos)	Sal. 22; 34.20	Mt. 27.34-50; Jn. 19.17-36; Lc. 23.33; 24.36-39
Despojado de sus ropas (luego sorteadas); crucificado con criminales	Sal. 22.18;	Mt. 27.35, 38; Mc. 15.24, 27; Lc. 23.34; Jn. 19.23-24
Recibe hiel (vinagre) para beber	Sal. 69.21	Mt. 27.34; Mc. 15.23; Jn. 19.29-30
Levantado de entre los muertos	Sal. 16.10–11; 49.15	Mt. 28.5-9; Mc. 16.6; Lc. 24.4-7; Jn. 20.11-16; Hch. 1.3; 2.32
Ascendido al cielo	Sal. 22.18	Mt. 27.35, 38; Mc. 15.24, 27; Lc. 24.51[97]

Caso real

Ralph Woodrow

En mis primeras experiencias como cristiano me encontré con la literatura que vincula directamente al paganismo antiguo con el cristianismo. Aunque el objetivo de esa literatura era normalmente la Iglesia Católica Romana, parecía también que otras iglesias estaban contaminadas por costumbres y creencias que al parecer tenían sus raíces en el paganismo. El libro de Alexander Hislop (1807-1862), *The Two Babylons* (Loizeaux Bros, Nueva York, 1943), con su alarmante título, *Papal Worship Proved to be the Worship of Nimrod and His Wife* [Demostración de que el culto papal es el culto de Nimrod y su esposa] fue el libro de texto en que se basaba

97. Esta no es más que una breve lista de profecías mesiánicas. Cientos de versículos bíblicos apoyan a Jesucristo como el Mesías único. Para más información, véase: "324 Messianic Prophecies" (sitio web de Hope of Israel), http://www.hopeofisrael.net/index.php?option=com_content&task=view&id=49&Itemid=27.

gran parte de esta enseñanza. Con sus voluminosas notas y referencias asumí, como muchos otros, que sus afirmaciones se correspondían con hechos reales.

Siendo un joven evangelista en los años sesenta, prediqué sobre la mezcla del paganismo con el cristianismo y llegué a escribir un libro, *Babilonia, misterio religioso* (1966), basado en las teorías de Hislop. La demanda de un libro que relacionase al paganismo antiguo con el catolicismo llevó a la publicación de cientos de miles de ejemplares y fue traducido a varios idiomas.

Solo una que otra vez recibía alguna carta de crítica a mi libro. Una persona que captó mi atención fue un profesor de historia de secundaria que me mostró con sólidas evidencias que Hislop no era un historiador digno de confianza. Eso me hizo abordar de nuevo, con minuciosidad y con oración, la obra de Hislop. Al hacerlo, me quedó claro que la «historia» de Hislop no era en muchos casos más que una arbitraria combinación de relatos mitológicos paganos.

Encontrando similitudes, pero ignorando coincidencias, Hislop enseñaba que los dioses Adonis, Apolo, Baco, Cupido, Dagón, Hércules, Jano, Marte, Mitra, Moloc, Orión, Osiris, Plutón, Saturno, Vulcano, Zoroastro y muchos otros, tenían todos sus raíces ¡en Nimrod! Hizo lo mismo con las diosas paganas, como Afrodita, Artemisa, Astarté, Aurora, Bellona, Ceres, Diana, Istar, Irene, Iris, Juno, Militta, Proserpina, Rea, Venus y Vesta, de las que afirmó que tenían sus raíces en Semíramis, de quien Hislop insistía en que fue la esposa de Nimrod.

Juntando piezas de los relatos de esos dioses y diosas, Hislop afirmaba que Nimrod fue un hombre de color, grande, feo y deforme. Su esposa, Semíramis, fue una mujer muy hermosa, de pelo rubio y ojos azules, una reincidente, inventora del canto en soprano, originadora del celibato sacerdotal, ¡la primera a quien se ofreció una misa sin derramamiento de sangre! Esto no es historia de hechos, es más bien un tabloide sensacionalista.

Cuando busqué los artículos de «Nimrod» y «Semíramis» en varias enciclopedias, no se decía nada de que hubieran sido cónyuges, más bien al contrario, ¡ni siquiera vivieron en el mismo siglo! Mi búsqueda continua por los raros libros citados en las notas de pie de página de Hislop mostró que las citas, en su contexto, no concordaban con sus afirmaciones.

Descubrí que la similitud no demuestra el carácter idéntico y que muchas de las afirmaciones sobre el catolicismo eran incoherentes. Por eso retiré mi libro *Babilonia, misterio religioso* y escribí *The Babylon Connection?* [¿La conexión Babilonia?] (1997) para analizar las deficientes conclusiones de Hislop.

Encontrar similitudes en el paganismo antiguo, cuando no hay conexión tangible o lógica, no demuestra nada. Tendríamos que eliminar las prácticas bíblicas comunes porque los paganos hacen lo mismo, como arrodillarse para orar, el bautismo en agua, levantar las manos en adoración, descalzarse en suelo sagrado, un monte santo, un lugar santo en el templo, ofrecer sacrificios sin mancha, un arca sagrada, ciudades de refugio, brotar agua de una roca, leyes escritas en una piedra, fuego que aparece sobre la cabeza de una persona, caballos de fuego, ofrenda de primicias, diezmos, el símbolo del pez, el símbolo de la cruz, el culto dominical en Pascua, el árbol de Navidad, etc. Las afirmaciones que dan a entender que «todas estas cosas se iniciaron en Babilonia» no solo son divisorias y estériles, sino también falsas.

Mi consejo para todos los hermanos y hermanas en Cristo que consideran de gran importancia hallar orígenes babilónicos en las prácticas y costumbres del presente es que anden con cuidado, para no perder de vista lo importante por nimios detalles. Si en nuestras vidas o iglesias hay cosas que realmente son paganas o desagradan a Dios, debemos abordarlas, por supuesto. Pero, en nuestro intento por paliar la confusión de Babilonia, debemos guardarnos de la confusión de crear una nueva «Babilonia» de propio cuño.

Respuesta de la Escritura

El legado del paganismo antiguo pervive en el mundo moderno. Un simple motor de búsqueda en la Internet le indicará las puertas al templo cibernético de Isis, Baco, Cibeles, Osiris, Zeus, Mitra, Ahura Mazda y muchos otros dioses paganos. Los ídolos antiguos hurtados de los yacimientos arqueológicos llegan inevitablemente al sitio de subastas en línea eBay. En las pantallas de los ordenadores de todo el mundo se puede ver una estatuilla a todo color de Baal, para adquirirla con un simple toque de botón por trescientos dólares. Las bibliotecas universitarias ofrecen libros de encantamientos, maldiciones, pociones mágicas, invocación de demonios y otros conocimientos ocultos. Los hechos ocurridos tantos miles de años atrás en el pasado mantienen su asombroso poder para influir en las vidas de hoy.

Es importante recordar, a la luz del hábito pagano de rediseñar la verdad (como con los *salvadores resucitados*), que el propósito de las religiones paganas es imitar. El elemento clave de la imitación es el engaño: apartar a las personas de Dios (Dt. 13).

¿Por qué las personas resultan atraídas por las religiones paganas de ayer?

- Las religiones paganas son desconocidas y emocionantes.

- Las religiones paganas son misteriosas y apelan a la naturaleza carnal de las personas.
- Las religiones paganas son un despliegue de poder que el ser humano no está capacitado para controlar.
- Las religiones paganas son un sustituto de la voz de Dios.
- Las religiones paganas son un narcótico espiritual.[98]

Los narcóticos afectan al cerebro y al sistema nervioso central. ¿Y cuáles son sus efectos? Proporcionan una sensación de bienestar. Crean alucinaciones y por lo general tienden a apartar al sujeto de la realidad. Ese es el resultado de un proceso narcótico normal y es precisamente lo que ocurre en el ámbito del espíritu. En cuanto las personas aceptan la religión pagana y el poder oculto que la alimenta, aceptan un sustituto para la realidad en la dimensión del espíritu. Es un narcótico que entumece la naturaleza espiritual y la hace insensible a la realidad divina, para que no oigan la voz de Dios; oyen otras voces. Y las alucinaciones que sufren las personas no son mentales, son espirituales. Por eso son capaces de creer que la Biblia es tomada de la ideología pagana, cuando en realidad es la Palabra de Dios. Cuando alguien está bajo la influencia de un narcótico espiritual, es incapaz de discernir de modo racional y espiritual. El poder del ocultismo yace en lo irracional, nunca en lo racional.

¿Cómo pueden los cristianos tener éxito en esta eterna batalla entre el bien y el mal? La Escritura da a la iglesia de Jesucristo instrucciones concretas sobre la guerra espiritual:

> Por lo demás, hermanos míos, fortaleceos en el Señor, y en el poder de su fuerza. Vestíos de toda la armadura de Dios, para que podáis estar firmes contra las asechanzas del diablo. Porque no tenemos lucha contra sangre y carne, sino contra principados, contra potestades, contra los gobernadores de las tinieblas de este siglo, contra huestes espirituales de maldad en las regiones celestes. Por tanto, tomad toda la armadura de Dios, para que podáis resistir en el día malo, y habiendo acabado todo, estar firmes. Estad, pues, firmes, ceñidos vuestros lomos con la verdad, y vestidos con la coraza de justicia, y calzados los pies con el apresto del evangelio de la paz. Sobre todo, tomad el escudo de la fe, con que

98. El término «narcótico espiritual» lo usan los estudiosos cristianos para ilustrar el letargo espiritual del hombre. Véase la entrada «Dinero» en *Diccionario teológico de la Biblia*, ed. Walter A. Elwell, Grupo Nelson®, Nashville, 2005.

podáis apagar todos los dardos de fuego del maligno. Y tomad el yelmo de la salvación, y la espada del Espíritu, que es la palabra de Dios; orando en todo tiempo con toda oración y súplica en el Espíritu, y velando en ello con toda perseverancia y súplica por todos los santos (Ef. 6.10-18).

Hoy, el mundo se desborda con generaciones de personas inconscientes por un narcótico espiritual; personas que, por propia elección, se han privado de un encuentro con el Espíritu Santo, cuando podrían haberse elevado a lo más alto en comunión con el Dios vivo. Pero las buenas noticias son que el Espíritu Santo faculta a los cristianos para conducir a los que están perdidos en el dominio del ocultismo hacia esa comunión transformadora. «Procura con diligencia presentarte a Dios aprobado, como obrero que no tiene de qué avergonzarse, que usa bien la palabra de verdad» (2 Ti. 2.15).

El conocimiento de lo engañoso de la teología ocultista es conocimiento transformador que, junto con el poder vivo de la Palabra de Dios, derribará fortalezas:

Ocultismo o cristianismo

Concepto de...	Ocultismo	Cristianismo
El hombre	Básicamente bueno; inherentemente divino; parte de Dios	Creado a imagen de Dios, pero también tiene naturaleza de pecado (Gn. 1.26; Is. 59.2; Ro. 3.23)
Dios	Ser Supremo, Dios Creador; varios dioses menores; naturaleza; principio divino (masculino o femenino)	Dios vivo y personal; Rey soberano del universo; único Dios vivo y verdadero (Is. 44.24-26; 45.5-7)
La tierra	Sagrada; organismo vivo; tiene conciencia; asistida por espíritus de la tierra; digna de adoración	Creada por Dios para sus propios propósitos a fin de glorificarle a Él; no divina ni digna de adoración (Col. 1.16; Ap. 4.11)

La salvación	Por la realización de buenas obras; todo será en su momento purificado; sin necesidad de salvación	Por gracia, mediante la fe en Jesucristo: Su muerte y resurrección para pagar por nuestros pecados y darnos vida eterna (Jn. 3.16; Col. 15.20-26; Ef. 2.4-8)
El mal	Presente fuera del hombre; hay dioses responsables de él y tientan a los hombres para escogerlo; los hombres son sus víctimas	El mal es la rebelión contra la voluntad de Dios mediante la naturaleza pecaminosa del hombre y mediante Satanás (Pr. 8.13; Mt. 15.19; Jn. 3.19-20; 8.44; 1 Jn. 3.8)
Jesucristo	Uno de los dioses más poderosos; un maestro iluminado, un hombre capaz de expresar perfectamente la divinidad presente en todos los hombres	La Segunda Persona de la Trinidad; Hijo Unigénito de Dios (de la misma naturaleza que Dios); el Mesías prometido; Dios hecho hombre que obedeció perfectamente al Padre, lo que le permitió ser el sacrificio por todos los pecados mediante su muerte y el derramamiento de su sangre en la cruz; el único mediador entre Dios y el hombre (Jn. 4.25-26; Hch. 4.12; Ro. 5.9-19; 8.1; 1 Ti. 2.5; Heb. 2.14; 1 Jn. 5.11-12)[99]

Conclusión

La historia, por su propia naturaleza, es mucho más que una repetición de hechos y rostros. Está llena de los triunfos y fracasos del alma humana; describe el horror, la amarga injusticia, la lealtad y el profundo amor que perdura; y tiene gran poder para convencer los corazones y las mentes de las personas, incluso hasta el punto en que uno podría prácticamente cambiar el mundo.

A lo largo de la historia, el paganismo ha trabajado para corromper el monoteísmo verdadero del Dios vivo, ridiculizando al cristianismo primitivo con la idea de que no era más que una religión formada con elementos robados de las religiones paganas que

99. Martin, *The Kingdom of the Cults*, p. 115.

la precedieron. Pero los hechos históricos siguen demostrando una y otra vez que el cristianismo es único, y que Jesucristo es el único Salvador.

En varios aspectos de gran importancia, el cristianismo se mantuvo distinto de todas las religiones conocidas en el Imperio Romano:

- El cristianismo recibía a los pobres y enfermos, y cuidaba de ellos.
- El cristianismo no solo hablaba del poder de Jesucristo. Los cristianos daban prueba de él: de un modo normal, muchas personas resultaban sanadas y se expulsaba a muchos demonios. Eran obligados a rendirse, frente a testigos, ante el nombre de Jesús.
- El cristianismo prometía salvación del castigo eterno para todo el que creyese: rico o pobre, esclavo o libre. «La doctrina trascendente de un sufrimiento redentor —de una vida dada originariamente al hombre, perdida por él, y devuelta por la Redención— era un concepto desconocido de los misterios paganos».[100]
- El cristianismo ofrecía la doctrina revolucionaria del amor incondicional. El concepto de amor desinteresado (amor que se extiende a todos los hombres, sin importar su género, edad, situación social o raza) era una doctrina completamente desconocida en el Imperio Romano. Era una idea revolucionaria: un amor que abraza a todos, incluso a los rechazados por la sociedad.
- El cristianismo prometía la vida eterna en un paraíso para siempre con Dios. No solo prometía un cielo nuevo, sino también una tierra nueva, un tipo de vida eterna que nunca antes se había presentado, y Cristo era el único que podía proporcionarla. «Asimismo el Salvador no era una deidad subordinada, ni una criatura dotada de figura humana como intermediario entre Dios y el hombre, sino el propio Dios encarnado en un hombre».[101]

Jesucristo ofrecía al mundo algo que simplemente no se podía encontrar en ninguna otra parte: amor, redención, resurrección y vida eterna en un paraíso superior a todo lo imaginable.

---

100. Grant, *El mundo romano*, p. 222.
101. Ibid.

Hay un Dios eterno, un Hijo, un Salvador, una esperanza. La Iglesia de Jesucristo posee una rica herencia espiritual e histórica que ni toda la retórica pagana junta podrá destruir: «Y por cuanto sois hijos, Dios envió a vuestros corazones el Espíritu de su Hijo, el cual clama: ¡Abba, Padre! Así que ya no eres esclavo, sino hijo; y si hijo, también heredero de Dios por medio de Cristo» (Gl. 4.6-7).

Recursos recomendados

1. Gordon, Cyrus H. *The Common Background of Greek and Hebrew Civilizations.* Nueva York: Norton, 1965.
2. Herodotus, *The History of Herodotus,* Internet Classics Archive, http://classics.mit.edu/Herodotus/history.html.
3. Hoffmeier, James K., ed. y Alan R. Millard, ed. *The Future of Biblical Archaeology: Reassessing Methodologies and Assumptions.* Grand Rapids: Eerdmans, 2004.
4. Kaiser, Jr., Walter C. A. *History of Israel from the Bronze Age Through the Jewish Wars.* Nashville: Broadman & Holman, 1998.
5. Schmidt, Wilhelm. *The Origin and Growth of Religion.* Nueva York: Cooper Square, 1972.
6. Mettinger, Tryggve N. D. *The Riddle of Resurrection: "Dying and Rising Gods" in the Ancient Near East.* Coniectanea Biblica, Old Testament Series 50. Stockholm: Almqvist & Wiksell, 2001.

Breves apuntes acerca de la cábala

- La cábala se conoce como la Torá secreta. Desde el punto de vista histórico, se trata del misticismo judío.
- La cábala niega la deidad de Jesucristo, su nacimiento virginal, la expiación que hizo y la resurrección de su cuerpo.
- La salvación no es necesaria, todos los errores se expían mediante el estudio de la cábala o la reencarnación.
- La cábala hermética es un sistema ocultista de magia basado en una interpretación diferente de la Biblia hebrea.
- La cábala de Hollywood combina la judaica con parte de la cábala hermética e ideas y métodos de la Nueva Era.

5

La cábala

La cábala no resulta fácil de definir y, por lo general, sus creencias desafían todo intento de descripción. Al contrario de lo que se suele creer, no consiste en un solo libro ni es un sistema de creencias. Quizás la mejor descripción de la cábala sea la que se basa en sus raíces históricas, que la sitúa concretamente en el ámbito del misticismo (espiritualidad) judío.

El Tanaj es la Biblia hebrea, cuyos primeros cinco libros se conocen como Torá o Pentateuco. Es decir, el Tanaj es la revelación divina de Dios a su pueblo y la cábala es la interpretación *secreta* u oculta de dicha revelación. Al igual que existe una Torá pública, hay también una versión oculta que se dio a conocer como la Torá secreta, transmitida a lo largo de los siglos mediante la tradición oral, de la que se dejó constancia escrita por primera vez en el siglo XII. Esa tradición nos enseña el significado de la palabra escrita, la Torá *interna*, a la vez que contempla aspectos de Dios y de la naturaleza del hombre, así como la verdad sobre la creación y otras cuestiones clave de la vida. No obstante, el quid de la cábala, es decir, la fuerza que ha impulsado toda la enseñanza cabalística a lo largo de los siglos, es la búsqueda del poder sobrenatural secreto: la creencia de que las personas pueden llegar a alcanzar el poder de Dios y utilizarlo para transformarse a sí mismos y al mundo que los rodea.

La cábala abarca una variedad de temas y personajes tan amplia que mediante la presente valoración solo podremos hacernos una somera idea de su compleja naturaleza. Al igual que la cristiandad está dividida en muchas sectas, los seguidores de la cábala se dividen en numerosas facciones. Incluso la manera de escribir la palabra *cábala* varía y viene determinada por el estudioso o la secta que la escriba. Algunos grupos la definen como el misticismo judío y otros como un método científico, que carece por completo de antecedentes religiosos o filosóficos y cuya intención es descubrir la naturaleza y los propósitos de Dios. La cábala judía (o Torá secreta) es la filosofía de la Torá (a la que también se hace referencia como «la sabiduría de la Torá» o la «ciencia oculta») y como tal, su naturaleza fundamental es objeto clave de debates interminables. Si algo cabe esperar de los filósofos es la refutación constante de puntos de vista opuestos. Lo mismo sucede con los cabalistas, que dedican el tiempo a tres metas principales: estudiar la cábala, discutir sobre la interpretación de la cábala e informar a los bandos contrarios de que no son cabalistas verdaderos. En este sentido, tienen mucho en común con los fariseos y los saduceos de la época de Jesús, que tenían por rutina polemizar sobre cualquier cosa.

Hoy, en el confuso mundo de la cábala, son tres las clasificaciones que mejor describen a los sectores más amplios de este movimiento esotérico: la cábala judaica, la cábala hermética y la cábala hollywoodense. Todos afirman ser los herederos «auténticos» de las enseñanzas de sus sabios guías y coinciden en que la cábala hay que enseñarla, ya que es una ciencia oculta y, como tal, no se puede aprender si no la enseña alguien preparado para impartirla correctamente.

Todos los cabalistas coinciden en un enfoque elemental de la Torá: siempre debe interpretarse como *metáfora*. Según ellos, Moisés fue el autor de la Torá y jamás tuvo la intención de que se siguiera al pie de la letra. Este método también se aplica al resto de la Biblia hebrea: todo son simbolismos, imágenes y alegorías. La sabiduría de la cábala se documentó a partir de acontecimientos e ideas del mundo superior, no a partir del mundo físico, conocido como mundo inferior (la tierra). Solo mediante un correcto estudio se puede aspirar a reflexionar sobre la piedad ya que, en esta tierra, no es posible que Dios conozca al hombre ni que el hombre conozca a Dios: el hombre solo puede llegar a conocer lo que Dios *no* es. El cabalista Rabí Michael Laitman, de Bnei Baruch, organización sin fines lucrativos que enseña una versión moderna de la «sabiduría de la cábala», define el *fundamento* de esta última de la siguiente manera:

> La cábala ha estado miles de años envuelta en un velo de misterio y se la llama ciencia oculta por tres motivos. Uno: en el pasado, los cabalistas enseñaban solo a unos pocos de cada generación que fueran merecedores, personas que ya poseían determinadas cualidades internas que no se desarrollaron en la humanidad hasta hace poco. Esas cualidades les permitían una comprensión superior y una apropiada utilización de la misma. Dos: todos los libros cabalísticos están escritos de manera que, por las palabras que usan, dan la impresión de referirse a personas y cosas, pero en realidad ni una sola de las palabras que aparecen en ningún libro cabalístico se refiere al mundo físico. Además, si uno no aprende a leer esos libros con la ayuda de un cabalista que a su vez haya

aprendido dentro de un linaje auténtico, resultarán sencillamente incomprensibles. No importa lo brillante que uno sea, terminará con un mero producto de su imaginación y nada más. Y tres: la cábala revela el propósito y la naturaleza de este sistema al que llamamos vida y, a menos que una persona sienta una necesidad convincentemente verdadera y seria de preguntarse por ella, no oirá la respuesta ni aunque se la griten.[1]

Respecto a esas enseñanzas, los cabalistas imponen la autoridad de la antigüedad al afirmar que sus orígenes se remontan a Abraham mismo: «La sabiduría de la cábala es la más antigua de todas. Se remonta a la época de Abram el patriarca del siglo XXXVIII A.C., hace tres mil ochocientos años. Abram el patriarca fue un beduino común, miembro de una tribu de Babilonia, que descubrió la existencia de la piedad, una realidad fuera de este mundo».[2] Por desgracia para los seguidores de la cábala, no existe ninguna prueba histórica o arqueológica hasta la fecha que respalde este argumento. Según los cabalistas, Abraham descubrió la piedad pero no a Dios, dado que Dios es *trascendente*, en el sentido de que no puede acercarse al hombre y seguir siendo Dios. Los humanos solo pueden conocer *acerca* de Él, pero incluso ese conocimiento está sujeto a la percepción del hombre y puede que ni siquiera sea real.

Este no es el Dios histórico del judaísmo y ciertamente no es la naturaleza divina según nos revela la Torá; es una interpretación del Dios de la Biblia cuyos orígenes se remontan a la época de Alejandro Magno, en el contexto del traslado de los judíos a Alejandría (circa 330 A.C.) y, más tarde, de Simón, el mago de Hechos 8. Durante el reinado de Alejandro, algunos líderes judíos, influenciados por el mundo griego que los rodeaba, redefinieron su criterio de Dios. La Torá nos revela un Dios que está muy cercano al hombre o que es *inmanente*. También puede ser *eminente*, muy superior al hombre en lo que a naturaleza y poder respecta, aunque ninguna de estas dos cualidades le impiden estar cerca del hombre.[3] Al Dios que algunos judíos abrazaron en Alejandría y en los siglos posteriores lo apartaron mucho del hombre.[4] Él se convirtió en la *única* «Fuer-

1. Michael Laitman, "What is the essence of Kabbalah?" Kabbalah TV, http://www.kabbalah.info/engkab/kabbalah-video-clips/kabbalah1 (acceso obtenido 14 mayo 2007).
2. Michael Laitman, "Great Kabbalists Throughout History", Kabbalah TV, http://www.kab.tv/eng/?item=137 (acceso obtenido 14 mayo 2007).
3. La teología cristiana está de acuerdo con que Dios es *inmanente* y *eminente* (Hch. 17.28 y 1 Ti. 6.16).
4. La *trascendencia*, según el uso que le dan los teólogos cristianos, no significa lo mismo. En la teología cristiana, se describe la naturaleza de Dios por sobre todas las cosas sin negar su naturaleza personal. Los filósofos griegos describen un dios que es impersonal y trascendente. El doctor Norman Geisler afirma: «El Dios que es previo a todas las cosas que creó y que sostiene, está también por encima de todo, es trascendente. El apóstol afirmó que hay "un Dios y Padre de todos, el cual es sobre todos, y por todos, y en todos" (Ef. 4.6)». Norman Geisler, *Systematic Theology*, vol. 2. (Bethany House, Minneapolis, 2003).

za creativa», una «Cosa» incognoscible y ciertamente inalcanzable. En consecuencia, el hombre se vio en la necesidad de formular un método para conocerlo.

Con toda certeza, ese sistema se vio influenciado por la filosofía de Platón y *su teoría del conocimiento,* que estaba basada en el interrogante de Sócrates: ¿Cómo puede el hombre aprender lo que no conoce? «Mira ahora cuán fecundo en cuestiones es el tema que acabas de sentar. Según él, no es posible al hombre indagar lo que sabe, ni lo que no sabe. No indagará lo que sabe, porque ya lo sabe, y, por lo mismo, no tiene necesidad de indagación; ni indagará lo que no sabe, por la razón de que no sabe lo que ha de indagar».[5]

Para que los humanos alcanzaran el conocimiento que necesitaban adquirir fue necesario que la mente penetrara en el conocimiento divino que ya estaba presente dentro de cada ser humano, conocimiento este que había sido adquirido en las vidas anteriores del alma. Con el tiempo, esta existencia previa se llegaría a conocer como *reencarnación.*

El mundo de Alejandría era un crisol de religiones y filosofías diversas que ponían a los eruditos líderes judíos en contacto con Sócrates, Platón y Pitágoras, así como con los escritos de Hermes Trismegisto, el gnosticismo y el legado de Simón el mago (el mismo a quien el apóstol Pedro reprendió en Hechos 8.20-23). Hipólito, el obispo e historiador romano (circa 170 A.C.), nos revela detalles sobre la verdadera identidad de Simón el mago en su obra *Philosophumena*:

> Parece oportuno explicar aquí la opinión de Simón, un nativo de Gitta, una aldea de Samaria, y también demostraremos que sus sucesores, tomándolo como punto de partida, han intentado por todos los medios (establecer) opiniones similares con otro nombre. Este Simón (que era adepto a la hechicería y se burlaba de muchas personas, en parte según al arte de Trasimedes, como explicamos anteriormente, y en parte también con la ayuda de demonios que perpetraban sus vilezas) intentó deificarse a sí mismo. (Pero) el hombre era un (simple) estafador, un insensato y los apóstoles lo reprendieron en Hechos...
>
> Simón define *el principio que dio origen al universo como un poder indefinido* de la siguiente manera: «Este es el tratado de una revelación de (la) voz y (del) nombre (reconocibles) mediante la percepción intelectual de este gran poder indefinido. Por ello, se sellará, se mantendrá en secreto, se esconderá y reposará en la morada en cuyos cimientos están adentradas las raíces de todas las cosas». Afirma, además, que este hombre que nació de la sangre es la morada

5. Platón, *Menón,* accesible en http://proyectotelemaco.wikispaces.com/file/view/Menon.pdf, p. 8.

(anteriormente mencionada) y que en él radica un poder indefinido, que él afirma que es la raíz del universo.[6]

Probablemente la supervivencia continuada de esas ideas pueda apreciarse mejor en los argumentos de Valentín, gnóstico del siglo I, y en la tradición íntegramente gnóstica de Hermes Trismegisto:

Hermes el gnóstico

Valentín y sus seguidores destacaban tres clases de hombre,
los *hylicos*, los *psíquicos* y los *pneumáticos*, y contraponían lo espiritual,
lo intuitivo, a lo «psíquico», es decir, a lo lógico, lo discursivo y lo celestial:
Adán recibió un germen espiritual que
Sofía sembró en su alma a hurtadillas...
para que el hueso, su alma lógica y celestial,
no estuviera vacío, sino lleno de médula espiritual.

Consiguientemente, Adán pudo engendrar a tres clases de hombre,
Materialistas, verdaderos creyentes y personas espirituales:
De Adán nacieron tres naturalezas.
La primera:
La ***irracional***, a la que perteneció Caín;
la segunda:
La ***racional*** y justa;
y la tercera:
La clase ***intuitiva***, de hombres como Set.[7]

Esta forma de concentrarse en el «universo» y sus misterios abstractos conformaron el núcleo del gnosticismo que perduró a lo largo de los siglos. Los escritos de Hermes Trismegisto resurgieron en Europa durante el siglo XII e influyeron sobre muchas escuelas de pensamiento. «Los escritos de la primera cábala dan fe del resurgimiento más

6. Hipólito, "La forzada interpretación de la Escritura por parte de Simón; Plagia de Heráclito y Aristóteles; Sistema de Simón de las existencias sensibles e inteligibles" (cap. 4), en *Philosophumena*, libro VI (en inglés, http://www.philosophumena.com/book_vi.htm), énfasis del original. En esta obra, Hipólito (circa 170-236 A.D.) discute las alegorías inherentes en el sistema de pensamiento propuesto por Simón el mago. En español, esta obra se incluye en José Montserrat Torrents, *Los gnósticos / introducciones, traducciones y notas*, Gredos, Madrid, 1983-1990, vol. 2.

7. Gilles Quispel, "Hermes Trismegistus and the Origins of Gnosticism", *Vigiliae Christianae* 46, no. 1 (1992), p. 4. *Excerpta ex Theodoto* 53, pp. 2-5, y *Excerpta* 54, p. 1, http://www.jstor.org/pss/1583880.

importante de ideas y temas relacionados con el pensamiento gnóstico en la literatura judía. G. Scholem fue el primero en interpretar las enseñanzas fundamentales del libro *Bahir* en cuanto a la repercusión del gnosticismo antiguo: por primera vez en las fuentes judías se describe a Dios de manera teosófica, no como un rey celestial, sino como poseedor de un pléroma de fuerzas hipostáticas y de un árbol cósmico, los cuales constituyen la totalidad de sus poderes».[8] Esta mezcla de ideas bien pudo arrojar una interpretación simbólica y confusa de la Torá que, combinada con los escritos del historiador griego Filón, terminaría por conformar los cimientos de la cábala.[9]

LA ESENCIA DE LA CÁBALA

El estudio de la cábala tiene como objetivo dar repuesta a los interrogantes más confusos sobre la vida, como *¿quién o qué soy?* y *¿cuál es mi propósito en la vida?* No se pueden alcanzar las respuestas a estos interrogantes de manera individual. Solo una educación esmerada y supervisada puede develar la verdad que se esconde tras el misterio. Quienes estudian la cábala deben recibir instrucción por parte de los rabinos, a su vez enseñados por otros rabinos que formasen parte del linaje de enseñanza *adecuado,* como una relación de aprendiz y tutor; y no cualquier rabino puede enseñar la cábala.

Los cabalistas afirman que cualquier explicación de las enseñanzas de la cábala fuera de las que brinda un adecuado linaje de enseñanza es una simplificación excesiva y, por consiguiente, suscita sospechas. Sin embargo, tal crítica que puede extenderse a todas las esferas de estudio, ya sea religión, filosofía, ciencias o artes y, por lo tanto, así como un historiador puede hacer valoraciones y observaciones generales y precisas con respecto del desarrollo histórico religioso, se pueden hacer observaciones y valoraciones sobre la cábala basándose en los escritos de maestros respetados.

La cábala judaica

El iniciado que se aventure por primera vez en el reino de la filosofía y el misticismo judíos no hallará ni un solo texto titulado *La Cábala.*[10] En su lugar, los aprendices se estudian varios comentarios representativos de diferentes escuelas de pensamiento de la Torá, escritos a lo largo de los siglos por cabalistas respetados. Al igual que la Torá cuenta con comentarios como el *Talmud* (*Mishná* y *Guemará*), la «sabiduría» o tradición de la cábala también produjo muchas interpretaciones después de su primera transcripción en el siglo XII.

8. Wouter J. Hanegraaff, ed., et al., *Dictionary of Gnosis and Western Esotericism,* Brill, Leiden, Países Bajos, 2006, p. 637.
9. Hanegraaff, *Dictionary of Gnosis and Western Esotericism,* pp. 1-19.
10. También puede encontrarse escrito como kábala o cabalá.

Es importante señalar que una diferencia clave entre la cábala judaica conservadora, cristiana, hermética y la cábala hollywoodense es el enfoque que se le da a la autoridad del Talmud en relación con la interpretación del *Zohar*. Los eruditos medievales enseñaban que el conocimiento maduro del Talmud no puede estar divorciado del estudio del *Zohar*; si lo está, el estudio no tiene ningún valor. Muchos rabinos de hoy concuerdan con ese método de enseñanza:

> Cualquiera que abra el Zohar o algún otro libro cabalístico en una página al azar verá que la cábala está inextricablemente ligada a la tradición judía. En la cábala (a saber, la cábala verdadera), las prácticas rituales reciben significados cósmicos. Se cita al Talmud en cada página del Zohar; se le concede autoridad al Zohar porque se le atribuye a Rabí Simón bar Yojai, un rabino talmúdico. Para los iniciados, la cábala es una palabra hebrea que de por sí debe brindar una pista. Enseñarla como una «tecnología» universal de salvación es una parodia de la tradición y una farsa espiritual.[11]

Algunas escuelas de la cábala contemporánea tratan de apartar a los seguidores de los estudios talmúdicos serios. Se dice a los estudiantes que ni siquiera están listos para leer la Torá hasta que sean capaces de comprenderla y esta comprensión solo se puede alcanzar mediante el estudio de *opiniones* al respecto de la Torá emitidas por parte de rabinos escogidos. La autoridad de la Torá y el Talmud tiene menos importancia que la interpretación moderna. «Solo le es permitido leer y estudiar la Torá a quien sabe explicar todas las palabras que lee. De otro modo, entenderá todos los libros de la Torá como si fueran historias sobre sucesos bíblicos. Por lo general, el término "Torá" se relaciona con los libros que escribieron cabalistas especiales y que llevan dentro de sí mismos la Luz Superior».[12] No obstante, los estudiosos conservadores judíos recomiendan con insistencia que se estudie primero la Torá y el Talmud antes de adentrarse en las enseñanzas de la cábala.

La obra cabalística más popular y respetada es el *Zohar*, escrito por Moisés de León (alrededor del año 1250), pero atribuida por él mismo a Simón bar Yojai (170-200 A.D.).[13] Esta conclusión sobre la autoría la dedujo primero Gershom Scholem, erudito y

11. Rabbi David Wolpe, "False Promises in Berg's 'Becoming'", *Jewish Journal*, http://www.jewishjournal.com/home/preview.php?id=13394 (2004) (acceso obtenido 1 junio 2007).
12. Centro Internacional Bnei Baruch para el Estudio de la Cábala, "To Our Students", Kabbalah.info, http://www.kabbalah.info/engkab/lesson05.htm (acceso obtenido 16 mayo 2007). Véase también http://www.kabbalah.info/spanishkab.
13. Gershom Scholem, *Las grandes tendencias de la mística judía*, Siruela, Madrid, 1996 (pp. 187-193 del original en inglés). Scholem llegó a la conclusión de que lo más probable fue que Moisés de León nombró al venerado

cabalista, quien investigó y evaluó meticulosamente la evidencia de la autoría del *Zohar* con la esperanza de demostrar la existencia de un manuscrito anterior, escrito por Simón bar Yojai.

Pero la verdad del origen del *Zohar* resultó ser lo contrario de lo que Scholem había previsto: «Lo único que puedo decir con respecto a esta cuestión es que, después de haber realizado un estudio riguroso de los escritos de Moisés de León y su relación con el Midrash Ha-Neelam y los componentes del *Zohar*, he llegado a la conclusión de que todos fueron escritos por el mismo hombre».[14] La disputa sobre la autoría no ha cesado aún pero, sea cual sea su origen, muchos cabalistas afirman que *el Zohar es la cábala.* Aunque el *Sefer Yetzirah* (*Libro de la creación*, de alrededor del año 800) y el *Sefer Bahir* (*Libro del resplandor*, de alrededor del año 1100), que explicaron las *Diez Sefirot* en detalle, preceden al *Zohar*, este último es con mucho el más destacado hoy día.[15] En sus escritos, Moisés de León se centró en la interpretación alegórica de la Torá en vez de formular un método de interpretación sistemático y analítico, lo que produjo un comentario tan rico en imágenes y simbolismos confusos que hicieron falta múltiples comentarios a lo largo de los siglos para poder explicarlo.[16]

El *Zohar* resulta difícil de leer para algunas personas e incomprensible para la mayoría, ya que está escrito en lo que se conoce como «lenguaje de ramas», un lenguaje más filosófico que cultural como el inglés o el español. Por ejemplo, la mayoría de los judíos y los cristianos concuerdan con que Génesis 1 revela detalles físicos reales de la creación. Los cabalistas dicen que, en el lenguaje de ramas, Génesis 1 no tiene absolutamente nada que ver con la creación. La cábala se centra en la interconexión del mundo superior con el mundo inferior y el lenguaje de ramas es clave para comprender quién es Dios y cuáles podrían ser sus propósitos para este mundo. Esa es la Torá secreta.

La cábala judaica se centra en las enseñanzas históricas del *Zohar*, del *Sefer Yetzirah* y del *Sefer Bahir*, interpretadas a su vez por los comentarios de rabinos poseedores de un correcto linaje de enseñanza. Partidario actual de la cábala judaica es el Centro Internacional Bnei Baruch para el Estudio de la Cábala, fundado por el doctor Rabí Michael Laitman. El doctor Laitman brinda en su sitio de Internet todo lo que tiene que ver con la cábala, así como información sobre la misma, que incluye videos y cursos. El discípulo del rabí Baruch Ashlag, hijo del rabí Yehuda Ashlag, es el autor del comentario *Sulam* sobre el libro del *Zohar*.

Simón bar Yojai como el autor del *Zohar* con el objetivo de vender más ejemplares del libro.

14. Scholem, *Las grandes tendencias de la mística judía* (pp. 187-193 del original en inglés).
15. *Stanford Encyclopedia of Philosophy*, http://plato.standford.edu/entries/israeli/ (acceso obtenido 17 julio 2008).
16. Scholem, *Las grandes tendencias de la mística judía* (p. 158 del original en inglés).

Bnei Baruch define el lenguaje de ramas de la siguiente manera: «La sabiduría es nada más y nada menos que una secuencia de raíces que cuelgan a modo de causa y efecto según reglas rígidas y determinadas y se entrelazan en un ensalzado objetivo único que se describe como "la revelación de su piedad para con sus criaturas en este mundo". Ello significa que existe una fuerza superior y que hay además fuerzas determinantes que provienen de ella y dan lugar a nuestra existencia en este mundo».[17] Bnei Baruch basa sus enseñanzas en el método del rabí Yehuda Ashlag, que enseñó que «Al igual que una persona no puede desenvolverse apropiadamente en este mundo si no conoce sobre él, el alma tampoco puede desarrollarse apropiadamente en el mundo superior si no conoce sobre él. La sabiduría de la cábala le brinda ese conocimiento».[18]

Ein Sof

El Dios de los cabalistas es *trascendente*, lo que significa que no puede conocer al hombre y seguir siendo Dios. La idea probablemente se originó y desarrolló entre los judíos de Alejandría (circa 330 A.C.), que tuvieron dificultades con su identidad teológica en el mundo filosófico de Grecia. Durante el reinado de Alejandro Magno, en Alejandría vivían más judíos que en Jerusalén y, aunque creían que sus Escrituras Sagradas eran superiores a la filosofía griega, algunos no eran inmunes a esas influencias. Gradualmente, después de un período de varios cientos de años, la influencia de Platón, Filón y otros filósofos hizo que se desarrollara un segundo método de interpretación de las Escrituras; este sustituyó el método del significado literal de la Torá por el de imágenes simbólicas por lo que se dio a conocer como el método alegórico de interpretación. Se ocupó de todos los aspectos de la Torá, incluyendo la naturaleza de Dios, por eso su influencia puede apreciarse claramente hoy.

Según los cabalistas, *Ein Sof* (que significa «infinito») existió siempre: Dios como *Ente*, no como *Él*. Esa fuerza divina impersonal se separó en el momento de la creación y ahora habita en todo. Dios es literalmente todas las cosas, por lo que no se le puede describir, no tiene límites y solo se relaciona con el universo mediante los canales de las *Diez Sefirot*.

Las Diez Sefirot *o* Árbol de la vida

Las cualidades conocidas de Dios se representan por lo general mediante un diagrama llamado las *Diez Sefirot* o *Árbol de la vida*, pero este diagrama puede variar en dependencia

17. Jehudah Ashlag, "What is the Essence of Kabbalah?" Kabbalah TV, http://www.kab.tv/eng/?item=137 (acceso obtenido 14 mayo 2007).

18. Instituto Educacional y de Investigación de la Cábala Bnei Baruch, "Acerca de Bnei Baruch", http://www.kabbalah.info/spanishkab/aboutspanish.htm.

del rabino o escuela de pensamiento que lo utilice. A veces se representa como un árbol al revés (con las raíces hacia arriba y las ramas apuntando hacia el mundo inferior, el de la tierra). Sin embargo, lo que muchos no saben es que Simón (circa 67 A.D.), el mago de Hechos 8.9, utilizó la misma analogía para describir la naturaleza de Dios. Según Hipólito:

> Simón, parafraseando de manera tonta y astuta la ley de Moisés, realizó sus afirmaciones (de la manera siguiente): Así, cuando Moisés afirma que «Dios es fuego que quema y consume», interpreta las palabras de Moisés en sentido incorrecto y afirma que el fuego es el principio que dio origen al universo... (Simón) emplea los términos secreto y manifiesto y puede (en mi opinión, por lo general) afirmarse que el fuego (me refiero al fuego) supercelestial, es un tesoro, como un árbol grande, igual al que Nabucodonosor vio en un sueño, del cual se nutre toda carne. Y él considera que la parte manifiesta del fuego es el tallo, las ramas, las hojas, (y) la corteza externa que se les superpone. Dice que todos estos (apéndices) del gran árbol que se prenden están concebidos de manera que desaparezcan a causa de las llamas del fuego que todo lo devora. Sin embargo, el fruto del árbol, cuando ya ha alcanzado su pleno desarrollo y adquiere forma propia, se deposita en un granero, no (se arroja) al fuego. Dice que el fruto se produjo con el objetivo de que se guardara en el almacén, mientras que la broza puede arrojarse al fuego... (Ahora la broza) es tallo, (y es) generado no por su propio bien, sino por el bien del fruto...[19]

Parece que el Árbol de la vida (las Sefirot) de la cábala era una imagen con la que Simón el mago estaba muy familiarizado, una filosofía llena de metáforas utilizada para describir a Dios y a los poderes que de Él emanan.

La cábala enseña que las Diez Sefirot revelan ciertos aspectos de la naturaleza y el plan de Dios al detallar cómo emana su poder hacia el mundo inferior:

> Estas Sefirot equivalen a cualidades de D--s.[20] En orden descendente, consisten en Keter (corona), Jojmá (sabiduría), Biná (intuición, entendimiento), Jesed

19. Hipólito, *Philosophumena*, capítulo 4.
20. El rabino Jeffrey Wolfson Godwasser explica por qué escriben D-s en lugar de Dios [en inglés, G-d en lugar de God]: «La tradición judía trata el nombre de Dios con especial cuidado. El nombre divino YHWH (formado con las letras hebreas yod, he, vau, he) nunca se pronuncia. Tradicionalmente, los judíos leen "Adonai" (que se suele traducir como "el Señor") siempre que aparece el santísimo nombre de Dios en la Torá o en la oración. Pero "Adonai" no es el nombre de Dios. En algunas tradiciones judías se evita incluso pronunciar la palabra "Adonai" fuera de la adoración o el estudio. Este "suplente" del nombre de Dios se

(misericordia) o Guedulá (magnificencia), Guevurá (fuerza), Tiferet (gloria), Netzaj (victoria), Hod (majestad), Iesod (cimientos) y Maljut (soberanía). Las cinco cualidades del medio se mencionan de manera explícita y ordenada en 1 Crónicas 29.11: Tuya es, oh Jehová, la magnificencia (Guedulá) y el poder (Guevurá), la gloria (Tiferet), la victoria (Netzaj) y el honor (Hod). He visto este pasaje traducido en infinidad de formas, pero en hebreo se corresponde con los nombres de las Sefirot en orden.[21]

Los nombres, el orden y las definiciones de las Sefirot han cambiado a través de la historia. Gershom Scholem define las Sefirot como «esferas, reinos completos de divinidad que subyacen bajo el mundo de nuestros sentidos y que están presentes y activos en todo lo que existe».[22] Las Sefirot se dividen equitativamente entre aspectos femeninos y aspectos masculinos de Dios. En la cábala, cada una de las cualidades de Dios (también conocidas como *recipientes* o *contenedores*) de las Diez Sefirot se estudia en orden para determinar su repercusión en la vida y cómo utilizar mejor su poder. Estas cualidades no cambian la naturaleza de Dios como *un solo* Dios; sencillamente describen la percepción que tiene el hombre de Él.

Según la cábala, hay algunas cualidades de Dios que pueden llegar a conocerse (las Diez Sefirot) y otras que no pueden conocerse (*Ein Sof*, es decir, las cualidades infinitas). Las Diez Sefirot corresponden a las características conocidas de Dios o el Altísimo; Dios se irradia al mundo mediante esas emanaciones. Esos *recipientes* se relacionan con el universo en formas que Dios no puede relacionarse, trayendo como consecuencia que cada acción en el mundo inferior vibre a través de las Diez Sefirot y de cierta manera afecte al universo, al mundo superior y a Dios. El hombre actúa; Dios reacciona. Los cabalistas judaicos se dedican principalmente al estudio del *Zohar* y otros comentarios sobre las Diez Sefirot. El rabí Pinchas Giller explica la interpretación que da la cábala a la verdad bíblica en relación con los patriarcas (Abraham, Isaac y Jacob):

---

sustituye a su vez por "Ha-Shem" (El Nombre). Esta práctica se ha extendido también a otras palabras hebreas asociadas a Dios. Por ejemplo, el término hebreo "Elohim", que significa "Dios" (su título, no su nombre), se pronuncia "Elokim" cuando no se está en la oración o el estudio.

»En años recientes, algunos judíos han llevado la práctica todavía más lejos al abstenerse de escribir el término inglés God (Dios) y sustituirlo por la forma G-d (D-s) o Gd (Ds). Pero en la ley judía no está prohibido escribir "Dios" en otro idioma, aparte del hebreo» (About.com, "Why Do Some Jews Spell God 'G-d'?" Ask the Rabbi, http://judaism.about.com/od/reformjudaismfaq/f/god_spelling.htm).

21. Tracey Rich, "Kabbalah and Jewish Mysticism", Judaism 101, http://www.jewfaq.org/kabbalah.htm (acceso obtenido 21 mayo 2007).

22. Scholem, *Las grandes tendencias* (p. 11 del original en inglés).

La esposa de cada patriarca complementa su identidad con respecto de las sefirot. Consiguientemente, al igual que Abraham es el paradigma de la *Jesed*, Sara es el paradigma de la *Din*. Es una especialista a la hora de enjuiciar. Cuando oyó a Abraham hablando con los ángeles para que ella tuviera un hijo, se rió con amargura y dijo: «¿Cómo voy a tener un hijo si mi esposo está tan viejo?» Cuando Abraham se la presenta a Faraón y a Abimelec como su hermana, ella le siguió la corriente sin protestar ni intervenir. Según una tradición del Midrash, cuando ella oyó que Abraham se llevó a Isaac a la montaña para sacrificarlo, murió inmediatamente de amargura porque no podía concebir ninguna clase de intervención divina ni de piedad. De ahí que Sara es claramente el paradigma de la *Din*.

Rebeca, la esposa de Isaac, es el paradigma de la *Jesed*, al igual que Isaac es el paradigma de la *Din*. En toda situación, ella se mostró sociable y dispuesta a colaborar. En la fuente, cuando Eliezer, el siervo de Abraham, la vio por primera vez, ella se mostró hiperactiva: Corría de un lado a otro, le lavó los pies, le dio de beber a los camellos. Ella misma es como un manantial de *Jesed*. Asimismo, cuando se estaba preparando para ayudar a Jacob a robarle la bendición a Esaú, mató las cabras, las desolló y preparó una comida con ellas. En todos los sentidos, era muy activa y estaba llena de energía; todo lo contrario a la implosión de la *Din* y a la pasividad por parte de Isaac.

Jacob es más complejo, al igual que su relación conyugal. Raquel, su aparente verdadero amor e ideal erótico, es el paradigma de la *Maljut*. Sin embargo, Lea, la primera esposa aparentemente despreciada, es ejemplo de algo superior, de ahí que ella sea el paradigma de la *Biná*, la siguiente sefirá en orden ascendente, que es sabiduría femenina transformadora e intuitiva. Por tanto, la relación de Jacob con Lea no carece de carácter espiritual, más bien están inmersos en los reinos más altos del árbol que representa las sefirot y por eso resulta difícil o imposible de comprender para quien lo observa desde fuera.[23]

El siguiente diagrama de las sefirot está basado en las enseñanzas del rabí Isaac Luria (nacido en el año 1534), el Arí o «el león sagrado», posiblemente el rabino más reverenciado en la historia de la cábala.[24]

23. Rabbi Pinchas Giller, "God in Kabbalah", en Rabbi Bradley Shavit Artson y Deborah Silver, ed., *Walking with God*, American Jewish University, Bel Air, CA, 2007, http://www.ajula.edu/content/html/other/god.unit%207.pdf, p. 11.

24. Diagrama por el doctor Bryan Griffith Dobbs, 1999. Véase http://www.kheper.net/topics/Kabbalah/Aritree.html.

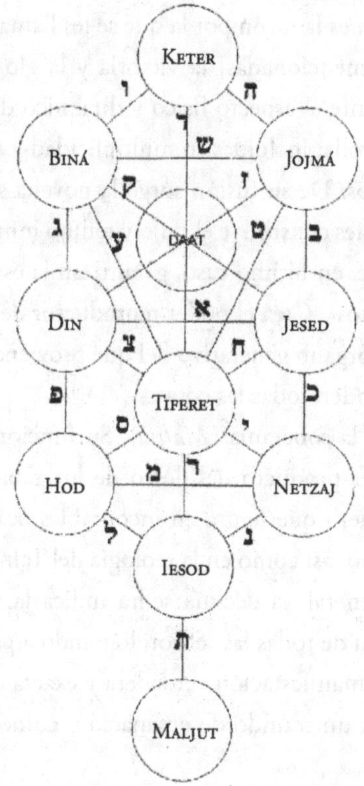

La primera de las Diez Sefirot es la corona (en hebreo, *Keter*)...

La sabiduría y la inteligencia son la segunda y tercera de las Diez Sefirot. Son emanaciones paralelas de la corona o primera sefirá... Las primeras tres sefirot forman una tríada que constituye el mundo como manifestación del pensamiento divino. Las siete sefirot restantes se agrupan igualmente en tríadas. El pensamiento divino es la fuente de la que emanan dos principios opuestos, uno activo o masculino y otro pasivo o femenino. El primero es la piedad (*Jesed*) y el último es la justicia (*Din*). De la unión de estos dos surge la belleza (*Tiferet*). La relación lógica entre estos tres principios, según su posición en el *Zohar*, resulta extremadamente difícil de comprender...

La tercera tríada consiste en la victoria (*Netzaj*), la gloria (*Hod*) y los cimientos (*Iesod*). La primera es el principio masculino y activo, la segunda es el principio femenino y pasivo, mientras que la tercera es el resultado de la combinación de ambas. ¿A qué aspecto de un mundo saturado de Dios señalan estas tres sefirot? El *Zohar* nos lo dice de siguiente manera: «En ellas se reúnen extensión, variedad [o multiplicación] y fuerza, y todas las demás fuerzas resultantes que provienen de ellas. Esta es la razón por la que se les llama ejércitos. Son [las dos sefirot anteriormente mencionadas] la victoria y la gloria» (iii. 296). La alusión se dirige obviamente al aspecto físico y dinámico del universo, al mundo incesante que se desarrolla, incluidas su multiplicidad y su variedad de fuerzas, cambios y movimientos. De su fusión surge la novena sefirá: los cimientos. Y con toda propiedad, pues constituye el flujo y reflujo infinito e inmutable de las fuerzas del mundo que, en último caso, garantizan la estabilidad del mundo y fortalecen sus «cimientos». Crea el poder reproductor de la naturaleza, lo dota, por así decirlo, de un órgano generativo del que provienen todas las cosas y del que, en un final, dependen todas las cosas.

La última sefirá es la soberanía (*Maljut*). Su función no se nota mucho y su existencia puede ser producto del deseo de los cabalistas de completar el número diez (un número que figura en incontables ocasiones en la literatura del Antiguo Testamento, así como en la teología del Talmud, de los Midrashim y de Filón). Por lo general, la décima sefirá indica la verdad duradera de la cooperación armoniosa de todas las sefirot, logrando a partir del mundo, de su orden y simetría, una manifestación verdadera y exacta de la mente divina, un *'Olam Azilut*, es decir, un mundo de emanación, como los propios cabalistas lo llaman.[25]

Isaac el ciego

El rabí Isaac Luria, conocido como el Arí, a quien se le venera como el rabino que transformó el estudio de la cábala al revelar la doctrina de la *Shevirat haKelim* o «la fragmentación de los recipientes» (un recipiente es una de las sefirot). Rabí Luria fue alumno de Moisés Cordovero (nacido en el año 1522), un rabino que daba clases en la pequeña comunidad de Safed, ubicada cerca del lago Tiberíades. Cordovero quizás sea más conocido por el desarrollo del concepto de las Diez Sefirot y por la compilación integral del conocimiento cabalístico en su obra *El huerto de granadas*. Rabí Luria asimiló muchas de las ideas de su maestro y las incorporó en sus escritos, proceso que contribuyó considerablemente al desarrollo y evolución de la cábala.

Luria, un ermitaño de Provenza que narraba las frecuentes visitas de Elías el profeta y otras luminarias fallecidas, enseñó a sus estudiantes que era posible comunicarse con los

25. J. Abelson, *Jewish Mysticism*, Dover, Nueva York, 2001, pp. 150-152. Disponible también en Internet en SacredTexts.com, http://www.sacred-texts.com/jud/jm/jm11.htm. Véase también de la Universidad de Rutgers, "Kabbalah in English", http://remus.rutgers.edu/~woj/arcana/kabbalah.html.

justos ya muertos. Fue mediante esa relación con Elías como Luria recibió las revelaciones sobre la verdadera esencia de la cábala que la transformarían y la fortalecerían.

La doctrina del rabí Luria acerca de «la fragmentación de los recipientes» plantea que en algún momento Dios eligió crear y, durante ese acto de creación, arrojó luz sobre todos los canales de las sefirot hasta el punto en que el Altísimo se fragmentó, esparciendo así puntos o chispas de luz a lo largo y ancho del universo. La doctrina de *tiqqun olam* (de la reparación o el perfeccionamiento del universo) revela que todas las cosas en este mundo inferior contienen una chispa de luz divina, luz que añora regresar a su estado original de unidad. Cuando el tiempo llegue a su fin, la luz se reunirá una vez más gracias a los esfuerzos de los cabalistas y al proceso de reencarnación.

Principios clave de la cábala luriánica

Según una traducción más reciente, realizada por Eliahu Klein, de *La cábala de la creación* de Rabí Luria, los cimientos de la cábala de Luria se basan en cinco elementos clave:

1. Las emanaciones cósmicas de existencia: Emanación, creación, formación y acción.
2. Los distintos caracteres de la luz en la medida en que se manifiestan mediante las dimensiones cósmicas. Las Diez *Sefirot* (centros cósmicos de energía): Corona, sabiduría/intuición, amor, fuerza, belleza, resistencia, alabanzas, los cimientos (la base) y la soberanía (realeza, magnificencia, nobleza, mayordomía).
3. La manera en que las dimensiones cósmicas y los caracteres de la luz se corresponden las unas con los otros y con el desarrollo de los cuerpos cósmicos: Los treinta y dos senderos (el número de intersecciones de los diez centros anteriormente mencionados) del Árbol de la vida.
4. Cinco arquetipos cósmicos, que incluyen al Anciano; el Gran Macro Rostro, que incluye a su vez el principio de la unión del Gran Padre y la Gran Madre arraigado en la creación; la miniatura divina masculina (Cara Pequeña) y la miniatura divina de mujer (Femenina).
5. ¿Cómo obran en conjunto estas energías, luces, senderos y entidades divinas para conformar un mapa de la realidad viva que se relacione con la realidad tal y como la conocemos? Ese es el tema de todos los textos luriánicos.[26]

26. Isaac ben Solomon Luria, *Kabbalah of Creation: The Mysticism of Isaac Luria, Founder of Modern Kabbalah*, Atlantic Books, Berkeley, CA, 2005, xliv, énfasis original. Traducido del hebreo y comentado por Eliahu Klein.

El mundo de la cábala es complicado y nos brinda un dios místico que todo lo sabe, pero incognoscible e impersonal, un dios muy distinto del Dios de Abraham, Isaac y Jacob. Se basa en que los comentarios simbólicos de los *hombres* son ciertos en vez de basarse en la Palabra de Dios escrita y objetiva.

La cábala hermética

Tanto la escritura de la palabra *cábala* como su significado intrínseco cambian considerablemente cuando se utiliza en conjunción con su interpretación mágica. Cuando los cabalistas judaicos utilizan las Diez Sefirot para describir los aspectos conocibles de Dios en un intento por comprender el *Ein Sof* (la naturaleza de Dios), la cábala hermética utiliza las Diez Sefirot como un instrumento mágico para progresar de la realidad corriente a *Ein Sof*, lo divino infinito e inexpresable. Las técnicas de visualización, como la que utilizó Kala Trobe en su obra cabalística *Magic of Qabalah* [La magia de la cábala] (orientada hacia la Nueva Era, la magia y el ocultismo), constituyen un método común para acceder a este poder ocultista o «mágico». Trobe alienta a sus lectores a que se nutran del poder de la luz *negra* (en oposición a la luz *blanca* que supone la cábala) y los guía para que se imaginen la «embriaguez» de la venganza y la emoción de manipular a las personas para que hagan la voluntad de uno.[27]

La cábala hermética tiene un pasado largo y complejo cuyos orígenes se remontan a los escritos gnósticos y neoplatónicos y posiblemente a un personaje real llamado Hermes Trismegisto. Las enseñanzas de Trismegisto, a quien algunos consideran un personaje histórico y padre de la magia hermética, se remontan a la era helenística, abarcaron el reinado de Alejandro Magno e influenciaron la religión y la filosofía del Imperio Romano; las ideas y prácticas de Grecia ejercieron una influencia considerable en diferentes culturas. Sin embargo, algunos esgrimen un argumento convincente según el cual sus raíces son realmente egipcias y gnósticas.[28] John Michael Greer, el gran Archidruida de la Antigua Orden de los Druidas de Estados Unidos señala: «La filosofía hermética fue considerada una tradición primordial de sabiduría, se identificó con la "sabiduría de los egipcios" que se menciona en *Éxodo* y se alaba en los diálogos platónicos, como el *Timeo*».[29]

---

27. Trobe, *Magic of Qabalah*, p. 137.
28. Véase John Michael Greer, "An Introduction to the Corpus Hermeticum", http://www.sacred-texts.com/chr/herm/h-intro.htm (acceso obtenido 4 septiembre 2007); Miriam Lichtheim, *Ancient Egyptian Literature*, vol. 1-2, University of California Press, Berkeley, 1975; Jean-Pierre Mahé, "Hermes Trismegistos" en *The Encyclopedia of Religion*, vol. 6, Macmillan, Nueva York, 1987; y G. R. S. Mead, trad., "Poemandres, the Shepherd of Men", http://www.sacred-texts.com/chr/herm/hermes1.htm. En español, Hermes, y Walter Scott. *Corpus Hermeticum y otros textos apócrifos* (EDAF, Madrid, 2001).
29. Greer, "An Introduction to the *Corpus Hermeticum*".

Cualquiera que sea su origen, la filosofía de Hermes Trismegisto apareció en muchos textos (el número exacto se desconoce) y se dividió en dos partes principales: la filosofía de las ciencias ocultas y los escritos sobre filosofía. Ambas intentan explicar una cosmovisión arraigada en la filosofía de Platón, que finalmente reapareció en la Iglesia primitiva como una mezcla de filosofía y misticismo.[30]

En esencia, este misticismo o neoplatonismo religioso se centró en la influencia del destino sobre la existencia humana y la doble naturaleza de la realidad: el plano físico (una manifestación inferior) y la realidad divina (una manifestación superior). La realidad superior está ligada a la inteligencia y transforma a Dios en intelecto impersonal. El nivel inferior es el físico, sujeto al destino y, por consiguiente, considerado inferior a la realidad superior. Los humanos, como parte del reino físico, estamos separados de ese intelecto supremo, pero podemos elevarnos a través de los distintos niveles haciendo uso de medios de reencarnación mágicos para finalmente reunirnos con la inteligencia suprema en la realidad superior. El vínculo que existe entre la cábala y el neoplatonismo se puede apreciar mejor en las descripciones de la naturaleza de Dios y en las imágenes de los niveles del cosmos.[31] Lo que sí queda claro es que de alguna manera la Torá de los judíos helenísticos se entrelazó con la filosofía de Platón, fusionándose en un conjunto sincrético de creencias místicas. Estas creencias evolucionaron en direcciones filosóficas distintas, una de las cuales es la de las enseñanzas de la cábala orientadas hacia la magia.

> Por el contrario, en la cábala hermética y mágica, las Diez Sefirot están relacionadas con los diez aspectos de lo que se podría llamar el mundo astral o mágico... Se identifican con diez grados de iniciación mágica, los siete planetas de la astrología tradicional (con la sefirá menor, maljut, representando la tierra y las dos mayores representando a las estrellas fijas y a la esfera de Dios) y con un análisis numerológico de los dígitos del uno al diez. Cada uno de los veintidós senderos que enlazan las Diez Sefirot se identifica con una de las veintidós letras hebreas y con uno de los veintidós arcanos mayores del tarot. Así, no solo cada sefirá tiene un significado arquetípico en particular, sino que cada sendero también lo tiene, lo que suma treinta y dos arquetipos en total. Luego, con la

30. El término *neoplatonismo* es relativamente moderno (de mediados del siglo XIX) y se creó para describir una filosofía antigua. Se utiliza para diferenciar la filosofía de Platón de la mezcla de religión y filosofía que se desarrolló en Roma y Grecia después de su muerte.
31. Se considera que Plotino (circa 220 A.D.), filósofo griego, fue el fundador del neoplatonismo. Él unió la filosofía de Platón con elementos más religiosos o místicos. El análisis de sus escritos revela muchas similitudes con la filosofía de la cábala. Según Plotino: «El mundo es solo una imagen del mundo espiritual...» Véase *Select Works of Plotinus and Joan F. Adkins*, "Neoplatonism in Marvell's 'On a Drop of Dew' and 'The Garden'", *The Bulletin of the Rocky Mountain Language Association*, Vol. 28, No. 4 (diciembre 1974), p. 77.

utilización de los medios adecuados, resulta posible invocar cualquiera de esas esencias fundamentales.[32]

La cábala hermética emplea muchos instrumentos del ocultismo, como son las cartas del tarot, la astrología y la numerología, y se basa en esa información para hacer el bien y ascender en el reino de las Diez Sefirot. Mientras la cábala judaica se basa en el estudio del texto de la Torá y sus comentarios para progresar en relación con el conocimiento de Dios, la cábala hermética hace hincapié en los instrumentos mágicos y milagrosos como la vía principal para reunirse con el Altísimo.

La obsesión, el estudio y la práctica de la cábala a finales del siglo XIX se convirtieron en catalizadores para la formación y el desarrollo de la brujería, la Wicca e innumerables versiones de la teología ocultista modernas. Sus principios y métodos se incluyen hoy día en los rituales mágicos de brujería y satanismo.

La cábala cristiana

El Renacimiento presenció el surgimiento de otra versión de la cábala, esta vez denominada *cábala cristiana* (un término infinitamente impropio). Se piensa que lo motivó el español Ramón Lull (circa 1230) y se cree que llegó a Europa mediante la emigración de judíos convertidos al cristianismo. Esos judíos convertidos reinterpretaron las doctrinas cabalísticas desde una postura claramente cristiana y vincularon a Jesucristo, su expiación y su resurrección con las Diez Sefirot. Los líderes judíos desde la Edad Media hasta el mismo siglo XIX se sintieron indignados por el hurto del misticismo secreto judío, pero no podían hacer nada para impedirlo. «Su trasfondo mesiánico tuvo una muy mala acogida y en el mundo racionalista del siglo XIX muchos eruditos judíos se sintieron claramente avergonzados ante esa literatura irracional».[33]

La cábala cristiana difería de la judaica en su análisis del Árbol de la vida y de la naturaleza de Dios. Los cabalistas enseñaban que Jesucristo, mediante su expiación y resurrección, había sustituido las Diez Sefirot como medio para alcanzar el *Ein Sof*, que era la deidad inmanente (cercana al hombre), no el Dios trascendente de la cábala judía (incognoscible). El profesor William Varner observa que se asignaron los nuevos significados al diagrama de las Diez Sefirot, que estaban divididas en dos secciones: tres superiores y siete inferiores. Los cabalistas vincularon las últimas siete sefirot al mundo inferior de la tierra.

---

32. M. Alan Kazlev, "Qabalah and Kabbalah", the Hermetic Qabalah sitio web, http://www.kheper.net/topics/Hermeticism/Qabalah.htm (acceso obtenido 23 mayo 2007).

33. Harvey J. Hames, *Exotericism and Esotericism in Thirteenth Century Kabbalah*, Universidad de Ben Gurion http://www.esoteric.msu.edu/ VolumeVI/KabbalahHames.htm (acceso obtenido 24 mayo 2007).

Las tres sefirot superiores de la cábala cristiana

Keter: Corona	Representa al *Padre*, el nombre de Dios, *Ehyeh* (Yo soy). Paul Ricci también se lo asignó a esta sefirá.[34]
Jojmá: Sabiduría	Representa al *Hijo*, la segunda persona de la Trinidad; Ricci le asignó su nombre divino, *Yah(hy)*, a esta sefirá; «las Sefirot masculinas de este lado del esquema también sirvieron para poner de relieve la identificación de *Jojmá* como el Hijo».[35]
Biná: Inteligencia o entendimiento	Representa el *Espíritu Santo de Dios*. «*Elohim* se le asignó a esta sefirá y enfatizó las características femeninas de ese lado del esquema. Por consiguiente, la parte superior del árbol forma una tríada que responde a la Sagrada Trinidad. Este uso de la tríada superior del árbol de las sefirot para enseñar la Trinidad fue denominador común entre todos los cristianos intérpretes de la cábala».[36]

La propia naturaleza esotérica de las Diez Sefirot las hizo vulnerables a una reinterpretación generalizada. Esa es probablemente la razón por la que los rabinos medievales finalmente prohibieron toda enseñanza de ellas hasta cumplir cuarenta años.

Durante el siglo XV, el movimiento de la cábala cristiana se fusionó alrededor de las figuras de Giovanni Pico della Mirandola (nacido en 1463) y Johann Reuchlin (nacido en 1455). Mirandola, que se dio a conocer como Pico, utilizó la cábala con entusiasmo y determinación para respaldar la deidad de Jesucristo. La Iglesia se opuso con fiereza a su empeño, lo que produjo debates tan acalorados que provocaron gran interés en los círculos de eruditos europeos. Pico se encargó de que le tradujeran muchos de los textos cabalísticos originales al latín, por lo que esa interpretación de las Diez Sefirot tendría repercusiones muy profundas en el desarrollo de la cábala cristiana. «Al girar en torno a "los nombres divinos", la cábala práctica o milagrosa y la síntesis de la doctrina cristiana con la filosofía y la especulación cabalística llegaron a ser el espíritu de su época».[37]

Johann Reuchlin, un devoto de Pico, en su obra *De Arte Cabalística* (circa 1517), incorporó las ideas de Pico, pero se centró principalmente en los nombres de Dios y su importancia en lo concerniente a la deidad de Jesucristo. Según William Varner:

34. William Varner, "The Christian Use of Jewish Numerology", *The Master's Seminary Journal*, 52, http://www.tms.edu/tmsj/tmsj8c.pdf (acceso obtenido 24 mayo 2007).
35. Ibid.
36. Ibid.
37. Mark Stavish, "Kabbalah and the Hermetic Tradition", Hermetic.com, http://www.hermetic.com/stavish/essays/kabbalah-hermetic.html (acceso obtenido 24 mayo 2007).

Reuchlin alegó que la historia de la humanidad se divide en tres periodos. En el primero, un periodo natural, Dios se reveló a los patriarcas mediante el nombre de tres letras «Shaddai» (*sdy*). En el periodo de la Torá, Él se reveló a Moisés mediante el nombre de cuatro letras, el Tetragrámaton (*yhwh*). En el periodo de la redención, Él se reveló mediante cinco letras: el Tetragrámaton más la letra *shin*, por lo que su escritura es «Yehoshuah» (*yhw* + *sh*) o «Jesús». De este modo, la ordenación de Reuchlin pudo combinar la creencia judía en tres épocas (la del caos, la de la Torá y la del Mesías) con la división tripartita cristiana de un reino del Padre, un reino del Hijo y un reino del Espíritu Santo.[38]

Los siglos XVII y XVIII fueron testigos de la influencia del desarrollo y la difusión de la cábala cristiana por toda Europa a ritmo acelerado. Las traducciones al latín de Pico, los argumentos lógicos de Reuchlin, combinados con la influencia de Paul Ricci y el despertar del interés en la cábala cristiana dentro de la comunidad judía, culminaron en la conversión de muchos judíos:

> Durante el siglo XVI y principios del siglo XVII, tuvo lugar entre los judíos una ola de conversiones al cristianismo inducida por la cábala... Ricci unió los dogmas dispersos de la cábala cristiana y formó un sistema internamente coherente. Sin embargo, en su obra no aparecían las estratagemas exegéticas rebuscadas, ni las permutaciones de números y letras. El sistema de Ricci partía de la inocencia y conocimiento originales de Adán, pasando por las Diez Sefirot, la caída y sus consecuencias, así como por la pérdida de conocimiento de las tres sefirot superiores, hasta la conversión y la redención del hombre en la Segunda Venida de Jesús. La interpretación cristiana de la cábala llegó a la cúspide de la sofisticación teológica con los escritos de Ricci.
>
> A pesar de que muchos otros cristianos que lo siguieron escribieron sobre la cábala en el siglo XVIII, estos tres «fundadores» (Pico, Reuchlin y Ricci) sentaron las bases para toda la especulación cristológica subsiguiente sobre la cábala.[39]

Las enseñanzas de la cábala cristiana finalmente llegaron a Alemania e Inglaterra gracias a la inmigración. No mucho tiempo después, la emergente fascinación por la alquimia y el surgimiento de la teosofía y los rosacruces se fundieron con la hermética formando una imponente, aunque confusa, filosofía mágica.[40]

---

38. Varner, "The Christian Use of Jewish Numerology", p. 50.
39. William Varner, "The Christian Use of Jewish Numerology".
40. La alquimia se enfocó desde dos perspectivas diferentes: La primera se centraba en examinar las reacciones

Métodos cabalísticos conjuntos de la interpretación de la Torá

Nombres de Dios	Algunos cabalistas atribuyen poder a los nombres de Dios, tanto a los que aparecen en la Torá como fuera de ella. El hombre puede tener acceso a ese poder y utilizarlo (como una fórmula mágica) para alcanzar metas humanas.
Notaricón	Las letras hebreas tienen doble significado: literario y matemático. Este método analiza los valores numéricos y la posición de las letras en los versículos de la Torá con el objetivo de descubrir algún significado más profundo en el texto. Las letras se pueden utilizar para formar siglas (p. ej.: Los cabalistas afirman que la palabra «amén» es el resultado de los nombres bíblicos de Dios, Adonai Melekh Na'amon, que significa: «Dios, Rey fiel»).[41]
Temurá	Algunos cabalistas practicaban distintos sistemas de *sustitución de letras* en la Torá, igual que los códigos de los niños, que cambian la A por la Z y la B por la Y.
Gematría	Otro método de interpretación de la Torá (cuyo origen judío descartan los historiadores) analiza el valor numérico de las palabras y compara la suma de cada una con su contrapartida. La cábala luriánica (basada en las enseñanzas del rabí Isaac Luria) crea fórmulas numéricas complejas que producen «energías divinas que generan sustento cósmico para todas las dimensiones».[42] Se accede a los poderes sobrenaturales mediante la meditación en estos nombres divinos. «Según Reuchlin, los cabalistas experimentaron constantemente con el nombre divino *YHVH* para producir toda clase de "verdades" secretas».[43]

La cábala hollywoodense

La cábala hollywoodense, un fenómeno mundial originado a partir de la necesidad de paz interior de las estrellas del rock, comenzó como la creación filosófica del otrora

químicas y al final evolucionó hasta convertirse en la ciencia de la química. La segunda perspectiva se centró en las propiedades mágicas de los metales con el objetivo de convertirlos en oro o descubrir un método de hacerse inmortal. Esa era una alquimia influenciada por el ocultismo y hoy día aún se practica. Para más información, véase John H. Lienhard, "No. 76: About Alchemists", sitio web de Engines of Our Ingenuity [Los instrumentos de nuestra ingenuidad], http://www.uh.edu/engines/epi76.htm; y de la Universidad de Illinois, "From Alchemy to Chemistry: Five Hundred Years of Rare and Interesting Books", http://www.scs.uiuc.edu/~mainzv/exhibit/.

41. Israel Regardie, *El árbol de la vida: un estudio sobre magia*, Luis Cárcamo, Madrid, 1988 (p. 435 del original inglés).
42. Luria, Eliahu Klein, *Kabbalah of Creation*, p. 46. Para más información, véase la *Encyclopedia Judaica*, Coronet Books, Philadelphia, 1994.
43. Varner, "The Christian Use of Jewish Numerology", p. 53.

vendedor de pólizas de seguro Shraga Feivel Gruberger, que abandonó a su esposa y ocho hijos, se casó con su ex secretaria Karen y se cambió el nombre por el de Philip Berg. Como parte de ese nuevo comienzo, el rabí Berg hizo lo que muchos rabinos antes que él: Tomó la esencia de la cábala tradicional y la combinó con sus pensamientos e ideas, de modo que produjo una versión Nueva Era de la cábala que adoptaron las estrellas de Hollywood y millones de sus fans, rechazada con desdén por los líderes judíos de todo el mundo.[44] Según el profesor de cábala y rabino ortodoxo Yitzchok Adlerstein, presidente de Ley y Ética Judías en la Escuela de Derecho Loyola de Los Ángeles: «El Centro de Cábala está compuesto, en medidas iguales, por la sabiduría no mística y tradicional judía y una medida de aceite de serpiente y sandeces».[45]

Los Berg y sus dos hijos, Michael y Yehuda, dirigen en la actualidad el Centro de Cábala de Los Ángeles, California (kabbalah.com), junto con cincuenta centros alrededor del mundo: es como si le hubiese tocado el premio gordo con un mercado que consiste en agua bendita, cuerdas rojas y sábanas para bebé con letras hebreas. John Lawrence Reynolds, en su libro *Secret Societies* [Sociedades secretas], comenta sobre la modernización y el mercadeo del misticismo antiguo:

> Berg y su personal, que incluía a los hijos de Karen, Yehuda y Michael, demostraron ser comerciantes brillantes. Después de servir durante dos milenios como solución mística a los interrogantes más enigmáticos de la vida espiritual, la cábala se transformó en un supermercado de accesorios, en una supertienda de alhajas y tratados espirituales de moda. En el año 2005, más de veinte libros y discos compactos... ya habían salido de la línea de producción. Con títulos como *Dios usa lápiz labial: Kabbalah para mujeres* y una versión del *Zohar* de veintidós tomos, la colección representaba, cuando menos, una exitosa explotación del mercado de ingenuos aficionados y, cuando más, una burla a la tradición antigua.[46]

---

44. Robert Eshman, "Center of Controversy", *Jewish Journal* (14 febrero 1997), disponible en Internet en rickross.com, http://www.rickross.com/reference/kabbalah/kabbalah10. html, (acceso obtenido 29 mayo 2007). Según Eshman, el Centro de Estudios de la Cábala de Berg (conocido hoy día sencillamente como el Centro de Cábala) también ha sido denunciado por los consejos rabínicos ortodoxos de Queens y Toronto, así como por las más importantes cortes rabínicas de Jerusalén.
45. Joseph Berger, "A Jewish Madonna? Is That a Mystery?", *New York Times*, 18 junio 2004, http://query.nytimes.com/gst/fullpage.html?res=9D07E1D71639F93BA25755C0A9629C8B63&sec=&spon=&pagewanted=2 (acceso obtenido 4 junio 2008).
46. John Lawrence Reynolds, *Secret Societies: Inside the World's Most Notorious Organizations*, Arcade Publishing, Nueva York, 2006, p. 134.

Ya sea un gran espectáculo de mercadotecnia o la gran solución mística, no cabe duda de que los seguidores de Philip Berg lo veneran, incluso hasta el punto de creer que puede resucitar a los muertos.[47] Hoy día, prácticamente adorado como «el Rabí» por miles de aprendices, Berg es un hombre de éxito multimillonario con poder suficiente para influenciar al mundo. «Se ha prometido a sus seguidores que la cábala puede hallar a los hijos que perdieron, curar sus enfermedades, reponerles su dinero y hacerles llegar su verdadero amor».[48] Por eso no es de extrañar que la nueva versión de Philip Berg de la cábala se haya diseminado por la sociedad hollywoodense como un virus espiritual, infectando a celebridades como Madonna, Gwyneth Paltrow, Demi Moore, Ashton Kutcher, Elizabeth Taylor, Roseanne Barr y muchas otras personalidades destacadas de la industria del entretenimiento.[49]

Para justificar su autoridad (que es vital para obtener credibilidad en la cábala), el rabí Berg afirma tener la bendición de los ya fallecidos rabinos israelíes Ashlag y Brandwein (su primera esposa fue sobrina de Brandwein, Rizka), pero el nieto del rabí Ashlag y el hijo del rabí Brandwein han negado públicamente cualquier transferencia de atribuciones de carácter rabínico entre Berg, Ashlag y Brandwein.

> Dice el nieto del rabí Ashlag con enojo: «No hay ni pizca de verdad en sus palabras. Están degradando el Zohar».[50]

El colega más cercano al rabí Brandwein, Baruch Horenchik, dijo además: «Está muy lejos del rabí Brandwein. Es un cero a la izquierda. El rabí [Brandwein] nunca lo reconoció».[51]

Los Berg trataron de dar respuesta a esas críticas públicamente al enviar a la revista virtual *Radar* copias de la correspondencia (en hebreo) entre Berg y Brandwein, pero la verificación que hizo *Radar* de las traducciones al inglés de esas cartas dibuja un panorama distinto al que Philip Berg describe como verdadero. El Centro de Cábala divulga la información de que el rabí Brandwein reconoció a Philip Berg como su heredero, lo que

---

47. Mim Udovitch, "The Kabbalah Chronicles: Inside Hollywood's Hottest Cult", revista *Radar*, 17 junio 2005, http://radarmagazine.com/web-only/the-kabbalah-chronicles/2005/06/inside-hollywoodshottest-cult.php (acceso obtenido 26 mayo 2007).
48. Ibid.
49. El Centro de Cábala de los Berg trabaja con Madonna por medio de Raising Malawi, una corporación que brinda alimentos y ropa a los niños pobres de este país africano y los educa según las bases de la cábala hollywoodense de Berg. Véase www.raisingmalawi.org.
50. Aynat Fishbein, "The Cabal of the Kabbalah Centre Exposed: New Relations", revista *Tel Aviv*, septiembre 1994, rickross.com, http://www.rickross.com/reference/kabbalah/Kabbalah1.html. Véase también Nadya Labi, "What Profits the Kabbalah?", *Time*, 24 noviembre 1997.
51. Fishbein, "The Cabal of the Kabbalah Centre Exposed".

constituye una afirmación de gran importancia en la cábala ya que, históricamente, sin la bendición del rabí ningún estudiante podía heredar la autorización legítima para enseñar. Pero, según la revista *Radar*, la supuesta bendición por parte de Brandwein a Berg es imprecisa y ciertamente cuestionable. «Casi seguro, la razón por la que él [Brandwein] bendice a Berg es por un puesto administrativo que consiguió en Estados Unidos».[52] Brandwein afirma a continuación que «solo los judíos pueden recibir» la sabiduría de la cábala, que es la postura tradicional que Philip Berg y el Centro de Cábala rechazan.[53]

Además de la tan disputada autorización de Berg para enseñar y de un doctorado cuyo origen es difícil de precisar, fluye del centro un aluvión constante de literatura espiritual, cuya autoría e intenciones son poco claras. *Radar* observa que la literatura que produce el centro es parecida a otras obras espirituales populares y están dirigidas a grupos específicos de personas. «Según un memorando interno de mercadotecnia que obtuvo *Radar*, los lectores para quienes estaba dirigido *Prosperidad verdadera*, de Yehuda Berg, es "a los cristianos que se ciñen a la Biblia"».[54] La respuesta que dio el Centro de Cábala a esto fue que ni los Berg ni el Centro habrían autorizado tal memorando.

David Rowan, en su artículo "Secrets of a Celebrity Sect" [Secretos de una secta de celebridades], describe una faceta aun más tenebrosa de los centros de la cábala de Philip Berg y observa que los antiguos seguidores de la cábala y sus familiares sufrieron grandes presiones a causa de las técnicas de ventas recibiendo amenazas que incluían la advertencia de que sus hijos «podrían enfermar si ellos no donaban dinero y... que "fuerzas de la oscuridad" les acarrearían tragedias si alguna vez abandonaban la cábala».[55] Sin embargo, lo más desconcertante de todo es la enseñanza de que las personas son las culpables de todo lo que les ocurre (bueno o malo), creencia que resulta fundamental en la teología de Philip Berg.[56] Esta línea de razonamiento cruel y contraria a la Biblia se refleja en las extrañas canciones que entonan los niños (productos de las clases de *Espiritualidad para Niños* que se dan en los centros de la cábala) durante las celebraciones judías, como las que se entonan en los Purim. Según Yossi Halevi, de la *Jewish World Review*, el éxito pop de Gloria Gaynor «I Will Survive» [Sobreviviré] recibió un maquillaje teológico cortesía del Centro de Cábala:

52. Udovitch, "The Kabbalah Chronicles".
53. Ibid.
54. Ibid.
55. David Rowan, "Secrets of a Celebrity Sect", *Evening Standard*, 6 abril 2008, http://www.thisislondon.co.uk/news/article-1446749-details/Secrets+of+a+celebrity+sect/ article.do (acceso obtenido 22 mayo 2008).
56. Philip Berg, *Inmortalidad: La inevitabilidad de la vida eterna*, Centro de Cábala, Los Ángeles, 2000 (pp. 205, 225 del original inglés).

(*Cantado con la música de «I Will Survive».*)

Estaba viviendo mi vida en soledad
sin *Zohar* alguno a la vista.
¿No fuimos nosotros los que trajimos
todo este caos a nuestras vidas?...[57]

David Rowan, periodista del *Jewish Journal*, confirma las enseñanzas de Berg en cuanto a que las personas son responsables de su propio dolor y sufrimiento: «El Centro también ha causado una conmoción al afirmar que los judíos murieron en el Holocausto porque no leyeron el *Zohar*».[58]

Un examen minucioso de la teología de Philip Berg, tal como la expone en su pequeño pero intencionado libro, *Inmortalidad*, revela una de las cosas más importantes que Berg está tratando de lograr en este mundo, la *inmortalidad*. Está empeñado en derrotar a la muerte; la suya en primer lugar.[59] Berg enseña que cada uno de los setenta y dos nombres hebreos de Dios brinda acceso a la luz divina y tiene el poder sobrenatural de cambiar la vida.

Hace poco, en una reunión, un maestro del centro canturreó ante un grupo de personas: «La tecnología del nombre va a las células madre estimulando el sistema inmunológico y reduciendo el bloqueo celular, y regresa a la condición de recibir la luz».[60] El centro enseña que con simplemente mirar los nombres o canturrearlos puede hacer que la estructura celular cambie. Todos pueden lograr la inmortalidad y la derrota de Satanás (el caos) si siguen la cábala de Philip Berg o, como la llama el centro, «la tecnología del alma».[61] Dicha «tecnología» también incluye explorar el *Zohar* con la punta de los dedos para obtener algo de él por arte de magia; no es necesario leer el *Zohar* para beneficiarse de él.[62] Daphne Merkin, periodista del *New York Times* y antigua alumna del Centro de Cábala, investigó la institución de Philip Berg y la resumió como «una paparruchada, una empresa comercial extraordinariamente sagaz, que juega con la condición existencialmente huérfana… de muchas personas de hoy».[63]

---

57. Yossi Klein Halevi, "Hollywood Goes Kabbalah", *Jewish World Review*, 30 abril 2004, http://www.jewishworldview.com/0404/kabbalah_centre.php3 (acceso obtenido 31 mayo 2008).
58. John Sweeney, "Kabbalah Leader's Holocaust 'Slur'", BBC News, 9 enero 2005, http://news.bbc.co.uk/2/hi/in_depth/4158287.stm (acceso obtenido 31 mayo 2008); y Rowan, "Secrets of a Celebrity Sect".
59. Halevi, "Hollywood Goes Kabbalah".
60. Ibid.
61. Ibid. Véase también Daphne Merkin, "In Search of the Skeptical, Hopeful, Mystical Jew That Could Be Me", *New York Times*, 13 abril 2008, http://www.nytimes.com/2008/04/13/magazine/13kabbalaht.-html?pagewanted=2&ei=5070&em&en24423b111f7cd552=&ex=1208404800 (acceso obtenido 4 junio 2008).
62. Merkin, "In Search of the Skeptical, Hopeful, Mystical Jew That Could Be Me".
63. Ibid.

Y, finalmente, hay que tener en cuenta la advertencia que hace el rabino Yitzhak Kaduri sobre Philip Berg. Kaduri fue un rabino cabalista tan reverenciado en el Israel moderno que se le atribuye haber proporcionado la presidencia de Israel a Moshe Katsav gracias a un simple comentario pronunciado por él. «Katsav obtuvo una victoria sorprendente después de que Kaduri dijera que había tenido una "visión" de que Katsav era favorecido por el cielo».[64] En un lenguaje imposible de malinterpretar, el rabí Kaduri declaró que la cábala solo la deben estudiar «los hombres judíos que han hecho el estudio completo del Talmud» y que los seguidores de Berg «están poniendo su alma en peligro».[65]

No obstante, «el Rabí» ha logrado vender sus ideas y productos a millones de personas, con la ayuda de sus amigos de Hollywood. Cuando Madonna se vio enfrentada por la periodista Dina Rabinovitch acerca del cuestionable personaje que estaba detrás de sus creencias cabalísticas, la cantante dijo a sus legiones de admiradores que escucharan el mensaje que Berg predicaba y que *no tuvieran en cuenta al mensajero*; una respuesta tan ilógica que Rabinovitch revisó sus notas una y otra vez para estar segura de que Madonna lo había dicho.[66]

Madonna incita a millones de personas a que acepten el mensaje de un hombre que ni siquiera es capaz de probar que *es* lo que dice ser: un respetado rabí cabalista dotado con la facultad de enseñar y que procede de una venerada serie de rabinos.[67] Es como decirles a los pacientes de un cirujano que solo deben creer lo mejor de él y que le permitan operar (aunque no sea capaz de presentar sus diplomas); o como promocionar al personaje del musical *Vivir de ilusión*, el profesor Harold Hill, que repartió instrumentos musicales a todos los niños con las instrucciones de que usaran el «sistema del pensamiento»: «Piensen» en la música y podrán tocar.

Al parecer, Berg quiere que sus alumnos «piensen» en la cábala, y el poder y la energía llegarán a ellos. Y, al final, puede que Berg no esté tan desencaminado, pues lo que su filosofía no es capaz de brindar, el reino de lo oculto está listo y dispuesto para ofrecerlo. El método de enseñanza de Berg contiene un conocido signo distintivo del ocultismo: el mantra constante de *abrir el corazón* y *extender la mano hacia la luz*. La trampa está en

64. Personal y socios del Israel Insider, "Kabbalist Rabbi Yitzhak Kaduri Dies in Jerusalem", *Israel Insider*, http://web.israelinsider.com/Articles/Culture/7665.htm, 28 enero 2006 (acceso obtenido 29 mayo 2007).
65. Eshman, "Center of Controversy". Según Eshman, el Centro de Aprendizaje de Cábala de Berg (conocido ahora simplemente como el Centro de Cábala) también ha sido denunciado por los consejos rabínicos ortodoxos de Queens y Toronto, así como por el más alto tribunal rabínico de Jerusalén.
66. Dina Rabinovitch, "Fallen Idol", *Guardian*, 22 junio 2005.
67. Abby Ellin, con cobertura especial de Adam J. Sacks, "The String That Binds: The Kabbalah Centre Wants Your Heart—And Your Money", *Village Voice*, 3 agosto 2004, http://www.villagevoice.com/news/0432,ellin,55816.1.html (acceso obtenido 31 mayo 2008).

que lo que pudiera llegarle al investigador de la cábala no es la luz de Yahweh Elohim, sino la falsa luz del Lucero, hijo de la mañana. Es real, pero está lejos de ser *justo*.

Muchas de las personas atrapadas en la telaraña de la cábala hollywoodense afirman que se sintieron atraídas por esta debido a su naturaleza ecuménica: los convertidos pueden seguir siendo budistas o católicos y practicar la cábala.[68] Pero el nuevo concepto de tolerancia religiosa de Philip Berg contradice directamente a otros líderes cabalistas, incluyendo al venerado rabí Yitzhak Kaduri, que rechazó de plano ver a Madonna durante su peregrinaje a Israel. «No la conozco, no sé de ella y no la quiero ver», dijo Kaduri, reiterando su posición de que a las mujeres y a los no judíos no se les debe enseñar la cábala.[69]

La cábala hollywoodense del rabí Berg y su familia es un ensayo de contrastes: ideas y pensamientos de la Nueva Era entrelazados con el misticismo y la tradición del *Zohar*. En su recorrido por el planeta a una velocidad alarmante, ha puesto la mira en el pequeño país de Malawi y en los niños del mundo. Se está impartiendo el programa de estudio del Centro de Cábala «Espiritualidad para Niños» (SFK por sus siglas en inglés) en los orfelinatos que Madonna construyó en Malawi y en el programa global «Los niños crean la paz», de los campamentos de verano para niños, creados por el Centro de Cábala. La intención está clara: llegar a la mayor cantidad de niños posible para crear un ejército de futuros cabalistas, una fuerza que no se podrá ignorar. En vista del historial de Berg, el plan resulta alarmante.

Sin embargo, más alarmantes aún son las historias personales de mal uso y abuso que con tanta facilidad se encuentran en la historia de los Berg y sus Centros de Cábala.[70] Las celebridades de Hollywood pueden estar protegidas por sus activos financieros, pero la gente común siente el poder del culto como una influencia que ejercen los Berg. No escasean los testimonios de testigos oculares.[71] En este sentido, y en otros más, la cábala hollywoodense parece estar practicando la guía controladora de otro grupo al que a menudo se acusa de ser una glamorosa máquina de hacer dinero: la cienciología.[72]

La apropiación de la palabra *cábala* por parte de los Berg enfurece a muchos miembros de la comunidad judía pero, como sucede con otras estructuras de cultos, una sana medida de temor protege a la cábala hollywoodense contra la censura que con toda

68. Rabinovitch, "Fallen Idol".
69. "Faith, or Fad?", *The Age*, 12 agosto 2007, http://www.theage.com.au/articles/2004/08/12/1092102573533.html, rickross.com, http://www.rickross.com/reference/kabbalah/kabbalah92.html.
70. Ellin, "The String That Binds". Véase también Fishbein, "The Cabal of the Kabbalah Centre Exposed: New Relations", *Tel Aviv Magazine*, septiembre 1994, rickross.com, http://rickross.com/reference/kabbalah/Kabbalah1.html (acceso obtenido 20 mayo 2007).
71. Ellin, "The String That Binds".
72. Richard Behar, "The Thriving Cult of Greed and Power", *Time Magazine*, 6 mayo 1991.

probabilidad recibiría sin el prestigio que le dan sus millonarios fondos y la industria del entretenimiento. Un ejemplo aterrador de eso es una experiencia que vivió el rabino Abraham Union en el año 1992. El rabí Union cometió el error de tratar de advertir enérgicamente a la comunidad judía sobre las acciones realizadas y la influencia ejercida por el Centro de Aprendizaje de Cábala de Los Ángeles. Así que propuso que el Consejo Rabínico de California enviara una carta a todos los rabinos del sur de California criticando el Centro de Cábala. Al día siguiente, el rabí Union encontró la cabeza cercenada de una oveja en la puerta del Consejo Rabínico de California. «Varios jóvenes se presentaron esa noche en su casa y le preguntaron en hebreo: "¿Captó el mensaje?"»[73]

Union dijo que estaba seguro de que los hombres eran del centro. Dio parte a la policía y unos detectives hicieron una visita al Centro de Cábala. No hallaron evidencias de que se hubiera cometido una infracción. Union interpretó el incidente como una amenaza para su vida. «Por supuesto, [el rabí Philip] Berg no la puso allí», dijo. «No existen pruebas de que nadie del Centro de Cábala la hubiera puesto allí. Pero nunca llegamos a enviar la carta». Michael Berg negó que hubiera relación alguna entre el Centro de Cábala, la cabeza de la oveja y las amenazas de aquella pandilla.[74]

Aunque Rabí Berg promete la luz de la cábala a todos aquellos que pagan los cientos y a veces miles de dólares necesarios para aprenderla, durante más de una década, y de manera sistemática, numerosos periodistas de investigación han puesto en evidencia el lado oscuro de la secta de la cábala hollywoodense. Se presenta en marcado contraste con la imagen glamorosa de la satisfacción espiritual instantánea tan frecuente en los medios actuales.

Caso real

Raquel Hecker

Una mujer entra en un sencillo edificio de cinco pisos ubicado en la periferia del centro de Manhattan, pasa por delante de un afiche con su imagen, toma el elevador hasta el segundo piso y entra a un blanco y reluciente recinto lleno de filas de bancos decorados con motivos grecorromanos. Al frente del local, el hombre que dirige el oficio religioso para doscientos fieles levanta la vista del libro. Toda la habitación contiene la respiración al unísono. Una mujer se queda boquiabierta. Madonna (Esther, para sus amigos del Centro de Cábala) ha entrado al edificio.

Antes de que fuera Esther, Madonna fue el ídolo de mi niñez. Por tanto, era natural que tuviera curiosidad por saber cómo la cábala la había inspirado, cómo

73. Eshman, "Center of Controversy".
74. Ibid.

había pasado de cantar canciones de Don McLean a cantar canciones de las Barry Sisters, tal como había hecho el pasado mes de julio al actuar en una fiesta privada para el jefe del Centro de Cábala, el rabí Philip Berg… La primera vez que asistí al Centro de Cábala fue para participar en un oficio religioso del *shabat* de los viernes por la noche. Como en cualquier otro templo, había un arco sobre el cual se veía un cartel con el nombre hebreo y el símbolo astrológico del mes en curso. El local estaba repleto, aunque de manera dispareja. Los hombres estaban sentados en las secciones de la izquierda y del centro. Las mujeres estaban apretujadas en la sección de la derecha, excepto una fila al frente que estaba vacía. Me senté ahí y oí a dos mujeres que estaban junto a la puerta murmurar y señalar. Lentamente, caí en cuenta de que había plantado mi humanidad en la fila reservada para los famosos.

Cuando Madonna entra al Centro de Cábala, las sillas aparecen como por arte de magia y forman una nueva fila delante de la de los famosos. ¡Supongo que son los asientos para quienes son más célebres incluso entre las personas famosas! Un hombre con barba corre a llevar un ventilador que dirige hacia Madonna; la cantante es escoltada por dos mujeres delgadas y atractivas con sendas pelucas rubias de mala calidad. Madonna, que está sentada con una pierna sobre la otra al estilo yoga, despide al hombre con un movimiento de la mano y este regresa, con humildad, a donde estaba sentado.

El oficio religioso continúa. Los rabinos se turnan para dirigir las oraciones y, cuando terminan, bajan de la plataforma para estrecharle la mano a Madonna. La «Chica Material» sigue la corriente con aire desenfadado, articulando en voz baja naderías indescifrables a su esposo, Guy Ritchie, que está sentado al otro lado del salón, en la sección de los hombres. Su hija Lourdes va a sentarse junto a su madre y luego, inquieta, sale corriendo del salón. Los hombres miran de soslayo esas interacciones familiares y las mujeres susurran entre sí. Yo también miro y me siento avergonzada, pero a la vez encantada, de saber que si miras a Madonna durante el tiempo suficiente, ella te devolverá la mirada.

En medio del servicio, y sin mediación del rabino, todo el mundo empieza a cantar y después a gritar, ofreciendo una entusiasta, pero más bien desigual, interpretación de L'cah Dodi. Cuando el ritmo acelera, sin ninguna razón aparente, todo el mundo grita al unísono: «P'NEI SHABBAT N'KABLAH». Los hombres que están en la plataforma o *bema* sostienen a los niños en los brazos o sobre los hombros y Ritchie, con una boina «Kangol» blanca a modo de improvisado *yarmulke*, carga a su hijo Rocco. Los cánticos continúan y Ritchie y algunos otros hombres forman una especie de fila india mientras entran y salen zigzagueando por el salón con los niños a remolque. Al atravesar la puerta, los niños se agachan para evitar golpearse la cabeza con el marco de metal.

La fila entra de nuevo al salón y los hombres se abalanzan hacia el púlpito junto con algunos rezagados entusiastas procedentes de los bancos. Golpean los puños sobre la plataforma cantando «RABBI SHIMON RABBI». El cántico se transforma en el nombre completo del rabí Simón: Rabí Simón bar Yojai, con la música de «Na Na Hey Hey (Kiss Him Goodbye)». Yo empiezo a cantar «Rabí Simón /Rabí Simón /Rabí Simón bar Yojai». Los hombres se entusiasman al punto de enrojecérseles los rostros, como si estuvieran animando a su equipo favorito. Las mujeres cuchichean entre sí y quedan separadas del jaleo por el pasillo.

Se dice que el rabí Simón, el hombre sobre el que cantan los hombres, escribió el *Zohar*, el documento místico del siglo II considerado hoy en día el texto más importante de la cábala. (En estos tiempos también brinda la base para una camiseta que llevaba puesta una persona en el centro que dice: YO EXPLORÉ EL *ZOHAR* CON ASHTON, refiriéndose al actor y devoto de la cábala, Ashton Kutcher.) Según la leyenda, los manuscritos arameos estuvieron perdidos durante años y fueron descubiertos por Moisés de León en el siglo XIII en una cueva en Israel. «Cábala», que significa literalmente «recibir», se convirtió en una práctica esotérica estudiada solo por los eruditos hasídicos varones mayores de cuarenta años y, más tarde, en un elemento legítimo del judaísmo preponderante.

Philip Berg (cuyo verdadero nombre es Feivel Gruberger) está tratando de cambiar eso. Berg, otrora vendedor de seguros y rabino ortodoxo de Brooklyn, se introdujo en la cábala cuando conoció al renombrado cabalista Yehuda Brandwein. Estudió con Brandwein en Jerusalén y con el tiempo se casó con Rizka, sobrina de Brandwein. Después de tener ocho hijos con ella, la dejó para casarse con Karen Berg, una conocida de la época en que vendía seguros. De acuerdo con la literatura del centro, ella posee «un extraordinario sexto sentido e intuición». Ella fue la que propuso crear el Centro de Cábala en Israel a principios de la década de 1970 y luego regresar a Estados Unidos en 1981.

Cuando Berg pasa el *shabat* en el Centro de Cábala de Nueva York, se sienta en la cabecera de la mesa con Karen a su derecha y Madonna a su izquierda. Durante la reciente gira de Madonna, Re-Invention, él bendijo personalmente todos los escenarios en que ella bailó. Yo no soy la única fan de Madonna que encuentra lo siguiente un poco raro: dicen que Ritchie se cansó tanto de uno de los asesores cabalistas de su esposa durante la gira que amenazó con pegarle. Ritchie, que en el mes de junio le dijo al *Sunday Times* británico que «nunca había conocido a un cabalista que fuera un *****», presuntamente agarró al asesor por el cuello y amenazó con «partirle la cara». Madonna separó a su esposo del asesor.

Cuando Berg no está de gira, realiza oficios religiosos en los Centros de Los Ángeles y Nueva York y en su casa de Queens. Recita la liturgia como si fuera un cantante melódico de Las Vegas, haciendo una pausa después de cada nota y deslizándose a la siguiente según le dé la vena. Yo lo vi hacer una pausa de un minuto completo durante un *shabat* cuando estaba en el proceso de la bendición del pan. Mientras yo contaba los segundos, pude oír como las tripas me estaban haciendo ruido. La mujer que estaba sentada a mi lado, una ex actriz y curandera *reiki*, me dijo: «Él no canta la palabra que sigue a menos que lo sienta de verdad».

La profundidad de Berg impresionó de tal manera a Madonna que recomendó los centros a Kate Capshaw, Gwyneth Paltrow y Britney Spears, entre otros. Roseanne ofrece conferencias en el centro de Los Ángeles. Entre los artistas a quienes se ha visto usar la tradicional pulsera de hilo rojo están Kimora Lee Simmons, Sharon Osbourne, Winona Ryder, David y Victoria Beckham, Sarah Jessica Parker, Diane Keaton, Mick Jagger, Naomi Campbell y Courtney Love. En una entrevista para ABC, Madonna explicó que a Paris Hilton la llevaron sus padres al centro después de enterarse de su infame video pornográfico casero. Se rumorea que Kutcher y Demi Moore, que asistieron a la fiesta del Purim celebrada en el Centro [de Cábala] de Los Ángeles con disfraces de bebé, están planeando una boda cabalística en Tel Aviv, según informaciones de *MSNBC.com*.

Sin duda, Madonna le ha dado a la organización de Berg una especie particular de credibilidad. El ex candidato presidencial Wesley Clarke parecía entusiasmarse con la cábala a medida que se interesaba por el apoyo de Madonna; en diciembre de 2003, por lo que ofreció un discurso que incluía la cábala dentro de una lista de las principales religiones mundiales, tales como el cristianismo, el islam y el judaísmo. Recientemente, se rumoreaba que Lindsay Lohan estaba estudiando en Los Ángeles. Una fuente le dijo al tabloide *Globe* que «ella piensa que está en la onda porque Madonna y Demi están metidas en eso». Se ha dicho que Britney, que ha demostrado su admiración por Madonna en entrevistas y con su televisado beso, planea realizar una boda cabalística-bautista para el otoño. Por supuesto, Madonna se sintió decepcionada cuando resultó ser solo una fiesta con pastel de cangrejo y costillas.

De la misma manera que a Madonna la siguen personas famosas que la admiran, esas celebridades a su vez atraen a sus propios admiradores. En el sitio del Centro de la Cábala en Internet, una joven devota escribe que su interés por el centro comenzó en «el momento en que me enteré que Britney usa el *bendel* [brazalete rojo] y que también apareció en su último video "Everytime"».

En la década de 1980, las seguidoras de Madonna solo tenían que vestirse como ella; yo debería saberlo, pues era una de ellas. Tan fervorosa era mi adoración por Madonna que, teniendo yo trece años, una noche llevé puesto un collar con una cruz a las clases de hebreo. (Mi maestra me hizo quitármelo.) En mi Bat Mitzvá, canté «Material Girl» con guantes de encaje y brazaletes de goma.

Sin embargo, en estos tiempos, seguirle el ritmo a Madonna no es tan fácil. No es simplemente cuestión de cambiar el viejo brazalete negro por uno nuevo de color rojo. «Yo quiero que las personas piensen como yo», dijo Madonna en el programa *20/20* el pasado mes de junio. (En el mismo programa dijo que cambiarse el nombre de Madonna, que era el de su madre, al de la heroína bíblica que salvó a los judíos la apartaría del legado familiar de la enfermedad del cáncer.) ¿Y cómo piensa ella exactamente? «Cuando tengas dudas —dijo— actúa como Dios».

Después de una cena durante el *shabat*, compartí el taxi a mi casa en Brooklyn con Carmen (no es su nombre verdadero), una autoproclamada escritora subempleada con pelo crespo canoso. Afectuosa y maternal, emprende una meditación sobre los setenta y dos nombres de Dios, un ritual del Centro de Cábala. Aunque el concepto de los setenta y dos nombres es parte de la cábala tradicional, el centro le atribuye poderes especiales.

«Las letras hebreas tienen muchos significados», dice Carmen. «Es decir que, numéricamente, significan cosas. Y poseen una energía. La primera vez que medité en las letras, lo sentí profundamente», afirma haciendo una pausa. «No lo puedo explicar. Mi alma lo sabe, pero mi cerebro aún no ha llegado allí».

Los ojos le brillan y está un poco borracha. Pero yo también. «¿Sabes? Yo no creo lo que dicen por la televisión» dice, refiriéndose a los chismes sobre Madonna. «Ella no se ha subido al carro de las celebridades. Yo creo que ella lo está haciendo realmente con el corazón, con sinceridad. Nunca olvidaré el último *sucot*. Ahí estaba ella. Fue maravilloso verla con su familia, de pie bajo la *sukkah*, vestida con una blusa azul pastel. Y, sabes, a mí nunca me gustó mucho la música».

No todas las personas que conocí por medio del Centro de Cábala piensan igual. Pude conocer a más devotos de la cábala cuando me ofrecí como voluntaria para organizar una cena de *shabat*, siendo una de las diez mujeres que se reúnen en el centro y preparan las mesas para doscientas personas. Mientras trabajábamos, les preguntaba a las alumnas qué las atraía ir al centro. Varias mencionaron a Madonna. Cada una relataba su historia particular (una epifanía que había tenido mientras leía uno de los libros de Berg; una ojeada accidental a uno de los anuncios del centro en el periódico) y luego mencionaba a Madonna como algo de último momento. Pocas de esas mujeres le concedían el mérito absoluto de haberlas llevado a la cábala, pero casi todas la habían mencionado y la mayoría afirmaba haber sabido del centro gracias a ella. Solo una le dio el mérito sin vacilar. «Yo vi cuánto ella había cambiado gracias a la cábala», dijo, «y pensé, bueno, si le resultó a ella...»

Una noche, cuando acababa yo de presentarme al trabajo, otra voluntaria me preguntó:

—¿Ya tienes las entradas?

—¿Qué?

—¡Las entradas para Madonna! —exclamó—. ¡Si las compras en el centro, son los mejores asientos! ¡Y todo lo recaudado se destina al programa Espiritualidad para Niños!

Los derechos de autor de los libros para niños de Madonna se destinan al mismo fondo, que fue utilizado para ayudar a comprar las antiguas oficinas centrales de Atkins para la Escuela Primaria Cabalística para Niños. Según el canal de televisión WABC, Madonna gastó un total de veintidós millones de dólares en la escuela, que abrirá las puertas en 2005, pero solo para aquellos alumnos cuyos padres sean cabalistas, ambos. Espiritualidad para Niños, es el proyecto preferido de Madonna y está más que dispuesta a financiar la escuela. (De acuerdo con el tabloide *The Sun* de Gran Bretaña, el pasado mes de septiembre Madonna pidió una lista detallada de cómo se estaba invirtiendo exactamente su dinero, lo que da a entender que no todo se estaba destinando a los niños.)

Durante otra cena, estaba sentada incómodamente en medio de un grupo de jóvenes de veintitantos años que hablaban en un tono de admiración sobre un viaje organizado por el centro a Israel. Parte del entusiasmo parecía proceder de la presencia de Madonna en ese viaje. Decían que era posible que ella filmara el viaje para el documental que está haciendo con el director Jonas Akerlund y que se está anunciando como la continuación de *Truth or Dare*. Un joven gay me explicó que el viaje era muy especial porque se realizaría durante el Rosh Hashaná. Seguidamente, procedió a contarme cómo había encontrado la cábala. «Supe de ella a través de los medios y andaba buscando un libro sobre el tema en la librería Barnes & Noble», dijo. «Lo encontré en la sección judía y me fui enseguida; yo no soy judío». (Me dijo que era miembro de la Iglesia Episcopal.) «Pero después regresé a Barnes & Noble y estaba buscando en la sección sobre espiritualidad cuando viré y ahí estaba, un libro sobre la cábala. Entonces me dije: ¡Qué diablos!» No ve la hora de ir a Israel. Llegó a rumorearse que Hugh Jackman se uniría al peregrinaje, así como la diseñadora de modas Donna Karan y la ex de Donald Trump, Marla Maples. (Fue durante ese viaje cuando Madonna les dijo a sus compañeros cabalistas que «estaba indecisa en cuanto a venir aquí [a Israel], por los ataques terroristas... Ahora me doy cuenta de que aquí hay tanto peligro como en Nueva York».)

Después de la cena, todos se reunieron alrededor de la mesa del rabí y cantaron canciones en hebreo. Una joven bonita que estaba en pie sobre una silla para ver por encima de la multitud, llevaba puesta el mismo tipo de boina Kangol que Guy Ritchie. Me pregunto si estaría buscando a Madonna.

Algunos de los famosos seguidores de la cábala como Elizabeth Taylor reciben clases privadas en sus mansiones. «No hay honorarios fijos, solo donaciones», dijo un alumno. Pero la donación típica oscila entre doscientos y trescientos dólares la hora; los alumnos solo pueden servirse comidas *kosher*.

Para los que aún esperamos nuestros quince minutos de fama está la clase de *Zohar* entre semana a las siete de la tarde, con unos veinte compañeros de clase. Las aulas están organizados al estilo de un cabaret, con unas veinte pequeñas mesas cubiertas con manteles de color pastel, platos de frutas variadas, una jarra de limonada y un surtido de piedras y caracoles. Una cámara colocada en el fondo del local transmite la clase por Internet. El maestro dicta la clase haciendo pausas, de la manera en que Berg dice las oraciones.

«Durante la semana que tenemos por delante, vamos a querer hablar pestes de los demás», dijo mi maestro a la clase un jueves por la noche. «Miriam contrajo la lepra al instante de haber hablado mal de Moisés». Una pausa. «¿Qué es la lepra?»

Nadie dice nada.

«La lepra es cuando te sale una gran mancha en la piel, como de cebada. Cada vez que hablen *lashon hara* (hablar de alguien a sus espaldas) puede que les salga una».

También hay otras lecciones. «Satanás nos hace pensar que podemos postergar las cosas», dice el maestro. «Esta semana, trabajen con el sentido de urgencia para hacer las cosas. Por ejemplo: "Quiero comprar un *Zohar*, pero quizás lo haga dentro de dos semanas". ¡Nunca sucederá!»

Al Centro de Cábala le encanta colocar sus productos. Durante los servicios religiosos del *shabat*, uno de los rabinos aconsejó a los fieles que bebieran botellas de «Agua Cábala» de litro y medio, al precio de 3.80 dólares, mientras él también bebía de una botella que tenía a su lado. Según el rabí, el proceso para hacer Agua Cábala es «más complicado que el de la Coca-Cola».

En el vestíbulo, uno puede comprar un hilo rojo que ha sido bendecido en la tumba de Raquel en Jerusalén, al precio de 8.50 dólares, o un metro por 26 dólares. Me inclino por la opción más barata, que viene empaquetada en una tarjeta que dice: «Te amo» por fuera y «Pero no todo el mundo te ama» por dentro. Thesmokinggun.com informaba que la Oficina de Patentes de Estados Unidos rechazó la solicitud del centro de patentar los *bendels*, por lo que no se venden exclusivamente en el vestíbulo. La próxima temporada se venderán con una vela cábala en las tiendas Bergdorfs, Barneys NY y Neiman Marcus.

Al salir de la clase con otra alumna, a la que llamaré Jane, pasamos junto a unos carteles que hacen propaganda de otras clases del centro: «Cómo hallar su alma gemela», «Doce pasos hacia el amor eterno», con fotos cliché de parejas besándose y niños columpiándose. Jane me dice que ella trabaja en relaciones públicas y que «no es muy cabalístico». Pasamos junto a montones de cintas grabadas para la venta sobre «Sexo divino» y «Astrología cabalística». Por los altavoces, oigo «Ray of Light».

Más tarde, Jane y yo doblamos las servilletas en forma de origamis para darle un toque de restaurante francés a la cena del *shabat* de la noche siguiente. Me dice que sus padres en un principio eran metodistas, pero se convirtieron al catolicismo «porque se mudaron a una casa nueva que estaba más cerca de una iglesia católica». Se bautizaron, renovaron los votos, lo hicieron todo. Desde su adolescencia, Jane ha estado a la caza de la religión. Además de asistir a las iglesias metodista y católica con sus padres, también ha asistido a los servicios religiosos pentacostales [*sic*] y de los Testigos de Jehová. Dice que, de todo lo que ha probado, lo que más le gusta es el Centro de Cábala: los principios que se enseñan en las clases son fáciles de aplicar, especialmente la idea de que cuando uno ayuda a los demás realmente se está ayudando a sí mismo.

La próxima vez que fui al centro, vi a un grupo de personas ágiles y bronceadas que se alejaban del edificio, con cámaras colgando del cuello. Estaban vestidas demasiado en la onda para ser turistas y con colores demasiado vivos para ser cabalistas, porque estos son partidarios del blanco. Primero me di cuenta de que son *paparazzi* y después de que me acababa de perder de ver a Madonna.

«¡Shabat shalom!», exclama mi amigo. Criado como buen cristiano, hasta ahí llega su conocimiento del idioma hebreo y lo usa cada vez que puede. Tiene entradas para la gira Re-Invention en Nueva Jersey, pero para el gallinero. Con el ánimo de ver a Madonna de cerca, me acompaña al oficio religioso una noche.

En el piso de arriba, después de separarme para ir a la sección de las mujeres, tardo un buen rato en divisarlo. No estoy acostumbrada a verlo con un *yarmulke* blanco.

Comienza el servicio. Vigilo la puerta para ver a Madonna y veo que él hace lo mismo desde el otro lado.

Nada.

Sé que aún está de gira en la ciudad, por lo que mantengo las esperanzas. Pero, después de otro rato, aún nada, veo a mi amigo echarme una mirada confundido.

Madonna no aparece.

Está decepcionado. No encuentro cómo decirle que en el fondo me siento aliviada. Desde los asientos baratos, no se sentirá tan desilusionado como lo estoy yo ahora de que la que fue mi ídolo no es la supermujer totalmente segura que yo tanto admiré. Muchas personas aún la siguen a ella, pero se fijan en lo que a su vez sigue ella. Quizás cuando la moda haya corrido su curso, se reinventará a sí misma como la insubordinada iconoclasta católica que yo conocí y amé.

Mi amigo y yo pasamos el resto de la noche en un restaurante chino tomando té, leyendo galletitas de la fortuna y compadeciéndonos porque no pudimos ver a Madonna, mientras comemos panecillos de puerco.[75]

Quizás una de las observaciones más tristes sobre la humanidad sea que un individuo pueda desear tanto la verdad y sin embargo negarse a verla. Madonna rechazó al Jesucristo de la Biblia y ahora su eternidad depende de la palabra de los Berg, que interpretan muchos de los relatos del *Zohar* como hechos reales (y basan una buena parte de sus enseñanzas en ellos), mientras que los testimonios de los contemporáneos de Moisés de León cuentan una historia muy diferente. «Puede decirse que al menos una parte de sus contemporáneos ya describía a Moisés de León como autor del *Zohar*».[76] Y si Moisés de León es el autor, entonces todos los relatos de Simón bar Yojai y las visitas hechas por el profeta Elías caen ahora en el dominio de la ficción.

Cábala hollywoodense	La Biblia
El alma humana es la esencia de Dios. El hombre puede ser como Dios. «A menudo les pregunto a las personas el significado del pasaje bíblico que dice que el hombre fue creado a imagen de Dios. No hay muchas maneras de explicarlo aparte de la forma más sencilla. Significa que todos nosotros somos creados con la esencia de Dios. Nuestra alma es la esencia de Dios y eso significa que	**Hay un solo Dios y las personas no pueden llegar a ser como Él.** «Antes de mí no fue formado dios, ni lo será después de mí» (Is. 43.10). **Lucero fue expulsado del cielo y condenado al castigo eterno por atreverse a pensar que podía ser como Dios.** «¡Cómo caíste del cielo, oh Lucero, hijo de la mañana! Cortado fuiste por tierra, tú que

75. Raquel Hecker, "Inside the Kabbalah Center: The Most Star-Studded Scene Since Studio 54", revista Heeb, Edición #7, http://www.heebmagazine.com/articles/view/45. ***** indica una expresión soez.
76. Scholem, *Las grandes tendencias de la mística judía* (p. 187 del original inglés).

todos y cada uno de nosotros tiene la posibilidad de ser como Dios y de sanar, bendecir y hacer casi todo lo que puede hacer Dios».[77] —Michael Berg	debilitabas a las naciones. Tú que decías en tu corazón: Subiré al cielo; en lo alto, junto a las estrellas de Dios, levantaré mi trono, y en el monte del testimonio me sentaré, a los lados del norte; sobre las alturas de las nubes subiré, y seré semejante al Altísimo» (Is. 14.12-14).
El hombre puede salvarse a sí mismo; los humanos pueden ponerle fin a la muerte trabajando juntos para crear un mundo mejor. «La cábala nos enseña que no estamos esperando a un salvador personal que nos rescate: es nuestra tarea, de cada uno de nosotros y de todos en colectivo, lograr un mundo donde quizás, como dice Dios en la Biblia, sea hasta posible que la muerte tenga su fin. Y yo sí creo que existe esa posibilidad, de la misma manera que lo han creído cabalistas y sabios durante miles de años».[78] —Michael Berg	**Dios dice que el hombre necesita un Salvador.** «Yo, yo Jehová, y fuera de mí no hay quien salve» (Is. 43.11). «Todos nosotros nos descarriamos como ovejas, cada cual se apartó por su camino; mas Jehová cargó en él el pecado de todos nosotros» (Is. 53.6). «José, hijo de David, no temas recibir a María tu mujer, porque lo que en ella es engendrado, del Espíritu Santo es. Y dará a luz un hijo, y llamarás su nombre Jesús, porque él salvará a su pueblo de sus pecados» (Mt. 1.20-21). Lc. 2.10-12; 1 Co. 15.21-22 **Solo Dios puede ponerle fin a la muerte.** «[Yo soy] el que vivo, y estuve muerto; mas he aquí que vivo por los siglos de los siglos, amén. Y tengo las llaves de la muerte y del Hades» (Ap. 1.18).
El ego, no el pecado, es responsable del dolor y el sufrimiento en el mundo. Este separa a los humanos de Dios. El hombre puede derrotarlo. «El ego es lo principal dentro de nosotros que no es Dios; es la barrera más fuerte entre nosotros y Dios. En lenguaje sencillo, cuando derribamos el ego, somos como Dios».[79] —Michael Berg	**El pecado, no el ego, separa al hombre de Dios.** «Y dijo Jehová Dios: He aquí el hombre es como uno de nosotros, sabiendo el bien y el mal; ahora, pues, que no alargue su mano, y tome también del árbol de la vida, y coma, y viva para siempre. Y lo sacó Jehová del huerto del Edén, para que labrase la tierra de que fue tomado. Echó, pues, fuera al hombre» (Gn. 3.22-24). «Porque la paga del pecado es muerte, mas la dádiva de Dios es vida eterna en Cristo Jesús Señor nuestro» (Ro. 6.23).

77. Rebecca Phillips, "Kabbalah for Everyone", *Beliefnet*, entrevista a Michael Berg (2007), http://www.beliefnet.com/story/158/story_15886_1.html (acceso obtenido 28 mayo 2007).
78. Phillips, "Kabbalah for Everyone".
79. Ibid.

	Solo Jesús puede eliminar la barrera entre Dios y el hombre. «Él [ha] llevado el pecado de muchos, y orado por los transgresores» (Is. 53.12). Jn. 1.29-30; Ro. 8.1-3
Jesús fue un profeta y un cabalista. «Sí, [Jesús, Buda y Mahoma eran] profetas Y cabalistas, sí».[80] —Yehuda Berg **Jesús es una vía o fuerza.** «Use a Jesús como catalizador para poner en práctica el significado espiritual del Antiguo Testamento».[81] —Yehuda Berg	**Jesús es el Hijo de Dios.** «Por tanto, el Señor mismo os dará señal: He aquí que la virgen concebirá, y dará a luz un hijo, y llamará su nombre Emanuel» (Is. 7.14). «José, hijo de David, no temas recibir a María tu mujer, porque lo que en ella es engendrado, del Espíritu Santo es. Y dará a luz un hijo, y llamarás su nombre Jesús, porque él salvará a su pueblo de sus pecados. Todo esto aconteció para que se cumpliese lo dicho por el Señor por medio del profeta, cuando dijo: He aquí, una virgen concebirá y dará a luz un hijo, y llamarás su nombre Emanuel, que traducido es: Dios con nosotros» (Mt. 1.20-23).
El cielo y el infierno son relativos. **El diablo no es personal; es una fuerza cósmica negativa.** «Creemos en un cielo y en un infierno; sin embargo, creemos que pueden alcanzarse en este mundo, no solo después. No lo llamamos diablo, pero sí creemos que hay un poder que crea negatividad para hacernos caer».[82] —Yehuda Berg	**El cielo y el infierno son lugares físicos a donde van las personas *después* de la muerte.** *El cielo.* Jesús dijo: «En la casa de mi Padre muchas moradas hay; si así no fuera, yo os lo hubiera dicho; voy, pues, a preparar lugar para vosotros. Y si me fuere y os preparare lugar, vendré otra vez, y os tomaré a mí mismo, para que donde yo estoy, vosotros también estéis» (Jn. 14.2-3). *El infierno.* Jesús dijo: «Murió también el rico, y fue sepultado. Y en el Hades alzó sus ojos, estando en tormentos, y vio de lejos a Abraham, y a Lázaro en su seno. Entonces él, dando voces, dijo: Padre Abraham, ten misericordia de mí, y envía a Lázaro para que moje la punta de su dedo en agua, y refresque

80. *USA Today*, "Kabbalah Expert: Yehuda Berg". *Talk Today*, 27 mayo 2007, http://cgi1.usatoday.com/mchat/20040526006/tscript.htm (acceso obtenido 30 mayo 2007).
81. Ibid.
82. Ibid.

	mi lengua; porque estoy atormentado en esta llama» (Lc. 16.22-24). **Satanás es Lucero, un ángel de gran poder que se rebeló contra Dios. Él es un mal *personal*.** «Un día vinieron a presentarse delante de Jehová los hijos de Dios, entre los cuales vino también Satanás. Y dijo Jehová a Satanás: ¿De dónde vienes? Respondiendo Satanás a Jehová, dijo: De rodear la tierra y de andar por ella» (Job 1.6-7). **Satanás obra para destruir a los seres humanos.** «Sed sobrios, y velad; porque vuestro adversario el diablo, como león rugiente, anda alrededor buscando a quien evorar» (1 P. 5.8).
***La ley de causa y efecto*:** **Las personas son responsables de todo lo que les sucede en la vida, lo malo y lo bueno (p. ej., los judíos fueron responsables del Holocausto).** "Ya no hemos de considerarnos víctimas. A partir de este momento, debemos asumir la responsabilidad de todo lo malo que sucede en nuestra vida. Debemos admitir que nosotros somos la causa».[83] —Yehuda Berg «Todos los rasgos negativos que uno ve en los demás son simplemente un reflejo de nuestros propios rasgos negativos. Solo componiéndonos nosotros mismos podremos cambiar a los demás».[84] —Yehuda Berg	**Dios controla las circunstancias de la vida. Él decide si bendice a las personas, las castiga o permite que el mal afecte sus vidas.** «Vino a mí la palabra del Señor, diciendo: Hijo de hombre, si un país peca contra mí cometiendo infidelidad, y yo extiendo mi mano contra él, destruyo su provisión de pan y envío hambre contra él y corto de él hombres y animales» (Ez. 14.12-13, BLA). «Y Jehová le respondió: ¿Quién dio la boca al hombre? ¿O quién hizo al mudo y al sordo, al que ve y al ciego? ¿No soy yo Jehová?» (Éx. 4.11). Job 1.21; Jn. 9.1-4

83. Yehuda Berg, *El poder de la Kabbalah,* Martínez Roca, Barcelona, 2007, (p. 220 del original en inglés).
84. Ibid., p. 223 del original en inglés.

Al evolucionar espiritualmente por medio del proceso de la reencarnación, con el tiempo las personas establecerán una relación con Dios y transformarán el mundo poniéndole fin al sufrimiento y a la muerte. «La cábala enseña… que el propio Adán fue el depositario de todas las almas que existirían en la tierra. Luego, su alma era infinitamente divisible. Cuando Adán pecó en el Edén, su vaso se quebró y su alma corpórea se fragmentó en lo que los cabalistas llaman "chispas", cada chispa tan única como la doble hélice del ADN que determina las características de cada individuo. De esta manera, la tierra fue arada con almas mientras otros millones de almas permanecían en silos metafísicos esperando para comenzar el ciclo del nacimiento, la vida, la muerte y el renacimiento».[85] —Philip Berg «Una de las cosas que enseña la cábala es que el mundo contemporáneo, lleno de dolor y sufrimiento, no es el mundo que debería haber. A medida que continuamos evolucionando espiritualmente, estableciendo una relación con nuestra alma y siendo cada vez más como Dios, podemos transformar este mundo. Podemos ponerle fin al dolor y al sufrimiento que aceptamos como cosa natural. »Existe otro concepto que, cuando uno lo oye por primera vez, puede parecer nuevo, pero aparece en la Biblia. La Biblia dice que llegará el momento en que la muerte, literalmente, será tragada, lo que significa que a la muerte le llegará su fin».[86] —Michael Berg	**La reencarnación es teología hindú, la base de las creencias de la Nueva Era. El hombre nace una vez, muere una vez y resucita una vez para el juicio.** «Y de la manera que está establecido para los hombres que mueran una sola vez, y después de esto el juicio, así también Cristo fue ofrecido una sola vez para llevar los pecados de muchos» (Heb. 9.27-28). **Jesucristo confiere la única victoria sobre el pecado y la muerte.** «Sorbida es la muerte en victoria. ¿Dónde está, oh muerte, tu aguijón? ¿Dónde, oh sepulcro, tu victoria?... el aguijón de la muerte es el pecado, y el poder del pecado, la ley. Más gracias sean dadas a Dios, que nos da la victoria por medio de nuestro Señor Jesucristo (1 Co. 15.54-57). «Y el Dios de paz aplastará en breve a Satanás bajo vuestros pies» (Ro. 16.20). 1 Co. 15.21-22; Ro. 6.23

Temas de la Nueva Era

Las similitudes entre las ideas de la cábala y la Nueva Era son evidentes y difíciles de obviar. Ambas alientan al individuo a aceptar el valor de la interpretación simbólica en lugar de la interpretación histórica y ponen énfasis en lo místico en vez de en lo probatorio. La cábala coloca una pizca de lo divino en todas las personas y en todas las cosas; la Nueva Era enseña la divinidad de todo.

85. Philip Berg, *Las ruedas de un alma: La reencarnacion y la Kabbalah*, Kabbalah Publishing, Nueva York, 2005 (p. 43 del original inglés).
86. Phillips, "Kabbalah for Everyone".

«Nuestro ser y el ser de Dios son uno solo… Tú eres el ser creado del mismo espíritu que en su forma infinita se llama Dios». —Deepak Chopra[87]

«Tu mente y la mía pueden unirse para desvanecer con su luz a tu ego, liberando la fuerza de Dios para que reverbere en todo lo que hagas o pienses». —*Un curso de milagros*[88]

«Jesús era una humanidad perfecta. Cristo era la idea de Dios en Él… Cristo está en cada ser humano, y también todos los poderes psíquicos que Jesús utilizó». —Teología de un demonio, transcrito durante una sesión espiritista (documentado por Sir Arthur Conan Doyle)[89]

Definidas en sentido estricto, las enseñanzas de la Nueva Era moderna pueden vincularse a la implantación de la filosofía hindú que realizó la Sociedad Teosófica fundada por Helena Blavatsky en las postrimerías del siglo XIX en Estados Unidos; encuentran también vinculación con el médium psíquico Edgar Cayce, cuyas profecías son consideradas actualmente por los estudiosos como fundacionales en el surgimiento y desarrollo de la Nueva Era.[90] Madame Blavatsky, como era conocida, promocionó el espiritismo, las sesiones espiritistas y una filosofía hindú elemental a la vez que ponía de manifiesto un marcado antagonismo hacia el cristianismo bíblico.[91]

En la confrontación final entre las religiones, el hinduismo y el cristianismo brindarán las únicas opciones viables, en el sentido de que el hinduismo *absorbe* todos los sistemas religiosos y el cristianismo *excluye* a todos los demás, manteniendo la superioridad de las afirmaciones de Jesucristo.[92]

87. Deepak Chopra, *El camino hacia el amor,* Vergara Group Zeta, Barcelona, 2007 (pp. 11, 13 del original inglés).
88. Foundation for Inner Peace, *Un curso de milagros,* Foundation for Inner Peace, Mill Valley, CA, 1992, p. 31. Se le relaciona a menudo con Marianne Williamson, una maestra de la Nueva Era vinculada a Oprah Winfrey. Para más información, véase Kjos Ministries, http://www.crossroad.to/articles2/007/smithoprah.htm (acceso obtenido 4 junio 2008).
89. Arthur Conan Doyle, *Wanderings of a Spiritualist,* George H. Doran, Nueva York, 1921, pp. 13, 16, 26.
90. J. Gordon Melton, "Edgar Cayce and Reincarnation: Past Life Readings as Religious Symbology", California Institute of Integral Studies, http://www.ciis.edu/cayce/melton.html (acceso obtenido 1 junio 2007; ya no disponible).
91. Adaptado de Martin, *The Kingdom of the Cults,* p. 408.
92. Se piensa que C. S. Lewis comentó sobre esto. Véase Martin, *The Kingdom of the Cults,* p. 408.

Respuesta bíblica

De lo que no cabe duda en el mundo de la cábala es que hace mucho tiempo que se asocia con el misterio y el poder inextricablemente vinculado al mundo del ocultismo. Y la base del ocultismo es la doctrina de los demonios.

En el año 1676, Thomas Ady, un médico y escéptico inglés, escribió y publicó *The Doctrine of Devils* [La doctrina de los demonios], en la que dejaba registrado para la posteridad una creencia fundacional de los nicolaítas, grupo de triste fama gracias a la advertencia que Dios hace a las iglesias en Apocalipsis 2.6, 15-16: «Pero tienes esto, que aborreces las obras de los nicolaítas, las cuales yo también aborrezco... Y también tienes a los que retienen la doctrina de los nicolaítas... Por tanto, arrepiéntete; pues si no, vendré a ti pronto, y pelearé contra ellos con la espada de mi boca». Thomas Ady dejó uno de los pocos apuntes históricos que describen la estrecha relación entre la teología de los nicolaítas y la teología de la cábala:

> Cristo aún tiene enemigos y varios ejércitos de ellos que marchan a enfrentarlo... y, junto con los nicolaítas, lo consideran apenas una cualidad, un *Ignis fatuus* [fuego fatuo], una mera ilusión, una luz dentro de ellos, que no es mucho más que una alegoría, o peor aún.[93]

Tanto si analizamos la cábala hollywoodense, como los principios de la cábala o las enseñazas en las que se basa la Nueva Era, surge un preocupante patrón de teología que solo puede haber sido creado por la misma inteligencia, un ser con una meta: el engaño y la destrucción de la humanidad.

Un breve análisis de algo de la «sabiduría» de la cábala y un examen de la teología de Edgar Cayce (el médium conocido como el Profeta Durmiente, que concretó el *channeling* o canalización con la teología, ordenó tratamientos médicos y sanó a personas, siempre en un trance profundo) revela una doctrina alarmantemente similar. Tanto la teología de la cábala como la teología de Cayce enseñan que Dios es una fuerza impersonal, una conciencia. Cayce dice que la Trinidad es tridimensional aquí en la tierra; posiblemente de ocho dimensiones en otro lugar. La cábala esboza un universo de diez dimensiones mediante las Diez Sefirot o Árbol de la vida.

En el mundo de la espiritualidad Nueva Era de Edgar Cayce, el Señor Jesucristo es parte de una reencarnación cíclica. «Primero, en el principio, por supuesto (como Adán

93. Thomas Ady, *The Doctrine of Devils*, Cornell University Library, 1676, http://racerel.library.cornell.edu:8090/Dienst/UI/1.0/Display/cul.witch/003?abstract=&pages=4 (acceso obtenido 12 junio 2007).

o Amilius); luego como Enoc, Melquisedec, en la perfección. Luego en la tierra como José, Josué, Jesúa, Jesús».[94] Primero él fue Adán... que pecó. Esta es la vieja idea de que la conciencia de Cristo reencarna en el nuevo cuerpo y que cada una de esas personas fue realmente Cristo en otra época. La cábala describe a Jesús como cabalista y afirma que como tal fue objeto de una reencarnación personal (no colectiva). La teología de la Nueva Era, igual que algunas formas de cábala, también pone sus esperanzas en el principio fundamental del karma: se cosecha lo que se siembra; la reencarnación y el poder del «universo» equilibrarán la balanza de la justicia.

Esta idea de la reencarnación cíclica tiene miles de años e históricamente se remonta a la religión hindú, según la «Rueda de la vida». Fue este ciclo infinito de nacimiento, muerte y renacimiento el que al final llevó a Buda a hallar otra forma de vivir y creer, un sendero hacia el *esclarecimiento* que señalaría el camino para salir del ciclo interminable de la rueda hindú.

La cábala hollywoodense, Cayce, el hinduismo y el budismo niegan la necesidad de la salvación y confían en la reencarnación para resolver la «negatividad» existente en la humanidad, negatividad que combina y construye cosas a nivel cósmico, haciendo que sucedan cosas malas a personas buenas. No existe el pecado original. La cábala recalca que Dios es *incognoscible* (trascendente) y toda vida lleva una chispa de luz divina dentro de ella; la teología de Cayce y la Nueva Era enseñan que Dios es una fuerza cósmica impersonal y que hay una chispa de lo divino en todas las cosas. Ambas enseñan que los seres humanos pueden ser *como Dios* y tanto la cábala como Cayce destacan que los seres humanos son capaces de salvarse a sí mismos y al mundo de las fuerzas negativas (nunca del pecado).

Sin embargo, resulta importante señalar que hubo una época en que la cábala *sí* reconoció el pecado original y lo trató en detalle, tal como se muestra en los textos del *Sefer Yetzirah* y *Sefer Bahir*. Pero en el siglo XIII, Moisés de León escogió un camino diferente del de sus compañeros cabalistas cuando decidió evitar ignorar el tema del pecado original. Gershom Scholem identificó el origen del rechazo del pecado original por la cábala moderna: el *Zohar* de Moisés de León:

> «He dicho que los místicos estaban profundamente interesados en el problema del pecado y, especialmente, con la naturaleza y el significado de la caída de

94. Edgar Cayce y Jeffrey Furst, *Edgar Cayce's Story of Jesus*, Nueva York: Berkley, 1976, p. 73. La pregunta que se le hizo a Cayce fue la siguiente: «Haga el favor de relacionar los nombres de las encarnaciones del Cristo, como Jesús, e indique dónde comenzó el desarrollo del hombre Jesús». A cada una de las personas que consultaban a Cayce se le dio un número (p. ej., esta lectura se le dio a la persona con el número 5749) seguido de un segundo número que indicaba cuántas lecturas le habían hecho a una persona. (p. ej., 5749-14).

Adán, y que dicho problema se trataba ampliamente en la literatura cabalística. Esto es cierto, aunque con una excepción, la del Zohar. Aunque los cabalistas de Gerona tratan el tema extensamente y también algunos dentro del círculo de Moisés de León muestran predilección por él, son escasos los pasajes del Zohar que se refieren a la cuestión del pecado original, especialmente en las partes principales. Por otro lado, dichos pasajes están escritos con una restricción que no puede decirse que el autor haya ejercido sobre las otras doctrinas fundamentales de la cábala. El exiguo tratamiento del tema en el Zohar también contrasta notablemente con la profusión con la que se trató el problema en la obra cabalística contemporánea *Ma'arekhet Ha-Elohut*, "La orden de Dios". Esta reticencia no es accidental; es evidente que el autor del Zohar consideró que el tema era extremadamente peligroso, ya que tocaba la gran cuestión, dónde y cómo la unidad de la vida de Dios ha sido alterada y de dónde llega la ruptura que ahora se manifiesta en todo el universo».[95]

Y es el *Zohar* el que ahora se ha convertido en la parte más fuerte de la base de la cábala contemporánea.

La reencarnación

El evangelio de la segunda oportunidad, o reencarnación, como se le conoce, es una teología antigua concebida por el hombre en un intento por escapar del juicio de Dios. Una distorsionada doctrina del pecado sustituye a la verdad bíblica. En la reencarnación, las personas se perfeccionan y santifican mediante ciclos progresivos de renacimiento; por tanto, no es necesaria la redención positiva mediante la fe en el Señor Jesús. No se le hace frente al pecado de una vez por todas en la cruz, como revela Hebreos: «Cristo, con una sola ofrenda para siempre santificó» (10.14). Pero, si no hay pecado, no puede haber juicio; y, sin juicio, no hay necesidad de tener a un salvador.

Este enfoque se hizo muy popular en Estados Unidos a principios del siglo XX, debido en gran parte a los esfuerzos de Charles y Myrtle Fillmore, que fundaron la Unity School of Christianity en 1889. En un inteligente giro filosófico, los Fillmore adaptaron la desagradable forma hindú de la reencarnación llamada *transmigración* (los humanos reaparecen en forma de animales) a la del renacimiento solo en forma *humana*. A la vez, expusieron una serie de razones de por qué la reencarnación era viable:

95. Scholem, *Las grandes tendencias de la mística judía* (pp. 231-232 del original en inglés).

1. *Existen personas, lugares y experiencias con los que las personas se tropiezan que las hacen sentir como si ya lo hubieran vivido antes, es decir, la experiencia recurrente conocida como* déjà vu.

Las personas recuerdan haber visto una escena específica o haber hablado con una persona en particular, aunque en realidad la escena o la conversación ocurra por primera vez. La conclusión que inevitablemente muchas personas sacan de esto es que realmente *sí* tuvieron esa experiencia en otra vida.

El problema con esta situación es que los psicólogos confirman que la mente subconsciente registra todo lo que uno ve y casi todo lo que uno oye. Uno registra todas esas cosas, aunque conscientemente no lo reconozca. Más tarde, esos fragmentos de información se asocian con algo similar a ellos; uno relaciona los dos e inmediatamente aparece una imagen en la mente consciente pensando que «*yo ya estuve aquí*».[96] Existen razones acerca de por qué uno piensa que ya lo vivió antes, aunque en realidad no fue así. El *déjà vu* es uno de los sucesos más comunes en los estudios psicológicos.

2. *Los hombres no nacen iguales con respecto de la posición social, las oportunidades o la salud. Algunas personas nacen ciegas o sordas; si Dios es justo, Él no puede permitir que esas cosas les sucedan a las personas inocentes. Luego, la reencarnación es la única evidencia de que Dios es perfectamente justo con todos los hombres.*

La raíz de esta enseñanza es esencialmente un intento por resolver el problema del mal: Todas las injusticias del mundo solo pueden resolverse por medio de la reencarnación cíclica, la cual le dará a todo el mundo un trato adecuado al final. Pero Dios no tiene que recurrir a la reencarnación para ser justo: Él puede ser perfectamente justo sin autorizar la reencarnación. La Biblia nos enseña que hay personas en este mundo que son lo que *son* porque Dios permitió que así fuera. No fue un juicio basado en su vida pasada; sucedió intencionadamente para los propósitos de Dios. «Y Jehová le respondió: ¿Quién dio la boca al hombre? ¿o quién hizo al mudo y al sordo, al que ve y al ciego? ¿No soy yo Jehová?» (Éx. 4.11)

Durante su ministerio, Jesús reveló a sus discípulos una importante verdad sobre esto. «Al pasar Jesús, vio a un hombre ciego de nacimiento. Y le preguntaron sus discípulos, diciendo: Rabí, ¿quién pecó, éste o sus padres, para que haya nacido ciego? Respondió Jesús: No es que pecó éste, ni sus padres, sino para que las obras de Dios se manifiesten en él» (Jn. 9.1-3). No fue culpa del hombre, no fue culpa de sus padres. Ese hombre era ciego para que el propósito de Dios pudiera cumplirse.

---

96. Véase Walter Martin *Reincarnation,* (CD/cinta de audio), www.waltermartin.com.

Dios no tiene que recurrir a la reencarnación para reparar los daños del mundo. Los daños del mundo no son culpa de Dios. El pecado surgió como una rebelión por decisión propia y libre, primero de los ángeles y después de los hombres; el libre albedrío y el poder de elección. A Dios no se le puede imputar la responsabilidad de que se ejerciera el libre albedrío. Él solo es responsable de haber creado la capacidad de elección y eso no es un crimen. No tiene que ajustarlo todo por medio de la reencarnación. Él dice que su intención es corregirlo de otra manera, por el evangelio de la reconciliación y por la promesa (Gn. 22.17). «El Juez de toda la tierra, ¿no ha de hacer lo que es justo?» (Gn. 18.25). Y, finalmente, «por cuanto ha establecido un día en el cual juzgará al mundo con justicia, por aquel varón a quien designó, dando fe a todos con haberle levantado de los muertos» (Hch. 17.31).

3. Existen pensamientos inconclusos y obras inconclusas en la experiencia de todas las personas. Dios sería injusto si no nos permitiera tener la capacidad de concluir todas las cosas y llevar todas las cosas a término.

Las Escrituras nos brindan sobradas pruebas de que el hombre deja de funcionar como un organismo cuando muere y Eclesiastés 3 nos recuerda que, ese día, sus pensamientos y su obra perecen. En el momento de la muerte del cuerpo, Dios le pone punto final a todo lo que esa persona haya realizado en su vida; las Escrituras dicen que está establecido para los hombres que mueran primero y después de esto el juicio (Heb. 9.27). En la parábola de Lázaro y el rico, Jesús trató sobre las injusticias de la vida, la causa y el efecto de la elección humana y lo inevitable de la muerte y sus consecuencias:

> Había un hombre rico, que se vestía de púrpura y de lino fino, y hacía cada día banquete con esplendidez. Había también un mendigo llamado Lázaro, que estaba echado a la puerta de aquel, lleno de llagas, y ansiaba saciarse de las migajas que caían de la mesa del rico; y aun los perros venían y le lamían las llagas. Aconteció que murió el mendigo, y fue llevado por los ángeles al seno de Abraham; y murió también el rico, y fue sepultado. Y en el Hades alzó sus ojos, estando en tormentos, y vio de lejos a Abraham, y a Lázaro en su seno.
>
> Entonces él, dando voces, dijo: Padre Abraham, ten misericordia de mí, y envía a Lázaro para que moje la punta de su dedo en agua, y refresque mi lengua; porque estoy atormentado en esta llama. Pero Abraham le dijo: Hijo, acuérdate que recibiste tus bienes en tu vida, y Lázaro también males; pero ahora éste es consolado aquí, y tú atormentado. Además de todo esto, una gran

> sima está puesta entre nosotros y vosotros, de manera que los que quisieren pasar de aquí a vosotros, no pueden, ni de allá pasar acá.
>
> Entonces le dijo: Te ruego, pues, padre, que le envíes a la casa de mi padre, porque tengo cinco hermanos, para que les testifique, a fin de que no vengan ellos también a este lugar de tormento. Y Abraham le dijo: A Moisés y a los profetas tienen; óiganlos. Él entonces dijo: No, padre Abraham; pero si alguno fuere a ellos de entre los muertos, se arrepentirán. Mas Abraham le dijo: Si no oyen a Moisés y a los profetas, tampoco se persuadirán aunque alguno se levantare de los muertos (Lc. 16.19-31).

La Biblia es precisa en cuanto a la vida, la muerte y el juicio. El argumento de *actividades inconclusas* no puede admitirse, porque las pruebas no lo justifican.

4. *Existen muchos casos documentados y verificados de personas que narran en detalle sus vidas anteriores, casos que constan en los archivos de respetados hipnotizadores profesionales, psicólogos e institutos de investigación. Dichos casos son prueba de la reencarnación.*

Es cierto que algunos de estos casos parecen irrefutables; sin embargo, la solución de este problema recae en un ser inteligente y sobrenatural que ha vivido a lo largo de todas las épocas del hombre. Ha vivido en todas las generaciones humanas y conoce los más mínimos detalles de las vidas humanas. No sería difícil para él informar a alguien de la presente generación sobre algo que sucedió cuatro generaciones atrás y luego hacer que ese individuo investigue sobre la información para verificar su exactitud. Finalmente, la persona llegaría a la conclusión errónea de que realmente vivió en esa generación cuando la verdad es que *Satanás mismo* vivió en esa generación. Quiere que las personas crean en vidas anteriores para que acepten la reencarnación en vez de la Palabra de Dios.

Este es el plan preciso de Satanás; él pone la información a disposición de las personas para que descubran, confirmen y declaren: «¡He vivido antes!» El hecho bíblico del mal brinda una segunda y malévola explicación a los recuerdos de la reencarnación: *Satanás* es el que vivió antes y revela la información con un propósito.

¿Es ese propósito producir un cristiano evangélico? ¿Crear un ganador de almas? ¿Enviar a las personas al mundo a reconciliar a los demás con Cristo?

No. Las personas que participan en la reencarnación no son evangelistas que tratan de ganar al mundo para Dios. No creen que «la paga del pecado es muerte» (Ro. 6.23); creen en la antigua máxima que dice: «Si al principio no lo logras, sigue intentándolo». El fracaso en la vida trae la sentencia del karma: la reencarnación cíclica y continua. Es la ley despiadada de que lo que siembras en tu antigua vida, lo cosecharás repetidamente en la vida nueva (en proporción exacta al delito o la bondad) y la reencarnación continuará hasta que se alcance la perfección. Esto no es teología bíblica. Es una consumada estafa creada para desviar a las personas del evangelio de Cristo al *evangelio de la segunda oportunidad*, la reencarnación.

La personalidad de Dios

Tanto el movimiento de la cábala como el de la Nueva Era niegan la existencia de un Dios personal. Él no tiene personalidad; es una fuerza impersonal que está presente en todas las cosas. No obstante, la Biblia dice exactamente lo contrario:

- Dios recuerda (Éx. 2.24; Sal. 78.39; Ap. 18.5).
- Dios habla (Éx. 3.12; Jer. 21.11; Ro. 9.14-15).
- Dios oye, ve y crea (Gn. 1; 6.5; 21.17; Éx. 2.24).
- Dios conoce (Sal. 44.21; Lc. 16.15; Hch. 15.8).
- Dios tiene voluntad y juzgará al mundo (Mt. 6.10; Lc. 11.31-32; 2 Co. 5.10).

La reencarnación y la Biblia

Algunos de los que creen en la reencarnación intentan argumentar que es una doctrina bíblica y para ello esgrimen el ejemplo de Mateo 11.13-14: «Porque todos los profetas y la ley profetizaron hasta Juan. Y si queréis recibirlo, él es aquel Elías que había de venir». No obstante, Lucas 1.17 aclara exactamente lo que Jesús quiso decir con estos comentarios: «E irá delante de él con el espíritu y el poder de Elías, para hacer volver los corazones de los padres a los hijos, y de los rebeldes a la prudencia de los justos, para preparar al Señor un pueblo bien dispuesto». Juan el Bautista fue un profeta de Dios que obró como precursor en el *espíritu y el poder* de Elías. No era Elías reencarnado. El propio Juan el Bautista negó serlo:

> «Este es el testimonio de Juan, cuando los judíos enviaron de Jerusalén sacerdotes y levitas para que le preguntasen: ¿Tú, quién eres? Confesó, y no negó, sino confesó: Yo no soy el Cristo. Y le preguntaron: ¿Qué pues? ¿Eres tú Elías? Dijo: No soy. ¿Eres tú el profeta? Y respondió: No» (Jn. 1.19-21).

Y la diferencia entre Juan y Elías aparece en Mateo 16.13-17:

> Viniendo Jesús a la región de Cesarea de Filipo, preguntó a sus discípulos, diciendo: ¿Quién dicen los hombres que es el Hijo del Hombre?
>
> Ellos dijeron: Unos, Juan el Bautista; otros, Elías; y otros, Jeremías, o alguno de los profetas.
>
> Él les dijo: Y vosotros, ¿quién decís que soy yo?
>
> Respondiendo Simón Pedro, dijo: Tú eres el Cristo, el Hijo del Dios viviente.
>
> Entonces le respondió Jesús: Bienaventurado eres, Simón, hijo de Jonás, porque no te lo reveló carne ni sangre, sino mi Padre que está en los cielos.

Estos puntos les resultan muy difíciles de refutar a los partidarios de la reencarnación. Definitivamente, no existe evidencia bíblica alguna de tal cosa. La postura bíblica que se opone a esto es la que plantea que la reencarnación mantiene un Dios impersonal; es opuesta a la doctrina cristiana de la expiación y no contempla el concepto del pecado ni cómo hacerle frente; y desde luego es contraria a la deidad de Jesucristo y a la resurrección de su cuerpo. El cristianismo enseña la *resurrección*, no la reencarnación.

Conclusión

Aunque el término no aparece en la Biblia, las Escrituras hablan deliberadamente de principios que contradicen la cábala. Da respuesta al núcleo de la teología de la cábala brindando una solución a los problemas de la humanidad mediante la reunión con Dios. El hecho principal que refuta la cábala es que Jesús murió por nosotros para reparar el corazón del hombre y restaurar la relación desecha entre la humanidad y Dios.

> Dios, habiendo hablado muchas veces y de muchas maneras en otro tiempo a los padres por los profetas, en estos postreros días nos ha hablado por el Hijo, a quien constituyó heredero de todo, y por quien asimismo hizo el universo; el cual, siendo el resplandor de su gloria, y la imagen misma de su sustancia, y quien sustenta todas las cosas con la palabra de su poder, habiendo efectuado la purificación de nuestros pecados por medio de sí mismo, se sentó a la diestra de la Majestad en las alturas, hecho tanto superior a los ángeles, cuanto heredó más excelente nombre que ellos (Heb. 1.1-4).

La sentencia de muerte de la cábala tal como la expone Cayce y del sistema de reencarnación y restauración de la Nueva Era es la siguiente: Perdón completo de los pecados mediante la sangre de Jesucristo.

Los cabalistas interpretan la Biblia hebrea de manera simbólica, basándose en innumerables comentarios hechos por el hombre y en los instrumentos de *notaricón*, *temurá*, gematría y los nombres de Dios. En directa oposición a su dependencia de las palabras de los hombres, al cristiano se le instruye para que se base en la Palabra de Dios, se le enseña para que «sea… preparado para toda buena obra» (2 Ti. 3.17). Para lograr esto, hay que interpretar adecuadamente o tratar correctamente la palabra de la verdad. El Espíritu Santo tiene que guiarlo, en correspondencia con las Escrituras. No niegue las Sagradas Escrituras por sus sentimientos ni por causa de material alguno que pueda parecerle importante. Todos los materiales están sujetos a lo que la Biblia proclama expresamente. Puede utilizar otros comentarios y libros que le ayuden a entender la Biblia, pero ninguno es *sustituto* de esta ni puede juzgar las Escrituras. Las Escrituras juzgan *toda* forma de interpretación: Las posturas producto de las interpretaciones no rigen las Escrituras.

La Biblia es un libro cuyo origen está en Dios, pero que utiliza el vocabulario, la cultura, el origen y la educación del hombre. De ahí que debe leerlo primero como leería otro libro cualquiera en cuanto al lenguaje, la geografía, la cultura y el trasfondo. Lo repetimos, ninguna de esas cosas tiene derecho a cambiar las Escrituras, pero resultan valiosas para brindarle un panorama que le sirva para entenderlas. Segundo, si usted va a interpretar, debe comprender que la literatura bíblica contiene prosa y poesía, contiene historia, contiene alegorías, contiene lenguaje literal y simbólico, y usted tiene que saber cuál es cual. De lo contrario, se verá en una postura indefendible. Tercero, si va a interpretar las Escrituras, debe ser consciente del panorama histórico para que no aborde ningún libro de la Biblia como si se hubiera escrito *hoy*. Tiene que analizar la Biblia en su contexto histórico y a la luz de la cultura que le dio origen. Cuarto, debe entender la influencia del territorio y del clima y cómo las personas pensaban con respecto de estas cosas, lo que significaba para ellas. El quinto punto es el entorno: ¿Qué clase de personas aparecen en la Biblia? Tiene que ponerse en su lugar. Debe mirar el mundo con los ojos de esas personas, no con los suyos.

Por último, los cristianos mantienen una postura hermenéutica o de interpretación fundamental: El Antiguo Testamento *siempre* debe interpretarse a la luz del Nuevo, nunca al revés. No se debe conformar la teología del Nuevo Testamento citando pasajes del Antiguo sin que estén vinculados al Nuevo. Desgraciadamente, ese es el origen de gran parte de la herejía. Los anteriormente mencionados son los principios generales de la interpretación bíblica y todo cristiano debe hacer uso de ellos. Nos han ordenado interpretar correctamente la Palabra de Dios y para lograrlo tenemos que utilizar los instrumentos adecuados.

Debe rechazarse cualquier cosa que sea contraria a las Sagradas Escrituras porque pone el alma en peligro, y la cábala se presenta como algo contrario a las Escrituras. Hay que interpretar la Biblia utilizando instrumentos específicos; no es aceptable interpretar todos los textos de la Biblia como una metáfora.

La teología que brinda la cábala tiene mucho en común con la teología de los médiums psíquicos como Edgar Cayce y Jane Roberts, y tiene mucho en común con las enseñanzas de la Nueva Era. Lo que Dios hace de manera sencilla, Satanás siempre tiene que complicarlo. No se dirija a los falsos profetas ni a los videntes; diríjase a la Palabra de Dios, al Espíritu Santo, al Señor Jesús para hallar respuesta al problema del pecado, del mal y del juicio. La verdad del evangelio de la resurrección puede resumirse en un solo versículo: «Porque de tal manera amó Dios al mundo, que ha dado a su Hijo unigénito, para que todo aquel que en él cree, no se pierda, mas tenga vida eterna» (Jn. 3.16). Directamente opuesta a esta sencillez está la doctrina de la cábala:

> Esta interpretación dice que las sefirot fueron reveladas a Adán como el Árbol de la vida y el árbol del conocimiento, es decir, la sefirá del medio y la última; en vez de conservar su unidad original y así unificar las esferas de la «vida» y del «conocimiento» y llevar la salvación al mundo, él separó la una de la otra y se dispuso a adorar solamente a la shekiná sin reconocer su unión con las otras sefirot. Así interrumpió el torrente de la vida que fluye de esfera en esfera y trajo separación y aislamiento al mundo.
>
> A partir de entonces, ha existido una fisura misteriosa, no en la sustancia de la divinidad, sino en su vida y acción. Esta doctrina ha estado completamente rodeada de reservas, pero su significado fundamental está bien claro. La búsqueda de la doctrina dio lugar a la percepción de lo que los cabalistas llaman «El exilio de la shekiná». Solo después de la restauración de la armonía original en el acto de la redención, cuando todo de nuevo ocupe el lugar que originalmente tuvo en el plan divino de las cosas, será cuando «Jehová será uno, y uno su nombre» en términos bíblicos, realmente y para siempre.
>
> En el actual estado irredento y desecho del mundo esta fisura, que evita la continua unión de Dios y la shekiná, sana o se compone por la ley religiosa de Israel: la Torá, *mitzvot* [los mandamientos] y la oración. La extinción de la mancha, la restauración de la armonía: ese es el significado de la palabra hebrea *tiqqun*, que es el término empleado por los cabalistas después del periodo del *Zohar* para la tarea del hombre en este mundo. Sin embargo, en el estado de

redención, «habrá perfección arriba y abajo y todos los mundos se unirán en uno solo».[97]

Satanás confunde; Dios aclara. No busque en boca de los demonios respuesta a las preguntas sobre la eternidad. Busque su confirmación en las Escrituras y ponga a prueba todas las revelaciones por medio de *la* revelación: la Palabra de Dios.

Dios no es trascendente, como lo definen los cabalistas. No es *incognoscible*. El Dios de la Biblia es trascendente en el sentido de que existe en todas las dimensiones, pero se ha revelado a sí mismo como *cognoscible*. El Dios de la Torá y de toda la Biblia es *inmanente* (cercano al hombre), un Padre amoroso con sus adorados hijos a lo largo de todos los períodos de la humanidad.

Las Escrituras dicen que Dios no es Dios de una dimensión; Dios es el Dios del cosmos y de *todas* las dimensiones. Es omnipresente. «Porque yo Jehová no cambio» (Mal. 3.6). Luego, no importa adónde uno vaya en este universo, no importa con cuáles estructuras dimensionales uno pueda tropezarse, nos encontraremos con el Dios viviente de la creación que siempre es Padre, siempre Hijo y siempre Espíritu Santo. Él no cambia porque cambien las estructuras dimensionales. Todas las cosas son resultado de su poder personal y creativo (Heb. 11.3).

La redención y la resurrección son la respuesta de Dios al pecado y la corrupción del mal; la reencarnación es la respuesta de Satanás. Jesucristo es *único*. Él es el primogénito de entre los muertos. Por el hombre entró la muerte y por el hombre entró también la resurrección de los muertos (1 Co. 15.21). El apóstol Pablo ve esto objetivamente cuando nos dice que no debemos pensar que es una cosa increíble que Dios resucite de los muertos (Hch. 26.8).

Estamos tratando con un ser todopoderoso, el Dios de las galaxias, que puede ejercer la fuerza suficiente, no solo para resucitar a todos los cadáveres de la tierra, sino para recrear mil millones de tierras en cualquier estado de desarrollo que escoja, simplemente ordenándolo. Las Escrituras dicen que Dios ordena las cosas que no son como si fueran (Ro. 4.17). Las llama a la existencia por medio de sus propias leyes, las sostiene y, cuando ha terminado con ellas, tiene el poder de aniquilarlas. Toda la autoridad en el cielo y en la tierra es de Él.

El hombre no puede ni siquiera imaginar tal poder. Examinamos un arma termonuclear y nos maravillamos ante su complejidad. Cómo debe divertir esto al intelecto infinito que es Dios cuando nos ve flotando sobre una brasa semicalcinada por todo

97. Scholem, *Las grandes tendencias de la mística judía* (pp. 232-233 del original en inglés). La palabra *mitzvot* significa «mandamientos».

nuestro pequeño sistema solar, a unos ciento cincuenta millones de kilómetros de distancia de un horno nuclear; que pudiera explotar en cualquier momento y del que emana más energía en unos pocos segundos que todas las bombas atómicas y de hidrógeno que el hombre haya hecho estallar hasta el presente. Esto más bien hace disminuir nuestro concepto del poder.

La realidad consiste en la *enormidad* del Dios que tiene el poder de resucitar de los muertos y otorgar vida eterna. A la luz de la realidad del Dios de la creación, ¿es algo increíble que Dios resucite de los muertos?

Todas las referencias a la verdad bíblica consisten en que Dios envió a Jesucristo para redimir a sus hijos y que lo resucitó de entre los muertos. Jesús vive hoy, y porque vive, nosotros también viviremos. La resurrección de Cristo es la esperanza que debe llenarnos de gozo todos los días de nuestra vida.

Recursos recomendados

1. Kjos, Andy y Berit, Kjos Ministries, www.crossroad.to.
2. Markell, Jan, Olive Tree Ministries, www.olivetreeviews.org.
3. Martin, Walter. *Hermeneutics* [Hermenéutica] (Serie en cinco partes) (CD / cinta de audio), Walter Martin Ministries, www.waltermartin.com.
4. Ross, Rick, "Kabbalah Center and Philip S. Berg" [Centro de Cábala y Philip S. Berg], www.rickross.com.
5. Scholem, Gershom. *Kabbalah.* Nueva York, Plume, 1978.

Breves apuntes acerca del misticismo oriental y de la Nueva Era

- El misticismo oriental y la Nueva Era enseñan que Dios es una fuerza impersonal que impregna toda la creación.
- Jesús era un hombre distinto de Cristo; Jesús es el mensajero humano y Cristo es la conciencia cósmica de la esencia del espíritu divino que había en Jesús.
- Los seres humanos son divinos porque son parte de Dios o de una conciencia superior.
- El mundo material es una forma inferior de la esencia espiritual y tiene que eliminarse elevándola hacia una conciencia superior.
- Para llegar a ser uno con el espíritu universal, o uno universal, es necesario practicar ciertos ejercicios físicos y algunas técnicas espirituales que procuran el poder oculto.

6

El misticismo oriental y la Nueva Era

En la turbulenta década de 1970 surgió una explosión del conocimiento de lo oculto que saturó al mundo occidental con las potentes semillas de una nueva perspectiva. Una mezcla extraña de espiritismo, misticismo y humanismo del siglo XIX, adoptó el nombre de movimiento Nueva Era y rápidamente evolucionó para convertirse en un renacimiento, más marcado y organizado, del antiguo ocultismo. Era un nuevo título con una meta antigua: penetrar en todas las áreas de la cultura, política, educativa y religiosa, con el hombre como centro del universo.[1]

El plan de la Nueva Era se presentaba claro y sorprendentemente unificado: un milenio sin el Dios bíblico. Los apologistas cristianos fueron los primeros en advertir el error de la glorificación del «Yo» que se daba en el movimiento Potencial Humano de mediados de la década de 1970, que acabaría integrándose en la Nueva Era.[2] El doctor Bryce A. Pettit, especialista en misiones a seguidores de sectas y del ocultismo, escribió:[3]

> El interés actual en el efecto que los movimientos de nuevas religiones tienen sobre las actividades misioneras comenzó en el año 1958, cuando se le pidió a Walter Martin, un crítico evangélico de las «sectas», que fuera parte del equipo de pastores que impartían conferencias de World Vision Incorporated. Viajó más de treinta y ocho mil kilómetros por África y Asia hablándoles a miles de trabajadores cristianos y reuniendo información sobre el impacto que las nuevas

1. Véase la amplia definición de Walter R. Martin en *The New Age Cult,* Bethany House, Minneapolis, 1989, pp. 109-110.
2. Véase Walter Martin, ed., *The New Cults,* Vision House, Santa Ana, CA, 1980, donde se analiza de forma detallada el movimiento Potencial Humano, el cual más tarde se convirtió en la Nueva Era: «Deception of the New Cults» (pp. 11-35); «EST» (pp. 105-142); «Silva Mind Control» (pp. 237-267); y «Roy Masters Foundation of Human Understanding» (pp. 297-319).
3. Bryce A. Pettit, PhD, fue un discípulo del doctor Martin en la Melodyland School of Theology desde el año 1976 hasta el año 1979, y contribuyó en la investigación acerca del armstrongianismo en el libro de Walter R. Martin, *Rise of the Cults,* ed. rev. y aumentada, Vision House Publishers, Santa Ana, CA, 1978.

religiones tenían en sus esfuerzos misioneros. Durante los años siguientes visitó otros países y continuó recolectando información importante acerca de la amenaza que esos grupos representaban para las misiones mundiales. Su Christian Research Institute se convirtió en un ejemplo para docenas y hasta cientos de organizaciones contrarias a las sectas en todo el mundo durante las siguientes cuatro décadas.[4]

El periodista estadounidense Tom Wolfe acuñó el término satírico «Década del Yo» en el año 1976, cuando caracterizó con total contundencia la degradación de Dios y el entronamiento del hombre como soberano del universo. Este cambio social de perspectiva que sustituía a Dios por el yo trajo consigo un sentido de falsa iluminación: al abandonar ideas antiguas acerca de Dios y centrarse en sí misma, la humanidad no obtendría más que ventajas. Como recordó Wolfe: «Finalmente han centrado su atención y sus energías en el sujeto más fascinante de la tierra: el *Yo*».[5] Wolfe continuó diciendo que la teología del antiguo gnosticismo había reaparecido en los nuevos movimientos de la década de 1960, que enseñaban que en el centro del alma humana «existe una chispa de la luz de Dios... las almas que son limpias pueden hallar esa chispa y unir sus almas con la de Dios».[6]

La observación de Wolfe concuerda con los autores cristianos contemporáneos que expusieron el error de la adoración a uno mismo. La glorificación de la humanidad por medio del movimiento Potencial Humano de mediados de los años 1970 condujo al más religioso movimiento Nueva Era, según señalaron los apologistas cristianos. A medida que el movimiento Nueva Era obtenía popularidad, las sectas de Potencial Humano comenzaron a hacer ondear el mismo bastión de «unidad en la diversidad». Parte del éxito de esta Nueva Era emergente provino de socavar al cristianismo y de destruir la revelación de Dios, la Biblia.[7] Desde su punto de vista, eso era importante, ya que la mayoría de esos grupos creía que el hombre estaba en un proceso de evolución desde su condición actual hacia un ser aun más elevado. La evolución darwiniana formaba parte de su proceso y, dado que una gran cantidad de cristianos evangélicos aún creía

---

4. Bryce A. Pettite, "New Religious Movements and Missions" en *International Journal of Frontier Missions* 15, no. 3 (1 julio 1998): pp. 125-134.
5. Tom Wolfe, *Mauve Gloves & Madmen, Clutter & Vine,* Farrar Straus Giroux, Nueva York, 1976, pp. 143-148.
6. Ibid.
7. El escritor Baha'i Zaid Lundberg, por ejemplo, sostiene que «algunos eruditos de la religión piensan que el movimiento Nueva Era ha sobrepasado y dejado atrás al cristianismo como sistema de creencias o cosmovisión de Occidente» *(Lights of Irfan: Papers Presented at the 'Irfan Colloquia and Seminars,* Irfan Colloquia, Wilmette, IL, 2000, p. 69).

en el hombre como la creación especial de Dios, el cristianismo se consideró como un obstáculo a su movimiento.

La Nueva Era intentó, desde su mismo comienzo, socavar al cristianismo y destruir la revelación de Dios como se nos da en el Antiguo y el Nuevo Testamento. No es más que la mitología del mundo antiguo imbuida de poder satánico; un intento satánico de manipular, dar forma y cristalizar eventos que culminan en el surgimiento del Anticristo, el hombre de pecado, cuya autoridad está tras las obras de Satanás con todo poder, señales y maravillas engañosas (véase 2 Ts. 2.9).

El mundo de lo oculto abarca desde la astrología hasta las cartas de tarot, sesiones de espiritismo y tableros güija, predicción del futuro, brujería y satanismo. Alienta los intentos por penetrar en una dimensión de realidad espiritual que Dios ha prohibido; una dimensión que comprende el reino del príncipe de las tinieblas, el dios de este siglo, el gobernador de este mundo (véase 2 Co. 4.4).

En el mundo occidental abrió notablemente la puerta para la popularización del ocultismo y se fundió con el cristianismo en el año 1743, cuando Emmanuel Swedenborg, hijo de un ministro luterano sueco, fundó el swedenborgianismo.[8] Sus revelaciones y visiones de muertos marcaron una nueva tendencia entre los ocultistas y los médiums, que con frecuencia hacían uso de sesiones de espiritismo para comunicarse con los muertos. Swedenborg sostenía haber tenido conversaciones con personajes bíblicos, padres de la fe y reformadores de la iglesia, incluyendo a Moisés, a Jesús, a Pablo, a Agustín, a Lutero y a Calvino.[9] Muchos grupos ocultistas, esotéricos, místicos, de la ciencia de la mente y de la Nueva Era se apoyaron en esta base para tener un contacto ocultista con los espíritus.

La metafísica de Swedenborg le dio forma al pensamiento decimonónico de los trascendentalistas de Nueva Inglaterra, tales como Emerson, Thoreau, Ripley, Holmes y Alcott, quien más tarde influyó sobre Madame Blavatsky, de la teosofía, Mary Baker Eddy, de la Ciencia Cristiana, las primeras escuelas metafísicas del siglo XX, los Fillmore, de la Iglesia de la Unidad, los Ballard, del movimiento Poderoso YO SOY, los grupos de Nuevo Pensamiento, grupos de ciencia de la mente y grupos Nueva Era. El ocultismo de Swedenborg no se reflejó necesariamente por completo en cada uno de esos grupos pero, sin lugar a dudas, Blavatsky sí lo copió, con sus visiones de los doce maestros ascendidos. Los teósofos y los miembros de las sectas YO SOY atesoraron esos contactos espirituales. Benjamin Creme y otros dirigentes de la Nueva Era que sostenían mantener

8. Para obtener más información sobre el swedenborgianismo, consúltese el Apéndice C en Martin, *Kingdom of the Cults*, pp. 629-641.
9. Ibid.

comunicación telepática o canalizada con los espíritus vivos y muertos siguieron un curso similar.[10]

Mary Baker Eddy, fundadora de la Ciencia Cristiana, competía con los nuevos grupos metafísicos en cuanto a seguidores. Ella publicó esta afirmación en el año 1875: «No hay vida, verdad, inteligencia ni sustancia en la materia. Todo es una Mente infinita y su infinita manifestación, porque Dios lo es todo en todo».[11] El libro de la señora Eddy, *Ciencia y salud con clave de las Escrituras*, fue uno de los primeros intentos por cristianizar algunas de las tradiciones subyacentes que se hallaban en las filosofías orientales. Si bien ella procuraba que sus escritos no sonaran demasiado como el hinduismo, no pudo evitar los rasgos remanentes que permanecían en su nueva metafísica. Eddy enseñaba que el mundo material no se sustenta en la existencia de Dios, a quien llamaba Mente. El mundo material se convirtió en un obstáculo para comprender la verdadera Mente. Sus enseñanzas siguen oponiéndose al cristianismo, en el que bíblicamente el mundo material existe para glorificar a Dios como su Creador (Sal. 19.1; 148.3, 4; Ro. 1.20, 21).

La cofundadora de la Sociedad Teosófica fue la ocultista de finales del siglo XIX Helena Petrovna Blavatsky. Tras rechazar al cristianismo y reelaborar conceptos filosóficos hindúes en su modelo de religión, pasó a ser un canal para el conocimiento ocultista antiguo. Posteriormente, Charles y Myrtle Fillmore (Iglesia de la Unidad) y otros sintetizaron el misticismo y otras vías del pensamiento para las masas. Una gran parte de esos conocimientos secretos fueron canonizados en los escritos de Alice Bailey, hija de un ministro episcopal, que llegó a la conclusión de que el cristianismo estaba destruido.[12] Ella redefinió los términos del cristianismo a la luz de la teosofía, el hinduismo y el ocultismo en sus veinticuatro libros que revelaban «El Plan» de los maestros ascendidos para la paz mundial. Bailey sostenía que un ser espiritual, de nombre Djwhal Khul, que era un místico tibetano, hablaba a través de ella como médium, a veces a través del poder oculto de la escritura automática.[13]

10. Para mayor información sobre la influencia de los trascendentalistas de Nueva Inglaterra, véase Catherine L. Albanese, "Physic and Metaphysic in Nineteenth-Century America: Medical Sectarians and Religious Healing", *Church History* 55 (1986), pp. 493-494.
11. Mary Baker Eddy, *Ciencia y salud: Con clave de las Escrituras*. Boston: Writings of Mary Baker Eddy, 1995 (p. 468 del original inglés).
12. Bailey predijo que el «cristianismo estará en un estado de divisiones caóticas y agitaciones» previo al arribo de la jerarquía espiritual de los maestros ascendidos (Alice A. Bailey, *La exteriorización de la jerarquía*, Sirio, Málaga, 2000, [p. 573 del original inglés]).
13. Alice A. Bailey, *Autobiografía inconclusa*, Sirio, Málaga, 1999 (p. 164 del original inglés).

La filosofía Nueva Era

La esencia de la filosofía Nueva Era es la unidad de las religiones del mundo como caminos diversos con la misma meta. Bajo el auspicio de la tolerancia, la Nueva Era cree que todas las religiones son igualmente válidas, creencia que queda inmortalizada en su lema de «unidad en la diversidad». Este concepto es lo bastante grande como para incluir a todos: Buda, Mahoma, Confucio, Krishna o Jesús. Fusiona las distintas confesiones del mundo y coloca a sus fundadores en un mismo plano de verdad y autoridad.

En la creencia Nueva Era hay muchos profetas y ningún redentor encarnado. La ley del karma toma preeminencia sobre la expiación de Jesucristo. Los pecados son culturales y relativos, en lugar de ser ofensas hacia un Dios santo. La reencarnación es liberarse de este mundo, y la resurrección de Cristo fue espiritual. El infierno no es un lugar de castigo eterno, sino un estado mental o pensamiento negativo. Se predica el universalismo, que salva a todos al final mediante la doctrina de la reencarnación.[14]

El movimiento Nueva Era es una filosofía que lo domina todo, que lo circunda todo, nacido de la teosofía y el hinduismo. Los grupos Nueva Era forman una sincretista religión unida, donde todas las cosas están bajo una misma filosofía. Su principio absoluto divino no es una persona; no es Dios el Padre, el Hijo y el Espíritu Santo. El principio absoluto es una entidad impersonal que habita en toda la creación, llámese conciencia, energía, vibraciones, espíritu, fuerza, Mente, Brahma o Él. La filosofía esotérica no rechaza la deidad dentro de la naturaleza, solo se niega a aceptar que una sola fe, como el cristianismo, sea el único camino de salvación. En contraste con el verdadero Dios que creó al hombre a su imagen, la filosofía Nueva Era recreó a Dios a imagen y semejanza del hombre.

El aspecto clave de la teología Nueva Era es la integración de todas las religiones, prácticas, mitología, superstición y ocultismo que hay en el mundo. Se niega a postrarse y adorar al Dios bíblico de la creación.

El dios del movimiento Nueva Era es Lucero, portador de la luz, adversario, príncipe de las tinieblas, que se mueve a través de la religión, la política y las economías con un propósito en mente: integrar, unificar y luego destruir. Y la destrucción apunta a la Iglesia de Jesucristo. El apóstol Pedro dijo: «Sed sobrios, y velad; porque vuestro adversario el diablo, como león rugiente, anda alrededor buscando a quien devorar; al cual resistid firmes en la fe, sabiendo que los mismos padecimientos se van cumpliendo en vuestros hermanos en todo el mundo» (1 P. 5.8, 9).

---

14. Para un profundo análisis de la teología de la Nueva Era, véase Martin, *The New Age Cult* y Martin, *The Kingdom of the Cults*, p. 405.

La Nueva Era hoy

El movimiento Nueva Era se ha expandido de forma vertiginosa por todo el mundo, sobre todo en Estados Unidos. Bajo un manto de términos aceptables y, al parecer, inocuos, como los difundidos ejercicios de yoga y meditación, yace el plan velado de lo oculto. Cuando se medita o practica yoga, se dice que la mente quedará vacía para permitir que quien medita llegue a ser uno con el universo, pero aquí es donde la persona abre su mente y su corazón a falsos espíritus que esperan la oportunidad para invadir un alma que normalmente está protegida. El destacado experto alemán en ocultismo, el doctor Kurt Koch, dice lo siguiente acerca del lado ocultista del yoga: «Esta técnica de relajación y estos "ejercicios que vacían la mente", de los que tanto hablan los yoguis, conducen a la entrada de otro espíritu o espíritus. Los alumnos de yoga no advierten esto».[15] Del mismo modo, el doctor Koch, que ha recopilado muchísimos casos reales de personas involucradas en lo oculto, escribió lo siguiente sobre la meditación: «Mi trabajo como terapeuta en oriente y occidente me ha brindado discernimiento sobre la naturaleza y la práctica de la meditación... Me opongo con firmeza a la meditación dentro del modelo del Lejano Oriente... No podemos vaciarnos por medio de técnicas y posturas, de lo contrario damos entrada a otros poderes».[16] Resulta difícil encontrar a un adepto de la Nueva Era que no practique la meditación o el yoga, pero la advertencia del doctor Koch es clara: Si uno vacía su mente, se convierte en un recipiente abierto para otros espíritus.

Es importante advertir lo que Jesús dijo con respecto a los espíritus, en especial los espíritus demoníacos que invaden los cuerpos humanos: «Cuando el espíritu inmundo sale del hombre, anda por lugares secos, buscando reposo, y no lo halla. Entonces dice: Volveré a mi casa de donde salí; y cuando llega, la halla desocupada, barrida y adornada. Entonces va, y toma consigo otros siete espíritus peores que él, y entrados, moran allí; y el postrer estado de aquel hombre viene a ser peor que el primero» (Mt. 12.43-45).

De Jesús aprendemos, entonces, que los espíritus demoníacos pueden habitar en los seres humanos. En lugar de experimentar con lo oculto y las prácticas Nueva Era, en las que la persona sin darse cuenta abre su alma a los demonios, es mucho mejor cerrar la puerta y negarse a participar.

El movimiento Nueva Era recibió apoyo de mucha gente que no tenía conocimientos de su origen y naturaleza.[17] Lo oculto es sutil y puede engañar a cualquiera. Señala

15. Kurt E. Koch, *El diccionario del diablo,* Clie, Barcelona, 1988 (pp. 257-258 de la traducción inglesa).
16. Ibid., pp. 243, 244, 246.
17. Algunos líderes religiosos liberales, como por ejemplo Marcus Bach y Charles Braden, abrazaron los púlpitos de las sectas de la ciencia de la mente en la década de 1950 hasta la de 1970, abriendo un espacio para

hacia un énfasis religioso nuevo. Tiene la visión de un planeta unido, un solo pueblo, paz, armonía, prosperidad y esperanza para el mundo, todo ello a través de la creatividad del pensamiento positivo, armonizando las fuerzas *yin* y *yang*, despertando al dios interior o equilibrando la energía espiritual por medio de prácticas ocultistas.

Lo que unifica la Nueva Era es la creencia fundamental de que hay muchas creencias y técnicas igualmente válidas que iluminan y liberan al individuo. No todos los grupos usan la misma terminología, pero se respetan entre sí y se concentran en la «unidad en la diversidad». El pensamiento relativista y la tolerancia evitan que se critiquen excesivamente o que se comparen creencias y técnicas alternativas. La idea general de que «cualquier cosa que funcione para ti» es perfectamente aceptable como un camino hacia la verdad. Por lo tanto, la mayoría de los gurúes, maestros e instructores de la Nueva Era cree que sus técnicas para la liberación del alma o para despertar al «dios durmiente interior» son buenas, pero no niegan que otras técnicas o creencias puedan producir resultados similares.

La siguiente tabla muestra las creencias y prácticas comunes a varios grupos de la Nueva Era. Si bien estas creencias pueden considerarse prácticas ocultistas independientes de la Nueva Era, la escena religiosa de dicho movimiento ha insuflado aliento de vida nueva en las prácticas ocultistas antiguas.

Creencia o práctica ocultista	**Cómo usan los grupos Nueva Era el poder del ocultismo**
Astrología, horóscopos y el zodíaco	Algunos escritores y practicantes de la Nueva Era incorporan enseñanzas acerca de la astrología, los horóscopos y el zodíaco en su sistema de creencias. Esto se ofrece como un medio para que las estrellas y los sistemas planetarios guíen al sujeto; con frecuencia se denomina astrología elisiana.
Auras	En el ocultismo, son emanaciones de luces de colores que rodean a las personas. Algunos seguidores de la Nueva Era afirman tener un poder especial para ver estas auras y aseveran que pueden interpretar los estados de ánimo y las características personales definiendo los colores de la luz.
Escritura automática	Algunos autores de la Nueva Era testifican que han tenido contacto con espíritus que se apoderan de sus cuerpos y escriben por medio de ellos. Esta es una forma de ser médium. Ejemplos de esto son autoras como Alice Bailey, Ruth Montgomery y Jane Roberts.

que cristianos sencillos siguiesen, en su ignorancia, la dirección que ellos marcaban, de creer que todas las religiones son igualmente válidas. Véase Bach, *They Have Found a Faith* y Charles Braden, *These Also Believe,* Macmillan, Nueva York, 1949.

Clariaudiencia	La práctica de percibir voces audibles que otras personas no oyen naturalmente. Muchos de los de la Nueva Era emplean esta práctica ocultista.
Clarividencia	Esta es la práctica de ver cosas que otras personas no ven de manera natural. Por lo general sucede por medio de sueños, visiones o precognición.
Cristales y piedras de colores	Al igual que los ocultistas, los de la Nueva Era suelen creer que existe energía o vibraciones en determinadas piedras y cristales. Se las usa para una variedad de rituales, incluyendo la sanidad y la meditación.
Adivinación	Es cualquier medio para predecir un suceso desconocido con la ayuda de objetos físicos o actividades en las que se leen o interpretan, como por ejemplo cartas de tarot, runas, cristales, presagios, bolas de cristal, quiromancia y sueños. Los miembros de la Nueva Era que son curiosos y los médiums emplean todo eso.
Percepción extrasensorial (PES)	La experimentación de lo oculto con la PES ya existía antes de la época de la Nueva Era. La PES la utilizan miembros «dotados» de la Nueva Era que afirman tener la capacidad de conocer las cosas a través de premoniciones que no son comunes en otras personas.
Médium	Una persona que actúa como canal para la comunicación entre los espíritus y la humanidad por medio de una variedad de manifestaciones. Esta acción tiene siglos de antigüedad en el ocultismo y la practican abiertamente los miembros de la Nueva Era.
Numerología	Los miembros de la Nueva Era imitan el ocultismo con la numerología atribuyendo valores y significados a determinados números a fin de interpretarlos como señales significativas de hechos pasados o futuros.
Experiencias extracorpóreas	Algunos grupos Nueva Era, la teosofía y la rosacruz practican viajes extracorpóreos y proyecciones astrales.
Parapsicología	El estudio académico de los poderes de lo oculto y de las facultades especiales percibidas en ciertos individuos comenzó en la Universidad Drew en la década de 1920. La parapsicología despierta gran interés en los miembros de la Nueva Era porque parece tratar con poderes escondidos.
Psíquico	Una persona que actúa como médium y que hace uso de auras, numerología, adivinación, clarividencia, clariaudiencia, oráculos, telepatía o PES como medios de

	comunicar información desconocida al participante. Si bien los psíquicos han existido desde hace mucho, independientemente de la Nueva Era, también se los halla dentro de ese movimiento.
Psicoquinesis y telequinesis	En el ocultismo, la psicoquinesis es la creencia de que la gente dotada puede mover objetos físicos por medio de sus poderes mentales. Los miembros de la Nueva Era creen que estos poderes pertenecen a personas especialmente dotadas.
Piramidología y el poder de la pirámide	Se cree que las pirámides tienen un poder místico en sus jeroglíficos y en su estructura. El poder de la pirámide en la Nueva Era se basa en la idea de que la forma de la pirámide atrae poder y energía del universo; por lo tanto, los objetos con forma de pirámide, como los sombreros, las tiendas de campaña y los cristales tienen una importancia especial en la Nueva Era.
Sesión de espiritismo	Una sesión con un médium ante una o más personas, en la que el médium intenta contactarse con los muertos, los ángeles u otros seres espirituales, por lo general buscando contacto con una persona específica, conocida por el participante, que partió.
Guía espiritual	Los guías espirituales tienen sus raíces históricas en el ocultismo maya. La Nueva Era enseña que ciertos espíritus, ya sean seres espirituales independientes o espíritus de muertos, establecen contacto con los vivos para ayudarlos a lo largo de la vida. A estos se los llama guías espirituales.
Telepatía	Los autores y los seguidores de la Nueva Era fomentan a veces la telepatía como un medio de comunicación con los vivos o los muertos. Se dice que es una comunicación no verbal directa de una mente a la otra.

Los fundadores de los grupos Nueva Era anunciaron públicamente por medio de sus escritos su deseo expreso de oponerse al cristianismo. Se dan cuenta de que deben suprimir al cristianismo porque los dos mensajes vienen de polos opuestos. Su negación apunta al Dios cristiano, a la Biblia y al mensaje cristiano de salvación únicamente por medio de Jesucristo. Su oposición al cristianismo debería ocasionar una gran preocupación a la luz de su poderosa influencia y de cuál es su fuente: una dimensión que la Biblia denomina el reino del «príncipe de la potestad del aire, el espíritu que ahora opera en los hijos de desobediencia» (Ef. 2.2).

Símbolos de la Nueva Era

El movimiento Nueva Era actualmente debe reconocerse por lo que es: El antiguo mundo de lo oculto presentado con una terminología nueva. Los seguidores de la Nueva Era se apropian del símbolo cristiano de la cruz y la usan de maneras que poco tienen que ver con su verdadero significado. La forma tradicional de la cruz cristiana es como una letra «t» minúscula, o *crux immissia*, con la parte superior extendiéndose sobre la inferior. Esto encaja mejor en la descripción bíblica de la acusación de Pilato y la inscripción «REY DE LOS JUDÍOS», clavada sobre la cabeza de Jesús (Mt. 27.37; Lc. 23.38).

Varios grupos ocultistas usan la cruz como un símbolo que imita la tradición cristiana al tiempo que niegan su mensaje expiatorio. Pablo escribió: «Porque la palabra de la cruz es locura a los que se pierden; pero a los que se salvan, esto es, a nosotros, es poder de Dios» (1 Co. 1.18). La cruz de Cristo no es solo un símbolo exterior religioso en el cristianismo. No es un logotipo ni un ícono. Sin que se haya derramado la sangre del Salvador por los pecados del mundo y sin su declaración «Consumado es» (Jn. 19.30), no hay esperanza de salvación. La cruz sin Jesucristo es solo un símbolo sin significado; es necesaria en el cristianismo y fue predicha mil doscientos años antes de la crucifixión de Cristo, en el Salmo 22.

Los grupos Nueva Era usan la cruz, pero la despojan del poder salvador de Jesús. La cienciología, la teosofía, la Iglesia de la Unidad, la Iglesia de la Unificación y toda una hueste de gurúes independientes de la Nueva Era usan cruces sin Jesucristo como el verdadero Salvador. Las personas con frecuencia se confunden al pensar que el símbolo *ankh* egipcio, *crux ansata* (cruz con asa), representa a la cruz cristiana. Los grupos Nueva Era usan el símbolo *ankh* con frecuencia. En su apariencia, tiene el aspecto de una cruz en la base, pero su parte superior es un círculo que a veces es oblongo, con forma de lágrima o perfectamente simétrico. Este es el símbolo egipcio de la vida del más allá o la reencarnación y, como tal, no tiene nada que ver con Jesucristo ni el cristianismo. Jesús no murió en un *ankh* por los pecados o reencarnación de nadie. Él cargó con los pecados de la humanidad y murió en la cruz del Calvario como el sacrificio vicario que podía satisfacer la ira de Dios.

Los grupos Nueva Era también toman prestado el arco iris que Dios estableció como símbolo en Génesis 9. Lo usan para expresar la unidad en un esfuerzo por construir un puente para unir al mundo. Dios, después de destruir el mundo con el diluvio en Génesis 7, colocó un arco iris en el cielo como un pacto o promesa con el hombre de que nunca destruiría de nuevo al mundo con un diluvio. Los grupos Nueva Era usan el símbolo del arco iris, pero no conocen al Dios que está detrás de la promesa.

Aunque la Nueva Era está públicamente en contra del estrecho camino del cristianismo, tiene cierta tendencia a copiarlo. Reinterpretan los símbolos sagrados de la iglesia, pero desprecian el significado que Dios les ha dado. Esta tendencia debe reconocerse por lo que es: una falsificación del cristianismo, un milenio sin Dios, un reino sin el Rey y una cruz carente de la expiación de Cristo. La única resurrección tiene la forma de la reencarnación. Ofrecen una cadena sin fin de salvadores y avatares que llegan al mundo con el propósito de dar luz, pero ninguno ofrece una solución final a los pecados del hombre, como sí lo hizo Jesús.

Los líderes de la Nueva Era

La siguiente es una sinopsis de los líderes y grupos de influencia responsables de difundir el mensaje de los poderes ocultos por medio de sus escritos, reuniones y atención de los medios de comunicación. La popularidad del ocultismo ha crecido paso a paso de manera que ahora es aceptado sin críticas, y se le presta poca atención a su influencia en la sociedad.

Grupo, enseñanza o persona de influencia	Año	La práctica ocultista popularizada
Emmanuel Swedenborg y la Iglesia de la Nueva Jerusalén	1743	Swedenborg, el fundador de la Iglesia de la Nueva Jerusalén o swedenborgianismo, se comunicaba con los muertos por medio de conversaciones y visiones, que tiene que ver con la práctica ocultista de los médiums.
Trascendentalistas de Nueva Inglaterra	1836	Ralph Waldo Emerson, George Ripley y Frederic Hedge, todos unitarios, formaron el Transcendental Club of America en 1836, en protesta contra la Harvard Divinity School. Influenciados por Emmanuel Swedenborg, concluyeron que hay un alma o mente universal que impregna la creación y es la fuente de todo conocimiento, sabiduría e intuición.
Andrew Jackson Davis	1843	Davis sostuvo que tuvo encuentros de médium con el mundo espiritual y logró comunicarse con Emmanuel Swedenborg, que murió en el año 1772. Su libro, *Principles of Nature* [Principios de la naturaleza] (1847), se convirtió en la fuente de autoridad para sus seguidores. En el año 1908 se fundó el espiritismo o la Iglesia Universal del Maestro, incorporando sus enseñanzas.

Margaret y Katie Fox	1848	A las hermanas Fox se les atribuye el movimiento del espiritismo moderno. El médium contemporáneo Andrew Jackson Davis (1843) tendió las bases para las sesiones de espiritismo y las actividades de médium. Del mismo modo, las hermanas Fox propagaron «los golpes secos en la mesa» como un medio de comunicación con los muertos. Las siguieron muchos médiums.
Allan Kardec	1857	Kardec fue un autor francés cuya obra, *El libro de los espíritus* (1857), promocionó a los médiums, las sesiones de espiritismo y la transmigración de las almas humanas.
Helena P. Blavatsky, Henry S. Olcott, William Q. Judge y la teosofía	1875	Blavatsky, Olcott y Judge fundaron la Sociedad Teosófica en 1875. Se usan las actividades de médium, la clarividencia y la telepatía para canalizar las enseñanzas de sabiduría de los doce maestros ascendidos.
Mary Baker Eddy y la Ciencia Cristiana	1875	Eddy fue alumna de los trascendentalistas de Nueva Inglaterra, quienes se vieron influidos por Swedenborg, cuyas ideas conforman el telón de fondo de los escritos de ella. Los escritos de P. P. Quimby y Franz Mesmer (mesmerismo) también dieron forma a su tema de la «mente sobre la materia».
Emma Curtis Hopkins y el movimiento de Nuevo Pensamiento	1885	La Ciencia Cristiana produjo varias sectas independientes, todas con la intención de mejorar la nueva enseñanza sobre la ciencia mental. Hopkins, alumna y escritora de Mary Baker Eddy, abandonó la Ciencia Cristiana para comenzar la Universidad de Ciencia Metafísica en Chicago (1885). Su movimiento, denominado Nuevo Pensamiento, dio como resultado la clonación de escuelas de metafísica en las ciudades más grandes. Ella influyó directamente en los Fillmore (Iglesia de la Unidad), en Nona Brooks (Ciencia Divina), en Annie Rix Militz (Hogar de la Verdad) y en Ernest Holmes (Ciencia Religiosa). Estos movimientos promovían la sanidad por medio de la ciencia mental. La mayor parte de las organizaciones del Nuevo Pensamiento se unieron en el movimiento Nueva Era.
Charles y Myrtle Fillmore y la Escuela de la Unidad del Cristianismo (Iglesia de la Unidad)	1889	Los Fillmore estudiaron de E. C. Hopkins, del trascendentalismo, de la Biblia y de religiones orientales. Fundaron la Escuela de la Unidad del Cristianismo (ahora Iglesia de la Unidad)

		en el año 1889, seleccionando los mejores principios metafísicos de sus estudios. Practican la sanidad por medio de la ciencia mental e introdujeron la reencarnación bajo el bastión «cristiano».
Swami Vivekananda	1893	Swami Vivekananda fue catapultado a la categoría de celebridad tras hablar en el Parlamento Mundial de las Religiones en el año 1893 (Chicago). Disertó durante tres años por Estados Unidos e Inglaterra, presentándoles a los occidentales el misticismo oriental y diversos formatos de meditación. Finalmente regresó a la India para establecer un seguimiento a nivel mundial.
Annie Besant y Jiddu Krishnamurti	1907	Besant era una médium clarividente y teósofa que dirigió la Sociedad Teosófica (1907-1993). Adoptó a un niño de la India, Jiddu Krishnamurti, a quien proclamó como el nuevo mesías para el mundo. Krishnamurti dejó la teosofía en el año 1929 y abandonó su misión mesiánica, pero obtuvo una audiencia de discípulos a nivel mundial por medio de sus charlas y su carrera como escritor. Su misticismo oriental promovió la meditación ocultista y el contacto con la energía cósmica y el espíritu integrador.
Rosacrucianismo	1909, 1915	Se dice que la Orden de la Rosacruz es varios siglos anterior al movimiento moderno. Estas organizaciones promocionan la proyección astral, la meditación y otras prácticas ocultistas. En Estados Unidos existen varias órdenes. Las más grandes de Estados Unidos se fundaron en el año 1909 (Rosicrucian Fellowship) y en el año 1915 (Ancient and Mystical Order Rosae Crucis o AMORC).
Rudolf Steiner y la Sociedad Antroposófica	1912	Steiner abandonó la teosofía para formar la Sociedad Antroposófica (1912) y la Comunidad Cristiana (1922). Gracias a una percepción clarividente, creía que los cuerpos astrales entraban en el cuerpo humano a la edad de doce años. Estaba a favor de las experiencias espirituales ocultistas y enseñaba la ley del karma y de la reencarnación.
Alice Bailey	1917	Bailey es una popular ocultista entre los seguidores de la Nueva Era. Promociona a varios métodos en cuanto a contacto con espíritus y con los muertos, que incluyen

		la canalización y la telepatía. En el año 1922, fundó Lucifer Trust [El Consorcio de Lucifer] (más adelante denominada la Fundación Lucis), la Escuela Arcana en el año 1923 y la Buena Voluntad Mundial en el año 1932. Practican la meditación ocultista.
Ernest Holmes y la Ciencia de la Mente (Ciencia Religiosa)	1927	La principal obra de Holmes, *La ciencia de la mente* (1927), se convirtió en el motor impulsor para fundar su iglesia, Ciencia Religiosa (en ocasiones denominada ciencia de la mente). Era seguidor de las obras de Emerson y el Nuevo Pensamiento.
Guy y Edna Ballard	1930	En 1930, los Ballard fundaron el movimiento Poderoso YO SOY, ahora denominado la Fundación Saint Germain. Guy Ballard afirmaba que ejercía de médium y canalizador de espíritus para el difunto Saint German y otras entidades. A través de estos medios ocultistas, el movimiento YO SOY tiene revelaciones de la Gran Hermandad Blanca de los Maestros Ascendidos.
Edgar Cayce y la Asociación para la Investigación y la Iluminación Espiritual (ARE, por sus siglas en inglés)	1931	A Edgar Cayce, un médium apodado el Profeta Durmiente, se le atribuye la popularización del ocultismo en libros que contienen sus lecturas síquicas. Fundó ARE como una organización religiosa para promocionar abiertamente sus enseñanzas ocultistas.
Paramahansa Yogananda y la Self-Realization Fellowship (SRF) [Hermandad de la Autoconciencia]	1935	Combinando la filosofía básica hindú con la terminología occidental, Yogananda era un místico oriental que viajó por Estados Unidos y dio conferencias ante miles de personas en estadios repletos. Enseñaba que los poderes latentes de lo oculto provienen del tercer ojo que existe en la frente. En la SRF se practica el yoga y la meditación.
Budismo zen, meditación oriental y yoga	Década de 1960	Aunque D. T. Suzuki y Alan Watts popularizaron el budismo zen mediante sus escritos en el siglo XX, este movimiento no apareció hasta que surgieron los centros zen en la década de 1960. A medida que comenzó a crecer el interés de los occidentales por la filosofía oriental, una corriente de gurúes orientales satisfizo el apetito occidental con libros, conferencias, seminarios y centros de meditación oriental (el más popular fue el de la Meditación Trascendental) y diversas prácticas de yoga. Muchos de estos últimos surgieron con las prácticas Nueva

		Era, pero su naturaleza ocultista seguía siendo la misma.
Movimiento del Potencial Humano	Década de 1970	En la década de 1970 hubo un aluvión de nuevas enseñanzas, seminarios y técnicas que prometían elevar la conciencia del hombre y mejorar la raza humana. *Un curso de milagros,* biorritmos, Dianética, Erhard Seminar Training [Seminario de Capacitación Erhard] (EST, posteriormente The Forum), Esalen Institute, Firewalking [Caminar sobre brasas] (los seminarios de Tony Robbins), terapia hipnótica (que incluye vidas pasadas y regresión), el Movimiento Paz Interior, Lifespring [manantial de vida], Primal Screaming [Grito Primario], Rebirthing [Renacer], Método Silva de Control Mental y el yoga son ejemplos del movimiento del Potencial Humano, gran parte del cual se basó en teorías ocultistas. La mayor parte de estos grupos finalmente se unieron a la Nueva Era.
Elizabeth Clare Prophet y la Iglesia Universal y Triunfante	1974	Surgiendo del movimiento YO SOY, Mark y Elizabeth Prophet fueron más allá que las sectas YO SOY. Combinaron el misticismo oriental, la Nueva Era, lo oculto, la meditación y los maestros ascendidos en una sola organización.
Espiritualidad Nueva Era	Mediados de la década de 1970	Se autodenominó Nueva Era, surgió a mediados de la década de 1970 y se basó en gran medida en la transformación global de la Era de Acuario. La fecha de inicio de dicha era varía (1962, 1997 o 2000); periódicos Nueva Era, revistas, libros, música, conferencias, seminarios e iglesias se dedican a la transformación global a través de la transformación propia. La mayoría de los temas de la Nueva Era ofrece, sin saberlo, prácticas ocultistas dentro del marco de la espiritualidad Nueva Era.
Benjamin Creme y el Tara Center y Share International	1982	A través del método ocultista de la canalización en trance y la telepatía, Creme enseñó que tenía contacto con un tibetano que era el mesías (o el Cristo) del mundo. Publicó el anuncio en periódicos mundiales el 25 de abril de 1982. Los libros de Creme son populares entre los seguidores de la Nueva Era.

Satanás es el arquitecto de toda la espiritualidad Nueva Era y usa a las personas, muchas de las cuales son sinceras y entregadas. Las intenciones de ellas son buenas, pero están en rebeldía contra la autoridad de Dios y su Palabra; no tienen ningún deseo de reconocer al Cristo bíblico y el plan de salvación. Como resultado de esa rebeldía, rechazan al cristianismo y se vuelcan al movimiento Nueva Era, que inculca la enseñanza de que la mejor comprensión de la deidad es «conocerse uno mismo» y tomar conciencia de la deidad o de la conciencia cósmica de Cristo dentro de uno. En la espiritualidad Nueva Era, uno no busca un lugar llamado cielo; es un mito. En cambio, busca dentro de sí y encuentra un dios durmiente o una conciencia más elevada. La paz que hallará es la que está latente dentro de sí, no fuera.

Un gran avance del plan de la Nueva Era, dándole una atención mundial al movimiento, se produjo el 25 de abril de 1982, cuando Benjamin Creme colocó anuncios en diecisiete de los periódicos más importantes del mundo avisando: «El Cristo ya ha llegado».[18] Creme, una celebridad entre los ocultistas de la canalización en trance y un estudioso de la teosofía y de Alice Bailey, entraría en un trance y comenzaría a pronunciar el mensaje del maestro. Su libro *La reaparición del Cristo y los maestros de sabiduría* (1980) sigue un sendero similar de contacto con la jerarquía de los maestros ascendidos, como lo hizo su predecesora relacionada con la teosofía, Alice Bailey, que escribió *La reaparición del Cristo* (1947).

El 14 de mayo de 1982, Creme dio una conferencia de prensa en Los Ángeles, California, para anunciar dónde podía encontrarse al nuevo Cristo. Para desilusión de sus seguidores y para mofa de los escépticos, Creme solo reveló que el Cristo o Señor Maitreya podía hallarse en la comunidad paquistaní de Londres, Inglaterra. Se dejó a los periodistas del mundo la tarea de buscarlo y revelar públicamente quién era.[19] Pocos reporteros aceptaron el reto, pero el movimiento Nueva Era ocupó un escenario central mientras que los periódicos, las revistas, la radio y los reporteros de televisión llenaron las noticias con preguntas sobre sus enseñanzas.

La mirada del mundo nuevamente se posó en la Nueva Era cuando miles de pequeños grupos se combinaron para anunciar la «convergencia armónica» fijada para el 17 de agosto de 1987. En una hora específica de esa fecha, los seguidores de la Nueva Era de todos los caminos de la vida cantaron, meditaron y realizaron rituales en emplazamientos designados de todo el mundo, pero los lugares más populares fueron los así llamados místicos, como el Monte Shasta, California; Sedona, Arizona; Santa Fe, Nuevo México; y Stonehenge, Inglaterra, donde se creía que un vértice de energía armonizaría la energía del individuo para la transformación mundial.

---

18. Dos de los diecisiete periódicos donde Benjamin Creme publicó "The Christ is Now Here" fueron *Los Angeles Times*, 25 abril 1982, p. 31 y el *London Times*, 25 abril 1982, p. 5.
19. Kurt Van Gorden asistió a la conferencia de prensa y pudo preguntar al señor Creme sobre sus escritos. Véase también Martin, *Kingdom of the Cults*, p. 409.

El señor Maitreya de Creme no apareció ni resolvió los problemas mundiales. No se alcanzó la paz mundial como resultado de la convergencia armónica, pero eso no molestó al creyente típico de la Nueva Era. El movimiento presentaba una tremenda resistencia al enfrentar la derrota. A pesar de esos obstáculos, continuó creciendo en popularidad. En décadas pasadas, los libros cristianos en las grandes tiendas minoristas dominaron la sección religiosa, pero las selecciones de libros Nueva Era en competencia duplican o triplican ya la cantidad de volúmenes cristianos en muchas tiendas.

Pasados ya los años ochenta, con su sensacionalismo y acaparamiento de los medios, los líderes actuales de la Nueva Era son más pasivos acerca de hacer declaraciones rimbombantes, puesto que los medios de comunicación son más críticos y a veces más duros. Se conforman con que sus enseñanzas, sus principios y sus prácticas hayan entrado a formar parte de la cultura occidental. Eso les brinda estabilidad para su crecimiento.

Los representantes actuales de la Nueva Era ya no son tan ocultistas en sus prácticas y rituales, sino que se han refinado en términos aceptables para que la meditación, el yoga, la astrología, las cartas de tarot, la quiromancia, los cristales, los métodos de sanidad y otras prácticas sean bienvenidos.[20] También hay un cambio entre algunos seguidores de la Nueva Era que se alejan del apodo de «Nueva Era» a favor de una identidad más descriptiva, tal como espiritualidad o «nueva espiritualidad».[21]

La terminología Nueva Era

Algunos términos clave comunes usados por los creyentes de la Nueva Era ayudan a identificar su pensamiento. Con frecuencia, el trasfondo espiritual subyacente de un artículo, libro o película puede detectarse conociendo estos términos.

Término de la Nueva Era	Explicación del término de la Nueva Era
Atlantis y Lemuria	Continentes perdidos que los seguidores de la Nueva Era creen reales; a veces declaran haber tenido comunicación con personas de Atlantis (Rudolf Steiner, por ejemplo) y de Lemuria.

20. Los líderes actuales entre los autores de la Nueva Era son Deepak Chopra, Wayne Dryer, John Gay, Frijof Capra, Trish Mac Gregor, Shakti Gawain, Marianne Williamson, Paulo Coelho, Dick Sutphen y Sylvia Browne.
21. George A. Mather, Larry A. Nichols y Alvin Schmidt, *Diccionario de creencias, religiones, sectas y ocultismo,* Editorial Clie, Terrassa, Barcelona, 2001, p. 350.

Era de Acuario o Edad Acuariana	El alineamiento de determinados planetas dentro de la constelación de Acuario tendrá como resultado una Nueva Era y cambios globales en la tierra.
Avatar	*Avatar* es una palabra en sánscrito que se refiere a una deidad hindú, pero en la Nueva Era podría ser un maestro espiritual.
Canalización y canalización en trance	Canalización es el término de la Nueva Era para una variedad de prácticas de médium. La canalización en trance es el vehículo más popular, en la que un espíritu toma el cuerpo de un sujeto y habla a través de él.
Chakra	*Chakra* es la palabra en sánscrito del hinduismo que representa siete centros de energía en el cuerpo humano. Los que practican la Nueva Era los usan en una variedad de formas para la meditación, la sanidad y la elevación de la conciencia.
Cristo	Cristo no es Jesús, según la Nueva Era. El Cristo es una conciencia cósmica. Jesús es un mensajero humano, a veces llamado avatar, quien manifestó la conciencia del Cristo. Fue solo uno de muchos cristos o, como sostienen algunos escritores de la Nueva Era, todo el mundo es un cristo.
Conciencia de Cristo, conciencia cósmica, conciencia de Dios, conciencia superior	En la perspectiva mundial de la Nueva Era, existe una unidad universal que impregna a todos los seres vivientes, que se llama conciencia cósmica, conciencia de Cristo, conciencia superior, divinidad o conciencia de Dios. En algunos escritos de la Nueva Era, estas descripciones adoptan el significado de elevar la conciencia del individuo a un nivel superior.
Yo Cristo, Yo Dios, Yo divino	Las enseñanzas de la Nueva Era describen al ser humano como un dios durmiente. El yo interior se describe como un Cristo, Dios o yo divino.
Conciencia colectiva	En la perspectiva mundial de la Nueva Era, los seres humanos que meditan y actúan juntos de manera armoniosa se convierten en una fuerza impulsora del universo, mediante el uso de su propia conciencia colectiva.

Gurú	*Gurú* es el término sánscrito para referirse a un maestro hindú. En el pensamiento Nueva Era, se llama así a cualquiera que logra que lo sigan.
Armonía y equilibrio	La perspectiva de la Nueva Era es *panteísta* (todo es Dios) *y monista* (todo es Uno). A la existencia se la considera en términos duales, *yang* y *yin*. Cuando las cosas van mal en el mundo, se debe a un desequilibrio de esas fuerzas. Cuando las cosas van mal para el individuo, también se debe a un desequilibrio o falta de armonía entre esas fuerzas.
Salud holística	*Holístico* es un término general que comprende una variedad de elementos de autosuperación para la mente, el cuerpo y el alma. Por lo general se relaciona con enseñanzas acerca de chakras, yoga y meditación.
Ilusión o maya	El mundo material para los monistas y panteístas no es real, sino más bien es una forma más baja o vibración baja de la Existencia Más Elevada (Dios) o la Vibración Más Alta (Espíritu). Si todo es Dios o todo es el Uno, entonces lo que pensamos que es la realidad debe entenderse como una ilusión del Espíritu; es una vibración baja de la misma sustancia que luego toma la forma de ilusión (sólida). Si aceleramos su velocidad de vibración, desaparecería como espíritu.
Ley del karma	*Karma* es un término sánscrito del hinduismo que representa acciones u obras. La recompensa o el castigo en una existencia reencarnada derivan de las acciones u obras en una vida anterior.
Kundalini	Por medio del yoga, en la base de la espina dorsal se libera un conjunto de energía, viaja a través de los chakras y libera finalmente una profunda conciencia de uno mismo.
Maitreya, Mesías, Buda o Cristo	De acuerdo con los seguidores de la Nueva Era, se espera que llegue en cualquier momento un salvador del mundo. Ellos emplean predicciones sobre Jesucristo, Buda, el Mesías y el señor Maitreya, en las que afirman que son uno y el mismo, como textos probatorios para sus afirmaciones.

Mantra, Om	Un *mantra* es por lo general una palabra dada a un iniciado del yoga para que la repita en su mente una y otra vez durante la meditación. Se dice que la vibración de la palabra tiene poder. «Om» es un mantra popular que usa la gente.
Meditación	Los maestros de la Nueva Era emplean diversas formas de meditación para la iluminación espiritual propia, para la salud y para llegar a ser uno con el universo.
Unidad, unicidad universal, monismo, panteísmo	El fundamento de la filosofía Nueva Era es la idea de que toda la existencia universal es en el fondo una sola cosa. Los que se inclinan hacia el monismo lo llaman la unidad o unicidad universal. Los que tienden al panteísmo lo llaman Dios.
Oráculos y runas	Los seguidores de la Nueva Era usan los oráculos para tomar decisiones instantáneas sobre rumbos de la vida o para pronosticar el futuro. Algunos de los métodos utilizados son echar las runas, los palos, los dados o las piedras. La forma en que caen determina la interpretación.
El Plan	*El Plan* es un término usado por los teósofos que creen que una jerarquía de los maestros ascendidos está por enviar al mesías, Maitreya, Cristo o Buda, cuyos seguidores se unirán para darle la bienvenida al plan para un nuevo orden mundial.
Visión planetaria	La cooperación colectiva traerá paz y armonía mundial en todos los aspectos de la vida, desde lo económico hasta lo cultural.
Renacer	Renacer es el proceso en el que el sujeto se somete a hipnosis u otras formas de regresión de la memoria para experimentar nuevamente su nacimiento. Se supone que eso lo libera de barreras no deseadas que actualmente experimenta.
Reencarnación	La mayoría de los grupos Nueva Era cree en la reencarnación en lugar de en la resurrección del cuerpo. Las experiencias en cuanto a recuerdos de la reencarnación están con frecuencia relacionadas con lo oculto, tal como la regresión hipnótica, las experiencias de una vida pasada y la terapia de renacimiento.

El toque terapéutico, la curación Reiki	El toque terapéutico, o curación Reiki, es un método curativo entre los seguidores de la Nueva Era en el cual se imponen las manos sobre el participante para sanarlo. Con bastante frecuencia el toque terapéutico se combina con las teorías *yin-yang* y piedras o energías de cristales.
Vibraciones	Se dice que espíritu y energía son formas de vibración. La mayor vibración es Dios o la Unidad universal. Las vibraciones bajas del espíritu forman la ilusión de la materia. La meta de la Nueva Era es quitarse de encima la materia (ilusión) mediante la reencarnación o de otra manera, para que todo pueda ser espíritu.
Polaridad yang y yin	Los miembros de la Nueva Era tomaron esto prestado de la filosofía oriental, particularmente del taoísmo (I Ching). Esta es la visión de que la existencia universal se basa en la armonización y el equilibrio de dos fuerzas opuestas, *yang* y *yin* (positivo y negativo, masculino y femenino).
Yoga	*Yoga* significa «unión» en sánscrito. Su meta en el hinduismo consiste en hacer al sujeto uno con Brahma. Los monistas y los maestros de la Nueva Era con frecuencia modifican su definición y describen el yoga como llegar a ser uno con la Unidad universal.

Caso real

Walter Martin

Este incidente ocurrió en la Primera Iglesia Bautista de Van Nuys, California, frente a más de cuarenta testigos, incluyéndome a mí. No cabe duda alguna de que sucedió.

Una joven vino una noche a la Primera Iglesia Bautista, justo después de que yo hubiera dirigido una serie de conferencias sobre sectas y ocultismo. Era una joven india que entró, en un estado de trastorno, y le dijo a los pastores: «¡Ayúdenme, ayúdenme! No me dejan en paz».

Al principio, los pastores pensaron que tenía una enfermedad mental. Pero, al día siguiente, la secretaria de la iglesia me llamó a mi motel, a más de cien kilómetros de distancia.

—Tienes que venir, ¡rápido! —me dijo.

—Lo siento mucho —respondí—, pero estoy muy ocupado con reuniones y, además, estoy agotado.

—Tienes que ayudarnos, no creerías lo que está sucediendo aquí. Hay una joven arriba y cuatro de los pastores están realizando un exorcismo y no saben qué están haciendo. Voy a pasarte a un teléfono del tercer piso, así podrás hablar con ellos. Llevamos todo el día intentando localizarte.

Entonces transfirió la llamada al edificio educativo.

Uno de los pastores me respondió de inmediato, evidentemente agitado.

—¡Doctor Martin! Quiero que escuche esto —me dijo. Dos segundos más tarde, pensé que había entrado en un manicomio. Nunca en mi vida había oído tales ruidos, aullidos, rugidos e insultos en múltiples lenguas fluyendo a través de una línea telefónica.

Regresó al teléfono y dijo: «Es *una joven* la que ha hablado. ¿Puede creerlo? Somos cuarenta aquí y no decimos nada. Todos los ruidos que oyó provienen de ella».

Sonaba como un estadio de fútbol o un manicomio.

—Definitivamente, tiene un problema —le dije.

—¿Qué hacemos con ella? —me preguntó.

Durante las siguientes cuatro horas, dirigí un exorcismo por teléfono. Los pastores hablaban con los demonios, volvían al teléfono para contarme qué habían dicho los demonios y luego volvían y hablaban con ellos de nuevo. Esto puede parecerle una locura, pero para esos hombres, predicadores del evangelio de Cristo, era muy real.

Finalmente descubrimos que ella había estado en el núcleo del movimiento Nueva Era, asociada con media docena o más de ideas y conceptos de dicha organización. Resultó ser que tenía cien demonios en su cuerpo. Les dije que consiguieran una grabadora, si no nadie lo creería. Los pastores ordenaron a los demonios, en nombre de Jesucristo, identificarse cada uno de ellos. Realmente grabaron sus nombres y algunos de ellos eran muy interesantes. Eran los nombres y la terminología del mundo de lo oculto, porque ella había estado en todo eso. Estaba vomitando los nombres de los demonios relacionados con movimientos reales.

Cuatro horas más tarde, el Espíritu Santo echó fuera al último de los demonios de la joven en el nombre de Jesús. Un pastor volvió a llamarme.

—Ya terminamos —me dijo—. Se han ido. ¡Alabado sea el Señor!

—Sí —le respondí—, ¡alabado sea el Señor!

—Ella quiere hablar con usted —me dijo el pastor.

Se acercó al teléfono y me dijo: «He estado poseída durante los últimos años. No podía liberarme y no sabía adónde dirigirme. Seguía yendo a esas sectas y a esos grupos ocultistas, por lo que cada vez había más demonios en lugar de menos. Finalmente decidí venir aquí. Quiero agradecerle que permaneciese al teléfono y ayudara a los ministros. Quiero alabar y agradecer a Dios que acabo de recibir a Jesucristo como mi Salvador. Quiero que sepa que soy libre. Ellos se han ido ¡y yo amo a Jesús! Gracias a Dios que me liberó».

El terrible peligro del ocultismo es que las personas se exponen a sí mismas y a sus hijos y no se dan cuenta de los problemas espirituales. Cuando se trata de la liberación del poder satánico, como en este caso real, entonces no están en absoluto preparados para tratarlo.

La teología Nueva Era

¿Quién es Dios?

La teología Nueva Era no sigue al Dios bíblico. Define a Dios de muchas maneras, en el caso de que el grupo lo reconozca, ya que algunos grupos reconocen solo a una Unidad universal. Ya se hable de Dios o de la Unidad, generalmente es una fuerza impersonal que impregna la creación. El monismo y el panteísmo son las dos filosofías fundamentales a las que se suscriben los miembros de la Nueva Era. El monismo es la concepción filosófica en la que toda la realidad, material y espiritual, es una, sin distinción real. En la Nueva Era, se presenta como una fuerza impersonal o una unidad universal, en la que se incluye toda la realidad. Los monistas no necesariamente lo llaman dios, salvo si les conviene. En contraste, los panteístas denominan a la fuerza universal un dios, el cual se asemeja con bastante frecuencia al Brahma del hinduismo.

El mundo material en sí es una forma inferior de la fuerza impersonal. Se dice que es una vibración baja de la misma cosa o de la misma sustancia. Esta sustancia, cuando existe en una vibración lenta, se convierte en materia. La única realidad verdadera es la sustancia espiritual, que existe en su forma más pura como una vibración alta. Toda persona debe usar alguna técnica Nueva Era para lograr un alto grado de espiritualidad, a fin de llegar a ser uno con la vibración alta. Es por medio de la alta vibración como llega a ser uno con Dios o uno con el Uno. Esta práctica de la Nueva Era le permite corregir errores del pasado y elevar su conciencia. En el momento en que reconoce su conciencia crística, o conciencia superior, uno puede renovar la conexión con su karma, por ejemplo, y descubrir cómo escapar al ciclo sin fin de la reencarnación.

¿Qué es el hombre?

Los seguidores panteístas de la Nueva Era enseñan la divinidad del hombre. La humanidad es divina porque este dios es la «vida» dentro del hombre y de todas las criaturas vivientes. Algunos defensores de la Nueva Era, como por ejemplo la Iglesia de la Unidad, limitan la naturaleza de este dios a las cosas vivientes pero no a los objetos inanimados, como una roca.[22] Otros miembros de la Nueva Era, como Benjamin Creme, sostienen francamente que una roca es igual a un ser humano. Creme escribió: «Tú eres Dios. Yo soy Dios. Este micrófono es Dios. Esta mesa es Dios. Todo es Dios».[23]

Los monistas de la Nueva Era reconocen la fuerza impersonal como la Unidad universal de todo. Enseñan que el Uno es inminente en toda la creación, animada e inanimada. Lo reconocen como algo *que no se conoce*, ya que se trata de una entidad impersonal.

Determinados avatares o mensajeros nos han traído conocimientos para ayudarnos a convertirnos en uno con el Uno. Cuando los seguidores de la Nueva Era hablan de Jesucristo, se refieren a Él como un profeta o uno de esos avatares. El movimiento Nueva Era también separa a Jesús del Cristo. El Cristo es una conciencia cósmica que también es la verdadera divinidad de toda la humanidad, por tanto, Jesús no era especial al ser un cristo. Jesús, como hombre, manifestó al Cristo y aprendió a usar su conciencia crística.

Respuesta bíblica

La Nueva Era no puede subdividir al Dios de la Biblia en un *yang* y *yin* duales, igual que no se puede subdividir la naturaleza de Dios de ninguna otra manera. Como se menciona en la apertura del Credo de Atanasio: «Que veneremos a un solo Dios en la Trinidad, y a la Trinidad en la unidad; sin confundir las personas ni separar las sustancias».[24] La sustancia de Dios, como Espíritu eterno, no puede dividirse y sus personas no pueden confundirse.

Dios no puede reducirse a la sustancia de la materia creada (panteísmo). Tampoco se le puede reducir a una fuerza impersonal (monismo). Dios es distinto de todas las cosas

22. A este punto de vista en realidad se le llama *panenteísmo* (pan = todo; en =en, theos =dios), «dios está en todo», en contraste con el panteísmo, donde «todo es dios». La diferencia, por ejemplo, es que la mayor parte de los panteístas dirá que un árbol es parte de Dios, pero el panenteísta dirá que Dios es la vida en el árbol. Los autores de la Iglesia de la Unidad promueven el panteísmo, según lo muestra Charles Fillmore en *Jesucristo sana,* Biblioteca Clasica de Unity, Unity Books, Unity Village, MO, 1998 (p. 31 del original inglés): «Dios es el amor en todos y en todo. Dios es amor».
23. Benjamin Creme, *La reaparición del Cristo y los maestros de la sabiduría,* Share, Barcelona, 1994 (p. 116 del original en inglés).
24. Alexander Roberts y James Donaldson, eds., *Ante-Nicene Fathers, Volume 7: Fathers of the Third and Fourth Centuries,* Eerdmans, Grand Rapids, 1996, p. 563. Cita en español tomada de http://es.wikipedia.org/wiki/Credo_de_Atanasio.

creadas y su naturaleza esencial es diferente de la creación. La Biblia dice que Dios es Espíritu invisible (Jn. 4.24; Col. 1.15). Él creó todas las cosas existentes y, por ende, Él mismo no es una cosa creada (Col. 1.16-17; Heb. 1.2, 11.3).

Dios es un ser personal

De acuerdo con las Escrituras, Dios es un ser personal. En Éxodo 3.14-15, Dios le respondió a Moisés desde la zarza ardiente y le anunció su nombre: «YO SOY». Observando de cerca esto, «Yo» (primera persona singular), «SOY» (verbo ser; un yo reflexivo cognitivo; personalidad), se traduce de forma adecuada como «YO SOY».[25] La distinción entre Dios y los humanos es clara, ya que ningún humano puede ser Dios y Dios no es un hombre, puesto que dijo: «Porque Dios soy, y no hombre, el Santo en medio de ti» (Os. 11.9). Dios se distingue de la humanidad en su naturaleza y ser. Incluso en la encarnación de Jesucristo, su deidad permaneció inmutable mientras Él se hizo carne (Fil. 2.6-8). Isaías habló sobre la singularidad de la naturaleza de Dios: «Antes de mí no fue formado dios, ni lo será después de mí» (Is. 43.10). Esto nos dice que ningún hombre se convierte en un dios despertando al dios de su interior, ya que Dios está solo en su divinidad.

La teoría monista de la Nueva Era es también cuestionada por los pasajes bíblicos que manifiestan la persona de Dios. Dios habló de sí mismo en Génesis 1.26 con los pronombres plurales «nosotros» y «nuestro», demostrando que es un Dios amoroso, cariñoso, personal, que creó la humanidad. Dios también tiene los atributos de un ser personal en tanto que posee una voluntad y una mente (Ro. 8.27). Él no es una fuerza impersonal sin inteligencia.

Aun más, a Dios se le presenta en las Escrituras como un ser en tres personas, tal como vimos en el Credo de Atanasio: «Un solo Dios en la Trinidad, y a la Trinidad en la unidad». Encontramos a las tres personas de la naturaleza de Dios (Padre, Hijo y

25. Éxodo 3.14 según el comentario de Adam Clarke: 'ehyeh (AT:1961) 'asher (AT:834) 'ehayeh (AT:1961). Estas palabras se han entendido de varias maneras. La Vulgata traduce EGO SUM QUI SUM: «Yo soy quien soy». La Septuaginta tiene: Egoo (NT:1473) eimi (NT:1510) ho (NT:3588) Oon (NT:5607). «Yo soy el que existe». Las versiones siríacas, persas y caldeas preservan las palabras originales sin nota alguna. La versión en árabe las parafrasea, «El Eterno», el que no está de paso, que es la misma interpretación dada por Abul Farajius, que también preserva las palabras originales y las da como su interpretación. El Targum de Jonatán, y el Targum de Jerusalén parafrasean: «El que habló y el mundo fue; el que habló y todas las cosas existieron». Como las palabras significan literalmente: «Yo seré el que seré», algunos han supuesto que Dios simplemente tenía la intención de informar a Moisés de que, lo que había sido para sus padres Abraham, Isaac y Jacob, lo sería para él y los israelitas; y que cumpliría las promesas que había hecho a sus padres, entregando a sus descendientes la tierra prometida. Es difícil darle significado a las palabras, ellas intentan señalar la eternidad y la existencia propia de Dios. Platón, en su *Parménides*, donde trata de forma sublime la naturaleza de Dios, dice: «Out' (NT:3761) ara (NT:686) onoma (NT:3686) estin (NT:2076) autoo (NT:846), nada puede expresar su naturaleza, por lo tanto, no se se le puede atribuir ningún nombre».

Espíritu Santo) en la Gran Comisión de Cristo: «bautizándolos en el nombre del Padre, y del Hijo, y del Espíritu Santo» (Mt. 28.19). Vemos con claridad a un Dios en tres personas.

El hombre no es divino

Ya que el hombre no es divino, hay que determinar cuál es su naturaleza. Génesis 1 revela que el hombre fue creado a imagen y semejanza de Dios. Génesis 3 muestra que el hombre no mantuvo su condición en la creación perfecta, sino que cayó en el pecado por medio de la desobediencia de un hombre (Adán), a través de quien el pecado alcanzó a todos. Romanos 5.12 dice: «Por tanto, como el pecado entró en el mundo por un hombre, y por el pecado la muerte, así la muerte pasó a todos los hombres, por cuanto todos pecaron».

La imagen de Dios en el hombre puede ser maltrecha, estropeada, arruinada y machacada, pero sigue existiendo (Stg. 3.9). Dios alcanza al hombre por medio del evangelio de Jesucristo para salvar a la humanidad mediante la expiación de Cristo.

Pablo continúa en Romanos 5.17: «Pues si por la transgresión de uno solo reinó la muerte, mucho más reinarán en vida por uno solo, Jesucristo, los que reciben la abundancia de la gracia y del don de la justicia». Y luego destaca en Tito 2.11-13: «Porque la gracia de Dios se ha manifestado para salvación a todos los hombres, enseñándonos que, renunciando a la impiedad y a los deseos mundanos, vivamos en este siglo sobria, justa y piadosamente, aguardando la esperanza bienaventurada y la manifestación gloriosa de nuestro gran Dios y Salvador Jesucristo».

Entonces, el hombre no es más que polvo y no es divino: «Pues polvo eres, y al polvo volverás» (Gn. 3.19). La Biblia dice en Hebreos 9.27: «Está establecido para los hombres que mueran una sola vez, y después de esto el juicio». El hombre es una criatura caída y no es divino en su naturaleza interior.

Jesús es el Cristo

El movimiento Nueva Era enseña que Jesús no es el Cristo. La Biblia dice que esta es la doctrina del príncipe de las tinieblas. En 1 Juan 2, Dios nos dice que Jesucristo es la propiciación por nuestros pecados. Su expiación satisfizo la ira de Dios por nuestros pecados, y no solo por los nuestros, sino por los pecados de todo el mundo (1 Jn. 2.2). El apóstol Juan prosigue con una prueba para conocer a Dios. A diferencia de la Nueva Era, donde conocer a un dios significa conocerse a sí mismo, Juan nos dice que para conocer a Dios primero debemos conocer a Jesús como verdaderamente es. Los que niegan que Jesús es el Cristo son mentirosos: «¿Quién es el mentiroso, sino el que niega que Jesús es el Cristo? Este es anticristo, el que niega al Padre y al Hijo» (1 Jn. 2.22). Si negamos al Hijo, entonces no podemos afirmar que conocemos al Padre (v. 23). Juan califica la enseñanza del movimiento Nueva Era sobre Cristo como una doctrina del Anticristo.

Jesús es el Cristo. Él les preguntó a sus discípulos: «¿Quién dicen los hombres que es el Hijo del Hombre?». Pedro respondió: «Tú eres el Cristo, el Hijo del Dios viviente». Entonces Jesús lo bendijo diciendo: «Bienaventurado eres, Simón, hijo de Jonás, porque no te lo reveló carne ni sangre, sino mi Padre que está en los cielos» (Mt. 16.13, 16-17). Los seguidores de la Nueva Era están equivocados al afirmar que son pequeños cristos. Únicamente Jesús es el Cristo. Jesús no puede separarse del Cristo porque Jesús es *el* Cristo, el Hijo del Dios viviente.

El hombre es malo

La teología de la Nueva Era enseña que el hombre es esencialmente bueno y que está evolucionando hacia la divinidad total. Esta doctrina sobre el hombre está en la línea del humanismo secular, una creencia en conflicto directo con Jeremías 17.9: «Engañoso es el corazón más que todas las cosas, y perverso; ¿quién lo conocerá?» El corazón del hombre es sobre todo engañoso y está irremediablemente enfermo. Dios no creó los campos de exterminio nazis de Dachau, Auschwitz o Buchenwald; se originaron en el corazón del hombre.

El primer capítulo de Romanos disipa toda ilusión sobre la naturaleza del hombre. No es esencialmente bueno; es una criatura caída que necesita con urgencia un nuevo nacimiento, «por cuanto todos pecaron, y están destituidos de la gloria de Dios» (Ro. 3.23).

El movimiento Nueva Era niega que el pecado sea rebeldía contra la ley del Dios eterno. No quiere tener nada que ver con el monoteísmo o con el Dios de la creación, quien nos dio la ley. Lo suprime a Él y a su ley, y enseña que el hombre puede hacer lo correcto ante sus propios ojos: Si hace las cosas mal, las compensará en su próxima reencarnación.

La Biblia responde en términos explícitos. En Hebreos 1.3, se nos enseña que Jesucristo purificó a los seres humanos del pecado y que se sentó a la diestra de Dios. Por lo tanto, la humanidad no va a mejorar aparte del Señor Jesús y los individuos no pueden pagar por sus propios pecados por medio de un equilibrio kármico. Jesús lo pagó todo. El antiguo himno está en lo cierto al afirmar: «Jesús lo pagó todo, le debemos todo a Él; el pecado dejó una mancha escarlata, Él la dejó blanca como la nieve».[26]

---

26. Elvira M. Hall, "Jesús Paid It All" (1865).

La reencarnación no existe

La Nueva Era enseña que hay una evolución física y una espiritual. En el ámbito físico, los seguidores de la Nueva Era aceptan la hipótesis de la evolución darwiniana. En el reino espiritual, creen que el hombre está evolucionando hacia la perfección final de la deidad. La religión de la Nueva Era enseña la salvación por medio de las obras y de la reencarnación. La Biblia enseña en Efesios 2.8, 9: «Porque por gracia sois salvos por medio de la fe; y esto no de vosotros, pues es don de Dios; no por obras, para que nadie se gloríe».

La reencarnación no existe, pero sí la resurrección corporal. Jesús dijo en Juan 14.19: «Porque yo vivo, vosotros también viviréis». Él prometió resucitar a sus hijos a la vida eterna en el día final. Habrá una resurrección de los justos a vida eterna con Dios, y de los injustos a separación eterna de Dios (Hch. 24.15).

El movimiento Nueva Era cree en el karma y en la reencarnación; las personas pagan por lo que hicieron en encarnaciones anteriores (renacimientos). Pero la Biblia enseña que si alguien se acerca a la cruz de Jesús en el Calvario, entonces Jesús borrará sus pecados. Él cargó con los pecados de la humanidad en su propio cuerpo de hombre sobre la cruz. Entró una sola vez al Lugar Santísimo, habiendo obtenido redención eterna para nosotros (Heb. 9.12). No hay reencarnación después de la muerte. Solo queda el juicio (Heb. 9.27).

La ley de Dios es la norma de la justicia

La teología básica de la Nueva Era niega la ley de Dios como la norma de la justicia, pero las epístolas a los romanos y a los gálatas enseñan que la ley es santa, justa y buena. El pecado es transgresión de la ley y toda injusticia es pecado. La Nueva Era no quiere tener nada que ver con una norma absoluta de justicia. Es una teología relativista que no tiene ninguna autoridad, salvo la personal.

Hay un único Salvador

El movimiento Nueva Era cree en múltiples salvadores y avatares: Buda, Mahoma, Zoroastro, Confucio, Lao Tse y Saint Germain, por nombrar algunos. Tienen muchos gurúes y mensajeros divinos. Por eso es que los gurúes hindúes devotos piensan que son divinos; son gurúes porque son mensajeros de ese ser desconocido llamado Brahma. Pero la Biblia habla de un *único* mensajero. Al final de los tiempos, Dios apareció en su Hijo, Jesucristo, únicamente, para reconciliar al mundo con Él mediante su sacrificio en la cruz (2 Co. 5.19).

La Nueva Era enseña que hay muchos caminos o vías hacia Dios, pero Jesús dijo: «Yo soy el camino, y la verdad, y la vida; nadie viene al Padre, sino por mí» (Jn. 14.6). En Hechos 4.12 se afirma: «Y en ningún otro hay salvación; porque no hay otro nombre bajo el cielo, dado a los hombres, en que podamos ser salvos». La tierra es creación de Dios, y vivimos en el universo de Dios. El hombre respira el aire de Dios por su misericordia. El hombre está precariamente posado en un ascua ardiente con un núcleo caliente de níquel, a unos ciento cincuenta millones de kilómetros de un gran horno solar que se mantiene en su lugar gracias a una fuerza conocida como gravedad, una fuerza que nadie comprende. El hombre gira en la tierra a una velocidad de aproximadamente cuarenta mil kilómetros por hora en el espacio, y no existe garantía de que siga aquí en el próximo microsegundo.

No obstante, los cristianos pueden sentirse seguros. Las Escrituras dicen que nuestro Padre responde a nuestros llamados al cielo. Él nunca nos hace esperar ni desconecta el teléfono. Podemos enfrentar el mañana porque sabemos que Él vive. El universo se mantiene unido no por avatares esotéricos, sino por el Dios de las galaxias y el Creador de todas las cosas. Las Escrituras enseñan que Él entró al mundo en forma de hombre. «Todas las cosas por él fueron hechas, y sin él nada de lo que ha sido hecho, fue hecho» (Juan 1.3). En Jesucristo está la luz porque Él es luz, y la vida es la luz de los hombres (v. 4). La luz sigue brillando en la oscuridad del movimiento Nueva Era, y ellos no pueden comprenderlo, pero sigue siendo así.

Conclusión

El movimiento Nueva Era enseña una forma de universalismo: Todos, al final, obtendrán la salvación, independientemente de su camino particular, sea un gurú, un maestro, un salvador o un avatar. Los seguidores de la Nueva Era han abandonado la teología bíblica y han rechazado al Dios de la Biblia. Detestan el monoteísmo y aman al panteísmo y el monismo. Aborrecen al cristianismo y aman el misticismo esotérico.

Hay un pasaje de las Escrituras que es sumamente significativo con respecto a este estudio y que debe considerarse cuidadosamente. En 2 Timoteo 3.1-5 dice: «También debes saber esto: que en los postreros días vendrán tiempos peligrosos. Porque habrá hombres amadores de sí mismos, avaros, vanagloriosos, soberbios, blasfemos, desobedientes a los padres, ingratos, impíos, sin afecto natural, implacables, calumniadores, intemperantes, crueles, aborrecedores de lo bueno, traidores, impetuosos, infatuados, amadores de los deleites más que de Dios, que tendrán apariencia de piedad, pero negarán la eficacia de ella; a éstos evita». Este capítulo sigue describiendo estas diversas prácticas y luego declara, en los versículos 13-17:

> Mas los malos hombres y los engañadores irán de mal en peor, engañando y siendo engañados. Pero persiste tú en lo que has aprendido y te persuadiste, sabiendo de quién has aprendido; y que desde la niñez has sabido las Sagradas Escrituras, las cuales te pueden hacer sabio para la salvación por la fe que es en Cristo Jesús. Toda la Escritura es inspirada por Dios, y útil para enseñar, para redargüir, para corregir, para instruir en justicia, a fin de que el hombre de Dios sea perfecto, enteramente preparado para toda buena obra.

En 2 Timoteo 4.1-5 se instruye a la iglesia:

> Te encarezco delante de Dios y del Señor Jesucristo, que juzgará a los vivos y a los muertos en su manifestación y en su reino, que prediques la palabra; que instes a tiempo y fuera de tiempo; redarguye, reprende, exhorta con toda paciencia y doctrina. Porque vendrá tiempo cuando no sufrirán la sana doctrina, sino que teniendo comezón de oír, se amontonarán maestros conforme a sus propias concupiscencias, y apartarán de la verdad el oído y se volverán a las fábulas. Pero tú sé sobrio en todo, soporta las aflicciones, haz obra de evangelista, cumple tu ministerio.

Esta es una sobria nota de advertencia. Revela cómo es el mundo donde vivimos. Residimos en un mundo que es hostil al evangelio de Jesucristo. Son los últimos días y Primera de Juan nos dice que llevamos casi dos mil años situados en los últimos días. Llegarán los tiempos peligrosos y los hombres se alejarán, esa es la clave, se alejarán de la verdad para no escuchar de ella, y la verdad se convertirá en mitología.

¿Cuál es el verdadero peligro de todo esto? En primer lugar, esto puede neutralizar la fe. Si las personas comienzan a jugar con las herramientas que les ofrece el ocultismo y el movimiento Nueva Era, entonces se harán sensibles al poder que lo organiza, lo sostiene y opera a través de él. Serán vulnerables al príncipe de las tinieblas. Por lo tanto, sobre lo oculto, Dios dice: *No toquen estas cosas* (Dt. 18.9-12). Si lo hacen, entonces seguirán el sendero de las naciones que precedieron a Israel y Canaán. Ellas escucharon a los seguidores de la Nueva Era de su época: los adivinos, los agoreros y los que practicaban las enseñanzas de los dioses demoníacos de Canaán. El Señor los destruyó y dijo que destruiría a todos los que siguieran sus huellas.

Los cristianos no osan recorrer el mundo de lo oculto. En primer lugar, si usted es cristiano, eso neutralizará su vida y su testimonio. En segundo lugar, puede exponerlo a un ataque satánico, a la opresión y a todas las formas de maldad. Si se rinde al servicio del pecado, será siervo del pecado (Jn. 8.34). Si elige entregarse a Cristo, entonces se está entregando a la justicia que trae vida. En tercer lugar, el peligro del movimiento Nueva Era y del ocultismo es su esencia: son lo que siempre han sido, el mal. Si abre la puerta cerrada de una dimensión prohibida, lo que sucederá es que se encontrará con un poder satánico de enormes proporciones.

Debemos amar a las personas que están atrapadas en el movimiento Nueva Era, en el nombre de Cristo en la cruz. Debemos amarlos lo suficiente como para aprender la diferencia entre qué creen y qué sabemos que es la verdad; amarlos lo suficiente para examinarlos a la luz de las Escrituras y ayudarles a seguir lo bueno; amarlos lo suficiente como para resistir a Satanás por su bien; amarlos lo suficiente como para orar con ellos y por ellos; amarlos lo suficiente como para enfrentarnos a ellos y decirles la verdad. Debemos amarlos en nombre de Cristo. Como ordenan las Escrituras: «Procura con diligencia presentarte a Dios aprobado, como obrero que no tiene de qué avergonzarse, que usa bien la palabra de verdad» (2 Ti. 2.15).

No jueguen con el ocultismo y su reino. No abran sus puertas, sus hogares, a sus hijos, sus iglesias ni a sus amigos a esta forma nueva y creciente de gran oscuridad espiritual. En lugar de ello, llénense con el Espíritu Santo, arrodíllense ante Dios con su Biblia y clamen ante Él. Si la iglesia clama al Espíritu Santo, busca el poder de Cristo, profundiza en la Palabra, se disciplina y se postra ante Él, Dios la preparará. Vístanse con la armadura de Dios, el yelmo de la salvación, la coraza de la justicia y el cinturón de la verdad. Que sus pies se dispongan a predicar el evangelio. Tomen el escudo de la fe, Jesús es el Señor; y la espada del Espíritu, que es la Palabra de Dios, y permanezcan firmes, orando siempre en el Espíritu (Ef. 6.14-18). Si hacen eso, Dios ha prometido que seremos más que vencedores por medio de aquel que nos ama: Jesucristo (Ro. 8.37).

Recursos recomendados

1. Hull, Bill. *Jesus Christ, Disciplemaker.* Baker, Grand Rapids, 2004.
2. Martin, Walter. *The New Age Cult.* Bethany House, Minneapolis, 1989.
3. Martin, Walter. *Spirit of this Age.* CD o cinta de audio, Walter Martin Ministries, www.waltermartin.com.
4. Pike, Sarah M. *New Age and Neopagan Religions in America.* Columbia University Press, Nueva York, 2004.

Breves apuntes acerca de los fenómenos psíquicos

- Los fenómenos parapsicológicos o paranormales (su etiqueta moderna) son experiencias genuinas que no se pueden explicar por medio de la observación científica; son experiencias del cuerpo y el alma que apelan a la naturaleza espiritual del hombre.
- Entre tales fenómenos están la Percepción Extrasensorial (PES) y la psicoquinesia (PK).
- Los fenómenos de la llamada PES pueden ser de dos clases: normales y ocultos.
- El poder que hay tras los fenómenos parapsicológicos ocultos es Satanás: su propósito es engañar a la humanidad y apartar a las personas de Dios.
- La hipnosis no es un fenómeno parapsicológico, pero puede utilizarse junto con herramientas ocultistas como la terapia regresiva y la escritura automática.
- Con frecuencia se utilizan textos bíblicos, tomados fuera de contexto, para justificar sucesos parapsicológicos.

7

Fenómenos psíquicos o parapsicológicos

El propósito de todos los fenómenos parapsicológicos ocultos, en la antigüedad y ahora, es engañar. Dichos fenómenos, que ya hace mucho tiempo manifestaron los magos de Egipto que imitaban los milagros de Dios, tienen como objetivo imitar y destruir, de la misma manera en que el Anticristo emulará los milagros de Jesús con el fin de engañar y destruir a la humanidad. No guían a las personas hacia Dios, sino que las *alejan* de Él. Los fenómenos parapsicológicos intrigan a muchas personas porque tienen que ver con lo extraño y lo extraordinario, porque brindan secretismo, emociones y poder a un mundo que adora cualquier cosa que se vea rodeada de un manto de misterio.

En el estudio de los fenómenos parapsicológicos resulta imprescindible que se comprenda con exactitud el significado bíblico del tema. Los fenómenos paranormales que, según los parapsicólogos modernos, están relacionados con la Biblia no existen. No obstante, las personas que se interesan por los fenómenos parapsicológicos modernos intentan a menudo utilizar la Biblia en contra de ella misma; tratan de demostrar que la Escritura aprueba la injerencia en este reino peligroso, cuando realmente no lo hace.

¿Qué son exactamente los fenómenos psíquicos? La palabra *psíquico* proviene del término griego *psuke*, que se refiere al alma.[1] *Fenómenos* hace alusión a las experiencias: las cosas que las personas ven, oyen, huelen, prueban, tocan o comprenden. Los *fenómenos parapsicológicos* (también llamados *Psi* por los estudiosos interesados en el tema) son hechos que no pueden explicarse mediante la observación científica. Son experiencias del alma, cosas que apelan a la naturaleza espiritual del hombre.

Las personas interesadas en los Psi, como los espiritistas, los rosacruces y los que practican todas las variantes de ocultismo, afirman que la Biblia contiene un vasto testimonio de fenómenos parapsicológicos y brindan múltiples ejemplos para respaldar

---

1. Aliento, es decir (indirectamente) espíritu, NT: 5590, *Nueva concordancia Strong exhaustiva.*

sus razonamientos. Con el objetivo de refutar tales ejemplos clave (esos en los que todos parecen concordar), han de estudiarse en los contextos del Antiguo y del Nuevo Testamento. Después hay que comparar el contexto bíblico individual con las enseñanzas de las Escrituras como un todo, hasta que al fin se revele la respuesta correcta al tema de los fenómenos parapsicológicos en la Biblia. Es esta respuesta definitiva la que se debe comunicar realmente al mundo.

Definición de términos

Las personas que toman parte activa en el mundo de lo paranormal hacen alusión a una letanía de términos con los que describen sus experiencias. El análisis de algunos de esos términos resulta de utilidad y su perspectiva bíblica, esencial.

La *parapsicología* es el estudio de los fenómenos parapsicológicos, como la percepción extrasensorial (PES) y la psicoquinesia (PK). *Para* en griego, significa «junto a» y *psicología* significa el estudio de la psiquis, el alma o las habilidades espirituales conocidas a veces como la mente. *Percepción extrasensorial* es un término acuñado por el doctor J. B. Rhine, investigador de la PES, y definido en *Man, Myth, and Magic* [Hombre, mito y magia] como «la recepción de información por parte de una persona mediante medios no sensoriales».[2] Son datos que se reciben por medios distintos de los canales de información tradicionales.

En cualquier estudio sobre los fenómenos Psi, se debe hacer una importante distinción entre la PES normal y la PES oculta, ya que ambas existen hoy. Hay dos clases de fenómenos llamados *extrasensoriales*, ya que van más allá de los cinco sentidos naturales. Las distinguen las Escrituras, las experiencias humanas y las influencias ocultistas. El término de *PES normal* puede utilizarse para describir las experiencias que muchas personas han tenido (incluyendo a la mayoría de los cristianos) que resultan difíciles de explicar como, por ejemplo, esposos y esposas o padres e hijos que, a pesar de encontrarse separados por grandes distancias, repentinamente «sienten» que algo anda mal. De alguna manera parecen *saber* que ha ocurrido algún accidente o incluso un fallecimiento y, cuando se investigan los hechos, se comprueba que dicha información era correcta, sin que mediara comunicación alguna entre las partes implicadas. Esto es *PES normal*, ya que tiene lugar comúnmente en la mayoría de las personas. La PES normal sobreviene sin que se provoque ni se busque.

Por el contrario, cuando las personas intentan penetrar deliberadamente en la PES, irrumpen por voluntad propia en el mundo del ocultismo con la intención de adquirir

2. Cavendish, *Man, Myth and Magic*, p. 875.

poderes sobre un fenómeno inexplicable determinado. A menudo, el estudio intencional de los poderes o las experiencias paranormales abre el corazón y la mente al ocultismo.

Fenómenos parapsicológicos (Psi)
Parapsicología

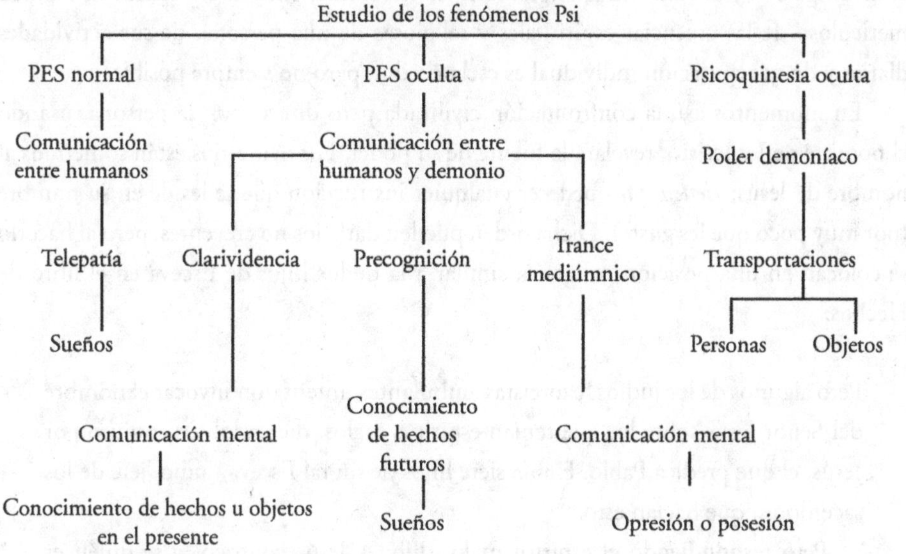

La PES normal es la capacidad de conocer la existencia de un hecho mientras ocurre, una capacidad telepática para acceder a información simultánea en la mente de otra persona.[3] Esta forma normal de la PES no tiene nada que ver con el ocultismo. Es un sentido latente llamado a menudo *sexto sentido* o *intuición*, más desarrollado en algunas personas, pero con toda probabilidad presente en todas.

Los experimentos del investigador de Princeton, el doctor Robert Jahn, y el personal de la Princeton Engineering Anomalies Research (PEAR) parecen respaldar la existencia de algún tipo de PES normal basado en ensayos de laboratorios, aunque sus colegas científicos se mantienen escépticos. «Al analizar los datos de dichos ensayos, el equipo

3. Walter Martin mantuvo esta posición basándose en los estudios de la PES disponibles durante su vida. Las pruebas científicas concluyentes de esos fenómenos siguen siendo difíciles de alcanzar, pero el doctor Martin creía que existían pruebas suficientes para respaldar sus conclusiones.

de la PEAR llegó a la conclusión de que las personas podían alterar muy ligeramente el comportamiento de esas máquinas al cambiar dos o tres vueltas de cada diez mil».[4]

El elemento clave que distingue a la PES normal de la PES oculta es la *fuente* de la información. ¿Se origina a partir de un vínculo con la mente humana o a partir de un vínculo con la mente de un ser interdimensional, que bíblicamente se identifica como un demonio? Esto constituye una diferencia crucial que puede determinarse mediante la investigación y la confrontación, aunque no necesariamente en ese orden. El examen meticuloso de las creencias espirituales y religiosas de una persona, de sus actividades diarias y de su reputación individual es esclarecedor, pero no siempre posible.

En momentos así, la confrontación civilizada pero directa con la persona, usando el nombre de Jesucristo, revelará la fuente de su poder. Los demonios están sometidos al nombre de Jesús; *tienen que* obedecer cualquier instrucción que se les dé en su nombre (por muy poco que les guste). Dicha orden pueden darla los no creyentes, pero al hacerlo se colocan en una posición peligrosa, similar a la de los hijos de Esceva en el libro de Hechos:

> Pero algunos de los judíos, exorcistas ambulantes, intentaron invocar el nombre del Señor Jesús sobre los que tenían espíritus malos, diciendo: Os conjuro por Jesús, el que predica Pablo. Había siete hijos de un tal Esceva, judío, jefe de los sacerdotes, que hacían esto.
>
> Pero respondiendo el espíritu malo, dijo: A Jesús conozco, y sé quién es Pablo; pero vosotros, ¿quiénes sois?
>
> Y el hombre en quien estaba el espíritu malo, saltando sobre ellos y dominándolos, pudo más que ellos, de tal manera que huyeron de aquella casa, desnudos y heridos (19.13-16).

La PES normal se manifiesta usualmente en la *telepatía*: la capacidad de tener conocimiento de una idea o hecho mientras tiene lugar. Ese conocimiento no guarda relación alguna con el ocultismo ni con la religión. Hay numerosos casos en los que las personas advierten tener el conocimiento de que algo está sucediendo en un momento determinado, aunque no se encuentran presentes en el lugar de los hechos.[5] Un individuo que

4. Benedict Carey, "A Princeton Lab on PES Plans to Close Its Doors", *New York Times*, 10 febrero 2007, http://www.nytimes.com/2007/02/10/science/10princeton.html?ex=1328763600&en=2f8f7bdba3ac59fl&ei=5090&partner=rssuserland&emc=rss.
5. A veces se les llama eventos Psi «espontáneos». Véase Carlos S. Alvarado, "Thoughts on the Study of Spontaneous Cases", *Journal of Parapsychology* 115, vol. 66 (2002). Las experiencias espontáneas de intuición, telepatía o sexto sentido afloran comúnmente con la familia o los amigos, como la de terminar la oración de un amigo (exactamente lo que él o ella estaba pensando) o cuando una persona sabe que le sucedió algo

esté ligado íntimamente a la mente de otra persona (resultado de un momento o de toda una vida de relación), posiblemente pueda recibir información relacionada con esa persona, información transferida fielmente de un individuo a otro.[6] Ejemplo de ello son las experiencias recurrentes de algunas personas que saben cuándo les está entrando una llamada telefónica o quién los está llamando, sin ayuda del identificador de llamadas. Esas personas no tienen ningún vínculo con el ocultismo, aunque parecen tener acceso a información que se encuentra *fuera* de sus mentes. Esta pudiera ser una manifestación normal de PES que no tiene nada que ver con el ocultismo.[7]

Para definir la PES oculta, podemos dividirla en tres categorías principales: *clarividencia*, *precognición* y *trance mediúmnico*. La *clarividencia*, también llamada *visión remota*, es la capacidad de obtener información procedente de una fuente no relacionada con la mente humana; esta fuente siempre es demoníaca. La información puede estar vinculada a un objeto o suceso lejos de la presencia física de la persona.

La *precognición* es el conocimiento de hechos que aún no han tenido lugar. Estos sucesos pueden preverse con días, semanas o meses de antelación y, en ocasiones, hasta años. La información no tiene nada que ver con el contacto entre humanos y sí mucho que ver con el contacto entre humanos y demonios.

El *trance mediúmnico* es un encuentro físico directo con personalidades demoníacas, desencadenado normalmente al intentar hablar con los muertos. Los demonios imitan los cuerpos y las voces de los difuntos, pero las Escrituras dicen que hay un gran abismo entre los vivos y los muertos (Lc. 16.26). A nadie le está permitido cruzar ese abismo. Entonces, ¿quién se está haciendo pasar por nuestros seres queridos ya fallecidos? La Biblia nos advierte del poder de los seres demoníacos, antiguos enemigos que utilizan cualquier medio que tengan a su alcance para engañar a las personas (imitar las voces y rostros de nuestros seres queridos y repetir sus palabras como un loro), todo con el objetivo de atraer a las familias acongojadas y a los espectadores curiosos cada vez más al dominio y control demoníacos.

---

a su cónyuge o hijo que se encuentra a kilómetros de distancia. Estas cosas, aunque son difíciles de explicar, constituyen lo que llamamos sexto sentido, intuición, telepatía o PES normal. Usualmente ocurren incluso cuando uno no trata de ejercerlas, a diferencia de quienes tratan de enviar o recibir mensajes.

6. Un argumento en contra de esto es que, incluso aunque admitamos que alguien tenía «conocimiento» acerca de algo, ello no prueba que procediese de la mente de otra persona. Existen explicaciones igualmente válidas que no hablan de transferencias *de* una mente *a* otra. Entre las décadas de los años 1920 y 1930, hubo artistas que realizaban actos de «telepatía mental» en los teatros de Estados Unidos a manera de entretenimiento. Se descubrió que eran buenos adivinadores que habían aprendido el arte de observar señales corporales sutiles, tales como el movimiento de los ojos, la contracción de los músculos o los latidos de las venas, pero aseguraban que era una ilusión y no un poder verdadero.
7. Unas palabras de advertencia: Las personas tienden a recordar cuando una corazonada o intuición fue acertada, pero prestan menos atención a las veces en que las corazonadas o intuiciones estuvieron erradas.

Aunque la sola mención de los fenómenos Psi todavía provoca rezongos de incredulidad en el sector científico, los estudios de control sobre la PES realizados durante décadas por el laboratorio de la PEAR produjeron suficientes respuestas precisas como para justificar la continuidad de la investigación de los fenómenos. Según el *New York Times*: «Varios equipos de especialistas revisaron los métodos usados por la PEAR durante años en busca de irregularidades, pero no encontraron razones suficientes para interrumpir el trabajo».[8]

El psicólogo social David G. Myers señala el continuo interés en lo paranormal por parte de diversas instituciones de enseñaza superior. «Cinco universidades británicas tienen departamentos de parapsicología compuestos de doctores graduados en el programa de parapsicología de la Universidad de Edimburgo… La universidad sueca de Lund, la universidad holandesa de Utrecht y la universidad australiana de Adelaide también han añadido cátedras o departamentos de investigación de parapsicología».[9] Curiosamente, no existe ni un solo programa de parapsicología reconocido en Estados Unidos.[10]

El ejército de Estados Unidos y la CIA investigaron los fenómenos Psi en varios intervalos a lo largo del siglo XX, llevando a cabo estudios bajo supervisión:

> Las investigaciones patrocinadas por el gobierno sobre el funcionamiento psíquico datan de principios de los años setenta, cuando se inició un programa en el entonces Instituto de Investigaciones de Stanford, hoy llamado SRI International. El programa se mantuvo vigente hasta 1989. Al año siguiente, el gobierno auspició un programa en la Science Applications International Corporation (SAIC), bajo la dirección del doctor Edwin May, que había trabajado en el programa del SRI desde mediados de los años 1970 y quien fuera director del proyecto desde el año 1986 hasta el cierre del programa.[11]

Sin embargo, el aspecto negativo de estos estudios es la exclusión regular de los datos espirituales y religiosos necesarios para determinar la fuente del poder parapsicológico. El prejuicio académico en contra de cualquier información que no se haya obtenido de datos científicos sigue siendo una barrera de proporciones monumentales.

---

8. Carey, "A Princeton Lab on ESP Plans to Close Its Doors", p. 115.
9. David G. Myers, "Is There ESP?", http://www.davidmyers.org/brix?pageID=61. Myers añade: «Pero otros psicólogos y científicos investigadores, incluyendo el noventa y seis por ciento de los científicos de la Academia Nacional de Ciencias de Estados Unidos, se muestran escépticos (McConnell, 1991)».
10. "So You Want an Education in Parapsychology", *Haunted America Tours*, http://www.hauntedamericatours.com/ghosthunting/EDUCATIONINPARAPSYCHOLOGY/.
11. Jessica Utts, "An Assessment of the Evidence for Psychic Functioning", Universidad de California, Davis, http://anson.ucdavis.edu/~utts/air2.html.

Bajo la etiqueta cultural de parapsicología, la PES va codo a codo con el igualmente misterioso fenómeno de la psicoquinesia (PK). El término *psicoquinesia* proviene de la palabra griega *psique*, que significa «aliento» o «alma», y *kinesis*, que significa «movimiento». La psicoquinesia es la capacidad de mover objetos sólidos al aplicar la fuerza de la mente sobre ellos o, posiblemente, la capacidad de alterar la realidad. La *energía psicoquinética* no es más que el poder demoníaco que un médium o alguien que practica el ocultismo canaliza con el objetivo de estimular la fe en los fenómenos ocultistas, atrayendo aun más a las personas a ese mundo. La capacidad de mover un objeto (*apportation* en inglés) es algo sorprendente, e incluso más desconcertante resulta el fenómeno de la *teletransportación*, es decir, el traslado físico de un cuerpo humano de un lugar a otro.[12] En la India, algunos líderes religiosos afirman haberse teletransportado de un lugar a otro, pero aún no se ha recopilado ningún dato científico.

En el año 1989, un psicólogo y un físico investigaron el fenómeno de la psicoquinesia y publicaron los resultados en la muy respetada revista de física *Foundations of Physics.* Según Dean Radin (Departamento de Parapsicología de Princeton) y Roger Nelson (laboratorio de la PEAR): «La revisión cuantitativa de esta literatura concuerda con los resultados de dos revisiones anteriores, lo que indica la existencia de alguna clase de anomalía relacionada con la conciencia en sistemas físicos aleatorios».[13] El análisis de los datos obtenidos por Radin y Nelson indicó la probabilidad estadística de que exista alguna forma de poder psicoquinético; pero otros científicos, que sostienen que hay errores en los cálculos, cuestionan dichos resultados.[14]

Definición de investigación parapsicológica

La PES y todo lo que se relaciona con ella no son nada nuevo. Las investigaciones básicas de los fenómenos Psi comenzaron en la década de los años 1980, y no en un laboratorio científico, sino con la evaluación de médiums y fenómenos de espiritismo. La historia confirma el hecho de que las investigaciones de la PES en el laboratorio tienen sus orígenes en el reino del ocultismo.

12. Algunos investigadores de fenómenos paranormales hacen una distinción entre *transportación*, el desplazamiento de objetos, y *teletransportación*, el desplazamiento de cuerpos humanos. A efectos del debate, utilizaremos *apportation* o transportación para referirnos a los objetos materiales, y teletransportación para los cuerpos humanos.
13. Dean I. Radin y Roger D. Nelson, "Evidence for Consciousness-Related Anomalies in Random Physical Systems", *Foundation of Physics* 19, no. 12 (diciembre 1989): pp. 1499-1514, disponible en Springerlink, http://www.springerlink.com/content/n0576p6352g84158/.
14. Estas cuestiones se debaten hoy tan acaloradamente como hace décadas. El sector científico continúa escéptico. Véase I.J. Good, "Where Has the Billion Trillion Gone", *Nature* 389 (23 octubre 1997), consúltese http://members.cruzio.com/~quanta/review.html para un análisis que refuta el trabajo de Radin.

En el año 1882 se fundó en Londres la Society for Psychical Research con el objetivo de investigar las afirmaciones de parapsicólogos y espiritistas y, casi al mismo tiempo, se constituía en Francia el Instituto de Metafísica.[15] Poco después, la American Society of Psychical Research hizo lo mismo (1985). A finales del siglo XIX y principios del XX, se realizaron varios estudios sobre la telepatía en las universidades de Harvard, Stanford y Groninger, esta última en los Países Bajos, que arrojaron resultados interesantes.[16] Harry Price, uno de los «cazafantasmas» más famosos de Gran Bretaña señaló:

> En Gran Bretaña, el primer intento sistemático de estudiar de manera científica los fenómenos que hoy llamamos parapsicológicos lo llevó a cabo un pequeño grupo de graduados y estudiantes de Oxford, que se hacían llamar la Phasmatological Society. Esto ocurrió allá por el año 1874... Entre los intentos por dar categoría de ortodoxia a los fenómenos parapsicológicos está el realizado por sir William Barrett cuando, en el año 1876, logró persuadir a la British Association, durante un encuentro en Glasgow, de que le permitieran leer un trabajo sobre la transferencia de pensamientos, aunque se suprimió su publicación en forma impresa. Sir William Crookes también trató de interesar a los exponentes de la ciencia oficial en los experimentos que realizó en conjunto con D. D. Home y Florrie Cook, e invitó a uno de los secretarios a la sesión de espiritismo real. Este rehusó... A pesar de que en el pasado la ortodoxia ha mostrado cierto rechazo hacia la parapsicología, varias universidades han realizado intentos considerables por convertir la investigación psíquica en una ciencia.[17]

Los investigadores del siglo XIX estudiaban los fenómenos parapsicológicos de la telepatía, la clarividencia, la psicoquinesia y *cualquier* hecho observable relacionado con el espiritismo y los médiums espiritistas. Esas investigaciones continuaron en el siglo XX con el estudio que realizara el profesor William McDougall, de la Universidad de Duke, en conjunto con Joseph y Louisa Rhine (ambos biólogos). Según el Rhine Research Center, J. B. Rhine renombró la comunicación telepática y clarividente con los muertos y la llamó percepción extrasensorial (PES). «[Rhine] inició experimentos para estudiar la PES y más tarde la psicoquinesia (PK), la capacidad de mover objetos con la mente».[18]

15. En el siglo XIX, se utilizaba el término *espiritualismo* para describir las creencias parasicológicas. Hoy día se utiliza más *espiritismo*.
16. Véase Harry Price, *Fifty Years of Psychical Research*, Longmans, Green & Co., Nueva York, 1939.
17. Ibid.
18. Rhine Research Center, "History", http://www.rhine.org.

Por desgracia, el doctor Rhine descartó los datos bíblicos en su clasificación de la PES y, consiguientemente, pasó por alto información vital y un hecho fundamental: los fenómenos parapsicológicos y el ocultismo siempre han estado inextricablemente entrelazados. Cualquiera que estudie la «nueva ciencia» que el doctor Rhine llamó *parapsicología*, debe reconocer la verdad histórica de que esta «ciencia» nació como resultado de los intentos del hombre por internarse en el más allá, prueba fehaciente de que las raíces de la parapsicología están bien adentradas en el reino del ocultismo.

Fenómenos parapsicológicos ocultos

En cuanto las personas se aventuran en el lado oscuro de los fenómenos parapsicológicos, se tropiezan con fuerzas *fuera* de nuestra dimensión; solo una fuerza psíquica puede predecir el futuro, solo el poder demoníaco manipula esas experiencias capaces de transformar la vida de las personas. La PES resulta extremadamente peligrosa cuando explora los fenómenos siguientes.

Levitación

Uno de los fenómenos parapsicológicos más conocidos y que más atención ha atraído es la levitación: la capacidad que tiene un objeto sólido de desafiar la ley de la gravedad y elevarse sin ningún medio visible de sustentación. Esto no tiene nada que ver con Harry Houdini y el arte del ilusionismo. No es hipnotismo. Es el fenómeno de que una silla flote de repente en el aire o de que un libro gravite por encima de una mesa. En las sesiones de espiritismo ocurre que un grupo de individuos, tomados de la mano, sienten que la mesa en torno a la cual están sentados se despega del piso, a pesar de que ellos no la están tocando ni hay nada alrededor de ella. Los participantes de una sesión de espiritismo pueden presenciar cómo un vaso lleno de un líquido flota en el aire o cómo los médiums levitan y se mueven por la habitación, hechos que incluso sometidos a examen desafían toda investigación científica conocida. Las manos de incontables escépticos han examinado el aire debajo de esas mesas, vasos y sillas en busca de campos magnéticos o trucos; sin embargo, en muchos casos, no han encontrado más que espacio, vacío. Esto es la levitación en el mundo del ocultismo.

Estos fenómenos son reales. Se han llevado a cabo intentos para engañar a los incautos, pero esos fraudes individuales no invalidan el fenómeno en su totalidad, de la misma manera que una fruta falsa no demuestra que todas las frutas sean falsas. No estamos hablando de historias disparatadas que han inventado algunos teólogos bienintencionados para que las personas se asusten y retomen su estudio de la Biblia; es algo genuino y las personas involucradas lo perciben a menudo.

Movimiento de objetos (Apportation)

Un segundo término que se usa en el mundo del ocultismo es «movimiento de objetos» *(apportation)*, que es la transportación de un objeto sólido de un lugar a otro por un medio no visible al observador. Usualmente hace referencia al desplazamiento de objetos físicos de un lugar a otro (también se le llama *psicoquinesia* o *telequinesia*). Por regla general, a la mayoría de las personas le resulta difícil creer en este fenómeno, pero en la antigua Unión Soviética se realizaron numerosas investigaciones en parapsicología y percepción extrasensorial (PES) con respecto del traslado de objetos, sencillamente porque veían cómo los parapsicológicos rusos hacían estas cosas, pero no obtuvieron ninguna respuesta científica para ello.[19]

Daniel Dunglas Home (1833-1886) fue un joven de ascendencia escocesa que afirmaba ser nieto (ilegítimo) del décimo conde de Home. Fue un *médium físico* que estuvo en el centro de algunas actividades paranormales sorprendentes. En su autobiografía, del año 1863, Home (quizás el médium más poderoso que haya existido en cientos de años) describió la siguiente demostración de *teletransportación* que ocurrió durante una de sus sesiones de espiritismo:

> El 28 de febrero de 1852, mientras los abajo firmantes se encontraban presentes en el hogar del señor Elmer, en Springfield, Massachussets, con el objetivo de realizar experimentos críticos sobre las llamadas manifestaciones espirituales, las siguientes demostraciones de poder, entre otras, tuvieron lugar en una habitación perfectamente iluminada. Un agente invisible y desconocido movió la mesa, alrededor de la que estábamos sentados, con una fuerza tan irresistible que ninguno de los que se encontraba en el círculo pudo aguantarla. Dos hombres que se encontraban parados en lados opuestos y agarraban la mesa con la mayor fuerza posible, no pudieron refrenar el movimiento de la mesa ni siquiera esforzándose al máximo. A pesar de sus esfuerzos, la mesa se movió entre treinta y noventa centímetros. El señor Elmer preguntó si los espíritus podrían soltar al señor Henry Foulds o agarrarlo con más suavidad. Entonces, de una manera repentina y completamente inexplicable para nosotros, Foulds fue desplazado con tal delicadeza y rapidez que ni se dio cuenta, y terminó sentado en el suelo a varios metros de la mesa…
>
> Los abajo firmantes están preparados y dispuestos, si fuera necesario, a jurar con relación a la completa exactitud de la declaración anterior.

---

19. Edwin C. May y Larissa Vilenskaya, "Overview of Current Parapsychology Research in the Former Soviet Union", *Laboratories for Fundamental Research*, http://222.lfr.org/LFR/cs/Library/Fsu1.pdf.

> El documento original fue firmado por John D. Lord, Rufus Elmer y otras nueve personas residentes de Springfield, Massachussets.[20]

La teletransportación del señor Foulds ocurrió en presencia de múltiples testigos. Daniel Home se ofreció a menudo para que le hicieran pruebas bajo condiciones estrictas. Los resultados de dichas demostraciones de poder fueron coherentes y muchos observadores creíbles los confirmaron.[21]

Materialización

Un tercer término, que puede resultar un poco más conocido, es la *materialización*, también denominada *aparición*. Esto ocurre cuando un ser-espíritu, o lo que parece ser el espíritu de un ser amado fallecido, toma una forma física.[22] Este fenómeno ocurre a menudo en habitaciones llenas de personas, que luego dan testimonio de que la figura es sólida. En el pasado, algunas apariciones hasta se formaron ¡estando un médico esperando para tomarle la presión o las pulsaciones a un paciente! Existen declaraciones juradas de médicos que no creen en el ocultismo que han pasado por esa experiencia y les resultó muy desconcertante, tanto como para cualquiera. El fisiólogo y Premio Nobel, doctor Charles Richet (1850-1935), describió sus vivencias relacionadas con lo que calificó de «metafísica» en *Thirty Years of Psychical Research* [Treinta años de investigación parapsicológica]. Uno de sus tantos encuentros con un espíritu en una sesión de espiritismo resulta particularmente esclarecedor:

> Se ha comprobado que no hubo instrumentos ni accesorios teatrales que la médium hubiera podido utilizar y que ningún extraño pudo haber entrado en la habitación…
>
> Las materializaciones producidas fueron muy completas. El fantasma de Bien Boa apareció cinco o seis veces bajo condiciones satisfactorias, en el sentido de que no podía ser Marthe [la médium] disfrazada con un casco y una sábana. Marthe no solo hubiera tenido que traer el casco, las sábanas y la capa,

20. D. D. Home, *Incidents In My Life*, Carleton, Nueva York, 1863, pp. 46–47.
21. Aunque algunas personas acusaron a Home de farsante a lo largo de su vida, jamás pudieron demostrarlo. Su autobiografía es bastante detallada y brinda las fechas y los lugares donde se llevaron a cabo las sesiones espiritistas, los nombres de los testigos y los testimonios individuales que describen la capacidad de Home como médium y los fenómenos psíquicos relacionados directamente con ella. Home se ofreció continuamente para que le realizaran pruebas bajo las condiciones más rigurosas y se dice que algunos científicos notables, entre ellos Sir William Crookes, lo examinaron.
22. Las materializaciones no están limitadas a los seres queridos. Pueden ser personajes históricos conocidos o individuos desconocidos.

sino que también hubiera tenido que esconderlos después. Además, Marthe y el fantasma fueron vistos al mismo tiempo. Hacer creer que Bien Boa era un muñeco es más absurdo aún: hablaba y se movía, se veía cómo movía los ojos para mirar a su alrededor y movía la boca cuando trataba de hablar.

Parecía estar tan vivo que, como podíamos oírlo respirar, tomé un frasco de agua de barita* para ver si su respiración mostraba la presencia de dióxido de carbono. El experimento fue un éxito. No perdí de vista el frasco desde el momento en que lo puse en manos de Bien Boa, que parecía flotar en el aire a la izquierda de la cortina a una altura mayor que la que Marthe hubiera podido alcanzar incluso de pie… Mientras soplaba en el tubo, se podía oír el burbujeo… *En ese momento sucedió algo gracioso. Cuando vimos que la barita se puso blanca (lo que de paso demuestra que la iluminación era buena), gritamos: «¡Bravo!» Entonces, Bien Boa desapareció, pero reapareció tres veces, abriendo y cerrando la cortina y haciendo reverencias como un actor que recibe los aplausos.*[23]

El informe científico de Richet revela la capacidad de los demonios para materializarse en formas humanas sólidas que caminan, hablan, mueven la boca, giran la cabeza, mueven los ojos y producen vestimentas detalladas, propias de la época de la persona a quien imitan. Dichas materializaciones también pueden estar relacionadas con algo llamado *ectoplasma.* Un médium, sentado a una mesa o en un pequeño aposento llamado «gabinete», separado por una cortina, desprende por la boca, la nariz o el cuerpo una forma de sustancia que toma la forma del invocado ser querido difunto.[24] Hace poco, en una sesión de espiritismo celebrada por el Haymist Circle de Gran Bretaña, un espíritu llamado Timothy mostró la siguiente manifestación ectoplasmática:

Timothy regresó y le explicó a Paul Barker (líder del círculo) el procedimiento necesario para poder mostrarles a todos el ectoplasma bajo una luz roja. Como Timothy tenía que retirarse antes de que se encendiera la luz, haría un toque en el momento justo para indicar que los espíritus estaban listos. Al oír los

23. Charles Richet y Stanley Debrath, *Thirty Years of Psychical Research*, Kessinger, Whitefish, MO, 2003, pp. 505-506. Las cursivas son nuestras para señalar nota al pie. *La explicación del experimento con agua de barita es la siguiente: «La respiración en los tejidos de las plantas desprende dióxido de carbono como producto residual. Este gas es absorbido por una solución de hidróxido de bario, solución alcalina conocida como agua de barita. Se le realiza entonces un análisis de volumen mediante un ácido para determinar cuánto dióxido de carbono se acumuló en la solución. Este experimento permite calcular la producción de dióxido de carbono del material vegetal a realizar». Science and Plants for Schools "Measuring the production of carbon dioxide (from respiration) with baryta water", http://www.saps.plantsci.cam.ac.uk/osmoweb/baryta.htm.

24. Un «gabinete» es usualmente una pequeña sección o rincón de una habitación que no tiene ni puertas ni ventanas. A menudo se separaba por una cortina para garantizar la privacidad del médium.

> golpes, Paul encendió una lámpara roja con una luz tenue y abrió las cortinas del gabinete. En la medida en que gradualmente aumentó la intensidad de la luz roja, hubo suficiente claridad para que todos pudieran ver el ectoplasma que emanaba de la silenciada boca de David y que se derramaba sobre la barbilla y el pecho. Después de tratar de asegurarse de que todos los presentes pudieron ver este asombroso fenómeno, Paul apagó la luz y Timothy habló y dijo que en ese momento se comunicaba con nosotros mediante el ectoplasma que habíamos visto emanar. Se volvió a retirar, Paul encendió nuevamente la luz roja y fue aumentando su intensidad lentamente; los presentes estaban encantados de ver el ectoplasma, esta vez emanando de la zona del plexo solar de David. Una gran cantidad de la sustancia se extendía de un lado a otro de David al nivel de la cadera mientras unos pliegues vibrantes de esa energía viva se derramaban entre sus piernas hacia el piso.[25]

Esta clase de fenómenos se ha documentado muy bien y las formas de ectoplasma a menudo se corresponden con las fotografías de los álbumes familiares de los asistentes a la sesión espiritual. A pesar de que ha habido muchos farsantes en relación con este fenómeno (utilizan gasa como ectoplasma), su evaluación metódica por parte de científicos respetados como el doctor Charles Richet y Sir William Crookes resulta difícil de cuestionar.

Otro psíquico famoso, Alec Harris (1897-1974), produjo múltiples materializaciones a lo largo de sus cuarenta años de carrera. Harris se apartaba a propósito de los espectadores e iba a un nicho separado por una cortina con el objetivo de concentrarse en los espíritus y producir fenómenos parapsicológicos.[26] Su esposa, Louie, describió uno de los «círculos» o sesiones espirituales en su autobiografía *They Walked Among Us* [Caminaron entre nosotros]:

> Al fin hubo un movimiento de la cortina del gabinete. La figura delgada y con barba de Rohan apareció de pie, vacilante en la abertura que había delante del gabinete. Este guía calmado y fuerte siempre daba comienzo a nuestras sesiones con saludos, explicaciones y consejos. Tenía la costumbre de salir resueltamente

---

25. "David Thompson Physical Séance at Jenny's Sanctuary" http://web.archive.org/web/20070105134829/http://www.physicalmediumship.co.uk/seances/Thompson180804.html. Esta sesión espiritual tuvo lugar el 18 de agosto de 2004. Para mayor información sobre el médium David Thompson, antiguo miembro del Haymist Circle, véase Spiritualist Chatroom, http://spiritualistchatroom.com/documents/docs.cgi?category=archive&item= 1041687975.
26. Harris falleció en el año 1974.

y hablar con cada uno de los asistentes por turno y estrecharles las manos con sus propias manos delgadas. Con su voz profunda y suave, daba a cada uno una cálida bienvenida…

Después de una pausa, avanzó titubeante e inició su gesto de bienvenida tomando la mano de cada uno de los asistentes que se encontraban en la primera fila…

Rohan me soltó las manos y regresó al gabinete. Tomó las cortinas negras que colgaban para ocultar a Alec y las apartó. Levantó entonces un lado por encima de la cabeza para mostrarnos a Alec en trance. Sentado en la silla, resultaba perfectamente visible para todos. Rohan, sin soltar la cortina, retrocedió y se paró junto a la ventana que estaba a cierta distancia de Alec. Era obvio que había dos entidades distintas frente a los asistentes.

—¿Ven claramente al médium? —preguntó Rohan—. Mírenme aquí, parado bastante alejado de él. ¿Seguro que nos ven a ambos?

Hubo gritos emocionados de «Sí» y de «¡Maravilloso!» por parte de los asistentes. Rohan soltó la cortina y avanzó para tomar las manos de los que se encontraban en la fila de atrás. Siempre se aseguró de saludar a todos por igual, de que lo vieran y lo tocaran.[27]

En muchos de estos casos, las formas que se materializaron primero como ectoplasma se fueron solidificando gradualmente. Los testigos palparon la piel, la vestimenta y los cabellos.

Existen médiums falsos (charlatanes) y también los que son auténticos.[28] El médium genuino puede lograr esto, y bajo condiciones de examen.

Interpretación de sueños

Otro término relativo a los fenómenos parapsicológicos es la *interpretación de sueños.* Una persona pudiera tener un sueño y un individuo que alega ser psíquico ofrecerse para interpretar dicho sueño. Esto sucede con bastante frecuencia en el mundo del ocultismo y las personas lo suelen llamar profecía. La interpretación de sueños se sustenta en los hechos de la vida de una persona, pero es algo bien distinto de la profecía.

---

27. Louie Harris, *They Walked Among Us,* Psychic Press, 1995, citado en "Press 'Exposure' Fails", http://www.freewebs.com/afterlife/articles/pressexposure.htm. Consulte también http://www.spiritualityvideos.com/watch-video/8RLQ_AyU-Pk/ThePsychicTimes/physical-mediumship-parttwo.html para leer el relato del testimonio presencial del escritor Alan Crossley ante los poderes mediúmnicos físicos de Helen Duncan y Alec Harris.
28. También es posible la combinación de ambos, en la que la psiquis poseída por el demonio cuenta con un sinnúmero de trucos. Uri Geller y otros por el estilo encajan en esta descripción.

El fenómeno de la Internet ha aumentado la posibilidad de conocer y acceder a los miles de sitios que promueven la interpretación de sueños. Un sitio que afirma ser «¡el principal en astrología desde el año 1995!» brinda un «diccionario de sueños» para quienes andan en busca de respuestas. Por ejemplo, si uno sueña con flores, solo tiene que consultar el diccionario de sueños para descubrir el significado oculto tras las flores con las que soñó:

Lila: veneno, enfermedad, muerte
Margarita: indecisión con respecto de los sentimientos
Orquídea: sexualidad y sensualidad
Rosa: veneno, blanca=pureza, negra=muerte
Lirio: renovación, primavera, resurrección
Narciso: amor propio[29]

La comunicación mediante sueños es tan antigua como el hombre mismo y resulta complicado desmentir un fenómeno presente en las culturas desde tiempos inmemoriales. Pero cuando esas experiencias se utilizan como guía para tomar decisiones puntuales en la vida, el individuo con criterio debe cuestionar la fuente. Esta puede ser Dios (como lo revela la Biblia), puede ser el subconsciente, puede ser la telepatía o un ser maligno.

Curación parapsicológica

Los defensores de los fenómenos parapsicológicos hacen énfasis en las *curaciones*, ya sean físicas, mentales o espirituales. En ese mundo, las personas se pasan la vida buscando desesperadamente una cura.

Edgar Cayce (1877-1945) fue el psíquico más conocido de los tiempos modernos entre los que ofrecen el señuelo de la curación parapsicológica. A Cayce (pronunciado *keisi*) lo llamaron el «profeta durmiente» debido a que la mayoría de los fenómenos parapsicológicos relacionados con él ocurrieron durante los trances, por lo que parecía que estaba dormido. Cayce frecuentemente «curaba» a las personas que se le acercaban buscando alguna lectura suya:

> En las lecturas se dan recomendaciones para diversas cuestiones de salud (desde el acné y la dieta hasta el cáncer, la artritis, las enfermedades mentales y la soriasis). Casi todas las afecciones que existían entre los años 1901 y 1945, ya fuera un parto, una fractura o avitaminosis, aparecen representadas en los archivos de

29. Astrology.com, "Predictions", http://predictions.astrology.com/dd/flowers.html.

Cayce. Curiosamente, los investigadores contemporáneos han descubierto que muchos de los tratamientos recomendados, aplicados a individuos particulares, parecen tener aplicación hoy a una escala mucho mayor.

Dos ejemplos notables de ello son la soriasis y la esclerodermia. El régimen de Cayce para ambas enfermedades incluía dietas específicas, medicina quiropráctica y otros remedios y procedimientos naturales. En años recientes, cientos de personas que padecen de estas dos dolencias se han aliviado al seguir un programa similar.

Cayce también concibió que la salud global debe incluir la coordinación entre los componentes físicos, mentales y espirituales de la vida. Cualquier enfoque integral de la salud tenía que tomar en consideración la existencia completa del individuo, no únicamente la enfermedad. Gracias a este concepto se ha dicho que los inicios de la actual medicina holística tienen sus orígenes en las lecturas de Edgar Cayce.[30]

Cayce (que nunca realizó estudios de medicina) dio más de quince mil lecturas parapsicológicas documentadas, algunas de ellas a personas que vivían a miles de kilómetros de distancia. Durante esas lecturas, diagnosticó diversas enfermedades y dolencias y en muchas ocasiones recetó a sus seguidores diferentes tratamientos que les curaron las enfermedades. Hoy se continúan poniendo en práctica sus métodos de curación parapsicológica por medio de la iglesia que fundara en el año 1931, la Asociación para la Investigación y la Iluminación Espiritual (ARE por sus siglas en inglés).

William Marrion Branham (1909-1965), fue un curandero parapsicológico que viajó de un extremo a otro del país predicando varios evangelios y poniendo su mano sobre las personas para tratar de curarlas. Algunas curaciones milagrosas sí ocurrieron, todas ellas documentadas minuciosamente. Cuando en una entrevista le preguntaron si el Espíritu Santo era el responsable de las curaciones, Branham reconoció que era su «ángel» quien las hacía.[31] Este ángel le decía a Branham lo que tenía que decir, lo que

30. Asociación para la Investigación y la Iluminación Espiritual, "About Edgar Cayce: Edward Cayce on... Wellness—Health, Healing", http://edgarcayce.org/about_edgarcayce/wellness/wellness_health.asp#. La traducción española, que no se corresponde exactamente con el texto en inglés, está en http://www.edgarcayce.org/espanol/aboutedgar_indice.asp.

31. Koch, *El diccionario del diablo,* Clie, Barcelona, 1988 (p. 235 de la traducción inglesa). Según Billy Paul Branham, hijo mayor de William Branham: «Una noche de junio de 1947, en Vandalia, Illinois, el Ángel del Señor se apareció visiblemente en la habitación del motel en la que se hospedaba el hermano Branham» (Voice of God Recordings: http://www.branham.org/branhamdefault.asp?home=BillyPaulBranham&LoadPageDetal= BillyPaulBranham.htm). Véase también David Edwin Harrell Jr., *All Things Are Possible: The Healing and Charismatic Revivals in Modern America,* Indiana University Press, Bloomington, IN, 1979, http://www.iupress.indiana.edu/catalog/product_info.php?cPath=1037_1140_1141&products_id=21295.

tenía que hacer y cuándo orar. Con el tiempo, los escritos de Branham comenzaron a reflejar esa influencia y terminó negando la Santísima Trinidad y muchas otras doctrinas cristianas. «En ninguna parte de la Biblia se menciona la trinidad... Es un error de los católicos, y ustedes, los protestantes, se doblegan ante él».[32]

La cirugía parapsicológica es otra forma de curación ocultista mediante la cual se trata al individuo sin el beneficio de la anestesia. El curandero psíquico parece estar hurgando en un individuo (usualmente tendido sobre una mesa) para extraerle alguna clase de sustancia ensangrentada a la que se le atribuye la enfermedad. La cirugía parapsicológica, que a veces se vincula a la Psi, ha sido desenmascarada en muchas ocasiones como una farsa que a veces resulta mortal, porque la curación casi nunca ocurre. El investigador Martin Gardner nos revela que la estrella de la televisión de la década de los setenta, Andy Kaufman, visitó a un cirujano psíquico durante sus últimos meses de vida en un intento desesperado por curarse el cáncer de pulmón que padecía. «Había ido a las Filipinas en un triste y vano esfuerzo para que un "cirujano psíquico" lo curara».[33] El tratamiento parapsicológico de Kaufman fue un fracaso y falleció el 16 de mayo de 1984, a la edad de treinta y cinco años.

Aunque se ha demostrado que muchos de esos curanderos son unos farsantes, ello no descarta automáticamente la realidad de la cirugía parapsicológica. Johanna Michaelson describió en detalle sus experiencias genuinas como asistente a un curandero psíquico en su libro *The Beautiful Side of Evil* [El lado bonito del mal]. En una entrevista reciente recalcó: «El mal tiene un lado bonito, engañoso, sutil, adornado con toda clase de refinamientos espirituales, pero no más alejado del abismo del infierno que aquello que es abiertamente satánico».[34] Las curaciones tienen lugar en el mundo de los fenómenos parapsicológicos, pero no es una curación que provenga de Dios.

Predicción parapsicológica

Un ejemplo famoso de predicción *parapsicológica* es el «profeta» Nostradamus (1503-1566). Michel de Nostredame nació en Saint-Rémy-de-Provence, Francia, y era hijo de un adinerado notario. Desde joven mostró interés en la medicina, pero la peste y su trabajo como boticario le complicaron los planes de hacerse médico. Ya en el año 1550, de Nostredame se había hecho médico y estaba inmerso en el mundo del ocultismo,

32. William Branham, *Conduct, Order, Doctrine of the Church*, Voice of God Recordings, Jeffersonville, Indiana, 1991, p. 182.
33. Martin Gardner, *La Nueva Era: Notas de un observador de lo marginal*, Alianza, Madrid, 2007 (p. 167 del original en inglés).
34. Ellen Makkai, "Harry the Wiz Is the Wrong Biz", *WorldNet Daily*, 26 noviembre 2001, http://www.wnd.com/news/article.asp?ARTICLE_ID=25446.

creándose fama de astrólogo (a pesar de que les pedía a sus clientes que trajeran sus propias cartas astrales). Con el tiempo, se dio a conocer como Nostradamus y escribió su primer almanaque, lleno de pronósticos para ese año en particular. El almanaque tuvo bastante éxito, lo que le permitió a Nostradamus concentrarse específicamente en las profecías, escritas estas en forma de cuartetos (estrofas de cuatro versos) que organizaba en grupos de cien, llamados *Centurias* (hasta llegar a los diez tomos). Esta sigue siendo su obra más famosa, publicada bajo el título de *Las profecías*, texto ocultista que hoy goza de popularidad.

Su reputación de astrólogo respetado le ganó a Nostradamus el puesto de médico de la corte en tiempos de Carlos IX (hijo de Catalina de Médici), pero su verdadera fama le llegó después de muerto con la interpretación de sus *Centurias*. Las profecías de guerras, desastres y otras catástrofes que Nostradamus aseguró en sus cuartetos que sucederían resultan, como mucho, confusas. Lo habitual es que cobren sentido si se interpretan *después* de que el hecho haya tenido lugar (clarividencia en retrospectiva). Uno de sus cuartetos más famosos predijo la muerte del rey de Francia, Enrique II, predicción que utilizó para advertir al rey:

> El joven león dominará al viejo
> en campo bélico, por duelo singular,
> en jaula de oro le saltará los ojos,
> dos clases una, luego morir con muerte cruel.[35]

> Al parecer, Enrique II promulgó un torneo en la Rue St. Antoine (lugar en el campo donde se erigiría la Bastilla) que se celebraría el primero de julio de 1559 en honor del matrimonio de su hija, Isabel de Francia, con Felipe II de España. Se incluyó a sí mismo como competidor contra todos los participantes. Cuando la justa estaba por terminar y el sol se estaba poniendo, el Duque de Saboya le rogó que abandonara la competición, ya que su bando había ganado, pero el rey quería quebrar otra lanza y le ordenó al joven Conde de Montgommeri, capitán de la Guardia Escocesa, hacer una ronda más a modo de cierre. El capitán se excusó pero el rey insistió y se enfureció. Por supuesto, el joven obedeció, espoleó el caballo y le asestó un golpe al rey en el cuello, bajo el visor. La lanza se estremeció y el extremo de esta le alzó el visor. Una astilla hirió al rey encima del ojo derecho, cercenando varias venas de la piamadre. El rey se desvaneció.

35. Charles A. Ward, *Oracles of Nostradamus: Life of Nostradamus* (Internet Sacred Texts Archive), cap. 1, http://www.sacred-texts.com/nos/oonoon05.htm.

Vivió, no obstante, diez días sufriendo terriblemente, como predijo la profecía: «*Deux classes une, puis mourir, mort cruelle*». Nostradamus los llama a ambos leones, ya que los dos lucharon bajo ese emblema. El rey llevaba un casco de oro, así que la *cage d'or* se cumplió literalmente.[36]

Por más fascinante que parezca el cumplimiento de esta profecía, ni un solo cuarteto de los que Nostradamus escribió fue interpretado o comprendido *antes* de que ocurriera. Como la clarividencia está relacionada con el ocultismo y Nostradamus reconoció estar ligado a ella, no es de extrañar que algunas de sus predicciones se cumplan. Su precisión general, sin embargo, sigue siendo una propuesta a ciegas, que es el sello de toda profecía ocultista. Por el contrario, los profetas bíblicos de Dios mantuvieron una precisión del ciento por ciento.

Con el advenimiento de la Internet, la interpretación de *Las profecías* no solo alcanzó un nuevo pico en cuanto a creatividad, sino que Nostradamus se ha hecho con varios cuartetos nuevos, cortesía de algunos escritores contemporáneos.

Poltergeists

Hoy en día es posible detectar evidencias de actividad parapsicológica en todas partes: en hogares, bibliotecas, faros y barcos. En cualquier lugar de la tierra donde habite el hombre, los espíritus tratarán de establecer contacto. Los *poltergeists,* también llamados espíritus burlones, han llegado hasta alcanzar el estrellato en la televisión y el cine con programas tales como *Ghost Hunters* [Cazafantasmas], del canal por cable SciFi, y películas como *Poltergeist.* Su currículum en la industria del «entretenimiento» es largo y bastante exitoso.[37]

Los *poltergeists* (demonios que se disfrazan de humanos) son, por lo general, imaginativos a la hora de crear sus manifestaciones: tiran puertas, suben escaleras, lanzan objetos por las habitaciones, gimen, lloran, tocan a las personas y se materializan como nubes negras, ojos rojos, figuras o esferas luminosas y coloridas que se mueven. Si logran llamar la atención de alguien, a menudo hablan mediante la voz, grabadoras digitales, güijas o escritura automática a la persona que han elegido como blanco y crean historias de tragedias y tribulaciones concebidas para alimentar la compasión en los corazones de

---

36. Ibid.
37. Cada vez que los medios de comunicación realizan un programa dedicado a lo paranormal, es de sabios desconfiar de los resultados. Puede que algunos sean legítimos, puede que otros sean orquestados para elevar el nivel de audiencia. Sin embargo, aparte del dramatismo televisivo, hay muchos relatos confiables de vivencias con *poltergeists* de parte de personas muy sobrias que ni quieren ser el centro de atención ni tienen motivos para inventar dichas historias.

quienes los escuchan. En algunos casos, se manifiestan malos olores o temperaturas muy bajas junto con otros fenómenos.

Las personas relacionadas con los fenómenos parapsicológicos hacen referencia a estos *poltergeists* como «huellas del recuerdo» de personas fallecidas que buscan paz. Hans Holzer, el famoso rastreador de fantasmas, apuntó: «No toda separación temporal entre el cuerpo y el yo etéreo* incluye una visita al otro mundo. A veces, el yo liberado simplemente se queda esperando para ver lo que hacen con el cuerpo».[38]

El mundo persiste en sus definiciones, pero la revelación bíblica sigue en pie: los *poltergeists* son demonios, no almas humanas extraviadas, atrapadas entre este mundo y el otro. No son fantasmas al estilo de Patrick Swayze en el dramón *Ghost.* Los demonios disfrutan jugando con los seres humanos y han tenido siglos para perfeccionar su técnica.[39] Este fenómeno es muy conocido en el mundo entero; millones lo aceptan como hecho y se ha documentado en varios programas de los medios de comunicación. Es auténtico.

Proyección astral

El fenómeno psíquico de la *proyección astral* ocurre cuando un individuo en estado de conciencia afirma que abandona el cuerpo físico y viaja largas distancias mientras observa a otras personas, registra sus acciones y luego regresa a su cuerpo y lo confirma. Dispone de confirmación por medio de cartas, llamadas por teléfono y correos electrónicos, es decir, pruebas pormenorizadas que se brindan a los «visitados».

Robert Bruce y el profesor C. E. Lindgren, en su manual de proyección astral, describen el momento en que tiene lugar una experiencia extracorpórea (OBE por sus siglas en inglés), así como su objetivo:

> Durante la proyección consciente, el cuerpo en tiempo real tiene vívida conciencia de la sensación de que se separa del cuerpo físico y lo deja atrás... Mi impresión general es que este proceso está concebido para exponer a la conciencia central animadora del espíritu, de manera *directa y regular*, a las influencias perfeccionadoras y reguladoras del karma vivo y la ley universal, tal como existen en niveles dimensionales mucho más refinados y superiores. En mi opinión, el karma y la ley universal en realidad operan de la siguiente manera: los cuerpos sutiles superiores se mueven hacia arriba y hacia abajo a través de la escala

38. Hans Holzer, *Ghosts: True Encounters with the World Beyond*, Black Dog & Leventhal, Nueva York, 2004, p. 21. **Etéreo* es un término de la Nueva Era que hace referencia al «aura» humana o energía del cuerpo, también llamada *fuerza vital*.

39. Véase el capítulo 14, «Posesión demoníaca y exorcismo».

dimensional, desde el cuerpo físico en bruto hasta su estado energético más alto, cada vez que el cuerpo físico duerme.[40]

Cuando la mente y el corazón se sensibilizan a esta clase de experiencias ocultistas, la persona queda expuesta a seres espirituales malignos que están a la espera para aprovecharse de cualquier vulnerabilidad. La proyección astral puede parecer inocua a primera vista, pero sus consecuencias potenciales pueden ser devastadoras.

¿Aparecen los fenómenos parapsicológicos en la Biblia?

Con frecuencia, las personas que participan en fenómenos parapsicológicos citan la Biblia para legitimar sus experiencias. Por ejemplo, un pasaje que se cita comúnmente en defensa de la levitación es el de la ascensión de Jesús en Lucas 24.51-53: «Y aconteció que bendiciéndolos, se separó de ellos, y fue llevado arriba al cielo. Ellos, después de haberle adorado, volvieron a Jerusalén con gran gozo; y estaban siempre en el templo, alabando y bendiciendo a Dios». Jesucristo ascendió. El significado de *ascender* es «subir». Por consiguiente, algunos arguyen que Jesús debió levitar hasta el cielo. Cristo fue el médium supremo que desafió la ley de la gravedad. Los médiums que practican la levitación la defienden alegando que están haciendo sencillamente lo que Jesús hizo, perfectamente acorde con los fenómenos parapsicológicos que aparecen en la Biblia. Pero un grave error de este argumento es el hecho clave de que cuando Jesús *ascendió*, no regresó flotando a la tierra. Todos aquellos que levitan regresan a la tierra el ciento por ciento de las veces.

Otro ejemplo que los parapsicológicos utilizan para respaldar los fenómenos bíblicos de levitación es que Cristo caminó sobre las aguas.

> Mas a la cuarta vigilia de la noche, Jesús vino a ellos andando sobre el mar. Y los discípulos, viéndole andar sobre el mar, se turbaron, diciendo: ¡Un fantasma! Y dieron voces de miedo. Pero en seguida Jesús les habló, diciendo: ¡Tened ánimo; yo soy, no temáis! Entonces le respondió Pedro, y dijo: Señor, si eres tú, manda que yo vaya a ti sobre las aguas. Y él dijo: Ven. Y descendiendo Pedro de la barca, andaba sobre las aguas para ir a Jesús. Pero al ver el fuerte viento, tuvo miedo; y comenzando a hundirse, dio voces, diciendo: ¡Señor, sálvame! Al momento Jesús, extendiendo la mano, asió de él, y le dijo: ¡Hombre de poca

40. Robert Bruce y C. E. Lindgren, *Astral Dynamics: A New Approach to Out-of-Body Experiences* (Charlottesville, VA: Hampton Roads, 1999), pp. 50-51, las cursivas aparecen en el original.

> fe! ¿Por qué dudaste? Y cuando ellos subieron en la barca, se calmó el viento (Mt. 14.25-32).

Los discípulos se pusieron en pie en el bote y Jesús se acercó a ellos caminando sobre las aguas. Los parapsicológos alegan que es imposible caminar sobre el agua, por lo que, en realidad, Jesús se les acercó levitando. Él le ordenó a Pedro que saliera del bote y Pedro salió. Fue entonces, según los médiums, cuando Pedro perdió la fe. Rompió el contacto psíquico con Jesús y no pudo seguir levitando, por lo que se hundió en el agua. El problema que tiene esta interpretación es la naturaleza de Jesucristo: al ser hombre y Dios a la vez, tenía el poder de caminar sobre el agua que *Él* creó si así lo quería, y fácilmente podía pasarle ese poder a Pedro.

Estos son dos ejemplos clásicos de los denominados *fenómenos parapsicológicos bíblicos.* Es preciso desmentirlos uno a uno comparando el ejemplo bíblico con la verdad oculta tras la actividad psíquica.

Daniel Home, un singular y poderoso médium, realizó sistemáticamente diversas demostraciones parapsicológicas (incluso bajo examen) y muchos de los eventos que inició fueron observados por varios testigos, incluyendo a Sir William Crookes (1832–1919), el afamado científico británico a quien se le atribuye el descubrimiento del tubo catódico y la llegada de los rayos X. Crookes fue también una autoridad reconocida en el estudio de los fenómenos de espiritismo (un interés que al principio fue estimulado por su escepticismo). Lo que sigue es el relato de una sesión de espiritismo dirigida por Daniel Home:

> Home entró en trance; caminó por la habitación durante un rato, arreglando la luz y hablando solo; luego abrió la ventana y descorrió las cortinas de manera que solo podíamos verle la cabeza, y salió por la ventana. Esto nos asustó y Lindsay quiso detenerlo, pero no lo hizo. Al poco rato, regresó y nos dijo que carecíamos de toda fe, pues de lo contrario no nos hubiéramos alarmado por su seguridad. Fue a la habitación de al lado y vimos cómo se servía media copa grande de brandy de una botella que estaba sobre la mesa. Trajo la copa consigo. Luego, cubriéndose parcialmente con la cortina de la ventana, pero sosteniendo la copa de brandy sobre la cabeza, entre nosotros y la ventana, para que pudiéramos verla, se elevó poco más de un metro del piso. Estando en el aire, vimos una luz brillante dentro de la copa; al rato, bajó y nos mostró que la copa estaba vacía, virándola boca abajo; también se acercó a nosotros y la puso boca abajo

> sobre nuestras manos. Después, regresó a la ventana, alzó la copa y oímos cómo el líquido caía dentro de ella.[41]

En presencia del vizconde Adare, Sir William Crookes y otras personas, Daniel Home hizo alzar unos bloques de madera que se hallaban sobre la mesa; un lápiz se paró de punta y comenzó a escribir; se produjeron múltiples golpecitos, vibraciones fuertes y apariciones conjuntamente con hechos sistemáticos de levitación, *movimiento de objetos* y teletransportación. Muchas personas creyeron que habían logrado levitar exactamente igual que Jesucristo «levitó» en las Escrituras. Cosas como esta no suceden en condiciones normales, pero Daniel Home no era un hombre normal; era un *médium* que obtenía su energía de una fuente muy diferente.

Otro texto bíblico que los defensores del ocultismo emplean mal es Hechos 8.39. Las Escrituras revelan que Felipe tuvo una conversación con un influyente eunuco etíope en la que predicó la verdad del evangelio de Jesucristo y luego lo bautizó. Después de esto, el texto dice: «Cuando subieron del agua, el Espíritu del Señor arrebató a Felipe; y el eunuco no le vio más, y siguió gozoso su camino. Pero Felipe se encontró en Azoto» (Hechos 8.39-40). El Espíritu del Señor levantó a Felipe y, cuando se dio cuenta, estaba predicando en Azoto. Los médiums se refieren a este como un caso de *teletransportación* bíblica, ya que Felipe se desplazó de un lugar a otro, un objeto sólido transportado a una distancia considerable. Ellos afirman que hacen lo mismo en la actualidad; pero no es el mismo acontecimiento y Dios no es su autor.

El poder de Dios trasladó a Felipe de un lado a otro a fin de predicar el evangelio para acercar a las personas a Cristo y que Dios fuera glorificado. Los objetos trasladados de lugar en los fenómenos parapsicológicos imitan el poder de Dios, pero el propósito es *apartar* a las personas de Dios e introducirlas aun más en el ocultismo.

Personas como J. Stafford Wright en *Man, Mind, and the Spirits* [El hombre, la mente y los espíritus], así como otros investigadores del mundo parapsicológico que han recopilado extensos estudios de casos, han dejado constancia de numerosos ejemplos de individuos que se trasladan físicamente de un lugar a otro. El doctor Kurt Koch narró el siguiente caso:

> En esta ocasión, pude investigar el asunto yo mismo. La casa en cuestión también fue examinada por algunos universitarios, la policía, un sacerdote católico, un ministro protestante, un funcionario del gobierno y otras personas que se sintieron atraídas por simple curiosidad. Durante un espacio de seis semanas, se

41. Viscount Adare, *Experiences in Spiritualism with Mc. D. D. Home*, Arno, Nueva York, 1978, p. 77.

reportaron ciento treinta y cinco objetos volando a través de las habitaciones de manera inexplicable. Cada una de esas ocasiones fue anotada cuidadosamente. Al mismo tiempo, se observaron varias transportaciones. Una vez, estando el sacerdote católico y otros dos hombres en la cocina, una bola de cristal entró volando a la habitación ¡y todas las ventanas y puertas estaban cerradas! La bola cayó a los pies del sacerdote, que la recogió. Estaba caliente, pero intacta. Dentro de la bola, había una foto de Maria Einsiedel, un lugar de peregrinación para católicos en Suiza. La dueña de la casa dijo que la bola había estado en la sala, por lo que los tres hombres fueron a investigar. ¡La bola había desaparecido de la sala![42]

La suma de esas verificaciones con testigos oculares, sacadas de los archivos de la Society for Psychical Research (Reino Unido) y la American Society for Psychical Research, alcanza la cifra de varios centenares, y quizá más. Las verificaciones procedentes de algunas fuentes pudieran ser discutibles, pero cuando se recibe información de ellas sistemáticamente desde diferentes partes del mundo, comienza a surgir un patrón.

Algo está sucediendo. Es raro cuando aparecen informaciones sobre un místico de la India que estaba parado en un andén, en medio de una multitud de seguidores, y de repente desapareció y volvió a aparecer a más de trescientos veinte kilómetros de distancia en otra estación de ferrocarril, sin tren alguno a la vista. Fue difícil refutar esa realidad cuando más de cincuenta personas dieron fe de que el hombre estaba en una estación de ferrocarril en un momento dado y telegrafió un mensaje (con testigos) desde otra estación solo unos minutos después. No es fácil explicar la distancia de más de trescientos veinte kilómetros y los dos grupos independientes de testigos (no pueden haber estado mintiendo todos) como una conjetura y no un hecho.[43]

Algunos parapsicológos han indicado que la teletransportación es bastante sencilla; lo único que se requiere es una tremenda concentración de las fuerzas psíquicas. Arthur Ford, un conocido psíquico que trabajó con el obispo James Pike y que se encargó de establecer contacto entre Pike y su hijo (que se había suicidado), hablaba de numerosos casos de teletransportación que ocurrieron en presencia de Pike.[44]

En el año 2004, la periodista británica Emma Heathcote-James publicó una crónica de sus experiencias en la exploración del mundo de los fenómenos parapsicológicos:

---

42. Kurt Koch, *Entre Cristo y Satanás*, Clie, Barcelona, 1991 (p. 109 de la traducción inglesa).
43. Walter Martin, *Psychic Phenomena* (CD), Walter Martin Ministries. Disponible en www.waltermartin.com.
44. Para más información sobre las experiencias del obispo Pike en el ocultismo, véase Frank C. Tribbe, comp., ed., *An Arthur Ford Anthology: Writings by and About America's Sensitive of the Century*, Blue Dolphin Publishing, Nevada City, CA, 1999.

Es un hecho poco conocido que, durante más de cien años, hemos tenido en efecto pruebas científicas experimentales de que todos sobrevivimos a la muerte de nuestros cuerpos físicos, que la mente viva se separa del cerebro muerto.

Existen muchos relatos documentados y creíbles sobre la materialización total y parcial de personas y animales fallecidos, de la levitación de objetos y participantes en una sesión de espiritismo, del desplazamiento de flores, monedas y otros objetos, así como de información específica detallada de boca de los difuntos. Tales sucesos ocurren dentro de la rama de la mediumnidad física, que es un fenómeno muy raro. Se estima que solo una persona de cada 100,000 tiene la capacidad de desarrollar este don y generalmente se necesitan más o menos veinte años de esfuerzo disciplinado para desarrollarlo.

La mediumnidad física que produce materializaciones es actualmente el único fenómeno que puede utilizarse para aportar pruebas experimentales de la supervivencia después de la muerte. Durante cada «sesión espiritista» física, lo que a mí más me interesa es el hecho de que estos médiums poco frecuentes son capaces de traer de vuelta a las personas fallecidas en forma sólida. Todas las personas que están en la habitación pueden ver, tocar, abrazar y hablar con sus seres queridos ya fallecidos.[45]

En casos como este, es muy difícil cuestionar las pruebas y declarar que la teletransportación, los *movimientos de objetos* o las materializaciones no ocurren.

Caso real

Walter Martin

Hace algún tiempo, estaba yo predicando en una reunión en un campamento de Nueva Inglaterra sobre el tema de los fenómenos del ocultismo en nuestros días. Después de una de las reuniones, una señora y su esposo se me acercaron para hablar conmigo. Ella estaba visiblemente alterada, muy pálida:

—Me ha asustado usted mucho.

—Bueno, si eso la hace alejarse del ocultismo —le contesté, medio en broma—, entonces me siento feliz.

—No, ese no es el problema —me respondió—. Es que he tenido una experiencia que simplemente no entiendo y necesito preguntarle sobre ella.

—Bien, con mucho gusto la ayudaré.

45. Emma Heathcote-James, "From the Autor", Campaña por la Libertad Filosófica, http://www.cfpf.org.uk/recommended/books/ehj/cfpf-theywalk.pdf, p. 2.

—Hace unos cinco meses, me sucedió algo extrañísimo —comenzó a decir—. Estaba yo acostada (puede que estuviera dormida o puede que soñando, no sé cuál de las dos) cuando de pronto supe que mi padre estaba gravemente enfermo. Él vive en Suiza y de repente pude ver la habitación en la que se encontraba, tan claramente como si estuviera allí junto a él. Era la habitación de un hospital y veía todo lo que había dentro. Vi a mi padre en la cama y escuché cuando el médico hablaba con la enfermera.

Continuó describiendo las cosas que habían ocurrido durante el incidente:

—Cuando desperté, fui inmediatamente al teléfono y traté de llamar a mi padre, ¡pero resultó que estaba en el hospital! Lo habían llevado allí para una operación de emergencia y su estado era crítico. No sabían si sobreviviría o moriría. Yo no tenía manera de saber eso; no sabía *nada* sobre eso.

Su padre no murió y ella le escribió al personal del hospital acerca de la extraña experiencia que había tenido.

—Les describí la habitación detalladamente, pero la única cosa que vi o percibí que no tenía sentido para mí era la presencia de unas puertas de cristal detrás de la cama. Nunca antes había visto nada igual y se las describí como puertas de cristal detrás de la cama. Ellos me escribieron y confirmaron que todo lo que había visto, incluso la posición de los muebles en la habitación; era totalmente exacto, pero detrás de la cama no había ninguna puerta de cristal.

Frustrada y confundida, les volvió a escribir buscando más información.

—Me dije: «*Tiene que haber algo ahí*», y les pedí que describieran todo lo que había en la habitación.

Ellos le contestaron y le describieron un objeto que había detrás de la cama. Resultó ser que las puertas de cristal eran una mampara portátil para la privacidad entre pacientes. Los hospitales de Estados Unidos tienen cortinas divisorias, pero este hospital suizo tenía una mampara de cristal que se guarda detrás de la cama cuando no se está utilizando. Esa mampara resultó ser las puertas de cristal detrás de la cama.

Esa mujer nunca había visto una mampara de cristal, por lo que solo podía describirla como puertas de cristal. Cuando lo explicó en la siguiente carta, dejó a todo el mundo, incluyendo a la enfermera, muy confundido, por la sencilla razón de que nadie a cinco mil kilómetros de distancia puede saber cómo está diseñada la habitación, la posición de la cama y la ropa exacta que la enfermera llevaba puesta.

—¿Qué es esto? Estaba muerta de miedo —dijo ella.

Le dije que volvería a ponerme en contacto con ella sobre el asunto lo más pronto posible y así lo hice, después de verificar su nombre y su reputación. Resultó que era una cristiana comprometida sin ninguna relación con el ocultismo de ningún tipo. Más tarde, nos encontramos y hablamos largamente sobre los fenómenos de la PES normal, lo que la tranquilizó.

Es cierto que los humanos tienen la capacidad de conocer un suceso mientras está ocurriendo o de conocer el estado de una persona o un objeto relacionado con dicho evento. Este conocimiento no tiene nada que ver con el ocultismo, por lo que quedan solo dos posibilidades: La intervención divina o un mecanismo latente dentro del cerebro humano que opera impredeciblemente durante el transcurso de los sucesos humanos.

Hipnosis y ocultismo

¿Ocupa la hipnosis un lugar válido por lo que concierne al cristianismo? ¿Es satánica? ¿Puede separarse la hipnosis clínica de la ocultista? ¿Y qué sucede exactamente cuando se hipnotiza a alguien?

El tema de la hipnosis es conocido para la mayoría de las personas en la sociedad contemporánea, pero a lo que no se le da mucha difusión es al hecho de que no existe una definición universalmente aceptada para ella. Su naturaleza y mecanismo exacto continúan siendo un misterio hasta el día de hoy. Sigmund Freud, que fuera pionero de su uso terapéutico, describió la hipnosis como «un estado mental peculiar muy similar al sueño… Ocurren cambios en ella y durante la hipnosis se mantienen las funciones mentales, las cuales están ausentes en el sueño normal».[46]

El hipnoterapeuta británico Barrie St. John define la hipnosis como «un fenómeno natural que puede describirse mejor como un estado profundo de relajación y concentración, en que la mente se aleja y se aparta de las preocupaciones e inquietudes cotidianas. Dicho estado no es ni sueño ni inconsciencia, sino un estado de conciencia alterado, llamado a menudo "trance hipnótico" o "relajación hipnótica". La parte consciente y analítica de la mente se sortea sin peligro permitiendo acceso a la parte inconsciente de la mente por medio de la cual la persona "permite que sucedan cosas" y reacciona de forma imaginativa a la sugestión».[47] La hipnosis siempre intrigó a las personas, aunque durante muchos años se consideró un simple, aunque misterioso, juego de salón. Con el tiempo,

46. Donald Robertson, "Experts Define Hypnoses", UK College of Hypnoses & Hypnotherapy, http://www.ukhypnosis.com/Definitions.htm.
47. Barrie St. John, "A Brief History of Hypnosis", Hypnoshop, http://www.hypnoshop.com/pages/hypnosis-faqs.html.

la idea que las personas tenían del hipnotismo cambió y empezaron a considerarlo como algo aterrador y un juego que era mejor evitar.

Al doctor Franz Anton Mesmer, pionero en el tema de la hipnosis, que inicialmente llamó «mesmerismo» (basado en los comentarios de las personas que observaban sus procedimientos), se le prohibió practicar esta ciencia en el año 1784, porque se consideró que era diabólica y sus contemporáneos no eran capaces de entender sus resultados. En 1842, el doctor James Braid, médico y cirujano escocés, adoptó los procedimientos de Mesmer y los popularizó en la profesión médica. Aplicó magníficamente la hipnosis en el tratamiento de diversas enfermedades y en la incipiente ciencia de la psiquiatría. Sigmund Freud estudió la hipnosis y al principio se sintió intrigado por ella, pero a la larga la rechazó como una herramienta primaria aduciendo que crearía más problemas de los que resolvería, por lo que la abandonó, inclinándose por su método particular de psicoanálisis.

El auténtico pionero en el estudio de la hipnosis fue un médico llamado James Esdaile, que durante su labor en la India en la década de 1840 realizó cientos de operaciones importantes mediante el uso exclusivo de la hipnosis.[48] No tenía anestesia ni analgésicos, por lo que empezó a usar la hipnosis en el ejercicio de la medicina.

Hipnosis médica

En la actualidad, la American Medical Association reconoce la hipnosis como una rama legítima del tratamiento médico cuando la aplica un hipnotizador o terapeuta médico. La hipnosis en sí no está relacionada con el ocultismo. En esencia, la persona a la que se hipnotiza es capaz de concentrarse en un tema específico con una intensidad que es incapaz de repetir bajo ninguna otra circunstancia. Todos los poderes de la mente se concentran en una cosa específica: posibilitar que el individuo logre lo que algunas personas de la profesión médica han llamado «semimilagros». Las personas vencen los tics nerviosos, la tartamudez, la timidez… La lista es impresionante. Esto se conoce como *hipnosis médica.*

¿Cómo se logra? La mente humana funciona en más de un nivel o pistas, similar a la estructura de un CD o disco compacto. En cada una de las pistas hay cierto nivel o fragmentación de conciencia. Nadie lo entiende cabalmente porque nadie entiende por completo la psiquis o la mente humana. Pero supongamos que la primera pista es la mente consciente: Todo lo que a diario vemos o escuchamos. La segunda pista es el subconsciente o la mente inconsciente: lo que se asimila o se almacena en la memoria, de lo cual las personas no tienen conocimiento a un nivel consciente. Estas cosas pueden

48. Véase James Esdaile, *Mesmerism in India,* University Press of the Pacific, Honolulu, 2003.

causar enormes problemas y complicaciones en la vida de una persona, en particular si son desagradables.

El hipnoterapeuta médico simplemente le da a la mente consciente una indicación que actúa como una inyección de procaína, como bloquear el nervio de un diente, para que el mensaje de dolor no pueda llegar al cerebro. La primera pista del cerebro deja de funcionar y la segunda se abre. Son múltiples los niveles de la conciencia humana. Sortear la primera pista permite al hipnoterapeuta establecer el problema en la segunda y tercera pistas. Algunas cosas pueden corregirse; otras no.

Si se hace correctamente, la hipnoterapia puede significar un gran beneficio médico. Sin embargo, en manos de charlatanes y curanderos, y particularmente en manos de practicantes del ocultismo, es peligrosa y puede dañar e inclusive destruir la mente, es un instrumento de curación o de devastación, depende del alma que la ejerce.

Hipnosis ocultista

El mundo del ocultismo abre las puertas al poder de los demonios y a la intervención de las fuerzas satánicas. La hipnosis, en manos de alguien sumido por entero en el ocultismo, se convierte en un medio de transmisión del mal. Por ejemplo, en la segunda mitad del siglo XX, se popularizó la *terapia de regresión*, en la que se estimulaba a las personas a que buscaran en su subconsciente evidencias de vidas anteriores. Glenn Ford, estrella de cine de Hollywood de aquella época, tomó parte en la hipnoterapia y relató a una publicación nacional su historia de regresión. Eso lo convirtió en firme creyente de la reencarnación y en devoto del ocultismo. Glenn Ford había sido un miembro leal de la Marina que no creía en boberías. Durante años, asistió a una iglesia presbiteriana e incluso impartió clases en la escuela dominical.

¿Qué puede haber sucedido para convencer a un hombre con la inteligencia de Ford de la existencia de la reencarnación? Un amigo lo condujo al mundo del ocultismo por el sencillo y normal cauce de la curiosidad. Ford se sometió a la hipnosis a manos de una persona que estaba involucrada en el ocultismo y «experimentó una regresión» a un nivel desde el cual surgió una nueva historia acerca de una existencia anterior. Descubrió que había muerto en un duelo en una de sus vidas anteriores. Una espada había atravesado su cuerpo, Ford describió el dolor estando hipnotizado. Pero, por muy real que pudiera parecer la herida de espada, la historia no era más que una ingeniosa farsa ocultista.

Cuando Ford despertó, el hipnotizador señaló una marca de nacimiento como el sitio exacto donde tuvo la herida en una encarnación anterior y Ford lo creyó, después de escucharse hablando con fluidez francés (idioma que nunca había aprendido) en una cinta de audio. Y no era francés moderno. Especialistas de la UCLA analizaron la cinta y llegaron a la conclusión de que Ford estaba hablando un dialecto parisino común de la Francia del siglo XVII.[49]

Después de esa experiencia, nadie pudo convencer a Glenn Ford de que no había reencarnado. Las personas pasan por esa experiencia con bastante frecuencia cuando se introducen en el mundo del ocultismo. No es raro que alguien que se somete a ese fenómeno ocultista tenga un encuentro con las fuerzas del mal. Seres antiguos, que están más allá del control humano, se apoderan de ellos.

Satanás está detrás del mundo de la reencarnación y aporta todos los datos. Él pormenoriza todas las regresiones, por lo que no es sorprendente que los detalles coincidan. Después de todo, él estuvo *allí*; él vivió a lo largo de todas esas épocas y con toda probabilidad tiene historiales para nosotros. Para él, es perfectamente posible comunicar cualquier información a alguien vulnerable mediante la hipnosis ocultista. Para el príncipe de las tinieblas, es sencillo validar datos históricamente cuando conviene a sus propósitos. Esas sesiones hipnóticas no prueban que una persona haya vivido anteriormente; prueban que *otra persona* vivió antes y está usando ese conocimiento para engañar. Las Escrituras dicen que está establecido para los hombres que mueran una sola vez, y después de esto el *juicio*, *no* la reencarnación (Heb. 9.27).

Otro de los propósitos de la hipnosis ocultista es la *comunicación* parapsicológica. La persona se somete a la hipnosis y es poseída por un espíritu a fin de comunicar información. Esto es algo muy común en los escritos de los psíquicos y en el estudio de los fenómenos parapsicológicos. Las personas entran en trance y no recuerdan lo que sucedió, a no ser por la grabación que se hizo. Hablan con otras voces, a veces hasta cuatro y cinco distintas, y emiten mensajes a los presentes. Esto es hipnosis ocultista con el propósito de establecer la comunicación parapsicológica. Con frecuencia ocurre en las sesiones espiritistas y en otros entornos aparentemente inocentes. Este es también el caso del uso de la hipnosis para producir la *escritura automática*, fenómeno por medio del cual se producen múltiples páginas de información (a veces en idiomas extranjeros) independientes de la mente consciente de la persona que está escribiendo.

Las personas que buscan una cura mediante la hipnoterapia se hacen vulnerables a fuerzas sobre las cuales no pueden ejercer ningún control. Ese es el peligro de la hipnosis en las manos equivocadas.

El hipnotismo no es un juego. Los cristianos deben reconocer que puede constituir un gran beneficio en manos de terapeutas clínicos calificados, pero en manos de aquellos

49. "A New Life for Glenn Ford?" *Paranormal Review*, 5 septiembre 2006, http://paranormalreview.com/News/tabid/59/mid/368/newsid368/25/Default.aspx. Para más información, véase H. N. Banerjee, *Americans Who Have Been Reincarnated*, Macmillan, Nueva York, 1980.

que lo usan para realizar juegos de salón ocultistas, resulta letal. La hipnosis ocultista es un intento de imitar el poder de Dios y pervertir algo que es bueno. Abre la puerta a otra dimensión e invade la mente y el alma con las fuerzas contra las que Jesucristo nos previno, las fuerzas controladas por el príncipe de la potestad del aire.

La respuesta de las Escrituras

Resulta interesante señalar que *levitación, transportación, materialización, análisis de sueños, sesión espiritista* y *proyección astral* son todos términos relativamente nuevos. Todas esas cosas, con la excepción de la interpretación de los sueños, aparecen en documentos históricos *después* de la era cristiana. Luego, se sigue planteando la interrogante: ¿qué vino primero? A las personas que practican el ocultismo les gustaría que los demás creyeran que la Biblia prueba los fenómenos parapsicológicos ocultos, cuando en realidad, relata verdaderos fenómenos milagrosos. Lo que viene después de esos milagros es solo una imitación muy mala. La revelación de Dios vino primero, lo demoníaco lo imitó.

Los parapsicólogos alegan que la Biblia está llena de fenómenos parapsicológicos, tales como las transportaciones y la materialización. Por ejemplo, se argumenta que el nacimiento de Juan el Bautista no lo profetizó un ángel, sino una manifestación: un mensajero del mundo psíquico (véase Lc. 1.11-13). Juan el Bautista vino al mundo después de esa proclamación.

En los llamados fenómenos parapsicológicos bíblicos, los parapsicólogos afirman que el nacimiento de Jesucristo fue comunicado por una materialización (un mensajero psíquico) que le habló a María (véase Lc. 1.28-35). Insisten en que esos acontecimientos son los ángeles los que toman forma humana. En otro ejemplo, Abraham se tropezó con tres hombres en el encinar de Mamre (Gn. 18.1-22). La Biblia dice que dos de esos hombres fueron a Sodoma y la ciudad fue destruida. Los parapsicólogos afirman que esos dos mensajeros eran lo que se conoce como manifestaciones psíquicas o materializaciones con forma humana.

Jesús y la levitación

Todos esos fenómenos deben mirarse desde el punto de vista bíblico. ¿Es un caso de transportación la desaparición de Felipe en Hechos 8.39? ¿Fue realmente levitación cuando Jesús caminó sobre el agua y ascendió al cielo? ¿Fue una aparición el ángel o mensajero que se le apareció a Zacarías? Como hemos visto, el tema de la levitación suele incluir el ejemplo de Jesús caminando sobre el mar. La preposición griega que aquí se usa es *sobre*: Jesús estaba *sobre* el agua. No estaba *arriba,* separado del agua. Por lo tanto, la preposición echa abajo el argumento de que Jesús flotaba por encima de las olas levitando y que Pedro, cuando salió del bote, levitaba para encontrarse con Él. Jesús estaba de pie *sobre* el agua.

Los escépticos arguyen con frecuencia: «¡Pero el agua no es capaz de soportar el peso de una persona!» No puede soportar el peso suyo ni el mío, pero sí puede soportar el peso de Él, que la creó. «Porque en él fueron creadas todas las cosas, las que hay en los cielos y las que hay en la tierra, visibles e invisibles; sean tronos, sean dominios, sean principados, sean potestades; todo fue creado por medio de él y para él. Y él es antes de todas las cosas, y todas las cosas en él subsisten» (Col. 1.16-17) y eso incluye el H_2O. Jesús caminó sobre el agua y eso no es levitación.

Daniel Home levitó; Jesucristo ascendió. ¿Cuál es la diferencia? Existe una gran diferencia entre los dos hechos. Primero, Jesucristo ascendió al cielo como el Hijo de Dios. No levitó de la tierra con el propósito de demostrar los fenómenos parapsicológicos. «Jesús le dijo: No me toques, porque aún no he subido a mi Padre; mas ve a mis hermanos, y diles: Subo a mi Padre y a vuestro Padre, a mi Dios y a vuestro Dios» (Jn. 20.17). Entró al cielo como nuestro sumo sacerdote (Heb. 4.14). Jesús no levitó. Ascendió de una dimensión a otra. Esto es lo que leemos en Lucas 24.51, que ascendió *directo* al cielo: «Y aconteció que bendiciéndolos, se separó de ellos, y fue llevado arriba al cielo». Cuando hay levitación, la persona se levanta separándose de la tierra y flota pero, cuando Jesús ascendió, subió *directo hacia arriba.* Daniel Home flotó arriba, alrededor y abajo; no fue a otra dimensión. Jesucristo atravesó hacia otra dimensión y la Biblia dice que una nube lo recibió y lo ocultó de sus ojos. Había dos jóvenes con vestiduras blancas atestiguando de su Segunda Venida. Existe una enorme diferencia entre levitación y ascensión.

Todas las personas que afirman que pueden levitar, a la larga aterrizan sobre tierra firme. Aquí es donde la resurrección de Jesucristo es diferente. Él no levitó. Resucitó victoriosamente sobre la muerte, el pecado y el sepulcro. Más tarde apareció ante sus discípulos (Lc. 24.39), no porque estuviese atado a la gravedad, sino porque les estaba dando «muchas pruebas infalibles» de su resurrección (Hch. 1.3). Cuando más tarde ascendió al aire, desapareció de la vista de ellos y permaneció a la diestra de la gloria de Dios (Hch. 7.56), desde donde hoy reina hasta su futuro regreso a la tierra. Ninguna simple levitación puede igualar la resurrección y ascensión de Jesucristo.

Felipe y las transportaciones

Dios no levita. Ni realiza movimiento de objetos, ni Felipe fue teletransportado. Felipe fue sacado de Gaza y llevado a Azoto por el Espíritu del Señor, puesto allí con el propósito de predicar el evangelio (Hch. 8.40). Eso no es lo mismo que un médium espiritista o un participante en fenómenos parapsicológicos que insiste en que «pasó de esta habitación a la otra». ¿Cuál fue el objetivo de pasar de una habitación a otra? ¿Se predicó la redención? ¿Ocurrió una transformación? No, el objetivo de demostrar otra dimensión de la realidad era convencer a las personas para que pusieran su fe en ello.

Todo lo que enseñan las Escrituras aquí es que Felipe se encontró en Azoto, pero no se ofrecen detalles sobre cómo lo hizo Dios. Incluso entre los analistas bíblicos evangélicos, algunos lo ven como un milagro y otros lo ven solo como una descripción de que Felipe se encontró allí. A falta de detalles, es preciso impedir que se den respuestas especulativas. Lo que le ocurrió a Felipe no puede repetirse en el ocultismo, pues Dios no reveló exactamente lo que sucedió. En vista de eso, las afirmaciones por parte de los parapsicólogos sobre la teletransportación bíblica solo puede ser un intento de engaño, que es una herramienta de Satanás. Condiciones similares las encontramos entre los mejores magos de la corte de Faraón cuando Moisés se enfrentó a él. Si los magos eran capaces de hacer que sus artimañas o poderes ocultos se parecieran de alguna manera a los verdaderos milagros de Moisés, entonces por lo menos podían poner en duda ante Faraón el hecho de que Moisés fuera un enviado de Dios. Cualquier experiencia psíquica que sea difícil de explicar es una herramienta del gran impostor con el fin de alejarnos de Cristo y su verdad.

Dios advirtió a los judíos de eso precisamente. Les dijo que tuvieran cuidado con las personas que mostraban poderes extraordinarios porque los utilizarían para alejarlos de Dios:

> Cuando se levantare en medio de ti profeta, o soñador de sueños, y te anunciare señal o prodigios, y si se cumpliere la señal o prodigio que él te anunció, diciendo: Vamos en pos de dioses ajenos, que no conociste, y sirvámosles; no darás oído a las palabras de tal profeta, ni al tal soñador de sueños; porque Jehová vuestro Dios os está probando, para saber si amáis a Jehová vuestro Dios con todo vuestro corazón, y con toda vuestra alma (Dt. 13.1-3).

Los fenómenos parapsicológicos ocultos son, desde luego, señales y prodigios; todo el que haya pasado por eso sabe que es así. Pero Dios nos previene que si alguien nos llegara a anunciar una señal o prodigio y se llegara a cumplir, esa persona inducirá a otras a adorar a otros dioses. Las personas que se dedican al estudio de esos fenómenos son individuos que terminan adorando a alguien que no es el Dios de la Biblia y confiando en alguien que no es Jesucristo como Salvador de las almas extraviadas. El laberinto de los fenómenos ocultistas solo aleja a las personas de la cruz y conduce a las tinieblas.

Pablo y la proyección astral

Algunas personas también afirman que el apóstol Pablo abandonó su cuerpo, fue al cielo y regresó, y que comprueba la proyección astral. En la supuesta proyección, el cuerpo astral o espiritual abandona el cuerpo físico y entra en un nivel «astral» de existencia. Durante ese tiempo, el espíritu es capaz de viajar por múltiples dimensiones, para finalmente regresar al cuerpo físico.

Existen casos reales de proyección astral, pero ¿qué es y cómo se logra? ¿Realmente abandonan el cuerpo o intervienen otros factores que crean esa ilusión y luego brindan información sobrenatural que la apoye? Al tratar el tema de la proyección astral, las personas que practican el ocultismo citan la experiencia de Pablo como prueba de que el hombre sobrevive a la muerte y el cuerpo astral continúa como una especie de envoltura y entra al siguiente plano de la realidad. Esas personas buscan ahora mismo poder en sus vidas, buscan la conquista de la muerte.

Pablo no tuvo una experiencia de proyección astral. En 2 Corintios 12.2-4 explica exactamente lo que sucedió cuando se refirió a esa experiencia. «Conozco a un hombre en Cristo, que hace catorce años (si en el cuerpo, no lo sé; si fuera del cuerpo, no lo sé; Dios lo sabe) fue arrebatado hasta el tercer cielo. Y conozco al tal hombre (si en el cuerpo, o fuera del cuerpo, no lo sé; Dios lo sabe), que fue arrebatado al paraíso, donde oyó palabras inefables que no le es dado al hombre expresar».

Pablo sencillamente utilizó aquí un lenguaje figurado cuando dijo: «Mi experiencia con Jesucristo fue tan fantástica que no puedo decirles si estaba en la tierra o en el cielo». Pero no hay un solo renglón aquí donde diga que Pablo tuvo una experiencia de proyección astral y que flotó en algún dominio etéreo desde donde pudiera observar a la humanidad. Esto es lo único que se consigue con la proyección astral. Pero cuando una persona tiene un encuentro con el Espíritu Santo, es alzada a la más grande de las alturas, y es llevada a la comunión con el Dios viviente.[50] Otra perspectiva que arroja luz bíblica sobre la proyección astral es la cuestión de si los seres humanos realmente abandonan sus cuerpos. La Biblia presenta la existencia humana como una sola entidad: Dios le infundió vida a Adán, que era una forma de barro sin vida, y se convirtió en un ser viviente (Gn. 2.7). Santiago 2.26 enseña que «el cuerpo sin espíritu está muerto», por lo que es bíblicamente imposible que el espíritu abandone el cuerpo sin que el cuerpo *muera.* El cuerpo de Adán estaba muerto; no tenía vida hasta que Dios le sopló el espíritu que da vida y se convirtió en «viviente». Y, como dice Santiago, si el espíritu abandona el cuerpo, entonces

50. Existe cierta controversia en cuanto a si Pablo tuvo o no una experiencia cercana a la muerte después de haber sido apedreado y dejado por muerto en Listra. Pero, puesto que él mismo dice en 2 Corintios 12.2 que no sabe lo que sucedió (solo Dios lo sabe), cualquier debate es puramente especulativo.

está muerto. Luego se puede concluir, sin temor a equivocarse, que el apóstol Pablo no abandonó su cuerpo durante ningún tipo de experiencia de proyección astral.[51]

La mente humana es una creación maravillosa de Dios y es totalmente capaz de experimentar cualquier sueño o visión que Dios le permita tener del cielo o de su trono. Pero la Biblia vincula explícitamente el abandono del cuerpo con la muerte, por lo que Pablo no podría haberlo hecho sin haber muerto.

Jesús y la materialización

A menudo, los practicantes del ocultismo señalan la resurrección de Jesucristo como prueba de la materialización. Pero es una comparación deficiente en muchos aspectos, uno de los cuales es que Jesús recibió un cuerpo nuevo de carne y sangre, un cuerpo capaz de atravesar puertas cerradas y entrar en una habitación llena de personas sin la ayuda de ningún médium durmiente (Lc. 24.39; Jn. 20.26-28). El nuevo cuerpo de Jesús glorificado no necesitaba de un cordón umbilical ectoplásmico. Él podía moverse de un lugar a otro a voluntad y comer y beber con el que quisiera (Lc. 24.41-43). Por eso les prometió a sus discípulos que un día volvería a beber «del fruto de la vid» con ellos en el reino de su Padre (Mt. 26.29). Jesús subió al cielo con su nuevo cuerpo y volverá de la misma manera (Hch. 1.11). Los demonios que los médiums evocan pueden tomar la apariencia de la carne y la sangre temporalmente, pero Jesús se convirtió en hombre de forma *permanente.*

Daniel y la materialización

Los practicantes del ocultismo también citan la historia del ángel Gabriel luchando con Jacob en Génesis 32.24 o la escritura en la pared en Daniel 5 como ejemplos de *materialización.* Pero Daniel revela la respuesta a la materialización y es algo bastante diferente de lo que los ocultistas nos quieren hacer creer: «En aquella misma hora aparecieron los dedos de una mano de hombre, que escribía delante del candelero sobre lo encalado de la pared del palacio real, y el rey veía la mano que escribía. Entonces el rey palideció, y sus pensamientos lo turbaron, y se debilitaron sus lomos, y sus rodillas daban la una contra la otra» (Dn. 5.5-6).

El rey Belsasar dio un gran banquete para mil de sus príncipes y, ya ebrios, todos blasfemaron contra Dios, saquearon su templo, robaron y usaron objetos sagrados del templo. Dios vio eso con malos ojos y envió un mensaje singular al rey.

---

51. Algunas teorías sobre la proyección astral, como el modelo escalonado de Robert Monroe, afirman que las experiencias extracorpóreas (OBE por sus siglas en inglés) pueden ocurrir sin nunca abandonar el cuerpo. Sin embargo, esto sería bastante difícil de probar aun en las mejores circunstancias, por lo que su legitimidad en la situación de Pablo es simple especulación.

Belsasar se turbó muchísimo (como le pasaría a cualquiera si la mano de un hombre apareciera suspendida en el aire y empezara a escribir en la pared), por lo que hizo venir a magos, astrólogos y caldeos para que interpretaran la escritura. Les pidió a los adivinos la respuesta, pero nadie pudo ayudarlo. La reina entonces se acordó de Daniel y le dijo al rey: «Por cuanto fue hallado en él mayor espíritu y ciencia y entendimiento, para interpretar sueños y descifrar enigmas y resolver dudas; esto es, en Daniel, al cual el rey puso por nombre Beltsasar. Llámese, pues, ahora a Daniel, y él te dará la interpretación» (Dn. 5.12).

Dios le reveló la interpretación a Daniel, fue una explicación muy directa: *Dios ha contado tu reino y le ha puesto fin. Tu reino está llegando al fin. Ha sido roto y dado a los medos y a los persas.* Esa noche, Belsasar fue asesinado y sucedió exactamente como Dios dijo que pasaría.

Las personas que creen que la Biblia enseña fenómenos parapsicológicos insisten en que la mano fue una materialización de una mano humana de otra dimensión y tenía que ser interpretado por Daniel, que era médium. Pero la Biblia dice claramente: «En tu reino hay un hombre en el cual mora el espíritu de los dioses santos, y en los días de tu padre se halló en él luz e inteligencia y sabiduría, como sabiduría de los dioses; al que el rey Nabucodonosor tu padre, oh rey, constituyó jefe sobre todos los magos, astrólogos, caldeos y adivinos» (Dn. 5.11).

Daniel no era médium; era un *profeta* y el Espíritu del Dios viviente moraba en él. Daniel interpretó el mensaje en la pared porque el Espíritu Santo vivía en él; hasta los paganos reconocían eso. La materialización de una mano humana no fue ectoplasma invocado por un médium. Ese *no* es un ejemplo de materialización. Fue un acto directo de Dios (que permitió a todos los presentes ver cómo una mano humana escribía en la pared), pero no fue un caso de materialización bíblica. Daniel fue un hombre que se convirtió en un profeta en el que moraba el Espíritu Santo. Él estaba por encima de médiums y magos. Ellos no podían estar a su altura.

Ángeles y demonios

Los *poltergeists* son mucho más que los «espíritus juguetones» que describen los parapsicólogos. Los ángeles caídos nunca podrán ser espíritus *amistosos,* no importa cuán agradables y encantadores aparenten ser. Si se les enfrenta en nombre de Jesucristo, inevitablemente revelan su identidad como seres demoníacos lo suficientemente poderosos como para penetrar en la dimensión terrenal. Su propósito es engañar a hombres y mujeres por medio del uso de narraciones creativas y trucos de salón, tales como mesas que vibran, cuadros que vuelan y apariciones, todos con la intención de destruir las vidas humanas. El enemigo es astuto, poderoso y sádico, y sus fuerzas han tenido siglos para perfeccionar las historias y los juegos.

DOS CLASES DE ÁNGELES[52]

ÁNGELES DE DIOS	ÁNGELES CAÍDOS
Responsables ante Dios (Job 2.1)	Se oponen a Dios
Enviados por Dios (Éx. 23.20)	Solicitados por los humanos
Responden a la voluntad de Dios (Sal. 91.11)	Responden a rituales (a su voluntad)
Dios escoge cuál ángel (Mt. 18.10)	Nosotros escogemos nuestro ángel preferido
Cumplen la voluntad de Dios (Lc. 4.10)	Cumplen nuestra voluntad (al principio)
Hablan en nombre de Dios (Lc. 1.28)	Hablan como nosotros (si quieren)
Traen sobrecogimiento, respeto, temor (Lc. 1.11-13)	Parecen amistosos y naturales como nosotros

El propósito de los fenómenos parapsicológicos es la imitación. Ellos tratan de engañar y quienes los practican están buscando algún tipo de realidad espiritual para conquistar a la muerte. Hay cristianos que dicen que creer en Jesucristo como el Salvador y Señor les da el poder exclusivo para enfrentar a la muerte sin temor. Pero el buen espiritista enfrenta a la muerte sin temor también. Muchas personas, perdidas en la euforia de los fenómenos parapsicológicos en los que han visto la realidad de otra dimensión, se enfrentan a la muerte sin temor. Creen que no mueren, sino que dan un paso superior a otro plano y de ahí al plano siguiente, en una progresión infinita. Unida a la reencarnación, esa creencia es bastante reconfortante; no se enfrenta ni al juicio ni al infierno.

La creencia en los fenómenos parapsicológicos es un sustituto de la fe en el Dios de la Biblia y en su Hijo, Jesucristo. Esos fenómenos solo pueden imitar lo que la fe en Dios por medio de Cristo promete: la conquista del temor y la muerte, y el poder para vivir aquí en la tierra. Lo que los cristianos obtienen como un don de Dios por medio del poder del Espíritu Santo, las personas que practican el ocultismo lo obtienen por medios satánicos. A Dios no le interesa en lo más mínimo participar en los fenómenos parapsicológicos del ocultismo.

52. Berit Kjos, *A Twist of Faith*, cap. 8, "Deliver Us from Evil *or* There Is Not Sin or Evil!" en el sitio web de Kjos Ministries: http://www.crossroad.to/Books/TwistofFaith/8-Evil.htm.

Las Escrituras nos enseñan que al final de los tiempos, la iglesia deberá prever el brote de una gran oscuridad espiritual. Esto es obra del diablo y, si los cristianos permanecen callados en medio de toda una generación entregada a la búsqueda de los fenómenos Psi del ocultismo, una generación que coordina los intentos de apropiarse la Palabra de Dios y usar sus términos para describir los fenómenos satánicos, entonces los cristianos de hoy legarán el caos a la iglesia del mañana. Debe quedar claro dónde está la línea; alguien debe decir: «*Aquí* está Dios y *allá* está Satanás».

Los cristianos pueden extraviarse por los fenómenos paranormales y entrar en el reino del ocultismo. Con sus escarceos en asuntos de los cuales Dios advirtió que se alejaran, crean vidas confundidas y frustradas. Un ejemplo de esto es la historia que cuenta una cristiana sobre su encuentro con el ocultismo. Al no poder conciliar el sueño una noche, se puso a escuchar un programa radial de entrevistas, cuando anunciaron al último invitado: alguien metido de lleno en el ocultismo. El invitado presentó el tema de la proyección astral describiendo una experiencia real sobre el espíritu que abandona el cuerpo. De repente, esa mujer cristiana que estaba acostada escuchando la radio comenzó a tener las más raras sensaciones y los impulsos más extraños. Quería *abandonar* el cuerpo y sentir esa proyección. Las sensaciones la estaban abrumando pero, en ese momento, una suave voz le habló al corazón y le dijo con claridad: *Esto no es de Dios.* Escuchó aquella voz y oró: «Señor Jesús, líbrame de esto». Al instante, la sensación que había sentido la dejó, por lo que apagó la radio.

Los cristianos no son inmunes a que la mente se corrompa. La Biblia dice que no se pierde el alma, pero que la mente puede corromperse en cuanto a la sincera fidelidad a Cristo; la persona puede ser engañada y extraviada (2 Co. 11.3).

Jesucristo caminó sobre las aguas, no levitó, Felipe no fue teletransportado ni existe eso de las transportaciones en la teología bíblica. Felipe se trasladó de un lado a otro por el Espíritu de Dios, lo cual es muy diferente de mover un cenicero de una habitación a la otra o aparecer y desaparecer en una estación de ferrocarril. Y, finalmente, las Escrituras indican que, cuando de interpretación de sueños se trata, Dios tiene el monopolio. Si alguien quiere saber lo que significa un sueño, debe orar por el asunto. En efecto, debemos orar por cualquier cosa que sea perturbadora porque, sin la oración, seguirá perturbando. No es necesario ver a un psiquiatra o a un psicólogo ni interesarse por el análisis de sueños para conocer el significado de ellos. Génesis 40.8 dice: «¿No son de Dios las interpretaciones [de los sueños]?» La respuesta es que *sí, pertenecen a Dios.*

Dios tiene la llave de todas las interpretaciones. La palabra *interpretar* en griego es *pathar*, que significa «abrirse».[53] No les pregunte a los adivinos o a los médiums; pídale al Señor información directa. «Y si os dijeren: Preguntad a los encantadores y a los adivinos, que susurran hablando, responded: ¿No consultará el pueblo a su Dios? ¿Consultará a los muertos por los vivos?» (Is. 8.19-20). Dios es el que brinda la información y está dispuesto (dentro de un límite) a darles a las personas esa seguridad.

Conclusión

La parapsicología resulta peligrosa cuando hurga en el territorio de la clarividencia, la precognición y los trances mediúmnicos. En cuanto las personas entran al ámbito del ocultismo, encuentran fuerzas que no son de esta dimensión. Solo una fuerza sobrenatural puede predecir el futuro y provocar que se produzcan ciertos sucesos.

La energía psicoquinética, canalizada por un médium o alguien relacionado con el ocultismo, tiene como objetivo estimular la fe en los fenómenos ocultistas y buscar apoyo para el ocultismo. Inspira miedo, respeto y fascinación. Esta es una de las mejores armas del príncipe de las tinieblas: la fascinación por lo misterioso y lo desconocido.

El objetivo de los fenómenos parapsicológicos ocultistas es imitar. El objetivo de la imitación es engañar, alejarnos del Señor, nuestro Dios (Dt. 13.5). ¿Por qué se sienten atraídas las personas hacia esa clase de actividad paranormal?

- Es desconocida… y emocionante
- Es desconcertante y apela a la naturaleza carnal
- Es una muestra de poder que escapa a la capacidad de control del hombre
- Es un sustituto de la voz de Dios
- Es un narcótico espiritual[54]

En medicina, los narcóticos influyen sobre el cerebro y el sistema nervioso central causando una sensación de bienestar. Provocan alucinaciones y, por lo general, tienden a enajenar al sujeto de la realidad. Este es el cambio que producen los narcóticos químicos, y ese mismo efecto es precisamente el que se produce en el reino del espíritu. En

53. *Pathar*, raíz primitiva; abrirse, es decir (en sentido figurado), interpretar (un sueño), James Strong, *Nueva concordancia Strong exhaustiva*, Grupo Nelson®, Nashville, TN, 2002.

54. El término «narcótico espiritual» es utilizado por los estudiosos cristianos para ejemplificar el letargo espiritual del hombre. Véase *Nueva concordancia Strong exhaustiva* y Meier, "Dinero", *Diccionario teológico de la Biblia*, ed. Walter A. Elwell, Grupo Nelson®, Nashville, 2005.

cuanto un individuo acepta los fenómenos ocultos y cree en ellos implícitamente, estos se convierten en sustitutos de la realidad en la dimensión del espíritu.

La dimensión psíquica del ocultismo es un narcótico que anestesia la naturaleza espiritual del hombre y lo hace insensible a la realidad divina, por lo que deja de oír la voz de Dios (comienza a escuchar otras voces). Esas alucinaciones no son mentales, son espirituales. Le permiten a la persona creer que la Biblia habla de fenómenos parapsicológicos, cuando no habla de eso en absoluto. Engaña al corazón para que acepte que esos fenómenos son compatibles con las Sagradas Escrituras, cuando no lo son. Cuando las personas se encuentran bajo los efectos de un narcótico químico son incapaces de emitir un criterio racional y cuando se encuentran bajo los efectos de un narcótico espiritual quedan incapacitados para un criterio *espiritual* racional.

El mundo de hoy abarca generaciones de personas que han sido derrotadas por un sedante espiritual. Por favor, no crea que el mundo de los fenómenos parapsicológicos (el mundo de los espíritus que se materializan, de transportaciones, levitación o sesiones espiritistas) es una ilusión. Son acontecimientos reales que ocurren en el mundo hoy y la única respuesta a ellos es el evangelio histórico de Jesucristo. La única forma de lidiar con ellos es desde la perspectiva de las Escrituras. Recuerde lo que nos dijo Jesús: «Mayor es el que está en vosotros, que el que está en el mundo» (1 Jn. 4.4). La Palabra de Dios manda a la iglesia a enfrentarse a las fuerzas del mal, a vestirse de toda la armadura de Dios, y a *resistir*. No corra. No entre en pánico. No se asuste. Manténgase firme sabiendo que el poder que hay dentro del corazón de los hijos de Dios hace que tiemble el reino de las tinieblas. «Sobre todo, tomad el escudo de la fe, con que podáis apagar todos los dardos de fuego del maligno. Y tomad el yelmo de la salvación, y la espada del Espíritu, que es la palabra de Dios» (Ef. 6.16-17). Tómelos, opóngase a los poderes de las tinieblas y el mundo de los fenómenos parapsicológicos ocultistas se esfumará ante la revelación bíblica.

La iglesia no debe rehuir la lucha. Al contrario, debemos implorar a Dios que haga arder el desafío muy dentro de todos y cada uno de los corazones para que podamos *ver* cómo las almas (perdidas y muertas) por quienes Jesucristo entregó su vida andan vagando por los dominios del príncipe de las tinieblas. Debemos orar por un espíritu de amor, compasión y comprensión. Debemos alimentarnos del poder del Espíritu Santo y tenderles la mano a los perdidos, confiando en que Dios protegerá a su pueblo de los poderes de las tinieblas.

Recursos recomendados

1. Koch, Kurt. *Lure of the Occult* [El atractivo del ocultismo]. Kregel, Grand Rapids, 1971.
2. McDowell, Josh. *A Ready Defense* [Una defensa a punto]. Thomas Nelson, Nashville, 1993.
3. Michaelson, Johanna. *The Beautiful Side of Evil* [El lado bonito del mal]. Harvest House, Eugene, OR, 2005.
4. Martin, Walter. *Doctrine of the Demons* [La doctrina de los demonios]. CD o cinta de audio, Walter Martin Ministries, www.waltermartin.com.

Breves apuntes acerca de la astrología

- La astrología es la antigua práctica de interpretar las estrellas y la posición de los planetas para predecir el destino de una nación, o el carácter o destino de una persona.
- Históricamente, los astrólogos creen en una conexión de causa directa entre los cuerpos celestes y la tierra, pero algunos astrólogos modernos consideran que ese vínculo es más espiritual que causal.
- El zodíaco tiene doce constelaciones o signos: Aries, Tauro, Géminis, Cáncer, Leo, Virgo, Libra, Escorpio, Sagitario, Capricornio, Acuario y Piscis.
- Los horóscopos natales se basan en cálculos y en la cartografía de las posiciones geocéntricas de los diez planetas, del signo zodiacal, las doce casas y los aspectos angulares de los planetas en el tiempo y lugar del nacimiento de la persona en la tierra.
- Desde los años treinta, vienen apareciendo en los periódicos la astrología normal y las columnas de horóscopos que usan los modernos esquemas de interpretación.
- La astrología usurpa la soberanía y autoridad de Dios y es condenada como una abominación en el Antiguo Testamento.

8

Astrología

La astrología es un asunto serio que debe ser analizado y evaluado a la luz de su universalidad y raíces ocultistas.[1] Tanto en el Antiguo como en el Nuevo Testamento, Dios condena la astrología como una abominación. A pesar de eso, con frecuencia los cristianos la tratan a la ligera y le restan importancia, en vez de poner atención a la advertencia de Dios. Hoy millones de personas de cualquier estilo de vida, educadas e ignorantes, practican esta antigua forma de ocultismo.

La astrología es parte del plan satánico para engañar la mente y guiar al alma descuidada a la perdición. El apóstol Pablo dice a la iglesia en 2 Corintios 2.11 que es su obligación estar alerta ante las artimañas y trucos de Satanás. Pedro secunda esa advertencia con una propia: «Sed sobrios, y velad; porque vuestro adversario el diablo, como león rugiente, anda alrededor buscando a quien devorar» (1 P. 5.8).

El ámbito ocultista en particular que goza de más popularidad es la astrología, que engaña a incontables personas a través de los horóscopos diarios que se atribuyen la interpretación del efecto de las estrellas y los planetas en las vidas de los individuos. Innumerables maestros de la Nueva Era reempacan la astrología integrándola con sus enseñanzas particulares sobre la Era de Acuario (que recibe su nombre de uno de los signos zodiacales). Ellos adoptan una jerga pseudocientífica y venden sus libros a millones de seguidores que esperan ansiosamente la próxima publicación.

Los mercaderes de la astrología venden joyería de apariencia inocente, cadenas y emblemas que llevan uno de los doce signos del zodíaco (término griego que se refiere a la franja de nuestra constelación). Ciertos miembros del movimiento contracultural de

1. Se puede encontrar un buen análisis de la astrología en Wouter J. Hanegraaff, Antoine Faivre, Roelof van den Brock y Jean-Pierre Brach, eds., *Dictionary of Gnosis and Western Esotericism,* Brill, Leiden, 2006, pp. 109-141. Se pueden encontrar artículos sobre apologética cristiana en Geoffrey W. Bromiley, ed., *The International Standard Bible Encyclopedia,* Eerdmans, Grand Rapids, 1979, 1: pp. 341-344; Walter A. Elwell, ed., *Diccionario teológico de la Biblia,* Grupo Nelson®, Nashville, TN, 2005, 1: pp. 223-225, y en Merrill C. Tenney, ed., *The Zondervan Pictorial Encyclopedia of the Bible,* Zondervan, Grand Rapids, 1976, 1: pp. 392-394.

los años sesenta se convirtieron en promotores de moda de la astrología, esperando en la anticipada Era de Acuario y la paz mundial durante su tiempo. Esta promoción alimentó un frenesí mercantil que produjo libros, canciones, arte y obras musicales con temas astrológicos que vendieron millones de copias.[2]

Aun en nuestra era posmoderna, las ventas de materiales astrológicos aumentan a pasos agigantados. Un tsunami de ocultismo ha sacudido al mundo inundándolo con información astrológica. Diarios, revistas semanales y mensuales, y hasta la omnipresente Internet se están beneficiando del deseo humano de conocer el futuro por las estrellas asociadas a su nacimiento. La astrología popularizada fluye libremente en países donde el evangelio cristiano lucha para ser escuchado.

Algunos astrólogos profesionales como Carrol Righter, Maurice Woodruff y Jeane Dixon han criticado este movimiento popular. Ellos minimizan la avanzada de moda y tratan de enviar horóscopos serios para dar autenticidad a su arte.[3] En su punto de vista, la astrología tradicional proporciona la base para el análisis de las estrellas que ejercerán influencia en las vidas individuales. Los historiadores de la astrología como Tamsyn Barton son aun más críticos, afirman que los horóscopos popularizados por los medios modernos «están muy alejados de los astrólogos antiguos».[4]

El cisma contemporáneo entre la vieja escuela astrológica de pensamiento y la nueva se debe, en parte, a la falta de evidencia científica de una conexión causal entre los planetas, las estrellas y la tierra. La nueva escuela de astrología compensa la falta de evidencia de la influencia planetaria con la adopción de nuevas interpretaciones en su práctica. La revista *Time* trajo a colación el asunto:

> …se asumía que alguna clase de emanaciones salían de los astros celestes para afectar el carácter y el destino del ser humano. Como los científicos no encontraron emanaciones lo suficientemente poderosas, los astrólogos sofisticados abandonaron de una vez la causalidad y abrazaron gustosamente la teoría de Jung de la «sincronicidad»: que todo en el universo en cada momento dado participa a través de ese momento con todo lo otro que comparte esa misma unidad de tiempo.[5]

---

2. El movimiento contracultural parecía estar maduro para la astrología. En 1969 la revista *Time* informó que había 10,000 astrólogos trabajando a jornada completa y 175,000 a tiempo parcial en Estados Unidos. Véase "Astrology: Fad and Phenomena", *Time*, 21 marzo 1969, p. 56.
3. La interpretación profesional del horóscopo se basa en el tiempo preciso y en el lugar de nacimiento del sujeto, mientras que la popular publicada en los medios no puede saberlo, por lo que solo provee generalidades extremadamente vagas en sus predicciones.
4. Barton, *Ancient Astrology*, p. 1.
5. Anónimo, "Astrology: Fad and Phenomena" en *Time*, 21 marzo 1969, p. 58.

Astrología natal y astrología mundana

Las dos ramas más populares de la astrología predictiva se conocen como *astrología natal* y *astrología mundana.* La primera, también conocida como astrología genetlíaca, hace sus predicciones basándose en el carácter de la persona, la situación presente o la perspectiva futura comenzando con la fecha de nacimiento (o la fecha de concepción, para algunos astrólogos menores). La segunda generalmente hace una predicción a una escala mayor para el futuro del liderazgo político, nacional o civil.

El interés en la astrología se ha debilitado y ha menguado en la historia moderna, en ocasiones cayendo en el desuso, con la excepción de la parte marginal de la sociedad. Resurgió durante los siglos XII y XIII, sobre todo en las universidades, principalmente para el estudio y el debate académico entre los filósofos y teólogos.[6] Volvió a disiparse en el siglo XVII al plantear la ciencia el sistema planetario heliocéntrico de Copérnico.[7] En el ámbito esotérico, los rosacruces y los teósofos revivieron el interés durante la década de 1890, pero esta vez fue para la población general, aunque sus seguidores fueron pocos. Al comienzo del siglo XX, solo existía un escaso grupo de astrólogos profesionales en occidente, porque la mayoría de los países europeos y América lo habían prohibido en tiempos anteriores.[8] Sin embargo, apenas veinte años más tarde, un avivamiento del interés astrológico preparó el camino para que los horóscopos aparecieran en los diarios.[9] Estas formas populares de horóscopo suelen contradecirse cuando se comparan entre sí, o adolecen de una vaguedad tal que pueden adecuarse a cualquier persona de cualquier extremo del espectro.

A pesar de que la astrología ha ganado nuevo terreno en el siglo XX, es un antiguo problema que los patriarcas del Antiguo Testamento y la iglesia del Nuevo Testamento ya enfrentaron. La astrología y la astronomía son estudios del lado real del universo, pero la primera se distingue de la segunda por ser una forma de adivinación mientras que la astronomía es una ciencia física: el estudio del espacio exterior y los cuerpos celestes en el universo. Históricamente, la astronomía podría haber salido de la astrología, pero fue a través de los descubrimientos científicos y los cálculos matemáticos de Juan Kepler, Nicolás Copérnico (padre de la astronomía moderna), Galileo Galilei e Isaac Newton que finalmente se separaron.[10] Esos hombres de ciencia hirieron de gravedad a la adivinación astrológica al demostrar su naturaleza no científica.

---

6. Hanegraaff, *Dictionary of Gnosis and Western Esoterism*, p. 123.
7. Ibid., p. 131.
8. Ibid., p. 136.
9. El horóscopo que Richard H. Taylor elaboró de la princesa Margarita fue uno de los primeros en captar la atención del público, y estimuló un renovado interés en la astrología. Fue publicado en el periódico londinense *Sunday Express*, 24 agosto 1930.
10. Los comentarios de Walter Martin sobre esto están de acuerdo con el renombrado astrónomo Bart J. Bok en *Objections to Astrology*, p. 23.

Astrología antigua

Los astrólogos antiguos siguieron diversos métodos para predecir, pronosticar y estudiar las estrellas, gran parte de lo cual pasó de generación a generación. La evidencia histórica marca el curso de la antigua astrología y el zodíaco desde Mesopotamia hasta los países vecinos. Esos países, a su vez, la sintetizaron según sus necesidades y su adaptación cultural.

Grupos que carecían del conocimiento del Creador bíblico satisficieron sus ansias religiosas mirando a los planetas y las estrellas como dioses y desarrollando así su sistema de creencias.[11] Lo que distingue al hombre antiguo de la Biblia de los otros es su devoción singular a un Dios monoteísta. Israel estaba rodeado por todos lados de gente que practicaba la astrología, lo que representaba una tentación formidable cuando se apartaba de Dios. Los fuertes pronunciamientos bíblicos contra la astrología comienzan con los escritos mosaicos a los primeros hebreos, que estaban claramente al tanto de los sistemas astrológicos de sus países vecinos.

El crecimiento de la astrología en Mesopotamia, Europa, África, India, China y la América precolombina dio lugar a sistemas astrológicos generales que tomaron divergentes cursos de desarrollo. Las corrientes astrológicas actuales están construidas sobre el fundamento de seis elementos que incorporan fragmentos y pedazos uno del otro para moldear los horóscopos y hacer las predicciones.

Astrología mesopotámica

Las rutas comerciales y las conquistas militares que se extendían desde las naciones de la costa mediterránea hasta Mesopotamia introdujeron, entre unos y otros, tres centros de pensamiento astrológico: babilónico, egipcio y griego. El que los antiguos estudiaban y hacían mapas de las estrellas se demuestra en el libro bíblico de Job, que presenta un trasfondo mesopotámico y contiene las más tempranas referencias a las constelaciones en la Biblia.

El doctor Gleason Archer fecha la composición de Job alrededor del 1500 a.c., basándose en el intercambio de información entre los astrólogos mesopotámicos y las figuras bíblicas.[12] Esto no quiere decir que Job, o cualquier otro personaje bíblico, creyera en la astrología, sino que reconocían las estrellas y los sistemas de constelaciones por los

11. Véase, por ejemplo, Am. 5.25-26, que habla acerca de las naciones que había alrededor durante el éxodo de Israel, con la adoración de Moloc, Quiún y «la estrella de vuestros dioses».

12. Archer, *A Survey of Old Testament Introduction*, p. 464. Walter Martin recomienda el trabajo erudito de Gleason Archer sobre el Antiguo Testamento. La fecha de Job ha sido objeto de acalorado debate a través de los años y muchos expertos igualmente conservadores han optado por fechas más recientes, especialmente el periodo salomónico (1000 a.c.) y el exilio babilónico (550 a.c.). Véase Elwell, *Baker Encyclopedia of the Bible*, 2: p. 1169. En español, *Diccionario teológico de la Biblia*, Grupo Nelson®, Nashville, TN, 2005.

nombres con los que eran comúnmente designados (como todavía hacen los estudiosos y los científicos). En un estilo informativo, Job menciona a Dios como Creador de las estrellas Arturo (Osa Mayor), Orión, las Pléyades y las cámaras o lugares secretos del sur (Job 9.9). Es seguro decir que Job está expresando asombro ante la obra creadora de Dios, a diferencia de las naciones alrededor, que creían que las estrellas irradiaban un poder que influenciaba la vida terrenal. Dios le menciona las mismas estrellas a Job (Job 38.31), y añade a los hijos de la Osa Mayor (la Osa Menor) y las constelaciones. En este texto Dios demuestra que es el Señor soberano sobre las «ordenanzas del cielo» (38.33), lo que contradice la mística que los sacerdotes y astrólogos mesopotámicos le asignaban a las estrellas.

No es de sorprender, entonces, que los libros más antiguos de la Biblia hablen de astrología y adoración a los planetas entre las naciones vecinas. Moisés, que escribió alrededor del 1500 A.C., se pronunció contra la astrología que deshonraría a Israel delante de Dios (como otras formas de adivinación). Ciertamente, algunos escritores ven residuos de la astrología caldea (babilónica) en la familia de Labán en Harán, cuando su hija Raquel robó las imágenes de su padre (Gn. 31.9). Esas imágenes son traducidas de la palabra hebrea *terephim,* que los traductores persas transcriben como «astrolabios». El astrolabio era un instrumento antiguo o tablilla para interpretar las estrellas.[13] La sugerencia de los comentaristas bíblicos es que Labán y sus hijas, que moraban entre los caldeos, confiaban en la astrología.[14] Aunque Raquel y Lea eran hijas de Labán, se habrían conformado al monoteísmo de las creencias de Abraham después de pasar a ser parte de la familia de Jacob. A pesar de que Abraham vino de Ur de los caldeos, nada sugiere que siguiera nada que no fuera el monoteísmo.

Si Babilonia preparó el escenario central para la temprana astrología mesopotámica, Nínive no estaba muy atrás. El rey Asurbanipal (mencionado en Esdras 4.10 como Asnapar) construyó una biblioteca en Nínive (650 A.C.) que dio lugar a una voluminosa sección que contenía unas setenta tablillas de textos astrológicos en cuneiforme primitivo. Esas tablillas también revelan la preponderancia de la astrología sobre otras formas de adivinación.[15] El reinado caldeo sobre Babilonia en el siglo VIII A.C., con rey Merodac-baladán, mencionado en Isaías 39.1 y 2 Reyes 20.12, facilitó la mezcla de la astrología caldea con los conceptos babilónicos.

---

13. Adaptado del *Comentario de la Santa Biblia* de Adam Clarke, sobre Génesis 31.19.
14. Véase Clarke, *Comentario de la Santa Biblia,* sobre Génesis 30.11, donde relaciona etimológicamente el nombre del hijo de Lea, Gad, con una estrella.
15. Bock, "An Esoteric Babylonian Commentary Revisited", en *The Journal of the American Oriental Society,* vol. 120 (2000): p. 615.

En el Imperio Neobabilónico, alrededor del 614 a.c., bajo mandato del rey Nabucodonosor, existe evidencia de que había escuelas de astrología establecidas (2 Reyes 24.1). Aquí, Daniel y sus compañeros fueron probados por Nabucodonosor contra la sabiduría de los astrólogos: «En todo asunto de sabiduría e inteligencia que el rey les consultó, los halló diez veces mejores que todos los magos y astrólogos que había en todo su reino» (Dn. 1.20). Como se indica en este texto, los reyes mantenían a los astrólogos al alcance de la mano para consultarlos. En Daniel 2.2 se produjo otro encuentro entre los astrólogos caldeos y Daniel, donde otra vez este prevaleció.

Mesopotamia ha dado las evidencias más antiguas de la astrología primitiva. Los registros sumerios escritos en los cilindros de Gudea, alrededor del 2250 a.c., proporcionan la «colección más temprana de observaciones celestes y de su significado como presagios».[16] El texto babilónico *La iluminación de Bel* también ha sido «atribuido a los sabios de la época del gran Sargón I, alrededor del 2800 a.c.».[17] Nuestra copia más antigua del mismo vendrá después, de la biblioteca de Nínive del rey Asurbanipal.

La astrología de presagios mesopotámica buscaba señales en los cielos (eclipses solares o lunares, cometas o meteoritos que augurasen algo). La astrología de presagios se reservaba usualmente para las naciones y los reyes, un hecho que no es muy discutido por los astrólogos modernos. La biblioteca de Asurbanipal también dio lugar a registros astrológicos sumerios titulados: «Cuando Anu y Enlil», así llamados por la primera línea de las tablillas.[18] Los *zigurats* sumerios (torres escalonadas) han sido considerados desde hace mucho tiempo como observatorios celestiales; sus templos tienen «una cámara especial para los astrólogos conocida como *bit tamarti*, "casa de observación", donde observaban la luna».[19] La astrología y la religión mesopotámica se centraban en la adoración de un dios de la luna (*Sin)* en contraste con los astrólogos egipcios y griegos, que exaltaban a un dios del sol.

A medida que se descubrían, nombraban y se daba seguimiento a las nuevas constelaciones, la astrología de presagios se transformó gradualmente en una teoría zodiacal. Las doce divisiones zodiacales tuvieron su origen entre los astrólogos babilónicos, que dieron nombres a las principales constelaciones, aunque comenzaron con nombres e imágenes diferentes a las del zodíaco actual. Los sacerdotes babilónicos definieron los doce signos y las doce casas zodiacales. En su origen griego *zodíaco* significa «círculo de animales», que da lugar a los signos modernos de las constelaciones: Aries el carnero, Taurus el toro, Géminis los gemelos, Cáncer el cangrejo, Leo el león, Virgo la virgen,

16. Hooke, *Babylonian and Assyrian Religion,* p. 91.
17. Hale, *Beyond the Milky Way,* p. 17.
18. Taylor, *An Analysis of Celestial Omina in the Light of Mesopotamian Cosmology and Myths,* p. 34.
19. Hooke, *Babylonian and Assyrian Religion,* p. 92.

Libra la balanza, Escorpio el escorpión, Sagitario el arquero, Capricornio la cabra, Acuario el aguador y Piscis el pez. Desde el tiempo del zodíaco babilónico, con sus signos y divisiones, que está documentado en tablas cuneiformes de alrededor del 419 A.C., ha permanecido asombrosamente sin cambios entre los astrólogos occidentales.[20]

Desde el siglo VIII en adelante la astrología babilónica impregnó la vida mesopotámica y dejó marcas profundas en Egipto, Grecia y el norte de la India. La mayoría de las predicciones más antiguas caen en la categoría de la astrología judicial o astrología mundana para predecir el destino de la nación o el rey. La astrología mesopotámica se mezcla bien con el politeísmo, la idolatría y los dioses celestiales de sus naciones vecinas.

Astrología zoroástrica

A pesar del vínculo aceptado que existe entre los zoroastras persas y babilónicos, su astrología distintiva merece una mención especial. La mayoría de los eruditos creen que los magos zoroastras son «los sabios» mencionados en Mateo 2.1. Mientras observaban las estrellas, los magos siguieron su estrella y encontraron a Jesús en Belén. No hay nada en el Nuevo Testamento que diga que esos hombres estuvieran usando adivinación astrológica para encontrar a Cristo. Como observadores de las estrellas, solo vieron la estrella y la siguieron, creyendo que tenía un significado especial. Los magos eran parte de los sacerdotes zoroástricos que sumaban astronomía, astrología y quizás artes mágicas a su práctica. Esos magos del Evangelio de Mateo trajeron regalos a Cristo y lo adoraron, lo que indica un ascenso hacia la creencia correcta para el tiempo en que encontraron a Cristo.

Los sacerdotes zoroástricos encontraron conflictos entre su religión y las tendencias astrológicas extranjeras. Zoroastro estaba contra el fatalismo e insistía en el libre albedrío, lo que iba en contra de las teorías encontradas en la astrología antigua. La fusión del zoroastrismo y la astrología estaba restringida por sus creencias y reflejaba el dualismo de su teología. Ellos reconocían los doce signos del zodíaco, pero los consideraban agentes buenos trabajando para el bien de Dios en el hombre y la tierra. Los planetas enemigos que trabajaban para las tinieblas ofrecían interferencia con los agentes zodiacales buenos.[21] De esta manera la cosmología zoroástrica se distanciaba de las otras de su región.[22]

---

20. Snodgrass, *Signs of the Zodiac: A Reference Guide to Historical, Mythological and Cultural Associations*, p. 21.
21. Zaehner, *The Dawn and Twilight of Zoroastrianism*, pp. 206, 238.
22. La mayoría de los textos sagrados zoroástricos fueron destruidos durante la invasión griega sobre Persia.

Astrología egipcia

La astrología egipcia prehelénica se preocupaba de la tabla de las horas en que salían y se ponían las diferentes estrellas. Las pirámides son un ejemplo de que los antiguos egipcios rastreaban el sol, la luna y las estrellas. Varios aspectos de la cosmología egipcia, de su pensamiento religioso, del politeísmo y la reencarnación, se reflejan en los jeroglíficos de las pirámides y en la arquitectura egipcia. Con precisión asombrosa, construyeron columnas que coordinaban perfectamente con movimientos solares, lunares o estelares particulares. Un ejemplo es la recámara de la reina en la Gran Pirámide, donde «el ángulo de elevación de la columna del norte es de treinta y nueve grados, y podía señalar hacia el cuenco de la Osa Menor».[23] Se dice que otras columnas de las pirámides apuntan hacia las estrellas hacia las cuales el espíritu o alma del faraón enterrado es transferido o encarnado después de la muerte.

La astrología egipcia primitiva parece estar enraizada en fuentes zodiacales babilónicas, las cuales se integran bien en su adoración del sol y los planetas. Algunos de los signos zodiacales fueron renombrados, o «egipcializados», para coincidir con las tendencias culturales religiosas. Capricornio fue renombrado como «pez-cabra», Cáncer fue imaginado como un «escarabajo» y Acuario como un dios del Nilo.[24] Contra ese trasfondo no sorprende que la astrología egipcia adquiriera su propio carácter.

Después de que los griegos conquistaran Egipto de manos de Alejandro Magno, y tras el desarrollo de la gran Biblioteca de Alejandría (365-323 a.c.), los griegos notaron que la astrología egipcia era igual a la babilónica. Ese paralelo debió ser producto del dominio persa sobre Egipto desde el 525 a.c. hasta la conquista de Alejandro en el 332 a.c., pero también pudo ser que alguna información pasara a lo largo de las rutas mercantiles. Aun así, eso no disminuye la originalidad egipcia en ciertas ideas.

El astrónomo egipcio de Alejandría, Claudio Tolomeo, de alrededor del 150 a.d., introdujo un esquema para un sistema planetario geocéntrico que se mantuvo intacto hasta la cosmología heliográfica de Copérnico en 1593. Algunos escritores debaten la etnicidad egipcia de Tolomeo, porque escribió en griego. Sin embargo, su avanzada educación se puede ver en su astronomía, su astrología, su música y su geología y, lo más importante, en su *Tetrabiblos,* su tratado en cuatro libros sobre astrología natal, astrología mundana y métodos de predicción. Él escribió la síntesis más antigua conocida sobre la astrología babilónica, egipcia y griega con la coalescencia de su cosmovisión aristotélica. Eso unificó esos sistemas astrológicos hacia una cosmología singular. Su trabajo fue muy respetado y se convirtió en el catalizador de muchos trabajos europeos posteriores. Los

23. Kelley, *Exploring Ancient Skies,* p. 262.
24. Hornung, *Secret Lore of Egypt,* p. 31.

astrólogos griegos lo usaron como base para sus comentarios astrológicos y se convirtió en la fuente fundamental para la astrología occidental conforme crecía a través de los siglos.

Astrología grecorromana

La antigua astrología griega se atribuye a tres posibles fuentes, o quizás a una combinación de estas. La mayoría de los eruditos dice que la astrología griega fue un refinamiento de la astrología babilónica. Eso podría deberse a los colonizadores griegos que vivieron en Mesopotamia ya en el siglo VIII A.C., lo que creó un ambiente fértil para el intercambio de información astrológica y podría explicar las similitudes en ese campo entre tan distantes naciones.[25] También podría deberse a Beroso (circa 280 A.C.), un astrólogo e historiador babilónico que se decía había llegado a la isla griega de Cos para establecer una escuela astrológica, según cuenta Vitruvio, un escritor romano del primer siglo A.C.[26] Él tradujo el texto babilónico *La iluminación de Bel* al griego, lo que añade una nueva dimensión al entendimiento de cómo se encuentran los rasgos babilónicos en la antigua astrología griega. Cualquiera de esas fuentes puede explicar el génesis del interés astrológico en Grecia.

Pitágoras (circa 550 A.C.) y sus seguidores añadieron su numerología al sistema zodiacal en su búsqueda de pronósticos precisos. Tamsyn Barton escribe: «Su amor por la numerología les llevó a la idea de ofrecer valores matemáticos a la relación entre los cuerpos celestes, como parte del gran esquema donde todo tiene su nombre».[27] Un contemporáneo griego de Tolomeo de Alejandría fue Vettius Valens de Antioquía, que escribió las *Anthologiae* (circa 160 A.D.). Este trabajo de nueve volúmenes se ocupaba de la astrología natal y daba numerosas ilustraciones astrológicas. Esta obra y la de Tolomeo se convirtieron en los más influyentes trabajos para el crecimiento de la astrología occidental.

Durante el siglo II, los apologistas cristianos prenicenos se opusieron activamente a las astrologías egipcia y griega. Su preocupación, mientras el cristianismo crecía desde Roma hasta Alejandría, era que los que practicaban la astrología la mezclaran con el cristianismo. La mayoría de los padres de la iglesia primitiva tenían buena formación, razón por la cual citaban frecuentemente fuentes paganas y las refutaban con firmeza. Líderes de esa iglesia como Clemente de Alejandría, Tertuliano, Lactancio y Orígenes hablaron con rotundidad contra la astrología y declararon su incompatibilidad con el cristianismo.

---

25. Hanegraaff, *Dictionary of Gnosis and Western Esotericism*, p. 111.
26. Dickie, *Magic and Magicians in the Greco-Roman World*, p. 101.
27. Barton, *Ancient Astrology*, p. 21.

La aceptación popular de la astrología llegó tardíamente al Imperio Romano. Al principio, el senado romano condenó la astrología y prohibió de manera oficial su práctica en el 139 A.D. Pero el doctor Kurt Koch apunta: «En una época cultural saludable, Catón y Cicerón lideraban la oposición a la astrología. Por otro lado, cuando los primeros emperadores, Augusto y Tiberio, emplearon astrólogos, empezaron a verse los gérmenes de la decadencia en la fibra del Imperio Romano. La invasión de la astrología es siempre una medida del estado cultural de la gente».[28] Doscientos años más tarde, Fírmico Materno produjo una obra mayor sobre astrología llamada *Mathesis,* alrededor del 334 A.D. Como la práctica de la astrología era contraria a la ley, Materno, que tenía formación jurídica, usó sus recursos para escribir de tal forma que no se notase que realmente la estaba promocionando.[29] Su tratado era esencialmente una versión latina de la astrología helenística. Así pues, la historia revela que la astrología se mantuvo como una fuerza de cierta influencia, con sus altas y bajas afectando las vidas de grandes y pequeños dentro del Imperio Romano.

Astrología china

Igual que en otras civilizaciones antiguas, hubo poca diferencia entre la antigua astronomía china y su astrología.[30] La antigua astrología china se desarrolló independientemente de su equivalente mesopotámica, posiblemente ya en el 2000 A.C. Ellos dividieron la *eclíptica,* el recorrido del sol por el cielo, en doce estaciones de Júpiter, y cada estación la dividieron a su vez dos o tres veces para un total de veintiocho partes desiguales.[31]

Ho Peng Yoke describe la astrología china en términos de astrología tradicional judicial o mundana: «A diferencia de la astrología occidental, la china intenta decir el destino de las personas que ocupan posiciones importantes, desde el emperador hacia abajo, y sobre regiones geográficas, pero nunca sobre individuos.[32] Yoke añade: «En efecto, se creía que los eventos celestiales y los asuntos de estado tenían influencia recíproca».[33]

Con el tiempo, también se elaboraron horóscopos para personas individuales, similares a los de la tradición occidental, en el calendario chino y en cartas zodiacales que constaban de doce animales: la rata, el toro, el tigre, el conejo, el dragón, la serpiente, el caballo, la oveja, el mono, el gallo, el perro y el cerdo. Estos se usan en combinación con el cumpleaños del sujeto para darle un perfil de su carácter y destino. Un misionero

28. Koch, *Christian Counseling and Occultism,* p. 97.
29. Barton, *Ancient Astrology,* p. 80.
30. Ching, *Chinese Religions,* pp. 29-30.
31. Smith, *Fortune-Tellers and Philosophers,* p. 34.
32. Yoke, *Li, Qi, and Shu,* p. 131.
33. Ibid., p. 123.

en China registró el destino de la astrología china: «Uno lee en parte: "Los eventos de la vida de los hombres están supuestamente bajo la influencia de veintiocho estrellas (de las casas de la luna), cada una de las cuales es objeto de adoración. Al leer la fortuna mediante este método, se preparaba una representación en papel del horóscopo de un hombre por cada individuo que solicitaba"».[34] En la actualidad, la astrología china ha ganado nuevos seguidores sobre todo gracias a libros que han traducido la antigua práctica al inglés y a otros idiomas del mundo.

Astrología india

Es muy posible que los caldeos hayan influido en la astrología india primitiva, y que más tarde la influencia griega (especialmente después del dominio alejandrino del norte de la India) tuviera algún impacto, tal como afirma el sitio de Internet sobre astrología india: «La astrología india, que se originó en la antigua civilización griega, define las características reales de la compatibilidad en la pareja, del individuo y del futuro…»[35] Si la influencia griega es exacta, como se afirma, debe haber prevalecido sobre el antagonismo de los religiosos hindúes y budistas, que despreciaban a los griegos y sus costumbres, incluyendo la astrología.[36] No fue sino hasta el 160 A.D. cuando Yavanesvara tradujo un texto griego al sánscrito sobre cómo hacer horóscopos. Durante el siglo siguiente, Sphujidhvaja, un respetado erudito, añadió versos a ese texto, titulado *Yavanajataka* (dichos jónicos).

El más antiguo texto indio sobreviviente sobre astrología está fechado en el 505 A.D., y contiene los doce signos del zodíaco traducidos al sánscrito.[37] Sin embargo, algunos eruditos afirman que la astrología india se desarrolló internamente sin influencias extranjeras «hasta la introducción de las ideas islámicas un milenio más tarde».[38] La astrología védica (llamada así por sus raíces en las escrituras indias *Vedas)* afirma las mismas ideas de sus equivalentes: el destino está escrito en las estrellas y puede ser influenciado por las actitudes y acciones de los seres humanos.

34. Smith, *Fortune-Tellers and Philosophers*, p. 175.
35. "Indian Astrology", http://www.vedic-astrology-prediction.com/indian-astrology.html (visitado 5 marzo 2007).
36. Es absurdo que un erudito como Irving Hexham afirme que «la astrología sale naturalmente de la creencia en el karma y la reencarnación», cuando un estudio elemental demuestra que esta fue introducida más tarde en las religiones indias, en vez de surgir de ellas. Véase Hexham y Poewe, *New Religions as Global Cultures*, p. 104. El capítulo de Hexham sobre la astrología no vale nada; adolece de falta de investigación original, por lo que Hexham erróneamente concluye que los miembros de la cienciología «suelen apelar a los signos astrológicos» para demostrar ¡la misión divina de Hubbard!
37. Garratt, *The Legacy of India*, p. 350.
38. Pollock, *The Language of the Gods in the World of Men*, p. 265.

> La astrología india, el más antiguo sistema astrológico del mundo, difiere considerablemente del sistema occidental. Usa las constelaciones reales tal como se observan en el cielo. Este sistema les da una gráfica completamente diferente cuando se compara con el usado por los astrólogos occidentales. La astrología india está basada en la fecha, lugar y momento del nacimiento.
>
> La astrología india también difiere considerablemente del horóscopo chino, que está basado en el año del nacimiento y cree que este indica una cierta fase o aspecto de un ciclo de tiempo de seis años. Por lo tanto, uno se encuentra que nació en el año del perro, del caballo o la rata, o hasta del dragón. De ahí que la gente nacida en un año de un animal en particular comparta ciertas tendencias comunes, como la gente nacida bajo un mismo signo del zodíaco.[39]

A pesar de que este sitio afirma que la astrología india es la más antigua del mundo, es difícil probarlo históricamente si tenemos en cuenta las muchas influencias culturales durante su desarrollo. Los practicantes del siglo XXI reavivaron la antigua astrología y ahora la promueven a través de libros y de la Internet.

Astrología precolombina del Nuevo Mundo

En el Nuevo Mundo, la civilización maya (200-900 A.C.) tenía un sistema calendario muy preciso basado en sus descubrimientos en astronomía y matemáticas. Añadiendo superstición a lo científico, desarrollaron la astrología maya, que está registrada en su texto sagrado *Chilam Balam.* Para ellos, la astrología natal era la caracterización generalizada de la persona de acuerdo con su nacimiento. «La religión maya estaba estrechamente conectada al elaborado calendario maya y a su astrología, que tiene mucho que ver con las revoluciones del planeta Venus».[40]

Los aztecas practicaron la astrología para pronosticar las características de una vida que traería buena o mala fortuna sobre el individuo. La astrología azteca es un sistema complicado que conecta a un dios o una diosa con el día y la semana del nacimiento de la persona. Sus predicciones eran proyecciones del destino de toda la vida basadas en cómo el «equilibrio del universo afecta al cuerpo humano».[41] Influenciados por una religión politeísta, ellos también atribuían y transferían características del dios-animal a la humanidad.

---

39. "Indian Astrology", http://www.vedic-astrology-prediction.com/indian-astrology.html (visitado 5 marzo 2007).
40. De Camp, *Ancient Ruins and Archaeology*, p. 198.
41. Ortíz de Montellano, *Aztec Medicine, Health and Nutrition*, p. 134.

Dado que el calendario azteca era muy preciso para la civilización antigua, también puede ser ajustado y acomodado para el mundo de hoy. Esto les ha permitido a los mercaderes de la Nueva Era publicar predicciones astrológicas mayas y aztecas actualizadas, aun cuando la mayoría de los lectores no tienen la menor idea de lo que los dioses aztecas representan.[42] Las predicciones son más afines con una gráfica del destino que con el horóscopo diario. El fatalismo no solo mira a la buena naturaleza; permite que las malas características nublen las buenas, dejando poca esperanza para la persona, que parece estar atrapada por fuerzas cósmicas inalterables.

Astrología moderna

Al decir astrología moderna lo que normalmente se indica es la codificación de la astrología del occidente europeo, que resultó de la astrología babilónica según se filtró a través de Atenas y Roma. Con delicados ajustes a través de los años, surgió una práctica estandarizada y permaneció intacta hasta que se dieron dos cambios. El primero vino a través de los horóscopos populares de los periódicos alrededor de 1930; y el segundo vino a través del movimiento de la Nueva Era en la década de 1970.

En la astrología occidental, el zodíaco es el cinturón imaginario que rodea la tierra y que tiene la fenomenal apariencia de doce constelaciones zodiacales o signos desplazándose dentro del mismo. Ese cinturón se extiende ocho grados a cada lado de la eclíptica, que es el recorrido que el sol parece trazar a través del cielo; tarda 365.25 días en completar el ciclo eclíptico. El zodíaco está dividido en doce secciones, una para cada signo, a intervalos de treinta grados.

La elaboración de horóscopos, desde el tiempo de Tolomeo hasta 1930, se basaba en el punto del horóscopo o el signo ascendente o de elevación. La casa zodiacal en la que el planeta se levanta le dice al que predice cómo escribir el horóscopo de acuerdo con el tiempo del nacimiento. Desde 1930 se ha venido usando un método diferente para los horóscopos populares, como los que se encuentran en los medios generales. Se basan en métodos alternos, como el *locus* del signo-sol (la posición del sol naciente en el momento del nacimiento) o, algunas veces, como antes citamos del *Time,* los signos zodiacales se ven como parte de un todo colectivo (jungiano) para interpretar las tendencias, posibilidades y patrones de la vida del sujeto.

En la astrología moderna también nos encontramos con el problema de distinguir entre el zodíaco *sideral* y el zodíaco *tropical.* El sideral es el clásico zodíaco desde Tolomeo hasta 1930. El tropical, también llamado zodíaco solar, es una invención moderna y se menciona con mayor frecuencia en el pensamiento astrológico occidental. El zodíaco

42. Vea K. C. Tunnicliffe, *Aztec Astrology,* 1979, donde él coordina el calendario azteca con el nuestro.

sideral se ajusta a los cambios del equinoccio vernal, pero el zodíaco tropical no.[43] Existe un serio problema para el zodíaco sideral, dado que las constelaciones no son del mismo tamaño. Estas no forman un cinturón perfectamente divisible a intervalos de treinta grados.[44] A pesar de esas diferencias, Rene Noorbergen resume cómo los astrólogos profesionales elaboran el horóscopo sideral:

> El momento del nacimiento es el punto de partida esencial. Esto, acoplado con la longitud y la latitud del lugar de nacimiento del individuo, provee el paquete inicial… un factor conocido como «la verdadera hora local» tiene que ser considerado… sumando o restando cuatro minutos por cada grado de longitud en que su lugar de nacimiento se ubica al este o el oeste del centro de su zona de tiempo de nacimiento… el próximo paso es convertir ese tiempo «verdadero» en tiempo «sideral» o estelar. Esto se hace con la ayuda de un efímero, un libro de referencia que muestra las posiciones de los planetas en relación con la tierra… porque al hacerlo, el tema del «ascendente» del individuo —el signo astrológico que se supone se levantaba en el horizonte oriental al momento del nacimiento— es revelado... Para hacer la gráfica de su horóscopo… alinea el «ascendente» con el punto de las nueve en punto en el círculo interior del horóscopo, y desde ahí usted se prepara para «leer» las varias «casas» zodiacales que controlan su vida y fortuna.[45]

Algunos astrólogos han debatido acerca de si hay que usar la concepción o hay que partir del nacimiento para hacer la gráfica de un horóscopo. Esto, por supuesto, produciría un horóscopo enteramente diferente, de modo que, según le convenga, cuando a uno no le guste su signo puede cambiar a la concepción como punto de partida. Otra variante que suele obviarse es la preferencia por la astrología occidental sobre la china, la maya, la india, la egipcia o la azteca. Con todas esas variantes opuestas entre sí, la astrología no admite pruebas verdaderamente científicas, porque nadie puede decir verdaderamente cuál punto de partida, zodíaco o método es el mejor. La falta de una estandarización es un serio problema para la astrología.

Los astrólogos han elaborado miles de horóscopos incorrectos a lo largo de varias décadas al no hacer un ajuste para registrar los nacimientos en las zonas donde la hora cambia para aprovechar la luz del día. Esto produce en los diagramas individuales

43. Véase la discusión más adelante bajo «El problema de la precesión del equinoccio».
44. Véase la discusión más adelante bajo «El problema de la longitud de las constelaciones».
45. Noorbergen, *The Soul Hustlers*, pp. 176-177.

una desviación de una hora, lo que produce una lectura falsa. Ahora hay programas astrológicos de computadora que solventan ese error, pero no dan cuentas por la información falsa en que la gente ha confiado durante un siglo.[46] Estos métodos contradictorios confunden la información pertinente que, si está equivocada, alterará todo lo demás, desde una correcta diagramación hasta una correcta interpretación. Con tantas variaciones parece que los astrólogos carecen de una verdadera estandarización por lo que no pueden tener una correcta ciencia de horóscopos. Estos insalvables problemas son ya bastante difíciles, pero las cosas empeoran cuando le añadimos las multifacéticas variaciones y las nuevas técnicas que ofrece la astrología de la Nueva Era.

Astrología de la Nueva Era

Durante el movimiento contracultural de mediados de los sesenta, una nueva rama de astrología se desprende de la astrología moderna. Esta expansión no alcanzó su cenit hasta que empezó el movimiento Nueva Era al comienzo de la década de 1970.[47] La astrología de la Nueva Era sobrepasa con variantes aun más amplias en la falta de estandarización ya existente a la astrología tradicional. Hay dos vertientes de la astrología de la Nueva Era. La primera usa cálculos zodiacales tradicionales junto con interpretaciones heterodoxas, piedras de colores para sanidad o energía, yerbas curativas y toda una variedad de asociaciones de la técnica Nueva Era asignadas a las constelaciones al azar. La segunda vertiente combina cálculos zodiacales tradicionales con la astrología que no viene de occidente, sino de fuentes tales como la antigua china, la druida, la maya, la azteca, la inca, la zoroástrica, la india, la griega, la egipcia y la romana. Esto puede dar la sensación de ser la reinvención de la rueda. Parece que la intención es seleccionar los mejores pensamientos de cada uno de los estudios anteriores, sean antiguos o modernos, y fundirlos en un sistema que es validado solo por la autoproclamación. Este segundo grupo viene reforzado por una nueva ola de libros astrológicos mayas, aztecas, incas y chinos, escritos tanto por novicios como por eruditos.

Astrología y lógica

En franca contradicción con su promesa de control, las incongruencias lógicas de la astrología son numerosas y revelan un patrón de caos. Las promesas subyacentes en la construcción del cosmos astrológico desafían la razón y la realidad. Igualmente arbitrarios son los métodos para la interpretación de los horóscopos.

46. Véase Dean, *Recent Advances in Natal Astrology*, pp. 19-32.
47. Cooper, *Religion in the Age of Aquarius*, pp. 22-24, 33-36.

El problema del universo geocéntrico

Los astrólogos han continuado basándose en el universo geocéntrico desde que Tolomeo lo concibió en el 150 A.D. La teoría de Tolomeo fue reemplazada por el sistema solar heliocéntrico de Copérnico; sin embargo, la técnica de los horóscopos nunca ha cambiado. Siguen fundamentándose en el falso concepto de que la tierra es el centro del sistema solar. Los astrólogos deben explicar por qué usan un diagrama geocéntrico cuando nuestro sistema solar es heliocéntrico. Si un astrólogo cambia a un sistema solar heliocéntrico, surgen nuevos problemas en relación a la posición de los signos zodiacales, por cuanto estos están posicionados desde el horizonte de la tierra, no desde el del sol. La astrología basada en un universo geocéntrico no tiene fundamento científico.

El problema de los exentos

La influencia de los planetas debe ser cierta para *todas* las personas, de lo contrario los astrólogos tienen que explicar cómo su teoría sigue siendo válida si existen excepciones. El cinturón zodiacal que mencionamos antes tiene ocho grados a cada lado de la elipse del sol. Ciertas regiones pobladas del norte como Siberia, Suecia; las regiones árticas o Alaska (la tierra del sol de medianoche o periodos alternos de veinticuatro horas de noche) no tienen un «plano solar» o «plano zodiacal», como lo llaman los astrólogos, por cuanto el sol nunca cruza el horizonte durante esos tiempos. Por lo tanto, esos periodos de tiempo caen completamente fuera de los diagramas astrológicos y, literalmente, las personas nacidas en esos lugares y tiempos están *exentas* de la astrología. Eso hace imposible calcular las posiciones planetarias para la gente que está sobre o debajo de los sesenta y seis grados de latitud y, por tanto, no se puede elaborar ningún horóscopo. Los astrólogos que hacen trampa usando la latitud más cercana actúan en detrimento de su práctica, porque los astrólogos serios insisten en lugares y tiempos precisos para el nacimiento. Dado que hay excepciones en la astrología, los astrólogos necesitan dar cuenta de cómo esas personas están tan ajenas a la influencia de la astrología zodiacal.

El problema de la precesión del equinoccio

Cuando los astrólogos de Alejandría empezaron a estandarizar el calendario zodiacal alrededor del año 100 A.C., el sol (debido al equinoccio vernal) entraba en el signo de aries el 21 de marzo. La astronomía newtoniana (1687) nos enseña que el equinoccio se mueve a un signo zodiacal de treinta grados completos cada 2180 años. La gente que ahora nace del 21 de marzo hasta el 19 de abril realmente nace bajo el signo de piscis. Aquellos que piensan que nacieron bajo tauro (del 20 de abril hasta el 20 de mayo) realmente nacieron bajo aries. En la actualidad cada signo toma del signo precedente debido al movimiento del equinoccio. La mayoría de los astrólogos ignoran este hecho, pero eso destruye el fundamento de su tesis. Si se ha hecho un horóscopo para un tauro nacido en abril, entonces el signo real en que la persona nació fue aries, así que el horóscopo no tiene sentido.

El problema de la longitud de las constelaciones

Como ya habíamos observado, las constelaciones no se dividen en el cielo a intervalos iguales de treinta grados. La constelación de cáncer es de veinte grados, mientras la de virgo es de cuarenta y cuatro grados. El sol no pasa el mismo tiempo en cada signo zodiacal. Pasa seis días en escorpio, por ejemplo, y cuarenta y siete días en virgo. Cuando se hace un horóscopo al comienzo o al final de las constelaciones más largas, se cuenta como el signo vecino en vez del signo en que realmente está. Esto hace que el horóscopo sea un fraude.

El problema de los nacimientos múltiples y con rasgos de carácter contrapuestos

En el caso de gemelos, trillizos y otros nacimientos múltiples, la astrología entra en muchas dificultades, porque casi siempre uno o más de los hermanos tienen caracteres sorprendentemente diferentes a los otros, pese a que nacieron en el mismo tiempo y lugar astrológico. Para la astrología moderna o contemporánea esto puede no representar un problema tan grande como para la de diagramas de nacimiento o cartas natales.

La Biblia nos ofrece un claro ejemplo de esto con el nacimiento de Esaú y Jacob. La diferencia de sus caracteres, uno escogiendo servir a Dios y el otro dándole poca importancia, presenta un problema porque ambos nacieron al mismo tiempo (Gn. 25.27). Algunos astrólogos argumentan que cuatro minutos entre los nacimientos pueden marcar una diferencia, aunque muchos otros difieren. Aun así, miles de gemelos nacen con una diferencia de menos de cuatro minutos, de modo que los hijos de partos múltiples que presentan rasgos contrapuestos suponen un problema insoluble para la astrología natal. Elaborar la carta de los niños es más difícil para los astrólogos contemporáneos, porque ellos generalmente toman en cuenta las tendencias de personalidad de los sujetos cuando trazan sus horóscopos.

El problema de los nuevos planetas

La astronomía y la astrología son estudios relacionados que crecieron mientras se acomodaban a nuevos descubrimientos e información. La astrología predictiva evolucionó de la astrología de presagios a la astrología zodiacal. La lista de los astros se limitaba a los que podían ser vistos con los ojos: el sol, la luna y Mercurio hasta Júpiter. La astrología zodiacal predictiva se contentaba haciendo horóscopos e interpretando el carácter y el destino con este limitado conocimiento.

Galileo Galilei (1564-1642) cambió la astronomía usando el telescopio para observar las estrellas en 1609. Más tarde, los descubrimientos de Urano (1781), Neptuno (1846) y Plutón (1930) dieron a los astrólogos nuevos planetas que «influenciaban» a la tierra y sus habitantes. Plutón fue añadido como planeta en 1930, justo a tiempo para el avivamiento de la astrología en el occidente.

Actualmente, la mayoría de los diagramas se elaboran usando la influencia posicional de todos esos planetas, lo que suscita una gran cantidad de interesantes preguntas. ¿Es *inválida* toda la técnica de horóscopos del pasado por la falta de conocimiento de los planetas que de verdad influían? Los astrólogos contemporáneos tratan de contestar a eso diciendo que cada nuevo planeta descubierto se correlaciona con los cambios en la sociedad.

Para acabar de arreglarlo, el 24 de agosto de 2006, la Unión Astronómica Internacional, con cuatrocientos veinticuatro astrónomos representados, degradó oficialmente a Plutón y declaró que ya no es un planeta.[48] Nuestro sistema solar se redujo nuevamente a ocho planetas. Desde luego, esto suscita más preguntas dentro de la astrología. ¿Se usarán ocho o nueve planetas? Cada opción cambiará el resultado al hacer los horóscopos y dará pie a las dudas sobre la legitimidad de todos los horóscopos del pasado, desde los tiempos antiguos hasta el presente. El problema es que los astrólogos no pueden probar ni desmentir qué planetas ejercen influencia, si alguno lo hace, sobre la tierra o qué clase de energía o conciencia colectiva está asociada con ellos, si es que hay alguna. En último análisis, los astrólogos no pueden demostrar qué clase de influencia ejercen los planetas del sistema solar o las constelaciones zodiacales, ya sea energía colectiva, conciencia colectiva, influencia o trama casual.

Caso real

Los siguientes ejemplos del poder o falta de poder de la astrología son detallados por el doctor Kurt Koch:

Ejemplo 41: Un maestro cristiano en el hogar de una niña de una misión nacional leyó la columna astrológica semanal durante años. En su mente, ella se

48. Plutón es ahora definido como «planeta enano». Las nuevas tres categorías astronómicas son «planetas» (ahora son ocho, hasta Neptuno), «planetas enanos» (cuerpos pequeños redondos) y «cuerpos pequeños del sistema solar» que abarca todos los otros objetos orbitando al sol. Véase "Pluto: We hardly knew you" en el *San Francisco Chronicle* (27 agosto 2006), E-2.

aplicaba esos pronósticos y, con el paso del tiempo, encontró que muchos de ellos se cumplían en su vida. Poco a poco desarrolló fe en el horóscopo.

Finalmente, cuando enfrentaba una decisión importante, se procuró un horóscopo exacto. Más tarde repitió esa consulta astrológica. Cayó más y más bajo en la compulsión astrológica, lo que finalmente la llevó a una entrevista pastoral conmigo. Se quejó de miedo a vivir, de incapacidad para tomar decisiones, estados de melancolía, etc.

Su historial médico arrojó poca luz sobre sus trastornos sicológicos. El único punto significativo era que su madre también creía en la astrología y era depresiva. Cuando llegamos a la parte del historial del paciente, relativa a su implicación en el ocultismo, descubrimos una fe en el horóscopo que ejercía un poder sugestivo definido. En la práctica, se negaba a admitir la influencia dañina de la astromancia sobre su vida emocional. Finalmente, después de una segunda entrevista, quedó persuadida de dejar su compromiso con la astrología.

Ejemplo 42: El editor de un gran periódico contó que un día no recibió el pronóstico astrológico semanal hasta muy tarde. Para no molestar a sus lectores, simplemente fue a los archivos e insertó en la columna apropiada un horóscopo de hacía mucho tiempo. Ninguno de los 100,000 lectores notó el «engaño». Como le funcionó bien, decidió que se podía ahorrar la cuota semanal del astrólogo. Así que, durante tres meses llenó la columna con horóscopos viejos. Por fin, un lector escribió diciendo que el horóscopo tenía que estar equivocado. Para evitar un escándalo comenzó otra vez a buscar horóscopos frescos...

Lo ridículo de la práctica de los horóscopos queda claro y a la vista con los ejemplos anteriores. Esto no significa que toda la epidemia de los horóscopos sea una tontería. No todo es estafa y superstición; pero todo ello es un gran peligro para la vida espiritual de un cristiano genuino que camina por fe.[49]

La astronomía bíblica

Como ciencia, la astronomía es distinta de la astrología y del arte de la adivinación. El estudio científico actual de la astronomía ha avanzado a pasos agigantados, pero eso no excluye que el estudio y la observación del movimiento estelar de los astrónomos bíblicos también fuera científico. Quizás carecían de los instrumentos modernos, pero ciertamente reconocían los movimientos regulares y repetitivos de los cuerpos celestiales. En

49. Datos recopilados por el doctor Kurt Koch. Véase Koch, *Christian Counseling and Occultism*, pp. 96-98.

los tiempos antiguos tenía mucho sentido estudiar y seguir los cuerpos celestes, porque estaban de continuo mirando al cielo.

La astronomía bíblica, a diferencia de la astrología, está libre de magia, adivinación y superstición. El sol, la luna y las estrellas son parte de la creación de Dios que Él ha revelado con el propósito de medir el tiempo terrenal y la regulación de las estaciones (Gn. 1.14-15). Los hebreos no adoraban a los planetas como hacían las naciones que les rodeaban. En la astronomía bíblica, las estrellas son reconocidas como el diseño celestial de Dios. Los israelitas entendieron que todos los cuerpos celestes creados estaban bajo el control soberano de Dios y, por lo tanto, no tenían poder inherente para influir en la tierra.

En Amós 5.8 se citan estrellas específicas por su nombre. Ese escrito data de alrededor del 760 a.c., como una advertencia a Israel antes del exilio, y menciona las estrellas de Orión y las Pléyades como creación de Dios. La mención de esas estrellas declara que Israel y Judá sirven al Creador en vez de a las estrellas, como hacían sus vecinos paganos. Es una posición contraria a la astrología, que muestra la grandeza de nuestro Dios Creador.

Respuesta bíblica y lógica

Sabemos por la historia que los egipcios, los babilonios, los caldeos y los incas estaban particularmente interesados en la astrología. La Biblia está repleta de pasajes que mencionan la astrología, los astrólogos, los observadores de las estrellas y los pronosticadores mensuales. Esas descripciones representan a los que elaboraban horóscopos y trataban de predecir el futuro. Los astrólogos profesionales modernos, que afirman confeccionar cartas astrales o de nacimiento genuinas, tienen para sus interpretaciones una amplia y compleja gama de cálculos que van más allá del alcance de este estudio. Se suele mezclar mística y matemáticas y, aunque es imposible examinar todos los métodos, es esencial realizar un análisis de sus intenciones, por lo que resultará esclarecedor.

La primera meta de un astrólogo es penetrar en el futuro. La razón por la que la astrología atrae a tantos es porque quieren rasgar el velo oculto del futuro. La curiosidad humana, las inseguras condiciones de la vida y las preocupaciones proveen motivos para desear el conocimiento del futuro. Desde ese trampolín de ansiedad la astrología ha lanzado un negocio global multimillonario.

Un segundo propósito de la astrología es intentar traer orden al caos. Esta meta apela al deseo de sensatez en un mundo caótico. El plan es convencer a la gente para regresar a esta antigua forma de descubrir lo que el universo dice acerca del destino personal: la influencia de las estrellas sobre la vida humana. La astrología enfatiza el orden del universo macrocósmico y su poder para influenciar en el desorden del microcosmos humano.

Un tercer objetivo es el arte del análisis de la personalidad. Al interpretar la posición de los planetas en una casa zodiacal en el punto del nacimiento, emparejándolo luego con teorías astrológicas del pasado, las estrellas podrían revelar cómo es una persona y cuál es su destino. Esta es astrología natal, pero en ella no entran los horóscopos diarios que se encuentran en las publicaciones populares (que son otra rama de la astrología).

Un cuarto objetivo al que los astrólogos aspiran es atraer a las personas valiéndose de su necesidad de propósito y de mejora personal. Las personas quieren que sus vidas tengan significado; buscan formas de alcanzar poder personal. Este poder, cuando se busca a través de la astrología, puede ser usado para adquirir conocimiento acerca de las relaciones, la compatibilidad y las asociaciones de negocio. Armado con esa información, el sujeto gana una sensación de control y poder sobre su destino que le da confianza en la toma de decisiones.

Un quinto y final objetivo de los astrólogos es ganar validez apelando a la autoridad de la antigüedad o de la Biblia. Hay astrólogos serios que sostienen firmemente que nada de la astrología contradice la Biblia. Responden a las declaraciones bíblicas contra la astrología diciendo que los escritores tenían prejuicios. Es vital que examinemos estos objetivos y pongamos sus métodos a prueba para poder determinar exactamente qué grado de efectividad tienen en el mundo contemporáneo.

Adentrarse en el futuro

Para saber si se ha conseguido penetrar en el futuro, es importante medir el éxito o el fracaso de la predicción. La exactitud lo es todo; distingue a los profetas bíblicos de otros pronosticadores. El profeta bíblico es un siervo de Dios que predice con ciento por ciento de exactitud. La falta de exactitud demuestra falsedad, lo que es inaceptable para un profeta bíblico. En contraste con esto, los astrólogos del pasado nunca han tenido ciento por ciento de exactitud, lo que prueba que son falsos pronosticadores. El acierto ocasional de un pronóstico no cambia su estado delante de Dios, porque todavía se queda muy lejos de la exactitud de Dios.

¿Se puede conocer hoy el futuro? Sí, el Dios que conoce el futuro puede comunicarlo a sus hijos, y lo ha hecho en innumerables ocasiones. Dios conoce el fin desde el principio (Is. 45.21). El hombre no tiene acceso a ese conocimiento y los que parecen predecir los acontecimientos futuros en realidad están haciendo una refinada conjetura basada en el conocimiento pasado de individuos o eventos. Sin embargo, hay momentos en que un ser humano puede predecir un hecho futuro con precisión; eso ocurre cuando Satanás, el archienemigo de Dios, proporciona su conocimiento o sus elaboradas conjeturas a sus siervos.

Los teólogos llevan siglos debatiendo sobre la cuestión de qué o cuánto sabe Satanás del futuro. La Biblia nos habla de Satanás como un ángel caído, un ser finito con conocimiento limitado. Nada en la Biblia nos muestra que sepa más acerca del futuro que los otros seres creados. Desde luego, no conocía el futuro cuando combatió contra Dios en el cielo, porque ningún ser racional haría eso voluntariamente sabiendo que le esperaba un lago de fuego. Su conocimiento limitado se demuestra en el libro de Job, porque pidió permiso para poner a prueba a Job, pensando que este negaría a Dios. Pero al final Job fue fiel y demostró que la conjetura de Satanás estaba equivocada. Él no «sabía» lo que Job iba a hacer. Su conocimiento del futuro viene, o bien de la misma clase de profecías disponibles para el pueblo de Dios o bien de elaboradas conjeturas basadas en hechos del pasado. Si esta es la clase de «conocimiento» que le da a sus siervos, no es sorprendente que falle tanto.

Solo Dios conoce el futuro. En el mejor de los casos, Satanás simplemente toma prestado del conocimiento predictivo de Dios. Deuteronomio 13.5 demuestra que los profetas y los soñadores predicen cosas que «habrán de pasar». El criterio con que Dios lo examina es: ¿Qué clase de dios está promocionando su mensaje? Si es alguno distinto al Dios verdadero, entonces son falsos profetas, aun si se cumplen sus profecías. ¿Cómo es posible que un falso profeta dé una predicción correcta? Ellos obtienen su información o a partir de conjeturas o de su señor, Satanás.

Una segunda prueba para los profetas o predicciones se encuentra en Deuteronomio 18.19-20, donde se discute la importancia de la exactitud. Si cualquier predicción falla o «si la cosa no pasa o sucede», entonces no es de Dios. Esas personas quedaban señaladas como falsos profetas y, si no se arrepentían, sufrían serias consecuencias en Israel.

Los astrólogos u observadores de las estrellas caen bajo estas mismas directrices. Cuando dan predicciones que no se cumplen del todo, deben ser marcados como falsos pronosticadores. A diferencia de los profetas bíblicos, nunca ha existido un astrólogo completamente preciso. Desde el punto de vista de la historia, es seguro decir que no pueden adentrarse en el futuro con acierto.

Orden a partir del caos

Los astrólogos que sinceramente creen en sus teorías desean ayudar a la humanidad demostrando que el orden del universo sideral puede ser una influencia que mejore el caos terrenal. Esto se basa en lo que los astrólogos llaman el principio hermético de correspondencia, «como es arriba, es abajo». Los seres humanos son un reflejo en miniatura, un reflejo *micro*cósmico del *macro*cosmos planetario del universo. ¿Es la vida terrenal un mero reflejo microcósmico del universo?

El principio hermético «como es arriba, es abajo», pone sobre la mesa la conclusión lógica de que la astrología es un sistema fatalista. Los astrólogos modernos refutan esto con nuevos argumentos en un intento por escapar del fatalismo, una conclusión inevitable, porque no hay libre voluntad si todo está predeterminado desde arriba.

La libre voluntad está completamente ausente en toda la historia de la astrología. En un intento reciente por resolver este dilema, algunos astrólogos sostienen que la influencia estelar solo «invita» a la respuesta del sujeto, pero nada le obliga a someterse a la influencia astrológica. Es algo más que un argumento tomado por los pelos para distraer la atención del asunto real, destruye la historia astrológica. La pregunta no es si la humanidad se siente obligada; la pregunta es si las estrellas emanan un poder que ejerce influencia sobre la tierra y sus individuos según el principio de «como es arriba, es abajo». Muchos de los astrólogos de hoy rechazan el fatalismo y el principio hermético como parte de su práctica, de modo que esta insta a las personas a escoger el rumbo correcto en las decisiones de la vida.

La ley de causa y efecto describe mejor el sentido histórico de la teoría astrológica. El macrocosmos influye sobre el microcosmos, que es la razón por la que los filósofos han catalogado la astrología como fatalista. Si las estrellas realmente influyen en los asuntos terrenales, entonces los acontecimientos de la tierra no pueden ser otra cosa que resultado de la influencia sideral. Una vez que un astrólogo admite que la vida terrenal puede ser algo distinto a lo que dicta la influencia de las estrellas, la influencia estelar ya no tiene significado y se disuelve la teoría astrológica. El teólogo y filósofo cristiano R. C. Sproul dijo una vez: «El fatalismo encuentra su expresión más popular en la astrología».[50] Si los asuntos de los hombres están controlados por la influencia de las estrellas, la astrología es uno de los más perdurables ejemplos de fatalismo. Para eludir este problema, los astrólogos modernos aplican flexibilidad a su práctica para que no sea tan dura como el fatalismo exige.

Los astrólogos se encuentran inevitablemente atrapados en una red de cuestiones peliagudas: no pueden descartar sin más el problema de la incapacidad fundamental porque no les guste el resultado de esa filosofía. Un astrólogo no puede decir que las estrellas no causan nada, porque tal aseveración aniquila el fundamento de su práctica. Para practicar la astrología tienen que decir que las estrellas hacen algo. La afirmación de que el universo sideral influye en los asuntos de la tierra es la admisión de que es algo y,

50. Sproul, *Chosen by God*, p. 194.

si es algo, entonces regresamos al punto cero: la ley astrológica de causa y efecto entrega a la tierra y sus habitantes al fatalismo.

Algunos astrólogos ven el error del fundamento fatalista de la astrología. Esta no considera la libre voluntad del hombre y de esta forma socava la práctica en su totalidad. Si la voluntad humana es más fuerte que el poder de la influencia sideral, entonces esa debilidad hace que la influencia pierda significado; los humanos pueden resistirla cuando quieran. Dado que hay varias ramas de la astrología, el argumento fatalista opera mejor cuando se discute acerca de la historia astrológica y la astrología tradicional. La Nueva Era y la mayoría de los astrólogos modernos evitan la trampa del fatalismo basando su astrología en asuntos como las tendencias, el carácter y la personalidad.

Éxitos y fracasos astrológicos

La astrología reclama una serie de predicciones exitosas, pero lo que se ignora generalmente es el número de sus fracasos. Uno de los astrólogos más populares de los últimos años es la parapsicóloga Jeane Dixon, pero aun ella ha tenido un fracaso tras otro.[51] Hasta que los astrólogos que usan su arte para predicciones puedan demostrar que son algo más que conjeturas, sus estadísticas de éxitos seguirán muy por debajo de las de sus fracasos. La afirmación de que la posición planetaria en el signo zodiacal de uno influya, incline o lo que sea, es algo que debe validarse antes de declarar que dicha posición es la fuente de los aciertos.

Los astrólogos deben dar explicaciones sobre la fuente del poder o influencia de las estrellas o planetas. Si es una fuerza natural, entonces debe ser susceptible de detección y estudio como las otras fuerzas naturales, y debe tener un alto (no bajo) grado de predictibilidad. Más bien parece algo completamente al azar y sin coherencia, que es lo opuesto a otras fuerzas naturales. Si la influencia es un poder sobrenatural, entonces debería tener un alto grado de éxito, y no lo tiene. No es un argumento contra lo difícil que resulta explicar la astrología; es un argumento contra el silencio. Esta clase de astrólogos no ofrecen explicación o definición y así evitan el estudio y las pruebas externas.

Esta evasión a toda costa es muy diferente al Dios de la Biblia, que se expone a la comprobación.[52] La Escritura detalla predicciones precisas, dadas con cientos de años de

51. Véase la discusión sobre Jeane Dixon en el capítulo 15.

52. Que Dios como Espíritu no sea un ser tridimensional, no significa que esté impedido de actuar sobre nuestra existencia tridimensional. Si Dios existe, como describe la Biblia, debemos esperar que sus acciones excedan las limitaciones de un mundo tridimensional, en vez de estar restringido por ellas. A lo largo de la historia bíblica, Dios dio ciertas pruebas para asegurarnos de su realidad, como las diez plagas en la corte del faraón, cada una de las cuales era una proposición condicional tipo «si, entonces» y ocurrieron como se predijo (Éx. 7—12). La prueba definitiva de la realidad de Dios es la resurrección de Jesucristo, que tuvo «muchas pruebas indubitables» (Hch. 1.3). Si Jesús no hubiera resucitado de los muertos, entonces todo lo que

antelación al suceso, que siempre ocurrieron según lo previsto. Varios acontecimientos dan testimonio de ello, desde el rey Ciro (Is. 45.1) cuya figura fue predicha, incluido su nombre, doscientos años antes de nacer; hasta el nacimiento del Mesías en Belén (Miq. 5.2); hasta las setenta semanas de Daniel (9.20-27), cuando el Mesías habría de ser quitado. Un salmo davídico (22) describe el método romano de crucifixión seiscientos años antes de que fuera inventado y mil doscientos años antes de que el Mesías lo sufriera.[53] Una persona razonable que estudie cómo se dieron las profecías bíblicas, con detalles que van mucho más allá de vagas predicciones, llegará a la conclusión de que hay una mente inteligente detrás de ellas. Esta mente pertenece a Dios, que está declarando el futuro y lo está cumpliendo. La astrología carece tanto de detalles como de aciertos.

Análisis del carácter

El análisis del carácter personal, las habilidades y el destino ha sido parte de la astrología natal desde su comienzo. Originalmente estaba reservada para la antigua nobleza, pero con el paso de los siglos se extendió hasta la gente común. Este análisis nada científico afirma que los movimientos planetarios (causa) en el momento del nacimiento tienen un efecto directo en los rasgos de la personalidad del recién nacido (efecto).

Algunos han usado el controvertido estudio Efecto Marte (1955) para defender el poder de los astros en los rasgos de la personalidad. Este estudio de dos mil ochenta y ocho atletas realizado por el psicólogo francés Michael Gauquelin afirma que un porcentaje medible de atletas campeones tiene al planeta Marte en alza en el momento de su nacimiento. Esta teoría, aunque muy bien promocionada, fue destrozada más tarde como una prueba sesgada.[54] Hans J. Eysenck, otro psicólogo que respaldaba los estudios de Gauquelin, también afirmó haber verificado influencias astrológicas en el carácter. Pero estudios posteriores hechos bajo las mismas condiciones por otros investigadores revelaron parcialidad en la selección de los sujetos, tal como antes había hecho Gauquelin.[55]

---

creemos y predicamos sería en vano (1 Co. 15.14). Uno no puede arbitrariamente decir que esas pruebas son deficientes, cuando tenemos ejemplos como el de Juan 20, donde Tomás, que era escéptico y no creía en la resurrección, fue invitado a tocar las cicatrices de los clavos en Jesús. Esa era una prueba tridimensional en el mundo real que también vieron otros que estaban presentes.

53. Varias profecías mesiánicas se ven defendidas en Josh McDowell, *Evidencia que exige un veredicto II,* Clie, Barcelona, 2004, (pp. 164-202 del original en inglés).

54. Véase sobre todo el estudio por Jan Willem Nienhuys, "The Mars Effect in Retrospect" en *Skeptical Inquirer* 21, no. 6 (1997): pp. 24-29, donde él analiza los métodos de investigación de Gauquelin y señala su fuerte parcialidad. Nienhuys buscó primero el «Efecto Marte», antes de seleccionar a los atletas del estudio. Gauquelin cometió la falacia de «confirmar la parcialidad» para producir resultados favorables.

55. Véase Veno y Pammunt, "Astrological Factors and Personality: A Southern Hemisphere Replication", in *Journal of Psychology 101* (1979): pp. 73-77.

De acuerdo con *Time Magazine,* el psicólogo Carl Jung había confeccionado muchos horóscopos a sus pacientes. Su propósito con ello era tratar y descubrir características ocultas de la personalidad, no predecir hechos en sus vidas.[56] Para Jung, la coincidencia de dos incidentes no relacionados podría ser algo significativo, y esa curiosidad lo llevó a explorar la astrología y otros fenómenos del ocultismo. Especialmente le interesaban los rasgos astrológicos del carácter, porque podrían ser «coincidencias significativas»; por ejemplo, un planeta está en alza y nace un superatleta. Su biógrafo escribió: «Jung creía que los datos astronómicos "correspondían a tendencias individuales del carácter", por lo tanto podrían "servir como base para el estudio del carácter o para la interpretación de una situación dada"».[57] La hija de Jung, Gret Baumann-Jung (una exitosa astróloga), influyó grandemente en su estudio de la astrología. Ella ayudó a Jung en los dos años de estudio que realizó con un grupo de astrólogos voluntarios diseñado para complementar su investigación (1950-1952). Sin embargo, al final el estudio de Jung no probó nada concluyente ni ofreció más que significado subjetivo a incidentes aislados.[58]

¿Pueden los planetas determinar o reflejar tendencias del carácter? En 1985 se hizo un estudio clínico blindado sobre astrología y tendencias del carácter, y los resultados demostraron su absoluta falta de justificación. Shawn Carlson, un candidato al doctorado en la UCLA, dirigió un estudio de veintiocho astrólogos seleccionados por sus colegas como dotados. Se seleccionaron tres astrólogos más como consejeros para el experimento, de modo que se garantizara una evaluación equitativa. Las conclusiones se publicaron en la revista inglesa *Nature.* En el análisis final, los astrólogos examinados solo pudieron equiparar las tendencias del carácter con los horóscopos natales con la misma probabilidad con que se iguala la *casualidad al azar* (una probabilidad de acierto de uno de cada tres); los resultados de los astrólogos dieron el mismo acierto de uno de tres. No probaron tener un don especial para predecir con horóscopos.[59]

Propósito y poder

La astrología apela a la necesidad humana de propósito y poder. Stephanie Clement, con treinta años de experiencia como astróloga, explica la verdad que hay detrás de la astrología en su libro *What Astrology Can Do for You* [Lo que la astrología puede hacer por ti]: «Este libro abre la puerta al verdadero propósito y poder de la astrología: entenderse

56. "Astrology: Fad and Phenomena" en *Time,* 21 marzo 1969, p. 56.
57. Bair, *Jung: A Biography,* p. 549. Este libro es el único trabajo biográfico autorizado por la familia de Jung.
58. Una nueva tendencia, acreditada como una extensión del trabajo de Jung, es la «astrología terapéutica», en la que los horóscopos se usan para impulsar la autoestima o la autoconfianza, aunque nuestro análisis bíblico al respecto es el mismo.
59. Carlson, "A Double-Blind Test of Astrology", *Nature* 318 (1985), p. 419.

a uno mismo, su camino y su futuro».[60] Los astrólogos reconocen la búsqueda humana de propósito y poder.

En contraste directo con el placebo de la astrología, la Biblia ofrece la verdad genuina: que el propósito de la vida viene del Creador y que el poder para vivir tiene su fuente en su Espíritu. El poder de Dios puede alterar la vida de un individuo. Es muy notable que los que están absortos en la astrología pocas veces lo están en las Escrituras. Los grandes astrólogos no adoran ante el trono de Dios y de su Hijo, Jesucristo.

Apelar a la Biblia

Aunque podemos tomar a la ligera el fracaso de las predicciones astrológicas, hay que tomarla como una influencia o fuerza digna de atención y entendimiento. Su historia demuestra que el poder que tiene no se disipa con el tiempo; la astrología gana fuerza y generaciones de seguidores con el paso del tiempo.

Los practicantes de la astrología suelen aportar el argumento de la antigüedad de su oficio y tratan de ganar validez pretendiendo la aprobación de la Biblia. Pero, ¿qué dice exactamente la Biblia sobre la astrología? La iglesia no ha sido dejada en la oscuridad al respecto, varias porciones de la Escritura revelan de manera destacable lo que Dios piensa del asunto. En Isaías 47.13-15 el Señor habla claramente a quienes están involucrados en la astrología:

> Te has fatigado en tus muchos consejos
> Comparezcan ahora y te defiendan
> los contempladores de los cielos,
> los que observan las estrellas,
> los que cuentan los meses,
> para pronosticar lo que vendrá sobre ti.
> He aquí que serán como tamo;
> fuego los quemará, no salvarán sus vidas
> del poder de la llama;
> no quedará brasa para calentarse,
> ni lumbre a la cual se sienten.
> Así te serán aquellos con quienes te fatigaste,
> los que traficaron contigo desde tu juventud;
> cada uno irá por su camino, no habrá quien te salve.

60. Clement, *What Astrology Can Do for You*, p. ii.

Dios advierte a Israel que los que se desvían de su pacto: *No me están prestando atención, ¡pues que los salven ellos!* Dejen que los astrólogos digan sus horóscopos y estudien las estrellas. Dios nos ha dicho lo que será su final: ellos mismos serán como tamo (pasto seco). El fuego del juicio de Dios los quemará, no podrán librarse. Y si no serán capaces de salvarse ellos, ¡está claro que no podrán librar a nadie más! Es peligroso confiar en las estrellas. La única sabiduría digna de confianza son las buenas noticias de la gracia de Dios tal como ha sido revelada en el Señor Jesucristo.

Dios inicia sus advertencias contra la astrología ya en el primer libro de la Biblia. Génesis 11 nos cuenta la fascinante historia de la torre de Babel. Casi todos creen que la intención de la torre era llegar al cielo. Pero eso no es lo que el texto dice. La traducción correcta indica que los antiguos estaban construyendo una plataforma para adorar a las huestes celestiales.[61] Lo más seguro es que se tratase de una plataforma babilónica que nunca tuvo el propósito de tocar el cielo como tal. Dios no quería que la gente buscara las estrellas, así que confundió sus idiomas e interrumpió sus comunicaciones. La condena a su obra está clara como el cristal.

Jeremías 10.2-3 nos ofrece otra advertencia acerca de las señales celestiales, a través del profeta Jeremías: «Así dijo Jehová: No aprendáis el camino de las naciones, ni de las señales del cielo tengáis temor, aunque las naciones las teman. Porque las costumbres de los pueblos son vanidad». Es importante notar que el resto de este capítulo vincula la astrología con la adoración a los ídolos. Jeremías le suplica a Israel que deje de seguir las enseñanzas de los gentiles basadas en las señales celestiales.

Entre las antiguas religiones mesopotámicas, la astrología en sí misma era algo religioso y se usaba como medio para adorar a los dioses. Esto se ve en los escritos antiguos, donde se dice de los sacerdotes que estaban dedicados al estudio y a la interpretación de las estrellas y sus conexiones divinas.[62] Pero la Biblia declara que la interpretación del futuro le pertenece solo a Dios (Gn. 40.8). La interpretación no les pertenece a los sacerdotes, a las religiones antiguas ni a los astrólogos. A los humanos se les dice que no traten de descifrarlo; eso está en las manos de Dios. La astrología se ha creado para intentar penetrar en el futuro. Es una herramienta prohibida por Dios, un método contrario a su Palabra.

En su búsqueda de apoyo bíblico, los astrólogos señalan a los sabios que vinieron para visitar a Cristo poco después de su nacimiento. Puesto que es claro que esos magos viajeros se apoyaban en la astronomía, los astrólogos insisten que el Nuevo Testamento avala su trabajo. En el capítulo 2 de Mateo parece claro que los magos zoroástricos

61. Véase Clarke, *Comentario de la Santa Biblia,* Génesis 11.4, Biblesoft.
62. Barton, *Ancient Astrology,* p. 23.

eran estudiosos de las estrellas y procuraban entender el futuro. Pero, ¿qué aprendieron? Aprendieron que un rey habría de nacer en el oriente: «Cuando Jesús nació en Belén de Judea en días del rey Herodes, vinieron del oriente a Jerusalén unos magos, diciendo: ¿Dónde está el rey de los judíos, que ha nacido? Porque su estrella hemos visto en el oriente, y venimos a adorarle» (Mt. 2.1-2).

Una gran luz atrajo la atención de los magos, y eso los llevó después a creer que algún acontecimiento trascendental se estaba desarrollando, seguramente asociado al nacimiento de un gran personaje. En este caso se trataba de un rey y ellos llegaron con regalos para adorarle. Es interesante que aquí la astrología, en el mejor de los casos, llevó a los más sabios de los astrólogos hasta Herodes, el archienemigo de Jesucristo y agente de Satanás. Este se sintió amenazado por su mensaje de que un rey rival había nacido y planificó en su corazón matarlo. Herodes les dijo a los sabios que encontraran al niño y regresaran para informarle, de modo que pudiera ir a adorarlo.

Este es un poderoso mensaje para los astrólogos de hoy. Si los mejores astrólogos de todos los tiempos siguieron la estrella de Cristo y fueron guiados para adorarle, entonces todos los astrólogos deberían seguir su ejemplo. Ellos tienen que venir a los pies de Jesucristo y adorarlo. Si vienen con sus gráficas, sus libros polvorientos y todas sus artes antiguas, y las ponen a los pies de Jesús el Nazareno; si se inclinan ante Él como lo hicieron los sabios y le adoran como la Deidad encarnada; y si le dan el regalo de sus almas y sus bienes materiales, entonces Él los perdonará y los llamará hijos suyos.

Cualquiera que encuentra a la Estrella de David ya no necesita las estrellas del cielo. Aquel que encuentra a quien es la raíz y el renuevo de David, la estrella brillante de la mañana, no necesita ningún pronóstico astrológico. Ya encontró a aquel de quien Moisés, la ley y los profetas escribieron: el Rey de reyes y Señor de señores. La astrología debería seguir el ejemplo de los sabios y adorarle a Él.

Daniel y la astrología

Daniel fue un experto en astrología, así que su testimonio debería ser valioso para cualquiera que busca la verdad. En Daniel 1.12-14, encontrará los nombres de los jóvenes hebreos que Dios trajo para servirle: Daniel, Sadrac, Mesac y Abed-nego. Esos individuos dedicados a Dios hicieron una petición inusual: «Te ruego que hagas la prueba con tus siervos por diez días, y nos den legumbres a comer, y agua a beber. Compara luego nuestros rostros con los rostros de los muchachos que comen de la ración de la comida del rey, y haz después con tus siervos según veas» (vv. 12-13).

Con lo poco apetecible que pudiera parecer una dieta de verduras, al cabo de diez días Daniel y sus compañeros presentaban mejor aspecto, más saludables y más gordos que todos los hombres que comían en la mesa del rey. Esos muchachos crecieron en sabiduría, destrezas y en el entendimiento de visiones y sueños (Dn. 1.17). Fueron llevados al rey Nabucodonosor, que les probó y los encontró como ningún otro. «Y el rey habló con ellos, y no fueron hallados entre todos ellos otros como Daniel, Ananías, Misael y Azarías; así, pues, estuvieron delante del rey. En todo asunto de sabiduría e inteligencia que el rey les consultó, los halló diez veces mejores que todos los magos y astrólogos que había en todo su reino» (vv. 19-20). Daniel y sus amigos eran diez veces mejores que todos los astrólogos, porque tenían algo que no tenían los astrólogos: el conocimiento, las destrezas, la sabiduría y el entendimiento de visiones y sueños.

Dios les reveló las respuestas. En Daniel 2.27-30 el rey tuvo un sueño que no podía explicar:

> Daniel respondió delante del rey, diciendo: El misterio que el rey demanda, ni sabios, ni astrólogos, ni magos ni adivinos lo pueden revelar al rey. Pero hay un Dios en los cielos, el cual revela los misterios, y él ha hecho saber al rey Nabucodonosor lo que ha de acontecer en los postreros días. He aquí tu sueño, y las visiones que has tenido en tu cama: Estando tú, oh rey, en tu cama, te vinieron pensamientos por saber lo que había de ser en lo por venir; y el que revela los misterios te mostró lo que ha de ser. Y a mí me ha sido revelado este misterio, no porque en mí haya más sabiduría que en todos los vivientes, sino para que se dé a conocer al rey la interpretación, y para que entiendas los pensamientos de tu corazón.

Este versículo es uno de los más maravillosos del Antiguo Testamento: «hay un Dios en los cielos, el cual revela los misterios» (Daniel 2.28). No lo hace con horóscopos, gráficas ni estudiando las estrellas. «Él ha hecho saber al rey Nabucodonosor lo que ha de acontecer en los postreros días» (v. 28). Dios abre el entendimiento de los hombres porque el poder para hacer esas cosas reside en el Dios vivo. Él revela el futuro.

El rey se encuentra otra vez con los astrólogos en Daniel 4.7-8. «Y vinieron magos, astrólogos, caldeos y adivinos, y les dije el sueño, pero no me pudieron mostrar su interpretación, hasta que entró delante de mí Daniel, cuyo nombre es Beltsasar, como el nombre de mi dios, y en quien mora el espíritu de los dioses santos». Nabucodonosor llegó a un callejón sin salida cuando los astrólogos desistieron. La Escritura destaca la diferencia entre Daniel y los astrólogos: «en quien mora el espíritu de los dioses santos» (4.8). Esa era la diferencia: fue el Espíritu de Dios quien le dio la interpretación a Daniel.

Muchos años más tarde el rey Belsasar necesitaba saber el significado de la escritura en la pared:

> El rey gritó en alta voz que hiciesen venir magos, caldeos y adivinos; y dijo el rey a los sabios de Babilonia: Cualquiera que lea esta escritura y me muestre su interpretación, será vestido de púrpura, y un collar de oro llevará en su cuello, y será el tercer señor en el reino. Entonces fueron introducidos todos los sabios del rey, pero no pudieron leer la escritura ni mostrar al rey su interpretación. Entonces el rey Belsasar se turbó sobremanera, y palideció, y sus príncipes estaban perplejos (Dn. 5.7-9).

¿Qué pasó? La Biblia lo cuenta: Daniel vino y dio la interpretación:

> En tu reino hay un hombre en el cual mora el espíritu de los dioses santos, y en los días de tu padre se halló en él luz e inteligencia y sabiduría, como sabiduría de los dioses; al que el rey Nabucodonosor tu padre, oh rey, constituyó jefe sobre todos los magos, astrólogos, caldeos y adivinos, por cuanto fue hallado en él mayor espíritu y ciencia y entendimiento, para interpretar sueños y descifrar enigmas y resolver dudas; esto es, en Daniel, al cual el rey puso por nombre Beltsasar. Llámese, pues, ahora a Daniel, y él te dará la interpretación (Dn. 5.11-12)

En las manos de Dios está el disolver las dudas y tratar la ansiedad. En las manos de Dios está el tratar con las necesidades, porque Él suplirá toda necesidad de acuerdo a sus riquezas en gloria en Jesucristo. No hay necesidad de acudir a los astrólogos, de quienes Dios dice que ni siquiera pueden salvarse a sí mismos. Cualquier implicación con los astrólogos pone en peligro su vida espiritual.

Caso real

Marcia Montenegro

Guías espirituales, meditación oriental, astrología, el «Yo superior», kundalini, habilidades parapsicológicas, numerología, tarot, contactos con los muertos, tiempo con brujas, sufies, seguidores de los gurúes orientales: todo eso y más era parte de mi jornada.

¿Cómo llegué a ese camino? Crecí con un padre agnóstico y una madre cristiana nominal. Mi madre me llevaba a la iglesia con mi hermana, aunque no iba con frecuencia. Durante la secundaria pensaba que siendo buena agradaría a Dios y llegaría al cielo, pero con el tiempo el cristianismo se veía limitado y aburrido. Sentí que algo me faltaba, así que rechacé el cristianismo y exploré otras creencias. Esa exploración se extendió desde la universidad en adelante, llevándome a los psíquicos y astrólogos, a los libros de contactos con los muertos y a los estudios de las creencias orientales.

En una clase de «Conciencia de la Luz Interior» me presentaron a mi «maestro espiritual» durante una visualización dirigida. Este guía, un ser espiritual, tenía aspecto de bueno y sabio. Después de eso siempre sentí su presencia conmigo, y algunas veces lo vi en sueños y meditaciones. También tuve experiencias y visitaciones extrañas y desagradables.

Cuando empecé con la meditación oriental sentí una paz increíble, como si estuviera integrándome a algo más grande y haciéndome una con el universo. Mis estudios me llevaron a los grupos tibetanos y budistas zen y a las prácticas de contacto con espíritus, numerología, desarrollo parapsicológico y regresión a la vida pasada. Los libros de Edgar Cayce, los teósofos, los budistas y los expertos en lo paranormal comenzaron a llenar mis estantes. Mi progreso espiritual parecía asegurado y sentía que era una «de adentro» en el reino espiritual.

Estudié astrología y pasé un examen para poder obtener la licencia comercial requerida en Atlanta, Georgia. Comencé practicando la astrología y con el tiempo la enseñaba, daba charlas públicas, escribía para revistas astrológicas y de la Nueva Era, y llegué a sentarme en la Junta Examinadora de Astrología que daba y evaluaba los exámenes, llegando finalmente a la presidencia de la misma. En junio de 1989, me convertí en la presidenta de la Sociedad Astrológica Metropolitana de Atlanta. Mi nacimiento en Halloween y mis destrezas astrológicas me hicieron muy popular entre los brujos y otros.

Mientras leía las gráficas para mis clientes, podía entrar en «sintonía» con la gráfica de una forma paranormal y me sentía dirigida a través de ella. Después de tantos años en la meditación oriental, no me costaba entrar en un estado alterado de conciencia mientras ejercía la astrología.

También descubrí que, de acuerdo a lo que estaba siguiendo, no había respuesta; lo que cuenta es el viaje, con una nebulosa meta final de integrarse con la fuente de todo. La verdad no es un absoluto, está basada en la experiencia, y es fluida y flexible.

En 1990 me entró una compulsión inexplicable de ir a la iglesia. Como era hostil al cristianismo, luché contra eso. Finalmente me rendí y visité una iglesia grande. En los momentos de la apertura sentí cómo un amor que nunca había conocido fluyó por dentro y por fuera de mí. Supe que ese amor era de un Dios personal y no procedía de la música, la gente ni del lugar.

Después de varias semanas comencé a sentirme sucia con la astrología, a pesar de que nadie en esa iglesia me dijo nada acerca de ella. Entonces sentí la impresión de que a Dios no le gustaba la astrología y quería que la abandonara. ¿Dejar el trabajo de mi vida, mi identidad y propósito? Todavía sin saber lo que hacía, abandoné la astrología a fines del 1990. Pensé que debía estudiar la Biblia y comencé a leer Mateo.

La persona de Jesús me fascinaba. Una tarde leí el relato de Jesús calmando en seco la tormenta, cuando reprendió a los vientos y la tempestad. ¡Eso significa que Jesús tiene autoridad sobre la naturaleza! Vi al Jesús real por primera vez y me di cuenta de que estaba separada de Dios por todo lo que había hecho en el pasado: había vivido la vida según mi voluntad, una voluntad que había rechazado y desafiado a Dios y su Palabra. Entendí que el único camino al perdón era a través de Jesús, Dios y hombre, que sufrió y murió por mí con un amor grande e incondicional. Comprendí que Cristo es el Salvador y entendí por primera vez por qué murió en la cruz. La verdad y la respuesta eran una y la misma: Jesucristo. Así que me entregué a Él y supe que le pertenecía desde ese momento en adelante.

Cuatro meses más tarde descubrí que un joven cristiano de la oficina donde trabajaba a tiempo parcial había estado orando por mí en un grupo de su iglesia. No importa por dónde discurra nuestro peregrinar, ni siquiera en un caso como el mío, nadie puede caminar más allá del poder de Dios para salvar, si así Él lo decide, porque su misericordia y su gracia son maravillosas y le glorifican.

Conclusión

Es la Biblia la que tiene la última palabra para la vida de cada cristiano. La Biblia declara una advertencia que debe llenar al cristiano de divina gratitud a Dios por su liberación de las tinieblas. El cristiano tiene que enfrentarse a la astrología con la Palabra de Dios y con oración, porque esa práctica lleva a sus seguidores a un mundo de engaño. No es bíblico mirar a las estrellas y planetas para determinar su influencia de acuerdo con la concepción o el nacimiento de uno. La Biblia nos dice que somos escogidos en Él antes de la fundación de las edades y, «Porque yo Jehová no cambio» (Mal. 3.6), y «Antes que naciesen los montes y formases la tierra y el mundo, desde el siglo y hasta el siglo, tú eres Dios» (Sal. 90.2).

El Dios del cosmos (Sal. 8) es el que creó los cielos y la tierra. ¡Los cielos declaran la gloria de Dios! Los cielos llaman a la gente a estudiarlos, pero no a adorarlos.

El primer mandamiento es el primero por una razón: todas las personas son llamadas a adorar solo a Dios. «No tendrás dioses ajenos delante de mí» (Éx. 20.3). La astrología lleva al ser humano a buscar información de fuentes ajenas a Dios; por lo tanto, es peligroso y, desde luego, no es cristiano.

Recursos recomendados

1. Gruss, Edmund. *Cults and the Occult* [Las sectas y el ocultismo]. Presbyterian and Reformed Publishing, Philadelphia, 2002.
2. Koch, Kurt. *Occult Practices and Beliefs* [Prácticas y creencias del ocultismo]. Kregel, Grand Rapids: 1971.
3. Kole, Andre y Terry Holley. *Astrology and Psychics* [La astrología y los psíquicos]. Grand Rapids, Zondervan, 1996.
4. Montenegro, Marcia, http://www.christiananswersforthenewage.org/.

Breves apuntes acerca de las herramientas del ocultismo

- La dimensión terrenal está rodeada de otras dimensiones de la realidad que no están sujetas a los cinco sentidos.
- Satanás y sus demonios habitan en una de esas dimensiones, llamada infierno.[1]
- El plan satánico es separar al hombre de Dios; engañar y causar tanto daño y destrucción como sea posible.
- Esos seres malignos pueden introducirse en la dimensión terrenal y llevar a cabo cosas contrarias a las leyes que la gobiernan: levitar objetos, deletrear palabras en una güija o grabar voces en grabadoras digitales.
- Las personas pueden atravesar esta dimensión y entrar en contacto con el mal por medio de las herramientas del ocultismo.
- La Biblia prohíbe todo contacto con cualquiera de estos seres malignos de la otra dimensión.

---

1. Según la Biblia, el infierno tiene diferentes niveles. Véase Mt. 12.43 y Lc. 16.23.

9

Herramientas del ocultismo

Para desenmascarar las herramientas de que se sirve el ocultismo, es necesario examinarlas de cerca y desarmarlas meticulosamente a la luz de las Escrituras. Su historial es extenso y maligno, tan remoto que ya aparece en antiguos pueblos como los babilonios, los caldeos y los egipcios. Hay un solo principio seguro en la historia: su lamentable tendencia a repetirse. Eso es así también con la historia del ocultismo. No es difícil hallar fuentes del ocultismo actual en las reminiscencias de la antigüedad. En vista de su influencia en las vidas modernas, hay que definir, examinar y analizar estas arcaicas herramientas ocultistas. Y debemos estudiar con detenimiento su antídoto espiritual.

¿Cuáles son las herramientas de lo oculto y cómo operan? ¿Qué debemos aprender si queremos detectarlas, comprenderlas y combatirlas? Y, lo que tal vez sea lo más importante, ¿cuál es la mejor manera de evangelizar a los que están implicados con ellas? Por supuesto, el núcleo de este análisis es el *evangelismo*: traer a los hombres y mujeres perdidos en el mundo de lo oculto a un conocimiento redentor de Jesucristo. Si la iglesia fracasa en esto, no importa lo precisos y poderosos que puedan ser nuestros argumentos, o lo vasto que sea sea nuestro conocimiento de las Escrituras, o la profundidad de nuestra percepción intelectual. Al final, habremos fallado en cumplir la tarea para la que Dios envió a su pueblo. Los cristianos están en el mundo como embajadores para llevar a los hombres a Cristo. Por lo tanto, es importante que los cristianos vean estas cosas en su perspectiva correcta.

En el reino de los fenómenos psíquicos, las fuerzas oscuras rodean al cristiano por todos lados. La palabra *psíquicos* simplemente se refiere al alma y *fenómenos* se refieren a las experiencias: las cosas que podemos ver o apreciar. Resulta imperativo reconocer que cuando ocurren cosas extrañas, tales como platos que vuelan, muebles que se mueven o puertas que se cierran, son controladas por fuerzas de *otra dimensión*. Se trata de experiencias psíquicas o experiencias del alma, cosas que se dirigen a la naturaleza espiritual del hombre. Un estudio previo sobre la percepción extrasensorial, reveló que en todos los seres humanos hay un rango normal de PES latente. Y el anterior estudio sobre hipnotismo mostró cómo algo esencialmente bueno puede ser fácilmente pervertido para ser algo del todo malo. De forma semejante, veremos cómo un análisis de las herramientas de lo oculto nos proporcionará un entendimiento más claro de cómo trabaja Satanás y nos mostrará el concepto que hay tras las fuerzas de la oscuridad que están hoy activas.

La iglesia no está indefensa ni vulnerable ante esta malvada fuerza sobrenatural; posee las mejores armas para combatirla con éxito. Dios no nos ha dado un espíritu que nos esclavice de nuevo al miedo; Él nos ha dado *poder* para sobreponernos a las fuerzas de la oscuridad (Ro. 8.15). Agrupar todas estas corrientes no es tarea fácil, pero, para poder elaborar una estrategia de defensa, es preciso reconocer la gravedad del ocultismo e investigarlo. Lo oculto esclaviza la mente y el alma; por ello, es crucial para los cristianos ser conscientes de ello y estar preparados para defenderse. Hay cientos de herramientas de lo oculto a disposición del príncipe de las tinieblas, pero este análisis se centrará en aquellas con las que más frecuentemente se pueden encontrar distintas personas.

Herramientas del ocultismo

Amuleto, talismán, fetiche	Se cree que un objeto está dotado de un poder oculto y protege a su propietario del mal.
Proyección astral y viaje astral	También conocido como una *experiencia extracorpórea,* o *fuera del cuerpo* (OBE por sus siglas en inglés). En la *proyección,* el espíritu humano se separa del cuerpo y se traslada hacia lo «astral», que consta de múltiples planos de existencia, como el mundo físico, el universo y los reinos espirituales. Puede ocurrir por elección consciente o puede darse de manera impredecible. El *viaje astral* se produce cuando el espíritu se proyecta desde el cuerpo para viajar a lo astral, para explorar otros planos de existencia. Hay «cordones» de energía que mantienen al espíritu unido a los *chakras* (puntos de energía) del cuerpo.
Aura	Un campo de energía que rodea el cuerpo humano. Los parapsicólogos afirman que el aura es una emanación del alma visible en forma de capas multicolores. Los científicos creen que el aura puede estar relacionada con la electricidad en el cuerpo, que produce algún tipo de campo magnético.
Escritura automática	Escrituras al azar producidas sin pensamientos conscientes; los «guías espirituales» suelen usar estos medios para comunicar su mensaje.

Chakras y yoga	Creencia hindú según la cual existen múltiples puntos de energía conectados a la conciencia en diferentes áreas del cuerpo humano (posiblemente de cinco a ocho). Estos puntos, concentrados en medio del cuerpo desde la mitad de la frente hasta la mitad de la pelvis, contienen la fuerza de vida universal que se supone rodea a las personas y se extiende por el cuerpo, creando el *equilibrio* físico, mental, emocional y espiritual. La práctica hindú del *yoga* se centra en estos chakras. El yoga es una cuidadosamente diseñada y antigua forma de adoración hindú, no un conjunto de inofensivos ejercicios físicos.
Canalización	Abrir deliberadamente su corazón y mente a seres espirituales y pasar sus mensajes a otros en sesiones privadas, libros, CD, sitios web o seminarios.
Cristales	Varias gemas, como el cuarzo rosa y la turmalina negra, se supone que contienen «energías» que les permiten atraer poder (energía) desde fuera del cuerpo hacia su interior, hasta los puntos chakra, con el fin de provocar un cambio (curaciones, habitualmente) de actitud o en la salud.
Bola de cristal	Una bola de vidrio que se usa para recibir impresiones de lo oculto o revelaciones que se refieren a circunstancias presentes o eventos futuros.
Rabdomancia	El uso de una herramienta, como un palo bifurcado o modernas varas de metal, para sentir las vibraciones de la tierra y descubrir agua, minerales, información o cualquier cosa que el buscador elija; también se usa para lograr contacto con el mundo espiritual con el fin de hacer preguntas a seres espirituales.
Energía	Una fuerza indescriptible dentro o fuera de un ser humano. Algunos afirman que puede ser extraída y controlada para alterar la vida para bien. En ocasiones se le llama *chi,* una palabra china que describe la energía sobrenatural del universo; también se conoce como *prana* en la fe hindú.
Psicofonías	Voces y sonidos extraños grabados de manera no deliberada en cintas de audio o grabaciones digitales. Las voces a menudo suenan humanas y el contenido de sus mensajes incluye cosas como «¡Fuera de aquí!» o «¡Muérete!». Son también comunes el lenguaje grosero y sonidos similares a aullidos de animales.

Horóscopos (también conocidos como cartas de nacimiento o carta astral)	Creados por un astrólogo para un individuo (basados en información personal, como la fecha de nacimiento) con intención de ayudar a esa persona a comprender el significado y propósito de su vida, y realizar sugerencias al respecto. Los horóscopos no se consideran fatalismo, como sí se consideraban en siglos pasados. La lectura de esta carta es el *pronóstico* que un astrólogo hace, detallando posiciones planetarias y su influencia en la vida de un individuo.
I Ching	Considerado el texto clásico más antiguo de la China (también llamado *Libro de los cambios*), consiste en un sistema de símbolos (sesenta y seis figuras lineales abstractas) y las reglas para usarlos y producir cambios en la vida. También incluye detalladas explicaciones relacionadas con los símbolos y alguna poesía. Se ha usado mucho para predecir el futuro.
Magia	En el contexto ocultista, *magia* puede referirse a un poder sobrenatural que una persona controla por medio de hechizos o herramientas ocultas. La fuente de este poder se atribuye a menudo al universo, pero en realidad se origina en el reino satánico. Las definiciones académicas difieren; no hay un significado de *magia* aceptado universalmente, de modo que una cultura podría clasificarla como *religión* y otra podría clasificarla como *ciencia.*
Numerología	Hay números asignados a las letras, y significados a los números, con lo que se forma un sistema de adivinación. Se cree que la fecha de nacimiento de una persona y su nombre revelan información sobre ella. Cuando el numerólogo tiene esta información específica, se interpretan todos los números. Dicha interpretación puede incluir un análisis del carácter basado en estos números, consejos para cambios espirituales o de estilo de vida, así como predicciones personales.
Lectura de la palma de la mano	Predecir el futuro por el estudio de las líneas de las manos; también se llama *quiromancia.* Antes solía asociarse a la lectura de las hojas de té, ya que ambas podían darse en la misma consulta. La práctica de la lectura de las hojas de té en los restos de la taza era otra herramienta que usaban los médiums para predecir eventos futuros.

Péndulos y varas de adivinación	A menudo considerada una modalidad de *rabdomancia*. El péndulo es un peso (por ejemplo una roca o un cristal) suspendido de una cuerda larga; una vara de adivinación puede ser cualquier clase de vara. Los dos se usan para descubrir un conocimiento secreto, como por ejemplo la localización de agua, el sexo de un bebé o respuestas a preguntas directas.
Psicoscopia	La habilidad de acceder al conocimiento (visiones) sobre la vida de una persona o sobre un evento después de que ha ocurrido. Suele realizarse sujetando un objeto relacionado con una persona o visitando un lugar relacionado con un evento (conocimiento psíquico). También conocido como *clarividencia, retrocognición* o *postcognición*.
Güija	Tablero rectangular plano (hecho originalmente de madera) que lleva impreso el alfabeto y las palabras *Sí, No* y *Adiós*. Se colocan los dedos en la parte ancha de un puntero con forma de lágrima (llamado *plancheta*), generalmente de plástico. El extremo agudo apunta a las letras que forman las respuestas a preguntas directas, conforme el puntero se mueve por el tablero.
Runas	Alfabeto originalmente atribuido a los vikingos, pero que posiblemente evolucionó de fuentes etruscas o germanas primitivas. Cada símbolo tiene un significado; había que inscribir el símbolo en una piedra o algún tipo de material y luego lanzarlo como dados, para obtener respuesta a las preguntas. Originalmente pueden haber sido usados para comunicaciones, hechizos mágicos, adivinación o los tres anteriores.
Sesiones	Reuniones realizadas para contactar con un muerto, habitualmente presididas por un médium.
Guía espiritual	Un seudónimo para referirse a los demonios; los guías espirituales dicen ser almas humanas existentes entre la tierra y el cielo, seres espirituales que existen multidimensionalmente. Por lo general, el primer contacto consiste en una súplica por ayuda (un engaño común) o la oferta de ayuda. Algunos toman formas físicas en dimensiones terrenales y otros sencillamente mueven objetos o hacen que la persona que los invocó escriba, hable o actúe por ellos.
Tarot	Baraja compuesta por setenta y ocho cartas con varios diseños (alterados en los últimos setecientos años) que se usa para predecir el futuro.

Amuleto, Talismán, Fetiche

Las civilizaciones antiguas no tienen el monopolio de este mercado: los amuletos, talismanes y fetiches se pueden encontrar en cualquier parte donde al comprador se le ocurra buscar en el mundo de moda actual. Broches y colgantes con los signos del zodíaco, atrapasueños, la cruz ansada (una cruz modificada con un círculo en forma de lágrima en la parte superior), todo esto y más son los amuletos, talismanes y fetiches de hoy en día.[2] Aunque el *ankh* o cruz ansada es un símbolo de vida egipcio, suele estar relacionado con los dioses de Egipto y con la vida después de la muerte; los cristianos la consideran un antiguo símbolo de adoración al demonio. Los académicos modernos han debatido su origen y significado exactos. En la época del apóstol Pablo, estos amuletos supuestamente protegían del cansancio o daban buena suerte, y todavía se cree que hacen lo mismo en la actualidad.

En uno de esos extraños giros de la vida, la influencia moderna de Hollywood ha transformado la cruz de Jesucristo en el equivalente de un talismán. Las personas compran y usan la cruz como un accesorio de moda, lo que ha determinado una pérdida de significado para muchos de los que la usan. Ante los ojos de la iglesia, la cruz se ha convertido en un fetiche, un talismán, un amuleto. Depende de los cristianos hacer un esfuerzo honesto, consistente y ferviente por enfatizar lo que la cruz significa y hacer que la gente sepa que quien la lleve está testificando de la resurrección de Jesucristo y del hecho de que él vive.

Viaje astral

Comunes en las enseñanzas de la Nueva Era, los viajes astrales son llamados también *visión remota* o *clarividencia.* A lo largo de la historia ha habido distintos escritos sobre los viajes astrales. En pleno siglo veintiuno se pueden tomar clases para conseguir realizarlos.

En un curso de nueve semanas que se ofrece en Internet, puede aprender cómo:

- Concentrarse y despertar su conciencia
- Despertar en sueños
- Proyectarse hacia lo astral
- Recordar sus sueños e interpretar los símbolos de los mismos

2. Las evidencias arqueológicas sugieren que ya en los tiempos neolíticos había varias modalidades de cruz. Véase George T. Flom, "Sun-Symbols of the Tomb–Sculptures at Loughcrew, Ireland, Illustrated by Similar Figures in Scandinavian Rock-Tracings", *American Anthropologist,* New Series 26, no. 26 (1924): pp. 139-159, http://www.jstor.org/pss/660393.

- Viajar en el plano astral y explorar lugares místicos
- Entender los obstáculos comunes cuando trata de proyectarse y cómo superarlos
- Protegerse de influencias y entidades negativas

La descripción del curso continúa diciendo: «El plano astral no es solo un destino, sino otra completa dimensión de vida que podemos usar para obtener conocimiento sobre nosotros mismos, nuestro propósito, sobre el mundo y el más allá».[3]

Un punto clave en la descripción de este curso es «protegerte de las influencias negativas». Las personas introducidas en el ocultismo suelen ser las primeras en advertir sobre sus peligros, pero no se dan cuenta de que todos sus talismanes, hechizos y defensas místicas no proporcionan ninguna protección ante las llamadas «malas influencias». Los seres demoníacos solo temen el poder de Jesucristo.

Hay diferentes escuelas de pensamiento en referencia a los viajes astrales. Algunos practicantes se someten a la teoría del autor e investigador paranormal de los años setenta, Robert Monroe, conocida en la actualidad como *modelo escalonado*. Monroe aseguraba que el cuerpo permanece en esta dimensión, pero el espíritu es capaz de «escalar» a una dimensión diferente. Durante esta escala, el espíritu no se desprende completamente del cuerpo; permanece unido a él por cordones de energía que se adhieren a diferentes chakras. Según Monroe, el plano astral, el universo y todas las realidades existen, junto con la tierra, como puntos del largo camino de la conciencia en los que uno se detiene, y los seres humanos tienen la facultad de alcanzar estos planos de existencia con un *cuerpo de energía*. Su trabajo adquirió fama gracias a la expresión *experiencia fuera del cuerpo*, también conocida como *proyección en tiempo real*.[4]

Una segunda perspectiva enseña que sí es posible para el espíritu desprenderse del cuerpo y visitar otras dimensiones de realidad. Estas realidades están separadas de la tierra y no están sujetas a sus leyes físicas. Algunas personas comparan las detalladas realidades de los viajes astrales a las que se encuentran en sueños o visiones. También se conoce como *proyección etérica*, de la cual tenemos un buen ejemplo en la película de Hollywood *Ghost*, donde el protagonista muere al principio de la película y pasa el resto de la misma en un cuerpo medio transparente (cuerpo etérico), moviéndose de un lugar a otro en el reino terrenal.

---

3. Curso "More About the Dreams and Out-of-Body Experiences Course", The Gnostic Movement, http://www.gnosticweb.com/node/10081.
4. Véase la historia de las experiencias fuera del cuerpo (OBE por sus siglas en inglés) según el Monroe Institute en http://www.monroeinstitute.com/content.php?section=Out-of-Body%20Experiences.

Auras

Las auras han atraído más atención en los últimos años gracias a las innovaciones informáticas, como el tratamiento digital de la imagen; y a adelantos médicos como la imagen por resonancia magnética (IRM). Estos avances en la ciencia y la medicina hicieron que muchas personas creyeran en la realidad y el poder las imágenes. Dicen que las fotografías tomadas por el método Kirlian muestran algún tipo de campo que rodea al cuerpo humano, pero las fuentes de estas fotografías parecen una y otra vez preparadas con el fin de probar la conclusión antes del experimento.

Un estudio sobre la fotografía Kirlian y los escritos de Thelma Moss, una de las principales promotoras de esta teoría, produce más preguntas que respuestas acerca del método, en lugar de demostrar un verdadero «campo» que rodee al ser humano. Esto no impide que los investigadores de lo oculto utilicen la controvertida y poco concluyente fotografía Kirlian para aducir que existe un campo de energía que rodea al cuerpo humano, por mucho que los científicos ya hayan examinado y refutado dichas fotografías. El doctor Karl Kruszelnicki, físico, médico, matemático e ingeniero biomédico (Universidad de Sidney), señala que la fotografía Kirlian no registra la «energía de la vida»; más bien revela la reacción del vapor de agua y la electricidad. «La electricidad de alto voltaje y alta frecuencia arranca los electrones de los átomos… el aire alrededor del objeto se ioniza y, si el aire contiene algo de agua, obtienes ese hermoso brillo».[5]

El cuerpo genera un calor que puede ser captado por el infrarrojo, pero hasta la fecha no se ha levantado ningún caso legítimo de una fotografía de ningún campo que rodee el cuerpo, excepto el calor. Sin embargo, los sanadores psíquicos suelen afirmar que son capaces de ver las auras de diferentes personas, y usan las imágenes multicolores que ven para diagnosticar y describir los rasgos de la personalidad o los problemas espirituales de alguien. Los que están introducidos en el ocultismo creen que el aura es energía generada por el espíritu interior, o la fuerza de vida, y que esta energía puede ser «leída».

Escritura automática

Los que se meten en el ocultismo creen que las personas pueden encontrar buena parte de la dirección que buscan por medio de seres espirituales que existen en otro reino. Cada persona tiene su propio guía espiritual y toda la dirección que se necesita en la vida la puede obtener por medio de dicho guía. La capacidad de canalizar mensajes de espíritus de una manera comprensible hace que todo sea posible. La escritura automática es una herramienta que permite que esto suceda; ofrece una guía espiritual única y

5. Karl Kruszelnicki, "Kirlian Aura Photography", el sitio web de Great Moments in Science del doctor Karl, http://www.abc.net.au/science/articles/2004/04/29/1095552.htm (acceso obtenido 2 diciembre 2008).

personal.[6] El instituto ocultista Shiprock recomienda la práctica de escritura automática para principiantes en adivinación. Les insta a llevar un registro de sus intentos y les indica que hay una manera *preferida* de hacer contacto con entidades superiores que comunican mensajes libremente.[7]

Chakra

Significa «rueda» en sánscrito. Los chakras son puntos de energía (en ocasiones llamados también vórtices) que, según se cree, son la clave para equilibrar el espíritu, la mente y el cuerpo (fusión espíritu-cuerpo). De acuerdo con algunos maestros de lo oculto, ciertos alimentos pueden avivar los chakras de un individuo, purificar la trasferencia de energías, o taponarla, si la dieta no es equilibrada en algunas áreas.

Cada punto chakra tiene un nombre minuciosamente asociado con cada aspecto conocido de la vida:

Chakra raíz

- *Color:* rojo
- *Localización física:* base de la espina dorsal
- *Propósitos:* Sentimientos cinestésicos, movimiento
- *Lección espiritual:* lecciones del mundo material
- *Disfunciones físicas:* dolor de la espalda baja, ciática, venas varicosas, tumores rectales, depresión, desordenes inmunológicos
- *Cuestiones mentales y emocionales:* supervivencia, autoestima, orden social, seguridad, familia
- *Información guardada dentro del chakra raíz:* creencias familiares, supersticiones, lealtad, instintos, placer o dolor físicos, tacto
- *Área del cuerpo gobernada:* columna espinal, riñones, piernas, pies, recto, sistema inmunológico
- *Ejercicios que estimulan el chakra raíz*
- *Alimentos que avivan el chakra raíz*

---

6. Automatic Writing http://www.automaticwritting.org/about_automatic_writting.htm (acceso obtenido 7 diciembre 2006). Para un ejemplo de escritura automática en el siglo XX, y posible posesión demoníaca, véase el *New York Times,* 16 marzo 1992, "Ghost was a Girl", http://query.nytimes.com/men/archive-free/pdf?_r=1&res=9E03E4D61F30EE3ABC4E52DFB5668389639EDE&oref=slogin (acceso obtenido 11 junio 2008).
7. Grupo de aprendizaje del Instituto Shiprock, "Occult Intuitive Guidance Methods", Shiprock Institute Natural Wellness Center, http://www.angelfire.com/biz2/metaphysician/occult.html.

- *Gemas y esencias florales que estimulan, limpian y energizan el chakra raíz:* Gemas: hematites, turmalina negra, ónice; esencias florales: maíz, clemátide, romero[8]

Este chakra en particular está asociado a las deidades hindúes Indra, Brahma y Dakini. Hay que alinear cada uno de los siete puntos chakra (algunos solo admiten cinco) con el fin de facilitar la energía curativa. «La kundalini, la energía que se liberó en la creación, se encuentra enroscada y dormida; el propósito del yogui tántrico es despertar esta energía y provocar que se eleve de nuevo por medio de los chakras más sutiles, hasta que sea lograda la unión con dios en el chakra Sahasrara, en la corona de la cabeza».[9]

Los seis chakras restantes son:

1. Svadhisthana (dulzura)
2. Manipura (gema brillante)
3. Anahata (intacto)
4. Vissudha (purificación)
5. Ajna (percibir)
6. Sahasrara (mil pétalos)[10]

El yoga *asana* (posturas) está diseñado para mejorar el flujo de energía desde esos chakras, con el fin de establecer contacto con el «Espíritu Supremo». El significado de la palabra *yoga* es «unión, yugo (con el Espíritu Superior)».[11] El yoga es hinduismo; no puede ser separado de él. Quienes argumentan que no es más que un buen ejercicio no comprenden o no aceptan su historia. Subhas Tiwari, un profesor de filosofía yoga y de meditación de la Hindu University of America, equipara el yoga con el hinduismo: son uno y lo mismo.[12]

En la actualidad, la práctica del yoga ha invadido la iglesia, al punto que algunos pastores realizan clases de yoga en sus templos.[13] El hecho de que los cristianos se involucren en esta práctica plantea muchos problemas. El más importante es que la estructura básica del yoga fue creada específicamente para la adoración de los dioses hindúes.

---

8. Phylameana lila Désy, "Chakra 1—Root Chakra: Chakra One—Exploring the Major Chakras", About.com: Holistic Healing, http://healing.about/com/cs/chakras/a/chakra1.htm.
9. Crystalinks, http://www.crystalinks.com/chakras.html.
10. Timothy Burgin y Yogabasics.com, http://www.yogabasics.com/chakras/chakra1.html.
11. El *Online Etymology Dictionary* hace un seguimiento de la historia de la palabra *yoga* en el inglés: «1820, del Hindi *yoga*, del sánscrito *yoga-s*, lit. "unión, yugo" (con el Espíritu Superior)» (Douglas Harper, 2001, http://www.etymonline.com/index.php?search=yoga). En español, véase la entrada en http://buscon.rae.es/draeI/.
12. Lisa Takeuchi Cullen, "Stretching for Jesus", *Time*, http://www.time.com/time/magazine/article/0,9151,1098937,00.html.
13. Ibid.

Laurette Willis, muy involucrada durante veintidós años en el yoga y en la Nueva Era, señala los peligros de esto:

> Llamo al yoga «el brazo misionero del hinduismo y del movimiento Nueva Era». A menudo no pensamos que las otras religiones tengan misioneros, pero la filosofía y práctica del yoga han sido básicamente las herramientas «misioneras» hindúes en Norteamérica, desde que el «sacerdote y místico hindi» Swami Vivekananda introdujo el yoga en Occidente en la Feria Mundial de Chicago de 1893... Otro misionero hindú bienvenido entre las élites fue Paramahansa Yogananda, quien comenzó la Self-Realization Fellowship [Comunidad de la Auto-Realización] en Los Ángeles. Con gran sagacidad, optó por demostrar que el yoga era del todo compatible con el cristianismo. Llevando una cruz, llegó a América en la década de 1920 con el *Bhagavad Gita* hindú en una mano y la Biblia en la otra. Su razonamiento era que el yoga era la fuerza aglutinadora que podía conectar a todas las religiones.
>
> Por experiencia propia, puedo decir que el yoga es una práctica peligrosa para los cristianos y *aleja* a los buscadores de Dios en lugar de acercarles a Él. Es probable que digas: «Bueno, no estoy haciendo nada de la meditación. Solo estoy siguiendo los ejercicios». Sin embargo, es imposible distinguir las sutilezas del yoga como técnica y del yoga como religión. Lo sé porque enseñé y practiqué *hatha* yoga durante años. *Hatha* yoga es el estilo de yoga más popular, disponible en vídeos en tiendas y en la mayoría de los gimnasios.... Posiblemente tu maestro de yoga inicie la clase diciendo, «*Namaste*» («Me inclino ante tu divinidad»). Las posturas tienen nombres como *Savasana* (postura del cadáver) y *Bhujangasana* (postura de la cobra o la serpiente). Se refieren a los *chakras* o «centros de poder» del cuerpo, como «el tercer ojo». La sesión de relajación y visualización al final de las clases de yoga está diestramente diseñada para «vaciar la mente» y puede permitir influencias espirituales peligrosas.
>
> Como cristianos, se nos ha enseñado: «transformaos por medio de la *renovación* de vuestro entendimiento» (Romanos 12.2), no a *vaciar* la mente... Las técnicas de respiración del Yoga (pranayama) pueden parecer relajantes, pero podrían ser una puerta abierta al reino psíquico, inhalando y exhalando ciertas «energías» con el fin de relajarte y limpiarte. (Pablo se refiere a Satanás como «príncipe de la potestad del aire» en Efesios 2.2, y creo que el aire al que se refiere no es el oxígeno, sino más bien el ámbito psíquico que algunos llaman «el

segundo cielo», que desde luego no es un parque infantil.) Cuando aparecen las palabras prana, ki o chi, todas se refieren a energía de «fuerza de vida».[14]

El yoga no es un sustituto del *aeróbic*; nunca se pretendió que su uso se limitara a la actividad física. Se creó para la adoración de deidades que la Biblia llama *demonios*. Los líderes hindúes modernos concluyen que el hinduismo es el «alma» del yoga.

Canalización

Canalización es una palabra moderna para lo que comúnmente se conocía como *trance mediúmnico*. Durante una *séance* o sesión espiritista, el médium cae en un estado diferente de conciencia o trance. Comunica mensajes provenientes de seres que se encuentran fuera de la dimensión terrenal. La canalización obtuvo gran notoriedad debido al resurgimiento del movimiento Nueva Era en la década de 1970 y a la fama de entes demoníacos como Seth, canalizado por Jane Roberts, y Ramtha, canalizado por J. Z. Knight. Un practicante de ocultismo plantea: «*¿Qué canalizan los canalizadores?*» Es una pregunta difícil, dado que hay muchas respuestas posibles. Esencialmente, el canalizador provee comunicación entre una entidad de otro reino y su cliente. Esta entidad puede ser de otra galaxia, como por ejemplo un extraterrestre. El ente puede ser una diosa, un ángel, un deva, un ser humano encarnado, un amigo o familiar difunto. Básicamente es cualquier entidad que cuente con la suficiente organización como para reunir su energía de tal manera que pueda ser entendida por un canalizador.[15]

La canalización es una ocupación peligrosa para cualquiera que la realice. Una vez que se abre una puerta, puede ser extremadamente difícil cerrarla. La Biblia revela dónde está exactamente esa puerta y quién está en realidad hablando desde el otro lado. No se trata de «una diosa, un ángel, un deva, un ser humano encarnado, un amigo o familiar difunto» y, desde luego, tampoco es el Dios de la creación.

Algunos pasajes del Antiguo Testamento prohíben la práctica de hacer hablar a los «espíritus» a través de un ser humano. En Deuteronomio 18.10–12, buscar a alguien que hable con el espíritu de un familiar se considera abominación ante Dios. Destacados comentaristas del Antiguo Testamento, como Karl Keil y Friedrich Delitzsch, se refieren a la canalización usando el término de la versión King James: «espíritus familiares». Al referirse a Levítico 19.31, donde se confirma el juicio de Dios contra los médiums, señalan: «El verdadero temor de Dios… despierta confianza en el Señor y su guía, y

---

14. Laurette Willis, "Why a Christian ALTERNATIVE to Yoga?" http://www.praisemoves.com/ChristianAlternative.htm.

15. Shiprock, "Occult Intuitive Guidance Methods", http://www.angelfire.com/biz2/metaphysician/occult.html, cursivas en el original.

excluye a todas las formas y métodos supersticiosos e idólatras de descubrir el futuro. Este pensamiento prepara el camino para advertir contra volverse a los espíritus o buscar adivinadores. El término hebreo *owb* se refiere al espíritu de un difunto, al que se llama para desvelar aspectos del futuro, de ahí que se le llame espíritu familiar».[16]

Esta práctica ocultista, ya sea real o simulada, está diseñada para alejar a la gente de Dios.

Cristales

En varios sitios ocultistas se promueve la adivinación mediante cristales (p. ej. cuarzo, amatista, citrino, ágata) como algo para «facilitar la toma de decisiones».[17] Se afirma que la estructura de un cristal puede permitirle al mismo recordar cualquier cosa que «programe» en él la persona que lo usa. Los que están introducidos en el ocultismo de curaciones creen que esta energía canalizada por un cristal puede facilitar el bienestar en todas las áreas de la vida. Su historia data de tiempos remotos, donde la palabra *clarividencia* (predicción del futuro) estaba a menudo asociada con cristales o gemas.

Algunos ocultistas, sobre todo los relacionados con la Nueva Era, han tratado de asociar la «piedrecita blanca» dada por Jesús a los vencedores de Apocalipsis 2.17 con amuletos mágicos o gemas, que tienen poder gracias a la energía. Aunque entre los comentaristas se ofrecen variadas explicaciones de este versículo, su significado dista mucho del ocultismo.

El Comentario de Adam Clarke señala la antigua práctica de usar piedras blancas para indicar perdón:

Mos erat antiquus, niveis atrisque lapillis,
His damnare reos, illis absolvere culpa.
Nunc quoque sic lata est sententia tristis.
«Una costumbre había de antaño, y todavía permanece,
que la vida o la muerte por derecho decreta:
piedras blancas y negras dentro de una urna se lanzan,
la primera absuelve, pero la fatalidad está en la última».
DRYDEN[18]

16. *Commentary on the Old Testament,* Biblesoft.
17. Holistic Shop, http://www.holisticshop.co.uk/itemdet1.php/itemprcd/CASTCRYS (acceso obtenido 11 diciembre 2006).
18. *Adam Clarke's Commentary.*

En el mundo romano existía la práctica de recompensar las victorias de los juegos públicos con una piedra blanca, a menudo inscrita con sus nombres. Esta piedra blanca (llamada *tessera*) otorgaba al portador una larga vida a expensas de los fondos públicos.

La recompensa romana parece estar relacionada con la que Jesús ofreció a sus vencedores en Apocalipsis. Según Adam Clarke: «Se hace una alusión aquí a los vencedores en los juegos públicos, que no solo eran conducidos con gran pompa dentro de la ciudad a la que pertenecían, sino que además recibían una piedra blanca, con su nombre inscrito en ella, cuya insignia les otorgaba, para el resto de su vida, el derecho a ser mantenidos con fondos públicos… A estas personas se les conocía como tesserae entre los romanos, y de estos había varias clases».[19]

La historia no apoya la interpretación de Apocalipsis 2.17 como un consentimiento para el ocultismo, la magia o los poderes de los amuletos.

Bola de cristal

La bola de cristal es una manera común de tratar de abrirse paso desde la dimensión de la tierra hacia la dimensión de Satanás y sus demonios. Un buen ejemplo de alguien que la usó con algún éxito es la reconocida parapsicóloga Jeane Dixon. En la década de 1960, Dixon reveló que había recibido imágenes a través de su bola de cristal. En cierto momento, miró su bola y aseguró ver una sombra sobre la Casa Blanca, sombra que simbolizaba la muerte del presidente demócrata que pronto sería elegido, en 1960. Más adelante reveló la fecha de la futura llegada del Anticristo, basada en la información que recibió de su bola de cristal y de una serpiente parlante que la visitaba regularmente por la noche. En varias ocasiones, esta serpiente se deslizaba hasta la cama, se envolvía en ella y le comunicaba información sobrenatural. Mirando atrás, la historia de la humanidad muestra claramente que no es sabio escuchar a las serpientes que hablan.

La gente que ve cosas en las bolas de cristal está experimentando revelaciones de lo oculto. Son reales; los sueños y las visiones del mundo oculto son reales. El demonio es un magnífico mago y ha estado engañando a la raza humana desde el jardín del Edén. ¿Cuál es la realidad? Es posible que uno nunca lo descubra; él es el maestro de la ilusión. Tratar con el demonio es una tarea difícil que se convierte en asunto de vida o muerte. El viejo adagio «Para cenar con el diablo, hay que llevar una cuchara muy larga» no podría ser más acertado.[20] No es inteligente acercarse demasiado al reino satánico.

19. Ibid.
20. American Literature, http://www.americanliterature.com/Q1.HTML (Proverbio inglés).

Rabdomancia

La rabdomancia está asociada con *péndulos* (de cristales u otros objetos), usualmente suspendidos de una vara, y con *varas de adivinación.* La mayor parte de la gente ve la rabdomancia y se ríe, pero quienes la practican son brujos del agua y no es un asunto de risa. Se cree que el término rabdomancia procede de la palabra griega *rhabdos*, que significa «vara mágica». La rabdomancia es la adivinación por medio de la varita.[21] El poeta griego Homero (850 A.C.) habló de rabdomancia; así también lo hizo el gran filósofo John Locke (1650 A.D.). Desde tiempos primitivos, las varas de adivinación (usualmente palos en forma de Y), se usaron para descubrir respuestas a toda clase de preguntas. A lo largo de la literatura clásica se hace referencia a la vara de adivinación, con registros tan antiguos como los de Heródoto (484 A.C.) y probablemente más remotos. Se pueden hallar evidencias de este tipo de adivinación y sus diferentes versiones en incontables civilizaciones, tanto antiguas como modernas.

Algunos practicantes de la rabdomancia aseguran tener un «don» transmitido a ellos por generaciones en sus familias. Uno de estos rabdomantes estuvo en los titulares de periódicos a nivel nacional estadounidense hace algunos años, cuando le reveló a un reportero cómo practicaba la «rabdomancia». Contó cómo había tomado una rama verde en forma de Y, y salió a buscar agua. Cuando llegó a donde pensaba que había agua (el público lo presenció), sus manos se estiraron delante de él. Cada mano sostenía uno de los extremos de la vara en forma de Y, y el palo central señalaba adelante. Sin que él moviera los brazos ni las manos, el palo se giró en sus manos y señaló hacia abajo.

Este hombre no estaba moviendo el palo, así que la pregunta es: ¿Quién lo hacía? La madera no está sujeta al magnetismo. El agua y el palo no se atraen, a menos que sean troncos de árboles. Por lo tanto, era obvio que algo extraordinario estaba sucediendo ahí. Esta persona en particular dijo: «Algo funciona. Mi técnica nunca ha fallado, siempre he encontrado agua».

¿Cómo obtiene esa información? Los espíritus se lo dicen; *ellos* son los que mueven el palo y localizan el agua. Los escépticos podrían decir: «Cosas así no suceden», pero los hechos históricos demuestran que *sí* suceden. Estos hechos son revisados una y otra vez; la persona que practica la rabdomancia repite el experimento docenas de veces y con ello prueba la existencia de algún tipo de fenómeno.[22]

---

21. Tufts University, *A Greek-English Lexicon*, s.v. «rhabdos», http://www.perseus.tufts.edu/cgibin/ptext?doc=Perseus%3Atext%3A1999.04.0057%3Aentry%3D%2392041 (acceso obtenido 26 diciembre 2006).
22. John Weldon, "Dowsing: Divine Gift, Human Ability, or Occult Power?" *Christian Research Journal* (primavera 1992): p. 8, en Christian Research Institute, sitio web, http://www.iclnet.org/pub/resources/text/cri/cri-jrnl/web/crj0099a.html.

Y estos brujos no solo buscan agua. También buscan oro, plata, petróleo, artefactos arqueológicos; la lista es tan larga como los deseos, sueños y esperanzas del hombre. Las personas que practican la rabdomancia pueden localizar enfermedades, agua, minerales e información (para localizar niños perdidos y aeroplanos siniestrados). Una vez más, la lista es interminable. Para la rabdomancia se usa una enorme variedad de herramientas, desde plumas hasta palos, flechas, huesos y joyería. Procurar conocer el futuro es un poderoso incentivo. Una vara de rabdomancia puede encontrar agua y puede responder preguntas directas que se le planteen, preguntas sobre planes y problemas personales.

¿Quién está dando estas respuestas? Dios no está en el negocio de localizar pozos para la gente. Él sumergió al más grande de los pozos en la cruz, para que de nuestro ser interior manen ríos de agua viva que fluyan en vida eterna. *Ese* es el pozo de Dios: su Espíritu. No se dejen engañar o intrigar por la rabdomancia; es una herramienta común del ocultismo, usada con éxito por los demonios para separar al hombre de Dios. Si alguien va a ver a un brujo del agua para encontrar respuestas, ha escogido encontrarlas en alguien *diferente* de Dios (Os. 4.12).

Los modernos hechiceros del agua acusan a veces a Moisés, que golpeó con su vara en una roca para que brotara agua, de practicar la rabdomancia. Bíblicamente, ese no es el caso. La vara de Moisés no tiene nada que ver con la rabdomancia. Cuando golpeó la roca con su vara, fue un acto de desobediencia al Señor, por lo que fue castigado. En Números 20.8, Dios le dijo a Moisés dónde estaba localizada el agua, para que esta brotara y así satisficiera las necesidades de Israel. Pero Moisés golpeó la roca, cosa que ni con la mayor imaginación se puede relacionar con la rabdomancia. Dios ya le había dicho dónde estaba el agua, lo cual nos muestra que Moisés no estaba practicando rabdomancia para encontrarla.

Energía

La energía puede ser definida de incontables maneras: fuerzas de vida creativas, poder para mover cosas, las líneas *ley* (líneas de energía que supuestamente cruzan la tierra), el reiki (la energía asociada con el tipo de masaje que lleva el mismo nombre), prana, polaridad, chi. Hay muchos nombres para la energía de lo oculto, pero generalmente se refieren a fuerza vital creativa que hay dentro y fuera de los seres humanos. Esta energía es el poder que rodea y alimenta a la humanidad, y es retroalimentada a su vez por la humanidad. Dicho poder puede ser controlado por los seres humanos a través de varios medios: cristales, cartas, ceremonias, meditación, una dieta adecuada y el yoga. Esta es la fuente de poder adorada por el reino del ocultismo. Dios ha revelado que esta fuente de poder no se origina en Él, lo cual solo deja otra fuente posible: el príncipe de la oscuridad, el diablo. Es importante notar que el demonio no es el polo opuesto de Dios; él no es igual a Dios ni en naturaleza ni en poder. El demonio es un ser creado, pero es un ser creado *poderoso*. Una identidad más parecida a la del demonio en naturaleza angelical y poder sería la del arcángel Miguel. Dicho de manera sencilla: la energía de lo oculto es la energía del demonio, y él la está usando para destruir a los hijos de Dios.

Psicofonías

Los descubrimientos de las ondas de radio a finales del siglo diecinueve, junto al desarrollo de las grabadoras y otros aparatos de audio en la primera parte del siglo veinte, trajeron consigo un moderno y extraño fenómeno: la grabación inadvertida de voces o sonidos que llegaron a ser conocidos como psicofonías. Suspiros inesperados, aullidos de animales, nombres, todos parecían presentarse por arte de magia en la grabaciones realizadas ante testigos que no escuchaban absolutamente nada durante el tiempo en que se realizaban estas grabaciones. Únicamente en la reproducción se podían escuchar estos curiosos sonidos.

Hay muchos nombres relacionados con la historia de las psicofonías, pero fue Konstantin Raudive (un psicólogo y profesor letón de la Universidad de Uppsala, Suecia) quien en 1965, con sus experimentos documentados, atrajo la atención de científicos y medios de comunicación sobre estos peculiares fenómenos. Raudive afirmó haber analizado aproximadamente veinticinco mil voces diferentes, o «voces-textos», como las denominó él, y que cada una tenía características únicas. A lo largo de los años, el trabajo de Raudive no ha sido fácil de refutar para los científicos o los aficionados; los mejores argumentos tienden a enfatizar el poder de la imaginación en las investigaciones de las psicofonías. Su investigación sigue siendo un obstáculo difícil de remontar para los científicos que se han esforzado por desmentir estos fenómenos.

El advenimiento de la era digital trajo consigo la invención de la grabadora digital, un aparato que se presta muy bien para las psicofonías. En 2001, la doctora Katherine Ramsland, una periodista con una titulación universitaria en filosofía y una maestría en psicología clínica y forense, se embarcó en un experimento que tenía que ver con un timbre supuestamente hechizado. Durante su investigación, usó una grabadora digital para documentar los múltiples encuentros con una voz incorpórea. Uno de estos encuentros reveló que el ser que había tras la voz intentaba poseerla:

> Yo pregunté: «Bueno, ¿qué quieres? ¿Quieres *poseerme*?»

Detuve la grabadora y presioné el botón de reproducción. La respuesta fue clara: «Sí».[23]

A lo largo de los años, muchas personas han escuchado psicofonías consistentes en voces, gruñidos, llantos y variados sonidos animales y humanos, y han continuado grabando para demostrarlas. Así como con el fenómeno de la tabla güija, la tecnología de audio ha abierto otra puerta a una dimensión de la realidad largo tiempo prohibida por el Dios de la Biblia.

Horóscopos

El horóscopo o carta de nacimiento es una predicción (aunque la mayoría de los astrólogos prefieren no considerarlo de esa manera) basada en un diagrama de las diferentes posiciones planetarias y estelares, relacionadas con los signos del zodíaco. Las cartas natales modernas de la civilización occidental se han convertido más en sesiones de consulta y consejo que en juegos de adivinación de posibles acontecimientos futuros. La palabra *horóscopo*, como se la usa en la actualidad, se refiere a predicciones generales que se encuentran en tiendas, periódicos, revistas, televisión e Internet. Una carta de nacimiento o carta natal se suele realizar cara a cara, basándose en información personal.

Todas estas cuasi predicciones de eventos futuros, ya se hagan individualmente o en grupo, tienen raíces en la antigua práctica de la astrología: las predicciones de eventos futuros basadas en las posiciones de las estrellas y los planetas. El término *astrología* ha sido interpretado de muchas maneras durante miles de años, pero su significado moderno reitera su vínculo con las antiguas prácticas del ocultismo. En lo que se refiere a la astrología, el *Dictionary of Gnosis and Western Esotericism* [Diccionario de gnosis y esoterismo moderno] dice: «Estaba fundamentada en la idea de la coincidencia solidaria del mundo, el cielo, la tierra y el reino de los dioses; y en la obediencia de cada uno, como parte de un todo, a un destino preestablecido. Por tanto, como ejemplo, todo evento celestial observado con precisión se considera buen o mal augurio para el pueblo o para sus líderes. Un gran número de dichas predicciones, registradas en tablas, han sido redescubiertas en la biblioteca de Assurbanipal de Nínive».[24] En tiempos antiguos, la

---

23. Katherine Ramsland, *Ghost: Investigating the Other Side*, Thomas Dunne, Nueva York: 2001, p. 173.

24. Hanegraaff, ed., *Dictionary of Gnosis and Western Esotericism*, p. 111. Véase además la página web de Library of King Ashurbanipal, http://web.utk.edu/~giles/ para información del rey Assurbanipal de Nínive: «El rey Assurbanipal (aprox. 668–627 A.C.) gobernó la antigua Asiria en su momento culminante a nivel cultural y militar. Se le conoce en los escritos griegos como Sardanapalus y como Asnaper o Asnapar en la Biblia. Por medio de las conquistas militares, Assurbanipal expandió además el territorio asirio y su número de estados conquistados. Fue de gran importancia para la posteridad el establecimiento por parte de Assurbanipal de una gran biblioteca en la ciudad de Nínive. Las ganancias militares y territoriales hechas por este regente

pesada mano del destino era un factor importante en la astrología, pero hoy su posición ha menguado seriamente. En general, actualmente se cree que las personas controlan su propio destino y que no importa lo que las estrellas digan, cada uno puede cambiar el curso del destino.

Las personas suelen afirmar que les han sucedido cosas asombrosas debido a la astrología; la respuesta a ello es que las cosas asombrosas *pueden* suceder, particularmente si ponen su fe en las estrellas, en lugar de en el Dios que creó las estrellas. La astrología le resta importancia al Creador y se centra en la *creación* y, por tanto, cualquier resultado de este pensamiento está en peligro de condenación. Dios condenó al mundo porque los hombres acabaron «honrando y dando culto a las criaturas antes que al Creador, el cual es bendito por los siglos» (Ro. 1.25). En la actualidad, las vidas de millones de personas son gobernadas por las estrellas. La astrología, con sus cartas astrales y natales, es una herramienta común de lo oculto, confeccionada para separar al hombre de Dios, para que el hombre se absorba con la penetración del futuro.

I Ching

El I Ching (pronunciado *yi jing*), es una antigua herramienta (originalmente con palos de milenrama) usada en la adivinación china. En la actualidad, consiste en lanzar tres monedas y registrar el modelo que forman, para obtener respuestas a preguntas personales. Atribuido al gran emperador chino Fu Hsi (2850 A.C.), se cree que el significado y la estructura del I Ching se desarrolló durante un período de mil años, bajo la influencia del rey Wen (fundador de la dinastía Chou, en 1150 A.C.) y finalmente, bajo la influencia del respetado filósofo Confucio (550 A.C.). Después de las contribuciones realizadas por Confucio al I Ching, se lo conoció como *Libro de los cambios.* En la actualidad, se considera que el I Ching, también conocido como *Oráculo de los cambios*, cumple «por lo menos dos funciones: un libro de sabiduría y un libro oracular».[25]

> **Libro de sabiduría:** porque inspiró el pensamiento y en general toda la cultura china, y al mismo tiempo fue un ting (vasija ritual) en la que se mezclaron estas corrientes.

---

apenas le sobrevivieron, pero la biblioteca que él estableció ha sobrevivido parcialmente intacta. Mantiene en la actualidad una colección de veinte mil a treinta mil tablillas cuneiformes que contienen aproximadamente mil doscientos textos diferentes, para que los eruditos la estudien. La biblioteca de Assurbanipal no fue la primera biblioteca de su clase, pero fue una de las más grandes y una de las pocas en sobrevivir hasta el presente. La mayor parte de ella está en posesión del Museo Británico o del Departamento de Antigüedades de Iraq».

25. Way of Perfect Emptiness, "I-ching as Oracle of Changes", Taopage, http://www.taopage.org/iching/oracle_of_changes.html (acceso obtenido 28 diciembre 2006); el sitio ya no está disponible.

Libro oracular: porque puede ser usado como un medio de investigación o predicción de éxitos o fracasos.

Como libro de sabiduría se destaca por los pasajes educativos, indudablemente escritos por los abogados y legisladores de Confucio, de quienes podemos citar un ejemplo al azar. Para muchas personas, el libro es un manual de buenos modales o un libro para educar al hombre noble, personaje llamado a jugar un rol activo en la vida del estado a nivel social y político (de aquí deriva la influencia de Confucio).

Como libro oracular utiliza los sesenta y cuatro hexagramas como señales de orientación, teniendo en cuenta la evolución de los eventos presentes. Cada hexagrama describe una situación típica y está acompañado de indicaciones oraculares de las siguientes clases: «buena fortuna», «infortunio», «remordimiento», «humillación». Se pueden encontrar junto a estas indicaciones algunas situaciones típicas, es decir, el consejo a seguir en determinadas circunstancias.[26]

Desarrollado en la creencia china de que toda vida está sujeta o bien al caos o bien al orden (yin y yang), el I Ching usa un sistema de lanzamiento de monedas y sesenta y cuatro hexagramas para predecir el futuro y ofrecer consejo en decisiones de la vida, en respuesta a preguntas directas. El yin es el elemento oscuro; representa múltiples aspectos como femineidad/tristeza/noche y está simbolizado por la tierra y el agua. El yang es el elemento claro; representa masculinidad/gozo/día. Estos dos elementos dan cuerpo al principio del yin y el yang; están en constante movimiento: moviéndose y cambiando como corrientes en el océano de la vida e influenciando en todos los aspectos de la existencia.

Es muy probable que el I Ching recibiera influencias de la antigua religión china del taoísmo (fundada por Lao Tse en 1550 A.C.), que enseña que no hay un dios personal, sino únicamente una fuerza suprema impersonal llamada *Tao.* El bien y el mal son fuerzas opuestas, pero complementarias, y el objetivo de la humanidad debería ser liberarse de los deseos egoístas, con el fin de fluir libremente con el Tao.

El símbolo Taijitu representa el principio del yin y el yang.

26. Ibid.

A menudo llamado el *oráculo*, el I Ching se consultaba para todo, desde decisiones militares hasta inversiones, matrimonio e hijos; y sigue consultándose en la actualidad. Es una compleja herramienta numérica y filosófica de adivinación y, como tal, no ha alcanzado la popularidad mundial de un instrumento simple, como es el caso de la tabla güija.

Magia

La Biblia inglesa King James menciona la magia en Hechos 19.19 como «artes curiosas», conocidas en griego como *perierga*.[27] En la literatura de la época se puede encontrar la definición cultural de esta palabra como *adivinación* o *artes mágicas*. Por ejemplo, se cuenta que el emperador romano Adriano (74 A.D.) practicaba la adivinación y estaba obsesionado con las «artes curiosas».[28]

Los eruditos han discutido infructuosamente a lo largo de la historia el origen correcto y el significado de «magia». En su destacado trabajo, *Manual de historia comparada de las religiones: origen y formación de la religión, teorías y hechos*, el padre Guillermo Schmidt sugiere que la magia es el encuentro con lo extraordinario, con algo previamente desconocido.[29] También sostiene, desde un punto de vista histórico, que la creencia de un Ser Supremo moral es anterior al desarrollo de la magia. Este Ser Supremo estaba ya antes en la historia del hombre, como se evidencia en el estudio de las primeras religiones, como la de los pigmeos, y el hombre decidió alejarse de la adoración al Ser Supremo para practicar la magia:

> En este período de personificación, es al Ser Supremo al que el hombre se vuelve, como una persona a otra, con palabras y oraciones... La magia, por otro lado, tiene un carácter abierta y notoriamente impersonal. Es decir, evita o niega la Causa suprema personal y se vuelve a objetos materiales esforzándose a alcanzar sus fines por medio de poderes secretos latentes en ellos. Estos nuevos métodos fueron capaces de encontrar seguidores, incluso en la época preanimista en la que, por alguna razón, el hombre decidió retirar su reverencia y obediencia al Ser Supremo y echarla al patio trasero.[30]

---

27. Periergos, NT:4021, trabajar todo alrededor, i.e. oficioso (entremetido, neut. plur. mágico), *Nueva concordancia Strong exhaustiva*.
28. *Adam Clarke's Commentary*.
29. Schmidt, *Manual de historia comparada de las religiones: origen y formación de la religión, teorías y hechos* (p. 151 de la traducción inglesa).
30. Ibid.

En la actualidad, muchos de los involucrados en el ocultismo y en las creencias de la Nueva Era reestructuran la magia en su ortografía, en su significado y en su práctica. Por ejemplo, la llamada *magiaK* moderna es, en esencia, el poder psíquico manipulado para influenciar a las personas, eventos u objetos.

Numerología

La numerología es un sistema de adivinación basado en la creencia de que la información personal (por ejemplo, nombres y fechas de nacimiento) revela características individuales de la personalidad y del destino de uno. Los nombres, reducidos a números, se identifican con las vibraciones del universo y revelan información sobre el alma y el destino del individuo. Pitágoras (580 A.C.) fue un filósofo y matemático turco al que se suele atribuir influencia en el desarrollo de la numerología:

> La combinación de las matemáticas y la teología comenzó con Pitágoras. Caracterizó la filosofía religiosa en Grecia, en la Edad Media y hasta Kant. En las obras de Platón, Aquino, Descartes, Spinoza y Kant hay una mezcla de religión y razón, de aspiración moral con administración lógica de lo que es eterno... La sentencia de la escuela de Pitágoras era *todo es número.* Esto quería decir que todas las cosas del universo tenían un atributo numérico que las describía de manera única. Lo que es más, significa que todas las cosas que pueden ser conocidas o incluso concebidas, tienen número. Yendo aun más allá, no todas las cosas poseen números, sino que todas las cosas *son* números... Incluso las cualidades, estados y otros aspectos de la naturaleza, tenían números descriptivos. Por ejemplo:
>
> - El número **uno**, el número de la razón.
> - El número **dos**, el primer par o el número femenino, el número de la opinión.
> - El número **tres**, el primer número masculino, el número de la armonía.
> - El número **cuatro**, el número de la justicia o retribución.
> - El número **cinco**, matrimonio.
> - El número **seis**, creación.[31]

La numerología ha evolucionado hasta convertirse en un moderno sistema de adivinación ocultista, donde se pueden elaborar tablas y predicciones basándose en nombres,

---

31. Don Allen, trad., "Pythagoras and Pythagoreans", Texas A&M University, Departamento de Matemáticas, http://www.math.tamu.edu/~dallen/history/pythag/pythag.

fechas de nacimiento, lugares de nacimiento y así sucesivamente. Sin embargo, retiene la doctrina básica de Pitágoras, es decir, *todo es número*. Es bastante diferente al significado simbólico de los números en las culturas griega y hebrea de la Biblia. Algunos números bíblicos siguen un patrón importante, ya que son usados por Dios y su pueblo, pero nunca se han usado para predecir el futuro. Por lo tanto, no se puede llevar el significado que hay detrás de los números en la Biblia al extremo de buscar conocimiento, salvo el conocimiento del presente. La creencia ocultista de que los números tienen influencia en la vida de las personas está ausente en todo contexto bíblico.

Güija

Significa «sí, sí» (*oui* es «sí» en francés y *ja* lo es en alemán). La güija se popularizó para su uso moderno en el año 1848, cuando Kate y Margaret Fox, de Hydesville, Nueva York, afirmaron haber contactado con un vendedor ambulante muerto. Esta posible comunicación con los muertos creó un frenesí a nivel nacional estadounidense y se disparó el interés público por hablar con los muertos. Durante su comunicación con el vendedor, las hermanas Fox decían letras del alfabeto y escuchaban como respuesta golpes que querían decir «sí» o «no». Una vez que esta información alcanzó al público, fue solo cuestión de tiempo que la creatividad humana se apoderara de ella. Según el Museum of Talking Boards, los inventores trataron un sinnúmero de extrañas creaciones, diseñadas específicamente para alcanzar a los muertos, y unos pocos de estos llegaron a estar de venta al público.[32]

El resurgimiento del espiritismo provocó miles de sesiones espiritistas y, con el tiempo, hizo que se perfeccionase un artículo ocultista que llegó a ser conocido como tabla *Ouija*. El tablero ha continuado hasta convertirse en un popular «juego», distribuido por Parker Brothers, que en la actualidad ofrece un nuevo modelo que brilla en la oscuridad. En Internet, así como en libros, revistas y periódicos se encuentran fácilmente miles de historias que describen los encuentros personales con espíritus por medio de la güija. Estos encuentros son reales y dichos tableros son una puerta a la dimensión oscura, que es mejor dejar cerrada.

Lectura de la palma de la mano

También conocida como quiromancia, la lectura de la palma de la mano es probablemente la más conocida de todas las herramientas ocultistas, gracias a las múltiples parodias televisivas y cinematográficas basadas en misteriosos gitanos y sus poderes de predicción.

32. Museum of Talking Boards, "History of the Talking Board", http://www.museumoftalkingboards.com/history.html.

En la quiromancia se dice que ciertas líneas de las manos (como la línea de la vida y la línea media) hablan sobre la historia de cada individuo, y varían a través de los años de acuerdo a los cambios del mismo. Estas líneas y los ángulos que forman, pueden «leerse» para realizar predicciones futuras, basadas en la información obtenida por el médium.

Aunque hay historias de risa, son legendarios los gitanos que leían la palma de la mano. La quiromancia no se limita a los gitanos de antaño y sus predicciones ocasionalmente darán en el blanco (aunque lo normal es que hagan predicciones muy vagas). A veces, el que lee la mano puede ser un médium, como aquel que visitó a la famosa actriz de los años cuarenta, Maureen O'Hara, cuando ella solamente tenía cinco años. En su autobiografía, *'Tis Herself,* O'Hara recuerda cómo toda su vida fue predicha por un anciano y burlesco gitano romaní que apareció por la puerta de su casa y le leyó la palma de la mano. El gitano le dijo a O'Hara que saldría de Irlanda y se haría famosa. «Vas a hacer una gran fortuna y serás muy, muy rica… pero todo se te escapará de las manos un día».[33] No se puede rebatir la exactitud de esta predicción, ya que los hechos de la prominente vida de O'Hara dan fe de ella. Algunos quiromantes son impostores, pero otros reciben genuina información de fuentes que no son Dios.

La quiromancia es una herramienta antigua, a menudo mezclada en la historia con otras artes adivinatorias, como por ejemplo, la *fisiognomía* («lectura» del rostro y del cuerpo) y la astrología, que llegaron a ser muy populares junto a la quiromancia durante la Edad Media. Algunos textos europeos forjaron el vínculo en obras como la de Bartolomé Cocles y Juan de Indagine: «Introducciones a la quiromancia, fisiognomía, astrología natural, complexión humana y la naturaleza de los planetas fueron publicados por primera vez en latín en Estrasburgo, en 1522, y reeditados frecuentemente».[34] La quiromancia acabó periendo su vínculo con la fisiognomía, gracias al trabajo de Johann Lavater a finales del siglo XVIII, y ha mantenido su popularidad hasta la fecha.[35]

Parapsicología

La parapsicología es el poder de tomar un objeto que pertenece a alguien y obtener información sobre ese individuo por medio de «vibraciones» que emite el objeto. Estos fenómenos explican cómo algunos místicos toman objetos y dicen con precisión lo que la persona está haciendo, dónde está o incluso si está viva o muerta. El doctor Kurt Koch, un experto en ocultismo, tiene una interesante observación respecto a la psicoscopia:

---

33. Maureen O'Hara y John Nicoletti, *'Tis Herself: A Memoir,* Simon & Schuster, Nueva York, 2004, p. 1.
34. Hanegraaff, *Dictionary of Gnosis and Western Esotericism,* p. 317.
35. Ibid.

> Durante una misión en Suiza, conocí en mi consejería a un clarividente que usaba poderes psicoscópicos y podía realizar afirmaciones cien por ciento precisas. Si alguien colocaba ante él un objeto perteneciente a un individuo enfermo que no conocía, por ejemplo un pañuelo, él era capaz de identificar la enfermedad de ese paciente. Un profesor de Zurich probó su habilidad y confirmó que sus aseveraciones eran confiables. Este clarividente podía llevar a cabo otras proezas usando su habilidad parapsicológica. De la misma manera, podía decir de qué enfermedades habían muerto las personas.[36]

Esto es la psicoscopia: supuestamente, la capacidad de recibir una vibración proveniente de una postal, una joya o cualquier objeto que se presente y que revele algo sobre la persona que lo posee. Es una herramienta ocultista común. Sin embargo, la verdadera fuente de información no es ninguna vibración procedente de una postal, zapato o anillo. La verdadera fuente de la manifestación es un espíritu que comunica información. Un individuo común y corriente elige abrirse a la dimensión de Satanás y se intercambia información.

Las personas se asombran a menudo ante un individuo que puede tomar un abrecartas y decir: «Esto pertenece al primo Willy. Vive en Oshkosh, en la tercera casa de la calle Main. Es calvo, miembro fundador de los Elks y lleva una cadena con un gran colmillo». Seguro que el objeto pertenece al primo Willy y todo lo descrito es cierto. De manera inmediata, la persona concluye equivocadamente que toda la información recibida procedía del abrecartas, lo cual no es cierto. Provenía de las fuerzas externas que influencian al individuo, reveladas a él porque estaba practicando una forma de ocultismo. A esto es a lo que se enfrenta la iglesia en el mundo de lo oculto.

En la actualidad, la televisión ha abierto el reino de la psicoscopia a millones. El programa *Psíquicos Forenses* narra un caso tras otro en los cuales la policía y otros implicados se maravillan ante la información que les proporcionan los psíquicos. Esta información es a menudo detallada, hasta el punto de hacer bocetos del rostro de un asesino. Racionalmente, no puede haber explicación para esto, pero, espiritualmente, existe una clara respuesta: es una información impartida a través de canales sobrenaturales. El reino demoníaco está siempre ansioso por hacer contacto e incluso más ansioso por tener publicidad.

36. Koch, *Entre Cristo y Satanás* (pp. 46–47 de la traducción inglesa).

Runas

Las runas son letras de un antiguo alfabeto nórdico, germánico o posiblemente etrusco, usado por algunos para predecir eventos en las vidas de los individuos. Es una forma de adivinación que se realiza lanzando objetos e interpretando símbolos. «Cada runa no solo representa un sonido fonético, sino que también tiene su propio significado distintivo, a menudo relacionado con la mitología nórdica».[37] Las runas eran el alfabeto, pero se les atribuían varios otros significados para magia o adivinación. Por ejemplo:

ᚠ Fehu: ganado, oro o riqueza.

ᚢ Ûruz: fortaleza o buena salud

ᚦ Thurisaz: gigantes mitológicos

ᚨ Ansuz: deidad/dios supremo Odín

ᚱ Raidô: un viaje largo

< Kenaz: luz[38]

Se pueden encontrar inscripciones rúnicas en muchas partes de los países escandinavos, como los grafiti a lo largo y ancho del continente americano; lo místico no es el alfabeto en sí mismo, aunque algunos ocultistas lo defienden así. Cualquiera que sea su origen, las runas llegaron a ser usadas para propósitos ocultistas como medio de adivinación y hoy todavía siguen vigentes.

Séances o sesiones espiritistas

El origen de las *séances* es bastante antiguo. No son más que reuniones de grupo, habitualmente presididas por un médium y llevadas a cabo con el fin de establecer algún tipo de comunicación con los muertos. La historia retrata una larga y continua estela de *séances*, pero en el siglo XIX gozaron de un gran resurgimiento. También conocidas como «círculos de rescate», estas sesiones y la información procedente del mundo espiritual que se recibe en ellas acabaron dando forma y solidez a la teología del espiritismo. La doctrina demoníaca solía incluir los siguientes puntos:

- Este mundo es la peor cosa que los humanos jamás experimentarán.

37. Nicole Sanderson, “Runes Through Time”, Nova Online, http://www.pbs.org/wgbh/nova/vikings/runes.html.
38. Adaptado de Ibid.

- Predicar a Cristo es tener la mente cerrada y merece castigo.
- La Biblia no es verdad.
- Ningún devoto de Cristo lo verá después de la muerte.
- La vida después de la muerte consiste en trabajar para mejorarse, con el fin de trasladarse a un plano de existencia superior.
- No existe el diablo.

Las *séances*, o sesiones, como muchos practicantes modernos las llaman, suelen integrar otras herramientas ocultistas, como bolas de cristal, cartas del tarot y güija.

Todas las formas modernas de nigromancia y *séances* están condenadas en la Biblia como una abominación ante Dios. Usurpan la autoridad de Dios al hacer que el hombre consulte a los muertos por los vivos (Is. 8.19–20). La Palabra de Dios es una guía más que suficiente para todas las áreas de la vida, como dijo Jesús: «Tu palabra es verdad» (Jn. 17.17). Por consiguiente, los muertos no pueden superar la verdad ya revelada en cuanto a la vida mortal o a la vida eterna.

Guías espirituales

Con guías espirituales se hace referencia a los implicados en lo oculto: *ángeles guardianes, ayudantes invisibles* o incluso *espíritus traviesos.* Son a menudo contactados a través de la meditación, una práctica que aparentemente es inofensiva, pero que motiva a quienes la practican a limpiar sus mentes por completo y a «abrirse» ante cualquier cosa que pueda contactarles. Los ocultistas también enseñan que los seres humanos son básicamente «imanes» que atraen cualquier cosa en la que puedan pensar. Medios como cristales, incienso y otras herramientas ocultistas pueden ayudar a los individuos a lograr el contacto con cualquier cosa que haya sido «atraída». De acuerdo con los profesores de la Nueva Era, los guías espirituales enseñan muchas cosas positivas, como por ejemplo el amor incondicional, y están disponibles veinticuatro horas al día para ayudar a la humanidad a triunfar.

No podemos dejar de subrayar el peligro de estos guías espirituales. Sencillamente, en las enseñanzas bíblicas no hay nada parecido a un guía espiritual, solo hay demonios esperando para que la gente se «abra» a su influencia. Las almas humanas no flotan entre el cielo, el infierno o cualquier otra dimensión, una creencia que tiene sus raíces en las enseñanzas de Emanuel Swedenborg (m. 1772).[39] La Biblia enseña que el destino final de una persona está determinado por la fe: un hombre o una mujer que elige creer en

39. Para más información véase Martin, *The Kingdom of the Cults*, Bethany House, Bloomington, MN, 2003, Apéndice C, "Swedenborgianism".

Jesucristo como Señor y Salvador, estará inmediatamente con Él en el cielo después de muerto (Lc. 23.43); pero el no creyente entrará en el infierno por su propia elección al rechazar a Jesucristo (Lc. 16.22–23). Las aseveraciones ocultistas de que los espíritus humanos necesitan ser guiados a través de la luz, o que hay guías espirituales buenos y guías espirituales malos, están equivocadas; estos practicantes han elegido creer en una estafa auspiciada por un enemigo mortal.

Es importante notar que Dios describe a sus ángeles como «espíritus ministradores, enviados para servicio a favor de los que serán herederos de la salvación» (He. 1.14). Se ve a simple vista que la obra de los ángeles es exclusiva para los que han sido comprados por Cristo; y son enviados para ministrar, no como guías espirituales. Aunque algunos ocultistas se refieren a sus guías espirituales como sus ángeles, los verdaderos ángeles de Dios no ministran en reinos de oscuridad. Por lo tanto, un guía espiritual es una falsificación que actúa como «ángel de luz» (2 Co. 11.14). La única garantía que tiene alguien en tratos con un guía espiritual es que este le «guiará» lejos de Dios.

Cartas del tarot

Las cartas del tarot son herramientas comunes del ocultismo, usadas tanto por médiums como por aficionados. Según los practicantes del ocultismo moderno, se utilizan para predecir el futuro, pero su función primaria es ayudar a la gente a comprender el propósito divino de sus vidas. Tienen el poder de unir los cabos sueltos de la vida cotidiana y proporcionar una mejor comprensión.

Muy probablemente, la adivinación por medio de algún tipo de cartas es muy antigua. Los eruditos afirman que pudo haberse practicado en casi todas las culturas, aunque hay poca prueba de ello, aparte de la prueba de la naturaleza del hombre y de su propensión al juego.[40] «Una leyenda las atribuye a los antiguos profetas de Egipto... sin embargo, para otros con sensibilidades ocultistas, las cartas, cuando son barajadas y ordenadas en patrones, colocan el funcionamiento del mundo bajo un foco microcósmico».[41]

La moderna baraja de tarot procede de una baraja desarrollada en su origen para jugar, que contenía significados personales y políticos, ideada para la nobleza italiana.[42] Llegó a conocerse como la baraja Visconti Sforza, en honor a su creador, Filippo María Visconti, quien gobernó Milán, en Italia, desde 1412 hasta 1447. Se cree que esta baraja evolucionó alrededor de 1550 para convertirse en otro popular juego italiano llamado

---

40. Dan Burton y David Grandy, *Magic, Mystery, and Science: The Occult in Western Civilization*, Indiana University Press, Bloomington, IN, 2004, p. 72.
41. Ibid.
42. Ronald Decker, Thierry Depaulis y Michael Dummett, *A Wicked Pack of Cards: The Origins of the Occult Tarot*, St. Martin's Press, Nueva York, 1988, p. 27.

Tarocchi. A través de los siglos, los rostros de las cartas cambiaron más de setecientas veces, hasta que ya no se asemejaban a sus originales, ni en significado ni en propósito. A finales de 1800, un resurgimiento de las prácticas del ocultismo se volvió a fijar en las cartas del tarot, y nuevas y carismáticas personalidades de lo oculto reasignaron diseños y significados.

La versión actual está compuesta por setenta y ocho cartas divididas en dos secciones, llamadas el *Arcano Menor* y el *Arcano Mayor*. El Arcano Menor consiste en cincuenta y seis cartas, divididas en cuatro grupos de catorce: bastones, copas, espadas y oros (basados en la influencia italiana). Cada uno de estos juegos representa una cierta perspectiva de vida. Por ejemplo, las espadas incluyen intelecto, pero el intelecto puede ser influenciado por el ego. Cuando se las lee, cada uno de los cuatro juegos revela cómo un aspecto individual, como por ejemplo el intelecto o el ego, impacta la vida de quien las consulta.

El Arcano Mayor consta de veintidós cartas con números y nombres individuales, tiene más peso en la lectura del tarot. Estas veintidós cartas son consideradas el corazón del juego y cada una hace referencia a las cosas de la vida que tienen más importancia, como por ejemplo el amor o el matrimonio. El Arcano Menor generalmente se relaciona con problemas o situaciones cotidianas.

Hay quien ha asociado siempre el tarot con la cábala: el Árbol de la vida; las veintidós cartas de alguna forma corresponden a «los veintidós caminos en el Árbol de la vida y, por extensión, a las veintidós letras del alfabeto hebreo».[43] Esta relación se ha atribuido al ocultista francés del siglo XIX, Elías Levi, pero hay poca evidencia histórica que lo sustente.

La persona que se implica en el tarot a cualquier nivel está buscando una imagen del futuro. Cualquiera que afirme ser capaz de interpretar las cartas (algo aparentemente inocente) está diciendo en realidad «yo puedo decirte algo sobre tu futuro que tú no sabes». Dirigirá a los incautos hacia su «guía interior» y sugerirá que abran la mente, el alma y el espíritu hacia esa dirección.

El tarot es un intento de penetrar más allá de esta dimensión. Cuando las personas hablan del tarot, están refiriéndose a una baraja especialmente diseñada de la que se cree tiene la llave al futuro y a eventos que influyen en las vidas personales.

43. Burton y Grandy, *Magic, Mystery, and Science*, p. 72.

Elementos ocultistas en el entretenimiento moderno

En el área del entretenimiento, el mundo actual dista mucho del experimentado por las generaciones de *Déjaselo a Beaver* y *La tribu de los Brady.* Hay miles de diferentes tipos de juegos, películas, dibujos animados, programas de televisión, libros y revistas entre los cuales escoger: es un festival para los sentidos y un campo minado cotidiano para los cristianos, que deben escoger su camino con cautela. El contenido del entretenimiento ha sido siempre una fuente de preocupación, pero el total de opciones disponibles es responsable de múltiples dolores de cabeza paternos. Por si fuera poco, el ocultismo se ha filtrado en todas las formas de «diversión» y desde luego no parece que esto vaya a mejorar. Sería imposible evaluar las muchas miles de opciones de entretenimiento presentes en el mundo moderno, así que este análisis ofrecerá un examen de los elementos ocultistas, junto a algunos ejemplos del entretenimiento disponible.

El sentido común dicta que es importante saber qué o quién está detrás de cualquier entretenimiento que se ofrece en este mundo. Los elementos del ocultismo son a menudo fáciles de identificar. Algunos de ellos son:

- demonios o posesión demoníaca
- adoración de espíritus o de la naturaleza
- brujería
- hechizos
- fantasmas
- canalización
- vampiros/monstruos
- demonio glorificado
- pentagrama, cruz invertida
- poderes psíquicos
- herramientas de lo oculto

El Australian Family and Community Development Committee, en su proyecto de investigación *Inquiry into the Effects of Television and Multimedia on Children and Families* [Sondeo de los efectos de la televisión y multimedia en niños y familias], concluyó que la repetida observación de multimedia con temas de violencia, hace que la gente se acostumbre a ella y que gradualmente la asimile en su perspectiva del mundo.[44] Esto está sustentado por un estudio similar realizado por los psicólogos Lynts y Donnerstein, de la Universidad de Wisconsin.[45] Estos estudios, junto a otros similares, refuerzan la advertencia que Jesús nos dio hace dos mil años: «La lámpara del cuerpo es el ojo; así que, si tu ojo es bueno, todo tu cuerpo estará lleno de luz; pero si tu ojo es maligno, todo tu cuerpo estará en tinieblas. Así que, si la luz que en ti hay es tinieblas, ¿cuántas no serán las mismas tinieblas?» (Mt. 6.22–23).

Ejemplos de multimedia con influencia ocultista

Juegos de computadora/Internet

Conocidos como MMORPG (siglas en inglés de Juegos de Rol Multijugador Masivo Online), estos juegos de computadora se llevan a cabo vía Internet a nivel mundial. Todos los MMORPG sumergen a sus jugadores en un mundo de fantasía.

Ejemplos de MMORPG son *Doom, Doom II, Hell on Earth* y *Doom 3: Resurrection of Evil*, creados por ID Software. El sitio web *Doomworld* enfatiza el significado que hay tras el nombre *ID Software* (pronunciando ID como en español, no como en inglés) «id: una de las tres divisiones de la psique en la teoría psicoanalítica, que es completamente inconsciente y es la fuente de energía psíquica derivada de las necesidades y apetitos instintivos».[46]

Creada como una aventura de ciencia ficción/fantasía, con un «tirador en primera persona», semejante en temática y ambientación a las películas *Alien* y *Resident Evil*, Doom incluye entre sus monstruos demonios y humanos poseídos. *Doom 3* también otorga poderes demoníacos al jugador en primera persona. Este juego y sus equivalentes son oscuros, miedosos y violentos.

Otro MMORPG influenciado por lo oculto es *The World of Warcraft*, de Blizzard Entertainment (sucesor de *Warcraft III*). Perteneciente al género de la fantasía, *World of Warcraft* ofrece a sus jugadores habilidades mágicas, brujería, hechizos, fantasmas, búsquedas, armas extraordinarias, héroes y monstruos (orcos, como en *El señor de los*

44. Australian Family and Community Development Committee, Inquiry into the Effects of Television and Multimedia on Children and Families, Victoria: Parliament of Victoria, East Melbourne, cap. 3, "Television and Multimedia Violence", http://www.parliament.vic.gov.au/fcdc/PDF%20Files/TV%20&%20MM/3%20Television@20and%20Multimedia%20Violence%20pg%2067-96.pdf.
45. Véase E. Donnerstein y D. Lintz, "Mass Media Sexual Violence and Male Viewers: Current Theory and Research", *American Behavioral Scientist* 29 (1986).
46. Jay Wilbur (ex administrador de Doom), citado en "id History" en la página de Doom, http://www.doomworld.com/pageofdoom/idhistory.html.

anillos). Este juego también se sustenta muchísimo en la magia; es oscuro, en ocasiones temible y violento.

Consolas de videojuegos

Las consolas de videojuegos actuales suelen conectarse a un televisor y requieren de un reproductor de DVD. Ofrecen una amplia variedad de títulos, como por ejemplo: *Barbarian, Barbie Horse Adventures, Evil Dead, Grand Theft Auto: Vice City* y la serie de Harry Potter. *Doom 3* también puede jugarse en la en Xbox. Cada título alberga un variado contenido. Por ejemplo, entre los elementos ocultistas de *Buffy cazavampiros* hay temas vampirescos, demonios y brujería.

Dibujos animados

Muchos padres desconocen que algunos dibujos animados populares tienen influencia ocultista en su contenido. *Yu–Gi–Oh!*, también llamado *Capsule Monsters*, comenzó como un juego de intercambio de barajas en Japón. Es producido y distribuido en Estados Unidos por 4Kids Entertainment. En esta serie, Yugi es un niño con poderes mágicos que puede canalizar a un antiguo sabio egipcio. Cuanto más lo canaliza más fuertes se vuelven sus poderes. Hay ideas asiáticas y egipcias, como la creencia en diferentes espíritus y su habilidad de afectar las vidas, que influyen en la narración. Este dibujo animado presenta muchas aventuras fantasiosas, hechizos, monstruos invocados y batallas entre monstruos.

Avatar es una serie desarrollada por Nikelodeon, con una historia basada en la fantasía e influenciada por ideas religiosas hindúes. Está mejor descrita en el sitio web de *AvatarChapters*. «Agua. Tierra. Fuego. Aire. Solo Avatar era el amo de estos cuatro elementos. Solo él podía evitar que la cruel Nación del Fuego conquiste al mundo. Pero cuando el mundo más le necesitaba, él desapareció. Hasta ahora…».[47] El significado de la palabra *avatar* tiene sus raíces en la mitología hindú; es «el descenso de una deidad a la tierra, en forma encarnada o en una forma manifiesta, la encarnación de un dios».[48] El avatar posee poderes psíquicos que le ayudan a vencer a sus enemigos.

Libros

El secreto (un libro cuyo lanzamiento se convirtió en un bombardeo de los medios de comunicación), basado en el libro de Wallace Wattles, de 1910, *La ciencia de hacerse*

47. "Avatar: The Last Airbender", http://www.avatarchapters.org/plot.html. En español, "Avatar, la leyenda de Aang", http://www.nickelodeon.es/nick.es/programas/article.jhtml?id=55132789.
48. Dictionary.com v. 1.1 (basado en el *Random House Unabridged Dictionary* [2006]), s.v., "Avatar", http://dicionary.reference.com/browse/Avatar (acceso obtenido 2 enero 2007).

rico. Rhonda Byrne, la productora de la película y del libro *El secreto*, recibió influencia de Wattles.[49] Wallace Wattles (1860–1911) basó su trabajo en un principio hindú que dice: «Uno es Todo y ese Todo es Uno; esa Esencia se manifiesta como los muchos elementos del mundo material».[50] Wattles señaló que esta teoría hindú llevaba cientos de años incorporada en el pensamiento occidental. «Es el fundamento de todas las filosofías orientales y de las de Descartes, Leibnitz, Schopenhauer, Hegel y Emerson».[51]

El secreto se centra en la llamada ley de la atracción, la cual afirma que nuestras ideas, pensamientos, sentimientos, palabras y acciones, *atraen* las cosas a nuestras vidas. Es el renacimiento de más filosofía Nueva Era, agradablemente empacada con misteriosas tonalidades y diseminada a nivel mundial por Oprah, Inc. Lo que lo hace más peligroso es que el apoyo de Oprah a Rhonda Byrne permite a esta y a otros populares actores y lectores enseñar los principios de *El secreto.* (El «secreto» es tomar conciencia del poder del universo y de cómo afecta a su vida.)

Otro libro influenciado por el ocultismo, *El código Da Vinci*, fue uno de los más vendidos. En esta novela, «un renombrado simbologista de Harvard es citado en el museo del Louvre para examinar una serie de símbolos enigmáticos relacionados con el trabajo artístico de Da Vinci. Al descifrar el código, descubre la clave de uno de los más grandes misterios de todos los tiempos... y se convierte en un hombre perseguido».[52] El «código» secreto supuestamente revela que Jesús estaba casado con María Magdalena y tuvo una hija con ella. La Iglesia Católica es la villana, envía a sus asesinos a ocuparse de aquel que descubre la «verdad» detrás del Código Da Vinci. (Leonardo Da Vinci es presentado como la cabeza de una organización secreta, determinada a preservar esta «verdad».)

Este libro se enfrenta a muchos problemas, entre los que destaca la afirmación de que es producto de una «investigación» y, por lo tanto, auténtico. Distorsiona el registro histórico de la vida de Jesús. Es propaganda basada en mentiras, tal como lo detalla el sitio web Catholic Answers:

- Jesús no es Dios, solamente fue hombre.
- Jesús estaba casado con María Magdalena.
- Ella debería ser adorada como una diosa.
- Jesús la dejó embarazada y tuvieron una hija.

49. Suele aparecer en los sitios web que venden *El secreto*, como Amazon y Barnes and Noble, así como en sitios independientes que promocionan el libro.
50. Wallace Wattles, *La ciencia de hacerse rico*, Obelisco, Barcelona, 2007, prefacio, citado en la página About Wallace Wattles Prosperity.com, Calgary, AB, 2007, en http://www.wallacewattles.com/wallace.htm.
51. Ibid.
52. Catholic Answers, "Cracking the DaVinci Code", http://www.catholic.com/library/cracking_da_vinci_code.asp.

- Esa hija dio origen a una prominente línea familiar que todavía está presente en la Europa actual.
- La Biblia fue recopilada por un emperador romano pagano.
- A Jesús se le consideraba un hombre, y no como Dios, hasta el siglo IV, cuando fue elevado a la categoría divina por el emperador Constantino.
- Los evangelios han sido editados para apoyar las aseveraciones de los cristianos postreros.
- En los evangelios originales, fue María Magdalena, no Pedro, la llamada a establecer la iglesia.
- Hay una sociedad secreta conocida como el Priorato de Sión, que todavía adora a María Magdalena como una diosa y está tratando de mantener viva la verdad.
- La Iglesia Católica conoce todo esto y ha estado luchando durante siglos para mantenerlo en silencio. Ha cometido a menudo crímenes con ese fin.
- La Iglesia Católica está dispuesta —y a menudo lo ha hecho— a asesinar a los descendientes de Cristo, para evitar que su linaje crezca.[53]

Herramientas de visualización

Las herramientas de visualización se enseñan en libros o en sitios web; habitualmente están vinculadas a la meditación. Por ejemplo, el *laberinto* es un símbolo que representa el largo y sinuoso sendero de la vida. El significado secreto de la vida puede ser encontrado dentro de cada uno de nosotros, siguiendo el camino del laberinto; este camino tiene un propósito, un destino. En algún momento, una persona que viaja por el laberinto interno, llega a su «centro» espiritual y luego realiza el viaje de salida para compartir su recién descubierto conocimiento interior. No hay felicidad ni sufrimiento duraderos en la vida; la rueda del cambio está constantemente en movimiento, afectando al viaje en el laberinto. Esta filosofía se apoya fuertemente en las creencias de la Nueva Era y en la religión oriental. Recientemente ha adquirido relevancia en libros cuyo objetivo es mejorar o poner en marcha negocios exitosos.

Una respuesta cristiana a los medios influenciados por el ocultismo

Un cristiano que camina con Jesucristo tomará decisiones basadas en la Palabra de Dios y en la guía del Espíritu Santo. No siempre es fácil decidirse por el camino correcto, pero la Biblia nos da algunas directrices que nos ayudan a clarificar las cosas. «Por lo demás, hermanos, todo lo que es verdadero, todo lo honesto, todo lo justo, todo lo puro, todo lo

53. Ibid.

amable, todo lo que es de buen nombre; si hay virtud alguna, si algo digno de alabanza, en esto pensad». (Fil. 4.8). Una película de vampiros, un juego violento de computadora o un dibujo animado unido a la ideología ocultista, pueden enlodar las aguas del corazón, así que la sabiduría debería dictar precaución cuando se toman decisiones en estas áreas.

El reciente furor por la serie de libros de Harry Potter enfrentó a cristianos entre sí, generando mucho calor pero poca luz. Lo que parecía más olvidado en medio del furor era el hecho de que una buena trama argumental no puede justificar o borrar un fundamento de brujería: una abominación ante Dios que los brujos modernos han usado para su ventaja. No puede ser descartado a la ligera. Y resulta absurdo buscar temas cristianos dentro de estos libros, ya que Satanás incorpora regularmente temas cristianos en su obra. El ocultismo siempre envuelve su sombrío mensaje en un brillante y deslumbrante papel, para que el contenido básico de entretenimiento deba ser evaluado cuidadosamente. Muchos padres cristianos hicieron esto con Harry Potter y decidieron usar la obra de Rowling como una eficaz herramienta educativa *en contra* del ocultismo. Otras familias decidieron no tener nada que ver con ello.

Todos enfrentamos decisiones desde el momento en que comenzamos a hablar y a caminar, y a menudo es difícil tomar las correctas. La perspectiva del apóstol Pablo sobre la carne sacrificada a los ídolos aporta sabiduría y sensibilidad para estas decisiones:

> Mas si alguien os dijere: Esto fue sacrificado a los ídolos; no lo comáis, por causa de aquel que lo declaró, y por motivos de conciencia; porque del Señor es la tierra y su plenitud. La conciencia, digo, no la tuya, sino la del otro. Pues ¿por qué se ha de juzgar mi libertad por la conciencia de otro? Y si yo con agradecimiento participo, ¿por qué he de ser censurado por aquello de que doy gracias? Si, pues, coméis o bebéis, o hacéis otra cosa, hacedlo todo para la gloria de Dios (1 Co. 10.28–31).

Algunos creen que los cristianos deben relacionarse con el mundo para refutarlo, y parecen capaces de tolerar una cuidadosa exposición a la oscuridad; otros necesitan sacar tanta oscuridad de su vista como les sea posible; y otros tienen la responsabilidad de informar y advertir al cuerpo de Cristo contra el penetrante mal. En esas circunstancias, es sabio templar el juicio y recordar que Pablo enfatizó que en algunas cosas las personas son diferentes y que ***no*** toda tentación conduce al pecado. Incluso, cuando la tentación llegue, Santiago escribe: «resistid al diablo, y huirá de vosotros» (Stg. 4.7). Una cosa es cierta: todas las personas responderán en el trono del juicio de Dios por las decisiones hechas en esta vida, así que resulta prudente indagar las Escrituras, orar y «hacerlo todo para la gloria de Dios» (1 Co. 10.31).

Caso real

Walter Martin

En cierta ocasión, un instituto cristiano de Nueva Jersey me invitó para hablar del ocultismo. Algunos de sus estudiantes estaban interesados superficialmente en la güija, el tarot y otras herramientas de lo oculto, así que el director pensó que era una muy buena idea que descubrieran en qué consistía exactamente todo eso. Durante casi ocho horas seguidas, fui de una clase a otra enseñando y respondiendo preguntas sobre ocultismo. Había aproximadamente ochocientos estudiantes en la escuela; deberían haber visto las miradas de sorpresa en cientos de rostros cuando unos pocos estudiantes se levantaban en sesiones de pregunta respuesta y confirmaban con sus experiencias *personales* lo que yo enseñaba en mis conferencias.

Un estudiante comenzó diciendo:

—No quiero hablar mucho, pero yo estuve metido en la tabla güija.

Se podía ver que esto impresionó a algunos de los otros chicos. Él era un joven cristiano proveniente de una familia cristiana; esto sencillamente no sucedía en las escuelas cristianas de antaño, a diferencia de hoy, que está sucediendo en las de todo el país.

—Le pregunté a la tabla —continuó— y comenzó a deletrear respuestas. Fue raro porque algo movía mi mano; *yo no la movía*, pero obtuve mensajes de ella, con otras personas presentes. Algo movió nuestras manos. No lo estábamos haciendo nosotros. Finalmente, decidí formular una pregunta religiosa, así que dije: «¿Conoces a Jesucristo? ¿Quién es él?» la tabla Ouija comenzó a sacudirse, hasta que el puntero se salió del tablero y golpeó la pared de mi dormitorio.

El salón guardó silencio absoluto.

—En ese momento —prosiguió—, decidí que si me tomaba en serio el cristianismo jugar con la güija no tenía sentido, ya que esta no tenía nada que ver con Jesús. Así que la quemé. Era una güija muy poco cooperativa en lo que a Jesucristo se refiere.

Otro joven me contó de una experiencia que había tenido preguntando durante largo rato a una tabla güija. Intentaba descubrir quién era el espíritu que había detrás de la tabla, y ese espíritu fue muy complaciente. Dijo que se llamaba Sí. Entonces el joven le hizo algunas preguntas bíblicas, preguntas que el otro participante, que carecía de formación bíblica, no *podía* responder, pero el espíritu supo las respuestas. Cuando llegaron al tema de Jesucristo, la situación fue del todo diferente. La tabla güija le contó, en términos muy claros, que no amaba a Jesús, sino que *odiaba* a Jesús y que no sentía el más mínimo respeto por el evangelio cristiano.

No jueguen con tablas güija, aunque Parker Brothers insista en que es un «juego» divertido. No las compren; esta es una de las muchas puertas al mundo de lo oculto. Recuerden, somos extranjeros y peregrinos en este mundo; somos forasteros. Nuestra fuente y suministro de vida viene de arriba. Estamos aquí como invasores del reino satánico, embajadores en una corte extraña, listos para traer el evangelio de la reconciliación a una era muerta. Nuestro hogar está en el cielo; nosotros buscamos una ciudad cuyo constructor y hacedor es Dios. Nunca olviden que tenemos prioridad en la lista de expulsión satánica, porque cada cristiano es potencialmente un agente reproductor de más cristianos.

La consecuencia de un alma dañada, es un cristiano estéril que no reproduce espiritualidad ni trae personas al Reino de Dios. Si Satanás no puede tener tu alma, hará todo lo posible para esterilizar tu vida.[54]

¿Milagros o trucos de salón?

Los seres humanos están rodeados de otra dimensión de realidad que no está sujeta a los sentidos, pero es tan real como cualquier otra cosa material. Es capaz de penetrar en esta dimensión (en ciertas instancias) y de hacer cosas contrarias a las leyes que la gobiernan. Se puede lograr toda clase de fenómenos, como levitación de mesas y trompetas, etc. La Escritura nos dice que esta dimensión está bajo el control personal del «príncipe de la potestad del aire, el espíritu que ahora opera en los hijos de desobediencia» (Ef. 2.2.).

Es asombroso ver a las personas vender sus almas a cambio de ver una silla flotar quince centímetros sobre el piso o por ver a una trompeta que zumba alrededor de una habitación. Sí, el demonio puede mover objetos; el demonio puede comunicarse; el demonio puede hacer cosas inusuales. Si hace levitar un micrófono en frente de una audiencia, no tiene por qué asombrar a nadie, ni tampoco debe hacer que la gente ponga su fe en él. Sus trucos baratos no son comparables al poder de Dios.

Satanás no abre el Mar Rojo para que la gente camine en tierra seca. Satanás no consume sacrificios en el Monte Carmelo para que las multitudes proclamen: «Jehová es el Dios». Satanás no está en los negocios de hacer cosas de la manera correcta. Es un pésimo imitador de lo real. Esto es parte de la tentación del ocultismo, la gente se involucra lentamente en él y, antes de darse cuenta, están en una posición en la que no pueden ayudarse a sí mismos.

54. Walter Martin, *Exorcism* (cinta de audio/CD) (Walter Martin Ministries), www.waltermartin.com.

Las personas que eligen entrar como sea en la dimensión de lo oculto, ya sea por medio de fenómenos físicos, la tabla güija o cualquier otro tipo de actividad ocultista, están vendiendo sus almas eternas por baratas manifestaciones de poder. Las fuerzas de la oscuridad operan continuamente en la dimensión terrenal y la gente debe reconocer y aceptar esta realidad. Es muy común el error de decir: «¿No es eso asombroso? Debe de ser Dios». Pero Dios no hace trucos baratos; Él está interesado en las almas de las personas y en el destino humano. Dios no está en el negocio de los fenómenos parapsicológicos. Él está en el negocio de la *revelación*, y eso marca toda la diferencia. Está a una gran distancia de los trucos de salón, diseñados deliberadamente para atraer la atención del mundo.

Un ejemplo de esta clase de juegos de salón o *fenómenos psíquicos*, como se conocen en la actualidad, ocurrió hace muchos años en Nueva York. Una historia que apareció un día en el periódico local de Long Island, *Newsday*, en referencia a una fotografía que colgaba de una pared en una casa del lugar, estaba atrayendo gran interés. ¿Qué hacía la pintura? ¿Iba a lo suyo, colgada en la pared? No, estaba *llorando* en intervalos regulares, verdaderas lágrimas saladas:

ÍCONO CONTINÚA LLORANDO; HOY SERÁ CONSAGRADO

> La «Panagia de la puerta», el segundo ícono de Long Island que llora, continuó derramando lágrimas ayer, mientras se completaban los preparativos para trasladarlo a un santuario especial en la iglesia ortodoxa griega de St. Paul, en Hempstead. La litografía de 20x25 cm de la virgen María sosteniendo al niño Jesús, atrajo ayer a cientos de visitantes hasta el lugar de su propietaria, la señora de Peter Koulis, para observar el fenómeno.[55]

Este ícono que lloraba fue el segundo de tres que derramaban lágrimas, descubiertos en Nueva York ese año. Según Cinthya Blair, una reportera de *Newsday*: «El 16 de marzo de 1960, Pagona Catsounis estaba orando en su hogar de Island Park, cuando se dio cuenta de que había una gota de agua en la mejilla de una imagen de la virgen María».[56] Catsounis contactó a su pastor de la Catedral Ortodoxa Griega de St. Paul en Hempstead y el ícono fue retirado de su hogar. Poco tiempo después, Antonia Koulis (la tía de Pagona Catsounis), observó cómo brotaban lágrimas de los ojos de la imagen de la virgen

55. Jim Hadjin, "Icon Continues to Weep; To Be Enshrined Today", *Newsday*, 18 abril 1960, vuelto a publicar en Oceanside Beacon, http://www.1960sailors.net/09c-2_Beacon.htm.
56. Cynthia Blair, *Newsday*, http://newsday.p2ionlin.com/LIItHappened/popup/index.aspx?webstoryid-10507689 y http://www.visionsofjesuschrist.com/weeping416.htm (acceso obtenido 1 enero 2007).

María, colgada en una pared de su hogar. Ambas imágenes fueron donadas a la iglesia, donde varios expertos las examinaron y descubrieron que las lágrimas no eran químicamente idénticas a las lágrimas humanas. «Las "lágrimas" eran aceitosas y no contenían suficiente nitrógeno o sal para ser consideradas lágrimas humanas».[57]

Los escépticos se rieron de estas historias y dijeron: «¿Quién cree en estos sinsentidos?» Pero el meollo del asunto es este: si las lágrimas son reales, la gente debe creer que *algo* está sucediendo. Se tomaron muestras de fluido de estos íconos que lloraban y los científicos las analizaron. El laboratorio sacó los resultados y las lágrimas eran reales, aunque su composición era diferente a la de las lágrimas humanas. Inmediatamente, atemorizados adoradores colocaron velas alrededor de la imagen y un altar *bajo* la misma; vino gente de todas partes para verla: Una imagen que lloraba, luego dos imágenes que lloraban y, finalmente, ¡tres imágenes!

Billy Graham podía venir a Nueva York y predicar a Jesucristo en el Madison Square Garden durante dieciocho semanas y los periódicos habrían cubierto la cruzada en la sección L, párrafo 4, en la parte inferior, con una discreta nota de que ochenta personas tomaron la decisión de aceptar a Jesucristo. Durante dieciocho semanas prácticamente no se escribiría nada sobre las vidas de las personas que estaban siendo cambiadas: drogadictos, prostitutas y gente en todas las etapas de la vida que encontraron a Dios. Pero esta imagen colgada de una pared, *llorando*, tiene un altar debajo y termina consagrada en una iglesia y plasmada en la primera plana de todo el estado.

¿Por qué sucede esto? Sucede porque el mundo se impresiona por imágenes que lloran, no por personas que lloran. Es una gran insensibilidad y un dilema de la era moderna; se pone más atención a una imagen que al alma de un hombre. Dios está en el negocio de salvar a las almas humanas y reconstruir vidas destrozadas. Él amó al mundo lo suficiente como para enviar a Cristo a llevar eso a cabo; Él no tiene interés en trucos de salón.

Una vez puesta en su perspectiva apropiada, esta imagen que lloraba puede verse como lo que en realidad es: una trampa. Estas imágenes no lloraban porque Dios Todopoderoso decidió realizar un avivamiento en Long Island. Estas imágenes lloraban para colocar la atención en algo *distinto* al Creador de todas las cosas.

Una litografía que misteriosamente lloraba lágrimas saladas, cae en la categoría de fenómeno psíquico, una herramienta del ocultismo, y desvía a la gente de la persona de Cristo. Eso no son milagros; son trucos demoníacos diseñados para parecer milagros. Las personas se centran entonces en lo *místico* y en la *persona*, en este caso la virgen María, y

57. Ibid.

no se dan cuenta de que, comparado con Jesucristo, no es nada. Las imágenes que lloran no son *nada* comparadas con la magnificencia del Maestro.

Respuesta bíblica

En esta batalla por las almas, las herramientas de lo oculto están justo en frente, tocando las vidas de las personas por todos lados. Para tener éxito en nuestra manera de tratarlas, debemos reconocerlas y reconocer la verdad de su realidad. La iglesia cristiana es el ejército del Señor invadiendo el reino de la tierra; resulta natural que sea atacada. Dios no ha llamado a su pueblo a un picnic escolar dominical; nos ha llamado a una *guerra* a gran escala.

La teología cristiana enseña que Jesucristo es capaz de satisfacer todas nuestras necesidades. Él es suficiente. Su Espíritu y su poder pueden liberar a las personas. Pero la iglesia también enseña que el hombre es débil, pecaminoso y degenerado. Los inevitables valles solamente pueden superarse por el poder del Espíritu.

Batalla sobrenatural

Dios instruye a los cristianos a colocarse la armadura de Dios, con el fin de luchar contra la naturaleza carnal, contra las fuerzas de la oscuridad y contra todas aquellas cosas que neutralizan y destruyen a la iglesia: «Vestíos de toda la armadura de Dios, para que podáis estar firmes contra las asechanzas del diablo. Porque no tenemos lucha contra sangre y carne, sino contra principados, contra potestades, contra los gobernadores de las tinieblas de este siglo, contra huestes espirituales de maldad en las regiones celestes. Por tanto, tomad toda la armadura de Dios, para que podáis resistir en el día malo, y habiendo acabado todo, estar firmes» (Ef. 6.11–13). Las herramientas del ocultismo encajan perfectamente en esta categoría y su objetivo es neutralizar y aniquilar a la iglesia. Ellos exaltan un engaño, enseñan que Dios está dentro de cada individuo y que el hombre sólo puede tener éxito si escucha esta «guía interior».

En todas las filosofías gnósticas que hoy se difunden en el mundo y se revelan como parte del reino de lo oculto (reencarnación, teosofía, rosacrucianismo y cientos más) el denominador común es la *impersonalidad* de Dios.[58] Él es cualquier cosa menos un Padre, un Salvador personal o un Consolador. Pero en medio del engaño, la verdad se mantiene firme: cualquiera que busque la realidad del amor incondicional, solo la encontrará en el Dios viviente. No se encuentra en ninguna bola de cristal, ni en hojas de té, ni en el tarot,

58. Para más información acerca de teosofía y rosacrucianismo, véase Martin, *Kingdom of the Cults*, capítulo 8 y apéndice D.

donde hay quien acecha como una araña en su red, buscando predecir el futuro. Dios, no una bola de cristal, un amuleto ni un horóscopo, es el amo del futuro.

El mundo de lo oculto siempre promete a las personas alcanzar el conocimiento inaccesible: la lectura del tarot te ayudará a encontrar el camino en tu vida; la bola de cristal revelará información útil; la psicoscopia localizará algo importante para ti; la rabdomancia te llevará hasta las cosas esenciales que estás buscando. Todos estos métodos muestran preocupación por el futuro. Su poder radica en persuadir a muchos para creer en la *fuerza* que hay en el conocimiento; y hay un paso muy corto de ahí a la obsesión. Este peligro presente debe obligar a la iglesia a la acción. Debe dejar la tolerancia a un lado y regresar a las Escrituras para analizar las armas del enemigo: las herramientas del ocultismo.

La posición de Dios

La gente siempre ha estado interesada en contactar con los espíritus fuera de la dimensión de la tierra; y estos espíritus *pueden* ser contactados. Pero Dios tiene mucho que decir en el tema de lo oculto y de sus herramientas. Por ejemplo, Isaías 8.19–20 es un versículo que debería estar subrayado en cada Biblia: «Y si os dijeren: Preguntad a los encantadores y a los adivinos, que susurran hablando, responded: ¿No consultará el pueblo a su Dios? ¿Consultará a los muertos por los vivos? ¡A la ley y al testimonio! Si no dijeren conforme a esto, es porque no les ha amanecido». El mundo del ocultismo enfatiza las *séances* y la güija como medios para contactar con fuerzas más allá de esta dimensión, pero eso está prohibido. El punto que Isaías deja claro es que hay que *alejarse de ello.* Este pasaje prohíbe incluso acercarse a obtener esta información. ¿Consultará a los muertos por los vivos? Está en forma de pregunta, pero la respuesta a esta es negativa: no lo hagan, Dios está en contra de eso. Los vivos no deberían intentar acudir a los muertos en busca de respuestas. Eso es *exactamente* lo que Dios está comunicando.

Si las personas juegan con la güija o intentan una sesión espiritista, están actuando en contra de la revelación de Dios. Él advirtió a los judíos sobre esto en un pasaje anti güija y anti sesiones. Dios sencillamente dice: «¡No lo hagan!» Este versículo expresa la perspectiva de Dios sobre las herramientas del ocultismo y sobre los esfuerzos por traspasar el futuro. Todas estas cosas de la Biblia se dan con un propósito. Este propósito enfatiza que el individuo no puede —*no debería atreverse a*— entrar en una relación que puede implicarle importantes peligros espirituales.

A lo largo de la Biblia, Dios advirtió a los judíos que no imitaran a las culturas paganas que había en la tierra que Él les dio y que, si decidían adorar a los dioses paganos, recibirían el mismo juicio que estos últimos. En su advertencia a Israel, Dios enumeró las mismas cosas que vemos en la actualidad en el ocultismo. «No sea hallado en ti quien haga pasar a su hijo o a su hija por el fuego, ni quien practique adivinación, ni agorero, ni sortílego, ni hechicero, ni encantador, ni adivino, ni mago, ni quien consulte a los muertos. Porque es abominación para con Jehová cualquiera que hace estas cosas, y por estas abominaciones Jehová tu Dios echa estas naciones de delante de ti» (Dt. 18.10–12).

Fueron las prácticas ocultistas del antiguo Israel las que llevaron al reino de Manasés a la ruina. «Edificó asimismo altares a todo el ejército de los cielos en los dos atrios de la casa de Jehová. Y pasó sus hijos por fuego en el valle de los hijos de Hinom; y observaba los tiempos, miraba en agüeros, era dado a adivinaciones, y consultaba a adivinos y encantadores: se excedió en hacer lo malo ante los ojos de Jehová, hasta encender su ira» (2 Cr. 33.5–6). Y en 2 Reyes 21.9 Dios revela la fascinación de Israel por las cosas de lo oculto y su rebelión contra Él: «Mas ellos no escucharon; y Manasés los indujo a que hiciesen más mal que las naciones que Jehová destruyó delante de los hijos de Israel». Dios juzgó a Manasés por usar las herramientas del ocultsimo.

Esta es una importante lección: *aléjense de lo oculto*. Si Dios trajo juicio sobre su propio rey por esto, entonces cualquiera que se meta en el ocultismo puede esperar juicio. La caída de Manasés fue resultado directo de las herramientas de lo oculto.

Uno de los más contundentes pasajes que tratan sobre el ocultismo es tal vez el de Isaías 47.12–14. Dios da una advertencia específica que sencillamente no puede ser ignorada. Es una advertencia que nadie que valore la Palabra de Dios puede olvidar:

> Estate ahora en tus encantamientos
> y en la multitud de tus hechizos,
> en los cuales te fatigaste desde tu juventud;
> quizá podrás mejorarte, quizá te fortalecerás.
> Te has fatigado en tus muchos consejos.
> Comparezcan ahora y te defiendan los contempladores de los cielos,
> los que observan las estrellas,
> los que cuentan los meses,
> para pronosticar lo que vendrá sobre ti.
> He aquí que serán como tamo;
> fuego los quemará,
> no salvarán sus vidas del poder de la llama;
> no quedará brasa para calentarse,
> ni lumbre a la cual se sienten.

Dios dice que las herramientas de lo oculto no pueden salvar al ocultista, así que ciertamente no salvarán a quienes las consultan. El Dios de Israel advierte: «Lo único que les va a salvar soy *Yo*; no sean arrastrados a estas cosas».

Resulta tremendamente sencillo deslizarse hacia el mundo de lo oculto. A lo largo de esta nación y alrededor del mundo, hay cristianos que han sido atraídos con engaños al mundo de lo oculto. Son personas que de alguna forma vagan en algún tipo de limbo teológico y espiritual, viven diariamente fuera de las iglesias cristianas y fuera de la comunidad cristiana, con temor y sin fruto. La Escritura advierte constantemente de que *nada* que implique al diablo es inocuo. En cuanto se comienza a jugar con las herramientas de lo oculto, no importa lo sencillas que puedan ser, se entra en un mundo de problemas.

El Nuevo Testamento dice mucho sobre el ocultismo. Hechos 16.16 cuenta de una joven poseída por un espíritu de adivinación. Ella tenía acceso a conocimiento sobrenatural, hasta que Pablo la exorcizó del demonio que la poseía. La función del demonio que vivía en esta joven era predecir el futuro. Esta herramienta ocultista opera, en ocasiones con destacada certeza, para hacer que la gente se interese en el futuro.

Solo hay dos fuentes de conocimiento los eventos futuros: el don de profecía (véase 1 Corintios 12), que proviene de Dios y el Espíritu Santo, y la información arbitraria e insustancial que ofrecen Satanás y sus demonios. Dios conoce el fin desde el principio y Él, por lo general, no tiende a revelárselo a la gente. Satanás, por otro lado, no sabe el fin desde el principio, pero sí tiene algún conocimiento; desde luego tiene el suficiente como para impresionar al mundo.

Dios no está interesado en los horóscopos o la astrología, tampoco en realizar *séances*. Hechos 13.6–12 lo confirma:

> Y habiendo atravesado toda la isla hasta Pafos, hallaron a cierto mago, falso profeta, judío, llamado Barjesús, que estaba con el procónsul Sergio Paulo, varón prudente. Este, llamando a Bernabé y a Saulo, deseaba oír la palabra de Dios. Pero les resistía Elimas, el mago (pues así se traduce su nombre), procurando apartar de la fe al procónsul. Entonces Saulo, que también es Pablo, lleno del Espíritu Santo, fijando en él los ojos, dijo: ¡Oh, lleno de todo engaño y de toda maldad, hijo del diablo, enemigo de toda justicia! ¿No cesarás de trastornar los caminos rectos del Señor? Ahora, pues, he aquí la mano del Señor está contra ti, y serás ciego, y no verás el sol por algún tiempo. E inmediatamente cayeron sobre él oscuridad y tinieblas; y andando alrededor, buscaba quien le condujese de la mano. Entonces el procónsul, viendo lo que había sucedido, creyó, maravillado de la doctrina del Señor.

El Espíritu Santo llenó al apóstol Pablo con el fin de reprender a un hechicero que practicaba ocultismo. Él no habría llenado a Pablo con poder para atacar al hechicero si Dios hubiera estado detrás de sus hechicerías y de sus actividades ocultas. El Espíritu Santo trajo juicio al hechicero de Hechos 13 para mostrar la superioridad y poder de Dios. Por lo tanto, es posible decir con absoluta certeza que Hechos 16.16 es la mejor refutación al hecho de predecir el futuro. Es una herramienta ocultista y es peligrosa. Todas estas herramientas, de una forma u otra, llevan a las personas por senderos primorosos, en un esfuerzo por obtener su confianza en poderes que nunca han tenido que ver con Dios.

El poder del Espíritu Santo

El cristiano tiene una fuerza poderosa que le ayuda en su testimonio por Cristo. En Daniel 4.8 Dios revela que Daniel fue un hombre lleno del Espíritu Santo. En Daniel 5.11, se le llama jefe de los astrólogos, magos, hechiceros, adivinos y de todos los ocultistas. La razón para esto, según el libro de Daniel, era el espíritu del Dios Santo y Viviente. La superioridad de Daniel se basaba en la presencia del Espíritu Santo y él era diez veces mejor que los astrólogos, magos, hechiceros, adivinos y todos los ocultistas (Dn. 1.20). El Espíritu del Dios Santo vivía en él y le hizo diez veces mejor que todos ellos.

Ese era el secreto de Daniel, y es el secreto de la iglesia de Jesucristo. Si hay algo del futuro que debe ser revelado, Dios lo hará por medio de su Santo Espíritu. Si hay algo que debemos conocer, Dios es la fuente de ese conocimiento y nos ha dado el don de profecía en 1 Corintios 12 para proclamar y saber de antemano. Él dice que esto debe ser *procurado* por el cristiano. Si queremos saber algo deberíamos preguntárselo a Dios. No realice consultas al diablo, consulte al Espíritu Santo.

El Espíritu Santo es anterior a todas las denominaciones. Él ha estado desde la eternidad y por lo tanto podemos decir con seguridad que el Espíritu Santo es confiable y fidedigno a la hora de proveer información. En 1 Corintios 12 vemos que da dones e información, da fe. Él ofrece el don de discernimiento de espíritus, el cual revela la fuerza que hay detrás de los fenómenos: Dios o el demonio. Y el Espíritu Santo da poder, efectúa milagros y provee sanación. Sí, Él da el don de lenguas y su interpretación cuando así le place. Los nueve dones del Espíritu Santo tienen el propósito de edificar y construir la iglesia, que es el cuerpo de Cristo, y de demostrar al mundo que el Evangelio de Jesucristo es verdadero.

Hechos 2 enseña que los apóstoles predicaron un mensaje y que para confirmarlo les siguieron señales y maravillas. ¿Cómo puede la iglesia esperar hoy del Espíritu Santo algo menos que lo que derramó por su pueblo hace tiempo? ¿Puede darnos menos de lo que es necesario para existir en este zoológico cósmico donde nos hemos comprometido a ser testigos de Cristo? El Señor Jesucristo dice que él es el mismo ayer, ahora y *siempre* (He. 13.8).

Dios el Espíritu Santo nunca ha cambiado; su poder sigue siendo el mismo. Cualquier persona sabia sería terriblemente estúpida si se enfrentara a las fuerzas de la oscuridad sin el poder y equipamiento completos del Santo Espíritu. La Biblia dice que para quien cree en Cristo y confía en Él, desde su interior correrán ríos de agua viva que fluirán para vida eterna (Jn. 7.38). Él hablaba del Espíritu que no había sido entregado todavía.

El Espíritu Santo no se especializa en un solo don espiritual. Él no da dones que puedan otorgar estatus en la iglesia. El Espíritu Santo es el dispensador de todos los dones; el mandamiento es buscar en Él lo que Él ofrece entregar. Solo Él tiene el poder de ayudar a las personas a enfrentar las fuerzas que en la actualidad desafían a la iglesia en cada área de este mundo.

El cristiano que no está entregado al Espíritu Santo, el cristiano que no produce en su vida el fruto del Espíritu Santo, el cristiano que no busca los dones del Espíritu Santo, tendrá un tiempo *extremadamente* difícil en los días finales de la era de la gracia.

Puesto que este poder está disponible, Dios ha dicho: «Porque mayor es el que está en vosotros, que el que está en el mundo» (1 Jn. 4.4). Para contrarrestar las herramientas del ocultismo y las fuerzas de Satanás, Dios ha dado su Espíritu, y ese poder es para la iglesia hasta que Jesús regrese. La tarea de la iglesia no es fácil, pero el trabajo no es pesado en el Señor. Los cristianos deben salir y hacer discípulos y estar firmes ante las fuerzas de la oscuridad, proclamando las inescrutables riquezas de Cristo (Mt 28.10–20; Ef. 6.12; 3.8). No podemos atrevernos a hacer esto sin el Espíritu Santo y su poder. Fue Él quien dio fuerza a la iglesia primitiva para que alcanzara su grandeza, diciendo: «Derramaré mi Espíritu sobre toda carne» (Joel 2.28). Él no hará menos por su iglesia hoy.

El gran ministro presbiteriano Donald Grey Barnhouse dijo una vez: «Ven en el viento, ven en el fuego, ven en un terremoto, ven en el sonido del silencio. Ven como gustes, oh Espíritu de Dios, solamente ven, ven, ven».[59] *Esa* es la única respuesta al príncipe de la oscuridad: la energía vital del poder de Dios.

59. Religious Information Network, Walter Martin, *Tools of the Occult* (transcripción del audio) (Walter Martin Ministries, 2006), www.waltermartin.com.

Recursos recomendados

1. Raphael. *El desafío ralso.* Libros Logos, Nueva Jersey, 1970.
2. Kail, Tony M. *A Cop's Guide to Occult Investigations* [La Guía de un policía para investigaciones en el ocultismo]. Paladin, Boulder, 2003.
3. Koch, Kurt. *Entre Cristo y Satanás.* Clie, Barcelona, 1991.
4. Martin, Walter. *Tools of the Occult* [Herramientas del ocultismo]. CD/cinta de audio, Walter Martin Ministries, www.waltermartin.com.

Breves apuntes acerca de los ovnis

- Se suele llamar ovni a un objeto volador no identificado.
- Los avistamientos de ovnis se explican muy a menudo como fenómenos naturales, pero algunos siguen sin explicación.
- Las sectas ufológicas (de ovnis) se basan por lo general en mensajes o métodos ocultistas.
- Los avistamientos de ovnis no son lo mismo que las religiones ufológicas, las cuales evolucionaron posteriormente a partir de experiencias con lo oculto.
- Los creyentes no pueden demostrar todos los avistamientos, pero es prudente examinar los mensajes espirituales de las religiones ufológicas.

10

Ovnis

¿Por qué debería alguien preocuparse por los ovnis y las religiones desarrolladas a partir de ellos?[1] ¿Qué importancia habrían de tener en el ámbito espiritual los avistamientos? Desde tiempos inmemoriales la humanidad ha tratado de llenar el vacío espiritual de su alma, y el fenómeno de los avistamientos provee amplio material del cual echar mano. En el mundo de las creencias siempre habrá personas dispuestas a definir su religión en torno a un fenómeno misterioso y a menudo malentendido.

El estudio de los ovnis es complejo y a menudo se complica más al conectar estos avistamientos con teorías de conspiraciones, fraudes, informes sensacionalistas en los medios de comunicación, etc. Se complica más todavía cuando se suman teorías especulativas como mutilaciones de animales, *Hombres de negro,* el triángulo de las Bermudas, relatos del Área 51, interpretaciones de dibujos antiguos, interpretaciones de las marcas de la llanura peruana de Nazca; o cuando se conecta con toda una variedad de otras cosas extrañas, como afirmar que unos viajeros interestelares dieron origen a la humanidad, y atribuirles círculos en los sembrados (fraude que ha quedado refutado).[2] Se podrían escribir volúmenes sobre cada una de estos llamativos y complicados temas, así que su asociación con el estudio serio de los ovnis solo sirve para confundir. Erich Von Daniken, que junto con muchos otros se subió en el tren de los ovnis en los años setenta, desarrolló y popularizó teorías de este tipo sobre los ovnis, basadas en pura especulación.[3] Sus hipótesis conectaban asuntos desconectados e imaginaban paralelismos, con resultado

1. En este capítulo se usan las siguientes abreviaturas. Un *ovni* es un «objeto volador no identificado». *Ovnis* es el plural. La *ufología* es el estudio de los ovnis. *Ovnir* es un *objeto volador no identificado residual,* o uno que no se puede explicar con facilidad, y por consiguiente se mantiene residual. *Ovi* es un *objeto volador identificado,* que por lo general es un ovni que se ha reclasificado como algo identificado. Ovninauta es un tripulante de un ovni.
2. Es interesante que los ufólogos, como Jenny Randles, fueron los primeros en desligar toda conexión entre los ovnis y el fraude de los círculos en los sembrados. Véase Jenny Randles y Peter Hough, *The Complete Book of UFOS,* Sterling, Nueva York, 1996, pp. 230-235.
3. Véase *Chariots of the Gods?* de Erich von Danikin, Putnam, Nueva York, 1969; *Gods from Outer Space,* Putnam, Nueva York, 1970; *El oro de los dioses,* Martínez Roca, Barcelona, 1974; *In Search of Ancient Gods,* Putnam, Nueva York, 1973; *Miracles of the Gods,* Dell, Nueva York, 1976; y *According to the Evidence: My Proof of Man's Extraterrestrial Origins,* Bantam, Nueva York, 1978. Véase también *Gods and Devils from Outer Space* de Eric Norman, Lancer Books, Nueva York, 1973.

de conclusiones erróneas basadas en parámetros defectuosos.[4] Sin embargo, en su mayor parte, los ufólogos descartan estos fenómenos periféricos y los ven como inútiles para resolver el rompecabezas del fenómeno ovni.[5]

Cuando se ponen en boga los reportajes sobre sectas ufológicas, se les destaca como material digno de noticias, pero, una vez que el entusiasmo se diluye, quedan en el olvido hasta que un próximo acto estrafalario vuelve a centrar en ellas la atención. Marshall Applewhite era un practicante de ocultismo que se creía un ser de otro planeta.[6] Applewhite y su compañera, Bonnie Lu Truesdale Nettles, fundaron una religión ufológica y cambiaron sus nombres a Bo y Peep (como pastores del pueblo de Dios). Los recién bautizados pastores creían que unos seres extraterrestres se comunicaban con ellos y los visitaban regularmente.[7] En los veinte años posteriores su influencia creció y se unió a ellos un número variable de seguidores. En tanto que otros grupos ufológicos se mantuvieron con relativamente poca notoriedad, Applewhite y Nettles parecían gozar de los primeros planos en los medios de comunicación. Viajaron y dictaron conferencias dentro o cerca de centros universitarios, se convirtieron en el tema de un libro que los identificaba como los «dos testigos» de Apocalipsis 11, y protagonizaron un drama de televisión en la cadena NBC.[8]

Se les catalogaba como fanáticos religiosos extraños o tal vez excéntricos y aparentaban ser enteramente inocuos; así hasta el 26 de marzo de 1927, cuando treinta y nueve miembros de la secta Heaven's Gate [Puerta del cielo] de Applewhite decidieron suicidarse en masa a fin de despojarse de «su recipiente terrenal para embarcarse en una nave espacial que venía en la cola del cometa Hale-Bopp».[9] De repente, en un esfuerzo

4. Probablemente el autor que hizo más para refutar esto fue el doctor Clifford Wilson, que debatió con Von Daniken en *La guerra de los carros de fuego,* Junior, Barcelona, 1978, pero sus otros libros responden adecuadamente al asunto: *Crash Go the Chariots,* Lancer, Nueva York, 1972; *UFOs... ovnis... y su misión imposible,* Club de Lectores de Puerto Rico, San Juan, 1980; *Alien Agenda,* Signet, Nueva York, 1975; *Close Encounters: A Better Explanation,* Master, San Diego, 1978, y *The Chariots Still Crash,* Signet, Nueva York, 1975. En este último libro Wilson muestra que Von Daniken alteró las fotografías y «mintió» en cuanto a su investigación (p. 10).
5. Aunque Von Daniken se hizo famoso en los setenta y vendió millones de libros en todo el mundo, no contribuyó con nada de valor a los estudios de los ovnis. Las referencias a sus libros brillan por su ausencia en las obras de ufólogos serios, tales como el de William J. Birnes *UFO Encyclopedia,* Pocket, Nueva York, 2004, o el de Randles y Hough *The Complete Book of UFOS.* El ufólogo Jerome Clark, en *The UFO Book,* Visible Ink Press, Canton, MI, 1997, le menciona pero solo en términos lamentables (p. 51).
6. Christopher Hugh Partridge, ed., *UFO Religions,* Routledge, Oxford, 2003, p. 104.
7. Bo y Peep más tarde cambiaron sus nombres a Do y Ti. Se les conocía como «Los Dos», pero más tarde formalizaron su grupo y lo nombraron la «Human Individual Metamorphosis». Véase James R. Lewis, *Odd Gods: New Religions and the Cult Controversy,* Prometheus, Amherst, NY, 2001, p. 14.
8. Hayden Hughes y Brad Steiger, ed., escribieron *UFO Missionaries Extraordinary,* Pocket, Nueva York, 1976, usando las entrevistas a Applewhite y Nettles como base para su libro. La película de la cadena NBC que siguió al libro fue *The Mysterious Two* (1982), que protagonizaron John Forsythe y Priscilla Pointer.
9. Seth Hettena, "Five Years After Heaven's Gate Mass Suicide, Last Member Still Keeping Faith", *San Diego Union-Tribune,* 26 marzo 2002, http://www.signonsandiego.com/news/northcounty/20020326-0138-heavensgate.html.

por fomentar cordura en medio de la locura, todos los medios informativos querían respuestas sociológicas, psicológicas y teológicas sobre las sectas. El 6 de mayo de 1997 los medios de comunicación quedaron estupefactos de nuevo al oír que dos de los tres miembros sobrevivientes intentaron suicidarse a fin de unirse a sus compañeros muertos. Un miembro lo consiguió de inmediato y el otro terminó en un coma temporal, del que finalmente pudo salir por sus propios pies, pero lo consiguió finalmente en su segundo intento de suicidio, en 1998. Los medios de comunicación se esforzaron de nuevo por entender este implacable impulso suicida.

El único sobreviviente de la secta Heaven's Gate de Applewhite fue Rio DiAngelo, que fue el miembro que hizo el horripilante descubrimiento del suicidio colectivo en la mansión rentada por la secta en Rancho Santa Fe, California (en las afueras de San Diego). Esquivó a la prensa hasta el quinto aniversario del suicidio, en el 2002, cuando trató de vender la furgoneta de la secta en Internet. DiAngelo concedió una excepcional entrevista a un reportero de San Diego en el 2002 que proporciona una valiosa perspectiva del pensamiento de un miembro de la secta ufológica que mantuvo su fe en Applewhite sin importarle la tragedia que siguió. Lo que surgió de esta entrevista (útil para el análisis de las sectas y el ocultismo) es el hecho de que una experiencia personal se sitúa por encima de toda explicación lógica: la fe ciega desafía la racionalidad. A pesar del suicidio colectivo y que la secta suscitó investigaciones de toda clase de profesionales, DiAngelo todavía piensa que su ex líder, Marshall Applewhite, era en realidad un ser de otro planeta[10] que le enseñó «a ser más consciente, más honesto y sensible al mundo que le rodea; en definitiva, una mejor persona».[11]

Es triste, pero totalmente cierto, que las sectas y el ocultismo proporcionan a menudo un refugio para la locura, donde los miembros están ciegos a los fallos internos mientras insisten en que es en el mundo exterior donde está la locura. Sin embargo, antes de emitir un juicio sobre la inteligencia de estos grupos, es importante señalar que no todos los miembros de las sectas son personas sin educación o intelectualmente inferiores. Applewhite, por ejemplo, era hijo de un ministro presbiteriano, obtuvo una maestría en la Universidad de Colorado, fue profesor en la Universidad de St. Thomas (Houston).[12] Otra secta ufológica, conocida como los raelianos, tiene como una de sus líderes a la doctora Briggett Boisselier, científica con una maestría en bioquímica de la Universidad de

10. Applewhite y Nettles afirmaron esto en su entrevista con Hughes y Steiger, *Two Missionaries Extraodinary,* p. 68.
11. Hettena, "Five Years After Heaven's Gate Mass Suicide", http://www.signonsandiego.com/news/northcounty/20020326-0138-heavensgate.html.
12. Robert W. Balch, "Waiting for the Ships: Disillusionment and the Revitalization of Faith in Bo and Peep's UFO Cult", en James R. Lewis, ed., *The Gods Have Landed: New Religions from Other Planets,* SUNY, Albany, 1995, p. 141.

Dijon, un doctorado en física y química (Dijon) y un doctorado en química analítica de la Universidad de Houston. Ella dirige un grupo de científicos de doce naciones, llamada «Asociación de científicos raelianos», que respalda las teorías de clonación extraterrestre que tiene la organización. A la luz de estos hechos, no se puede decir inequívocamente que los que dirigen o se unen a las sectas ufológicas sean personas sin educación o carentes de inteligencia. A veces hay personas muy inteligentes que se unen a lo que parecen ser los más extraños de los grupos, sectas o religiones de ocultismo, demostrando que el intelectualismo no parece satisfacer la necesidad espiritual presente en el corazón de todo ser humano.

Las religiones ufológicas se basan en la misma debilidad de la condición espiritual humana que inspiró en tiempos antiguos a los hombres, cuando «cambiaron la gloria del Dios incorruptible en semejanza de imagen de hombre corruptible, de aves, de cuadrúpedos y de reptiles» (Ro. 1.23), y esta rebelión se mantiene con fuerza. Las ideas y eventos que parecen misteriosos e inexplicables siempre son terreno fértil para todo tipo de autoproclamados reveladores religiosos que se aprovechan de la natural curiosidad humana. Están listos para explicar lo inexplicable mediante su revelación personal, usando semántica astuta para reformular las palabras de Dios en una amalgama reciclada que parece terminología cristiana pero que carece de su verdadera definición. Jesús llamó «guías ciegos» (Mt. 23.16) a unos revisionistas similares, un apelativo que por desgracia se aplica demasiado bien a todos los instigadores de las religiones ufológicas.

Un avistamiento de un ovni no se traduce automáticamente en devoción religiosa; un «encuentro cercano», visto por un testigo confiable, rara vez produce credos religiosos o espirituales basados en contactos con extraterrestres, «ovninautas», o seres de otro planeta. Sin embargo, las nuevas creencias que se edifican sobre misterios de ovnis elevan lo inexplicable a un nivel religioso, con lo que recuerda el mandato bíblico de examinar y evaluar las tendencias ocultistas y religiosas de las religiones ufológicas. Un fenómeno permite un juicio en suspenso sobre el resultado, mientras que el otro requiere un veredicto inmediato.[13] Este capítulo no emite su voto para afirmar o negar los avistamientos de ovnis o las conspiraciones gubernamentales, sino para analizar los métodos ocultistas que se usan con la esperanza de lograr contactos con ovnis y seres extraterrestres.

13. Algunas de las razones bíblicas para exponer los errores de las religiones de ovnis se pueden hallar en 2 Co. 11.3-4; Gl. 1.6-9; Ef. 5.11-12; 1 Ti. 5.20 y 2 Ti. 4.2-3.

Los ovnis en la historia

Muchos libros sobre los ovnis señalan que el principio del interés moderno en los fenómenos surgió con el informe de un avistamiento por Kenneth Arnold (1915-1984) el 24 de junio de 1947. Arnold era un piloto de treinta y dos años y hombre de negocios de Washington que vio volando cerca del monte Rainier nueve objetos que tenían forma de bumerán y viajaban a una velocidad de casi dos mil kilómetros por hora. El relato de Arnold se comunicó a los reporteros al día siguiente, y así nació el término de «platillos volantes». El informe íntegro de Associated Press decía:

> PENDLETON, Ore., 25 de junio (AP). Nueve objetos brillantes en forma de «plato» volando a increíble velocidad a una altura de 3,000 metros fueron reportados hoy por el piloto Kenneth Arnold en Boise, Idaho, quien desestimó especular acerca del origen de los mismos.
>
> Arnold, empleado del Servicio Forestal de Estados Unidos, se encontraba abocado a la búsqueda de un aeroplano perdido cuando observó los misteriosos objetos el jueves a las 15:00 horas. Los objetos volaban entre el Monte Rainier y el Monte Adams en el estado de Washington, según afirmó, y parecían hacerlo en formación. Arnold, indicó haber cronometrado su vuelo y estimó que se desplazaban a una velocidad cercana a los 2,000 kilómetros por hora.
>
> Interrogado en Yakima (Washington) acerca del suceso, manifestó estar perplejo, pero añadió haber conversado con una persona, que no identificó, procedente de Ukiah (California) quien le aseguró haber visto objetos similares sobre las montañas de Ukiah ayer.
>
> «Parece imposible», añadió Arnold, «pero así es».[14]

Desde ese día, los platillos volantes, también conocidos como *objetos voladores no identificados* u *ovnis,* han sido tema internacional de debate e investigación. Independientemente de que uno los considere mito o realidad, su importancia es doble para este análisis. Como seres humanos, naturalmente deben preocuparnos las cosas que suceden en nuestro planeta. Como cristianos vemos la vida en la tierra como creación especial de Dios, que es sobrenatural, no creado, infinito y gobernador soberano del universo; por consiguiente, si existen los ovnis, son parte del universo ordenado de Dios. Es nuestra obligación descubrir en dónde encajan en este orden, y debemos considerar lo que la Palabra de Dios dice sobre el tema. Un estudio objetivo del ocultismo y de los ovnis

---

14. Este reportaje de la Associated Press ha sido republicado en Curtis Peeples, *Watch the Skies!: A Chronicle of the Flying Saucer Myth,* Berkley, Nueva York, 1994, p. 11; Clark, *The UFO Book: Encyclopedia of the Extraterrestrial,* p. 61; y Randles y Hough, *The Complete Book of UFOs,* p. 63.

requiere pasar por el tamiz, con cuidado, el material sobre los ovnis, sus supuestas comunicaciones con la humanidad, las ideas religiosas que se desarrollaron a partir de estos encuentros, y un examen de lo que la Biblia indica sobre todo lo anterior.

Desde los avistamientos de Kenneth Arnold, ha habido decenas de miles de avistamientos documentados de ovnis por fuentes tanto fiables como no fiables. Es una tarea monumental separar los fraudes, informes falsos y explicaciones naturales, del pequeño porcentaje de avistamientos todavía inexplicables. Pero es una tarea necesaria para llegar a conclusiones sólidas, y hay varios libros publicados para llevarla a cabo.[15]

El doctor J. Allen Hynek (1910-1986) fue profesor de astronomía de la Universidad Northwestern, consultor de la Fuerza Aérea para el programa de investigación de ovnis Project Blue Book, y erudito escéptico. Después de haberlos ridiculizado basándose en datos científicos, se convirtió a la fe en la existencia de los ovnis y escribió *The Hynek UFO Report* [Informe Hynek sobre ovnis] en 1977, donde reveló: «Hay 13,134 informes en los archivos de la fuerza aérea».[16] Dr. Hynek, que pasó veinte años estudiando estos informes, también notó que en 1977 el Center for UFO Studies [Centro para el estudio de los ovnis] había reunido montones de informes en documentos que luego pusieron en una computadora, junto con más de cincuenta mil informes adicionales de todo el mundo. La cantidad de avistamientos era impresionante, pero la naturaleza de los ovnis quedó sin contestación.

Decenas de miles de nuevos informes se han añadido a esta cantidad desde 1977.[17] Hasta 1947, hay que tener en cuenta los misteriosos «aviones caza fantasmas» y «cohetes fantasmas» de la Segunda Guerra Mundial, junto con relatos incluso anteriores de avistamientos de aparatos aéreos en 1896 y 1897, de los que informaron ampliamente los periódicos de California, a veces acompañados de bocetos hechos por los testigos.[18] Otra oleada de avistamientos de naves ocurrió en 1909 y 1910, pero esta vez fue mundial, con testigos en Nueva Zelanda y Australia.

---

15. Para un punto de vista científico cristiano, véase Hugh Ross, Kenneth Samples y Mark Clark, *Lights in the Sky and Little Green Men*, NavPress, Colorado Springs, 2002; Wilson, *UFOs... ovnis... y su misión imposible*, y Wilson, *Close Encounters*. Un análisis científico secular se puede hallar en J. Allen Hynek, *The Hynek UFO Report*, Dell, Nueva York, 1970; y Peeples, *Watch the Skies!*
16. Hynek, *The UFO Report*, p. 8.
17. Una gran cantidad de la investigación la hizo el personal del Christian Research Institute de Wayne, Nueva Jersey (década de los sesenta). Pasaron un tiempo considerable compilando unos seis mil casos de vistas de fuentes de buena fe, y luego estudiando las fuentes hasta que llegaron a pilotos de aerolíneas, pilotos de la Fuerza Aérea y de la Naval, y observadores individuales que al parecer no tenían ningún motivo espúreo para testificar lo que habían visto.
18. Estos avistamientos fueron siete años antes del primer vuelo de los hermanos Wright en 1903. Véase Clark, *The UFO Book*, pp. 27–37. La información sobre los aviones caza fantasmas y cohetes fantasmas está disponible en http://www.uk-ufo.org/condign/histfoo1.htm and http://www.ufo.it/test/sweden.htm.

Los avistamientos catalogados van desde lo inventado a lo incuestionable. No mucho después de que aumentaran los avistamientos en la década de los cincuenta, la gente empezó también a contar encuentros con ocupantes de los ovnis. Durante los primeros días de la investigación, Dr. Hynek se dio cuenta de que sería necesario hacer una clasificación de los distintos avistamientos, así que diseñó la primera clasificación estandarizada que, en su mayor parte, sigue vigente. Estos son:

Avistamientos relativamente distantes

1. *Luces nocturnas.* Son avistamientos de luces bien definidas en el cielo nocturno cuya apariencia o movimiento no es explicable por fuentes convencionales de luz. Las luces parecen ser más a menudo rojas, anaranjadas o blancas. Representan los grupos más numerosos de informes de ovnis.

2. *Discos de luces a la luz del día.* Por lo general, los avistamientos diurnos son de objetos ovales o como discos de apariencia metálica. Pueden aparecer muy alto en el firmamento o cerca de la tierra (o en cualquier otra parte) y a menudo se informa que parecen revolotear. Parecen desaparecer con velocidad impresionante.

3. *Radar/visuales.* De especial significación son los «destellos» no identificados en las pantallas de radar que coinciden con, y confirman, avistamientos oculares simultáneos por el mismo u otros testigos.

Avistamientos relativamente cercanos (a menos de 200 metros)

1. *Encuentros en la primera fase (CE-I,* por sus siglas en inglés). Aunque los testigos observaron un ovni cerca, parece que no hubo interacción ni con los testigos ni con el medio ambiente.

2. *Encuentros en la segunda fase (CE-II,* por sus siglas en inglés). Estos encuentros incluyen detalles de interacción entre el ovni y el entorno, que pueden variar desde interferencia con los sistemas de encendido del coche y artefactos electrónicos hasta dejar una huella impresa o quemada en la tierra y efectos físicos sobre plantas, animales y seres humanos.

3. *Encuentros en la tercera fase (CE-III,* por sus siglas en inglés). En esta categoría, se ha informado de ocupantes de un ovni (entidades de apariencia mayor o menor a seres humanos, ahora referidos como «humanoides», o criaturas no humanas). Por lo general no hay contacto directo ni comunicación con el o los testigos, pero ha habido algunos informes, más numerosos en años recientes,

de incidentes que incluyen contactos muy cercanos con, e incluso detención temporal de, el testigo o testigos.[19]

Algunos estudiosos de los ovnis, a quienes a veces se llama «ufólogos», añadieron posteriormente a las clasificaciones de Kynek otras dos categorías. Los *encuentros en la cuarta fase* se definen como los que «incluyen casos de secuestro extraterrestre», y los *encuentros en la quinta fase* son «donde tiene lugar comunicación entre un ser humano y un extraterrestre».[20]

El material disponible sobre el tema es voluminoso, y solo las afirmaciones legítimas ya exigirían años para estudiarlas y poder asimilarlas. El investigador Kenneth Samples dijo: «Aunque el mayor porcentaje de los informes de ovnis tiene explicación natural, queda un porcentaje residual. A esto se le llama «ovnir», por «ovnis residuales». Si apenas el uno por ciento de los informes de ovnis quedasen sin explicar, el número de ovnir vistos en las pasadas cinco décadas podría llegar a las decenas de miles, o más. ¿Cómo se deben abordar estos informes de ovnis que parecen ser inexplicables?»[21]

Los fenómenos de objetos voladores no identificados son sin duda reales; su naturaleza, sin embargo, está todavía por determinar. Hoy se emplean tres modelos principales de análisis en un intento por reconciliar los avistamientos con la credibilidad de los testigos. Cabe señalar que algunos de los testigos son oficiales de policía, personal de la Fuerza Aérea, personal de aerolíneas comerciales, astronautas y otros profesionales que no tienen razón para promover el fenómeno ovni, solo para informar de lo que vieron. Dentro de la comunidad científica, parece haber una paradoja de principios: por un lado hay un segmento de científicos que descarta todos los avistamientos sin siquiera investigarlos, y por otro lado hay científicos que promueven la búsqueda de vida extraterrestre. El programa Search for Extraterrestrial Intelligence [Búsqueda de Inteligencia Extraterrestre] (SETI, por sus siglas en inglés) es un ejemplo de programa que cae en esta última categoría, trabaja dentro del Astrobiology Institute de la NASA.[22] Este programa se basa en la ecuación de Drake, que proyecta la existencia de vida inteligente en otras partes del universo.[23] La hipótesis es que una civilización de alguna parte del universo puede haber llegado a ser lo suficiente avanzada tecnológicamente como para producir microondas

19. J. Allen Hynek, "Categories of UFO Reports" en *The Encyclopedia of UFOs*, ed. Ronald D. Story, Dolphin, Garden City, NJ, 1980, pp. 65–66.
20. Birnes, *UFO Encyclopedia*, p. 163, incluye estas dos últimas categorías con la lista de Hynek.
21. Ross, Samples y Clark, *Lights in the Sky and Little Green Men*, p. 29.
22. SETI es una fundación sin fines de lucro que, en parte, recibe fondos del gobierno. El sitio web oficial de SETI es www.seti.org.
23. Recibe el nombre de la fórmula que preparó en 1961 el doctor Frank Drake, que hoy es presidente de la junta del SETI.

electromagnéticas que se pueden detectar en gigantescos artefactos de escuchar en la tierra. El Carl Sagan Center for the Study of Life in the Universe [Centro Carl Sagan para el Estudio de la Vida en el Universo], en Mountain View, California, también está conectado con esta teoría y participa en la investigación del tema. Algunos científicos (y analistas del presupuesto del gobierno) piensan que estos programas son un completo desperdicio de tiempo y dinero, en tanto que otros abogan por su necesidad de investigación científica. De cualquier manera, se llega a la interesante conclusión de que un sector de la comunidad científica piensa que hay vida inteligente extraterrestre.[24]

Desde un punto de vista bíblico se puede conceder que exista vida inteligente más allá de la tierra, por lo que sería vida extraterrestre. El ámbito de Dios y su creación celestial incluye criaturas que son seres no terrenales, brevemente mencionados en la Biblia. Puesto que existen fuera de la tierra y son seres inteligentes, se les podría llamar extraterrestres.[25] La Biblia también habla de criaturas creadas que son seres demoníacos, que también son, en un sentido real, no terrenales y extraterrestres. Existe una gran diferencia entre lo que los ufólogos piensan que son seres planetarios extraterrestres y lo que la Biblia describe como seres demoníacos, pero varios investigadores de ovnis han llegado a la conclusión de que los demonios pueden jugar un papel significativo en algunos de los avistamientos y los aparentes contactos con extraterrestres, basándose en el contenido del mensaje de estos seres.[26]

Religiones ufológicas

Es sabio distinguir entre avistamientos de ovnis y religiones basadas en ellos. La mayoría de personas fiables que afirman haber visto ovnis nunca se unen a una religión ufológica. En contraste, hay quienes han producido creencias religiosas ufológicas sin siquiera haber visto un ovni; y otros más se unen a estos grupos solo por aguda necesidad espiritual o curiosidad.[27] En las últimas décadas han surgido varias pequeñas religiones que se centran en los ovnis y en el contacto con sus ocupantes.[28] Un gran número de estas se

---

24. Para un fuerte cuestionamiento del programa SETI y teoría relacionadas, consultar David Lamb, *The Search for Extraterrestrial Intelligence: A Philosophical Inquiry,* Routledge, Nueva York, 2001, pp. 195–198.
25. Algunos de estos seres se describen en Salmo 103.20; 104.4; Isaías 6.2; Ezequiel 1.5; 10.12-15 y Apocalipsis 4.6 y 5.6.
26. Véase Wilson, *UFOs... ovnis... y su misión imposible* (pp. 210–212 del original en inglés); John Weldon con Zola Levitt, *Los OVNI: ¿Qué está sucediendo en la tierra?,* Clie, Barcelona, 1990 (p. 22 del original en inglés); William R. Goetz, *UFOs: Friend, Foe, or Fantasy?,* Horizon, Camp Hill, PA, 1997, pp. 141–184; y Ron Rhodes, *Alien Obsession,* Harvest House, Eugene, OR, 1998, pp. 87–102.
27. Incluso el más prolífico escritor de ideas religiosas ufológicas, Erich Von Daniken, que vendió 42 millones de ejemplares sobre el tema, dijo: «Desdichadamente, nunca he tenido la oportunidad de ver un ovni con mis propios ojos» (Story, *The Encyclopedia of UFOs*, p. 383).
28. Véase Christopher Evans, *Cults of Unreason,* Dell, Nueva York, 1975, p. 164. Evans publicó una de sus primeras obras en *Flying Saucer Clubs.*

han desvanecido sin que se las note, pero otras, como la Heaven's Gate, permanecieron en las noticias hasta que dieron un fin a su drama mediante el suicidio colectivo.

No se puede juzgar a todas las sectas ufológicas bajo la lente de Heaven's Gate, pero hay que prestar atención a las similitudes, como la canalización de información de contactos ufológicos. Esto es así sobre todo cuando se han usado los métodos de ocultismo para adquirir esa información. Mucho antes del entusiasmo ovni de mediados del siglo veinte, hubo creyentes que afirmaron haber contactado con seres intergalácticos que pensaban que existían en Venus o Marte. Las siguientes religiones de fundamento ocultista se basaron en este supuesto contacto con seres extraterrestres.[29]

Swedenborgianismo

Emanuel Swedenborg fundó la primera religión formal, el swedenborgianismo, basada principalmente en el viaje espacial y el contacto con seres extraterrestres. La primera obra de Swedenborg, *Earths in the Solar World* [Las tierras en el mundo solar] (1758), se apoyaba en esta hipótesis. En ella, Swedenborg afirmaba haber dejado su cuerpo mediante una proyección astral y haber viajado a otros planetas, donde adquirió nociones espirituales de seres espirituales de Marte, Venus y Neptuno.[30] El viaje astral que Swedenborg propuso para su conocimiento revelador es una práctica del ocultismo; una herramienta de lo oculto usada para contactar con seres multidimensionales.

Teosofía

La teosofía, cofundada por Helena P. Blavatsky, fue el génesis que generó miríadas de grupos ocultistas del movimiento YO SOY, ideología influyente que a la larga condujo al desarrollo del movimiento Nueva Era.[31] Algunos de estos grupos gravitaron hacia el contacto con ovninautas, extraterrestres, y «hermanos del espacio». En particular Blavatsky afirmaba estar en contacto con venusianos (seres de Venus) a los que ella llamó «Señores de la Llama», descritos como «gigantes imponentes de fuerza y belleza de dios».[32] Estos contactos resultaron en nuevos mensajes, revelaciones y preceptos autoritativos que los adherentes siguieron fielmente. El método ocultista más a menudo empleado en la teosofía y los grupos YO SOY es el de convertir a la persona en canal de comunicación

29. Aquí nos concentramos en religiones actuales que promueven el contacto extraterrestre más que libros publicados independientemente y que no tienen formalmente seguidores religiosos, como el de Thomas Blot *The Man From Mars: His Morals, Politics, and Religion,* Bacon, San Francisco, 1891, o el de Theodore Flournoy *India to the Planet Mars,* Harper and Brothers, Nueva York, 1899.

30. Para más información sobre el swedenborgianismo, consultar de Martin *The Kingdom of the Cults,* pp. 629–641.

31. Véase el capítulo 6: «El misticismo oriental y la Nueva Era».

32. Helena P. Blavatsky, *La doctrina secreta,* Luis Carcamo, Madrid , 1996 (p. 181 de la traducción inglesa).

para un ser espiritual, que a menudo se apodera del cuerpo del sujeto humano y usa su voz para hablar por ellos. En otros casos, la comunicación viene mediante escritura automática, por la cual el espíritu dicta sus pensamientos usando al sujeto humano como su instrumento de escritura.

Annie Besant, la segunda directora de la Sociedad Teosófica, tuvo revelaciones venusianas como Blavatsky. En ellas describe a los mismos «Señores de la Llama», a quienes también se dirigió como «los señores de Venus».[33] Su información vino por canalización ocultista de espíritus.

Movimiento Poderoso YO SOY

El movimiento Poderoso YO SOY empezó con Guy y Edna Ballard. El Sr. Ballard continuó el tema de Blavatsky afirmando que lo visitaron doce venusianos en la Cordillera de Grand Teton.[34] El título de uno de sus capítulos era: «Venus visita el Royal Teton», donde Ballard detalla su conversación con estos venusianos, a quienes él describió como siete hombres y cinco mujeres. Más tarde afirmó que él y otros cien individuos se encontraron con los venusianos en el Monte Shasta (California), donde los venusianos tocaron música con arpas y violines, y trajeron una pantalla parecida a un espejo en la cual vieron una película sobre los avances tecnológicos en Venus.[35]

La Fundación Urantia

La Fundación Urantia se basó en *El libro de Urantia,* mensaje escrito de seres extraterrestres que tiene cientos de miles de seguidores.[36] El libro salió del dictado de un psiquiatra, que escribió los mensajes de un paciente anónimo que los dictaba. Esta comunicación es simplemente la práctica ocultista de canalización por trance, y su contenido refleja su origen. *El libro de Urantia* pinta un universo de siete mil millones de planetas habitados y muchos dioses. Asume un tono de superioridad sobre la Biblia y a menudo presume de corregirla en historia y teología.

---

33. Annie Besant, *Las siete partes del hombre,* Muñoz Moya y Montraveta, Sevilla, 1988 (p. 12 del original en inglés).
34. Godfré Ray King, *Misterios develados: por uno de los ascendidos maestros de la gran hermandad blanca,* Bienes Laco nica, Caracas, 1996 (p. 248 del original en inglés). Nota: Godfré Ray King era el seudónimo de Guy W. Ballard en sus primeros libros.
35. James R. Lewis, *Legitimating New Religions,* Rutgers University Press, Nueva Brunswick, NJ, 2003, p. 98.
36. *El libro de Urantia,* Urantia Foundation, Chicago, IL, 1999. Véanse más comentarios sobre Urantia en el capítulo 15, "El Jesús del ocultismo".

FIGU

La sociedad FIGU fue fundada por Eduard Albert Meier, conocido como Billy Meier. Durante el apogeo de su movimiento, Meier consiguió un buen número de seguidores debido a su afirmación de contacto continuo con seres extraterrestres en Suiza. La mayoría de sus obras se publicaron en alemán como las *Contact Notes* [Nota de contacto], pero algunas enseñanzas están traducidas al inglés en el sitio web FIGU.[37] Las *Contact Notes* del Sr. Meier con los extraterrestres vinieron a través de encuentros personales, y la comunicación mediante la práctica ocultista de telepatía. A Meier se le considera uno de los siete profetas, y su enseñanza sobre Jesucristo niega al Jesús histórico: «El ser humano real de carne y sangre conocido como Jesucristo, en realidad, no ha vivido ni ha existido; ni en la tierra ni en ningún otro lugar de todo el universo entero».[38]

Movimiento raeliano

El movimiento raeliano lo creó Claude Vorilhon, que cambió su nombre por Rael y produjo una de las sectas ufológicas más duraderas. Esta próspera secta afirma tener decenas de miles de seguidores internacionales y ha conseguido captar la atención de los medios de comunicación debido a sus investigaciones científicas en el ADN y la clonación. Su creencia fundamental se centra en la idea de que la población de la tierra se originó a partir del ADN de seres extraterrestres transportado a este planeta. Rael afirmó tener un contacto inicial con un ser extraterrestre en 1973, que reveló que «el Elohim» creó la vida en la tierra usando ADN de otro planeta.[39] Los raelianos no tienen textos sagrados publicados, aunque toman prestados términos de la Biblia y del budismo para respaldar sus creencias. El término *Elohim,* tomado del Antiguo Testamento hebreo, lo reinterpreta el raelianismo como «los que vinieron del cielo», y por consiguiente, los «Elohim» extraterrestres son los creadores. Una de las maneras en que los extraterrestres se comunicaron con Rael fue mediante la práctica ocultista de la telepatía.[40]

---

37. Según el sitio web de FIGU en español, FIGU es un acrónimo de «"Libre Organización para Estudios de Ciencias Borde y Espirituales y Estudios Ufológicos", en alemán: "Freie Interessengemeinschaft für Grenz- und Geisteswissenschaften und Ufologiestudien", brevemente llamada F.I.G.U.». Véase http://es.figu.org/organizacion_figu/billy_meier_ufo_billy.
38. FIGU Society, USA, "Clarification of a Defamatory Claim", http://us.figu.org/portal/Billy Meier/ HisWork/ClarificationofaDefamatoryClaim/tabid/58/Default.aspx.
39. El relato de Rael sobre esto se halla en http://www.rael.org/rael_content/rael_bio.php?prophet (acceso obtenido 10 agosto 2007).
40. Rael, *The True Face of God,* The Raelian Religion, Montreal, 1998, p. 16.

La Academia de Ciencias Unarius

La Academia de Ciencias Unarius fue fundada por Ernest L. y Ruth E. Norman, después de que Ernest recibiera comunicaciones telepáticas y psíquicas de seres extraterrestres en 1954. Los Norman eran visionarios cósmicos por medio de los cuales se comunicaban los «hermanos del espacio». En su Academia de Ciencias Unarius, en El Cajón, California, los Norman enseñan la regresión a vidas pasadas y la clarividencia, que son prácticas del ocultismo. De acuerdo al sitio web de Unarius: «Enseñamos psicoterapia preventiva y correctora basada en la física de la reencarnación... Su objetivo es despertar al individuo hacia encuentros con vidas anteriores, la aptitud clarividente de la mente, y la realidad de la conexión espiritual del individuo».[41]

La Aetherius Society

La Aetherius Society empezó en Londres, Inglaterra, fruto de los esfuerzos de George King, que creía que los ovnis llevarían a la tierra a la Nueva Era. Las enseñanzas de King combinan una serie de postulados teosóficos con religiones del mundo e ideas de la Nueva Era, y ya cuenta con seguidores a nivel internacional. Como Blavatsky y Ballard antes de él, King enseñaba que Venus es un lugar importante para los extraterrestres. Según King, Jesucristo vivió en Venus después de su resurrección. La canalización ocultista también jugó un papel clave en la historia de esta secta: «A King le enseñó un maestro avanzado oriental cómo tener afinidad telepática con los maestros cósmicos... se le usó como canal para que los maestros cósmicos dieran su mensaje a la tierra. Pronto lo designaron como el Canal mental terrestre primario para los maestros cósmicos».[42] Esta organización también enseña a sus miembros a cultivar el poder ocultista de la clarividencia.

Respuesta bíblica

Desde el punto de vista cristiano, los que se comunican con los ovnis y seres extraterrestres siempre han entregado mensajes contrarios a la Biblia. Esto se puede atribuir en gran parte a los métodos ocultistas que emplean cuando reciben sus mensajes. Los cristianos tal vez no tengan respuestas preparadas para toda pregunta sobre avistamientos de ovnis, pero, en cuanto a la doctrina extraterrestre, no hay duda de que la fuente de donde proceden los mensajes de seres espirituales opuestos a la verdad de Dios es una fuente *demoníaca* por naturaleza.

---

41. Unarius, "Introduction to Unarius", http://www.unarius-espanol.org/.
42. The Aetherius Society, "Why Dr. George King?", http://www.aetherius.org/index.cfm?app=content&SectionID=40&PageID=37.

Los hallazgos de ovnis tienen implicaciones teológicas importantes para la iglesia de Jesucristo.[43] No podemos ignorar sin más la posibilidad de que exista algo extraterrestre o ultradimensional. La iglesia debe tomarse tiempo para analizar lo que el mundo ha llegado a reconocer como una realidad objetiva. Si hay otras civilizaciones, si hay vida en otros mundos, entonces necesitamos echar un buen y detenido vistazo a cómo esto impacta la teología del Nuevo Testamento y el concepto de salvación. ¿Por qué están estos seres aquí? ¿Qué están haciendo? Dios no habría descuidado algo tan importante como esto y, sin embargo, no hay evidencia en las Escrituras que respalden la existencia de los ovnis.

Si falta la fe básica en que Dios tiene el control de todas las cosas, incluyendo los extraterrestres, el temor y la confusión pueden fácilmente prevalecer. C. S. Lewis comentó sobre estos fenómenos extraños en un panfleto titulado *Shall We Lose God in Outer Space?* [¿Perderemos a Dios en el espacio exterior?][44] En él, dice que Dios es el Dios del cosmos, el Creador de todo; y a dondequiera que vayamos en su creación hallaremos su identidad, su poder y el conocimiento de Él como Creador. Por tanto, no debemos tener miedo del espacio exterior, porque Dios es el Dios del tiempo y del espacio. Él hizo los mundos; Él creó todas las cosas. Únicamente si, como dice J. B. Phillips, «tu Dios es demasiado pequeño» se establece la confusión o el temor, aumentados por retazos de evidencia científica e información empírica sobre los ovnis».[45]

El doctor Christopher Evans, destacado psicólogo, creía que este tema era lo suficientemente importante como para incluir en su libro *Cults of Unreason* [Sectas de la sinrazón] un capítulo titulado «Flying Saucer Cults» [«Sectas de platillos voladores»]. En él encontramos esta sensata observación: «Con los viejos dioses muriéndose, si acaso no muertos ya, y el mundo bajo una amenaza de destrucción total sin parangón en la historia, los hombres están volviéndose a los cielos para buscar en ellos a sus redentores».[46] Los fenómenos de ovnis siguen sin explicación en muchos miles de casos. Dado su carácter inexplicable, no se puede descartar de plano que en su raíz estén los poderes demoníacos.

---

43. Esta fue la tesis base de Walter Martin en la década de los cincuenta y de nuevo en la década de los sesenta como fundador y director del Christian Research Institute. «La iglesia cristiana simplemente ya no puede ignorar el tema de los ovnis. Lo dije en 1956, 1962, 1968, y ahora en 1975, y teólogos cristianos responsables, incluyendo el finado C. S. Lewis, [también] llamaron la atención al hecho de que esto tiene tremendas implicaciones para la iglesia cristiana». Véase Walter Martin, *UFOs: Friend, Foe or Fantasy* (CD) Walter Martin Ministries, www.waltermartin.com.
44. Esta paráfrasis es de un panfleto extremadamente difícil de encontrar, C. S. Lewis, *Shall We Lose God in Outer Space?*, SPCK, Londres, 1959.
45. J. B. Phillips, *Your God Is Too Small*, Wyvern Books, Londres, 1952, p. i.
46. Evans, *Cults of Unreason*, p. 164.

William R. Goetz, autor de la obra fundamental *UFOs: Friend, Foe or Fantasy* [Ovnis: Amigo, enemigo o fantasía], dijo en entrevistas posteriores sobre la fuente de los fenómenos ovnis:[47]

> Un comentario hecho en 1968 por el finado Walter Martin, fundador del Christian Research Institute, y su programa radial «Bible Answer Man» [«el hombre de las respuestas bíblicas»], ha demostrado su carácter profético. Durante la entrevista que le hice, Martin expresó la convicción de que los ovnis eran demoníacos. Lo hizo mucho antes de que tal idea hubiera ganado la amplia aceptación de que goza hoy.
>
> Como miembro de la NICAP y participante en la investigación ovni, Martin dijo que había visto ovnis en persona. Indicó que el decano de un seminario en Nueva Jersey, del que era profesor visitante, había fotografiado uno a plena luz del día mientras el ovni pasaba vertiginosamente por el campus.
>
> El comentario de Martin sobre la identidad de los ovninautas y sus mensajes fue aleccionador. Cuando tuvo lugar la entrevista, había habido relativamente pocos encuentros [cercanos], 3 o 4, con la notable excepción del incidente Hills. Con todo, Martin dijo que creía que en un futuro cercano los ocupantes de los ovnis empezarían a interactuar con las personas.
>
> ¿Su mensaje? «Nosotros somos seres superiores; mucho más avanzados que ustedes terrícolas. Miren nuestra tecnología. Pero hemos venido para ayudarles y para guiarlos. La única condición es que ustedes estén dispuestos a olvidar y superar sus creencias religiosas obsoletas y seguir nuestras directrices».
>
> Tenía toda la razón. Como se demostrará, esta predicción es asombrosamente acertada. El popular autor de la Nueva Era, Brad Steiger, que lleva décadas rastreando numerosos mensajes de supuestos extraterrestres, a menudo llamados «hermanos del espacio», ofrece esos mensajes como alternativa al cristianismo en su libro *The Fellowship* [La confraternidad].[48]

La Biblia no comenta la presencia o ausencia de extraterrestres o platillos voladores. Varios escritores sobre los ovnis han intentado hacer de la frase de Ezequiel «rueda en medio de rueda» (Ez. 1.16) un tipo de nave espacial, pero no existe ninguna evidencia en el hebreo ni en sus traducciones para respaldar tal interpretación. Ezequiel 1 y Ezequiel

47. Goetz también afirmó en cuanto a esta entrevista, «Yo [escribí] varios artículos sobre ovnis para la revista *Compass* ya a principios de los sesenta [y] entrevisté al finado Dr. Walter Martin sobre el tema». Véase Goetz, *UFOs: Friend, Foe or Fantasy?*, p. 1.
48. Ibid., pp. 167–168.

3 no dicen absolutamente nada en cuanto a ovnis o platillos voladores. Todas las referencias usadas por Erich Von Daniken y escritores similares para respaldar que hay objetos voladores no identificados en la Biblia son conjeturas insertadas en las Escrituras, y la Biblia no se interpreta tomando eventos presentes y colocándolos donde quiera que parezcan encajar. Los cristianos deben rechazar la hermenéutica sin respaldo; en su lugar deben más bien considerar en serio las implicaciones del fenómeno ovni. Si la teología ufológica está impactando a la teología cristiana, entonces los cristianos deben hacerle frente; este tema no se puede esconder debajo de la alfombra.

¿Qué significa en el contexto de la revelación bíblica el fenómeno de comunicación extraterrestre? La posibilidad de que podamos estar tratando con seres ultradimensionales merece una consideración honesta. Jesús nos advirtió en Lucas 21.25-26: «Entonces habrá señales en el sol, en la luna y en las estrellas, y en la tierra angustia de las gentes, confundidas a causa del bramido del mar y de las olas; desfalleciendo los hombres por el temor y la expectación de las cosas que sobrevendrán en la tierra; porque las potencias de los cielos serán conmovidas». Además de lo que viene a la tierra, el libro de Apocalipsis habla de un abismo sin fondo que se abre (9.2). El abismo sin fondo no tiene necesariamente que ser uno que se dirige hacia abajo; bien podría ser uno que se dirige *hacia arriba,* puesto que en el espacio no hay ni arriba ni abajo, sino *hacia afuera* de la tierra. Esto podría revelar que lo que viene a la tierra es del espacio y no de debajo de la tierra. El lenguaje simbólico bien puede referirse a la manifestación de los poderes de las tinieblas cerca de la consumación de los tiempos. En la Biblia se predice que el Anticristo se manifestará con señales y prodigios mentirosos para, de ser posible, engañar a incluso a los elegidos (2 Ts. 2.9; Mt. 24.24).

El mundo no está buscando un Salvador teológico; el mundo está buscando un salvador tecnológico. Está buscando a alguien que aparezca y resuelva los problemas de hambruna, superpoblación, guerra y enfermedad. Será alguien que produzca lo que los seres humanos no regenerados quieren: el cielo y la tierra según sus propios términos. ¿Qué mejor para las fuerzas de las tinieblas que manifestarse en la tierra haciendo creer que son los salvadores de la humanidad?

Hay una pista crucial en el misterio de los ovnis: la teología adquirida gracias a los llamados encuentros cercanos es diametralmente opuesta al cristianismo. El mundo del ocultismo y sus practicantes hablan constantemente de contacto con ovnis y con sus ocupantes, y la teología que se deriva del contacto con los ovnis es de lo más reveladora. Los extraterrestres (según los que afirman haber hablado con ellos) no creen que Dios sea un ser personal; no creen que Jesucristo sea el único Salvador, y no creen que solo la Biblia sea la palabra de Dios para el mundo. No creen en el castigo eterno, ni en una resurrección corporal. La reencarnación de los hindúes, la cábala y la filosofía Nueva Era adquieren una nueva perspectiva cuando se ven con los ojos de los extraterrestres: se transforman en reencarnación planetaria, donde las personas evolucionan de planeta en planeta a fin de alcanzar la perfección.

Sería algo asombroso, desde la perspectiva del mundo, si una civilización tecnológicamente avanzada llegara a la tierra, afirmando ser la salvadora de la humanidad y creadora del *homo sapiens.* No está fuera de lo posible que, con toda la fanfarria del logro científico, el engaño máximo pudiera revelarse al fin de las edades como nuestro libertador. En 2 Tesalonicenses 2.3-9 se nos dice que cuando Satanás aparezca en forma humana lo hará como el Anticristo que conduce a los hombres, mediante engaño, a la destrucción. Los que se niegan al conocimiento de la verdad de Jesucristo le creerán.

Si las religiones ufológicas fueran verdaderamente revelación de razas extraterrestres, entonces sería lógico esperar alguna consistencia básica en ellas. Por ejemplo, aunque hay muchas denominaciones en el cristianismo, todas tienen en común elementos específicos de la fe; elementos que unifican y solidifican la fe según se expresa en la Biblia y más tarde se reflejó en los primeros credos de la iglesia cristiana. El mensaje de Dios es único: es consistente, coherente y consecuente. La Biblia es *consistente* en su formación; tiene más de cuarenta escritores de diferentes culturas, naciones, continentes y etnias, que escribieron para Dios en un período de 1500 años, pero su mensaje daba testimonio del mismo Dios y de su misma historia de redención para la humanidad. La Biblia es *coherente* en su lógica; las cosas que enseña la palabra de Dios tienen sentido; es *consecuente* en su verdad; los pensamientos del único Dios verdadero se apoyan entre sí, y no son contradictorios, sino que siguen la ley lógica de la no contradicción.[49] Esto no es así en las religiones ufológicas.

Caso real

Mark Applewhite

En medio del trágico suicidio colectivo de la secta ufológica Heaven's Gate, Mark, hijo mayor de Marshall Applewhite, alejado de su padre durante veinticinco años, recibió las espeluznantes noticias del suicidio de su padre (junto con treinta y ocho de sus seguidores) por un noticiero de televisión. Mark Applewhite, creyente nacido de nuevo y director de una escuela cristiana, ofreció públicamente consejo

49. Las leyes de la lógica son leyes consistentes con lo que se sabe del Dios verdadero, por consiguiente, estas leyes las dicta Dios. Él es el Creador de las leyes conocidas de la lógica, y el hombre solo las descubre.

bíblico a los que quedaron estupefactos ante las horribles muertes que tenían su origen en la práctica ocultista de contactar con seres extraterrestres:

Empezó el jueves por la mañana antes de Pascua de Resurrección, en 1997. Cuando salía de casa para empezar un agitado día, oí en el televisor algo sobre un suicidio colectivo en California. Apenas pude hacer caso unos segundos en el ajetreo de salir. Fue un día tan movido que no volví a pensar en esa noticia. Ni siquiera sospechaba que me afectaría personalmente y que llegaría ser lo más duro que jamás tuve que enfrentar.

Cuando llegué a casa, mi esposa, Judy, me dijo: «Pronto, siéntate y mira las noticias». En la pantalla del televisor relampagueó el retrato de un hombre con ojos muy abiertos y hablando con una voz suave y una gran sonrisa. Conocía la sonrisa y conocía esos ojos. Después de veinticinco años de preguntarme dónde estaba o qué estaba haciendo, yo estaba contemplando la cara de mi padre en los noticiarios nacionales. Aturdido, me quedé sentado en mi silla reclinable incapaz de pensar o moverme. El reportaje siguió diciendo que treinta y nueve miembros de una secta, dirigidos por mi padre, se habían suicidado. Mostraron el horripilante video de cuerpos que yacían en las literas, cada uno cubierto con una extraña tela púrpura, y yo caí en el aturdimiento más profundo. No era solo que mi padre estaba muerto, sino que otros treinta y ocho le habían seguido en su muerte.

Este fue el principio de un fin de semana de Pascua de Resurrección diferente a todo el que jamás había experimentado. Durante los tres días siguientes el teléfono sonó casi cada cinco minutos, desde las 4:30 de la mañana hasta la medianoche, mientras todo tipo de medios de comunicación buscaba información. Desde el principio mi madre, mi hermana y yo decidimos responder «No hay comentarios» a todas las peticiones de entrevistas. No queríamos que se tergiversaran nuestras palabras y pudieran deshonrar a nuestro Padre celestial o a nuestro padre terrenal...

La mañana del «Viernes Santo» me despertó a las 5:00 de la mañana la llamada de un reportero. Cuando traté de volver a dormirme después de dar la respuesta de «no hay comentarios», pareció que Dios me ponía en el corazón la necesidad de escribir una declaración para ofrecer a la prensa. Me senté a la computadora, oré pidiendo las palabras apropiadas y pasé la mayor parte del sábado enviando por fax la declaración a televisiones, periódicos y revistas de todo el país.

A: Todo el que ha sido herido por las acciones de Marshall Herff Applewhite
De: Su hijo, Mark Applewhite

Debo decir primero que estoy horrorizado por las cosas que han resultado de las acciones de mi padre y otros que participaron en esa secta. Me duele profundamente saber que han perdido la vida personas relacionadas con mi padre. Mi simpatía y oraciones van para los que están sufriendo la pérdida de seres queridos.

Me gustaría, sin embargo, que todos supieran que este giro extraño que siguió mi padre no le ha pasado a su familia. Por la gracia de Dios Todopoderoso, Creador del cielo y de la tierra y autor de la Biblia, hay esperanza. Por esa misma gracia, mi familia y yo somos creyentes nacidos de nuevo con un boleto real hacia el cielo, la fe en Jesucristo como Salvador y Señor.

Cuando yo tenía cinco años mi padre abandonó a nuestra familia. Dejó las cosas de tal manera que podría haber resultado simplemente en otro hogar destrozado que se perpetúa hasta la siguiente generación. Pero Dios, el único Dios verdadero, intervino en nuestra familia. Yo no he oído nada ni visto nada de mi padre en más de veinticinco años, y no sé nada de la secta que él estaba dirigiendo. En ese lapso yo llegué a conocer a un nuevo Padre, el Padre celestial que ahora ha tomado lo que pudiera haber sido un desastre de familia y la ha convertido en una familia con un matrimonio de veinte años y dos hijos que aman a Jesús.

Digo esto para dar gloria a Dios por lo que Él ha hecho y lo que Él es, y también para dar esperanza a todas las personas que puedan oír esto. Dios tiene su manera de tomar las cosas terribles y convertirlas en bien. Esta festividad de resurrección me recuerda el hecho de que Dios tomó la muerte terrible de su Hijo Jesús en la cruz y la convirtió en salvación para todo el que cree. De la misma manera, es mi oración que Dios tome estas terribles noticias de un suicidio colectivo y las convierta en un mensaje de esperanza, la esperanza que se halla solo en la Biblia, para todos los que la oigan.

Si hay una lección que aprender aquí es la de buscar la verdad en la Biblia y enseñarla a su familia, para que no se dejen desviar por las falsas enseñanzas. Es mi esperanza y oración que aquellos a quienes ha tocado esta tragedia en San Diego hallen consuelo en el Dios de la Biblia y lleguen a conocer la vida verdadera después de la muerte como dádiva de Dios por fe en Jesucristo. También es mi oración que los que todavía están buscando respuestas, como las buscaban los miembros de esta secta, hallen que Cristo es la respuesta. «Porque de tal manera amó Dios al mundo, que ha dado a su Hijo unigénito, para que todo aquel que en él cree, no se pierda, mas tenga vida eterna. Porque no envió Dios a su Hijo al mundo para condenar al mundo, sino para que el mundo sea salvo por él» (Jn. 3.16-17).

Cuando tuve la oportunidad de buscar en mis recuerdos, me di cuenta de que yo tenía siete años cuando mi padre se fue. Incluso así, sabía muy poco de él. Una cosa que sí recuerdo es que siempre le llamábamos Herff. También recuerdo que le encantaba jugar, recuerdo su sonrisa amistosa y su hermosa voz. Era un padre fuerte, cariñoso y gentil; solíamos jugar a pelear en el piso. Cuando mi hermana y yo lo visitábamos después del divorcio, él siempre hacía lo imposible para tener planeadas un montón de cosas divertidas. Los recuerdos que tengo son buenos y siempre los atesoraré.

Al enviar por fax mi declaración, mi oración era que Dios la usara para ofrecer esperanza a las familias de las víctimas del suicidio y a cualquiera a quien haya alcanzado esta tragedia. También quiero aclarar cualquier duda de las personas que me conocen como anciano en mi iglesia y director de una escuela cristiana. Sabía que Dios podía convertir la tragedia en bendición, y oraba que Él usara mis palabras para hacerlo.

El domingo por la tarde oí a un reportero que tenía buenas noticias. Él había asistido a los cultos de resurrección en una iglesia grande en Rancho Santa Fe, la comunidad devastada por el suicidio. Dijo que el pastor leyó todo mi boletín de prensa a la congregación. Continuó diciendo: «Después del culto muchos hablaban de cómo la carta les había ayudado a volver a centrarse en la gracia de Dios y les había dado alguna esperanza en una circunstancia terrible». Esta fue la primera de muchas llamadas, cartas y tarjetas con relatos similares en cuanto a cómo Dios estaba usando la declaración, lo cual me animó mucho…

Mis hijos habían estado viendo los noticiarios todo el fin de semana... La mañana del lunes quería decirles que tenían que ir a la escuela y enfrentarse a sus amigos. Esto podría haber sido difícil, porque los niños pueden ser muy crueles. Pero, cuando llegamos a la escuela cristiana que dirijo, fueron recibidos por amigos que se reunieron en un gran círculo y oraron por ellos.

Sabiendo que los estudiantes tendrían muchas preguntas acerca de su director y de su padre «director de una secta que acababa de llevar a treinta y ocho personas a suicidarse», convoqué a una asamblea de toda la escuela y les hablé con franqueza. Después les pedí que se pusieran de pie y oraran por las familias de las víctimas del suicidio. Escolares de primaria, secundaria básica y secundaria oraron juntos... En toda la odisea, Dios, mi Padre celestial, proveyó fuerza, paciencia y perseverancia para que pudiéramos seguir adelante.

Habiendo leído artículos y escuchado entrevistas, sé mucho más ahora en cuanto a mi padre y la secta que él dirigía. Sigo viendo que aparece la misma pregunta: «¿Por qué gente educada, inteligente, amable, haría tal cosa?» En esos artículos y entrevistas empiezo a ver algunas razones.

Toda persona está buscando algo que le falta en esta vida. Todos tenemos un vacío con la forma de Dios en nuestras vidas, pero cada uno escoge buscar de diferentes maneras. Yo veo el relato de mi padre en la Biblia, en Romanos 1. Mi padre conocía a Dios, sabía acerca de Dios, de sus caminos y de su Palabra, porque se crió como hijo de ministro.

«Pues habiendo conocido a Dios, no le glorificaron como a Dios, ni le dieron gracias, sino que se envanecieron en sus razonamientos, y su necio corazón fue entenebrecido. Profesando ser sabios, se hicieron necios... Por lo cual también Dios los entregó a la inmundicia, en las concupiscencias de sus corazones... ya que cambiaron la verdad de Dios por la mentira, honrando y dando culto a las criaturas antes que al Creador, el cual es bendito por los siglos. Amén. Por esto Dios los entregó a pasiones vergonzosas...Y como ellos no aprobaron tener en cuenta a Dios, Dios los entregó a una mente reprobada, para hacer cosas que no convienen; estando atestados de toda injusticia, fornicación, perversidad, avaricia, maldad... necios, desleales, sin afecto natural, implacables, sin misericordia; quienes habiendo entendido el juicio de Dios, que los que practican tales cosas son dignos de muerte, no sólo las hacen, sino que también se complacen con los que las practican» (Ro. 1.21-32).

Mi padre llegó a un punto en la vida en el que ya no glorificaba a Dios como Dios ni le daba gracias, y su pensamiento se volvió necio y su corazón se entenebreció. A la larga Dios lo entregó a los deseos pecaminosos de su corazón. El potencial del pecado para arruinar nuestras vidas es mayor cuando se nos permite que salgamos de la misericordia protectora de Dios y pasemos a nuestros propios deseos destructores.

Otra falacia fue el intento desesperado de la secta por ganarse su camino al cielo mediante buenas obras. Mi padre había preparado docenas de reglas para que las siguieran los miembros de la secta, reglas que se suponía eran para mantenerlos puros, limpiarlos y tenerlos listos para el cielo. Puedo ver cómo estas reglas brotaron de la culpabilidad que mi padre guardaba en cuanto a cosas de su pasado. Esta clase de culpabilidad, junto al deseo de hacer buenas obras para ganarse el camino de uno al cielo, ha sido una plaga para los seres humanos durante siglos. Pero Dios nos ha dado también la respuesta para esto en su Palabra: «Porque por gracia sois salvos por medio de la fe; y esto no de vosotros, pues es don de Dios; no por obras, para que nadie se gloríe» (Ef. 2.8-9). «Porque también Cristo padeció una sola vez por los pecados, el justo por los injustos, para llevarnos a Dios» (1 P. 3.18). «Porque ignorando la justicia de Dios, y procurando establecer la suya propia, no se han sujetado a la justicia de Dios; porque el fin de la ley es Cristo, para justicia a todo aquel que cree» (Ro. 10.3-4).

Mi deseo ahora es tratar de corregir algunos de los errores que mi padre ha cometido, y hacerlo esparciendo la verdad de Dios y su perdón por la fe en su

Hijo. Mi padre había estado enseñando a sus seguidores que mediante buenas obras se puede lograr la justicia que los llevaría al reino de Dios. Pero Dios nos enseña en su palabra que la justicia, el perdón del pecado y la limpieza de toda culpa, vienen solo por la fe en lo que su Hijo hizo en la cruz. Como dice un antiguo himno: «Jesús lo pagó todo, todo a Él se lo debo; el pecado había dejado una mancha roja, y Él la lavó y la hizo blanca como la nieve».[50]

Conclusión

El Dios de la Biblia, que nos exhorta a tener cuidado en cuanto a las señales en los cielos, tal vez nos está diciendo en el fin de las edades que tengamos cuidado respecto a dónde ponemos nuestra confianza. Bien podría ser que los ovnis sean muy reales, pero, si lo son, están obrando por la influencia de Satanás «con gran poder y señales y prodigios mentirosos» (2 Ts. 2.9). Si Satanás es el dios de esta era, no hay razón para que no pueda aparecer como su salvador al fin de la misma. Él siempre ha querido ser objeto de adoración.

Dios creó al hombre y a la mujer a su imagen y semejanza, reservando la adoración de ellos para Él solo (Gn. 1.27). Jesús, al enfrentar la tentación satánica sobre la adoración, citó a Dios Padre: «Al Señor tu Dios adorarás, y a él sólo servirás» (Mt. 4.10). La humanidad es rebelde por naturaleza cuando se trata de servir al Dios verdadero, y busca sendas espirituales aparte de Él. Dios prohíbe que se adore todo lo que hay arriba en el cielo, que en nuestra edad incluye los aspectos espirituales de las religiones ufológicas: «No te harás imagen, ni ninguna semejanza de lo que esté arriba en el cielo, ni abajo en la tierra, ni en las aguas debajo de la tierra» (Éx. 20.4-6).[51]

Mucho antes de que se fundara la religión basada en los ovnis, Dios sabía que el pecado impulsaría a las personas a mirar a los cielos para adorar cualquier cosa que vieran, real o imaginaria. A estas religiones se las describe como sectas porque la mayoría de ellas interpretan mal la Biblia para respaldar sus creencias.[52] Marshall Applewhite y Bonnie Nettles, de la famosa Heaven's Gate, hicieron esto al afirmar que eran los «dos testigos» de Apocalipsis 11.3. Las religiones ufológicas son ocultistas debido a que

50. Mark Applewhite, "Son of Heaven's Gate Cult Leader Has the Answer", *Connection Magazine,* 1 junio 1998.

51. Los Diez Mandamientos se abrevian tan a menudo en expresiones tan cortas que le hace bien a uno ver el contexto y comentarios que Dios les añadió.

52. *The Kingdom of the Cults* tiene esta definición: «Una secta también se podría definir como un grupo de personas reunidas alrededor de una persona específica o las *malas interpretaciones* que esta persona hace de la Biblia» (Martin, *The Kingdom of the Cults,* p. 17).

su información espiritual se obtiene mediante métodos del ocultismo: por medio de visiones especializadas, sueños, trances, regresión hipnótica, o fuentes imaginarias. Los mensajes recibidos de esta manera interpretan mal la Biblia, a Dios, a Jesucristo, a la humanidad, la condición espiritual del corazón y la mente, la moralidad y el estado futuro de la humanidad.

Si la religión ufológica es real, entonces la evidencia de fuentes ocultistas demuestra su hostilidad hacia el cristianismo. La iglesia cristiana debe tomar la posición de que nuestra esperanza no se basa en los que nos liberarían, viniendo de otros mundos, sino en Jesucristo, que murió de una vez por todas por este mundo para reconciliarnos con Dios. El mensaje de la iglesia no se debe alterar a la luz de todos los fenómenos que pudieran revelarse a nuestro alrededor. Jesucristo es el mismo ayer, hoy y para siempre. Él dijo: «No se turbe vuestro corazón; creéis en Dios, creed también en mí. En la casa de mi Padre muchas moradas hay; si así no fuera, yo os lo hubiera dicho; voy, pues, a preparar lugar para vosotros. Y si me fuere y os preparare lugar, vendré otra vez, y os tomaré a mí mismo, para que donde yo estoy, vosotros también estéis» (Jn. 14.1-3).

La iglesia de Jesucristo está aguardando esa bendita esperanza: la aparición de la gloria del gran Dios y de nuestro Salvador Jesucristo, que transformará estos cuerpos de nuestra humillación para que lleguen a ser como su cuerpo glorioso por ese poder mediante el cual puede sujetar todas las cosas a sí mismo. Esta es nuestra esperanza, y consideramos que todos los fenómenos deben evaluarse bajo esta luz y así mostrar sus deficiencias.

Recursos recomendados

1. Ross, Hugh, Kenneth Samples y Mark Clark. *Lights in the Sky and Little Green Men* [Luces en el cielo y hombrecillos verdes]. Colorado Springs: NavPress, 2002.
2. Alnor, William M. *UFO Cults and the New Millenium* [Las sectas ufológicas y el Nuevo milenio]. Grand Rapids: Baker, 1998.
3. Goetz, William R. *UFOs, Friend, Foe or Fantasy?* [Ovnis, ¿amigo, enemigo o fantasia?] Camp Hill, PA: Horizon, 1997.
4. Martin, Walter. *Chariots of the Who?* [¿Carros de quién?] Walter Martin Ministries, www.waltermartin.com.

Breves apuntes acerca del satanismo

- Satanás es el archienemigo de Dios Todopoderoso; es el dirigente de los ángeles caídos, un ser creado cuyo poder nunca puede ser igual al poder de Dios.
- Satanás no es un dios; tampoco es omnisciente (no lo sabe todo) ni omnipresente (no está en todas partes al mismo tiempo).
- Es imposible que Satanás y sus demonios lean la mente; no pueden saber los pensamientos secretos de los seres humanos.
- Las creencias satánicas están divididas en dos categorías principales: la tradicionalista, que cree que Satanás es un ser espiritual único; y la modernista, que define a todo el mal en general como Satanás.
- Jesucristo desafió directamente y derrotó al poder y la autoridad de Satanás durante su ministerio terrenal; los creyentes no deben tenerle miedo a Satanás o a los satanistas porque el Espíritu Santo reside en los cristianos.

11

Satanismo

El satanismo se destaca entre todas las otras prácticas ocultistas por su expresión literal e intencional de lealtad a Satanás. En esencia es la adoración o servicio a Satanás como una entidad superior a Dios y que merece la autoridad espiritual. Entre los rituales que se centran en Satanás están la oración a él, pedirle cosas, negociar con él y seguir las prácticas, creencias y ceremonias centradas en Satanás. Ni siquiera los satanistas que niegan su naturaleza personal pueden eludir el hecho de que sirven, magnifican y exaltan lo que sea que definan como Satanás.

La mayoría de los paganos no se dirige directamente a Satanás ni le adora intencionadamente (los astrólogos y los wiccanos tiemblan ante esa idea), pero la ignorancia no hace que otras formas de ocultismo sean menos detestables ante Dios (Dt. 18.9-14).Por tanto, los paganos, o quienes quiera que participen en el ocultismo, se engañan si piensan que están en terreno seguro solo porque no se dirigen directamente a Satanás.

En la actualidad, los libros y artículos seculares sobre el diablo y sus seguidores humanos forman un cuerpo considerable de información, pero muchos autores parecen poco dispuestos a, o incapaces de, concordar sobre una definición consistente del satanismo.[1] La raíz de este problema está en el rechazo de parte del mundo secular hacia el diablo bíblico y sus motivos. El satanismo no se puede definir con precisión si su misma naturaleza está en debate, y las personas nunca podrán definirse en contra si niegan el único poder que puede derrotarlo.

Todo énfasis se queda corto a la hora de subrayar que el odio es el centro del satanismo: odio a toda la humanidad, no solo hacia los cristianos. Algunos eruditos seculares han definido el satanismo como «un sistema religioso o filosófico que profesa o manifiesta odio al cristianismo», pero esta simplificación exagerada ignora el hecho de que ha habido muchos enemigos del cristianismo que no eran satanistas.[2] No hay duda de que una buena definición es esencial para una buena defensa, y la naturaleza de Satanás dicta que una definición de él debe incluir ideas teológicas.

1. Bruce G. Frederickson, *Satanism,* Concordia, St. Louis, 1995, p. 29.
2. Massimo Introvigne, "Satanism" en Hanegraaff, *Dictionary of Gnosis and Western Esotericism,* p. 1035.

Satanás es el señor del satanismo, y a Satanás se lo entiende mejor partiendo de la solidez histórica de las Escrituras, no de la experiencia. Reducir a Satanás a una metáfora no niega como por arte de magia su existencia o poder. La mayoría de los teólogos que escriben sobre el tema empiezan con una descripción clara del satanismo basada en la Biblia y luego proceden a una consideración de la misma que incluye perspectivas sociológicas y psicológicas.

El personaje distintivo del satanismo

Un rasgo primordial y personal del carácter de Satanás es que necesita que se le adore. «Otra vez le llevó [a Jesús] el diablo a un monte muy alto, y le mostró todos los reinos del mundo y la gloria de ellos, y le dijo: Todo esto te daré, si postrado me adorares» (Mt. 4.8-9). Satanás, cegado en su descabellada falsa ilusión, pudo ofrecerle a Jesús, Dios encarnado, nada más que lo que Satanás tenía por permiso divino. Jesús rechazó esta promesa vacía, y el deseo de Satanás quedó revelado para la eternidad: adoración completa y absoluta. No le bastaba que toda la humanidad se postrase ante él; Satanás quiere que Dios mismo lo adore. «Recibir adoración ha sido la principal ambición de Satanás desde cuando, motivado por el orgullo, intentó destronar a Dios, usurpar la autoridad de Dios y recibir la adoración, el honor y la gloria que le pertenecen a Dios (Is. 14.14; 2 Ts. 2.4)».[3] La participación en esos actos de adoración es la esencia del satanismo. Es asignar lealtad al diablo en lugar de al único Dios verdadero.

En el Antiguo Testamento es interesante notar que se menciona a Satanás 18 veces sin mencionar para nada su deseo de adoración; esa verdad fue revelada para que todos la vieran en su confrontación directa con Jesús.[4] El método preferido de Satanás en toda la historia siempre fue el engaño, manipulando a las personas mediante los poderes ocultos y seduciéndolas para que se vuelvan encantadores, brujos, adivinos, intérpretes de augurios, hechiceros, médiums o espiritistas. Cuando Satanás se enfrentó a Jesús la verdad quedó por fin revelada: el siempre presente deseo de Satanás de que se le adore. El Antiguo Testamento expuso a Satanás como el tentador, atormentador y engañador de la humanidad, y el Nuevo Testamento completó el retrato del carácter de un ser espiritual degenerado, consumido por el odio y la necesidad de adoración. Satanás demostró su intenso odio al cristianismo en los primeros tres siglos de persecución y martirio de los cristianos.

---

3. Dwight J. Pentecost, *The Words and Works of Jesus Christ: A Study of the Life of Christ*, Zondervan, Grand Rapids, 2000, p. 105.
4. Job 1.5–2.7 (14 veces); 1 Cr. 21.2 (1 vez); y Zac. 3.1–2 (3 veces).

Este patrón de hostigamiento es la clave para entender al enemigo. La adoración directa y el servicio a Satanás creció junto con un cristianismo recién nacido, manifestándose antes de finalizar el primer siglo en los enemigos acérrimos de herejía y violencia contra la iglesia cristiana. Hay mucho que aprender de la revelación histórica de los planes satánicos. Un ejemplo es la correlación directa entre la principal corriente de brujería y la principal corriente de satanismo. No cabe duda de que la liberalización moderna de la brujería como alternativa espiritual ha preparado el camino para que los satanistas pasen al frente de la sociedad y exijan el mismo respeto. Antes de eso, el satanismo estaba obligado a mantenerse oculto para evitar la atención negativa que por lo general desataba su persecución. La era del «vive y deja vivir» abrazó el misterio de la brujería, práctica detestada y denigrada en toda la historia. Con su aceptación, solo restaba un lógico y corto paso para la legalización del satanismo como una creencia religiosa, si bien satanismo y brujería son dos prácticas distintas y no están directamente relacionadas.[5]

Aunque en la actualidad la mayoría de las personas familiarizadas con los movimientos religiosos identifican los nombres de Aleister Crowley, Anton LaVey o la Iglesia de Satán con el satanismo, su origen es mucho más antiguo y amplio que todo esto. Durante el siglo XX emergieron en el satanismo religioso dos escuelas principales de pensamiento, que llegaron a conocerse como el *satanismo tradicional* y el *satanismo moderno*.[6] El satanismo tradicional enseña que Satanás es un ser espiritual personal, y el satanismo moderno enseña que es una entidad impersonal, o el mal generalizado, a los que se pone el nombre de Satanás.[7] Históricamente, el satanismo tradicional se puede rastrear hasta la época del Nuevo Testamento mediante los escritos de la iglesia cristiana, que define el satanismo como un sistema de creencias marginal que venera a Lucero, en directo contraste con la descripción de los evangelios de Jesucristo como Dios encarnado. La idea de un Satanás impersonal era esencialmente desconocida en los siglos pasados; existe hoy como producto de las tendencias filosóficas del siglo XX que redefinen todos los términos bíblicos, incluyendo a Satanás. Como resultado directo de esta interpretación

5. Véase capítulo 12: «La adoración a la Diosa, la brujería y la Wicca».

6. Este análisis del satanismo como religión usa «satanismo tradicional» y «satanismo moderno» para dividir categorías teológicas. *Tradicional*, en esta obra, se refiere al período desde el primer siglo hasta el tiempo presente, y el «satanismo moderno» es desde el siglo XVI en adelante. Otros eruditos, como J. Gordon Melton, usan «satanismo tradicional» para referirse al período desde el siglo XVI hasta el siglo XXI, pero esto deja a los satanistas desde el siglo I al XV en un limbo histórico. Massimo Intorvigne usa «satanismo organizado» en referencia al período del siglo XVI hasta los tiempos modernos, ignorando lo anterior a esa fecha. El uso por parte de James R. Lewis de «satanismo tradicional» y «satanismo moderno» corresponde a nuestro uso.

7. Existen subconjuntos menores, tales como el dualismo, en el que Dios y Satanás tienen poderes iguales; otros satanistas pueden afirmar que un poder anónimo al que ellos pueden sujetar impregna el universo; y algunos son panteístas, creen que Satanás es un dios entre muchos.

de las Escrituras según la ideología liberal, los satanistas tienen ahora definiciones flexibles para quién o qué es, y de qué manera existe, Satanás. Sin embargo, ambas formas de satanismo practican, sirven y adoran en esencia a una entidad general o específica. Cuando alguien se proclama satanista, la pregunta lógica que siempre debe venir a la mente es: «¿Qué clase de satanista?» Esta pregunta es la puerta a un terreno común, un lugar en donde los cristianos pueden dialogar sobre el origen de Satanás, su naturaleza y los efectos de su presencia en el mundo de hoy.

La historia de Satanás y el satanismo

La Biblia enseña que la vida cristiana es una jornada de continuo crecimiento en las enseñanzas de Dios, a lo que a veces se refiere como «la profundidad» de Dios (Ro. 11.33; Ef. 3.18; 1 Co. 2.10). En contraste con esto, las Escrituras también revelan la existencia de «las profundidades de Satanás»: «Pero a vosotros y a los demás que están en Tiatira, a cuantos no tienen esa doctrina, y no han conocido lo que ellos llaman las profundidades de Satanás, yo os digo: No os impondré otra carga; pero lo que tenéis, retenedlo hasta que yo venga» (Ap. 2.24-25). Dios elogió a la iglesia de Tiatira por rechazar «las profundidades de Satanás». En los tiempos del Nuevo Testamento, algunos fanfarrones alardeaban de la esencia del satanismo: prácticas de ocultismo, enseñanzas esotéricas, sabiduría secreta, artes mágicas, rituales y falsa adoración a los demonios. El conocido erudito del griego A. T. Robertson destaca la llamativa similitud en griego entre la frase de Juan «las profundidades de Satanás» y la frase de Pablo «lo profundo de Dios» (1 Co. 2.10). La manera en que los creyentes tienen acceso a lo profundo de Dios, según se ve en la teología del Nuevo Testamento, es también la manera en que los satanistas penetran en las profundidades de Satanás. Robertson se ocupa de los antiguos *ofitas* (adoradores de la serpiente) y de los gnósticos, a quienes les encantaban «las cosas profundas» que estaban espiritualmente arraigadas en el reino de Satanás.[8] Hoy los satanistas siguen tras sus convicciones oscuras, compitiendo con fervor en contra de la verdad de Cristo. Pero los datos históricos de la batalla contra las «profundidades de Satanás» en la iglesia inicial revelan una seguridad reconfortante para todos los que entran en el conflicto hoy: los cristianos han enfrentado lo peor de lo oculto a través de los siglos y han triunfado mediante el poder de Dios.

Satanás puede ser poderoso, pero no es *todopoderoso.* Los cristianos deben mantener un respeto saludable por el poder que posee Satanás, a la vez que abrazan y usan el conocimiento que Dios nos ha dado: que Satanás huirá por temor a los hijos de Dios.

8. A. T. Robertson, *Imágenes verbales del Nuevo Testamento,* Clie, Terrassa, 1989, en Ap. 2.24.

No hay necesidad de vivir con miedo de Satanás o huir de él; más bien, la Biblia enseña que es Satanás el que siente un profundo miedo a la iglesia cristiana. Santiago anima a los creyentes a someterse a Dios, resistir al diablo, «y huirá de vosotros» (Stg. 4.7). Pablo reveló esta promesa: «Porque no nos ha dado Dios espíritu de cobardía, sino de poder, de amor y de dominio propio» (2 Ti. 1.7). Juan concluyó su primera carta con esta promesa de victoria: «Hijitos, vosotros sois de Dios, y los habéis vencido; porque mayor es el que está en vosotros, que el que está en el mundo» (1 Jn. 4.4). El poder de Dios es superior al de cualquier ser creado, así que, por difícil que sea la batalla espiritual, se nos asegura la victoria final en Cristo.

Cuando Eva probó por primera vez el fruto prohibido y convenció a Adán para que hiciera lo mismo empezó la batalla por el alma humana. La iglesia inicial libró una batalla terrible y sangrienta contra fuerzas satánicas; batalla que todavía se libra hoy. Ningún soldado va a la guerra sin saber todo lo posible en cuanto a las tácticas del enemigo. En este contexto, Pablo escribió para advertir en cuanto a los planes de batalla de Satanás contra todos los cristianos, «para que Satanás no gane ventaja alguna sobre nosotros; pues no ignoramos sus maquinaciones» (2 Co. 2.11).

La iglesia de hoy debe ser consciente de los métodos de Satanás y fortalecerse mediante este conocimiento, como lo hizo Pablo, para que los cristianos reconozcan los trucos y artimañas de Satanás, y luchen contra ellos de manera específica, también como Pablo lo hizo. El conflicto con Satanás no es contra sangre y carne; es una batalla espiritual contra poderes sobrenaturales. «Porque no tenemos lucha contra sangre y carne, sino contra principados, contra potestades, contra los gobernadores de las tinieblas de este siglo, contra huestes espirituales de maldad en las regiones celestes» (Ef. 6.12). Si la caza de brujas de la Edad Media hubiera entendido que la batalla no tenía nada que ver con sangre y carne, hubiera visto que quemar a una bruja o a un satanista en la hoguera nunca podía ganar la batalla.[9] La lucha nunca fue contra *personas,* fue y es contra los enemigos espirituales de Cristo.

Satanás como ser real

A Satanás se le ha caricaturizado en varias películas y programas de televisión como un ser lastimero, malentendido, con un agrio sentido del humor, con tridente, cola de

9. El código lombardo (643 A.D.) hablaba en contra de hacer daño a las brujas basándose en que no era real que las brujas asesinaran a los hombres por la noche. La mayor persecución de brujas siguió al Sínodo de París (829 A.D.) en donde se usaron pasajes del Antiguo Testamento como justificación para matarlas. El nacimiento de Jesús señaló el principio del Nuevo Testamento o la edad de la gracia: «pero la gracia y la verdad vinieron por medio de Jesucristo» (Jn. 1.17); así que no matamos a los que participan en la brujería, puesto que estamos bajo la gracia y no bajo la ley (igual que no lapidamos a los adúlteros).

dos puntas y un persistente olor a azufre. ¿Sorprende entonces que cuando los cristianos describen a Satanás como el enemigo del alma, adversario de Dios, e incluso como poseedor de una enorme capacidad para el mal, la gente no lo crea? Prefieren la imagen irreal, juguetona, de Satanás, mucho mejor que la verdad dura que se describe en las Escrituras.

La verdadera naturaleza de Satanás y la historia de su caída del cielo se pueden hallar en Ezequiel 28.12-19:

> Así ha dicho Jehová el Señor: Tú eras el sello de la perfección, lleno de sabiduría, y acabado de hermosura. En Edén, en el huerto de Dios estuviste; de toda piedra preciosa era tu vestidura; de cornerina, topacio, jaspe, crisólito, berilo y ónice; de zafiro, carbunclo, esmeralda y oro; los primores de tus tamboriles y flautas estuvieron preparados para ti en el día de tu creación. Tú, querubín grande, protector, yo te puse en el santo monte de Dios, allí estuviste; en medio de las piedras de fuego te paseabas. Perfecto eras en todos tus caminos desde el día que fuiste creado, hasta que se halló en ti maldad. A causa de la multitud de tus contrataciones fuiste lleno de iniquidad, y pecaste; por lo que yo te eché del monte de Dios, y te arrojé de entre las piedras del fuego, oh querubín protector. Se enalteció tu corazón a causa de tu hermosura, corrompiste tu sabiduría a causa de tu esplendor; yo te arrojaré por tierra; delante de los reyes te pondré para que miren en ti. Con la multitud de tus maldades y con la iniquidad de tus contrataciones profanaste tu santuario; yo, pues, saqué fuego de en medio de ti, el cual te consumió, y te puse en ceniza sobre la tierra a los ojos de todos los que te miran. Todos los que te conocieron de entre los pueblos se maravillarán sobre ti; espanto serás, y para siempre dejarás de ser.

Ezequiel describe aquí a Satanás como el verdadero poder que hay detrás del rey terrenal de Tiro, lo cual es ejemplo perfecto de que batallamos contra «poderes y potestades» y no contra sangre y carne. Varios hechos destacados de los versículos anteriores distinguen a Satanás del rey humano: estuvo en el cielo en el huerto del Edén, cuando tentó a Eva; gobernaba como querubín ungido y, por consiguiente, es un ser creado (se dice dos veces); formado en perfección con rasgos hermosos.[10]

10. Es un error que los maestros cristianos afirmen que Satanás fue la criatura más hermosa que Dios creó, puesto que esa afirmación va más allá de lo que este pasaje dice y no tiene apoyo de ningún otro pasaje. El texto sólo dice que tenía belleza, pero no dice que fuese la creación más hermosa.

La mayor debilidad de Satanás es su propia naturaleza: es finito, pero Dios es eterno. Satanás está limitado por el tiempo y el espacio; su misma naturaleza asegura que nunca puede ser como Dios. Con todo, no se le debe subestimar, puesto que posee enormes poderes sobrenaturales más allá de la comprehensión humana. Esta magnífica criatura conocía la gloria de Dios de primera mano y, con todo, escogió pecar contra Él, solo para acabar siendo arrojado del cielo, junto con incontable número de otros ángeles (demonios) que le siguieron.

Isaías, el profeta del Antiguo Testamento, presenta una valiosa perspectiva de lo que causó la caída de Satanás:

> ¡Cómo caíste del cielo, oh Lucero, hijo de la mañana! Cortado fuiste por tierra, tú que debilitabas a las naciones. Tú que decías en tu corazón: Subiré al cielo; en lo alto, junto a las estrellas de Dios, levantaré mi trono, y en el monte del testimonio me sentaré, a los lados del norte; sobre las alturas de las nubes subiré, y seré semejante al Altísimo (Isaías 14.12-14).

La creación escogió envidiar al Creador; Satanás quería ser Dios. En los versículos 15-20 se pronuncia su juicio:

> Mas tú derribado eres hasta el Seol, a los lados del abismo. Se inclinarán hacia ti los que te vean, te contemplarán, diciendo: ¿Es éste aquel varón que hacía temblar la tierra, que trastornaba los reinos; que puso el mundo como un desierto, que asoló sus ciudades, que a sus presos nunca abrió la cárcel? Todos los reyes de las naciones, todos ellos yacen con honra cada uno en su morada; pero tú echado eres de tu sepulcro como vástago abominable, como vestido de muertos pasados a espada, que descendieron al fondo de la sepultura; como cuerpo muerto hollado. No serás contado con ellos en la sepultura; porque tú destruiste tu tierra, mataste a tu pueblo. No será nombrada para siempre la descendencia de los malignos.

El contexto indica que Dios no solo está hablando del rey de Babilonia, sino que también está dirigiéndose a la fuerza que hay detrás del rey de Babilonia: Lucero; el mismo Satanás. Las afirmaciones de Satanás brotan de su orgullo:

- «Subiré al cielo».
- «Levantaré mi trono».

- «En el monte del testimonio me sentaré, a los lados del norte».
- «Sobre las alturas de las nubes subiré».
- «Seré semejante al Altísimo».

Satanás cayó de la alta posición que ocupaba en el cielo debido a que lo consumía el orgullo; y Dios lo juzgó en concordancia con ello. La Biblia revela que Satanás caminaba entre pilares de fuego como el querubín protector de Dios; su posición era alta en la dimensión espiritual:

> Tú, querubín grande, protector, yo te puse en el santo monte de Dios, allí estuviste; en medio de las piedras de fuego te paseabas. Perfecto eras en todos tus caminos desde el día que fuiste creado, hasta que se halló en ti maldad (Ez. 28.14-15).

¿Cómo cayó Lucero si fue creado como ser perfecto? ¿Cómo se introdujo la imperfección en su naturaleza? Fue creado como ser inocente con el poder de escoger, y el mal no existió hasta que él ejerció esa decisión contraria a la voluntad de su Creador. Satanás estuvo expuesto al infinito amor, misericordia, compasión y al carácter personal de Dios a todo nivel. Cuando llegó el momento de tomar la decisión, el orgullo de su alma le engañó, y escogió probar ser como su Creador. El origen del mal brotó de un ser inocente, Lucero, que tenía el poder de escoger entre someterse a Dios y rebelarse. De modo similar, Adán fue creado inocente y recibió el poder de escoger entre el bien del mal, pero cayó de su estado inocente y trajo el pecado al dominio humano.

Poderes específicos de Satanás

Satanás puede controlar los elementos físicos de la tierra. Tiene el poder de afligir con enfermedad.[11] Tiene el poder de comunicarse con el espíritu humano; poder que Jesús ilustró en la parábola del sembrador: «Cuando alguno oye la palabra del reino y no la entiende, viene el malo, y arrebata lo que fue sembrado en su corazón. Este es el que fue sembrado junto al camino» (Mt. 13.19). Satanás, al que se identifica como «el malo», viene rápidamente después de que se predica el evangelio y lo roba de las almas de los hombres que no lo entienden. Noten que Jesús no dice que Satanás se lleva el evangelio sacándolo de la mente; dice que Satanás se lo roba y *lo saca del corazón,* o fuera del

11. Véase el capítulo 1, «El ocultismo y su reino», y el capítulo 2, «La revolución ocultista», para más información sobre los poderes de Satanás.

espíritu. Hay una diferencia bíblica entre la mente y el espíritu. Satanás no puede leer la mente, pero como ser espiritual puede comunicarse con un espíritu humano. Jesús advirtió que Satanás viene rápidamente después de que el creyente le habla de la semilla del evangelio a un no creyente y, si el no creyente no entiende, Satanás quita las palabras mediante las distracciones, confusión, mentiras o sustitutos de la verdad.

C. S. Lewis captó el genio de las artimañas de Satanás y las describió agudamente en su libro *Cartas del diablo a su sobrino.* Describió las tácticas de Satanás a fin de ilustrar que no podemos darnos el lujo de «ignorar sus maquinaciones».

> Mi querido Orugario:
>
> Veo con verdadero disgusto que tu paciente se ha hecho cristiano. No te permitas la vana esperanza de que vas a conseguir librarte del castigo acostumbrado; de hecho, confío en que, en tus mejores momentos, ni siquiera querrías eludirlo. Mientras tanto, tenemos que hacer lo que podamos, en vista de la situación. No hay que desesperar: cientos de esos conversos adultos, tras una breve temporada en el campo del Enemigo, han sido reclamados y están ahora con nosotros. Todos los hábitos del paciente, tanto mentales como corporales, están todavía de nuestra parte.
>
> En la actualidad, la misma Iglesia es uno de nuestros grandes aliados. No me interpretes mal; no me refiero a la Iglesia de raíces eternas, que vemos extenderse en el tiempo y en el espacio, temible como un ejército con las banderas desplegadas y ondeando al viento. Confieso que es un espectáculo que llena de inquietud incluso a nuestros más audaces tentadores; pero, por fortuna, se trata de un espectáculo completamente invisible para esos humanos; todo lo que puede ver tu paciente es el edificio a medio construir, en estilo gótico de imitación, que se erige en el nuevo solar. Y cuando penetra en la iglesia, ve al tendero de la esquina que, con una expresión un tanto zalamera, se abalanza hacia él, para ofrecerle un librito reluciente, con una liturgia que ninguno de los dos comprende, y otro librito, gastado por el uso, con versiones corrompidas de viejas canciones religiosas —por lo general, malas—, en un tipo de imprenta diminuto; al llegar a su banco, mira en torno suyo y ve precisamente a aquellos vecinos que, hasta entonces, había procurado evitar. Te trae cuenta poner énfasis en estos vecinos, haciendo, por ejemplo, que el pensamiento de tu paciente pase rápidamente de expresiones como "el cuerpo de Cristo" a las caras de los que tiene sentados en el banco de al lado. Importa muy poco, por supuesto, la clase de personas que realmente haya en el banco. Puede que haya alguien en quien reconozcas a un

gran militante del bando del Enemigo; no importa, porque tu paciente, gracias a Nuestro Padre de las Profundidades, es un insensato, y con tal de que alguno de esos vecinos desafine al cantar, o lleve botas que crujan, o tenga papada, o vista de modo extravagante, el paciente creerá con facilidad que, por tanto, su religión tiene que ser, en algún sentido, ridícula. En la etapa que actualmente atraviesa, tiene una idea de los "cristianos" que considera muy espiritual, pero que, en realidad, es predominantemente gráfica: tiene la cabeza llena de togas, sandalias, armaduras y piernas descubiertas, y hasta el simple hecho de que las personas que hay en la iglesia lleven ropa moderna supone, para él, un auténtico (aunque inconsciente, claro está) problema. Nunca permitas que esto aflore a la superficie de su conciencia; no le permitas que llegue a preguntarse cómo esperaba que fuesen. Por ahora, mantén sus ideas vagas y confusas, y tendrás toda la eternidad para divertirte, provocando en él esa peculiar especie de lucidez que proporciona el Infierno.

Trabaja a fondo, pues, durante la etapa de decepción o anticlímax que, con toda seguridad, ha de atravesar el paciente durante sus primeras semanas como hombre religioso. El Enemigo deja que esta desilusión se produzca al comienzo de todos los esfuerzos humanos: ocurre cuando el muchacho que se deleitó en la escuela primaria con la lectura de las Historias de la Odisea, se pone a aprender griego en serio; cuando los enamorados ya se han casado y acometen la empresa efectiva de aprender a vivir juntos. En cada actividad de la vida, esta decepción marca el paso de algo con lo que se sueña y a lo que se aspira a un laborioso quehacer. El Enemigo acepta este riesgo porque tiene la curiosa ilusión de hacer de esos asquerosos gusanillos humanos lo que Él llama Sus "libres" amantes y siervos ("hijos" es la palabra que Él emplea, en Su incorregible afán de degradar el mundo espiritual entero a través de relaciones "contra natura" con los animales bípedos). Al desear su libertad, el Enemigo renuncia, consecuentemente, a la posibilidad de guiarles, por medio de sus aficiones y costumbres propias, a cualquiera de los objetivos que Él les propone: les deja que lo hagan "por sí solos". Ahí está nuestra oportunidad; pero también, tenlo presente, nuestro peligro: una vez que superan con éxito esta aridez inicial, los humanos se hacen menos dependientes de las emociones y, en consecuencia, resulta mucho más difícil tentarles.

Cuanto te he escrito hasta ahora se basa en la suposición de que las personas de los bancos vecinos no den motivos racionales para que el paciente se sienta decepcionado. Por supuesto, si los dan —si el paciente sabe que la mujer del sombrero ridículo es una jugadora empedernida de bridge, o que el hombre de las botas rechinantes es un avaro y un chantajista—, tu trabajo resultará mucho más fácil. En tal caso, te basta con evitar que se le pase por la cabeza la pregunta: "Si yo, siendo como soy, me puedo considerar un cristiano, ¿por qué los diferentes vicios de las personas que ocupan el banco vecino habrían de probar que su religión es pura hipocresía y puro formalismo?" Te preguntarás si es posible evitar que incluso una mente humana se haga una reflexión tan evidente. Pues lo es, Orugario, ¡lo es! Manéjale adecuadamente, y tal idea ni se le pasará por la cabeza. Todavía no lleva él tiempo suficiente con el Enemigo como para haber adquirido la más mínima humildad auténtica: todo cuanto diga, hasta si lo dice arrodillado, acerca de su propia pecaminosidad, no es más que repetir palabras como un loro; en el fondo, todavía piensa que ha logrado un saldo muy favorable en el libro mayor del Enemigo, sólo por haberse dejado convertir, y que, además, está dando prueba de una gran humildad y de magnanimidad al consentir en ir a la iglesia con unos vecinos tan engreídos y vulgares. Mantenle en ese estado de ánimo tanto tiempo como puedas.

Tu cariñoso tío,
ESCRUTOPO[12]

Esparcido por toda la Biblia hay un vasto campo de información en cuanto a este enemigo de Dios y del hombre. Jesús dijo que es homicida, mentiroso y padre de mentiras (Jn. 8.44), el príncipe de este mundo (Jn. 16.11), y el malo (Mt. 13.38). Juan le llamó el dragón, la serpiente antigua y el diablo (Ap. 20.2), es el «acusador» de los hermanos día y noche (Ap. 12.10), y es el ángel del abismo (Ap. 9.11). Pablo le llamó el príncipe de la potestad del aire (Ef. 2.2), gobernador de las tinieblas (Ef. 6.12), dios de este mundo (2 Co. 4.4), y el que se disfraza como ángel de luz (2 Co. 11.14). Pedro escribió que es el adversario del creyente (1 P. 5.8). Estas cosas describen la persona y el carácter de Satanás, un ser cuya meta es destruir a tantos seres humanos como sea posible antes de su confrontación final con Jesucristo, después de la cual será arrojado al lago de fuego eterno (Ap. 20.10).

Satanás obró milagros en el Antiguo Testamento por medio de representantes de lo oculto, como los magos de la corte del faraón, y los obra hoy por medio de sus modernos ocultistas. En 2 Tesalonicenses 2.9 Pablo predijo la culminación final de sus poderes en la tierra, que resulta en el surgimiento del Anticristo: «inicuo cuyo advenimiento es por

12. Lewis, *Cartas del diablo a su sobrino*, Rialp, Madrid, 2007. Copiado en español de http://www.conoze.com/doc.php?doc=2442 (acceso obtenido 24 junio 2008).

obra de Satanás, con gran poder y señales y prodigios mentirosos». La iglesia debe estar preparada para «resistir[le] firmes en la fe» (1 P. 5.9).

El Satanás despersonalizado

Vivimos en una edad de definiciones espurias y términos arbitrariamente redefinidos. Los modernistas, los que siguen la filosofía humanista secular, y los pensadores de la Nueva Era, por ejemplo, han redefinido muchos valores, términos y normas, todo bajo el manto de la tolerancia. El lema de la sociedad actual es «vive y deja vivir», especialmente en lo que tiene que ver con el mal. Por eso no sorprende que pese a haber redefinido a Dios como una fantasía «muerta» del hombre primitivo, Satanás haya gozado de una extensiva reconstrucción y con el tiempo haya emergido como un concepto filosófico despersonalizado; sinónimo de la sombra del hombre o del mal colectivo. A Satanás ya no se le ve como persona, según los satanistas modernos; simplemente representa el mal que hay en cada cosa viva. Anton LaVey, fundador de la Iglesia de Satán, usó todas las oportunidades que le ofrecieron los medios de comunicación para popularizar esta teoría.

Antes del tiempo de LaVey, se puede rastrear al Satanás redefinido en los sermones de los unitarios, cristadelfianos, universalistas y metafísicos del siglo XIX, tales como Mary Baker Eddy y la escritora teosófica Madame Blavatsky. Blavatsky, cofundadora de la Sociedad Teosófica, escribió: «Se considera menos impío, menos infiel, dudar de la existencia personal del Espíritu Santo, o de la divinidad de Jesús, que cuestionar la personalidad del diablo».[13] La reinterpretación de Eddy dice: «DIABLO, MAL; una mentira; error; ni corporeidad ni mente; lo opuesto a la verdad; una creencia de pecado, enfermedad y muerte».[14]

Con filósofos, dirigentes de sectas y ocultistas deshaciendo el carácter personal de Satanás (y así su poder para destruir), es inevitable que una proposición tan atractiva se abriera paso en la teología cristiana de ideología liberal. C. S. Lewis notó el progreso de la corrupción en una conversación que tuvo con un hombre que «creía en un diablo, pero "no en un diablo personal"».[15] Lewis se concentró en definir mejor los términos, pero la gente reinventa a Satanás para que se ajuste a su zona personal de comodidad. Hay mucha más disposición para convertirlo en una superconciencia del mal en la humanidad que en personificarlo como un enemigo enormemente poderoso, malévolo

13. Helena P. Blavatsky, *Isis sin velo*, Sirio, Málaga, España, 1988, 2: p. 476.
14. Eddy, *Ciencia y salud con clave de las Escrituras*, Writings of Mary Baker Eddy, 2000 (p. 584 del original en inglés).
15. C. S. Lewis, *Dios en el banquillo*, Rialp, Madrid, 2008 (p. 255 del inglés).

y sobrenatural. Todo ello mientras se olvidan de que es un enemigo perverso decidido a la destrucción humana y el espíritu maligno del fuego eterno del infierno. Hay escaso interés en la *persona* de Satanás.

El Satanás mitológico

Pisándole los talones al Satanás despersonalizado está la idea de que Satanás es un mito, inventado por el hombre para suprimir a las mentes débiles o justificar contradicciones de pensamiento. Los teólogos y sociólogos intentan trazar paralelismos entre la historia de Satanás en el cristianismo y las otras religiones del mundo, intentando rastrear fuentes de una religión a otra. Esta hipótesis está contaminada por la presuposición de que todas las culturas tienen un mal mítico. El Antiguo y Nuevo Testamento, como documentos históricos, invalidan estas presuposiciones y contienen un relato singular de la actividad de Satanás.

A menudo se presenta así la manera racionalista de eliminar al diablo: «La capacidad del mito de trascender las categorías racionales es de enorme valor para entender al diablo. En el pensamiento racional, el bien y el mal parecen ser mutuamente excluyentes... Podemos decir que es el mito, más que la especulación racional, el que provee el material con el cual se construye en última instancia el concepto del diablo».[16]

Esta racionalización no es nueva; es un retorno a maestros sectarios del siglo XIX como Helena Blavatsky y Mary Baker Eddy, que no solo negaron un diablo personal sino que adujeron (hace más de un siglo) que Satanás se basaba en un mito.

Durante el siglo XX los teólogos de ideología liberal trataron de argumentar y dejar establecida la existencia de mitos dentro de la Biblia con el propósito expreso de desmitologizar todos los mitos que cuidadosamente habían tramado. Los que ya negaban cosas tales como el nacimiento virginal de Cristo y sus milagros, por ejemplo, se dieron prisa en incluir el mito de Satanás como uno de sus objetivos. Despojar a Satanás de su personalidad y mitología lo hace tan inofensivo como un gatito. Extraer de la Biblia a la persona de Satanás hace que la lucha bíblica entre Dios y él no tenga sentido. El doctor George Eldon Ladd resume los efectos de desmitologizar la historia bíblica: «El resultado de desmitologizar la enseñanza bíblica de un Dios que es Creador y Señor de la historia sacrifica un elemento esencial en el evangelio y brota de un concepto filosófico de Dios que es diferente a la revelación bíblica».[17]

---

16. Jeffrey Burton Russell, *El diablo: percepciones del mal desde la antigüedad hasta el cristianismo primitivo*, Laertes, Barcelona, 1995 (p. 52 del original en inglés).
17. George Eldon Ladd, *The Presence of the Future: The Eschatology of Biblical Realism*, Eerdmans, Grand Rapids, 1996, p. 332.

Algunos académicos acusaron a la iglesia de inventar al diablo para suprimir las libertades personales. En la década de los treinta se lanzaron acusaciones siniestras de que los dirigentes de la iglesia estaban obsesionados con controlar a las personas y que retenían a Satanás en su oficio diabólico solo para asegurar la continuidad de ese control. Es una afirmación carente de toda base, pero que muchos otros han repetido. El doctor Albig escribió:

> Aunque los dirigentes de la iglesia usaron el mito del diablo personal como un poderoso medio de control social, y aunque es cierto que los teólogos guiaron en parte el desarrollo del concepto del diablo, los bosquejos esenciales del mito del diablo en la Edad Media eran simplemente reelaboraciones de lo folclórico. Más tarde, el historial de las obras del diablo, sus modos y su persona fueron esencialmente producto de grandes escritores, sobre todo de Dante y Milton.
>
> Pero, durante el apogeo de su poder terrenal, Satanás era un mito folclórico.[18]

Los que quieren borrar a Satanás de la historia bíblica mediante la teología liberal no tienen base sólida para la apologética bíblica. El cristianismo no se basa en saltos ciegos de fe; se arraiga en procesos sólidos, de lógica racional. Los documentos del Nuevo Testamento son históricos y confiables; han resistido la prueba del tiempo.[19] A la luz de este hecho, la iglesia moderna puede con toda confianza imitar al apóstol Pedro cuando afirmó que *no seguimos mitos* (2 P. 1.16). La Biblia no ofrece afirmaciones peregrinas o sin respaldo en cuanto a Satanás; presenta enseñanzas que encajan uniformemente con todos los otros aspectos conocidos del universo bajo la soberanía de Dios.

Satanismo tradicional

El satanismo tradicional reconoce a Satanás como un ser personal y sobrenatural, bien sea más grande que Dios (panteísmo) o igual a Dios (dualismo). Los satanistas tradicionales participan en adoración, oración o rituales paganos donde reconocen la autoridad espiritual de Satanás. El satanismo es antiguo, anterior a la historia humana previa a la caída. Los ángeles de Lucero fueron los primeros seguidores de Satanás; los primeros satanistas. No hay historia de individuos o grupos que adoraran directamente o siguieran a Satanás antes de tiempo de Cristo; pero existía el mandamiento bíblico de no adorar

18. William Albig, *Public Opinion*, McGraw-Hill, Nueva York, 1939, p. 129.
19. Lectura sugerida en este aspecto, en inglés y español: McDowell, *Evidencia que exige un veredicto II*, Clie, Barcelona, 2004; Norman L. Geisler, *Baker Encyclopedia of Christian Apologetics*, Baker, Grand Rapids, 1999; y Wilbur Smith, *Therefore Stand: Christian Apologetics*, Baker, Grand Rapids, 1965.

a los ídolos, lo que Dios caracteriza como *adoración de demonios* (Dt. 32.17; Lv. 17.7; 2 Cr. 11.15; Sal. 106.37).[20] Al tentar a la humanidad a adorarle, Satanás triunfó con el hombre en donde había fallado con Jesús. Este éxito dio gran satisfacción a Satanás, como se evidencia en su tendencia histórica a repetir esa estrategia exitosa; en consecuencia, trabajó por los siglos para seducir a los que son hechos a imagen de Dios, para que se postren y le adoren.

En tiempos del Nuevo Testamento hubo individuos que se entregaron a Satanás por la exaltación temporal del poder instantáneo (Hch. 8.9-11; 16.16). En cierta ocasión, los fariseos incluso acusaron a Jesús de servir a Satanás:[21]

> Mas los fariseos, al oírlo, decían: Este no echa fuera los demonios sino por Beelzebú, príncipe de los demonios. Sabiendo Jesús los pensamientos de ellos, les dijo: Todo reino dividido contra sí mismo, es asolado, y toda ciudad o casa dividida contra sí misma, no permanecerá. Y si Satanás echa fuera a Satanás, contra sí mismo está dividido; ¿cómo, pues, permanecerá su reino? Y si yo echo fuera los demonios por Beelzebú, ¿por quién los echan vuestros hijos? Por tanto, ellos serán vuestros jueces. Pero si yo por el Espíritu de Dios echo fuera los demonios, ciertamente ha llegado a vosotros el reino de Dios (Mt. 12.24-28).

Su acusación no halló acogida, y generaciones posteriores juzgaron sus acciones. Jesús refutó tales afirmaciones diciéndoles que él echaba fuera a los demonios por el Espíritu de Dios (un reino diferente) y no por Satanás. Les advirtió con rigor que atribuir la obra de Dios al poder de Satanás es blasfemia contra el Espíritu Santo, algo que no será perdonado ni en esta edad ni en la venidera (Mt. 12.31-32). Esta discusión con los fariseos revela que el reino de Dios es superior al reino de Satanás, negando así la igualdad de poderes o dualismo. En esencia, los fariseos acusaron a Jesús de servir a Satanás, pero Jesús refutó esto afirmando que el reino de Dios había venido por medio de él.

En el libro de Apocalipsis el apóstol Juan describió el satanismo de dos maneras: como una experiencia diaria del mal o las «profundidades de Satanás» (Ap. 2.24) y como un evento futuro en donde multitudes incontables de personas le adorarán y servirán como el Anticristo (la morada de Satanás en Ap. 13.1-10).[22] Este es el cenit del

---

20. Este capítulo se centra en la adoración y servicio directo a Satanás. La historia está llena de adoración indirecta, como la idolatría, pero la primera demanda de Satanás de adoración directa fue durante la tentación de Jesús, y reveló su deseo personal.
21. Beelzebú (a veces escrito Beelzebul) era una designación judía para Satanás, y por eso Jesús les contestó usando el nombre Beelzebú. Las disputas en cuanto al significado de Beelzebú se resuelven en el contexto, en donde Mateo da su transliteración, «príncipe de los demonios». Este príncipe es Satanás.
22. En cuanto a que Satanás mora en el Anticristo y para desenredar la diferencia entre Anticristo, el falso profeta

satanismo, en donde la vasta mayoría de personas de la tierra le adorarán y servirán (y al falso profeta y a la bestia); una afrenta a Dios de tal magnitud que puede explicar por qué la adoración del Anticristo, el falso profeta y la bestia jamás serán perdonadas. En este sentido, el satanismo, según lo conocemos, lo prevé Juan como una de las batallas por el alma humana más fuertes de la historia. El satanismo de hoy es esencialmente el satanismo inicial; simplemente un botón de muestra de lo que vendrá en los días finales.

La idolatría del satanismo

Como ya se consideró arriba, el satanismo es la adoración directa de Satanás y el servicio a él. La idolatría es la adoración de íconos o estatuas pensando que representan a «dioses» individuales, pero que en realidad representan a demonios individuales (Lv. 17.17; Dt. 32.17; 2 Cr. 11.15; Sal. 106.37). Puesto que Satanás es el príncipe de los ángeles caídos o demonios, la idolatría llega a ser adoración indirecta a Satanás, como el apóstol Pablo lo describió en su carta a la iglesia de Corinto:

> ¿Qué digo, pues? ¿Que el ídolo es algo, o que sea algo lo que se sacrifica a los ídolos? Antes digo que lo que los gentiles sacrifican, a los demonios lo sacrifican, y no a Dios; y no quiero que vosotros os hagáis partícipes con los demonios. No podéis beber la copa del Señor, y la copa de los demonios; no podéis participar de la mesa del Señor, y de la mesa de los demonios. ¿O provocaremos a celos al Señor? ¿Somos más fuertes que él? (1 Co. 10.19-22)

La respuesta de Pablo confirma la aseveración del Antiguo Testamento de que los demonios son el poder que hay detrás de todo ídolo. Adorar y servir a estos ídolos es lo mismo que adoración y servicio a los demonios que tienen dominio sobre ellos y, así, al príncipe de los demonios, Satanás.[23]

El satanismo tradicional y la iglesia inicial

Los padres de la iglesia no escribieron específicamente sobre el satanismo, pero revelaron la práctica temprana de renunciar a Satanás que hubo entre los cristianos. Tertuliano (145-230 A.D.) confirma que los miembros de la iglesia inicial «renunciaron al diablo

y la bestia, véase Unger, *Biblical Demonology*, p. 190.

23. Pablo está en pleno acuerdo con los cuatro versículos del Antiguo Testamento que hablan de los ídolos como portadores de demonios (siempre plural) detrás de ellos (Lv. 17.17; Dt. 32.17; 2 Cr. 11.15; Sal. 107.37). En el mejor de los casos, uno pudiera aducir que había adoración indirecta de demonios, pero faltaba la directa adoración de Satanás como ser personal.

y sus ángeles».[24] Hipólito (m. 235) y Cipriano (m. 258) también mencionan que los cristianos realizaron una práctica de renuncia al diablo. Tenemos poca información en cuanto a lo que provocó que se realizara esa práctica, pero por analogía con otras cosas a las que los cristianos renunciaron parece que la renuncia estaba ligada a anteriores prácticas de pecado que involucraban a Satanás y sus ángeles. Así como los primeros cristianos renunciaban a la participación con los ídolos, el adulterio, pasiones injuriosas, codicia, templos extraños y supersticiones, también renunciaban a toda asociación anterior con el diablo y sus ángeles; asociación considerada tan real como las otras cosas mencionadas.[25]

San Basilio el Magno (329-379 A.D.) relataba una historia de un pacto con Satanás, que es una forma de satanismo.[26] Las homilías y sermones en la historia de la iglesia se daban por lo general en respuesta a asuntos apremiantes que ella enfrentaba. El hecho de que el relato de Basilio se dijera y repitiera señala la probabilidad de reiteradas escaramuzas entre el cristianismo y las fuerzas de Satanás. Las evidencias históricas indican que los ataques satánicos siguieron siendo un asunto de intensa preocupación.

La misa negra

Los satanistas, decididos a separarse del cristianismo, desarrollaron la misa negra como un ritual exclusivamente satánico. Es una parodia de la misa católica romana en muchos aspectos y muchos la consideran blasfemia. Un escritor de buena reputación, H. T. F. Rhodes, traza el posible desarrollo de la misa negra a partir de una ceremonia originalmente conocida como la misa de los muertos:

> Nadie sabe en realidad nada de la historia inicial de la misa negra... Hay indicios, sin embargo, que sugieren que estos ritos provienen de la magia y, lo que es más significativo, no tienen nada que ver con la teología cristiana o cualquier otra. El Concilio de Toledo, en el siglo VII, por ejemplo, denunció un oficio conocido como la misa de los muertos. Esta es la primera misa negra anotada, y

24. Allen Menzies, ed., *The Ante-Nicene Fathers*, Eerdmans, Grand Rapids, 1978, 3: p. 64. Véase también 3: p. 81, que muestra que los cristianos «renunciaron al diablo y su pompa y sus ángeles», y 3: p. 660, en donde los cristianos «por arrepentimiento renunciaron a su rival el diablo».
25. Esto está, más que explícito, implícito en textos antiguos.
26. Aunque el relato se repitió y embelleció en la historia de la iglesia, con todo confirma una fecha histórica temprana para una forma de satanismo. El relato de Basilio se contó desde el siglo IV hasta la Edad Media. Un resumen del mismo se halla en Russell, *Witchcraft in the Middle Ages*, p. 84, que también habla de su presencia en la historia de la iglesia en la Edad Media.

> no hubo réquiem. El sacerdote realizó el rito... para encomendar a un hombre vivo a la muerte.[27]

Históricamente, el siguiente paso en el desarrollo de la misa negra fue la misa de Saint Secaire, realizada en Gasconia (en el suroeste de Francia). Empezaba con una relación sexual entre el sacerdote y su servidora, e incluía una versión de la misa católica romana recitada al revés. La misa se realizaba con el propósito expreso de matar a la persona designada, y no como una forma de adoración satánica.[28]

Por toda la Edad Media se practicaron variaciones de misas negras, según se evidencia en la historia relatada por Jean Bodin en sus *Demonomanie des Sorciers* (1580). Según Bodin, se dijo una misa negra por orden de Catalina de Médicis, reina de Francia, durante la cual se sacrificó a un niño. Relatos como estos pudieran haber sido la base para las falsedades posteriores durante los juicios de las cazas de brujas. Entre los elementos persistentes de las misas negras de ayer y hoy están la blasfemia del catolicismo romano, el uso de una mujer desnuda, «el altar de la carne»[29] en sustitución del altar de la iglesia, y una ceremonia en la que se repiten al revés oraciones y liturgia. Con el paso de los siglos, la literatura histórica mantuvo la reputación oscura y misteriosa del satanismo y de la misa negra en obras como *Allá lejos* (1891), novela del escritor francés decimonónico J. K. Huysmans que popularizó la misa negra para el público general.

Satanismo de Oriente Medio

Los yazidíes son un grupo de personas de Oriente Medio a quienes sus vecinos describen como «adoradores del diablo».[30] Uno de sus textos sagrados, el *Kitab al Jilhuah* (Libro de la Revelación), fue supuestamente entregado en el siglo XII como revelación de Satán (el *Melek Taus,* o Rey Pavo real).[31] Se decía que Melek Taus era un espíritu malo que se le apareció a uno de sus líderes (y de aquí la Revelación) afirmando su omnipotencia y eternidad. Entonces añadió: «Yo participo en todos los asuntos que los que están fuera [fuera de su religión] llaman mal porque su naturaleza no es como la que ellos aprueban».[32] Taus se identificó como un dios para los yazidíes y como la fuente del *mal* para

---

27. H. T. F. Rhodes, "Black Mass", en Cavendish, *Man, Myth, and Magic,* 2: p. 273.
28. James George Frazer, *La rama dorada: Magia y religión,* Fondo de Cultura Económica de España, Madrid, 2005 (p. 69 del original inglés).
29. Ibid., pp. 247–248.
30. Isya Joseph, *Adoradores del diablo: Los sagrados libros de los yazidíes,* Editorial Humanitas, Barberà del Vallès, Barcelona, 2003 (p. 11 del original en inglés).
31. Los yazidíes fueron un grupo pequeño de personas que generalmente vivían aislados de los demás. Hablaban kurdo, pero muchos pueden haber sido de descendencia asiria. Para su traducción y análisis véase Joseph, *Adoradores del diablo.*
32. Joseph, *Adoradores del diablo* (p. 31 del original en inglés).

todos los de afuera (judíos, cristianos, musulmanes). Eso explica por qué estos tildaron a los yazidíes como «adoradores del diablo».[33]

Recientemente Sean Thomas, reportero del *Telegraph*, entrevistó a algunos líderes de los yazidíes y confirmó su adoración de Melek Taus, que es el nombre con que se refieren al diablo bíblico. «Creemos que es un ángel orgulloso, que se rebeló y Dios lo arrojó al infierno... Es a la vez ambas cosas [bueno y malo].[34]

Aunque la mayoría de yazidíes evitan el peligroso título de «adorador del diablo», algunos dirigentes valientes reconocen en público que Melek Taus es «el diablo». Mir Hazem, conocido como «líder hereditario», dijo hace poco: «No puedo decir esta palabra [diablo] en voz alta porque es sagrada. Es el jefe de los ángeles. Creemos en el jefe de los ángeles».[35]

No cabe duda de que el nombre yazidí de *Melek*, el Rey Pavo real condenado por Dios al infierno, tiene raíces antiguas. Es una escalofriante reminiscencia del demonio bíblico *Moloc*, ídolo cuyos brazos de bronce calentados al rojo vivo quemaban a los niños sacrificados en el valle de Hinón fuera de Jerusalén (aprox. 1000 A.C.).[36]

Aunque algunos han tratado de «blanquear» a los yazidíes (como Anton LaVey indicó),[37] es innegable que adoraban al diablo en la antigüedad y lo adoran hoy. Estos hechos contradicen por completo a la mayoría de los eruditos modernos que afirman que la adoración a Satanás es de origen moderno.[38] En el antiguo ritual yazidí en honor a Melek Taus, un sacerdote llevaba ante el pueblo una imagen del Rey Pavo real montado en la punta de un palo.[39] Hoy, los satanistas modernos han revivido este formato y práctica de antigua adoración yazidí, cimentando el eslabón entre lo antiguo y lo nuevo.[40]

La caza de brujas europea

Las pruebas de que el satanismo es una práctica continua en toda la historia se pueden hallar también en la obra de Jeffery B. Russell, que aporta dos relatos de confesiones en la caza de brujas que parecen probar su existencia continuada. Aunque la historia europea

33. Melek Taus no era el único espíritu o dios que los yazidíes reconocían.
34. Sean Thomas, "The Devil Worshippers of Iraq", *Telegraph*, 20 agosto 2007, http://www.telegraph.co.uk/news/main.jhtml?xml=/news/2007/08/19/wiraq219.xml.
35. Ibid.
36. El término bíblico para esto era «pasar por fuego» (2 R. 23.10). Salomón construyó un lugar alto para Moloc (1 R. 11.7) y adoró a este dios y a otros, como también muchos otros reyes de Israel. Véase Lv. 18.21; 20.2-5; 1 R. 11.5, 7, 33; 2 R. 23.10, 13; Jer. 32.35.
37. Anton Szandor LaVey, *Satanic Rituals*, Harper Collins, San Francisco, 1976, p. 161. LaVey escribió varias páginas sobre los yazidíes.
38. Escritores como Massivo Introvige, J. Gordon Melton y John Smulo son ejemplo de ello.
39. Un boceto de esto se puede ver en Joseph, *Adoradores del diablo*, p. 8 del original en inglés.
40. Véase la sección de este capítulo sobre el *Black Coven of Satanas*.

provee un número elevado de confesiones medievales registradas durante el período de la tristemente célebre caza de brujas, la mayoría fueron falsificadas o conseguidas con tortura. Con todo, Russell cita las experiencias de Annie-Marie Georgel y de Catalina Delort como confesiones genuinas (1335), aunque otros escritores cuestionan su validez histórica.[41] Los críticos que cuestionan la legitimidad de estos relatos o confesiones no explican por qué el satanismo no fue real por lo menos en cierto grado. Es posible que puedan haberse maquillado los detalles de lo ocurrido, igual que en un accidente de automóvil pueden estar en conflicto los detalles que condujeron al mismo, pero eso no excluye que se haya producido.

Russell tiene razón al afirmar que hubo algunas confesiones verdaderas, pero el número exacto sigue siendo un misterio.

Divisiones del satanismo tradicional

Apenas cabe duda de que el satanismo tradicional sobrevivió a la caza de brujas de la Edad Media para influir en la fundación del satanismo moderno, su antisocial hermano. La rebelión contra el catolicismo romano contaminó incluso a los sacerdotes, quienes, una vez expulsados, empezaron a explorar el lado oscuro de la carnalidad y a la larga el campo prohibido del satanismo. Uno de tales sacerdotes, François Rabelais (1424-1553), promovió la libertad y la autoindulgencia hasta el punto de ser el padre del satanismo moderno y del principio wicca de «haz lo que quieras».[42] Esta cita se halló en la obra ficticia *Abadía de Thélème* de François Rabelais (1534) quinientos años antes de que wiccanos como Gerald Gardner lo usaran; aunque algunos afirman que ellos han usado mal a Rabelais. La autoindulgencia más tarde llegó a ser un puente teórico hacia el satanismo moderno, especialmente en la escuela del Satanismo Thelema, que esgrime una rígida postura contra los preceptos cristianos de la moralidad.

41. Russell, *Witchcraft of the Middle Ages,* p. 182. Gareth J. Medway, en *Lure of the Sinister: The Unnatural History of Satanism,* Nueva York University Press, Nueva York, 2001, pp. 70–72, arroja dudas sobre la autenticidad de estas confesiones, aduciendo que el registro más antiguo data de 1829.

42. Esto viene de su obra *Gargantúa* (1534), que tiene la «Ley de Thelema». *Thelema* es «voluntad» en griego. El satanismo thelemita promueve la ley de Rabelais para las masas, especialmente por medio de Aleister Crowley. Algunos satanistas modernos remontan la ley de Thelema a los escritos de San Agustín, lo cual es absurdo. El comentario de Agustín sobre 1 Juan 4.8 no lo respalda. Este error es una falacia *post hoc* y aduce que la traducción de Agustín (450 A.D.) al inglés moderno, que resulta estar en el mismo orden de palabras que la traducción al inglés del francés renacentista de Rabelais, hace de Agustín el originador de «haz lo que quieras». Esta es una clara falacia argumentativa con causa falsa.

Satanismo moderno

Siguiendo la línea del licencioso sacerdote François Rabelais, el satanismo moderno se desarrolló rápidamente como una forma seductora de hedonismo. En el satanismo, el cumplimiento de los deseos de la carne ocupa un rango supremo y, una vez más, emplea el dictado «haz lo que quieras».

Clubes del Fuego Infernal

Encontramos a unos precursores de este hedonismo en los llamados monjes de Medmenham (circa 1720), que en realidad eran unos poderosos aristócratas ingleses que se disfrazaban de monjes y celebraban misas negras secretas. Sir Francis Dashwood, noble inglés que mencionaba al príncipe de Gales, a William Pitt y a Benjamín Franklin entre sus amigos, rentó y renovó un aislado monasterio cisterciense del siglo XII llamado la abadía Medmenham, ubicada sobre el río Támesis, como a diez kilómetros de su casa. Dashwood se dedicó a reclutar miembros para lo que llegaría a ser una de las órdenes hedonistas más notorias. Inicialmente le puso a la orden su propio nombre: La orden de los frailes de San Francis de Wycombe, pero poco tiempo después su tristemente célebre reputación la bautizó para siempre como el Club del Fuego Infernal:

> Hubo en realidad varios Clubes del Fuego Infernal, pero el más conocido fue probablemente el fundado en Inglaterra por Sir Francis Dashwood, que también era miembro de una hermandad neo-druida. El Club del Fuego Infernal de Dashwood llevaba, para ser más precisos, el nombre de Frailes de San Francis de Wycombe, y cuando él más tarde compró la abadía de Medmenham, se les llegó a conocer también como los frailes de Medmenham. Curiosamente, cuando Sir Francis estaba renovando la abadía, hizo que los obreros inscribieran sobre uno de los dinteles en francés del renacimiento: «haz lo que quieras». Más de cien años después esta frase, expresada en lenguaje ligeramente diferente, se convertiría en el lema de la figura del ocultismo más conocida de los tiempos modernos, Aleister Crowley.[43]

Dashwood promovía toda forma de hedonismo, como la embriaguez y las orgías sexuales, justificándolo todo bajo el «haz lo que quieras» de Rabelais. El Club del Fuego Infernal, también conocido localmente como «Los monjes locos de Medmenham», llegó

43. James Randall Noblitt y Pamela Sue Perskin, *Cult and Ritual Abuse: Its History, Anthropology, and Recent Discovery in Contemporary America,* Praeger, Westport, CT, 2000, p. 138.

a representar a los aristócratas ricos, vestidos como monjes y monjas, que negaban a Dios y se dedicaban a una flagrante vida licenciosa. Como en algunos de los rituales del satanismo moderno y las misas negras, se usaba una mujer desnuda como altar y se echaba vino sobre su cuerpo sin ninguna razón ceremonial en particular. Las cruces invertidas y las velas negras encendidas entraron a formar parte de los ritos secretos.[44]

A los frailes de San Francis se les conocía porque organizaban orgías para sus miembros y a veces celebraban misas negras y otras ceremonias similares. No obstante, algunos autores han interpretado que su nada ortodoxa conducta no era genuinamente satánica, sino más bien un tipo de libertinaje organizado. Aristócratas ingleses y altos funcionarios del gobierno frecuentaban el Club. Por ejemplo, Sir Francis era amigo personal y consejero del rey Jorge III, y un miembro por mucho tiempo del parlamento, y más tarde llegó a ser canciller del tesoro público.[45]

También surgió en Inglaterra un grupo, que les suponía cierta competencia, llamado los Demoníacos, que se comportaba de manera similar.[46]

Senda de la mano izquierda y senda de la mano derecha

Una de las marcas del satanismo moderno es que sus practicantes profesan escoger la senda de la mano izquierda en lugar de la tradicional alternativa dualista de la mano derecha. Ejemplos del dualismo son oscuridad y luz, negativo y positivo, blanco y negro, cabras y ovejas, carnal y divino, y poder y sabiduría, respectivamente.

La senda de la mano izquierda la explicaron las teósofas Helena Blavatsky y Annie Besant, que la tomaron del hinduismo. Algunos satanistas ven la senda de la mano izquierda como admitir que son las cabras que Jesucristo separa para que estén a su mano izquierda, en tanto que las ovejas (los cristianos) estarán a su mano derecha. Se apoyan en esta interpretación para respaldar su conclusión de que son lo opuesto del cristianismo; el camino de las cabras. Esto explica el uso de una cabeza de cabra en el satanismo, muy a menudo presentada dentro del símbolo de un pentagrama (estrella) invertido. La cabra es clave en el signo de Bafomet (el macho cabrío con cuernos sentado en un trono) que comúnmente usan los satanistas. La señal de la mano izquierda cerrada en puño y con los dedos índice y meñique hacia arriba representa los cuernos del chivo, y es una señal aceptada del satanismo.[47] En el satanismo moderno, la mayoría de seguidores de Crowley o LaVey afirman seguir la senda de la mano izquierda.

44. Medway, *Lure of the Sinister*, p. 86.
45. Noblitt y Pershin, *Cult and Ritual Abuse*, p. 138.
46. Véase Thomas Yoseloff, *A Fellow of Infinite Jest*, Prentice Hall, Nueva York, 1945, pp. 49–50.
47. Nichols, Mather y Schmidt, *Diccionario de creencias, religiones, sectas y ocultismo*, Clie, Barcelona, 2005, pp. 418-427.

Aleister Crowley

Aleister Crowley (1875-1947) se crió en un hogar cristiano, pero rechazó el cristianismo muy temprano a favor del ocultismo y la filosofía telémica de Rabelais: «haz lo que quieras». Crowley admiraba y aprendió de filósofos como Friedrich Nietzsche, cuya doctrina ocultista y odio al cristianismo están bien documentados en su obra *El anticristo:*

> El «reino de los cielos» es un estado del corazón, no algo que viene del «más allá» o de una «vida de ultratumba». Todo el concepto de la muerte natural falta en el Evangelio; la muerte no es un puente, un tránsito; falta porque forma parte de un mundo totalmente diferente, tan sólo aparencial, útil tan sólo para proporcionar signos. La «hora postrera» *no* es un concepto cristiano; la «hora», el tiempo, la vida física y sus crisis, ni existen para el portador de la «buena nueva»...
>
> El «reino de Dios» no es algo que se espera; no tiene un ayer ni un pasado mañana, no vendrá en «mil años»; es una experiencia íntima; está en todas partes y no está en parte alguna...
>
> Este portador de una «buena nueva» [Jesús] murió como había vivido y *predicado: no* para «redimir a los hombres», sino para enseñar cómo *hay que vivir.* La práctica es el legado que dejó a la humanidad: su conducta ante los jueces, ante los soldados, ante los acusadores y toda clase de difamación y escarnio; su conducta es la cruz. No se resiste, no defiende su derecho, no da ningún paso susceptible de conjurar el trance extremo, aún más, lo *provoca...* Y ruega, sufre y ama *a la par de* los que le hacen mal, *en* los que le hacen mal... *No*, resistir, *no*, odiar, *no* responsabilizar... *No* resistir tampoco al malo, sino *amarlo...*[48]

Crowley más tarde se refirió a Nietzsche como «uno de nuestros profetas».[49] Le encantaba llamar la atención, por lo que se atribuía el título de «la bestia, 666», tomado del libro de Apocalipsis.[50] Crowley fue quien en los tiempos modernos reinventó la palabra *magic* [magia] del inglés, añadiéndole una k, para que suene *magick* [magiak], deletreo que usa para separar la magiak real del ilusionismo de los escenarios. Según la obra de Crowley, parece que verdaderamente creyó toda su vida que poseía poderes ocultos genuinos. Es un hecho que se dedicó a toda clase de prácticas ocultas, incluso

48. Friedrich Nietzsche, *El anticristo,* trad. al inglés H. L. Mencken, Friedrich Nietzsche Society, 1920, secs. 34–35, tomado de http://www.federacionatea.org/documentos/el%20anticristo%20-%20nietzsche.pdf.
49. Aleister Crowley, *Magick Without Tears,* Thelema, Hampton, NJ, 1954, p. 216. Crowley estaba enamorado de las filosofías de Nietzsche y atribuyó a Arthur De Gobineau y a Adolf Hitler la forja de sus pensamientos.
50. Se decía que su madre, frustrada por el descarrío de él, le llamó «la bestia, 666». A él le gustó y decidió adoptar ese nombre (Lon Milo DuQuette, *The Magick of Aleister Crowley: A Handbook of the Rituals of Thelema,* Weiser, Newburyport, MA, 2004, p. 4).

escribió un libro que supuestamente le dictó un espíritu llamado Aiwass. La famosa obra *El libro de la ley (Liber al vel Legis)* se materializó durante su luna de miel en El Cairo, Egipto, del 8 al 19 de abril de 1904. Afirmó que el espíritu Aiwass se lo dictó, y aseguró a sus lectores que no lo produjo por escritura automática sino al dictado de una voz, que inicialmente atribuyó al dios egipcio Horus, pero que su esposa (una médium) más tarde le dijo que era Aiwass, su santo ángel de la guarda. Aleister Crowley afirmó que su libro tenía inspiración oculta y declaró que era el equivalente ocultista de la Biblia cristiana:

> Por estas razones y muchas más estoy seguro, yo, la Bestia, cuyo nombre número es Seiscientos Sesenta y Seis, que este tercer capítulo de *El libro de la ley* no es nada menos que la Palabra auténtica, la Palabra del Aeon, la Verdad en cuanto a la naturaleza en este tiempo... Yo debo ser crucificado... Pero, siendo resucitado, atraeré a todo el mundo a mí; y los hombres me adorarán a mí, la Bestia, Seiscientos Sesenta y Seis, celebrándome en la misa a medianoche... su Dios en hombre se ofrece a mí la Bestia, su Dios.[51]

Es interesante que Crowley, como otros dirigentes de sectas antes de él, escribiera acerca de sí mismo en su libro inspirado *El libro de la ley*.[52] «Ahora sabrán ustedes que el sacerdote escogido y apóstol del espacio infinito es el príncipe sacerdote de la bestia; y en su mujer llamada la mujer escarlata se da todo el poder».[53] Él es el sacerdote escogido y apóstol La Bestia, en su propia obra inspirada. La que habla, el espíritu que dicta *El libro de la ley*, afirma ser la diosa egipcia del cielo Nuit (Nu o Nut), la diosa de la ley Thelema. Pero lo que Crowley presentó con toda la revelación de la diosa Nuit era un avivamiento de la ley de Rabelais (sin darle los debidos créditos al francés, puesto que atribuye el dictado a un ángel). Esta influencia se ve cuando dice: «Haz lo que quieras será toda la ley. La palabra de pecado es "restricción"».[54] Crowley justificó su libertad del pecado y de las restricciones morales; podía hacer lo que se le antojara sin sentir culpa, como seguidor de una ley más alta, la ley Thelema.

Arthur Edward Waite, erudito británico que tradujo las obras de Eliphas Levi (también conocido como Alphonse Louis Constant), era un mago, cabalista y ocultista que

---

51. Aleister Crowley, *Magia (K)*, Luis Cárcamo, Madrid, 1986 (pp. 421–422 del original en inglés).
52. Por ejemplo, Joseph Smith, en las revelaciones del mormonismo, escribió sobre sí mismo en su Nueva traducción de la Biblia de Joseph Smith y en el *Libro de Mormón*. Otros reveladores, tales como L. Ron Hubbard, los teósofos, Mary Baker Eddy, y muchos dirigentes de sectas, también escribieron de sí mismos en sus obras inspiradas. ¡El punto es que ellos escribieron una obra inspirada, y dentro de la obra inspirada le dijeron a su público que fueron inspirados!
53. Aleister Crowley, *El libro de la ley*, Humanitas, Barcelona, 1992, 1: p. 15.
54. Ibid., 1: pp. 40–41.

reinventó el tarot para el uso moderno.[55] La obra de Levi influyó mucho en Aleister Crowley, que parecía dominar el tarot y escribió sobre él toda su vida.[56] Crowley se codeaba con personas de mentalidad similar que buscaban conocimiento esotérico, y se unió a un grupo rosacruz, cabalista y ocultista llamado Orden Hermética de la Aurora Dorada, el 18 de noviembre de 1898. Alcanzó el noveno grado de la orden, mago, el 12 de octubre de 1915. Con el tiempo fundó otra orden llamada Astrum Argenteum, u Orden de la Estrella de Plata en 1907 (después de recibir *El libro de la ley*).[57]

Crowley usó su publicación oficial, *The Equinox* (1909-1913), para publicar rituales secretos de la Orden de la Aurora Dorada, movimiento que los miembros de la Aurora vieron como venganza por haber caído del liderazgo de dicha orden. A poco de eso, los medios de comunicación empezaron a publicar relatos sórdidos de la participación de Crowley en prácticas homosexuales y otras aventuras sexuales relacionadas con el Astrum Argenteum, que hicieron un importante daño a la membresía. Crowley pronto dirigió su atención a otra naciente organización llamada Ordo Templi Orientis, que pretendía imitar los elementos de la masonería libre y, según afirmó, tenía en la magiak sexual uno de sus principios fundamentales. Se unió a ella y pronto llegó a ser su presidente, escribiendo libremente sobre sus experiencias en la orden. Atrajo a muchos miembros a la organización, que todavía existe. Su lema oficial es la ley Thelema: «Haz lo que quieras será toda la ley», que es una cita de la obra de Crowley.

La magiak ocultista dominó la vida de Aleister Crowley, y su definición de ella haría impacto significativo en el desarrollo futuro de la brujería y el satanismo. «La magiak», escribió Crowley, «es la ciencia y arte de hacer que ocurra el cambio en conformidad con la voluntad».[58] El sexo y las drogas fueron factores predominantes en la vida y magiak de Crowley. Su uso de las drogas empezó temprano y continuó durante toda su vida adulta. En 1922 publicó *The Diary of a Drug Friend* [Diario de un amigo de las drogas], novela chocante para su día, en la que echó mano de su experiencia personal. Según un biógrafo: «La creencia de Crowley de que las drogas no podían hacer daño a un mago con suficiente voluntad pura quedó hecha añicos por el ejemplo de su propia vida. Las luchas de Crowley con la heroína y la cocaína son legendarias».[59] Otro de los libros de Crowley, *Enochian World of Aleister Crowley: Enochian Sex Magick* [El mundo enoquiano

---

55. Véase el capítulo sobre la cábala, y nótese sus variadas formas de escribirse.
56. Véase Aleister Crowley, *El libro de Thoth*, Luis Cárcamo, Madrid, 1985.
57. Véase Aleister Crowley, *The Book of Thoth: A Short Essay on the Tarot of the Egyptians, Being the Equinox*, vol. 3, no. 5, Red Wheel, Newburyport, MA, 1974, p. xi. La división del orden de la Aurora Dorada tuvo lugar bajo la dirección de Arthur Waite, pero pareció desbandarse poco después de 1915, y luego se dividió de nuevo.
58. Ibid., p. 40.
59. DuQuette, *The Magick of Aleister Crowley*, p. 8.

de Aleister Crowley: Magiak sexual enoquiana] (1912), ilustra sus enseñanzas sobre el tema de la magiak sexual. La Ordo Templi Orientis todavía promueve libros que tienen que ver con la magiak sexual y relaciones sexuales tántricas de base hindú, en sus tres grandes logias internacionales y en sus muchos grupos pequeños (incluyendo cuarenta y cuatro grupos locales en Estados Unidos) extendidos por doce países.[60]

Crowley promovía una mezcla de pensamientos religiosos. Seleccionó ideas del budismo, el hinduismo, el gnosticismo, el politeísmo, las tradiciones ocultistas, la magiak, el cristianismo, el judaísmo, y casi cualquier cosa que considerase útil. En su mundo no había necesidad de coherencia. A veces sonaba anticristiano (su apodo «la bestia», por ejemplo), y a otras veces invocaba el nombre de Jesucristo en sus ritos.

Hoy, muchos dirigentes paganos evitan el tema de Aleister Crowley y le restan importancia al papel que jugó en el desarrollo de la brujería moderna. Los satanistas, sin embargo, y una pequeña minoría de paganos, no parecen padecer el mismo bochorno respecto a Crowley. En respuesta a la pregunta «¿Aleister Crowley era satanista?», el sitio web de la Ordo Templi Orientis (OTO) comenta: «Aleister Crowley fue un explorador sistemático y científico de prácticas, técnicas y doctrinas religiosas. Como tal, realizó ejercicios de devoción tanto a Satanás como también a Jesucristo».[61] En diferentes momentos de su vida Crowley practicó lo que le venía al momento, sin importar si esas creencias se contradecían. «Crowley fue ateo, politeísta, monoteísta... panteísta, satanista... cristiano, yogui hindú, cabalista hebreo, místico musulmán, budista y pagano».[62]

Esta mezcolanza de creencias muestra a un hombre muy inestable y espiritualmente arruinado que en toda su vida no reconoció ningún terreno sólido en su búsqueda de la verdad. Es imposible que una mente racional acepte todas las variadas doctrinas del mundo de Crowley, puesto que los textos sagrados de una se oponen a los principios fundamentales de otra.

El satanismo moderno como entretenimiento

Es inevitable que las aventuras extravagantes de hombres como Crowley atraigan la atención de la industria del entretenimiento. Muchos libros pequeños pero efectivos

---

60. Un análisis de la librería oficial OTO en línea confirma que todavía promueven la magia sexual. Véase www.oto-usa.org/bookstore.html.

61. Gran Logia de Estados Unidos, Ordo Templi Orientis, "Frequently Asked Questions", www.otousa.org/faq.html. Algunos estudiosos niegan que Crowley fuera satanista. Marco Pasi escribió: «Uno de los malos entendidos más populares ha hecho que se le rotule como satanista...» (Véase Pasi, "Aleister Crowley", en Hanegraaff, *Dictionary of Gnosis and Western Esotericism,* p. 284.) Pasi arguye esto incluso aunque las obras de Crowley y el sitio web oficial de la OTO afirman la intervención de Crowley en el satanismo.

62. Gran Logia de Estados Unidos, Ordo Templi Orientis, http://oto-usa.org/faq.html.

traducidos durante el siglo XX abrazaron las ideas paganas y la esencia del satanismo, proporcionando una medida de emoción prohibida para los curiosos e ignorantes.

Arthur Waite logró más que Aleister Crowley en este aspecto, sobre todo gracias a su trasfondo de erudición y a sus conexiones editoriales. La contribución de Waite a la extensión de la teología satánica fue significativa y de largo alcance. Él buscó en todo el mundo los escritos más oscuros sobre ocultismo y luego tradujo al inglés más de ochenta libros sobre artes negras, magiak, ocultismo y pensamiento esotérico. En 1924 se puso a la venta la publicación en percalina en Estados Unidos de *Allá lejos,* traducción de *La-Bas* de Joris-Karl Huysmans (1848-1904), novela sobre el satanismo que describía la misa negra (publicada primero en Francia en 1891). El debut estadounidense de *Allá lejos* fue bien recibido, y tuvo varias reimpresiones con el correr de los años, pero las promociones de la prensa para la edición de 1958 las superaron a todas. *Allá lejos* se convirtió a la larga en el libro de texto del satanismo; especialmente para los que flirtean con los ritos satánicos.

La industria del cine se aprovechó de la oleada de interés en el satanismo para promover la ideología satánica, y con el tiempo llevó la misa negra a la pantalla grande por primera vez en la película de 1934 *El gato negro* (Universal Studios). La protagonizó Boris Karloff, el famoso actor de películas clásicas, y el film esparció el dogma del satanismo y de la misa negra por todo Estados Unidos y por el mundo.

En la década de los cincuenta la Logia Agape acaparó titulares como la rama estadounidense de la OTO de Aleister Crowley. El brillante científico aeroespacial, John «Jack» Whiteside Parsons, de Pasadena, California, fue su director. Él era amigo del escritor de ciencia ficción y fundador de la cienciología L. Ron Hubbard (que más tarde se casó con la ex novia de Parsons).[63] Juntos, Parsons y Hubbard escribieron *Liber 49—The Book of Babylon* [Liber 49: Libro de Babilonia], que presenta similitudes con *El libro de la ley* de Crowley. Organizado en versos, blasfema contra Dios (verso 51) y contra Jesucristo afirmando que el dios egipcio Horus los matará a ambos.

La Logia Agape de Parsons y la Iglesia de Thelema atrajeron a un pequeño grupo de seguidores, entre los cuales estaba Anton LaVey. Los vecinos se quejaban de orgías y otros actos desagradables, lo que no hizo más que atraer el interés periodístico y popularizar los rituales satánicos. Se han escrito varios libros sobre Jack Parsons después de su muerte prematura a los treinta y siete años debido a una explosión accidental en el laboratorio que tenía en su casa.

---

63. Russell Miller dedica un largo capítulo a la conexión entre Parsons y Hubbard en *Bare-Faced Messiah: The True Story of L. Ron Hubbard,* Henry Holt, Nueva York, 1987, pp. 112ss.

Anton Szandor LaVey

Anton LaVey (cuyo nombre de nacimiento era Howard Stanton Levey, 1930-1997) se crió como católico romano pero se rebeló contra su educación de infancia y se convirtió en el fundador de la Iglesia de Satán. Influido por las obras de Aleister Crowley y la OTO en su adolescencia, LaVey adoptó la filosofía de un mal impersonal, corporativo, llamado Satanás. Descartó la realidad de Satanás como ser espiritual maligno y enseñó más bien que el mal era una fuerza presente en la tierra que se debe ejercer (o utilizar) dentro del hombre, y no *exorcizarla* de él. El satanismo, según lo redefinió LaVey, es el empeño en adorar a Satanás (todo mal) o realizar actos y ritos bajo su autoridad y rechazar a Dios (la fuerza del bien).

LaVey logró más que ningún otro satanista en la historia. Aprovechó al máximo el espíritu rebelde de una mega generación joven para popularizar el satanismo en un tiempo en que ya estaba en marcha el movimiento social contracultural. La intranquilidad social y espiritual ofreció al satanismo, la más alta expresión de la rebelión, una ventaja sin precedentes como el modo por excelencia de expresar el individualismo contrario a las normas sociales. El frenesí de los medios de comunicación por él no hizo sino aumentar la infamia e influencia de LaVey, puesto que grabó y trasmitió la misa negra, el bautismo de su hija, bodas satánicas, funerales satánicos, y otros rituales estrambóticos de su iglesia. Las sensibilidades de los estadounidenses conservadores recibieron un golpe y se enardecieron al ver una mujer desnuda en un altar, participando en escarceos sexuales en nombre de la religión. Pero esta indignación era precisamente lo que LaVey quería. La cólera de las masas significaba cobertura de los medios de comunicación, lo que se traducía en fama, y la fama popularizaba su movimiento. Para cuando LaVey escribió *La biblia satánica*, su popularidad había aumentado tanto entre los universitarios que la revista *Time* informó: «En algunas universidades, la biblia satánica en rústica de Anton LaVey, fundador de la Iglesia de Satán, vende más ejemplares que la Santa Biblia».[64]

LaVey murió en 1997, dejando la Iglesia de Satán al cuidado de su consorte Magistra Blanche Barton, madre de su tercer hijo, Satán Xerxes Carnacki LaVey. Algunos familiares siguieron en la iglesia mientras que otros salieron y se opusieron fuertemente a las prácticas de LaVey. Su hija Zeena (LaVey) Schreck con el tiempo hizo acusaciones públicas de ultraje sexual y plagio contra su padre.[65]

---

64. "Raising the Devil", *Time*, 13 marzo 1972, www.time.com/time/magazine/article/0,9171,903361,00.html.
65. Karla, hija de LaVey, dejó la Iglesia de Satán y tiene su propia iglesia. Zeena, su segunda hija, y su esposo, Nikolas Schreck, dejaron la Iglesia de Satán y publicaron numerosos artículos en Internet cuestionando el legado de LaVey. Véase www.churchofsatan.org/aslv.html (acceso obtenido 3 julio 2007).

La Iglesia de Satán

Anton LaVey fundó la Iglesia de Satán el 30 de abril de 1966, en San Francisco, California.[66] Entre sus principales publicaciones están las obras de LaVey y una carta circular regular, *The Cloven Hoof* [El casco hendido]. Otros nombres asociados con ellos con el correr de los años son la First Church of Satan [Primera iglesia de Satán], la Satanic Church [Iglesia Satánica], y Satanic Church of America [Iglesia Satánica de América]. En un tiempo LaVey permitió el desarrollo de pequeños centros satánicos locales llamados grutas, pero más tarde retiró su respaldo cuando el control se convirtió en un problema y las grutas empezaron a separarse de la iglesia principal para empezar una nueva. Él retomó la idea de la gruta en la década de los ochenta. La suma sacerdotisa Magistra Blanche Barton y el sumo sacerdote Peter H. Gilmore ostentan el liderazgo actual de la Iglesia de Satán.

La Iglesia Satánica ha establecido niveles específicos de membresía que ofrecen diversos grados de compromiso y autoridad. Los iniciados empiezan por lo general como miembros inscritos que aceptan apoyar la filosofía de la Iglesia de Satán y *La biblia satánica,* pero no reciben ningún grado de autoridad a cambio. Simplemente pagan sus cuotas (al presente 200 dólares) y reciben una tarjeta roja de inscripción.

El miembro de primer grado es un miembro activo al que se le concede el grado de satanista. Son personas que han presentado su solicitud de membresía activa y han sido formalmente aprobados y aceptados en la iglesia. Se les permite asistir y participar en los ritos, que por lo general se realizan en las casas de otros participantes. La solicitud de membresía activa requiere cuarenta respuestas de redacción a preguntas que incluyen los pensamientos personales sobre *La biblia satánica,* Satanás, su vida sexual, sus actitudes hacia los animales y sus pensamientos sobre la infancia, la paternidad, música, películas, viajes, tabaco, drogas y alcohol.

Al miembro de segundo grado se le designa bruja o brujo; en el tercer grado llega a ser una sacerdotisa o sacerdote; en el cuarto grado es magistra o magister; y el quinto grado es maga o mago. Los miembros de tercero a quinto grado tienen el sacerdocio de Mendes, y pueden adoptar el título de reverendo. Los títulos administrativos más altos son sumo sacerdotisa o sumo sacerdote, que están limitados a los miembros de cuarto y quinto grados.[67]

En toda su corta historia, la Iglesia de Satán ha encontrado problemas variados y consistentes, incluyendo divisiones internas serias o menores. Estos desacuerdos públicos

66. Su oficina administrativa se ha mudado desde entonces a Nueva York, NY.
67. En cuanto a los varios grados, véase www.churchofsatan.com/home.html. En la propia página se ofrece traducción al español.

a menudo resultaron en nuevas iglesias, como el Templo de Set, Ancient Brotherhood of Satan [Hermandad Antigua de Satanás], y muchas otras ya extintas. Los satanistas disgustados ex laveyanos no dudaron en expresar críticas públicas contra la iglesia de Anton LaVey y su rama particular de satanismo (satanismo laveyano). Las voces de los críticos vinieron incluso de entre sus hijos. La hija mayor de LaVey, Karla LaVey, dejó la iglesia de su padre para empezar la propia; un movimiento que ella afirma que llevará a sus seguidores de regreso a la esencia del verdadero satanismo laveyano. La segunda hija, Zeena LaVey Schreck, también dejó la iglesia original de Satán e intervino en varios grupos antes de establecerse en el Templo de Set. Ella criticó con fuerza el trabajo de su padre y sus afirmaciones personales.[68]

La biblia satánica

Anton Szandor LaVey escribió *La biblia satánica* en 1966, y vendió un millón de ejemplares con la ayuda de Avon Books. En ella, presentó sus pensamientos de vivir bajo el orden de Thelema, filosofía enraizada en los escritos de Rabelais y Crowley. *La biblia satánica* presenta nueve postulados básicos que forman el cimiento de la filosofía de LaVey:

1. Satanás representa indulgencia en lugar de abstinencia.
2. Satanás representa existencia vital en lugar de sueños espirituales ilusorios.
3. Satanás representa sabiduría incontaminada en lugar de autoengaño hipócrita.
4. Satanás representa bondad para los que se la merecen en lugar de amor desperdiciado en ingratos.
5. Satanás representa venganza en lugar de presentar la otra mejilla.
6. Satanás representa responsabilidad para el responsable en lugar de preocupación por los vampiros psíquicos.
7. Satanás representa al hombre como simplemente otro animal, a veces mejor, más a menudo peor que los que caminan en cuatro, y debido a su «divino desarrollo espiritual e intelectual», ha llegado a ser el animal más cruel de todos.
8. Satanás representa a todos los llamados pecados, puesto que todos conducen a la gratificación física, mental o emocional.
9. Satanás ha sido el mejor que la iglesia jamás ha tenido, y la ha mantenido en marcha todos estos años.[69]

---

68. Zeena and Nikolas Schreck, "Anton LaVey: Legend and Reality", 2 febrero 1998, www.churchofsatan.org/aslv.html.
69. Anton Szandor LaVey, *La biblia satánica*, Roca, México, 1975 (p. 25 del original en inglés).

El satanismo se define a sí mismo con una serie de proposiciones negativas. Esto es consistente con sus predecesores históricos, que niegan los aspectos positivos de la vida humana y desdeñan los valores cristianos. La larga historia del satanismo como una filosofía maligna y espiritualmente destructiva revela una cosmovisión que denigra las creencias opuestas mediante mofas malévolas (como recitar al revés el Padre Nuestro y porciones de la misa católica romana) y promueven lo que es, en esencia, anarquía.

Incluso los aspectos positivos del satanismo están revestidos de negatividad. LaVey escribió: «Satanás representa bondad para los que se la merecen en lugar de amor desperdiciado en ingratos». Hay que amar a otro sólo si se lo merece. Pero ¿quiénes son los que merecen amor? La respuesta solo puede ser narcisista puesto que el adepto del satanismo determina por sí solo quien merece amor. Los satanistas desprecian como la peor debilidad el concepto cristiano de dar amor sin esperar nada a cambio. *La biblia satánica* ataca directamente este amor, el que únicamente Jesucristo ofrece, dentro del evangelio cristiano. Con todo, el oscuro sistema de creencias del satanismo continúa hallando aceptación generación tras generación, y su atracción con toda probabilidad continuará en tanto promueva la naturaleza carnal de la humanidad. El señuelo de un estilo de vida centrado en la experiencia por encima de la autoridad, una emoción sobrenatural metafísica y una abierta inmoralidad es una fuerte tentación, desde luego.

Dentro de las páginas de *La biblia satánica* se promueve una filosofía de gratificación sexual egoísta e irresponsable:

> El satanismo tolera todo tipo de actividad sexual que apropiadamente satisface los deseos individuales; sean heterosexuales, homosexuales, bisexuales, o incluso asexuales, si prefieres. El satanismo también sanciona todo fetiche o desviación que mejore tu vida sexual... La adhesión a la nueva moralidad sensible y humanista del satanismo puede hacer evolucionar a la sociedad, y lo hará, hacia una sociedad en la cual los niños pueden criarse saludablemente y sin los devastadores estorbos morales de nuestra existente sociedad enferma.[70]

LaVey bosquejó una perversión de la enseñanza bíblica sobre la sexualidad, a la que él alegremente llamaba desviación. Es una astuta y tecnológicamente ingeniosa transformación de la inmoralidad en una *nueva moralidad* que es, en realidad, tan antigua como Adán y Eva. La perversión ha prosperado en todas las culturas de la historia donde la rebelión superó a la rectitud bíblica. Al redefinirla como nueva moralidad, LaVey cumplió sin percatarse una porción de las Escrituras en la que Dios habló por el profeta Isaías

70. Ibid., p. 67.

(750 a.c.): «¡Ay de los que a lo malo dicen bueno, y a lo bueno malo; que hacen de la luz tinieblas, y de las tinieblas luz; que ponen lo amargo por dulce, y lo dulce por amargo!» (Is. 5.20). Las filosofías de LaVey, Crowley, Rabelais y todos los que promueven «haz lo que quieras» cumplen de sobras la profecía de Isaías.

Anton LaVey forjó una filosofía de hedonismo que celebraba todo vicio conocido por el hombre, coronándolo con la tan gastada promesa de que el ser humano puede llegar a ser un dios. Él escribió: «El satanista siente... por qué no ser franco, y si vas a crear a un dios a tu imagen, por qué no crear a ese dios como tú mismo. Todo hombre es un dios si escoge reconocerse como uno».[71] Esta paráfrasis de Génesis 3, en donde Satanás, hablando con Eva por boca de la serpiente, apeló a su ego para prometerle «serás como Dios», resulta demasiado familiar a todos los que estudian la Biblia. El tema antiguo del hombre como dios ha sido vendido y reempacado a lo largo de la historia hasta su encarnación presente en las enseñanzas de Joseph Smith (mormonismo), Garner Ted Armstrong (armstrongianismo), Maharishi Mahesh Yogi (meditación trascendental) Madame Blavatsky (teosofía) y el satanismo moderno. Tal vez esta distorsión está en el corazón de las celebraciones satanistas de cumpleaños, considerada la fiesta más importante del año: toda persona es un dios si escoge reconocerse como tal.

La esencia de la filosofía de Anton LaVey, «el poder hace la fuerza» y «la buena vida ahora» se puede resumir en su egotista presentación del Sermón del Monte de Jesús:

> Bienaventurados los fuertes, porque ellos poseerán la tierra. Malditos los débiles, porque ellos heredarán el yugo. Bienaventurados los poderosos porque serán reverenciados entre los hombres. Malditos los débiles, porque serán borrados.… Bienaventurados los que creen lo que es mejor para ellos, porque sus mentes nunca serán aterrorizadas. Malditos los corderos de Dios, porque se desangrarán más blancos que la nieve. La vida es la gran indulgencia; la muerte es la gran abstinencia. Por consiguiente, aprovecha al máximo la vida aquí y ahora.[72]

El estilo laveyano de vida se basa en la autoridad del yo. Nunca se argumenta por qué las creencias de LaVey deberían valer más que las palabras de alguien que discrepa con él. Por el contrario, el cristianismo siempre ha descansado en la autoridad divina de Jesucristo, sosteniendo las palabras de Jesús como suprema verdad. Anton LaVey nunca igualó ni superó la vida, muerte y resurrección física de Jesús de entre los muertos. ¿Por qué, entonces, debe alguien escucharle o aceptar su arrogante autoridad como

71. Ibid., p. 90.
72. Ibid, p. 34.

norma para vivir? Como mínimo, Anton LaVey tendría que resucitar físicamente de los muertos para igualar a Jesús en poder y autoridad, pero esto no puede ocurrir, puesto que sus restos mortales fueron cremados y divididos entre sus herederos.[73] Anton LaVey no resucitó de los muertos, así que sus palabras se basan en mera opinión y no tienen peso. Los cristianos razonan sólidamente que las palabras de Jesucristo se mantienen muy por encima de las de LaVey, sobre la base de las evidencias sólidas y razonables a favor de la resurrección física de Jesús.[74]

En 1998 salió a la luz un nuevo aspecto de la vida de Anton LaVey, cuando su hija Zeena (junto con su esposo Nicolas) dejaron la Iglesia de Satán. Poco después de haber salido, Zeena LaVey Schreck publicó en Internet una exposición del trasfondo de Anton LaVey en la cual acusa a su padre de plagio de *La biblia satánica.* Partiendo de los asuntos específicos esbozados por los Schreck, la honradez, integridad y confiabilidad no parecen haber sido puntos fuertes de Anton LaVey. Zeena dio un relato detallado de cómo su padre plagió *La biblia satánica.*

> Avon se puso en contacto con ASL [Anton Szandor LaVey] para tratar un tipo de obra satánica que aprovechase la novelería del satanismo y la brujería de finales de los sesenta. Apremiado ante la falta de material para cumplir con la fecha límite fijada por Avon, ASL recurrió al plagio, reuniendo extractos de un oscuro tratado de 1896, *Might Is Right* [La ley del más fuerte] de Ragnar Redbeard en un «Libro de Satanás» para la SB [*biblia satánica,* por sus siglas en inglés], y afirmando autoría propia.... Un tercio de la SB consiste en las «Enochian Keys» [claves enoquianas], de John Dee tomadas directamente, pero de nuevo sin ninguna atribución, del *Equinox* de Aleister Crowley. Las «nueve reglas satánicas» de la SB, una de las doctrinas centrales de la Iglesia de Satán, son una paráfrasis, de nuevo sin reconocerlo, de pasajes de *La rebelión de Atlas,* de Ayn Rand.[75]

Con estas acusaciones de plagio Zeena LaVey Schreck destrozó la afirmación de su padre de haber escrito esas obras, puesto que LaVey afirmó que el contenido *verbatim* era suyo (literal), sin ningún crédito al autor original. Poco antes de su muerte en 1997, LaVey lo reconoció en parte. En un intento astuto de minimizar daños, Anton LaVey

73. Véase Don Lattin, "Satan's Den in Great Disrepair", *San Francisco Chronicle,* 25 enero 1999, A-1, http://www.sfgate.com/cgi-bin/article/article?f=/c/a/1999/01/25/MN77329.DTL.
74. Hay muchos libros que ofrecen argumentos a favor de la resurrección corporal de Cristo, pero este no es nuestro propósito aquí. Véase McDowell, *Evidencia que demanda un veredicto II.*
75. Schreck y Schreck, "Anton LaVey: Legend and Reality", www.churchofsatan.org/aslv.html. Todos los paralelos de plagio de esta sección son atribuibles a Zeena, la hija de LaVey, aunque el comentario es nuestro.

indicó en su última entrevista que *Might is Right* de Ragnar Redbeard era uno de los libros más controvertidos jamás escritos, así que era algo que pensó que debería copiar. «Era natural que yo resumiera unas pocas páginas del mismo para la biblia satánica».[76] Muy sagaz, evitó toda mención del lucro financiero que logró al apropiarse del trabajo de Redbeard durante treinta años antes de darle un pequeño crédito de muestra, y eso no voluntariamente, puesto que no sucedió hasta que su hija lo delató.

El Templo de Set

Otro desertor de las filas de satanistas de LaVey también lo acusó de corrupción. En 1975, Michael Aquino afirmó haber recibido una revelación, que luego convirtió en un libro inspirado con el propósito de guiar a otros a una mejor forma de satanismo. Aquino volvió a la ideología del satanismo tradicional, en el que se adora a Satanás como un ser personal genuino; posición que otros satanistas laveyanos y modernos niegan de plano.

El Templo de Set ha demostrado ser el grupo más destacado salido de la Iglesia de Satán, pero es difícil determinar cuál tiene mayor éxito, puesto que no se publican sus estadísticas de membresía. Aquino publicó en Internet una edición de un libro de 394 páginas sobre el Templo de Set que contenía las revelaciones de todos los espíritus que hicieron contacto con él, siendo el más influyente de ellos el dios egipcio Set.[77] Algunas de estas revelaciones vinieron por escritura automática, una práctica ocultista en la cual la persona actúa como médium y permite al espíritu que se comunique moviendo la mano y escribiendo lo que se dicta. El libro bosqueja los varios grados que uno puede alcanzar al ascender la escalera esotérica, con cierto parecido a los grupos de base rosacruz y otros gnósticos. El libro de Aquino rebosa de dioses, diosas, demonios y perversiones de la naturaleza de Dios (Dios se vuelve Satanás y Satanás se vuelve Dios).[78] Él añadió la anotación de que su manuscrito es un trabajo continuo, no una versión final, y como tal está sujeto a cambios; la esencia de lo esotérico. Hoy, el Templo de Set se ha ampliado a varios grupos de estudio, la mayoría de los cuales está en Estados Unidos.

Grutas satánicas y sectas satánicas menores

El satanismo es un movimiento grande, pero, debido a la falta de estadísticas, nadie conoce exactamente su dimensión. Se sabe que varias bandas de rock son satánicas y tie-

76. Anton LaVey, "Creator of the Church of Satan", en *MF Magazine*, no. 3. Véase el sitio web de Shane and Amy Bugbee, The Doctor Is In en http://www.churchofsatan.com/Pages/MFInterview.html para una transcripción en línea de esta entrevista.
77. Michael A. Aquino, *The Temple of Set*, Xeper, San Francisco, 2006.
78. Ibid., p. 111.

nen un nutrido número de fanáticos, pero eso no quiere decir que todos sus seguidores sean satanistas. La primera banda que admitió públicamente el título de satanista fue Black Widow en 1969, el mismo año en que se publicó *La biblia satánica.* El propio LaVey mencionó a unas cuantas bandas en su entrevista final. «King Diamond, The Electric Hellfire Club, Acheron, Marilyn Manson, Boyd Rice, Nine Inch Nails; la lista es larga... Hoy las bandas satánicas son el vehículo preferido de millones de jóvenes. Promueven el estudio del satanismo real, y yo estoy a favor de ellas».[79] Algunos escépticos descartan a LaVey como autoridad sobre las prácticas espirituales de las bandas de rock, pero, como uno de los padres del satanismo moderno, LaVey está en mucha mejor posición para conocer el poder de su filosofía y el nombre de sus adeptos.

LaVey promovió el satanismo por todas partes y parecía que no le importaba si sus seguidores se unían a su iglesia, siempre y cuando practicaran el satanismo. La *Church of Satan Youth Communiqué* les decía a los jóvenes satanistas: «No se "supone" que un satanista sea de una manera determinada... Todo lo que tienes que hacer para ser un satanista real es empezar a vivir como uno».[80] Esta falta de membresía formal hace difícil determinar el número exacto de satanistas practicantes.

Grutas de la Iglesia de Satán

El surgimiento de Internet proporcionó al satanismo moderno una herramienta de reclutamiento sin parangón en la historia del mundo civilizado. Un simple toque de un botón reemplazó al tedio del lento correo y abrió las puertas de par en par a toda persona, poder y peligro del satanismo. Los grupos pequeños, o *grutas,* de satanistas, secretamente reunidos en casas por todo el mundo para sus prácticas rituales podían ahora comunicarse con la iglesia y entre sí en cuestión de segundos vía correo electrónico o foros de sitios web.[81]

El satanismo y el dogma del ocultismo se esparcieron a ritmo frenético de teclado a teclado, resultando en una explosión de sitios satánicos entre los que están las grutas de la Iglesia de Satán en otro tiempo extintas. En su obra *The New Religious Movements Experience in America* [La experiencia de nuevos movimientos religiosos en Estados Unidos], el profesor Eugene V. Gallagher, experto en nuevos movimientos religiosos, confirmó los planes de futuro de Anton LaVey para el crecimiento de su Iglesia de Satán y sus grutas. «En su vida LaVey experimentó con diferentes formas organizacionales para su

79. LaVey, según se cita en http://www.churchofsatan.com/Pages/MFInterview.html.
80. Marge Bauer, "Church of Satan Youth Communiqué", ed. Peter H. Gilmore, http://www.churchofsatan.com/Pages/Youthletter.html.
81. *Grotto* es la palabra en italiano se refiere a una cueva o cámara pequeña; viene del vocablo latín usado para cripta.

iglesia. Por un tiempo la subdividió en grutas locales; en 1975 LaVey disolvió el sistema de grutas y luego lo volvió a instaurar a finales de los ochenta».[82] El liderazgo de la gruta funciona primordialmente a nivel local y no conlleva un grado o rango en la Iglesia de Satán. Al líder se le puede nombrar administrador, agente o maestro de la gruta, y la posición puede tenerla cualquier persona con cualquier grado en la iglesia.

Puesto que las grutas o grupos similares solicitan personería jurídica para reconocimiento de estatus exento de impuestos en Estados Unidos, se puede dar por sentado que su expresión de satanismo es una religión organizada. Anotamos a continuación los siguientes grupos debido a su influyente presencia en Internet, destinada a aumentar el número de seguidores. Algunos han solicitado personería jurídica con propósitos fiscales, y otros no; algunos caen bajo la etiqueta de satanistas modernos, como Anton LaVey, y otros se adhieren a las creencias del satanismo tradicional y adoran a un ser personal llamado Satanás.

The Black Coven of Satanas [El aquelarre negro de Satanás] (2005) se formó en Mobile, Alabama. Ofrecen libros sobre satanismo tradicional y se presentan como un renacimiento de la adoración al diablo del Medio Oriente según el texto del siglo XII *Kitab Al-Jilhuah*. Creen en la existencia personal de Satanás, con el nombre de Melek Taus.

Cathedral of the Black Goat [Catedral de la cabra negra] (2001). No se menciona sede, pero el grupo afirma que se reúne cada dos semanas. Producen sermones y textos de estudio y practican la adoración satánica tradicional «ortodoxa» de Lucero. Su sitio web tiene enlaces a otros dos grupos satanistas tradicionales «ortodoxos».

Cult of Cthulhu [Culto de Cthulhu] (2004). No se menciona sede. Este es un grupo de estudio laveyano escindido de satanistas modernos. Afirman seguir la senda de la mano izquierda y niegan la naturaleza personal de Satanás.

La *First Church of Satan*[83] [Primera Iglesia de Satán] (1994) fue fundada por John Allee en Salem, Massachusetts, como grupo escindido de la Iglesia de Satán de Anton LaVey. La First Church of Satan promueve «el satanismo librepensador», lo que quiere decir que Allee recomienda leer materiales que incluyen obras neonazis, comunistas y de la organización homosexual NAMBLA (North American Man-Boy Love Association [Asociación norteamericana de amor entre hombres-muchachos]). Produce una transmisión de radio por Internet y videos en línea.

82. Eugene V. Gallagher, *The New Religious Movements Experience in America*, Greenwood Press, Westport, CT, 2004, p. 194.
83. Nota: Más de un grupo usa el nombre «First Church of Satan».

Lucifer's Den, Incorporated [Guarida de Lucifer] (1999). No se da sede, pero está estrechamente conectada con grupos satánicos de Texas. Siguen la forma moderna del satanismo laveyano.

OFS Demonolatry (Ordo Flammeus Serpens) [Demonolatría de la Orden de la Serpiente Flamígera], grupo que se centra en la adoración de demonios, tiene sus reuniones en Colorado y Oregón. Afirman ser satanistas teístas que adoran a Satanás tradicionalmente (como persona), pero también incluyen al satanismo panteísta, que ellos definen como adoración al demonio. Tienen foros en Internet, ofrecen capacitación mediante instrucción de seminario en línea, y publican *The Black Serpent* [La serpiente negra], revista bianual de OFS Demonolatry.

The Order of the Nine Angels [La Orden de los Nueve Ángeles] (1960) se formó en Inglaterra como grupo mágico esotérico que cree en los dioses oscuros, el satanismo, la magia negra y ritos siniestros.

Ordo Sinistra Vivendi, también conocida como la Orden del Camino Siniestro, tiene su base en Nueva Zelanda y promueve el individualismo como forma de satanismo, así que cualquier ideología satánica que la persona seleccione, sea personal o impersonal, es aceptable.

The Process Church of the Final Judgment [Iglesia del Juicio Final el Proceso] (1965) fue fundada en Inglaterra y se basa en las teorías y escritos de Robert y MaryAnne DeGrimston, que dejaron la cienciología y prepararon una combinación ecléctica de ideas que incluye el satanismo. The Process captó atención internacional cuando falsamente se informó de que la secta homicida La Familia de Charles Manson estaba conectada con ella. Lo negaron y ganaron un pleito por difamación contra un reportero que publicó una crónica sobre ella. Los miembros de The Process son dualistas que adoran a Dios (Jehová) y a Satanás juntos. Con los años, el grupo principal se ha fragmentado en varios grupos pequeños.

Sanctuary of Satan, también conocido como Templo de Satán, afirma aferrarse a la adoración tradicional de Satanás como ser personal. Sanctuary of Satan está relacionada con el *Brother Nero Show*, programa radial de opiniones emitido por Internet y a teléfonos celulares. Nero dice que tiene 36 años (2007) y que es un ministro de Satanás legalmente ordenado. The Sanctuary recibe donativos por Internet.

The Syndicate of the Five Points [El Sindicato de los Cinco Puntos] es un aquelarre satánico con base en el sur de California que abarca varios grupos pequeños. Se adhieren al satanismo moderno del tipo laveyano. Su teología de cinco puntos que es (1) adoración de uno mismo, (2) responsabilidad social, (3) magia y rito, (4) la manada de lobos y (5) placer y embrujo.

Worldwide Church of Satanic Liberation [Iglesia Mundial de la Liberación Satánica] (1986) fue fundada en New Haven, Connecticut, por Paul Valentine. Ha trasladado su organización a Michigan. Valentine es un defensor del medio ambiente e invitado ocasional en los medios de comunicación; se presenta como satanista individualista, anticristiano e iconoclasta.

Caso real

Walter Martin

Los que practican los ritos satánicos están buscando la posesión satánica, y la hallarán. El satanismo hace que fuerzas demoníacas tomen posesión del alma.

No hace mucho recibí una llamada de larga distancia de una pareja en Florida. Yo había dictado una conferencia en la iglesia del doctor D. James Kennedy, la Coral Ridge Presbyterian, y dictado un seminario de todo un día sobre el tema del ocultismo y los satanistas, y esta pareja, que trabaja un centro de rehabilitación de drogas, había asistido al seminario. Tenían en sus manos un caso de clara posesión demoníaca y no sabían qué hacer. Reconocieron exactamente lo que era gracias a las conferencias que yo acababa de dar en Coral Ridge. Me llamaron.

—Hemos estado orando por esta joven cuatro horas —dijeron—, y estamos simplemente agotados. Por favor, díganos qué hacer.

—¿Qué ha sucedido hasta ahora? —pregunté.

—Pues bien, está poseída por muchos demonios.

—¿Han logrado contarlos?

—Sí —dijeron—. Les preguntamos en el nombre de Jesús cuántos eran, y nos dijeron que eran cincuenta y seis.

—Bien, eso es un buen comienzo —les dije—. ¿Consiguieron sus nombres?

—Cada uno de ellos dijo su nombre (chillando) siempre que se lo ordenamos en el nombre de Cristo.

Hay poder en el nombre de Jesús.

—Bien —dije—, ¿han estado exorcizándolos uno a uno?

—¡Sí! Y unos pocos se han ido.

—¿Cuál es el trasfondo de la joven?

—Estaba metida en el satanismo. Encontramos una Biblia Satánica en el cajón de su cómoda; ha estado metida en drogas por algún tiempo. También hallamos símbolos de adoración satánica.

De repente oí un horroroso chillido en el trasfondo.

—¿Qué sucede? —pregunté.

—Están hablando en lenguas —dijo.

—¿Qué? —exclamé.

—Están hablando en lenguas.

—Pues bien, hagan algo para detener eso de inmediato porque no pueden entenderlos, y ustedes deben entenderlos para tener un diálogo.

Así que el pastor volvió al salón y les ordenó en el nombre de Jesús que hablaran en inglés. Habían estado hablando múltiples lenguajes, pero de inmediato (por la orden) volvieron a hablar en inglés. Fueron expulsados uno a uno en el curso de las horas siguientes (esto tuvo lugar hasta las dos de la madrugada) y la joven quedó completamente agotada. Todos en el salón estaban a punto de derrumbarse, pero no quisieron darse por vencidos.

Finalmente me llamaron una última vez.

—Todos se han ido excepto uno, y este no quiere irse. Esto está siendo terriblemente duro. ¿Qué vamos a hacer?

—Pues bien —le dije—, hay solo una cosa que podamos hacer. Vamos a tener que concentrarnos una vez más en la oración y pedir al Señor Jesucristo que lo haga por nosotros. Voy a colgar el teléfono, arrodillarme aquí y orar. Ustedes vuelvan, y nos uniremos en oración por la muchacha en este mismo momento.

—Está bien —dijo él, y colgó.

Yo oré, y de inmediato sentí una maravillosa sensación de paz. Le dije al Señor: «Señor, el tiempo y el espacio no nos separan; no deben separarnos de nuestros hermanos y hermanas en el Señor Jesús, y estoy justo allí en Florida junto a la cama de esa joven, y oro por ella. ¡En el nombre de Jesucristo de Nazaret sal de ella! Déjala libre». ¡Me sentí de maravilla! El teléfono sonó a los pocos minutos.

—¡Dr. Martin! ¡Dr. Martin! ¡Se ha ido! ¡Se ha ido!

—¿Está seguro? —pregunté.

—¡Absolutamente! No sabemos qué sucedió, pero cuando nos arrodillamos y oramos, de repente ella dejó escapar un terrible grito, se puso en posición de navaja en la cama, y entonces ella cayó de nuevo y gimió «¡ooooh!», y entonces dijimos: «En el nombre de Jesucristo de Nazaret, ¿cuántos son ahora?» Hubo un mortal silencio. La despertamos, y ella ha recibido al Señor Jesús como su Salvador.

Esa joven no solo ha vencido las drogas de un solo tajo, sino que está estudiando para ser una testigo de Cristo. Está en un centro de rehabilitación de drogas, liberada de cincuenta y seis demonios. Usted tal vez diga: «Ah, bien, ¡yo no creo en algo así!»

Sé que es difícil creerlo, pero sucedió. Si alguna vez se topa de cerca con un caso de posesión de demonios, nunca dudará del poder de Satanás; es enorme.

En una de las iglesias más grandes del mundo, ubicada en el sur de California, realicé otro exorcismo a una joven que estaba a más de 150 kilómetros de distancia. Oré con los pastores mientras ellos oraban por la joven, y múltiples demonios salieron de ella. Desde entonces, ella también ha recibido a Cristo como su Salvador.

Estas cosas suceden. Son reales. Negarlas no hace que desaparezcan. El escepticismo de la sociedad moderna no tiene poder para descartarlas; simplemente los divierte. Los virus son invisibles al ojo normal, pero sabemos que existen porque desarrollamos el equipo que nos permite verlos. Tal vez no veamos a un demonio bajo el microscopio, pero Dios nos dio los medios para verlos:

1. Los demonios hablan con múltiples voces en muchos idiomas desconocidos para el que los emite.
2. Los demonios exhiben una fuerza sobrenatural.
3. Los demonios tienen acceso a información privada que la persona poseída jamás podría saber.
4. Los demonios responden y obedecen a la autoridad del nombre de Jesucristo.

Este experimento se ha repetido incontables veces y ha quedado demostrado, más allá de toda duda, que los seres perversos y conscientes llamados demonios *en efecto* existen.

Respuesta bíblica

El satanismo, no importa cómo lo vea uno, lo nutren almas perdidas que no conocen a Jesucristo como su Señor y Salvador. La parábola del sembrador, en Mateo 13.1-23, enseña con claridad que solo Dios sabe dónde germinará su semilla; las personas solo pueden adivinar lo que pasa en el corazón humano. Es un hecho que algunos satanistas han sido salvados por la gracia de Cristo y han nacido de nuevo a la vida eterna, así que siempre hay esperanza. Jesús tiene el poder de salvar incluso al satanista que se arrepiente.

En el principio Dios hizo a la humanidad perfecta (Gn. 1.26-27), tal como lo eran los ángeles, y sin embargo nosotros seguimos el ejemplo de Satanás y sus ángeles caídos en su pecado y rebelión contra Dios. Cuando Satanás confrontó a Jesús y le exigió adoración, pretendía que toda la humanidad le adorase directa y abiertamente. Pero Jesús rechazó la artimaña de Satanás diciendo: «Vete, Satanás, porque escrito está: Al

Señor tu Dios adorarás, y a él sólo servirás» (Mt. 4.10). Satanás, un ser creado, fue obligado a obedecer al Señor de toda la creación. «El diablo entonces le dejó; y he aquí vinieron ángeles y le servían» (v. 11). Cuando Satanás tienta a un ser humano a adorarle, todo lo que ellos tienen que hacer es imitar el ejemplo de Jesús y decir en su nombre: «Vete, Satanás». Y Satanás huirá.

La respuesta al satanismo es el hecho sencillo de que una criatura, por poderosa que sea, nunca puede ser un dios. Jesús era y es *Dios.* «Jesús les dijo [a los judíos]: De cierto, de cierto os digo: Antes que Abraham fuese, yo soy» (Jn. 8.58). Les dijo a sus discípulos: «Yo veía a Satanás caer del cielo como un rayo» (Lc. 10.18). El omnipotente y omnipresente Creador de todos los ángeles observó cómo el diablo era arrojado del cielo. Jesús nunca puede ser derrotado por un ser que no es deidad omnipotente ni omnipresente. Satanás no sabe todas las cosas, no puede leer las mentes y corazones de los seres humanos, no puede estar en todas partes a la vez, y jamás podrá ser Dios; porque Dios es eterno, y él, Satanás, es una criatura:

> El eterno Dios es tu refugio,
> Y acá abajo los brazos eternos;
> El echó de delante de ti al enemigo,
> Y dijo: Destruye
> (Dt. 33.27).

En su pecado y rebelión, Satanás creyó que podía tentar al Hijo de Dios para que adorase a una criatura caída, un ser fatalmente trastornado que fue arrojado desde la altura del cielo para esparcir su veneno abajo. Pero Jesús, como amado Hijo de Dios, de ningún modo se postraría ante Satanás.

> En el principio era el Verbo, y el Verbo era con Dios, y el Verbo era Dios. Este era en el principio con Dios. Todas las cosas por él fueron hechas, y sin él nada de lo que ha sido hecho, fue hecho. En él estaba la vida, y la vida era la luz de los hombres. La luz en las tinieblas resplandece, y las tinieblas no prevalecieron contra ella (Jn. 1.1-5).

El Dios de este mundo ciega el intelecto del hombre para que el evangelio no pueda penetrar sin intervención directa del poder del Espíritu Santo. «Pero si nuestro evangelio está aún encubierto, entre los que se pierden está encubierto; en los cuales el dios de este siglo cegó el entendimiento de los incrédulos, para que no les resplandezca la luz del evangelio de la gloria de Cristo, el cual es la imagen de Dios» (2 Co. 4.3-4). Es una ceguera fuerte, pero no puede impedir que el Dios de toda la creación use a sus hijos para plantar la semilla del evangelio en los corazones de los perdidos.

Los creyentes nunca deben tenerle miedo a Satanás, pero la sabiduría dicta un respeto saludable ante un antiguo enemigo mortal. Cuando se está lidiando con Satanás no hay que tratarlo a la ligera; hay que recordar y respetar lo que las Escrituras dicen de él. «Pero cuando el arcángel Miguel contendía con el diablo, disputando con él por el cuerpo de Moisés, no se atrevió a proferir juicio de maldición contra él, sino que dijo: El Señor te reprenda» (Jud. 9). Los creyentes deben recordar en particular el poder diario del Padre Nuestro, que incluye esta frase: «Y no nos metas en tentación, mas líbranos del mal» (Mt. 6.13). Jesucristo nunca nos hubiera ordenado que elevásemos esa oración si no fuera porque necesitamos esa clase de protección divina todos los días.

El Hijo de Dios no dobló sus rodillas ante Satanás, pero millones de seguidores de LaVey y de otras formas de satanismo han adorado con entusiasmo a este ser que se deleita en destruir sus vidas. Estas personas pueden negarse a doblar la rodilla ante Jesucristo, el amor hecho hombre, mientras están aquí en la tierra, pero se hallarán postrados ante él en el juicio final. El apóstol Pablo advierte de un día venidero cuando toda rodilla se doblará y toda lengua confesará que Jesús es el Señor: «Por lo cual Dios también le exaltó hasta lo sumo, y le dio un nombre que es sobre todo nombre, para que en el nombre de Jesús se doble toda rodilla de los que están en los cielos, y en la tierra, y debajo de la tierra; y toda lengua confiese que Jesucristo es el Señor, para gloria de Dios Padre» (Fil. 2.9-11).

Los creyentes nunca deben tenerle miedo a Satanás, porque pueden invocar a Jesucristo, que derrotó a Satanás en la cruz y tiene toda autoridad en el cielo y la tierra. Después de que Jesús resucitó de los muertos demostró su poder sobre el pecado, la muerte, la tumba, el infierno y Satanás. Antes de su ascensión al cielo comisionó a sus discípulos para que fueran a todo el mundo y proclamasen su evangelio. Muy a menudo, los creyentes leen la Gran Comisión y pierden de vista la razón para evangelizar a las personas. Se halla en Mateo 28.18, el versículo que precede de inmediato a su llamamiento a la evangelización: «Y Jesús se acercó y les habló diciendo: Toda potestad me es dada en el cielo y en la tierra».

Considere lo vasto de los cielos: toda la autoridad en ellos le pertenece a Jesús. Considere el tamaño de la tierra: toda la autoridad le pertenece a Jesús. Entonces, su siguiente expresión será «Por tanto». Toda la autoridad le pertenece a Jesús, por tanto debemos «ir y hacer discípulos a todas las naciones» (v. 19). Jesús dijo muy claro que debemos ir a evangelizar porque nuestro gran Señor y Salvador Jesucristo tiene toda la autoridad en el cielo y la tierra.

Caso real

Jeff Harshbarger

El relato de mi participación en el satanismo es tan típico que casi es un clisé. Yo era un joven solitario procedente de una familia desestructurada. Mi padre era alcohólico, y las cosas empeoraron tanto en casa que finalmente mis padres se divorciaron. Yo estaba buscando un lugar al cual pertenecer. Estaba buscando personas que me prestaran atención y me dieran algo de aceptación. Estaba buscando amor, atrapado en un hogar violento que me dejó sin esperanza y asustado. En respuesta, empecé a mirar en lo sobrenatural buscando valor y algo de poder místico sobre mi existencia de juventud. Estaba maduro para tal experiencia, y durante mucho tiempo me había interesado la magia y otros aspectos de lo paranormal. Incluso de niño sabía que había un reino de espíritus y que había una manera de conectarse con él.

Mi primer contacto con el satanismo tuvo lugar en 1978, cuando cayó por sorpresa una nevada sobre mi ciudad natal. Yo tenía 17 años y estaba en último año de secundaria, trabajando en una tienda local durante la tormenta. Yo apenas había empezado a preguntarme cómo podría llegar a casa esa noche cuando el subgerente de la tienda, un joven de apenas 18 años, me invitó a quedarme en su apartamento, a poca distancia.

Este joven parecía tener todo lo que yo siempre había querido: prestigio, poder. Daba toda la sensación de tener el control de su vida y actuaba como si tuviera mucho más de sus 18 años. Esa noche me habló de la fuente de su fuerza. Quedé fascinado. Me mostró las nociones mágicas y objetos ocultistas que había acumulado y quedé convencido. Esa noche, más tarde, realizamos una ceremonia y le entregué mi vida a Satanás.

Después de graduarme de la secundaria, mi «maestro» y yo nos fuimos a una universidad que estaba lejos. Los dos intentamos empezar nuestro propio grupo satánico. Un *coven*, o aquelarre, debía constar de trece discípulos, pero solo pudimos reclutar a seis, todos ellos varones. Los seis vivíamos en la misma casa, donde realizábamos lo que yo llamo ritos satánicos «por cuenta propia», produciendo e improvisando las ceremonias con libertad. Las actividades del aquelarre incluían lanzar conjuros y profanar Biblias o cualquier otro artículo cristiano que cayera en nuestras manos. Durante ese tiempo yo estuve en contacto con demonios de manera regular, aunque no con el mismo Satanás. Los demonios eran subalternos poderosos que estaban a mi mando y llamado... o por lo menos así pensaba yo. Con el tiempo, las partes aterradoras y desagradables del satanismo hicieron sombra a las partes emocionantes. Empezó a preocuparme la dirección que estaba tomando el aquelarre. Sabía que no podía participar en el próximo paso... Sabía que había líneas que ni siquiera yo cruzaría. Quise salirme.

Pensé en ese entonces que lo único que me quedaba por hacer era matarme. Pero, para mi desolación, fracasé. Ahora sé que solo la intervención divina pudo haberme salvado tanto de la pistola como de la horca. Después de volver a casa, traté de emborracharme hasta el olvido, pero hallé que el sabor de la cerveza me revolvía el estómago. Así que, más bien, encendí un cigarrillo para calmar los nervios... ¡pero me quemó los labios! Así que, finalmente, yo, el sacerdote satanista en ciernes, me fui a mi cuarto, me acosté en la cama y empecé a llorar. Nunca en mi vida olvidaré lo que sucedió luego. Era tarde por la noche. El resto del grupo estaba de fiesta, de modo que la casa estaba vacía. En el silencio oí una voz junto a mi cama que decía: «¡Sal afuera!» Dejé de llorar y miré por todo el cuarto esperando ver la presencia de un demonio. No había demonio. La voz pasó al pie de la cama y dijo de nuevo: «¡Sal afuera!» Recuerdo que la orden me sacudió tanto que de inmediato obedecí. Me arrastré y salí por la ventana más cercana de mi dormitorio y fui a la entrada del coche... y a la presencia de Dios. Me fallaron las rodillas y caí sobre mi cara; no había equivocación en cuanto a *quién* era este. Mirando al cielo supliqué: «Jesús, endereza mi vida».

He recorrido mucho trecho desde esos días del satanismo. Todavía creo en una realidad espiritual. Creo tanto en demonios como en ángeles, buenos y malos. Simplemente he dejado la oscuridad y la he cambiado por la luz. El Señor Jesucristo me ha ayudado en una recuperación completa. Llevo ya 18 años casado. Mi esposa Liz y yo vivimos en Carolina del Sur. Con la ayuda de Dios he obtenido una maestría en asesoría pastoral y he empezado *Refuge Ministries.* Juntos instruimos a otros en cuanto a los peligros del ocultismo, las creencias de la Nueva Era y otras enseñanzas falsas. No trabajamos solo con ex satanistas; sé lo que se siente al ser una persona sola y confundida, impulsada a la desesperación. Estamos aquí para quien quiera que el Señor envíe.[84]

Conclusión

El satanismo seguirá creciendo porque ofrece algo que interesa a muchos: emoción metafísica, sobrenatural, envuelta en un reluciente paquete de inmoralidad. No juegue con Satanás. Algunos le dirán que reprenda al diablo, que le haga frente; otros incluso le

84. Mi testimonio no representa al satanismo laveyano o tradicional. Yo fui un satanista ecléctico por cuenta propia.

dirán que debe lanzarle maldiciones. Esto es el colmo de la necedad. El arcángel Miguel ni siquiera se atrevió a reprenderlo, y tampoco debe atreverse usted. Si el príncipe de los ángeles, Miguel, que dirigió al ejército que expulsó a Satanás del cielo, no *se atrevió* a reprender a Satanás incluso después del Calvario y la resurrección, por temor de algún tipo de desquite, ¿qué le hace pensar que *usted* tiene el poder para hacerlo? Ese encuentro quedó escrito para que la iglesia pueda aprender algo del mismo. Haga caso de corazón de este muy buen consejo y no trate de vérselas con Satanás en sus propias fuerzas, porque él es demasiado poderoso. La única victoria que el cristiano tiene al tratar con Satanás es en el nombre de Jesucristo.

El fin de esta edad será un tiempo de dificultades, maldad y perversidad sin paralelo. La Biblia nos dice que las fuerzas de las tinieblas se desatarán sobre la tierra. Frente a este horror, debemos apoyarnos en la seguridad de que mayor es el que está en nosotros que el que está en el mundo (1 Jn. 4.4). Aprenda de memoria este pasaje de Efesios 6 y póngase toda la armadura de Dios:

> Por tanto, tomad toda la armadura de Dios, para que podáis resistir en el día malo, y habiendo acabado todo, estar firmes. Estad, pues, firmes, ceñidos vuestros lomos con la verdad, y vestidos con la coraza de justicia, y calzados los pies con el apresto del evangelio de la paz. Sobre todo, tomad el escudo de la fe, con que podáis apagar todos los dardos de fuego del maligno. Y tomad el yelmo de la salvación, y la espada del Espíritu, que es la palabra de Dios (vv. 13-17).

Solo cuando estamos protegidos por la armadura de Dios podemos resistir cualquier batalla contra el archienemigo de Cristo y sus siervos caídos. La verdadera batalla no es contra carne; es espiritual. La armadura del guerrero de Dios es una armadura espiritual, pero Pablo comparó cada pieza de nuestra armadura con las de una armadura física para que mentalmente usted pueda ponerse cada pieza para su protección, de la cabeza a los pies, y usarla sabiamente.

El satanismo y *La biblia satánica* se rendirán delante del cristiano que se arrodilla ante el Señor en oración; *deben* rendirse al cristiano que invoca el nombre de Jesús: el nombre que es sobre todo nombre. Un día, todos los enemigos de Cristo se postrarán a sus pies. Los que niegan al Jesús histórico, los que han pensado que él es un mito de las Escrituras, los que niegan su nacimiento virginal, su vida sin pecado y sus milagros; los que han rebajado su estatus al de un mero hombre, los que le llaman mago o lo tildan de ocultista; los que ponen sus propias palabras en la boca de él; y todos los vivos y muertos, pasados, presentes y futuros, doblarán la rodilla ante la majestad de Jesucristo y confesarán que solo Él es el Señor, para gloria de Dios Padre. ¡Qué día será ese!

Recuerde la advertencia de Jesús: «Pero no os regocijéis de que los espíritus se os sujetan, sino regocijaos de que vuestros nombres están escritos en los cielos» (Lc. 10.20). Regocijémonos de que por el Calvario Dios ha inscrito nuestros nombres en el cielo, y gracias a Jesucristo podemos amar a los satanistas, desechar el satanismo y avanzar a ser más que vencedores por medio de aquel que nos amó.

Recursos recomendados

1. Frederickson, Bruce G. *Satanism* [El satanismo]. St. Louis: Concordia, 1995.
2. Martin, Walter. *The Church of Satan* [La Iglesia de Satán]. CD o cinta de audio, Walter Martin Ministries, www.waltermartin.com.
3. Martin, Walter. *Witchcraft and Satanism* [Brujería y satanismo]. CD o cinta de audio, Walter Martin Ministries, www.waltermartin.com.
4. Mayhue, Richard. *Unmasking Satan* [Desenmascarando a Satanás]. Wheaton, IL: Victor, 1988.
5. Schwarz, Ted y Duane Empey. *Satanism: Is Your Family Safe?* [Satanismo ¿Está su familia a salvo?]. Grand Rapids: Zondervan, 1988.

Breves apuntes acerca de la adoración a la Diosa, la brujería y la Wicca

- Los paganos definen la brujería como una práctica centrada en lanzar conjuros y la operación de magiak; puede incluir la adoración de deidades individuales (politeísmo).
- La Wicca es una religión que se centra en la adoración del Señor y la Señora, y otras diosas y dioses; se basa en la magia de la naturaleza y en el pensamiento hindú y de la Nueva Era.
- El neopaganismo es la adoración de las deidades paganas antiguas; es un término comodín para todas las creencias paganas, como la adoración a la diosa, la brujería, la Wicca, el druidismo, el shamanismo y otros sistemas de creencias no cristianos.
- Las creencias neopaganas pueden ser animistas (todos los objetos, incluyendo el universo, tienen un alma), panteístas (lo divino está presente en la vida de todas las cosas), panenteísta (lo divino está en todos y es mayor que todo), o todas esas tres cosas.
- El neopaganismo ve al Dios bíblico como uno entre muchos dioses, o como un aspecto de la diosa o Dios universal; Jesús es simplemente un hombre sabio y posiblemente incluso un hechicero.[1]
- No existe el «mal» o el pecado original; la reencarnación reemplaza a la salvación.

1. «Creo que [Jesús] fue un hechicero. Obró milagros, o lo que nosotros llamaríamos magia. Curó a personas e hizo la mayoría de cosas que se esperan de un brujo. Tenía un *coven* de trece». Arnold Crowther y Patricia Crowther, *The Secrets of Ancient Witchcraft with the Witches Tarot*, University Books, Secaucus, NJ, 1974, p. 164.

12

La adoración a la Diosa, la brujería y la Wicca

No existe hoy un ámbito del ocultismo tan tristemente famoso como la brujería, y sin embargo su definición moderna sigue tan esquiva y variada como las personas que la practican.[2] Hoy, las «artes» son algo multifacético que impregna una «sociedad de vive y deja vivir» ampliamente dispuesta a abrazarlas. El avivamiento del paganismo antiguo en su forma moderna de neopaganismo tuvo su punta de lanza en una fascinación renovada con la brujería, con resultados colaterales como la Wicca y los druidas basados en los celtas.[3] Allí donde en un tiempo la brujería era anatema y su solo nombre conjuraba temor, humillación y la sentencia de una muerte horrible, hoy viste el manto protector de la tolerancia religiosa y los seductores ropajes de la fantasía, ilusión ingeniosamente entretejida por la autora J. K. Rowling y la élite de Hollywood.

La avalancha de *Harry Potter* desató una fascinación por todas las cosas *mágicas,* transformando un interés público apenas creciente del siglo XX en una obsesión del siglo XXI.[4] En 1972 había aproximadamente veinte mil miembros de aquelarres organizados

---

2. Los neopaganos no escriben brujería con mayúscula en inglés puesto que la consideran práctica y no religión (aunque encaja fácilmente en la etimología de religión). La Biblia se refiere a la brujería en el contexto del politeísmo, así que la versión inglesa de este capítulo escribe Witchcraft [brujería]. [Nota del editor: en español las religiones no se escriben con mayúscula inicial. En el caso de la Wicca sí la usamos para mantenerla como nombre propio, según las asociaciones wiccanas lo usan en nuestro país].
3. La antropóloga Linda Jencson anotó en *Anthropology Today* que «El neopaganismo se refiere a un avivamiento de los dioses, diosas y espíritus paganos precristianos, su adoración y tratamiento ritual. También incluye un sentido animista de poder espiritual y reverencia por la naturaleza. Los neopaganos concentran buena parte de su práctica espiritual en los resultados prácticos, la capacidad de afectar su entorno con medios mágicos». Linda Jencson, «Neo-Paganism and the great mother goddess», *Anthropology Today* 5, no. 2, (1989), JSTORStable URL http://links.jstor.org/sici?sici=0268-540X%28198904%295%3a2%3c2%3ANATGMG%3E2.0.CO%3B2-%23 (acceso obtenido 28 junio 2007).
4. La palabra inglesa *magical* la cambió a *magickal* el famoso ocultista Aleister Crowley (aprox. 1915) para distinguirla de la magia de los escenarios. La usaron sus alumnos, como Gerald Gardner, fundador de la Wicca, para referirse a la labor específica de los conjuros. La *Llewellyn Encyclopedia* en línea lo define como sigue: «La magiak es la ciencia y arte de producir cambio (en la conciencia) para que ocurra de conformidad con la voluntad, usando medios que al presente la ciencia tradicional occidental no entiende». Hay más información disponible en http://www.llewellynencyclopedia.com/term/magick (acceso obtenido 21 junio 2007).

en Estados Unidos, y su número aumentó a unos cincuenta mil miembros para 1982.[5] En 1990 el *New Age Almanac* [Almanaque de la Nueva Era] de J. Gordon Melton señalaba la dificultad de determinar el número exacto de brujos practicantes, puesto que cada brujo o grupo es autónomo, y calculó su número entre mil y cinco mil *covens* o aquelarres (o alrededor de trece mil a sesenta mil personas, calculando trece miembros por coven).[6] Hoy, con la popularidad de los libros y películas de *Harry Potter*, el sitio web del Covenant of the Goddess [Pacto de la Diosa] sitúa las cifras de brujos en Norteamérica (bajo la clasificación de neopaganos) de doscientos mil, según apreciación conservadora, a seiscientos mil.[7] En todo el mundo se calcula que hay probablemente millones.[8]

Aunque la élite de los medios de comunicación y algunos dirigentes cristianos desdeñaron el poder de Potter para influir en vidas jóvenes, pronto quedó claro que los adeptos a la brujería reconocieron la oportunidad cuando llegó a sus puertas. Algunos practicantes de brujería vieron la posibilidad que Harry Potter les daba (y los dólares que generaba) y lo aprovecharon, usando la mística de Potter para enseñar a los niños y promover entre ellos las artes (como lo suelen llamar). Un ejemplo de esto es el exitoso manual de brujería *Grimoire for the Apprentice Wizard* [Grimorio del aprendiz de brujo], de Oberon Zell-Ravenheart, dirigido directamente a jóvenes lectores. Un breve vistazo al índice de contenido revela la intención de Zell-Ravenheart:

Curso uno: **Magia**
Clase I: Respecto a los magos
Clase II: Cómo llegar a ser mago
Clase III: Fundamentos de Magiak
Clase IV: Artes Mágikas
Clase V: Talentos Mágikas
Clase VI: Tal vez soñar
Clase VII: Patrones de Magiak

---

5. Godwin, *Occult America*, p. 66; Petersen, *Los nuevos cultos religiosos*, Editorial Diana, México, 1976 (p. 72 del original en inglés). Cifras adicionales se encuentran en Adherents.com, Wicca, http://www.adherents.com/Na/Na_666.html#422 (acceso obtenido 28 junio 2007).
6. Melton, Clark y Kelly, *New Age Almanac*, p. 340.
7. Covenant of the Goddess, «Witchcraft: Commonly-Asked Questions, Straightforward Answers», http://www.cog.org/wicca/faq.html (accessed June 14, 2007); véanse más resultados de encuestas en http://www.cog.org/05poll/poll_results.html y http://web.archive.org/web/20000304090749/ www.cog.org/cogpoll_prelim.html (acceso obtenido 14 junio 2007). La gran variedad de cifras puede ser indicador del número de brujos que lo practican en privado.
8. Adherents.com, «Major Religions of the World Ranked by Number of Adherents», http://www.adherents.com/Religions_By_Adherents.html#Neo-Paganism (acceso obtenido 16 junio 2007). Las estadísticas se basan en múltiples fuentes.

Curso dos: **Naturaleza**

Curso tres: **Práctica**

Curso cuatro: **Ritos**[9]

Zell-Ravenheart sigue la dirección de J. K. Rowlings al identificar a los brujos como *magos;* término que es menos amenazador, pero históricamente inexacto. Las raíces de la palabra mago, en inglés *wizard,* se pueden rastrear en el inglés de la Edad Media (aprox. 1440), donde se traducía como «sabio», pero otras raíces europeas claramente lo conectan con el término *brujo.* Un estudio de las palabras *wizard* [mago] y *witch* [brujo] demuestran que son sinónimos y no están asociados al género.[10] La brujería en todas sus variadas formas es ahora un fenómeno mundial que no presenta síntomas de disminuir. Las brujos definen el término *witch* selectivamente, escogiendo el significado que más les apetece a partir de descripciones interminables del inglés antiguo. Según el sitio web de Covenant of the Goddess, la palabra *witch* «deriva de una raíz indoeuropea que quiere decir doblar o cambiar, o hacer magia, o religión (lo que la emparenta con "wicker" [mimbre], "wiggle" [contoneo], e incluso "vicar" [párroco]).[11]

Históricamente un brujo o bruja es alguien que usa poderes sobrenaturales para fines buenos o malos, y de aquí la designación en algunos círculos de brujos *blancos* o *negros.* Pero los neopaganos no necesariamente aceptan la existencia de poder sobrenatural, creen más bien en el poder inherente de lo *natural* (energía positiva presente en toda las cosas). La redefinición del término *sobrenatural* les permite rechazar categóricamente el aspecto maligno u oculto del poder, dado que no creen en Satanás y por tanto los términos de *brujería blanca* o *brujería negra* no se les pueden aplicar.

Pero es más probable que la definición más antigua de *brujo* se halle en la palabra hebrea *kashaf,* que quiere decir «susurrar un conjuro, i.e., encantar o practicar magia».[12] En esencia, la Biblia define al brujo como un médium o hechicero que conjura a los poderes ocultos para que hagan lo que les ordena. Esta definición tiene el respaldo de lo que parece ser el texto semítico más antiguo descubierto hasta la fecha, texto que también se encuentra en egipcio. «Ven, ven a mi casa», y «Hazte a un lado, oh mi amado» son conjuros tallados en las paredes de las cámaras de las tumbas de los reyes egipcios,

9. Zell-Ravenheart, *Grimoire for the Apprentice Wizard,* p. 1.
10. Online Etymology Dictionary, «Wizard», http://www.etymonline.com/index.php?search=wizard&searchmode=none (acceso obtenido 14 junio 2007).
11. Sitio web Covenant of the Goddess, "Witchcraft: Commonly-Asked Questions, Straightforward Answers", http://www.cog.org/wicca/faq.html (acceso obtenido 14 junio 2007).
12. OT:3784, *Nueva concordancia Strong exhaustiva,* Grupo Nelson®, Nashville, 2002.

con el propósito de proteger de la profanación a los reyes y a las reinas. Este texto no solo demuestra la combinación de las culturas egipcia y cananea, sino que también confirma la presencia de conjuros, lo que implica la presencia de brujería y brujos en la antigüedad, y su propósito de influir o cambiar el mundo de su entorno.[13]

Dios indicó desde el tiempo de su primera interacción con el hombre que Él no era la fuente del poder de la brujería:

> Cuando entres a la tierra que Jehová tu Dios te da, no aprenderás a hacer según las abominaciones de aquellas naciones. No sea hallado en ti quien haga pasar a su hijo o a su hija por el fuego, ni quien practique adivinación, ni agorero, ni sortílego, ni hechicero, ni encantador, ni adivino, ni mago, ni quien consulte a los muertos. Porque es abominación para con Jehová cualquiera que hace estas cosas, y por estas abominaciones Jehová tu Dios echa estas naciones de delante de ti. Perfecto serás delante de Jehová tu Dios (Dt. 18.9-13).

En Deuteronomio, Dios indicó con claridad lo mucho que aborrece todo lo conectado con la práctica de la brujería, y también en Éxodo 22.18, cuando dijo: «A la hechicera no dejarás que viva».

Si los brujos no obtienen su poder de Dios, entonces es obvio que deben recibirlo de otra fuente. Ellos pueden llamar a esa fuente como se les antoje: fuerzas elementales, magia, o el universo; pero de todas maneras están recibiendo su poder de una fuente que no es Dios, y Dios revela el nombre de esa fuente como Satanás (Job 1–2; Éx. 7.10; Mt. 4.9). Dios es la única fuente de poder de bondad y Satanás es la única *otra* fuente de poder; un maligno que alimenta al mundo del oculto. En realidad, no hay diosas o dioses, sino solo demonios disfrazados de deidades.

La práctica de ritos ocultos, o misterios secretos, no tiene parte en el judaísmo y el cristianismo. Los conjuros, maldiciones y cualquier otro método usado para lograr metas personales no tienen nada que ver con el cristianismo. La Biblia no los autoriza en ningún caso, a menos que se la interprete fuera de su contexto, en cuyo caso no se puede aplicar lógicamente en apoyo a la brujería. En esencia, la brujería en sí misma no es otra cosa que la práctica del ocultismo. Es un intento de manipular fuerzas a fin de lograr fines personales, y hay personas por todo el mundo que están en ello.

---

13. Fragmentos de Laurie Copans, "Spell May Comprise Oldest Semitic Text", Discovery Channel, http://dsc.discovery.com/news/2007/01/25/snakespell_arc.html?category=archaeology&guid=20070125141500 (acceso obtenido 10 septiembre 2007).

Desde una perspectiva bíblica, la antigua religión de la brujería ha mantenido sus creencias y prácticas clave durante muchos milenios, y remonta sus raíces politeístas al tiempo cuando Moisés anotó la prohibición divina contra ella (aprox. 1400 A.C.). Aunque los paganos modernos discuten la naturaleza «religiosa» del paganismo y la brujería (y lo escriben sin mayúscula inicial para indicar una *senda espiritual* en lugar de una *religión*), su sistema organizado de creencias encaja fácilmente en la definición de religión.[14]

La Wicca es un derivado moderno de la brujería antigua que de buen grado se arroga el rótulo de «religión». Se aprecia la influencia directa del famoso ocultista Aleister Crowley (1875-1947) y de uno de sus seguidores, Gerald Gardner (1884-1964), y gira alrededor de la adoración al *Señor* y la *Señora,* aunque incluye muchas otras diosas y dioses.[15] Es interesante que en este punto se puede hallar la influencia de Simón el mago, el hechicero a quien el apóstol Pedro reprendió en Hechos 8.9, lo que indica una posible fuente antigua de las raíces de la Wicca. El obispo e historiador romano Hipólito (aprox. 170 A.D.) describe la doctrina del mago en detalle en *Philosophumena:*

> Los discípulos, entonces, de este (mago), celebran ritos mágicos, y recurren a encantamientos. Y (ellos profesan) trasmitir conjuros de amor y encantos, y se dice que los demonios son los que envían sueños, con el propósito de destruir a quien quiera que a ellos se les antoje... Y tienen una imagen de Simón (modelada) en la figura de Júpiter, y (una imagen) de Elena [conviviente de Simón] en la forma de Minerva; y les rinden adoración». Pero llaman al uno Señor y a la

14. *Religión* [en inglés], «aprox. 1200, "estado de la vida ligado a votos monástico", también "conducta que indica una creencia en un poder divino", de Anglo-Fr. religiun (siglo 11), de Fr.Ant. *religion* "comunidad religiosa", de L. *religionem* (nom. *religio*) "respeto por lo sagrado, reverencia por los dioses", en L.L. "vida monástica" (siglo 5); de según Cicerón, derivado de *relegare* "atravesar de nuevo, leer de nuevo", de *re-* "de nuevo" + *legere* "leer" (véase *lecture*). Sin embargo, la etimología popular entre los antiguos posteriores (y muchos escritores modernos) lo conecta con *religare* "atar fuertemente" (ver *rely*), vía noción de "poner una obligación sobre" o "lazo entre humanos y dioses". Otro posible origen es *religiens*, "cuidadoso", opuesto a *negligens*; que quiere decir "sistema particular de fe" se registra desde aprox. 1300», Douglas Harper, «religion», Online Etymology Dictionary, http://www.etymonline.com/index.php?search=religion&searchmode=none (acceso obtenido 11 junio 2007). En cuanto a la historia del término en español, véase http://www.elcastellano.org/palabra.php?q=religi%F3n.

15. Aleister Crowley, que se autodenominó «La Bestia 666» fue un ocultista que en 1898 participó en la Orden Hermética de la Aurora Dorada], sociedad secreta formada en Inglaterra por los cabalistas, francmasones y algunos miembros de la hermandad rosacruz. Originalmente se formó para continuar con el trabajo de la teosofía, pero más bien llegó a centrarse en el ocultismo, deteriorándose gradualmente debido a egos inflados y peleas intestinas. Su logro más duradero es el *Cipher Manuscript*, obra cuyas raíces siguen siendo oscuras. La Aurora Dorada se apropió del texto ocultista y lo embelleció, y desde entonces ha llegado a ser una obra importante para muchas religiones esotéricas modernas. Israel Regardie, secretario de Crowley, publicó la obra fundamental de la magia, titulada *La aurora dorada.*

otra Señora. Y si alguno de ellos, al ver las imágenes bien sea de Simón o Elena, las llaman por nombre, lo expulsan, como siendo ignorante de los misterios.[16]

Los wiccanos practican por lo general magia de hierbas y siguen la doctrina de la Rede: «Si no le hace daño a nadie, haz lo que quieras», y la ley triple, que dicta que cualquier cosa que los wiccanos hagan (sea bien o «mal») les volverá con el triple de fuerza.[17] Esta es la versión wiccana del karma hindú.

No todos los wiccanos afirman ser brujos, ni todos los brujos dicen ser wiccanos. Esta es la naturaleza esquiva del neopaganismo. Algunos wiccanos mantienen que no practican ninguna magiak, e indican que solo se centran en la Rueda del año (observación de las ocho fiestas o *sabbats*) y la espiritualidad personal. Los brujos que no son wiccanos siguen el credo básico de «haz lo que se te antoje», menos la cláusula de «no hagas ningún daño».

Ocho sabbats de brujos, wiccanos y paganos[18]

Solsticio de invierno / nochebuena

Hemisferio norte: 21 de diciembre.

Hemisferio sur: 21 de junio.

Solsticio de invierno, Saturnalia, Alban Arthan

La fiesta de nochebuena se celebraba mucho antes de que los cristianos adoptaran la fecha. Muchas de las tradiciones de Navidad que vemos hoy provienen de costumbres paganas antiguas. Como solsticio, es la noche más larga del año. Desde ese día en adelante, la luz empieza a retornar y celebramos el renacimiento del dios Sol.

Tradiciones: Encendido del tronco de Navidad, fabricación de coronas, dar regalos.

Correspondencias: pino, acebo, mirra, canela.

16. Hipólito, *Philosophumena*, (Philosophumena.com), http://www.philosophumena.com/book_vi.htm (acceso obtenido 29 junio 2007).

17. Gardner, *The Meaning of Witchcraft*, p. 108. La *Rede* fue copiada por Gardner de la expresión de Aleister Crowley: «Haz lo que se te antoje será el todo de la ley. El amor es la ley, amar bajo voluntad». *Rede* es «consejo» en inglés antiguo. Véase Online Etymology Dictionary, "rede", http://www.etymonline.com/index.php?search=rede&searchmode=none (acceso obtenido 21 junio 2007).

18. Spiritual.com, "Wiccan Sabbats", KTL Enterprieses Pty. Ltd., http://www.spiritualcom.au/articles/Witchcraft/wiccan-sabbats.htm (acceso obtenido 21 junio 2007).

Imbolc

Hemisferio norte: 2 de febrero.

Hemisferio sur: 1 de agosto.

Solsticio de invierno, Candlemas, Imbolg, Día de Brígida.

Imbolc es un día para celebrar los primeros indicios de primavera, también dedicado a la diosa celta Brígida. Los no paganos estadounidenses lo celebran hoy como el Día de la Marmota. Indica un nuevo comienzo en la vida, y hay que limpiar la casa a conciencia.

Tradiciones: Encender fogatas y velas, limpieza, hacerle la cama a Brígida.

Correspondencias: clave, romero, manzanilla, leche.

Ostara

Hemisferio norte: 21 de marzo.

Hemisferio sur: 21 de septiembre.

Equinoccio de primavera, día de la Señora.

Esta es otra fiesta a la que se han superpuesto significados cristianos (Pascua de Resurrección). Los huevos y conejos son símbolos típicos que representan nuevo nacimiento y nueva vida. Hay que plantar las semillas de metas a largo plazo.

Tradiciones: Colorear huevos, decorar con flores.

Correspondencias: jazmín, lilas, lirios, nuevas flores de primavera.

Beltane

Hemisferio norte: 1 de mayo.

Hemisferio sur: 1 de noviembre.

Día de mayo, Noche de Walpurgis.

El Dios nacido en nochebuena ya es un hombre, y se consuma [sic] el matrimonio sagrado entre el Dios y la Diosa.

Beltane es una celebración de fertilidad, crecimiento, amor y pasión. Se celebre como se celebre Beltane, hay que hacerlo con alegría y felicidad.

Tradiciones: Bailar alrededor del poste de mayo, encender fogatas.

Correspondencias: rosa, lila, vainilla.

Medio verano

Hemisferio norte: 21 de junio.

Hemisferio sur: 21 de diciembre.

Litha, solsticio de verano, Whitsun.

El medio verano es el día más largo del año y la fuerza del dios Sol empieza a reducirse. La Diosa ha dejado su forma de soltera de Imbolc y ahora está en su nuevo aspecto de Madre. Hay que completar la colección de hierbas para el año venidero.

Tradiciones: Magiak de hadas, recoger hierbas.

Correspondencias: naranja, limón, madreselva, verbena.

Lammas

Hemisferio norte: 1 agosto

Hemisferio sur: 1 de febrero.

Lughnasadh.

Al ser el primero de tres festivales de cosecha, gran parte de la simbología de Lammas gira alrededor del grano y el pan. Eran habituales los sacrificios, aunque en su mayor parte simbólicos, a fin de asegurar el éxito continuo de la cosecha.

Tradiciones: Hornear pan, hacer muñecas de maíz.

Correspondencias: maíz, sándalo, brezo.

Mabon

Hemisferio norte: 21 de septiembre.

Hemisferio sur: 21 de marzo.

Equinoccio de otoño, cornucopia.

El día y la noche son iguales de nuevo y el clima se enfría conforme se acerca el invierno. Este es el segundo festival de la cosecha. Los ritos de agradecimiento en este tiempo han resultado en las fiestas modernas del Día de Acción de Gracias de Estados Unidos. Hay que tomar tiempo para pensar en las razones para estar agradecidos.

Tradiciones: Hacer y beber vino, compartir con los menos afortunados.

Correspondencias: uvas, moras, cedro, pachulí.

Samhain

Hemisferio norte: 31 de octubre.

Hemisferio sur: 30 de abril.

Halloween, Día de todos los santos.

Samhain es uno de los sabbats que también se celebra ampliamente entre los no paganos. El Dios ha muerto, y la Diosa lo llora hasta que renazca en nochebuena. Es el último de los festivales de la cosecha y pone fin al año wiccano.

Tradiciones: Adivinación, honrar a los muertos, tallar lámparas en calabazas.

Correspondencias: calabazas, manzanas, salvia, artemisa.

Los ritos y conjuros de brujería se realizan a menudo, pero no siempre, dentro de un círculo al que se refieren como *rodeando la brújula* o *ronda del círculo;* y puede «realizarlos» un individuo o una sumo sacerdotisa que por lo general es la figura principal de autoridad dentro de un aquelarre.[19] Existen innumerables sistemas de creencias dentro de los millones de sectas que hoy están bajo el paraguas del neopaganismo, pero la esencia de sus enseñanzas es la adoración a la Diosa y al Dios. Suplanta la autoridad del Dios de la Biblia con la autoridad de diosas y, en menor grado, de dioses, partiendo de una larga historia de culturas paganas, ritos y folclor. Pero no importa la etiqueta que se asignen, la Biblia enseña que son médiums que invocan un poder distinto al poder de Dios; hechiceros, en el sentido clásico del término bíblico.

Tradiciones wiccanas

Como muchas otras religiones, la Wicca se divide en diferentes escuelas de pensamiento llamadas *tradiciones.* Las diferencias clave entre tradiciones tienen que ver básicamente con procedimientos ceremoniales o preferencias personales. Algunos brujos se presentan como pertenecientes a una tradición en particular y otros no. Otros forman su propia tradición basándose en una combinación de creencias diferentes que aceptan como válidas. En la mayoría de sistemas de creencias neopaganas se estimula con fuerza esta individualidad. Algunas de las tradiciones o sectas wiccanas más ampliamente aceptadas son:

Tradicionalista: Las enseñanzas se basan por lo general en el folclor, la literatura o la historia de la región en que viven, como la tradición escocesa, tradición inglesa, y así por el estilo. Los antepasados juegan un papel clave en la Wicca tradicionalista.

Gardneriana: Los wicannos se consideran parte de la tradición gardneriana si su asamblea «descendió» directamente de la orden de Gerald Gardner (el fundador reconocido de la Wicca) o si usan rituales gardnerianos. Algunos grupos usan el término

19. Se piensa que el término inglés «coven» [asamblea de brujas o aquelarre] deriva de la palabra convento. La usó Sir Walter Scott en su *Crim. Trials Scot.* III 606, 1662. Scott dijo: «Ther vold meit bot sometymes a Coven... Ther is threttein persones in ilk Coeven». Véase Online Etymology Dictionary, http://www.etymonline.com/index.php?search=coven&searchmode=none (acceso obtenido 27 junio 2007).

neogardneriano para indicar una combinación de nuevas ideas con las enseñanzas originales de Gardner.

Alejandrina: Esta tradición se basa en las enseñanzas del brujo inglés Alex Sanders (1926-1988). Es muy similar a la tradición gardneriana, excepto por su mayor énfasis en la magia ceremonial.

Diánica: Originalmente basada en la descripción de brujería dada por Margaret Murray (1863-1963) como «secta diánica», esta tradición ahora abarca muchas ideas y creencias diferentes. Por lo general se distingue por su énfasis en la Diosa, su ideología feminista y su intensa preocupación por la ecología. Se recalca fuertemente a la Diosa como «Creatriz», así como la importancia de trabajar por la conservación del medio ambiente.[20]

The New Reformed Orthodox Order of the Golden Dawn [La Nueva Orden Reformada Ortodoxa de la Aurora Dorada]: La NROOGD fue fundada por Aidan Kelly y es una de las tradiciones más activa e interactiva de Estados Unidos. Fue «formada por entero gracias a la investigación, poesía, inspiración y la reunión de un grupo pequeño de buenos amigos».[21] La NROOGD mantiene el popular sitio web de Covenant of the Goddess.

Egipcio o Neteru (The Gods of the Black Land) [Los dioses de la tierra negra]: Dedicada a la adoración de todos los dioses y diosas del antiguo Egipto; esta tradición se concentra en todo lo egipcio, incluyendo el calendario, festividades y fiestas, jeroglíficos, religiones y filosofías, y la magia del Egipto antiguo.[22]

No todos los grupos que afirman ser parte de una tradición en particular mantienen contacto con el fundador de la tradición o con el actual promotor de la misma. Algo que parece ser fundamental en toda la brujería (y en la totalidad del neopaganismo) es el disgusto ante cualquier autoridad centralizada. Así, una «tradición» suele ser un sistema flexible de creencias que fácilmente se ajusta para incluir una diversidad de pensamientos y prácticas.

La Diosa: ayer y hoy

Al ocuparnos de la Diosa, se puede aprender mucho de las enseñanzas del pasado. El neopaganismo, en toda su complejidad, se edifica sobre el cimiento del paganismo antiguo, confirmando la observación de Salomón de que poco hay nuevo bajo el sol (Ec.

20. Adler, *Drawing Down the Moon,* pp. 117–125.
21. Adler, *Drawing Down the Moon,* p. 120. Adaptado de Wicca Traditions.
22. Véase Wicca.com para más detalles de las tradiciones wiccanas, http://www.wicca.com/celtic/wicca/wiccas.htm.

1.9). Hipólito estableció la antigüedad de la adoración a la Diosa y su extensa influencia cuando habló de los pitagóricos, seguidores del filósofo y matemático Pitágoras (570 A.C.), y su adoración de la Diosa como creadora:

> Y por la Madre, aducen, fueron creados primero los cuatro elementos, que, dicen, son fuego, agua, tierra y aire; y éstos han sido proyectados como imagen de la tetra de arriba; y reconocen las energías de éstas, por ejemplo, como calor, frío, húmedo, seco...[23]

Los dioses y diosas que los paganos adoran hoy por todo el mundo son esencialmente los mismos (o derivados de ellos) que se adoraban en tiempos antiguos. Se pueden encontrar tallas y pinturas en tumbas que muestran diosas obesas de la fertilidad en culturas de todo el globo, al lado de sus contrapartes masculinos. Las religiones mistéricas de Roma revelan la influencia de la diosa Cibeles. A Isis, diosa de los diez mil nombres, se la puede hallar en diferentes formas por toda la región de Mesopotamia, y en la India bajo la forma de la diosa Kali.[24] Una pequeña muestra de los millones de diosas a través de las edades demuestra que págticamente cada cultura puede reclamar la influencia de una u otra diosa en su larga y compleja historia.

Diosas antiguas

Cananea	*Asera*: diosa madre (de origen sirio o posiblemente minoico).[25]
Celta	*Druantia*: conocida como la Reina de los druidas, diosa del conocimiento y la fertilidad.
China	*Ch'ang O*: diosa de la luna (también conocida como Heng-o).
Egipcia	*Isis*: diosa de los diez mil nombres y diosa de todas las cosas.
Etrusca	*Albina*: diosa de la aurora y guardiana de los enamorados sin suerte.
Griega	*Artemisa*: diosa de la noche y protectora de las mujeres.
India	*Kali*: diosa de la muerte (también diosa sobre toda la vida desde la concepción a la muerte).
Nórdica	*Astrild*: diosa del amor.

23. Hipólito, Philosophumena, (Philosophumena.com), http://www.philosophumena.com/book_vi.htm (acceso obtenido 29 junio 2007).
24. David Nelson, "THE MANY FACES OF KALI", Colorado State University, Pueblo, *The Virtual Pomegranate,* no. 12, http://chass.colostate-pueblo.edu/natrel/pom/old/POM12a1.html (acceso obtenido 20 junio 2007).
25. Véase la Online Jewish Encyclopedia para más información: http://www.jewishencyclopedia.com/view.jsp?artid=1942&letter=A (acceso obtenido 20 junio 2007).

Persa	*Anajita*: diosa de la fertilidad.
Fenicia	*Astarté*: diosa del amor, fertilidad.[26]
Frigia	*Cibeles*: diosa madre de la fertilidad, abrazada por los griegos y romanos.[27]
Romana	*Fortuna*: diosa de la suerte y el albur.

Una de las diosas de más alto perfil del mundo antiguo fue Sofía, la poderosa diosa filosófica de los gnósticos alejandrinos. Sofía es una diosa que evolucionó de idea a persona real, y extendió su influencia por el imperio de Alejandro Magno (326-323 A.C.) mediante los escritos de Hermes Trismegistro y los esfuerzos de los primeros cabalistas, como Simón el mago.[28] Recibe su nombre de *sofia*, que en griego significa sabiduría; llegó a representar el conocimiento secreto relativo al aspecto femenino de Dios.

El ampliamente extendido politeísmo mantuvo una influencia fuerte y continua sobre grupos de personas incluso después del advenimiento del cristianismo, como se puede ver en las primeras cartas del obispo de Winchester a San Bonifacio (m. 755 A.D.). En 723-724 A.D., el obispo escribió para animar a Bonifacio en su labor de conversión de los «paganos» y para darle instrucciones sobre cómo defender la fe contra sus creencias. Instruye a Bonifacio a preguntar: «¿De dónde o por medio de quién fue engendrado el primer dios o diosa? ¿Creen que los dioses y diosas engendran a otros dioses y diosas? Si lo creen, el número de dioses debería ser infinito. En tal caso, ¿quién es el dios más poderoso entre tantos? Seguramente no hay mortal que pueda saberlo. Incluso, el hombre debe tener cuidado de no ofender a ese dios que es más poderoso que los demás».[29] Este argumento apologético abre una ventana a un mundo ya desaparecido hace mucho y revela el persistente poder e influencia del paganismo.[30]

El nacimiento del neopaganismo

El mundo de Roma ha vuelto. El advenimiento de la Nueva Era trajo la revocatoria del Acta de la Brujería de Inglaterra de 1736 y el resurgir de la adoración a la Diosa bajo el moderno paraguas del paganismo. La brujería, con su dedicación específica a la

26. Véase Cyrus H. Gordon, *The Common Background of Greek and Hebrew Civilizations,* W. W. Norton & Company, Nueva York, 1965.
27. *Ancient History Sourcebook,* "Lucretius (98- c.55 A.C.): The Worship of Cybele", Fordham University, http://www.fordham.edu/halsall/ancient/lucretius-reruma.html (acceso obtenido 20 junio 2007).
28. El mismo Simón el mago a quien Pedro reprendió en Hechos 8.9.
29. *Medieval Sourcebook,* "The Correspondence of St. Boniface", Fordham University http://www.fordham.edu/halsall/basis/boniface-letters.html (acceso obtenido 11 febrero 2005).
30. Véase Gordon, *The Common Background of Greek and Hebrew Civilizations.*

adoración a la Diosa y todos los ritos y ceremonias que la acompañan, encaja a la perfección bajo el paraguas neopagano. La libertad de religión en occidente abrió de par en par la puerta al politeísmo, e Internet alimentó su crecimiento exponencial. De repente, el templo de Isis estaba dentro de una computadora en lugar de entre paredes de piedra, y se podía adorar a Cibeles tan solo con oprimir un botón. La diosa cananea Asera se hizo popular en Internet y la estatua antigua de Baal se podía comprar por unos pocos cientos de dólares en el popular sitio de subastas en línea eBay. El neopaganismo dio la bienvenida a las «energías» del universo a una sociedad sofocada por fórmulas científicas secas, ofreciendo la adoración a la Diosa como una manera «nueva» de mirar al mundo.

En el neopaganismo, las diosas toman precedencia por sobre los dioses, y el foco suele centrarse en la «Madre». A la Diosa (término general) se la describe como poseedora de tres aspectos:

1. *Doncella*: Nueva luna; la cazadora joven, con énfasis en la sexualidad.
2. *Madre*: Luna llena; la que nos alimenta, con énfasis en la fertilidad y supremacía de la mujer.
3. *Anciana*: Luna menguante; la sabia anciana, con énfasis en el fin de las cosas.

Las fases de la luna creciente, llena y menguante corresponden a los tres aspectos de la Diosa, que puede ser una deidad individual o aspectos múltiples de la Diosa.

En la década de los cincuenta, el *Book of Shadows* [Libro de sombras] de Gerald Gardner y el *Mother Change* [Madre Cambio] de su sumo sacerdotisa Doreen Valiente, dieron nacimiento e instrucción a una nueva toma de las viejas tradiciones de brujería de adoración a la Diosa y a la naturaleza, que llegaría a conocerse como la Wicca. La filosofía pacífica, «inocua», de la Wicca tiene un gran parecido con los principios esenciales de la adoración de la Diosa, pero en su nueva presentación revalorizó la brujería y la elevó a un nuevo nivel de aceptación. Lo hizo combinando lo básico de sus artes con la teología de la Diosa y con ideas populares de la Nueva Era. El siglo XX vio un resurgir de las creencias paganas antiguas, debido en gran parte a los esfuerzos de una activa banda de neopaganos, interconectada mediante relaciones personales o escritos.

LÍDERES CLAVE DEL MOVIMIENTO NEOPAGANO

Margot Adler (n. 1946)	Sacerdotisa wiccana, autora de la obra definitiva sobre el neopaganismo, *Drawing Down the Moon* [Bajando la luna] (1992), y corresponsal de National Public Radio (NPR).
American National Witches Council [Concilio Nacional Americano de Brujos]	Fundado en 1974 por setenta y tres brujos practicantes que creían que el público en general entendía mal a los neopaganos y que había que corregir este malentendido. Escribieron las trece creencias que intentaban definir «la brujería moderna».[31] El Concilio no representaba a ninguna tradición de brujos en particular, pero sus principios llegaron a ser fundamentales para la Wicca. El ANWC se disolvió en 1974.
Raymond Buckland (n. 1934)	Uno de los líderes paganos más influyentes; considerado por algunos como el «padre de la Wicca estadounidense».[32] Mantuvo correspondencia con Gerald Gardner (considerado el fundador de la Wicca) y llegó a ser wiccano de tradición gardneriana en 1963. A Buckland se le atribuye «poner en primera fila» a la Wicca. Es autor de más de cuarenta libros, incluyendo *Witchcraft from the Inside* [Brujería desde adentro] y *Wicca: Prácticas y principios de la brujería.*
Arnold Crowther y Patricia Crowther (n. 1921)	Patricia Crowther es una suma sacerdotisa wiccana iniciada por Gerald Gardner en 1960. Arnold Crowther, mago profundamente interesado en el paganismo y la brujería, era viejo amigo de Gardner y los presentó. Ella es una de las últimas sacerdotisas con una conexión personal con Gardner (y algunos la consideran su «heredera espiritual»). Los Crowther se ganaron la atención de los medios de comunicación por su devoción al arte. Como autores y conferenciantes han viajado mucho, fundando muchas asambleas de brujos basadas en la tradición gardneriana.
Aleister Crowley (m. 1947)	Apodado por la prensa de su día como el «hombre más perverso del mundo», Crowley fue discípulo de S. L. Mathes y fundador de la Orden Hermética de la Aurora Dorada, sociedad secreta inmersa en el ocultismo. Crowley se llamaba a sí mismo la «Gran Bestia, 666». Se le atribuye el cambio de la palabra inglesa *magic* [magia] por *magick* [magiak] en referencia a la brujería. Crowley practicaba

31. Council of American Witches, "Principles of Wiccan Beliefs", (Internet Sacret Text Archive), http://www.sacred-texts.com/bos/bos056.htm (acceso obtenido 25 junio 2007).
32. Véase Ray Buckland, http://www.raybuckland.com/ (acceso obtenido 27 junio 2007).

	magiak sexual (tántrica), brujería, satanismo, e inventó una religión que llamó Thelema. Sus obras más famosas son *Magia(k). Teoría y práctica* y *El libro de la ley*, que incluye la frase que se convertiría en la Rede wiccana: «Haz lo que se te antoje será toda la ley. El amor es la ley, amor bajo voluntad».[33] Los paganos modernos, por lo general, se distancian de Crowley y desechan su considerable influencia como algo insignificante.
Phyllis Curott (n. 1954)[34]	Abogada de la Liga de Prestigio, Curott fue iniciada formalmente en la Wicca en 1985. Su primera obra, *El libro de las sombras*, es la crónica de su peregrinaje espiritual, incluyendo su «profundo» descubrimiento de la Diosa mediante una lectura de tarot hecha por una suma sacerdotisa wiccana. Curott está tratando de redefinir la Wicca poniendo en cuestión la Rede wiccana y la ley triple en su libro *Witch Crafting* [Forjado de brujos] (2001).[35]
Stewart Farrar (m. 2000) y Janet Farrar (n. 1970)	Brujos ingleses a los que se atribuye gran influencia en el crecimiento y esparcimiento de la Wicca. Los libros *Eight Sabbats for Witches* [Ocho sabbats para brujos] (1981) y *The Witches' Way* [El sendero de los brujos] (1984), de los Farrar, junto con el libro de Stewart Farrar *Lo que hacen las brujas* (1971) representan la tradición alejandrina de hechicería (que ambos con el tiempo dejaron). Los escritos recientes de Janet Farrar se consideran fundamentales para la tradición de hechicería neoalejandrina.
Dion Fortune (m. 1946)	Fundadora de la Society of Inner Light (Sociedad de la Luz Interna) Fortune fue médium y miembro de la Sociedad Teosófica y de la Orden Hermética de la Aurora Dorada. A Fortune se le conoce más por su revista *Inner Light* y sus obras: *La cábala mística* y *La doctrina cósmica.*
Gerald Gardner (m. 1964)	Alumno de Aleister Crowley y estudiante de la brujería en general, Gardner sigue siendo una figura central en la historia de la brujería moderna. Más que probablemente influido por la obra de Dion Fortune y Margaret Murray, Gardner fundó con el tiempo la tradición de brujería wiccana gardneriana y es autor del tal vez más

33. Hugh Urban, "Unleashing the Beast", Michigan State University, http://www.esoteric.msu.edu/VolumeV/Unleashing_the_Beast.htm#_edn15 (acceso obtenido 27 junio 2007).

34. No es fácil encontrar una fecha oficial de nacimiento de la Sra. Curott, pero un artículo de 1996 del *New York Times* le atribuía entonces una edad de 42 años. Véase http://query.nytimes.com/gst/fullpage.html?res=9500E6DD1339F933A05755C0A960958260 (acceso obtenido 27 junio 2007).

35. Guy Spiro, "A Conversation with Phyllis Curott", The Monthly Aspecterian, septiembre 2001, http://www.lightworks.com/monthlyAspectarian/2001/September/conversation2.htm (accesso 27 junio 2007).

	influyente libro de la Wicca, el *Book of Shadows* [Libro de las sombras], (que, según se piensa, recibió gran influencia de Crowley).[36] Gardner sirvió de mentor a Raymond Buckland y lo inició en la Wicca.
Sybil Leek (m. 1983)	Descendiente de una familia de brujas inglesas, Leek abiertamente se caracterizaba a sí misma como una «bruja blanca». Era astróloga y prolífica autora ocultista. Su cándido tratamiento público de la brujería condujo al intenso examen de los medios de comunicación concentrados en el renacimiento de la brujería en los sesenta. La obra de Leek incluye *Diario de una bruja.*
Charles G. Leland (m. 1903)	Leland fue escritor prolífico de tradiciones folclóricas. Uno de sus cincuenta libros, *Aradia, or the Gospel of the Witches* [Aradia, o el evangelio de los brujos], que detalla los pensamientos de Leland sobre un movimiento subterráneo de brujería que se practicaba en Tuscania durante la década de 1890, ejerció una enorme influencia en el emergente movimiento neopagano. Se cree que Gerald Gardner y Doreen Valiente estudiaron los escritos del Leland.
Margaret Murray (m. 1963)	Controvertida antropóloga pagana y egiptóloga que analizó registros judiciales compilados durante el «tiempo de quemas» (los juicios de brujería de los tiempos medievales) y publicó sus hallazgos en *El culto de la brujería en la Europa occidental* (1921) y *El dios de los brujos* (1933). Su conclusión de que muchas de las brujas acusadas y ejecutadas no se retractaron de su creencia en la brujería (y a menudo la afirmaron con orgullo) conmovió a la comunidad pagana. Además, propuso unas ideas difíciles de digerir al afirmar que el sacrificio humano, el canibalismo, y las orgías sexuales existieron dentro de las sectas de fertilidad (brujería) por toda la antigüedad. Se piensa que Gerald Gardner basó porciones de su obra en las enseñanzas de Murray.
Israel Regardie (m. 1985)	Secretario y alumno de Aleister Crowley. Regardie escribió *La aurora dorada,* obra que revelaba las creencias y prácticas secretas de la sociedad clandestina conocida como Orden Hermética de la Aurora Dorada. Muchos consideran *La aurora dorada* de Regardie como la obra fundamental sobre magia. Se le acredita ser el artífice del renacimiento de la magia ocultista.

36. Roger Dearnaley, "The Influence of Aleister Crowley upon 'Ye Bok of ye Art Magical'", Cyprian.org, http://web.archive.org/web/20050831193708/www.cyprian.org/Articles/CrowleyBAM0.html (acceso obtenido 25 junio 2007).

Starhawk (n. 1951)	Nacida como Miriam Simos, Starhawk es la activista fundadora de la tradición wiccana Reclaiming, que se centra en la magia de la tierra o *permacultura,* la sanidad de la tierra, el agua y otros elementos naturales mediante la magia. Es autora bien conocida (*La danza en espiral* y *The Fifth Sacred Thing* [La quinta cosa sagrada]) y conferenciante en seminarios.
Doreen Valiente (m. 1999)	Gardner conoció a Doreen Valiente (a veces llamada la «madre de la brujería moderna»)[37] y la inició en su grupo. Valiente se convirtió en sumo sacerdotisa y más tarde admitió haber editado el trabajo de Gardner (para restarle influencia a Crowley). Se le suele atribuir ser cofundadora de la tradición de brujería gardneriana.

En 1975, después de la desintegración del American National Witches Council, se hizo un segundo esfuerzo por unificar el desorganizado y autónomo movimiento neopagano. Como cuenta Margot Adler: «En el solsticio de verano de 1975 tuvo lugar en el norte de California un intento más exitoso de formar una alianza de grupos wicannos. Trece aquelarres y varias brujas independientes ratificaron el Pacto de la Diosa (COG, por sus siglas en inglés) después de que algunos aquelarres de California expresaron el deseo de establecer lazos más estrechos, en parte debido a la preocupación por el hostigamiento y la persecución».[38]

Pero la centralización planeada no se pudo lograr por completo, debido a la naturaleza de libre albedrío del neopaganismo. La unidad en todas las cosas entre seguidores ferozmente independientes era imposible, así que los dirigentes se conformaron por una semi unidad en la forma del siguiente enunciado: «No podríamos definir en palabras lo que es un brujo, debido a que hay demasiadas diferencias. Nuestra realidad es intuitiva. Sabemos cuándo encontramos a alguien que siente que está adorando de la misma manera, que sigue la misma religión que nosotros, y esa es nuestra realidad, y eso tiene que entenderse, de alguna manera, en todo lo que hacemos».[39]

Aidan Kelly, uno de los principales dirigentes que estuvo detrás del Pacto de la Diosa, sugirió que los paganos basaran su organización en el formato de reglamentos de las iglesias congregacionales, a fin de establecer un precedente para los wiccanos como «congregaciones autónomas» separadas.[40] El COG, aunque ponía algo parecido al orden

37. Véase Doreen Valiente, http://www.doreenvaliente.com (acceso obtenido 27 junio 2007).
38. Adler, *Drawing Down the Moon,* p. 103.
39. Ibid., p. 104.
40. Ibid., p. 104.

en el desorganizado ámbito de la brujería, no reclamaba autoridad para dictar doctrina ni normas de procedimiento, pero sí definía un código básico de ética:

1. Siempre y cuando no hagas daño a nadie, haz lo que se te antoje.
2. Nadie puede ofrecer iniciaciones por dinero, ni cobrar dinero a los iniciados para aprender las artes.
3. Todo brujo puede cobrar tasas razonables al público.
4. Los brujos respetarán la autonomía de otros brujos.
5. Todos los brujos respetarán el secreto de sus artes.
6. En cualquier declaración pública los brujos deben distinguir si están hablando por cuenta propia, por nuestro aquelarre o por nuestra Iglesia.
7. Todas estas normas éticas están entrelazadas y se derivan de la ley del arte brujo.[41]

Hoy, la tradición de la Diosa expresada en la Wicca y la brujería se estudia y enseña por todo el mundo, como lo evidencia el aluvión de literatura disponible en librerías y en Internet. En la escena neopagana han emergido nuevos dirigentes que promueven el activismo social en forma de ecofeminismo: la unión del poder de la Diosa y la preservación de la tierra. Uno de estos líderes es una bruja que se hace llamar Starhawk, que viaja por todo el mundo promoviendo la tradición ecofeminista Reclaiming de la brujería. Starhawk se esfuerza por promover el crecimiento de la brujería mediante la educación y la práctica. En su manual de capacitación, *Circle Round: Raising Children in Goddess Traditions* [En corro: Cómo criar hijos en las tradiciones de la Diosa], ofrece ritos, tradiciones, cantos, manualidades y relatos personales como el siguiente, todo con la intención de promover la cultura de la adoración a la Diosa:

> No hace mucho, yo [Starhawk] formaba parte de un círculo de mujeres que celebraban el rito de primera sangre de mi hija-diosa Shannon. Recorrimos un laberinto abierto en una pradera de una cordillera de montañas costanera; enhebramos collares de bendiciones y cuentas; la bañamos en un arroyo claro que corría por una gruta de piedras cubiertas de musgo. El rito parecía tan antiguo como las espirales que trazamos en su espalda y hombros con pastas de alheña, y al mismo tiempo parecía tan contemporáneo como la crema autobronceadora que su madre añadió a la pasta para que los diseños durasen más. De esa manera nuestro ritual fue una expresión perfecta del carácter antiguo

41. Ibid., p. 105.

y nuevo de la misma tradición de la Diosa: primitivo como las esculturas de vientre abultado de los habitantes de las cuevas paleolíticas, y moderno como los miles de paganos conectados por Internet.[42]

La adoración a la Diosa, la brujería y la Wicca son designaciones diferentes para sistemas de creencia muy similares; algo así como las interminables variedades de cereales en un anaquel de supermercado. Pueden parecer diferentes, tener un sabor diferente y estar compuestas de ingredientes diferentes, pero todas son *cereales.* La presencia de la Diosa ha emergido en el siglo XXI como un poder que hay que reconocer en las culturas del mundo. Y sobre este cimiento antiguo de adoración politeísta prospera la práctica de la brujería típica.

Enseñanzas comunes en la adoración a la Diosa, la brujería y la Wicca[43]

1. La brujería es una *práctica,* la Wicca es una *religión.*[44] La adoración a la Diosa y a dioses es fundamental tanto para la brujería como para la Wicca.
2. Existen múltiples diosas y dioses como «partes espirituales» del universo. La Wicca cree que hay diferentes aspectos de *Una* diosa o dios universal (la Madre y el Gran Dios Astado). La brujería los ve como deidades individuales, singulares. Todas las culturas de la tierra tienen nombres diferentes y válidos para estas deidades.
3. La tierra está viva; es la Diosa (*Panteísmo*: Dios está en todo). Todo en la tierra es parte de su «cuerpo vivo» (*Animismo:* los objetos tienen alma).
4. Todas las cosas vivas son sagradas; hay que reconocer lo divino. Los wiccanos a menudo empiezan o concluyen ritos diciéndose: «tú eres la Diosa» o «tú eres el Dios».
5. La experiencia es lo más importante; las creencias son secundarias. No hay una manera «correcta» de creer. Todo sistema de creencias es válido; la verdad se halla en la experiencia y no en el dogma. El universo es como

42. Starhawk, Baker y Hill, *Circle Round: Raising Children in Goddess Traditions,* p. 11.
43. Estas son algunas enseñanzas generales esbozadas por la bruja Starhawk; no todos los neopaganos las suscriben necesariamente.
44. Tal es la postura de la mayoría de paganos, pero es discutible su veracidad, ya que la brujería encaja a la perfección en prácticamente todos los aspectos de la definición de «religión».

un rompecabezas y nadie puede decir que sabe la manera apropiada de armarlo.

6. Las diosas y los dioses tienen poderes y sabiduría sobrenaturales que pueden ayudar a las personas si se toman el tiempo para estudiar y aprender de ellas.
7. Los seres humanos, como parte de lo divino, contienen energía que se puede usar para efectuar cambios en el mundo que les rodea.
8. El círculo de la vida consiste en nacimiento, madurez, muerte y renacimiento.
9. Después de la muerte, el espíritu va a un lugar de belleza y paz llamada Summerland [Tierra de verano], donde considera lo que debería haber aprendido en su vida previa. Cuando ha meditado y asimilado todas las lecciones, el espíritu es libre para renacer en una nueva forma.
10. Summerland no es el cielo, y no todos los espíritus deben reencarnarse. Pueden escoger quedarse y actuar como espíritus guías de las personas que aman o, si no necesitan reencarnarse, pueden ser reunidos con la Diosa.
11. El alma que elige reencarnarse también escoge la lección que necesita aprender. Una vez que está de regreso en la tierra, no recuerda la lección y debe descubrir cuál es.
12. No existe el pecado original, el mal o Satanás. Las personas pueden albergar energías negativas en su interior, pero la mayoría son básicamente buenas.
13. No es posible invocar a los muertos, pero ellos a menudo se comunican en sueños con los vivos.[45]
14. La magiak es una manera de cambiar las cosas desde dentro y desde fuera. Afecta a la energía que rodea a los individuos y, cuando esa energía cambia, cambian las personas o circunstancias. La magiak puede sanar y lograr cosas buenas.
15. Existe magiak mala, pero si un pagano escoge *dirigirla contra algo*, es más que probable que se vuelva contra él.
16. Toda la vida depende de cuatro elementos sagrados: aire, fuego, agua y tierra. Todos los ritos descansan en la energía de ellos.
17. En el centro se halla un quinto elemento llamado *espíritu*: el interior de una persona. Es el lugar donde se siente amor.[46]

45. Muchos neopaganos discreparían con la idea de que es «imposible» invocar a los muertos.
46. A la Summerland también se la llama Isla de las Manzanas o Tierra de la Juventud.

Las creencias wiccanas básicas son reflejo de las creencias de la brujería, que a su vez refleja los principios de la adoración a la Diosa. Hay variaciones interminables con grupos diferentes de brujos, pero los valores esenciales siguen siendo los mismos.

Los druidas

Ya en el 200 A.C. los historiadores grecorromanos anotaron detalles fascinantes y fantásticos de la secta de sacerdotes y hechiceros conocida como los druidas.[47] El emperador romano Julio César confirmó su existencia e influencia en el 59 A.C., cuando los encontró durante el curso de la guerra de las Galias. Sus perspectivas son las más completas y las más intrigantes de todos los historiadores, basadas en sus observaciones y notas personales:

> En toda la Galia dos son los estados de personas de que se hace cuenta y estimación… uno es el de los druidas, el otro el de los caballeros. Aquellos atienden al cultivo divino, ofrecen los sacrificios públicos y privados, interpretan los misterios de la religión. A su escuela concurre gran número de jóvenes a instruirse, siendo grande el respeto que les tienen. Ellos son los que sentencian casi todos los pleitos del común y de los particulares; si algún delito se comete, si sucede alguna muerte, si hay discusión sobre herencia, o sobre linderos, ellos son los que deciden; ellos determinan los premios y los castigos, y cualquiera persona, ora sea privada, ora sea pública, que no se rinde a su sentencia, es excomulgada, que para ellos es la pena más grave. Los tales excomulgados se miran como impíos y facinerosos; todos se esquivan de ellos rehuyendo su encuentro y conversación, por no contaminarse; no se les hace justicia por más que la pidan, ni se les fía cargo alguno honroso… Créese que la tal ciencia fue inventada en Bretaña y trasladada de allí a la Galia. Aun hoy día los que quieren saberla a fondo van allá por lo común a estudiarla.
>
> Los druidas no suelen ir a la guerra, ni pagan tributos como los demás… Dícese que allí aprenden gran número de versos, y pasan a menudo veinte años en este aprendizaje. No tienen por lícito escribir lo que aprenden… Por dos causas, según yo pienso, han establecido esta ley: porque ni quieren divulgar su doctrina, ni tampoco que los estudiantes, fiados en los escritos, descuiden en el ejercicio de la memoria… Esméranse sobre todo en persuadir la inmortalidad de las almas y su trasmigración de unos cuerpos en otros, cuya creencia juzgan

47. Green, *The World of the Druids*, p. 39.

> ser grandísimo incentivo para el valor, poniendo aparte el temor de la muerte. Otras muchas cosas disputan y enseñan a la juventud acerca de los astros y su movimiento, de la grandeza del mundo y de la tierra, de la naturaleza de las cosas, del poder y soberanía de los dioses inmortales.[48]

Hipólito anotó en la *Philosophumena* que los druidas eran seguidores de Pitágoras y su filosofía:

> Los druidas entre los celtas inquirieron con una gran minuciosidad la filosofía pitagórica, Zamolxis, esclavo de Pitágoras, traciano de raza, fue para ellos el autor de esta disciplina. Después de la muerte de Pitágoras viajó por su país y llegó a ser, según ellos, el fundador de esta filosofía.
>
> Los celtas glorificaban a los druidas como profetas y como conocedores del futuro porque les predecían algunas cosas con las cifras y números del arte pitagórico. En cuanto a los principios del mismo arte no guardaremos silencio, puesto que algunos se han aventurado a introducir herejías construidas sobre ellos. Los druidas, sin embargo, también usaban artes mágicas.[49]

Algunos historiadores veían a los druidas como científicos, filósofos brillantes y administradores; otros los consideraban bárbaros que practicaban el sacrificio humano, el canibalismo, acuchillamientos y quemas en ceremonias secretas que tenían en robledales.[50] También es posible que estuvieran de alguna manera relacionados con los druidas los recientes descubrimientos que parecen probar los sacrificios en los que se encerraba a cientos de víctimas en jaulas gigantescas de madera suspendidas de árboles para luego incendiarlas. Julio César anotó: «Los que padecen enfermedades graves, y se hallan en batallas y peligros, o sacrifican hombres, o hacen voto de sacrificarlos... En su estimación los sacrificios de ladrones, salteadores y otros delincuentes son los más gratos a los dioses, si bien a falta de esos no reparan en sacrificar a los inocentes».[51]

48. Ibid., p. 10. Copiado en español de Julio César, *La guerra de las Galias*, Libro VI, xiii, xiv, en http://www.imperivm.org/cont/textos/txt/julio-cesar_guerra-de-las-galias_lvi.html.
49. Hipólito, *Philosophumena*, http://books.google.com/books?id=0lrDy9nn1doC&dq=hippolytus+philosophumena&printsec=frontcover&source=web&ots=QgPvoe03pf&sig=FkxYkSxOkDPv3ItoaVm4VeBsPOU (acceso obtenido 29 junio 2007). En español, esta obra se incluye en José Montserrat Torrents, *Los gnósticos: Introducciones, traducciones y notas*, Gredos, Madrid, 1983-1990, vol. 2
50. Green, *The World of the Druids*, p. 52. «Plinio, Suetonio, Tácito y Lucano, todos hablan con disgusto acerca de los druidas, refiriéndose a ellos como rústicos y salvajes» —Miranda J. Green.
51. Ibid., p. 72. Véase también César, *La guerra de las Galias*, VI, xvi.

Aunque los eruditos modernos opinan que el sacrificio ritual era raro entre los druidas, los historiadores antiguos a menudo refutan esta conclusión. Diodoro Sículo, en su *Biblioteca histórica*, corrobora las observaciones de Julio César sobre el sacrificio humano practicado por los druidas: «En asuntos de gran preocupación dedican a la muerte a un ser humano y le hunden una daga... y cuando la víctima acuchillada ha caído leen el futuro en la manera en que cae o el retorcimiento de sus extremidades, así como también por el borboteo de su sangre».[52]

Plinio el Viejo, historiador del siglo primero, confirmó el vínculo entre los druidas y la hechicería, e indicó en su *Historia natural* el origen del nombre *druida*. «Los magos no realizaban ningún rito sin usar el follaje de esos árboles [robles]... Tal vez se supone por esta costumbre que obtuvieron su nombre de druidas de la palabra griega que significa "roble"».[53]

La teología druida consistía en las siguientes creencias básicas:

1. Hay muchos dioses y diosas.
2. Existe el «poder y soberanía de los dioses inmortales».[54]
3. Las almas humanas no mueren; pasan de un cuerpo a otro cuerpo en el momento de la muerte.
4. Existe un Hades silencioso, oscuro, pero los humanos no van allá.
5. La adivinación es necesaria para conocer la voluntad de los dioses.
6. Son necesarios los mediadores (druidas) entre los dioses y los hombres (las ceremonias posiblemente incluían el uso de un «lenguaje especial de los dioses»).[55]
7. Las artes mágicas son necesarias para realizar la voluntad de los dioses.
8. Las varas mágicas (en forma de cayados de madera) talladas con símbolos son fundamentales para las ceremonias sagradas.[56]

El papel de las mujeres en el druidismo es más difícil de determinar, pero, según la arqueóloga Miranda J. Green, es más que probable que existieran las druidas y que practicasen algo que bien podría describirse como brujería. «No siempre es fácil hacer una identificación positiva de las imágenes femeninas como oficiales religiosas

52. Ibid., p. 73. Véase también Diodorus Siculus, *Biblioteca histórica*, V, 31, 3. Editorial Gredos, de Madrid, está ultimando (2008) la edición castellana de esta extensa obra.
53. Ibid., p. 9. Véase también Plinio el Viejo, *Historia natural*, XVI95.
54. Ibid., p. 49. Váse también César, *La guerra de las Galias*, VI, p. xiv.
55. Ibid., p. 49. Véase también Lucano, *Farsalia* I, 441ss.
56. Ibid., p. 62.

femeninas, mucho menos las druidas. Pero la evidencia arqueológica sugiere que la brujería, representando el aspecto oscuro de la religión, o mejor diríamos superstición, puede haberse practicado en la Europa celta».[57] El vínculo entre los druidas y la brujería ha quedado histórica y teológicamente establecido. Sus métodos reflejan los rituales de sociedades más antiguas y aportan una prueba irrefutable de que el paganismo impregnó la historia de la humanidad.

En su secuela del movimiento Nueva Era, la antigua secta de los druidas brotó a la vida en Gran Bretaña, Gales e Irlanda, esparciéndose como un incendio en una cultura de súbito enamorada de lo sobrenatural. Inevitablemente, logró la transición de un grupo pequeño, desigual y virtualmente desconocido, que se reunía en Stonehenge, a una pulida imagen religiosa nacional.

Hoy, los druidas y muchas sectas, como los OBODS (Order of Bards, Ovates and Druids [Orden de bardos, ovates y druidas] y la RDNA (Reformed Druids of North America [Druidas Reformados de Norteamérica]) están ampliamente extendidas, y se pueden hallar grutas (como asambleas de brujos) esparcidas por todo el globo. Tal vez el más famoso de ellos es el prolífico autor e intrigante personaje Isaac Bonewits, considerado una autoridad del neopaganismo, en la medida en que pueda alguien serlo en un ámbito que mayormente rechaza la autoridad.

En pensamiento y práctica, los druidas se parecen mucho al druidismo antiguo, a la Wicca y a algunos aspectos de la cábala de Hollywood.[58] Los druidas de hoy afirman que son «libres de dogma y de todo conjunto fijo de creencias o prácticas».[59] Celebran la diversidad, aduciendo que es natural y saludable. Su credo básico parece ser: «la Madre tierra es naturaleza, la naturaleza es todo, la naturaleza es buena». Hoy, cualquier persona de cualquier fe puede ser un druida:

> Puesto que el druidismo es una senda espiritual, una religión para algunos, una manera de vida para otros, los druidas comparten una creencia en la naturaleza fundamentalmente espiritual de la vida. Algunos favorecerían una manera en particular de entender la fuente de esta naturaleza espiritual y tal vez podrían considerarse animistas, panteístas, politeístas, monoteístas o duoteístas. Otros evitarían escoger toda concepción de la deidad, creyendo que por su propia naturaleza es incognoscible para la mente.

57. Ibid., p. 93.
58. Véase el capítulo 5, sobre la cábala, para más información.
59. Philip Carr-Gomm, "Beliefs", Druidry.org, http://www.druidry.org/modules.php?op=modload&name=PagEd&file=index&topic_id=1&page_id=30 (acceso obtenido 20 junio 2007).

Los druidas monoteístas creen que hay una deidad: bien sea la Diosa o el Dios, un ser al que se prefiere llamar Espíritu o Gran Espíritu, para eliminar asociaciones equívocas de género. Pero otros druidas son duoteístas, pues creen que la Deidad existe como un par de fuerzas o seres, a los que a menudo caracterizan como el Dios y la Diosa.

Los druidas politeístas creen que existen muchos dioses y diosas, en tanto que los animistas y panteístas creen que la deidad no existe como uno o más dioses personales, sino que está más bien presente en todas las cosas, y lo es todo.

Adopten o no un punto de vista en particular, la mayor característica de los druidas de hoy está en su tolerancia de la diversidad: una reunión druida puede reunir a personas de conceptos muy distintos en cuanto a la deidad, o sin tal concepto, y alegremente participarán juntos en ceremonias, celebrando las estaciones, y disfrutarán la compañía, conscientes de que ninguno de nosotros tiene el monopolio de la verdad, y que la diversidad es a la vez saludable y natural.[60]

Los druidas enfatizan la reverencia: reverencian la naturaleza, la defienden apasionadamente, y valoran la espiritualidad de toda criatura. Como los wiccanos, los druidas no creen en hacer daño a otros de ninguna manera. No ven conflicto entre sus creencias y las del cristianismo; afirman que uno puede ser druida y a la vez cristiano o miembro de cualquier otra fe. Sus creencias se centran en el círculo de la eternidad: el ciclo interminable de nacimiento, muerte y renacimiento. La reencarnación juega un papel central en la tradición druida moderna, como también el poder de las diferentes *energías* que emanan de fuentes tales como ciertos *lugares* (círculos de piedra y líneas en praderas) y los antepasados (concentrándose en la presencia de espíritus ancestrales). A diferencia de la Wicca, los druidas no realizan conjuros o círculos, aunque adoran dentro de uno. Si bien afirman no seguir la Rede wiccana, en esencia mantienen el espíritu de «no hacer daño a nadie».

Hoy, el paganismo en todas sus formas es muy popular, así como los druidas o los brujos. Todos hallan más aceptación que nunca antes. La brujería en especial disfruta de un perfil muy alto, cortesía de *Harry Potter*, brujería cotidiana para todos. Pero la realidad es muy diferente del irresponsable argumento comercial. Detrás de la risa y los rituales noveleros, el peligro está al acecho. Cuando las personas escogen extender la mano a la puerta cerrada de la brujería y girar el picaporte, lo único que sale por esa puerta es el mal.

60. Ibid.

Caso real

Kathi Sharpe

Muchos preguntan: «¿Por qué una pagana se iba a hacer cristiana?» o «Kathi: Tú habías estado siguiendo a Netjerú (los dioses del antiguo Egipto) y habías sido muy devota de ellos. ¿Qué sucedió? ¿Tuviste una mala experiencia? ¿Te quemó alguien de la comunidad pagana? ¿Algún ritual resultó mal, o la magiak no te fue bien?»

No fue nada de eso...

Yo había sido bruja diez años, y líder de la comunidad pagana de AOL durante cinco o seis.[61] Había estado dedicada a los dioses del antiguo Egipto unos cuatro años.

A pesar de toda la magia, rituales de sanidad, reiki y oraciones que yo y otros elevábamos, yo sufría de problemas serios de salud, incluyendo un 70% de sordera en ambos oídos. Los médicos me dijeron que no había curación y que era probable que empeorara. Me dijeron que me consiguiera un teléfono TTY y otros artefactos para sordos, y me aconsejaron que empezase a aprender lenguaje de signos.

Entonces, una noche tuve un sueño acerca de Jesús. No tenía idea de «por qué»... Lo atribuí a una pizza en mal estado y le dije que se fuera. Dos noches más tarde tuve otro sueño. Me dijo en lenguaje de signos: «Ven y sígueme».

Así que me puse a decir no, a lo grande. No pude echarle la culpa a la pizza esa noche. Está claro que no quería tener nada que ver con seguirlo... Tenía unas cuantas presuposiciones bastante torcidas en cuanto al cristianismo, ¡y había un montón de hechicería que no quería dejar!

Así que, en absoluta arrogancia, le pedí a Dios que lo probara. Que me probara que me quería y que es real. Yo trabajo en una compañía de Internet. Habíamos comprado un programa de software meses antes de que esto sucediera y yo no podía lograr que uno de los subprogramas funcionase. Había escrito a un grupo de usuarios pidiendo ayuda como tres meses antes y nadie había respondido. Ya me había dado por vencida respecto a eso. Así que me figuré que esta sería una gran prueba para Dios. Oré un lunes por la tarde: «Si tú eres real, Dios, tienes que bajar acá y no solo resolver este problema, sino resolverlo de una manera que yo sepa que eres tú».

El martes, justo después del almuerzo, leí mi correo electrónico. Había una carta de alguien del grupo de usuarios con una respuesta a mi problema. No solo era la solución exacta, sino que la dirección de e-mail era de @christianity.net.

61. America Online (AOL).

No se puede negar ese tipo de respuestas, ¿o sí? :) Esta persona también era un usuario de AIM, así que pude hablar con él por mensajería instantánea... Afortunadamente, su jefe fue muy comprensivo, porque estuvimos dos días enteros hablando. Él respondió a mis preguntas, aclaró mis presuposiciones incorrectas y me habló del gran amor de Jesús. A final de los dos días le entregué al Señor Jesús mi corazón.

Ahora bien, justo al día siguiente mi familia salió para unas vacaciones planeadas en la playa. Dado todo lo que había sucedido, determinamos que asistir a la iglesia el domingo por la mañana sería algo grandioso. ;) Acabamos yendo a una pequeña iglesia de las Asambleas de Dios, principalmente porque era del todo diferente a lo que habíamos experimentado antes en la iglesia (yo me crié como congregacionalista, y mi esposo como bautista). No sé si usted sabe algo en cuanto a sordera y auxiliares auditivos... son inútiles en todo tipo de ambiente de salón grande porque tienden a amplificar los sonidos más cercanos. En la mayoría de las situaciones podía oír el movimiento de la gente, toses y respiración más que al orador. La mayoría de las personas no mueve sus labios bien cuando habla, así que no es fácil leer los labios. Sin embargo, el pastor de esta iglesia habló de tal manera que yo pude leer en los labios casi cada palabra. Después del culto yo *tenía* que felicitarlo por eso. Cuando se lo dije, me preguntó si podía orar para que se me restaurase el oído. ¡Vaya! Completamente fuera de lo que era mi experiencia con la iglesia. Pero me figuré que no podía hacer daño, así que dije que sí y él lo hizo.

Sentí algo (ahora sé que fue el Espíritu Santo), pero todavía no podía oír. Salimos de la iglesia y volvimos a nuestra carpa. Esa tarde me enfermé... quiero decir, realmente me enfermé en serio. Pasé la mayor parte de esa noche y la mañana siguiente en el baño, echando las entrañas y alucinando (o tal vez NO). Sentí una gran carga por decirles a mis viejos dioses que tenían que dejarme, y pasé mucho tiempo entre vómitos, haciendo precisamente eso. (Creo que olvidé mencionar que mi *trad* era la egipcia... ellos tenían una deuda para *todo*).[62]

Ahora bien, me había quitado mis auxiliares auditivos la noche anterior (una no quiere tenerlos puestos al irse la cama) y nunca me los volví a poner. Además, las contorsiones faciales violentas, como vomitar o toser, tienden a doler cuando uno los lleva puestos. En todo caso... como a las dos de la tarde del lunes empecé a sentirme mejor. Débil, pero mejor. Así que volví a la carpa y mi esposo me preguntó cómo me sentía. Me di cuenta, a media frase, que había oído lo que él dijo y que no estaba usando mis aparatos auditivos. Pude oír lo que mis hijos decían por primera vez en MUCHO tiempo. ¡Qué bendición!

Sobra decirlo, ¡ahora sirvo a Dios y le amo con todo mi corazón![63]

62. *Trad* es abreviatura de *tradición,* el método de brujería o filosofía que Kathi seguía.

63. Para más información y relatos personales, véase Ex-Witch Ministries, "Testimonies", http://www.exWitch.org/index.php?option=com_content&task=view&id=82&Itemid=47 (acceso obtenido 10 septiembre 2007). Testimonio de Kathi Sharpe usado con permiso.

Respuesta bíblica

Al considerar la respuesta de la iglesia al renacimiento del neopaganismo, a cualquier persona pensante se le presentarán unas pocas preguntas sencillas: *¿Por qué la adoración a la Diosa? ¿Por qué la brujería?* Debe haber alguna razón por la cual las personas hayan escogido esta senda en todas las épocas de la humanidad. Y, ¿qué tiene la Biblia que decir sobre el tema?

Primero, no puede haber duda de que estamos en medio de una violenta revuelta contra la razón y la lógica. Las personas se maltratan, mutilan y matan a diario; simplemente por la emoción de hacerlo. Es totalmente irracional y completamente ilógico, pero escogen hacerlo. El profeta Jeremías observó: «Engañoso es el corazón más que todas las cosas, y perverso; ¿quién lo conocerá?» (Jer. 17.9). Así que la naturaleza del hombre mismo se halla a gusto en las tinieblas, pese a haber sido creado a imagen de Dios, con anhelo de una paz que el mundo no puede dar. En una sociedad donde la ciencia ha desilusionado y fracasado, la brujería ofrece el poder para triunfar. No es científico en absoluto, es metafísico y desde luego no sigue las leyes formales de la lógica. El resurgimiento del neopaganismo, en todas sus variadas y coloridas expresiones, es primera y primordialmente la revuelta contra la razón y la lógica, una revuelta que dio paso a la cultura de las drogas, la entrega al alcohol, la fascinación por el sexo y el malsano interés en la muerte que rápidamente está ganando terreno en nuestra cultura.

Segundo, hay un rechazo a una iglesia dividida entre la ortodoxia y la anarquía, una iglesia que quiere solo parte de la sustancia y parte de la forma del evangelio, sin ningún real compromiso a la autoridad de ninguno. La oración contemplativa, con su método Nueva Era de vaciar la mente, los recorridos de laberintos, la adoración a la Diosa y otras muchas formas de misticismo han invadido a la iglesia del siglo XXI como lo hicieron en el siglo primero. El abandono de la defensa de la fe en deferencia a una mentalidad de ser «sensible al buscador» ha resultado en una iglesia dividida, con una cosmovisión de «vive y deja vivir» que abre la puerta a la invasión de la teología de Dios como «madre»; legado de *Sofía.* Esto es anarquía.

Tercero, está la terrible influencia de las sectas y el ocultismo, una influencia de la teosofía, el espiritismo y las religiones orientales que ahora ha penetrado en nuestra cultura. Los grupos Hare Krishna con sus mantos azafrán, cantando y golpeando sus panderetas no tienen relación con la realidad de todos los días, pero están *aquí* y han traído consigo la levadura, su llamado misticismo, para combinarla en una homogeneizada modalidad de cristianismo ligeramente salpicado con terminología bíblica.

Cuarto, hay una necesidad desesperada de propósito, significado, orden en un mundo mecanizado y tecnocrático que ha relegado en gran parte al individuo al olvido, donde las estructuras y pensamientos generales han degradado el valor del alma individual. ¿Por qué hay personas que acuden a la brujería? Son atraídas a ella porque ofrece la libertad de la individualidad y el poder de cambiar el mundo que les rodea. Como brujos, ya no piensan que están golpeándose las cabezas y las manos hasta sangrar contra las estructuras de poder a las que todo parece importarles un comino, excepto perpetuarse en el poder. Esta necesidad de propósito, significado y orden en una sociedad mecanicista y tecnocrática es ciertamente una de las razones primordiales para acudir a la brujería.

Quinto, durante el siglo XX se progresó mucho en el estudio, análisis y presentación del fenómeno psíquico, lo que con el tiempo dio a la parapsicología cierta validación pseudocientífica. Los experimentos de PES concedieron estatus al mundo del ocultismo y al poder de la brujería, como queda evidenciado por el hecho de que ambos se enseñan en las escuelas hoy. La fascinación de los medios de comunicación por el ocultismo le ha dado una pequeña medida de credibilidad.

Sexto, a las personas les fascina lo desconocido y ven un reto en cualquier intento de conocer el futuro. Por eso estudian el tarot, por eso visitan a las que leen las manos y por eso la astrología gana a menudo terreno en sus vidas. El poder de la brujería fascina porque mediante ella las personas puede ir más allá y saber algo de sí mismas, de la persona que está a su lado y de sus prójimos. Pueden ejercer autoridad y poder sobre otros con este conocimiento; eso es lo que la brujería ofrece a los que vienen buscándola.

Finalmente, hay una realidad auténtica dentro del mundo de los brujos. Hay alguna influencia obrando, y Dios dice que no viene de Él. Los conjuros pueden funcionar, las pociones pueden sanar y se pueden ver apariciones. Las personas tienen estas experiencias de forma regular y testifican de la validez de las mismas. Hay un *poder genuino* en el ámbito de lo oculto que incluso científicos de los más escépticos y renombrados, como Sir William Crookes y Dr. Charles Richet, no pudieron refutar; una realidad muy aterradora. Es real, y ha hecho de la brujería algo popular y muy en boga.

Frente a todo esto, ¿cuál debería ser la actitud del creyente? ¿Nos quedamos al margen retorciéndonos las manos, repitiendo calladamente versículos bíblicos? ¿O aprendemos la posición bíblica y actuamos con determinación? Nuestra opción debe ser esta última. Ya hemos visto la actitud de Dios hacia los médiums, psíquicos y todos los ocultistas. Moisés detalla la advertencia de Dios en Deuteronomio 18.9-14:

> Cuando entres a la tierra que Jehová tu Dios te da, no aprenderás a hacer según las abominaciones de aquellas naciones. No sea hallado en ti quien haga pasar a su hijo o a su hija por el fuego, ni quien practique adivinación, ni agorero, ni sortílego, ni hechicero, ni encantador, ni adivino, ni mago, ni quien consulte a los muertos. Porque es abominación para con Jehová cualquiera que hace estas cosas, y por estas abominaciones Jehová tu Dios echa estas naciones de delante de ti. Perfecto serás delante de Jehová tu Dios. Porque estas naciones que vas a heredar, a agoreros y a adivinos oyen; mas a ti no te ha permitido esto Jehová tu Dios.

Este es el juicio de Dios sobre los que practican estas cosas: Él los expulsó de su país. Dios cubrió todo el espectro de la hechicería y de lo oculto en este pasaje, y recalcó la palabra *abominación*, palabra muy fuerte en el hebreo. ¿Cuál era el punto de vista de Dios? Él lo repite tres veces para que no haya posibilidad de que dejemos de captar el mensaje: *abominación, abominación, abominación.* ¡No lo hagan! Dios expulsó a los cananeos, heteos y amorreos debido a que practicaban estas cosas, y les dio una tierra gloriosa que fluye leche y miel a los israelitas con las instrucciones: «No lo hagan, ¡porque si lo hacen, de patitas en la calle!».

En ninguna parte de las Escrituras se ilustra esto de modo más patético que en la vida del rey Salomón. Dios le dijo a Salomón que si andaba en sus estatutos, nadie se levantaría contra él. Pero si se apartaba de los estatutos del Señor, todos lo dejarían (1 R. 9.4-7). Al final, Salomón lo perdió todo, incluyendo su sabiduría.

En el valle de Meguido, con vista a la bíblica Armagedón, se halla el hermoso valle de Jezreel, tierra restaurada por el poder de Dios. En las ruinas del palacio de Salomón y en el centro del templo que él construyó, se hallan las gradas de un altar que mira en sentido opuesto a Jerusalén. Es el altar que Salomón construyó a una deidad cananea, en un esfuerzo por complacer a una de sus esposas. La Biblia revela que el rey Salomón amó a muchas mujeres extranjeras y les construyó templos para sus dioses (1 R. 11.1-4). Este altar de sacrificios cananeos, con sus escalones todavía en dirección al camino errado, se levanta hoy como un recordatorio del tiempo cuando Salomón alejó sus pasos de Dios y Él puso término al reino de Salomón.

El rey Salomón no adoró a otros dioses, pero lo consintió y Dios lo castigó. Es un terrible recordatorio del alto precio que el hombre más sabio del mundo pagó cuando desobedeció a Dios y toleró el mal. Los cristianos de hoy deben aprender de los errores de Salomón y actuar en presencia del mal. Debemos hacer algo al respecto y así el Señor no dictará su juicio contra nosotros.

Otro ejemplo de la actitud de Dios hacia la hechicería se halla en Hechos, cuando el apóstol Pablo encontró a un hechicero:

> Y llegados a Salamina, anunciaban la palabra de Dios en las sinagogas de los judíos. Tenían también a Juan de ayudante. Y habiendo atravesado toda la isla hasta Pafos, hallaron a cierto mago, falso profeta, judío, llamado Barjesús, que estaba con el procónsul Sergio Paulo, varón prudente. Este, llamando a Bernabé y a Saulo, deseaba oír la palabra de Dios. Pero les resistía Elimas, el mago (pues así se traduce su nombre), procurando apartar de la fe al procónsul. Entonces Saulo, que también es Pablo, lleno del Espíritu Santo, fijando en él los ojos, dijo: ¡Oh, lleno de todo engaño y de toda maldad, hijo del diablo, enemigo de toda justicia! ¿No cesarás de trastornar los caminos rectos del Señor? Ahora, pues, he aquí la mano del Señor está contra ti, y serás ciego, y no verás el sol por algún tiempo. E inmediatamente cayeron sobre él oscuridad y tinieblas; y andando alrededor, buscaba quien le condujese de la mano. Entonces el procónsul, viendo lo que había sucedido, creyó, maravillado de la doctrina del Señor (Hch. 13.5-12).

La brujería siempre estará en contra del evangelio de Jesucristo. No hay ningún brujo amistoso cuando se habla del *único* camino de salvación. Algunos brujos tal vez estén dispuestos a hablar en cuanto al cristianismo y la brujería desde la perspectiva de que los cristianos modernos les han hecho daño a los brujos (como los profetas del Antiguo Testamento y la iglesia inicial), pero sorprende lo rápido que se enfurecen cuando las cosas llegan al tema de quién es Jesús y de qué trata el evangelio bíblico. Cristo se levanta para juzgarlos. Él no es un médium. Jesús no es un brujo. Es el Señor soberano de todos, y debemos obedecerle. Pero ellos se niegan a hacerlo, porque la fuente de su poder no es Jesucristo; la fuente de su poder es el príncipe de las tinieblas. Por eso los brujos siempre se opondrán al Hijo de Dios.

Cuando este brujo resistió al evangelio, Pablo no negoció la defensa de la fe. Él no dijo: «Sugiero que tomemos asiento y tengamos una orientación teológica sobre el tema. Debemos reunir un panel ecuménico de todos los pastores de la región para decidir si el fenómeno psíquico que presenciaron es válido y si tiene algún valor social o espiritual redentor. Entonces lo compararemos con el mensaje que recibimos del Señor y decidiremos si debemos continuar el diálogo». No; los apóstoles no desperdiciaron su tiempo con los galimatías que atan las manos de la iglesia de hoy. Sabían precisamente qué hacer cuando confrontaban el mal. Nunca consideraron negociable el evangelio de Jesucristo. ¡Nunca!

Noten lo que Pablo dijo: «¡Oh, lleno de todo engaño y de toda maldad, hijo del diablo, enemigo de toda justicia! ¿No cesarás de trastornar los caminos rectos del Señor?». Es un enfoque muy directo al asunto. Es obvio que Pablo era *ortodoxo* en el sentido clásico del término. «Ahora, pues, he aquí la mano del Señor está contra ti, y serás ciego, y no verás el sol por algún tiempo. E inmediatamente cayeron sobre él oscuridad y tinieblas; y andando alrededor, buscaba quien le condujese de la mano. Entonces el procónsul, viendo lo que había sucedido, creyó, maravillado de la doctrina del Señor».

Cuando el Espíritu Santo encuentra brujos, hay un solo resultado posible: los brujos se llevan la peor parte. Esto sucede en cada ocasión, y el creyente debe darse cuenta del poder que está a nuestra disposición; debemos reconocer la *autoridad* que nos ha sido conferida como hijos de Dios. «Amados, ahora somos hijos de Dios, y aún no se ha manifestado lo que hemos de ser; pero sabemos que cuando él se manifieste, seremos semejantes a él, porque le veremos tal como él es» (1 Jn. 3.2).

Qué enorme poder puso Dios en nuestras manos cuando nos ordenó que fuéramos al mundo y con la autoridad de Cristo nos enfrentásemos al mal. Y cuando nos enfrentamos al mal no debemos tener miedo de los demonios. No debemos tener miedo a los brujos. No hemos de temer a los médiums, hechiceros y nigromantes. No tenemos que temer a nada del mundo del ocultismo. «Hijitos, vosotros sois de Dios, y los habéis vencido; porque mayor es el que está en vosotros, que el que está en el mundo» (1 Jn. 4.4-5). La iglesia solo necesita reconocer el poder que Dios nos ha dado. Si usted piensa que no tiene ese poder, no es porque Dios se niegue a dárselo. Se debe a que usted no se ha puesto de rodillas ni ha clamado a Dios pidiéndolo. El poder de Dios está allí cuando se lo pide.

Ya seamos metodistas, bautistas, congregacionalistas, episcopales, luteranos, cuáqueros o lo que sea que escojamos, solo seremos poderosos para Cristo si abrimos nuestras mentes, corazones y almas a Jesucristo, el que bautiza en el Espíritu Santo, y recibimos de Él poder para salir al mundo y trastornarlo. Por eso los cristianos del primer siglo fueron triunfantes; tenían poder y autoridad, y los hombres reconocían que ellos habían estado con Jesús. Cuando Pablo se encontraba con el mal, sabía cómo lidiar con él porque estaba lleno del Espíritu Santo.

La iglesia necesita el poder de Dios en todos y cada uno de sus miembros; el Espíritu de Dios moviéndose en nosotros, y por medio de nosotros, para tocar a otros. Es una lástima que toda esta autoridad esté sentada esperando y los creyentes no hayan aprendido a echar mano de ella y recibir el poder para iluminar con la *Luz* del mundo a este mundo de tinieblas espirituales. Pablo reprendió el mal en el nombre de Jesucristo y el mal retrocedió; así también nosotros debemos reprender el mal, en términos inequívocos. No minimice el poder de Dios cuando está hablando del poder de Satanás. El Cristo resucitado dijo: «Toda potestad me es dada en el cielo y en la tierra. Por tanto, id, y haced discípulos a todas las naciones, bautizándolos en el nombre del Padre, y del Hijo, y del Espíritu Santo; enseñándoles que guarden todas las cosas que os he mandado; y he aquí yo estoy con vosotros todos los días, hasta el fin del mundo» (Mt. 28.18-20). Dios le dijo a Moisés: «¡Adelante! Mi presencia irá contigo» (Éx. 33.14). El poder supremo le pertenece a Dios.

Conclusión

En Gálatas 5.20 el apóstol Pablo mencionó la brujería como una de las obras de la carne y advirtió a la iglesia para no practicarla. No es casual que Dios escoja recordarnos que la brujería está prohibida. Los que juegan con los tableros güija y con juegos y conjuros ocultistas deben prestar atención. La brujería es una de las obras de la carne, mencionada entre las cosas que Dios condena, y los que la practican no heredarán el reino de los cielos.

La brujería moderna es popular, poderosa y está en aumento. Hace treinta años las publicaciones sobre temas de brujería en Europa eran mínimas. Hace cuarenta años estos libros eran casi inexistentes fuera de las librerías de ocultismo. Hoy se pueden hallar casi en cualquier librería. El interés está aquí; la gente está tratando de alcanzar lo desconocido.

Pero, en todo esto, las buenas noticias son que hay poder en la sangre de Cristo. Hay poder en el evangelio. Hay poder en el Espíritu que vive en el templo del creyente; poder para tocar las vidas de los brujos y todos los neopaganos, la clase de poder que ellos temen, que sus amos temen, el poder del cual hasta Satanás huirá. Ninguna fuerza maligna del universo es igual a la del creyente de rodillas. La iglesia de Jesucristo tiene el incalculable privilegio de presentar el mensaje de la gracia de Dios, y estamos comprometidos con el ministerio de la reconciliación. Jesús nos ordenó que fuéramos al mundo y predicáseemos el evangelio a toda criatura, llevando el mensaje de redención a una generación perdida. Nuestra tarea está clara; hemos recibido el poder para llevarla a cabo. La oportunidad para hacerlo ya está aquí. El reto y la ocasión ya se nos han presentado, y todos debemos comparecer ante el tribunal de Cristo y dar cuenta ante Dios (Ro. 14.10). Que el Señor nos dé la sabiduría y la gracia para darnos cuenta de que los brujos, y todos los que están dominados por Satanás, son también almas por las cuales Jesucristo murió.

Él puede sacarlos de la autoridad de las tinieblas y llevarlos al reino del amor del Hijo de Dios. Este es el verdadero Dios. Esta es la vida eterna.

En medio del reino del ocultismo, la iglesia de Jesucristo debe presentarle al mundo algo que necesita desesperadamente: un Cristo no dividido, un evangelio sin cambio y un testimonio dinámico. La iglesia debe presentar a un Redentor vivo que puede transformar las vidas de hombres, mujeres y jóvenes porque Él está *vivo,* y porque tiene poder para hacerlo.

Recursos recomendados

1. Baker, Tim. *DeWitched: What You Need to Know about the Dangers of Wicca and Witchcraft* [Desembrujada: Lo que necesita saber sobre los peligros de la Wicca y la brujería]. Nashville: Transit, 2004.
2. Hawkins, Craig S. *Goddess Worship, Witchcraft and Neo-Paganism* [Adoración de la Diosa, brujería y neopaganismo]. Grand Rapids: Zondervan, 1998.
3. Martin, Walter. *Evil and Human Suffering* [El mal y el sufrimiento humano]. CD y cinta de audio, Walter Martin Ministries, www.waltermartin.com.
4. Martin, Walter. *Jesus: God, Man or Myth?* [Jesús: ¿Dios, hombre o mito?] CD y cinta de audio, Walter Martin Ministries, www.waltermartin.com.
5. Sanders, Catherine Edwards. *El hechizo de la Wicca.* Miami: Unilit, 2007.

Breves apuntes acerca de las religiones tradicionales

- En las religiones tradicionales es capital la creencia en un Ser Supremo; hay deidades menores, pero sirven al Ser Supremo.
- Existen fuerzas poderosas en el universo; tales fuerzas pueden ser consultadas y utilizadas para hacer el bien o el mal.
- Todas las cosas (árboles, piedras, ríos, etc.) están habitadas por espíritus que nunca fueron humanos (animismo); moran en el mismo plano espiritual que los espíritus de los antepasados y todos ellos pueden influir físicamente en los vivos.
- La religión y la magia son inseparables; la magia puede influir en los dioses y los espíritus.
- Jesús no es el *único* camino a Dios.
- No existe el diablo ni el pecado original.

13

Religiones tradicionales

Cientos de millones de personas en todo el mundo practican religiones tradicionales nacidas y cultivadas en la cultura y la geografía de distintas civilizaciones. Desde el pueblo yoruba de África occidental hasta los indios norteamericanos y los pintorescos habitantes de las islas del Caribe, el poder de las religiones autóctonas es una fuerza a tener en cuenta y que influye en la vida de millones de individuos hasta en el más mínimo detalle cotidiano. En las religiones tradicionales, sacrificar una cabra a la deidad adecuada puede traer buena suerte al solicitante, el hechizo de un sacerdote puede asegurar una cosecha abundante y la maldición de un hechicero puede traer una venganza largamente esperada. Entrelazada con este abigarrado entramado religioso de deidades, ceremonia y magia está la realidad y presencia de los ancestros: Familiares respetables investidos con el poder de cambiar la vida de los allegados que los complacen mediante ofrendas y sacrificios.

Se trata de un mundo mágico, donde los poderes ocultos brindan satisfacción espiritual instantánea. Es un mundo estimulante en alto grado, a la vez que sumamente aterrador. Es también un mundo muy distante del pensamiento y del estéril ritual religioso de Occidente. Las religiones tradicionales comprenden un sistema de creencias global de gran diversidad en múltiples detalles, pero aun así extraordinariamente parecido en pensamiento y práctica. En otros tiempos, los eruditos occidentales se burlaban de los elementos sobrenaturales presentes en las religiones tradicionales y desechaban como «superstición» todos sus ritos y experiencias místicas. La historia del mundo occidental revela un tono predominante de crítica y desprecio cada vez que se lleva a cabo un análisis detallado de las religiones tradicionales, relegando sus ritos y prácticas a la categoría de tontos cuentos populares difundidos por ignorantes. Pero la realidad de las religiones tradicionales es cualquier cosa menos tonta. Profundamente enraizada en el poder del ocultismo, la influencia de estas religiones, en sus diversas formas, subsiste en la cultura moderna y se hace incluso más fuerte en el fértil entorno de la sociedad postmoderna. La ciencia no ha sido capaz de resolver los problemas del mundo y ahora millones de personas se sienten atraídas hacia el refugio consolador y el poder fascinante que encuentran en el regreso a las raíces tribales.

Análisis de las religiones tradicionales

Son innumerables las religiones profundamente arraigadas en la cultura y la historia de diferentes grupos de personas y, por tanto, son difíciles de describir. No obstante, resulta de vital importancia analizar algunos de los principales sistemas de creencias de origen antiguo que han sobrevivido guerras, esclavitud y genocidio y que emergen hoy como influencias religiosas importantes. Sus creencias siguen siendo únicas y aun así son sorprendentemente similares.

Los yoruba de África occidental sobrevivieron a siglos de trata de esclavos, llevando con éxito su religión a Europa, América y el Caribe. Su influencia en el Caribe y América del Sur dejó un fértil cimiento para el nacimiento y desarrollo del vudú en sus diversas formas. Los indios norteamericanos perdieron la tierra que amaban, pero, tras un breve adoctrinamiento en el cristianismo, la mayoría rechazó la religión del hombre blanco y se aferró, ante una increíble oposición, a las enseñanzas de sus ancestros. Una gran cantidad de espiritistas y seguidores de la doctrina de la Nueva Era del siglo XX alimentó a un contingente de ávidos discípulos que acababan de divorciarse del todopoderoso reino de la ciencia y estaban ansiosos por reverenciar la espiritualidad de los indios norteamericanos. Todas estas culturas lucharon a muerte por la mera supervivencia y son hoy una buena ilustración de la flexibilidad y el poder de resistencia de las religiones tradicionales.

La esencia del monoteísmo

En las religiones tradicionales, la creencia en un Ser Supremo es un punto clave; existen deidades menores, pero sirven al Ser Supremo. Aunque puede recibir infinidad de nombres, el Ser Supremo del mundo antiguo siempre ha estado en el centro de las creencias religiosas. La mayoría lo ve como un padre que está sobre todos e independiente de todos (trascendente), aunque algunos lo consideran accesible (inmanente). Es el creador de todas las cosas, incluidos los dioses menores y los espíritus.

En casi todas las civilizaciones de la historia existe la creencia en un Ser Supremo tanto desde el punto de vista cultural como histórico. El estudioso alemán P. Guillermo Schmidt expone en detalle este reconocimiento colectivo en su libro *Manual de historia comparada de las religiones: Origen y formación de la religión, teorías y hechos*:

- El Ser Supremo se reconoce por lo general como creador y se le llama *Padre* en toda cultura primitiva donde se menciona. Siempre vive por encima de la tierra.
- Es un ser, por lo que no se puede representar de forma adecuada su forma física. Se le describe como *invisible, semejante al viento* o *al fuego*.
- Es eterno: existía antes que cualquier otro ser y no morirá.
- Es todopoderoso y omnisciente.
- Es bueno y todo lo bueno procede de él, incluyendo la ley moral. Es invariablemente justo.
- Desprecia el mal, que debe mantenerse apartado de él.
- Es el juez justo. Los hombres están separados de él debido a ofensas pasadas y le abandonaron por dioses más accesibles; sin embargo, las religiones más antiguas mantienen su recuerdo como el Dios del cielo.[1]

Este «Dios del cielo», al que se conoce hoy en África como *Pa Kurumasba* o el creador supremo, diseñó este mundo para el disfrute de los seres humanos. Los africanos creen que le deben veneración y agradecimiento por esa creación. Se le ofrecen sacrificios para asegurar que siga bendiciendo tanto a la tierra como a las personas.[2] La vida debe centrarse en complacer al creador mediante el cumplimento de los principios morales que él presentó desde el principio. «Hay muchas cosas que se consideran moralmente incorrectas y malas, tales como asesinar, violar, mentir, robar, ser cruel, decir malas palabras, ser irrespetuoso, practicar la hechicería o la brujería, interferir con el derecho público, murmurar, ser perezoso, avaricioso o egoísta, hacer promesas, etcétera».[3] Según la visión del mundo africano, la religión es la vida y la vida es la religión.

En el Caribe, las raíces africanas son profundas. La creencia en el Ser Supremo llegó a comienzos del siglo XVI con los esclavos, mezclándose con el tiempo con el catolicismo para producir un sistema singular de adoración. El vudú es en esencia la adoración de deidades y espíritus africanos revestida con elementos claves del catolicismo. El sociólogo Roland Pierre apunta:

---

1. Schmidt, *Manual de historia comparada de las religiones: origen y formación de la religión, teorías y hechos* (pp. 264–273 de la traducción inglesa).
2. Gibreel M. Kamara, "Regaining Our African Aesthetics and Essence Through Our African Traditional Religion", *Journal of Black Studies* 30, no. 4 (marzo 2000): pp. 502–514, http://links.jstor.org/ sici?sici=0021-9347%28200003%2930%3A4%3C502%3AROAAAE%3E2.0.CO%3B2-C.
3. John S. Mbiti, *Entre dios y el tiempo: Religiones tradicionales africanas*, Editorial Mundo Negro, Madrid, 1990 (p. 177 de la edición en inglés).

> Este sincretismo se puede observar en tres niveles: a) el del panteón; b) el del calendario litúrgico; c) el del culto sacramental. Pero este sincretismo «civil» no es en modo alguno fusión ni síntesis ni amalgama, sino tan solo una máscara blanca sobre una piel negra. El vudú ha mantenido su originalidad religiosa a pesar de la capa católica que las circunstancias le obligaron a alzar ante su rostro cultural y a pesar de los ingredientes cristianos que utiliza y que reinterpreta para así reforzar su efectividad mágica.[4]

Los santos de la Iglesia Católica se convirtieron en una especie de refugio y adquirieron las características de los espíritus tribales conocidos; eso permitía a los esclavos adorarlos sin temor a ser castigados. Hoy en día existe una gran diversidad de prácticas religiosas bajo el nombre general de vudú; el nombre de los dioses o de los rituales específicos cambia en dependencia de la cultura o pueblo que la practica.

La religión tradicional de los indios norteamericanos varía en detalles entre las distintas tribus, pero, al igual que las religiones africanas, se caracteriza por la creencia monoteísta en un creador omnipotente que llaman el Gran Espíritu o el Creador. Hacia finales del siglo XIX, los indios norteamericanos perdieron la batalla contra los colonizadores e invasores europeos y, como raza vencida, se enfrentaron a la extinción total de su estilo de vida. El gobierno de Estados Unidos se centró en la institución de la familia india y por tanto en sus creencias religiosas, trabajando bajo el supuesto de que solo una total asimilación por parte de la sociedad norteamericana impediría que los indios continuaran luchando por sus tierras. Susan Staiger Gooding expone en detalle las acciones legales del *Gobierno de Estados Unidos contra las tribus de indios norteamericanos*:

> En el año 1883, a solicitud del Ministro del Interior, Henry M. Teller, se establecieron en todas las reservas indias las llamadas Cortes de Delitos Indios para garantizar la suspensión de lo que él consideraba como «un gran obstáculo para la civilización de los indios, a saber, el mantenimiento de las antiguas danzas paganas, tales como la danza del sol, la danza del cuero cabelludo, etc.»
>
> La lista de prácticas prohibidas a los indios norteamericanos por estas regulaciones federales indica que esta política no tenía como objetivo las creencias de los pueblos indios, sino las redes de relaciones sociales y políticas que se producían en el contexto de las prácticas ceremoniales indígenas. La lista de prác-

4. Roland Pierre, "Caribbean Religion: The Voodoo Case", *Sociological Analysis* 38, no. 1 (primavera 1977): p. 29, http://www.jstor.org/pss/3709834. Ejemplo: «San Patricio representa a Danbala; San Pedro representa a Legba; Santa Ana representa a Ezili; San Jacobo representa a Oggún; San Expedito representa a Agouk».

ticas indígenas prohibidas por regulaciones federales promulgadas en los años 1883, 1892 y nuevamente en el año 1904 incluía: 1) toda danza y «festividad similar», 2) todos los matrimonios múltiples o polígamos y los que no fuesen «solemnizados» por un juez oficial, 3) todas las prácticas de los curanderos y la prohibición a los niños indios de asistir a escuelas religiosas, 4) destrucción, daño, apropiación o transporte de cualquier propiedad personal sin referencia a su valor, sobre todo en el caso de la muerte de un indio, 5) inmoralidad, en particular, el intercambio de regalos entre familias al negociar matrimonios, 6) embriaguez y 7) el no «adoptar hábitos industriosos, o no buscar actividades o empleos civilizados» (Tomado de 1892 «Rules for Indian Courts» [Reglamento para los Tribunales Cortes Indios], House Executive Doc. no. 1, 52 Cong., 2a. sesión, serie 3088, pp. 28-31 según se cita en Prucha 1990, pp. 186-189). Estos delitos eran castigados con multas, suspensión de las raciones de alimento y encarcelamiento. No se hace referencia a ellos como elementos de las religiones indias *per se*. No obstante, con la excepción de «embriaguez» y «no adoptar hábitos industriosos», esta lista de delitos menciona prácticas ceremoniales y simbólicas muy difundidas como vehículo de mediación y negociación de relaciones sociales e identidad dentro de las comunidades indígenas y entre ellas, hasta el punto de que pudieran conformar una de las primeras políticas escritas para todos los indios. Como ha declarado Patricia Limerick, «la campaña contra las religiones indias fue, en el fondo, una campaña contra la familia india», contra las relaciones de parentesco extendidas e intergeneracionales que «mantenían unidas a las sociedades tribales».[5]

Los mayores esfuerzos del gobierno de Estados Unidos por erradicar todo rastro de la cultura y la religión tradicional, que formaba gran parte de esa cultura, fracasaron inevitablemente. Los indios norteamericanos y sus creencias tradicionales sobrevivieron. Hoy, la espiritualidad de cientos de tribus diseminadas por toda la faz de Norteamérica disfruta de una libertad y respeto sin paralelo en la historia de Estados Unidos.

Las religiones tradicionales africanas

El misterio y hechizo de África han intrigado a observadores y exploradores intrépidos a través de los siglos. Es una tierra de belleza austera, flora y fauna espectaculares y violencia

5. Susan Staiger Gooding, "At the Boundaries of Religious Identity: Native American Religions and American Legal Culture", *Numen* 43, no. 2, Religion, Law and the Construction of Identities (mayo 1996): p. 161, http://www.jstor.org/pss/3270345.

indescriptible, habitada por miles de pueblos diferentes que practican innumerables religiones complejas. Es una tierra con más de mil idiomas repartidos entre cincuenta y tres países, tema de incontables libros, documentales infinitos y películas de Hollywood. Es un vasto continente vibrante, violento y sumido en el ocultismo.

Durante los siglos XVIII y XIX, los colonizadores europeos, resueltos a conquistar los inmensos territorios, encontraron un mundo muy diferente de aquel otro «civilizado» que habían dejado atrás, un mundo al que apodaron «continente negro». La denominación se debió en parte a las espesas selvas tropicales que hacían prácticamente inaccesibles algunas regiones de África, al misterio de la tierra y de sus habitantes y, muy posiblemente, al color predominante de su piel.

El continente, dividido en dos partes principales por estos exploradores, en África del Norte y África subsahariana (todo lo que se encontraba al sur del atroz panorama del desierto del Sahara), llegó a representar dos mundos completamente diferentes. África del Norte, que limitaba con Arabia, «cuna de la civilización», era el hogar de un pueblo de piel más clara que había recibido mayor influencia de las culturas mediterráneas; por su parte, los pueblos subsaharianos comprendían una diversidad de tonos de piel más oscura y una gran cantidad de religiones tradicionales. África del Norte recibió una gran influencia del Imperio Romano, convirtiéndose en su mayor parte al cristianismo a raíz del Edicto de Milán de Constantino (313 A.D.), el cual estableció la libertad religiosa en todo el Imperio. Trescientos años más tarde, los comerciantes árabes llevaron a África del Norte el mensaje de Mahoma (aprox. 615 A.D.), que se extendió por la región como un reguero de pólvora y que con el tiempo se abrió camino a distintas partes del continente. Sin embargo, fue el cristianismo mezclado con las religiones tradicionales africanas lo que dominó la mayor parte del África que se halla al sur del Sahara, y esa situación se mantiene hasta el día de hoy.

A comienzos del siglo XVI, el surgimiento de la trata de esclavos cambió para siempre la historia de África y sus habitantes. Aunque los esclavos eran con frecuencia apresados en las guerras tribales, la esclavitud local no puede compararse con la devastación que habría de sobrevenir.[6] Cuando los negreros europeos y occidentales se abalanzaron sobre África y comenzaron a llenar los barcos con miles de esclavos, fueron completamente diezmadas tribus enteras, familias y culturas. La despiadada trata de esclavos se centró mayormente en naciones de África occidental, como Ghana (Costa de Oro), Senegal, Angola y otras que tuvieron la mala fortuna de hallarse a corta distancia de la costa.

6. Los estudiosos de África hoy en día prefieren no utilizar la denominación de «tribu», pero se ha utilizado históricamente para indicar una familia, aldea o unidad regional.

La vida de estos esclavos se vio brutalmente transformada cuando cruzaron el océano y perdieron para siempre la comodidad y la identidad del *hogar*. La pérdida de la libertad fue trascendental, pero la pérdida de la *comunidad* pesó mucho más que la de la independencia. El escritor afroamericano Jim Haskins señala que «el hecho abrumador de la experiencia africana en el Nuevo Mundo fue la pérdida brutal de casi todos los elementos esenciales de su identidad. Fue separado de su familia, de su aldea, de su tribu, de su idioma, de su religión y de toda su experiencia socioeconómica, por no mencionar la separación de su tierra. La pérdida de la libertad no se puede pasar por alto, pero en el contexto de la identidad esencial de los africanos no constituye el factor principal».[7] Este sentido de comunidad, vínculo vital entre el individuo y todo lo que lo rodea, era la esencia de la cosmovisión africana y lo sigue siendo hoy.

A diferencia de la sociedad occidental, que hace énfasis en la independencia, para los pueblos africanos, la confianza entre ellos y las comunidades adyacentes resulta primordial. En la cultura africana, las personas están inextricablemente ligadas a la familia (vivos y muertos), a la aldea y sus alrededores; a la naturaleza, la tierra y el agua; y al Ser Supremo, los dioses, los espíritus y ancestros.

La esencia de las religiones africanas[8]

Aunque existen elementos específicos en las religiones africanas que varían a lo largo del continente, presentan características básicas subyacentes que las unen:

1. *Existen fuerzas poderosas en el universo que se pueden consultar y utilizar.* Los africanos ven el mundo como un lugar peligroso lleno de todo tipo de espíritus. Con respecto de esta creencia tienen mucho en común con los sumerios y los babilonios. En un momento dado, es posible que alguien o algo pueda causar daño y haya que tomar precauciones para evitar que ese daño ocurra. El Ser Supremo permite a los dioses menores intervenir en los asuntos de los hombres. La existencia de unos dioses menores significa una oportunidad para burlar las acciones negativas de otros. El sacerdote se acerca a los dioses en nombre de un individuo; la persona no puede acercarse a los dioses por su cuenta.

2. *El destino es una de las fuerzas poderosas, pero lo puede vencer el embaucador divino, otra fuerza independiente.* El destino es una fuerza independiente de todos los dioses. Los africanos, como muchas otras personas a través de la historia, creen que los acontecimientos

7. Jim Haskins, *Voodoo and Hoodoo: The Craft as Revealed by Traditional Practitioners,* Scarborough, Nueva York, 1981, p. 47.
8. Adaptado de Haskins, *Voodoo and Hoodoo,* p. 32.

de la vida de una persona están predestinados. Pero la solución africana a este dilema sigue siendo única: Un ser llamado el *embaucador divino* puede cambiar el curso del destino:

> En realidad, el embaucador divino era un concepto más que una deidad, puesto que podía adquirir varias formas. Algunas tribus veían a las deidades menores organizadas en una serie de grupos familiares análogos a los de los hombres. En ellos, el embaucador divino solía ser el hijo más joven de una de las deidades. Una de las obligaciones del niño era llevar mensajes de la deidad a las distintas familias divinas, mensajes que predecían el futuro. Como se trataba de un embaucador, los hombres podían persuadirlo para cambiar las órdenes que tenía y para que entregara un mensaje distinto del que se le había encomendado. Así, de haber alguna persona verdaderamente devota a la que le aguardase un destino desafortunado, esta podía convencer al embaucador de que se lo cambiara por otro mejor. El embaucador divino también podía ser el ancestro que había fallecido más recientemente.

3. *Los espíritus naturales habitan el mismo plano espiritual que los espíritus de los ancestros fallecidos; todos los espíritus pueden influir físicamente sobre los vivos.* Los ancestros se consideran esenciales para el bienestar de cualquier africano. Ellos actúan como intercesores personales de sus familias ante el creador supremo y los dioses menores. Como tales, debe tratárseles con el mayor respeto, pero solo si se ganaron ese respeto en vida. No todos los ancestros son dignos de respeto, solo los que mostraron preocupación por su familia, dejaron descendencia y vivieron una vida honorable. Durante las comidas, se pone un cubierto para los ancestros a quienes se honra y los familiares pueden hablar directamente al puesto vacío; ellos saben que un ancestro siempre estará dispuesto a ayudar cuando sea necesario.

Aunque algunos estudiosos sostienen que los africanos no adoran a sus ancestros, su comportamiento diario está vinculado históricamente a la adoración: Hablan en voz alta a los ancestros sobre los problemas cotidianos y los asuntos de familia, organizan celebraciones en honor de ellos y les piden que hagan cosas extraordinarias que los seres humanos no son capaces de hacer. También creen que los ancestros pueden decidir volver a la vida en el cuerpo de sus hijos. Esta relación cotidiana con lo invisible es otra expresión del fuerte vínculo que tienen los africanos con todo lo que los rodea en el mundo, tanto lo visible como lo invisible.

4. *Todas las cosas (los árboles, las piedras, los ríos) son habitadas por espíritus que nunca fueron humanos (animismo).* Para los africanos, el oxígeno que los rodea no es simplemente

aire; es un espacio espiritual lleno de todo tipo de seres-espíritus. Aunque el cuerpo del ancestro puede descomponerse, el ancestro en sí sencillamente ha pasado de este mundo al siguiente y ahora ocupa un espacio físico junto a muchas clases de espíritus. Los espíritus con los que comparte el espacio pueden vivir en las rocas o en los árboles; pueden moverse de un lado para otro, pero están atados a esos objetos físicos. Pueden abandonar la roca, pero posiblemente no se alejan mucho de ella.

5. *La religión y la magia son casi inseparables; ambas trabajan conjuntamente con fuerzas espirituales poderosas.* Quizás la creencia más influyente en el centro de las religiones africanas sea el poder de la magia para decidir el destino de los seres humanos. La magia puede influir en los dioses, los espíritus y los ancestros para que estos realicen cambios enormes en la vida cotidiana. Está inextricablemente ligada a la religión al punto de que, en ocasiones, son la misma cosa.

6. *Cualquier acto de maldad recibe inmediatamente su castigo; no existe ni fin del mundo ni día del juicio final.* Se cree que los dioses castigarán sin demora a cualquiera que haya hecho algo malo y que el individuo sólo cuenta con un breve tiempo para pedirles a los dioses que arreglen las cosas antes de ser castigado. Se espera de este castigo rápido que forme el carácter e imponga el respeto hacia la comunidad.

La influencia del África occidental

Las religiones africanas siempre fueron el centro (cuerpo y alma) de la sociedad de su continente. Hoy día, esto sigue siendo así; son los cimientos de la estructura de la vida cotidiana y como tales influyen sobre cada aspecto de esta. Los proverbios africanos transmitidos de una familia a otra a lo largo de los siglos revelan y confirman la importancia de la religión. Incluso el tambor africano, elemento importantísimo en los rituales religiosos, se considera hoy en día algo sagrado, una «institución viva».[9]

No es de extrañar, pues, que los esclavos que fueron transportados tan lejos de sus hogares llevaran consigo sus creencias tan arraigadas. En las bodegas de los barcos negreros no solo había guerreros, mujeres y niños, sino también sacerdotes. Y en aquel ambiente desconocido e infernal la religión era lo único que les quedaba. El saqueo de la costa occidental africana trajo consigo la influencia de la religión del África occidental, y no hay mejor ejemplo de ello que la supervivencia de las creencias de la tribu yoruba. En la cosmología de este pueblo están las raíces de lo que llegaría a conocerse como vudú.

9. Jacob K. Olupona, ed., *African Traditional Religions in Contemporary Society*, Crossroad, Nueva York, 2000, p. 2.

Se cree que la cultura yoruba es bastante antigua, que se remonta por lo menos al 500 a.c. y que abarca la parte suroeste de Nigeria así como extensas zonas de la costa occidental africana.[10] En un mundo lleno de espíritus y poderes que inciden en cada aspecto de la vida para bien o para mal, las ceremonias, ofrendas, celebraciones y la adivinación eran parte integral de la sociedad yoruba. La historia yoruba, una cultura extraordinaria erigida sobre los cimientos de una tradición oral y transmitida de generación en generación por medio de más de doscientos mil poemas, pudiera llenar innumerables páginas si algún día esa historia llegara a escribirse.[11]

En el centro de las creencias religiosas yorubas está el Ser Supremo o gran dios Olodumare, quien gobierna un panteón de dioses, espíritus y ancestros tanto benévolos (llamados *orishas*) como malignos (*ajogun*).[12] Olodumare, omnipotente e inalcanzable, les ordena a las otras deidades cumplir con sus designios. Thomas Blakely señala: «A cada orisha se le dieron responsabilidades particulares... Cuando los cuatrocientos orishas terminaron su trabajo, se convirtieron en montañas, colinas, árboles, etc.».[13]

Principios fundamentales de la religión yoruba[14]

1. *El conflicto.* Existe una lucha constante en el universo entre los *deus de bem* (deidades buenas) y los *deus de mal* (deidades malas). Los dioses benévolos quieren bendecir al hombre con todas las cosas buenas y las deidades malvadas quieren destruirlo. Este elemento de conflicto y lucha es fundamental en el pensamiento yoruba.

2. *La predestinación y la lucha.* Según los yoruba, los humanos son seres físicos (*ara*) y espirituales (*emi* y *ori*). El gran dios Olodumare crea o infunde el alma (*emi*) en la persona, pero el espíritu Ajala, que es un espíritu borracho y de mala reputación (no un dios), proporciona el *ori* o «cabeza espiritual». Los humanos preexisten en el cielo y eligen un *ori* antes de bajar a la tierra. Si el *ori* que escogen es bueno, sus vidas serán bendecidas. Si escogen uno malo, tendrán que hacer sacrificios durante toda la vida para evitar los sufrimientos resultantes de la mala decisión. Sin embargo, no está completamente descartado el libre albedrío. Es posible que alguien con un mal *ori* llegue finalmente a tener éxito si se esfuerza y trata de vivir una vida de bien.

---

10. Egbé Omo Yoruba (National Association of Yoruba Descendants in North America), "Who Are the Yoruba?" http://www.yorubanation.org/Yoruba.htm.
11. Thomas D. Blakely, Walter E. A. Van Beek y Dennis L. Thomason, ed., *Religion in Africa,* James Curry, Londres: 1994, pp. 102, 116.
12. Ibid., p. 102.
13. Ibid., pp. 103–104. Acento de vocales y consonantes disponibles en el texto original.
14. Adaptado de Ibid., p. 111.

3. *El sacrificio.* Todos los problemas o conflictos de la vida pueden resolverse mediante el acto del sacrificio. La persona le pide ayuda a Esu (deidad benévola u orisha que adopta muchas formas distintas); este acepta un sacrificio a cambio de convencer a un *ajogun* (deidad maligna) para pasar por alto cualquier mal que pueda haberse cometido. Este acto de sacrificio generalmente cuenta con un sacerdote y se emplea adivinación para determinar los presagios.

4. *Buen carácter.* Los yoruba creen que tener buen carácter es esencial para llevar una vida fructífera. El *deus de bem* ayuda a cultivar el buen carácter en cada persona, es decir, rasgos de la personalidad que le permitirán vivir en paz con el mundo que lo rodea. «El buen carácter es la esencia de la religión».[15]

5. *La naturaleza, las deidades y la vida después de la muerte.* Los yoruba están muy unidos a la naturaleza y creen que tienen poder sobre ella. A las cosas vivas se les dan nombres secretos que le permiten a alguien despertar a una planta o a un animal, convocándolo mediante hechizos o encantamientos. Los árboles, las rocas y colinas fueron alguna vez deidades que adquirieron la forma que prefirieron después de terminar su obra de creación. Cuando una persona muere, también se convierte en una deidad y adopta la forma que desea. Todos los castigos tienen lugar en la tierra. No existe ni el diablo ni el pecado original.

Posiblemente, la mejor manera de ilustrar el sistema de creencias yoruba sea mediante uno de sus antiguos proverbios:

> ...los aborígenes, los igbo, se volvieron difíciles y constituían una seria amenaza para la supervivencia de Ife. Este pueblo, considerado sobreviviente de los antiguos ocupantes de la tierra antes de la llegada de Oduduwa, se había convertido ahora en pueblo de maleantes. Venían a la aldea con disfraces hechos de rafia, con una apariencia horrible y aterradora, y el pueblo de Ife huía. Luego los igbo quemaban las casas y saqueaban los mercados. Entonces apareció Moremi (semejante a Débora en el Antiguo Testamento). Cuando ningún hombre se atrevía a desafiar a los igbos, Moremi le pidió ayuda al río Esinminrin y prometió hacerle ofrendas si conseguía salvar a su pueblo. El orisha le dijo que se dejara capturar y que estudiara al pueblo igbo. Ella lo hizo y descubrió que no se trataba de espíritus, sino simplemente de personas vestidas con rafia. Escapó y le enseñó el ardid a su pueblo. La próxima vez que vinieron los igbos, los derrotaron de manera aplastante. Moremi tuvo entonces que regresar a Esinminrin

15. Ibid., p. 115. Proverbio yoruba.

a agradecer a los dioses. Le fueron rechazadas todas sus ofrendas. Mediante la adivinación, le dijeron que tenía que entregar a su único hijo a Oluorogbo. Así lo hizo. La lección de Moremi es una lección de patriotismo y desinterés. Puede ser que no recojamos nuestra recompensa en vida. Moremi murió y se convirtió en miembro del panteón yoruba. Hasta el día de hoy, el festival Edi celebra la derrota de los igbos y el sacrificio de Oluorogbo.[16]

La flexibilidad y tenacidad de estas creencias tan profundamente arraigadas queda evidenciada en el hecho de haber sobrevivido a uno de los peores actos de brutalidad de la historia. La trata de esclavos transportó a costas distantes no solo a un grupo de personas, sino también una antigua visión del mundo que adoptó y adaptó una ideología religiosa clave de la misma manera que se adapta un camaleón al cambiar de color. «A medida que las distintas culturas africanas se diseminaron por todo el Nuevo Mundo como resultado de la trata de esclavos, sus prácticas religiosas se vieron influidas por el nuevo entorno y los idiomas extraños que se hablaban en la tierra de su exilio. Cada tribu tomó prestadas libremente las costumbres, ideas y creencias religiosas de su tierra adoptiva. Esto le dio una gran diversidad a las ceremonias religiosas del hombre negro. Los ritos variaban según el grupo cultural».[17]

Las creencias yoruba de África occidental cambiarían para siempre los lugares y los pueblos que tocaron. Desde América del Sur hasta Cuba, Jamaica y el Caribe, su influencia subsiste y florece hoy día. Los *orishas* o espíritus de los yoruba renacerían como los dioses del panteón del vudú, llamados *loas,* de manera activa y ejerciendo su influencia en cada aspecto de la vida humana. Los rituales yoruba y la importancia del sacrificio como forma de agradar o persuadir a los dioses, siguen siendo hoy en día elementos clave tanto de los yoruba como del vudú.

Religiones caribeñas y movimientos ocultistas

El aislamiento de las islas del Caribe proporcionó un escenario único para el desarrollo de ideas religiosas que mezclaron las tradiciones de las religiones africanas, el catolicismo europeo, el protestantismo norteamericano y la superstición popular en una singular amalgama de creencias.[18] Los misioneros protestantes y católicos introdujeron el poder

16. "Who Are the Yoruba?"
17. Jacob U. Gordon, "Yoruba Cosmology and Culture in Brazil: A Study of African Survivals in the New World", *Journal of Black Studies,* 10, no.2 (diciembre 1979): pp. 231–244, http://links.jstor.org/sici?sici=0021-9347%28197912%2910%3C231%3A&CACIB%3E2.0.CO%3B2-1.
18. Diana L. Eck, profesora de religión comparada y estudios indios de la Universidad de Harvard, hizo una observación similar acerca de la importación de estas creencias en Estados Unidos: «Los inmigrantes de Haití

y la autoridad de Jesucristo, a sus discípulos, a María y a diversos santos, que con el tiempo se volvieron esenciales para los rituales ocultistas. Con esto, los grupos de las islas se apartaron de la senda de sus compañeros de Europa y África en el sentido de que ellos no eran verdaderamente yorubas, católicos o protestantes, sino una mezcla diferente de ideologías que conservaban solo trazas de las originales. Este singular crisol religioso compuesto por Dios, la magia, semidioses, dioses-espíritus y la adoración de espíritus ancestrales dio origen a nuevas e influyentes formas de ver el mundo por todas las islas del Caribe.[19]

Comprender estas nuevas ideas religiosas no resulta tarea fácil, ya que ha habido apreciaciones erróneas como resultado de las barreras culturales e idiomáticas, las tergiversaciones, las caricaturizaciones, los prejuicios y las informaciones falsas.[20] Algunos estudiosos insisten en que el desarrollo de las religiones autóctonas no tuvo el mismo origen que la tradición africana. Los líderes de las culturas caribeñas que viajaban a África se sorprendían al descubrir pocos puntos en común con la tradición africana, como señalara Stephen D. Glazier:

> Durante los últimos diez años, los problemas de «origen», «legitimidad» y «autenticidad» se han convertido en temas candentes dentro de varias religiones afrocaribeñas. El debate se ha intensificado en lo concerniente a los presuntos elementos «africanos», «asiáticos» y «europeos» en el ritual afrocaribeño, especialmente debido a que algunos prominentes líderes religiosos afrocaribeños han viajado a África y han encontrado allí pocas evidencias de las prácticas rituales caribeñas.[21]

Esta falta de evidencias dificulta la ubicación de ciertas prácticas ocultas en África.[22] Durante el siglo XX, los líderes religiosos caribeños intentaron restaurar las creencias

---

y Cuba han traído las tradiciones afrocaribeñas, mezclando los símbolos e imágenes africanos y católicos» (*A New Religious America: How a "Christian Country" Has Become the World's Most Religiously Diverse Nation*, Harper, San Francisco, 1997, p. 4).

19. Véase Audley G. Reid, *Community Formation: A Study of the "Village" in Postemancipation Jamaica*, Canoe, Kingston, Jamaica, 2000, pp. 94–100.

20. Por ejemplo, el politeísmo, el animismo y los espíritus ancestrales afrocaribeños fueron confundidos con la brujería: «Los europeos aplicaron erróneamente el término de brujería o hechicería y con frecuencia confundieron a los hombres y mujeres myal con los brujos y las brujas» (Sylvia R. Frey y Betty Wood, *Come Shouting to Zion: African American Protestantism in the American South and British Caribbean to 1830*, University of North Carolina Press, Chapel Hill y Londres, 1998, p. 57.

21. Stephen D. Glazier, "Contested Rituals of the African Diaspora" en Peter B. Clarke, ed., *New Trends and Developments in African Religions*, Greenwood, Westport, CT, 1998, p. 105.

22. El antropólogo Glazier arguye que la razón de la políglota información religiosa es que los esclavos yoruba trasladados a las islas eran «en su mayoría hombres jóvenes que aún no se habían iniciado en los niveles más altos de entendimiento» y que «con frecuencia tenían que arreglárselas solos al intentar reconstruir las

básicas, pero esto se vio complicado por las variaciones ceremoniales entre las religiones caribeñas y africanas. Glazier señala que, al entrar al siglo XX, las religiones caribeñas eran menos estereotipadas, es decir, «religiones de los oprimidos» y «religiones de protesta», como se les conoció en siglos anteriores.[23] Se desarrollaron como fuerzas de reconocida influencia en la política y la economía del Caribe. Para agravar las dificultades del estudio religioso, muchos de los grupos caribeños se dividen entre los de la heterodoxia y los de la ortodoxia.[24] Esto no resulta extraño, ya que parte del elemento tradicional presente en algunos grupos está más orientado hacia la cultura, mientras que otros cuentan con una infraestructura de autoridad eclesiástica o una escritura canónica.

Obeah

Varias tradiciones religiosas caribeñas mantuvieron la creencia en el animismo, la magia y los dioses del África central y occidental, en lo que recibe el nombre de *Obeah* en las islas del Caribe y se practica principalmente en Jamaica. El Obeah es una forma de control del espíritu en que el practicante utiliza la magia y el espiritismo para ejercer poder o autoridad sobre otra persona o acontecimiento. Esta práctica se generalizó y con el tiempo llegó a influir en algunas creencias caribeñas como el vudú, la santería e incluso en los practicantes del Myal, que más tarde serían opositores del Obeah y que sobresalen como maestros de los poderes espirituales.

No cabe duda de que los rituales africanos que sobrevivieron mediante la tradición oral entre los esclavos se hallan reflejados en las prácticas de las Indias Occidentales y las islas del Caribe. Sin embargo, la interpretación caribeña del Obeah difiere de la africana en que se utiliza tanto para hacer el bien como el mal. El poder del Obeah creció hasta que los dueños de las plantaciones y las fuerzas políticas entraron en conflicto con sus practicantes, quienes, a su juicio, eran una amenaza para la industria e impedían la civilización de las islas caribeñas al estilo europeo. Ambos bandos desconfiaban el uno del otro, lo que con el tiempo llevó al Obeah a la clandestinidad hasta formar sociedades secretas.[25]

Los practicantes del Obeah afirmaban dominar el mundo de los espíritus, un poder que engendraba un gran temor y respeto a los ojos de la comunidad. A los practicantes del Obeah se les pedían pociones de amor, bendiciones económicas (encantar una

---

ceremonias» (Ibid., p. 108).

23. Stephen D. Glazier, "Prophecy and Ecstasy: Religion and Politics in the Caribbean", en Jeffrey K. Hadden y Anson Shupe, eds., *Prophetic Religions and Politics: Religion and the Political Order*, Paragon, Nueva York, 1988, 1: p. 430.
24. Ibid., p. 435.
25. Véase Brian L. Moore y Michele A. Johnson, *Neither Led nor Driven: Contesting British Cultural Imperialism in Jamaica*, 1865–1920, University of the West Indies Press, Kingston, Jamaica, 2004, pp. 14–16.

moneda para aumentar el dinero), lanzar o romper hechizos, sanar enfermedades y otros poderes para controlar a personas, lugares y cosas.[26]

Myal

Un practicante del Myal, hombre o mujer, es generalmente un curandero que utiliza una combinación de enseñanzas cristianas, tradiciones religiosas caribeñas, medicina del herbolario y danzas rituales. Las enseñanzas del Myal se oponen estrictamente a las del Obeah y desarrollan sus propios contra-rituales para liberar a las personas de los espíritus, hechizos y magia Obeah.

En el siglo XVIII, los misioneros bautistas fundaron iglesias que luego quedaron con un guía o unos responsables con poca experiencia. En los inicios del trabajo misionero, había una alta tasa de analfabetismo, por lo que las iglesias que se basaban en las experiencias ganaron predominio sobre las iglesias cuya base era la Biblia. Quienes se congregaban en las iglesias locales y no veían conflicto alguno entre las creencias cristianas y la comunicación con el mundo de los espíritus desarrollaron el myalismo, una jerarquía terrenal de arcángeles humanos, ángeles y espíritus de bondad. Los arcángeles myales operaban como líderes que utilizaban la adivinación, los ángeles revelaban visiones a los congregados y los espíritus de bondad evangelizaban y protegían contra las influencias de los Obeah.[27]

El myalismo también atacaba directamente a la Trinidad. Consideraba al Espíritu Santo como la persona más destacada y activa de la Trinidad y al Padre como una deidad que no se ocupaba de los avivamientos. Sin embargo, el Hijo sí lo hacía junto con los arcángeles, los espíritus de los profetas y discípulos y los líderes ancestrales de la iglesia. A partir de estas raíces, el myalismo se extendió con el tiempo entre los metodistas y a otras iglesias.[28]

Santería

La santería, o «el camino de los santos», es una mezcla de creencias yoruba y católicas con énfasis en el ocultismo, la posesión demoníaca, estados de trance que se usan para comunicarse con los ancestros, tambores y danzas rituales, así como sacrificios ceremoniales de cabras, corderos y pollos. Su mayor contingente de seguidores se encuentra en Cuba, las Indias Occidentales y otras islas del Caribe, pero su número creció en Estados Unidos durante el siglo XX con la llegada de exiliados cubanos. Esta práctica adquirió mala fama

---

26. Ibid., pp. 19–21.
27. Ibid., p. 54.
28. Ibid., pp. 51–53.

debido a una disposición del Tribunal Supremo de Estados Unidos relacionada con una ciudad de la Florida y la decisión de prohibir la matanza de pollos dentro de los límites de la ciudad. El Tribunal Supremo falló a favor de los rituales religiosos de la santería en el año 1993 (*Iglesia de Lukumí Babalú Ayé contra la Ciudad de Hialeah*), confirmando así la libertad de expresión como parte de las libertades religiosas.

El tribunal sólo pudo analizar la cuestión de la libertad religiosa y no la cuestión de si era admisible el sacrificio de animales. Como parte de la estrategia de la defensa, los abogados de la santería alegaron que el sacrificio con sangre de animales se practicó en Israel hasta el 70 A.D. Pero el análisis de la naturaleza bíblica del sacrificio de animales es claramente una cuestión teológica y como tal *escapa* de la jurisdicción de los tribunales. Quienes se dedican a la santería con frecuencia tratan de utilizar la Biblia para justificar los sacrificios modernos, pero los teólogos Larry Nichols, George Mather y Alvin Schmidt descartan este argumento calificándolo como no válido a la luz del sacrificio final de Jesucristo:

> Esto [el tema de los sacrificios de sangre] ha sido un problema que los misioneros cristianos han intentado enfrentar pues el cristianismo cree en la absoluta necesidad del sacrificio de sangre, una doctrina que tiene sus raíces en el Antiguo Testamento. La práctica hebrea se describe en detalle en el libro de Levítico, donde el sumo sacerdote tenía instrucciones para ofrecer la sangre de varios animales aceptables (toros, chivos, tórtolas, etcétera) como sacrificio por los pecados del pueblo. El cristianismo rompe, sin embargo con el judaísmo en su percepción de la necesidad del sacrificio con sangre al introducir la doctrina de la exclusividad de Jesucristo como el único sumo sacerdote que se ofreció a sí mismo como sacrificio final por el pecado mediante el derramamiento de su propia sangre (Heb. 9.12). Además, dicho sacrificio se ofreció una vez para siempre (Heb. 9.25-27). Así pues, la tensión entre el cristianismo y la santería (así como con cualquier otro culto africano trasplantado) es una consecuencia inevitable de haber coincidido en un momento determinado de la historia.[29]

Según la Dra. Mary Ann Clark (quien, junto a su esposo, se convirtió a la santería mientras terminaba su doctorado en la Universidad de Rice), los principios fundacionales de la santería se basan en el *aché* o energía del universo:

---

29. Nichols, Mather, y Schmidt, *Diccionario de creencias, religiones, sectas y ocultismo,* Clie, Barcelona, 2001, p. 416.

> A fin de comprender el sistema de creencias de la santería, primero es necesario definir lo que es *aché*. Para los practicantes, el *aché* es la energía del universo. Es «todo misterio, todo poder secreto, toda divinidad»… Para los que practican la santería, el movimiento del *aché*, la energía del universo, entre el mundo visible y el invisible influye en el ambiente. Parte de la práctica religiosa de la santería consiste en aprender a utilizar el *aché* para el beneficio de la persona, de la comunidad y del universo como un todo.
>
> Los toques de tambor y las danzas son rituales esenciales de la adoración en la santería. Al danzar, el practicante expresa el *aché* del universo e invoca el poder de los *orishas* (dioses)…
>
> Existen cinco niveles de poder diferentes en la cosmología yoruba: *Olodumare*, los *orishas*, los seres humanos, los ancestros humanos y el grupo más bajo (que incluye plantas, animales, entidades naturales y artículos fabricados)…
>
> Al dios mayor, *Olodumare*, no se le adora directamente, sino que se le invoca en distintos rituales. A los *orishas* (miles de dioses) se les adora directamente y su poder aumenta mediante la adoración. El *orisha* guía o conduce al participante a cumplir con su destino. Los ancestros, llamados *egun*, pueden pasar al nivel de *orisha*, aunque la mayoría no lo hace. El grupo del nivel inferior entre los mencionados contiene *aché*, la energía universal, que puede utilizarse en rituales que afectan los planos visible e invisible del mundo.[30]

Además de los rituales de curación y otros ritos en los que se manipula a los espíritus por medio de sacrificios, el espiritismo se utiliza para contactar con los muertos. La adivinación también se practica comúnmente en la santería en un intento de predecir el destino personal y se inducen trances para comunicarse con Olodumare o los orishas. Los seres humanos son el vínculo entre el mundo espiritual (invisible) y el mundo material, por lo que los espíritus (tanto orishas como ancestros) pueden manifestarse por medio de sujetos dispuestos. La reencarnación de los ancestros se acepta como un hecho, respaldado por la aparición de comportamientos de un familiar fallecido en algún familiar vivo.

---

30. Mary Ann Clark, Santería en Marc Petrowsky y William W. Zellner, eds., *Sects, Cults, and Spiritual Communities: A Sociological Analysis*, Praeger, Westport, CT, 1998, pp. 119–120.

Vudú haitiano

El vudú es una religión sincretista que se relaciona principalmente con Haití, a pesar de que se desarrolló en las Antillas y se ha extendido a otros países en los últimos dos siglos. Está tan arraigado en la vida del pueblo haitiano que ha producido sus propias tendencias culturales: música vudú, danza vudú, arte vudú y un festival de vudú (en Nueva Orleans, Louisiana) que promociona más la música jazz que la creencia vudú.

Según el especialista haitiano Gerdes Fleurant, el vudú de su país es «un sistema religioso y un modo de vida del pueblo haitiano».[31] Se practica para mantener la salud y el bienestar personal. «Con este fin, los practicantes del vudú establecen y mantienen contacto con entidades cósmicas que ellos llaman *loas*».[32] Los loas son espíritus incorpóreos, deidades que en la práctica podrían clasificarse lo mismo de buenas que de malas, pero que en la teología básica del vudú se mantienen esencialmente neutrales. Los loas también actúan como espíritus intermediarios que pueden comunicarles a los practicantes del vudú una experiencia ocultista que reafirme la realidad de la existencia del loa y la validez del vudú.

La rama antillana del vudú echó raíces inmediatamente después de la llegada a principios del siglo XVIII de los esclavos africanos traídos a las plantaciones de las islas para trabajar en los extensos campos de caña de azúcar. Aunque fueron bautizados por la fuerza e incorporados a la Iglesia Católica, las barreras idiomáticas, culturales y religiosas protegieron la esencia de la tradición africana. Los dueños de las plantaciones comprobaron que no podían transmitirles el catolicismo plenamente, de modo que los esclavos recibieron solo fragmentos de la verdad doctrinal, pedazos que utilizaron para disfrazar los restos de su cultura. Al final, los esclavos hallaron cierto alivio al poder esconder sus creencias bajo una apariencia casi católica y adaptarlas en secreto al molde católico, dando origen a lo que llegaría a conocerse como vudú caribeño. En el año 1805, el gobierno haitiano echó leña al fuego del vudú al ponerse de parte de Napoleón y en contra del Papa, quien inmediatamente le retiró su apoyo a Haití y despojó a la pequeña isla de prácticamente todos los sacerdotes católicos durante casi dos generaciones.[33] La ausencia de catolicismo coincidió con tiempos revolucionarios en los que muchos esclavos recibieron su libertad, tanto física como religiosa, y en los que la mayoría usó su nueva libertad para explorar y consolidar las creencias del vudú.

---

31. Gerdes Fleurant, *Dancing Spirits: Rhythms and Rituals of Haitian Vodun, the Rada Rite*, Greenwood, Westport, CT, 1996, p. 2.
32. Nichols, Mather y Schmidt, *Diccionario de creencias, religiones, sectas y ocultismo*, Clie, Terrassa, Barcelona, 2001.
33. Véase Joseph M. Murphy, *Working the Spirit: Ceremonies of the African Diaspora*, Beacon, Boston, 1995, pp. 12–13.

Este sincretismo de la tradición africana y la fe católica en todo el Caribe dio lugar a una entidad completamente nueva. En su centro estaban la adoración y la veneración a los ancestros, así como a los dioses-espíritus traídos de África. En el vudú caribeño, el loci (camino) y la vitalidad es la familia, no la iglesia institucionalizada. La familia es la responsable de la práctica del vudú. No existen sacerdotes profesionales, formados en seminarios (como en el catolicismo), por lo que la autoridad religiosa la representa el cabeza de familia, quien dirige a los demás. La siguiente canción vudú refleja el carácter central de la familia:

La familia está reunida.
Sí, estamos reunidos.
La familia está congregada.
Él no debe estar solo
sirviendo al loa.
La familia está congregada.[34]

La máxima expresión de la adoración vudú nos llega mediante la danza, las canciones y los tambores rituales, todo lo cual ha sido interpretado erróneamente por casi todas las personas ajenas a esta creencia. La danza forma un vínculo y un medio de comunicación entre el participante y el mundo de los espíritus, sobre todo durante los rituales y las ceremonias. La teología vudú tiene cientos de dioses-espíritus, demasiados como para enumerarlos. Algunos de ellos representan a la naturaleza (el mar, el bosque, las plantas, el agua, el arco iris, las tormentas), a los animales (la serpiente) y a las personas fallecidas.

En la unión del vudú con el catolicismo, los santos se representan por medio de los *loas* (aunque en el concepto global de *loas* hay un amplio espacio que incluye a los fallecidos). Se considera que los sueños y los trances son la línea de comunicación para los *loas*, que viene por medio del alma de la persona. El alma, como traducción de la palabra *ange*, tiene dos partes, la superior y la inferior. La parte llamada «el gran ángel bueno» es la psiquis e inteligencia del consciente y el «pequeño ángel bueno» es el subconsciente, es decir, la *conciencia* que critica los pensamientos individuales. Es el «pequeño ángel bueno» el que se comunica con el *loa* en los trances y sueños. «Se considera que la relación entre los devotos y el loa es una relación de carácter contractual. Si uno es escrupuloso en la realización de las ofrendas y ceremonias, el *loa* será generoso en su ayuda. Si uno desatiende al loa, no puede esperar sus favores e incluso se arriesga a ser objeto de su

34. Ibid., p. 8.

ira. Muchos creen que desatender a su loa traerá como consecuencia enfermedades, la muerte de familiares, una mala cosecha y otras calamidades. En este sentido, el vudú es una religión personal. Las relaciones con el loa son ante todo una responsabilidad individual».[35]

Las similitudes presentes en la mayoría de los cultos del vudú expresan una imagen de su cosmología básica. La complejidad de diversas tendencias del vudú crea dificultades a cualquiera que desee clasificar las tendencias individuales como ortodoxas o divergentes. Joseph M. Murphy, profesor de teología de la Universidad de Georgetown, señala: «Aunque pudieran existir lazos informales entre comunidades vudú vecinas, cada congregación establece sus propias normas en materia de rituales y creencias… Las prácticas de una congregación pueden ser desconocidas para otra y lo que en una comunidad se mantiene estrictamente aparte, en otra pudiera agruparse».[36]

Nichols, Mather y Schmidt resumen de la siguiente manera los problemas de la evangelización cristiana de las comunidades vudú:

> El cristianismo y el vudú adoptan dos concepctos del mundo totalmente distintos. La más fundamental de tales diferencias es que el primero es estrictamente monoteísta mientras que el segundo es politeísta y/o ANIMISTA. En la mayoría de los cultos vudú se profesa la creencia en una deidad suprema. Sin embargo, esta deidad debe compartir su sitio con una multitud de loas supeditados en el panteón. En aquellas zonas donde el cristianismo ha tenido impacto, los misioneros han tropezado con dificultades para dar a entender que el Dios de la BIBLIA es el Señor Soberano del universo y no comparte su deidad ni sus atributos con nadie. De orientación sincretista, el vudú absorbe sin problemas el cristianismo para sí. Los santos católicos han sido también incorporados a los cultos y cada uno tiene asignado su papel respectivo en el panteón.[37]

El vudú utiliza el poder del ocultismo para influir en cada aspecto de la vida humana. Algunas culturas atribuyen gran poder y autoridad a los sacerdotes o sacerdotisas del vudú (poder que les permite convertir en zombis a los desobedientes y repartir castigos basados en unas nada firmes escalas de pago o en los caprichos de un sacerdote). Estos individuos (a veces llamados hechiceros) tienen la vida de comunidades enteras en la palma de la mano. Los creyentes modernos del vudú con frecuencia tratan de

35. Glazier, "Prophecy and Ecstasy", p. 435.
36. Murphy, *Working the Spirit*, p. 15.
37. Nichols, Mather y Schmidt, *Diccionario de creencias, religiones, sectas y ocultismo*, p. 511.

descartar estas historias como mitos hollywoodienses morbosos, pero muchas fuentes serias han aportado pruebas concretas que respaldan la existencia de prácticas ocultistas y el profundo temor que estas infunden.[38]

Movimiento rastafari

La campaña «Regreso a África» (alrededor del año 1890) y el movimiento nacionalista negro surgieron del sueño de regresar a África que muchos esclavos norteamericanos acariciaban. En el año 1816, Robert Findley fundó la American Colonization Society, cuyos simpatizantes norteños presionaron al Congreso en busca de ayuda y recibieron una subvención de cien mil dólares. Años más tarde, los barcos partieron rumbo a África y en el año 1821 quedó finalmente establecido un asentamiento en lo que hoy se llama Liberia. Durante los siguientes diez años, 23,000 personas llegaron y consiguieron colonizar Liberia, la «tierra de los libres», una nación independiente fundada por los esclavos norteamericanos y caribeños liberados.

En 1852, Martin R. Delany, un instruido descendiente de esclavos, escribió *The Condition, Elevation, Emigration and Destiny of the Colored People of the United States* [La condición, elevación, emigración y destino de las personas de color de Estados Unidos]. En el apéndice del libro, titulado «We Go to Africa» [Nos vamos a África], Delany publicó un plan director para que los 4.5 millones de descendientes de africanos de todo Estados Unidos y las islas del Caribe regresaran a África. Esto era algo increíble en vista del hecho de que casi cuatro millones de personas seguían siendo esclavos y solo 600,000 eran libertos que vivían en el norte. Nadie soñaba con que pudiera haber una guerra civil o con la proclamación de la emancipación, pero aun así Delany previó un éxodo masivo hacia África. Delany (a diferencia de los rastafaris) usaba la Biblia para enseñar y escribió un libro sobre la historia bíblica de las razas (*Principia of Ethnology: The Origin of Races and Color* [Principios de Etnología: El origen de las razas y el color], 1879) para rebatir *El origen de las especies* (1859) de Charles Darwin y algunas argumentaciones europeas y norteamericanas que se apoyaban en el proceso evolutivo para respaldar la supremacía racial. Martin Delany y otros que lo sucedieron en la era de posguerra civil trabajaron por promover la campaña «Regreso a África» en la década de 1890, lo que con el tiempo influyó en un carismático líder llamado Marcus Garvey.

Marcus Garvey fue un periodista jamaicano y nacionalista negro, explícito al hablar, cuya participación en la campaña Regreso a África lo llevó a fundar la Universal Negro Improvement Association [Asociación Universal para el Progreso de la Raza Negra] y la

38. Véase Haskins, *Voodoo and Hoodoo*, cap. 3, «Voodoo and Hoodoo Today», a la magia popular tradicional africana se la llama hudú.

African Communities League [Liga de las Comunidades Africanas] (UNIA-ACL, por sus siglas en inglés) en el año 1918. La UNIA-ACL fue «la primera organización panafricana que intentó atraer a las masas negras de Estados Unidos, el Caribe y África».[39] Como resultado de este llamamiento panafricano, se formaron con el tiempo varias organizaciones nacionalistas, algunas de las cuales apelaban a las necesidades religiosas: la Nation of Islam [Nación del Islam], los Black Muslims [Musulmanes Negros] y los rastafaris, quienes más tarde afirmaron que Garvey era uno de sus profetas.

Se cuenta que en el año 1916, cuando Garvey abandonó Jamaica para viajar por el mundo y promocionar su causa, dijo: «Miren hacia África para la coronación de un rey negro, que será el redentor».[40] Ese mismo año, el rey de Etiopía, Lij Iyasu, fue derrocado y finalmente Tafari Makonnen (1892-1975) fue ascendido al rango de *ras* (cabeza) y a quien se le dio el título de *Ras Tafari.* Posteriormente fue coronado rey de Etiopía y emperador en el año 1930, en lo cual los miembros jamaicanos de la UNIA-ACL vieron el cumplimiento de la profecía de Garvey. El rey etíope recibió el nombre de Emperador Haile Selassie I (que significa Poder de la Trinidad). Sus seguidores, a los que se comenzó a llamar *rastafaris,* declararon que él era el Mesías bíblico, Dios hecho carne y parte de la Santísima Trinidad. Se le declaró León de Judá, Rey de Reyes y Elegido de Dios.

Ras Tafari fue el incuestionable «mesías» del movimiento rastafari, aunque él nunca se unió al movimiento y no tuvo que ver con su fundación. Fue bautizado dentro de la Iglesia Ortodoxa de Etiopía, de la que fue miembro hasta su muerte. En las ocasiones en que habló acerca de su fe, les dijo a los electores que el alma está condenada sin Cristo.[41] Los rastafaris, sin embargo, hacen caso omiso al hecho de que él nunca se unió al movimiento y prefieren verlo como el mesías negro que guiaría a los africanos dispersos de regreso a la tierra prometida (Etiopía). Los rastafaris utilizan libremente la terminología bíblica y cristiana (por ejemplo *Jah, Rey de reyes, Señor de señores, Mesías* y *Trinidad*), aunque todas con diferentes significados.

L. P. Howell, un respetado líder rastafari, resumió los principios de los rastafaris de la siguiente manera:

> (1) el odio hacia la raza blanca; (2) la superioridad total de la raza negra; (3) la venganza contra los blancos por su perversidad; (4) la negación, persecución y humillación del gobierno y los órganos legales de Jamaica; (5) los preparativos

39. Nina Mjagkij, ed., *Organizing Black America,* Garland, Nueva York, 2001, p. 680.
40. Esta frase tan citada de Garvey ha sido transmitida por medio de la historia oral. Citado en Leonard E. Barrett, *The Rastafarians,* Beacon Press, Boston, 1997, p. 67.
41. Véase, por ejemplo, su discurso «One Race, One Gospel, One Task», ante el Congreso Evangélico Mundial de Berlín, 28 octubre 1966.

para regresar a África; y (6) el reconocimiento del emperador Haile Selassie como el Ser Supremo y único gobernante del pueblo negro.[42]

Los rastafaris consideran que la Biblia es un texto sagrado, pero han modificado el mensaje y negado a Jesucristo, el Mesías prometido por Dios (Mt. 16.18; Hch. 4.12). Las Escrituras son claras en cuanto a que solo existe un Rey de reyes y Señor de señores (Ef. 4.5; Ap. 17.14; 19.16). El hecho de que Ras Tafari, rey de Etiopía, nunca se uniera al movimiento pone en duda la idea de que él se considerase algo más que un simple mortal. Existen diferencias claramente marcadas entre la verdad de la Biblia y las invenciones del movimiento rastafari.

Caso real

Jim Haskins

En el año 1969, una mujer de veintidós años entró corriendo a la sala de urgencias de un hospital de Baltimore rogando histéricamente que la ayudaran. Le faltaban solo tres días para cumplir veintitrés años y estaba segura de que moriría antes de esa fecha. El desconcertado personal de la sala de urgencias la calmó y le pidió que les contara por qué creía que se iba a morir. La mujer les explicó que había nacido un viernes 13 en la región de Okefenokee Swamp, en Georgia. Después de su nacimiento, se enteraron de que la partera que la atendió era una «vudú» y que maldecía a todos los niños que nacían en aquel día fatídico. La joven tenía conocimiento de otras dos muchachas nacidas un viernes 13 en la misma zona a quienes la misma partera había maldecido. La partera había anunciado que una de ellas nunca llegaría a cumplir dieciséis años. Esta murió en un accidente de auto a la edad de quince años. La partera predijo que la segunda muchacha nunca llegaría a cumplir veintiún años. En un club nocturno, en vísperas de cumplir veintiún años, murió por un disparo en un tiroteo. La tercera joven les dijo a sus interlocutores en el hospital de Baltimore que la partera había dicho que ella no llegaría a los veintitrés años.

A pesar de mostrarse escépticos, el hospital la dejó ingresada bajo observación. A la mañana siguiente una enfermera la encontró muerta en la cama. Se informó que la causa de muerte era desconocida.

42. Barrett, *The Rastafarians*, p. 85.

En julio de 1973 se informó que se habían encontrado algunos objetos muy extraños en el Parque Central de la ciudad de Nueva York. En una ocasión fueron huesos de pollo; en otra, una cabeza de cerdo.

En Ridgefield, Nueva Jersey, la policía comunicó varios hallazgos misteriosos entre octubre de 1974 y abril de 1975. En otoño encontraron doce velas de cera blanca, una bolsa con naranjas y mandarinas y varios huevos crudos teñidos de amarillo en el cementerio de la iglesia de English Neighborhood. Le dieron poca importancia al incidente pensando que era alguna travesura juvenil y se olvidaron del asunto... hasta febrero. En ese mes hallaron en el cementerio una toalla ensangrentada y varias cabezas de pollo. Después, en Viernes Santo alguien informó haber encontrado una lápida manchada de sangre y los restos de un perro mestizo. Más tarde, cuando la policía hizo un recorrido por la zona, hallaron la cabeza del perro.

A finales de julio de 1976, James R. Rosenfield, residente en Manhattan, decidió dar un paseo en bicicleta hasta la zona de Inwood en el propio Manhattan. Mientras iba con su bicicleta por la orilla del arrollo de Spuyten Duyvil, se sorprendió al encontrar un montón de animales muertos, entre ellos tres pollos, dos patos, varias palomas, pescados y un cabrito. Estaban colocados sobre un grupo de manzanas, naranjas y zanahorias cortadas. Sobre una roca, a unos tres metros de distancia, había dibujos de un ave estilizada y una figura humana.

Se sospechaba que el Reverendo Willie Maxwell había asesinado a varios de sus familiares. Se informó que era practicante de vudú.

En noviembre de 1977, cinco adolescentes fueron arrestados por allanar criptas en dos cementerios de Queens, Nueva York, y retirar cráneos para venderlos a precios de hasta 500 dólares cada uno a algunos practicantes de esos cultos.

En noviembre de 1977, la policía halló el cuerpo flaco y deshidratado de Daniel Bush, un niño de seis años, en un apartamento en el sótano de una casa en Indianápolis. Según un portavoz del hospital, la autopsia reveló «la mayor concentración de sal en la sangre que hayamos visto». Su hermano de ocho años de edad y su hermana de siete fueron hospitalizados por desnutrición y arrestaron a la madre, la Sra. Trula Bush. La Sra. Willa Mayes, de cuarenta años, dueña de la casa donde la Sra. Bush y sus hijos estaban viviendo, fue arrestada presuntamente por desatender a sus tres nietos, de ocho, siete y cinco años, quienes también fueron hospitalizados por desnutrición. Según el informe, a los seis niños se les había privado de alimento sólido y se les había alimentado con una solución salina, al parecer, un ritual religioso de purificación (durante mucho tiempo, la sal ha sido considerada un purificador en las tradiciones sobre magia).

Las investigaciones posteriores revelaron que la Sra. Mayes era una practicante de espiritismo que decía que había nacido con una «cofia» o «velo» (restos de la membrana fetal) sobre el rostro y afirmaba que podía sanar a los enfermos, predecir el futuro y hacer encantamientos místicos. En el sótano donde se halló el cuerpo de Daniel Bush había dos altares de madera con diversos objetos religiosos, entre los que se encontraban velas de colores, un candelabro de siete brazos, imágenes y estatuas de Cristo, varias botellas con polvos y líquidos y otros artículos descritos como «típicos de diversos ritos vudú». Se decía que la Sra. Mayes viajaba con frecuencia a ciudades cercanas, como Louisville, Kentucky, para reunirse con otros creyentes y espiritistas. En Louisville conoció a la Sra. Bush, quien se mudó con sus hijos a Indianápolis para vivir con la Sra. Mayes alrededor de un mes antes de que Daniel Bush muriera.

Según los vecinos de Indianápolis, por la noche se podían escuchar cánticos provenientes del apartamento de la Sra. Mayes. Un vecino contó: «Ella me dijo que podía hacer un encantamiento a voluntad… un maleficio a cualquiera». Una vecina dijo que ella había asistido a «consultas espirituales» con la Sra. Mayes: «Ella decía que podía solucionar los problemas a las personas y era verdad que podía. Recuerdo que una vez me dijo que alguien tenía algo en mi contra y resolvimos el problema». La mujer se negó a explicar en detalle cómo fue que lo resolvieron. Un hombre de Louisville llamado Frank Pollack relató que, el año anterior, la Sra. Mayes se había ofrecido para curarle el cáncer a su madre. Él y su madre habían rechazado la ayuda de la Sra. Mayes y cuando la Sra. Pollack murió, unas seis semanas más tarde, la Sra. Mayes le dijo que su madre había fallecido por no seguir sus indicaciones. Entonces le dijo a Pollack que quemara un libro de poemas que él tenía y que ella le dijo que era maléfico. Para librarse de ella, él le dijo que había quemado el libro. Pollack fue la única persona entrevistada que aceptó que citaran su nombre. Algunos no quisieron verse envueltos en los procedimientos judiciales, pero otros temieron a los «maleficios» o maldiciones.

La comparecencia ante el juez de la Sra. Bush y la Sra. Mayes se interrumpió cuando, de repente, la Sra. Mayes cayó de rodillas con los brazos extendidos provocando furor en la sala del tribunal. La Sra. Bush informó a los asombrados asistentes que el episodio había sido una «respuesta espiritual».[43]

43. Descrito en detalle por Jim Haskins, autor afroamericano y periodista, en *Voodoo and Hoodoo*, pp. 75-79.

Los poderes ocultos son reales e influyen en la vida de millones de personas hoy día. La cultura occidental inventa infinidad de justificaciones y explicaciones para cualquier suceso que huela a sobrenatural, pero aquellos que experimentan la realidad del vudú y otras religiones basadas en el ocultismo conocen la realidad de su poder y su influencia. En el mundo de hoy existen el poder sobrenatural del único Dios vivo, que obra por el bien de la humanidad, y el poder sobrenatural de un ángel del mal, Satanás (y sus seguidores), que intentan destruir a todos los seres humanos. Los malvados no tienen nada que perder; han sido eternamente expulsados del cielo y de la presencia de Dios. Para ellos no hay ni amor ni redención ni esperanza. ¿Es de extrañarse entonces que odien con tal virulencia al objeto del gran amor y redención de Dios? Las cosas invisibles de este mundo son algo muy *real* y que afecta a las vidas humanas para la eternidad.

Los indios norteamericanos y el ocultismo

La historia de los indios norteamericanos muestra a un pueblo resuelto, resistente y profundamente religioso. Ante las brutales masacres, las marchas forzadas, las estrictas escuelas misioneras y el aislamiento de las reservas, al principio los indios norteamericanos sucumbieron a la cultura y los deseos de la raza blanca que los derrotó. Los jefes tribales y los curanderos o *chamanes* se convirtieron en víctimas de la insurrección y se dictaron leyes sobre la religión en un esfuerzo por destruir cualquier vínculo social o conexión con la historia tribal. Existía un claro plan en las altas esferas para separar a los padres de sus hijos y reeducar a los jóvenes en la forma *correcta* de pensar.[44]

La vida de los indios norteamericanos fue una pesadilla, una repetición del terror y la desesperación que han sufrido millones de personas a lo largo de la historia. Las tiendas para los rituales, las reuniones y el peyote (un cactus con propiedades alucinógenas) habían desaparecido y en su lugar se erigían las doctrinas y el diálogo del cristianismo. La mayoría de las conversiones no tenían nada que ver con el amor de Jesús, sino con el instinto de conservación; eran convertidos políticos, similares a los esclavos afroamericanos que usaban el nombre de «cristianos» para evitar ser perseguidos, del mismo modo que un niño usa una venda para detener una herida sangrante.

Irónicamente, al mismo tiempo que el gobierno obró con tanto éxito en la asimilación, los estudiosos norteamericanos y aquellos que se autoproclamaban «amigos de los indios» comenzaron a documentar y preservar el patrimonio de los indios norteamericanos:

44. Gooding, "At the Boundaries of Religious Identity", p. 161.

> Fuera del contexto de este opresivo discurso legal, en Estados Unidos tuvo lugar otro cambio a finales del siglo XIX: El surgimiento de un nuevo tipo de publicidad en relación con las religiones indias. Desde las exhibiciones fotográficas de Edward S. Curtis, pasando por el espectáculo del Lejano Oeste de Buffalo Bill, la Exposición Universal de Chicago en el año 1893, la Exposición Universal de San Luis en el año 1904 hasta las ferias anuales en ciudades y condados de todo Estados Unidos, proliferaban las exhibiciones de los indígenas norteamericanos; y sus prácticas ceremoniales, que habían sido prohibidas legalmente, fueron abrazadas como parte esencial del patrimonio estadounidense…
>
> Así, mientras la transmisión de sus tradiciones quedaba prohibida entre los indios, su transmisión al público norteamericano tendía a continuar.[45]

La cultura de los indios norteamericanos sobrevivió y resistió al exterminio planificado. Las antiguas costumbres nunca llegaron a desaparecer, simplemente se reorganizaron formando una mezcla única de cristianismo y tradiciones indias. El siglo XX trajo consigo la culminación de todos los esfuerzos por restaurar el respeto a las naciones indias con la aprobación de la Ley de Libertad Religiosa para los Indios Americanos (1978). Esta ley estaba destinada a garantizar la práctica imparcial de religiones tradicionales por parte de personas catalogadas como «naciones de nuestro país dependientes… [cuya] relación con Estados Unidos se asemeja la de un pupilo con su tutor».[46] La llegada de la espiritualidad de la Nueva Era a mediados del siglo XX preparó el terreno para un estudio más amplio y para la aceptación de la mística y ecológica tradición india. Las tiendas para rituales, el peyote, las reuniones y la danza del sol fueron aceptadas y apoyadas entre las cientos de tribus de Estados Unidos que suman casi 2.5 millones de personas.[47] Los curanderos (llamados *chamanes* por los estudiosos occidentales) recuperaron su influencia y mezclaron los versículos de la Biblia y las oraciones cristianas con la adivinación y los cánticos dirigidos al gran Creador, indicándoles a las personas de todas las esferas sociales el camino en su búsqueda de guía espiritual.

---

45. Ibid.
46. Según se cita en Robert S. Michaelsen, "The Significance of the American Indian Religious Freedom Act of 1978", *Journal of the American Academy of Religion* 52, no. 1 (1984): pp. 93–115, http://links.jstor.org/sici?sici=0002-189%28198403%2952%3A1%3C93%3ATSOTAI%3E2.0.CO%3B2-C.
47. Oficina del Censo de Estados Unidos, "Census 2000 PHC-T-18. American Indian and Alaska Native Tribes in the United States: 2000", actualizado 30 junio 2004, http://www.census.gov/population/cen2000/phct18/tab001.pdf (acceso obtenido 30 julio 2007).

Creencias religiosas de los indios norteamericanos

En muchos sentidos, la religión tradicional de los indios norteamericanos tiene mucho en común con la religión tradicional africana: El origen y la práctica de ambas es muy antiguo y las dos lucharon contra obstáculos aparentemente insuperables para emerger en el siglo XX como poderosas influencias espirituales. El cristianismo influyó sobre ambas tradiciones hasta el punto de que adoptaron su lenguaje y credos para poder sobrevivir, asimilándolos en el sistema de creencias indígenas. Tanto las religiones africanas como la de los indios norteamericanos profesan también:

La misma creencia monoteísta en un creador o gran espíritu
La idea de que todas las cosas materiales tienen un espíritu (animismo)
La aceptación de la naturaleza como sagrada
La mezcla integral de la espiritualidad con lo ordinario de la vida cotidiana.[48]

Hoy día, los indios norteamericanos creen que cada aspecto de sus vidas refleja su religión, así que preferirían no verse circunscritos a la calificación de «cristianos». Incluso los gobiernos políticos tribales están tan profundamente arraigados a las prácticas religiosas que no pueden seguir existiendo si se separan de ellas. En las reservas modernas, la palabra *cristiano* resulta desagradable y se evita su uso como calificativo religioso adecuado, incluso cuando se está de acuerdo con todos los principios del cristianismo. Si un indio la adopta, es muy probable que lo califiquen de «indio manzana»: blanco *por dentro* e indio *por fuera.*

Aunque los pormenores que existen, en cuanto a religión, entre las tribus de indios norteamericanos son tan numerosos como tribus hay, muchas de ellas comparten creencias básicas similares:

1. *El gran creador.* Existe un creador todopoderoso y benévolo que creó a los seres humanos y todo lo demás en el mundo (aunque algunas tribus creen que distribuyó su poder de creación a las deidades menores) y cuida de su creación. La Nación Iroquesa, el mayor subgrupo de tribus indias americanas (se denominó *Nación Iroquesa* basándose en que los miembros poseen una estructura idiomática similar), lo llama «gran espíritu» o *Hawenneyu.* Los apaches lo llaman «creador de todo» u «hombre del cielo».[49] Los huma-

48. Para un análisis histórico detallado de la religión de los indios norteamericanos, véase Charles Alexander Eastman, *The Soul of the Indian,* http://www.sacred-texts.com/nam/eassoul.htm. En español, *El alma del indio: una interpretación,* Palma de Mallorca, J. J. de Olañeta, editor, 1991.

49. Edward S. Curtis, *The North American Indian* (Project Gutenberg, 2006), http://www.gutenberg.org/files/19449/19449-0.txt. Véase "Mythology Creation Myth" bajo el encabezado "The Apache": «Hubo una

nos son incapaces de comprender la naturaleza o el plan del creador. Los tótems con frecuencia narraban historias de la creación relacionadas con el gran creador mediante imágenes talladas y pintadas.

2. El poder del *árbol sagrado*. Es un mito que se enseñaba en muchas tribus para ejemplificar la poderosa relación que existía entre las personas, la naturaleza y la divinidad. «El creador plantó un *árbol sagrado* para todas las personas de la tierra, bajo el cual se pueden reunir y encontrar salud, fuerza, sabiduría y seguridad... Los antiguos nos enseñaron que la vida del árbol es la vida de las personas».[50]

3. *Los seres espirituales, inferiores al creador, existen para cumplir la voluntad de este último.* Algunos indios norteamericanos son monoteístas y reconocen la existencia de muchos espíritus menores que no son deidades; otros son politeístas y creen en el creador y en múltiples deidades menores; algunos, incluso, son panteístas y creen que la divinidad está en todas las cosas y que todas las cosas están contenidas en la divinidad. Los iroqueses llaman a los espíritus menores «agentes invisibles» o *honochenokeh*; estos rodean al creador (Hahgwehdiyu, llamado el gemelo diestro) y cumplen sus deseos.

Los apaches dedicaban gran parte del tiempo a tratar de aplacar a todos estos espíritus que consideraban deidades menores. Edward Curtis (fallecido en 1952), el brillante fotógrafo y explorador que entrevistó y fotografió a miles de indios norteamericanos a finales del siglo XIX, escribió:

> No existe prácticamente ningún hecho en la vida de los indios que no suponga alguna ceremonia o no sea en sí mismo un acto religioso, que a veces es tan complicado que se necesita mucho tiempo y estudio para poder comprender al menos una parte de su verdadero significado, ya que deben propiciar a sus miles de deidades para que no les sobrevenga ningún desastre. El apache es intrínsecamente un religioso devoto; sus creencias religiosas moldean su vida. Desde la oración de la mañana hasta el sol naciente, a lo largo de las horas, los días y los meses, durante toda la vida, cada acto tiene alguna significación religiosa. Los animales, los elementos, cada cosa que se puede ver del sistema solar

época en la que no existía nada que formara el universo, ni tierra, ni cielo, ni tampoco sol ni luna para romper la monotonía de aquella oscuridad sin límites. Pero, andando el tiempo, una mancha, un delgado disco circular no más grande que una mano, amarillo por un lado y blanco por el otro, apareció entre cielo y tierra. Dentro del disco estaba sentado un hombre con barba pero poco más grande que una rana, sobre quien recaería la tarea de crear todas las cosas. KAtÄrastan, El Que Vive Arriba, es el nombre por el cual se le conoce ahora, aunque algunos lo llaman YAAdÄstan, el Hombre del Cielo». En español, véase *Los indios de Norteamérica: las carpetas completas,* Taschen, Koln, 2003.

50. Judie Bopp, Michael Bopp, Lee Brown y Phil Lane Jr., *El árbol sagrado,* Sello Azul, Santiago, 1996 (p. 7 de la edición en inglés).

y todos los fenómenos naturales son deificados y reverenciados. Como todos los pueblos primitivos, al no comprender las leyes de la naturaleza, los apaches califican de sobrenaturales todas las cosas que sobrepasan su entendimiento. Los curanderos creen que las enfermedades son maleficios; por consiguiente, ¿para qué intentar tratar a los maleficios con medicamentos? Las enfermedades tienen un origen divino, por lo que naturalmente es a los dioses benéficos y sanadores a quienes los apaches suplican para que los curen.[51]

4. *Estos espíritus o dioses se relacionan directamente con las vidas humanas y las afectan.* El curandero o santo de cada tribu tenía la responsabilidad de interceder entre los dioses y las personas mediante *powwows* (en los que se realiza la danza del sol), rituales, amuletos o fetiches y plantas mágicas destinadas a aplacar y evitar desastres o castigos. La danza del sol se centra en la gran importancia del sol para la existencia de los indios de las llanuras como los lakota. «Era su ceremonia religiosa más importante... El rito celebra la renovación, el renacimiento espiritual y la regeneración de la tierra viva con todos sus componentes».[52] La importancia de los círculos dentro de las culturas de los indios norteamericanos también está directamente relacionada con rituales. Diseminadas por toda Norteamérica hay «ruedas medicinales» de diversos tamaños que se piensa fueron esenciales para distintas sociedades indias. Su significado exacto y su finalidad siguen siendo un misterio.[53]

5. *Los seres humanos son capaces de hacer el mal y algunos espíritus son malignos.* Los espíritus malignos son entidades sobrenaturales que coexisten con los seres humanos y tienen el poder de determinar las vidas de los individuos. Son una sencilla realidad (si bien mortal) de la vida, pero se les puede aplacar mediante ceremonias, amuletos y magia.

6. *La adivinación y búsqueda de guía espiritual son necesarias para determinar los caminos en la vida y las metas personales.* Estas búsquedas se realizan generalmente en una tienda de rituales, que es una estructura pequeña y separada hecha de muchos objetos

---

51. Curtis, *Los indios de Norteamérica.* Este comentario del célebre fotógrafo y explorador del oeste Edward Curtis es un inestimable informe presencial. Él apunta que su trabajo fue «investigación de campo realizaba con el patrocinio de J. Pierpont Morgan».

52. "Native American Cultural Connections", (©1996–2007 por el Stanford SOLAR Center, Solar Observatories Group, Stanford University, CA), http://solar-enter.stanford.edu/AO/connection.html.

53. Fotografía disponible en http://medicinewheel.vcsu.edu/. Para mayor información véase http://solarcenter.stanford.edu/AO/connections.html;http://www.native-languates.org/composition/nativeamerican-medicine-wheel.html, que afirma: «la rueda medicinal de los indios norteamericanos probablemente se hizo por motivos rituales y espirituales»; y http://www.support-native-americanart.com/Native-American-Medicine-Wheels.html: «Se han descubierto de 70 a 150 posibles "ruedas medicinales"».

diferentes, tales como postes de madera, mantas o cualquier otro material conveniente. El profesor Ron Englash estudió la adivinación y señaló:

> Muchas de las prácticas adivinatorias de las culturas indígenas norteamericanas incluían la búsqueda de una visión. El método habitual era provocar algo parecido a un estado de trance. De ahí que resulte difícil de evaluar en términos de una descripción formal o matemática. Sin embargo, también había técnicas de adivinación indias en las que se utilizaban movimientos al azar. Un ejemplo era la puya de los zuñi: un objeto parecido a las pelotas del bádminton europeo, con plumas atadas a un peso; la versión zuñi se utilizaba tanto en juegos de azar como en rituales de adivinación. Otro caso de movimiento al azar en la adivinación era la «tienda que se estremece», de los ojibwa, que era una pequeña armazón cubierta en la que entraba el curandero y seguidamente se estremecía toda la estructura. Los navajos utilizan los movimientos de temblor de la mano para la adivinación. Olbrects (1930) describe el uso de los movimientos al azar de una piedra suspendida de una cuerda en la adivinación de los cheroqui. En ciertos rituales indios de adivinación también se utilizaban los patrones del fluir del agua y del chisporreteo del fuego.
>
> Está claro que el sentido de estos rituales no es que el movimiento de las tiendas, piedras, fuego y agua sea simplemente al azar, sino que, dadas las condiciones apropiadas, la información emerge de esta aleatoriedad.[54]

7. *La filosofía, la literatura, la ciencia y la religión son una.* A diferencia del pensamiento occidental, todos los aspectos de la vida de los indios norteamericanos son uno. La religión no se puede separar de la ciencia ni la ciencia de la religión:

> La filosofía de los indios norteamericanos se interesa por el camino correcto que las personas deben seguir en relación con lo que les rodea… lo que es correcto es verdadero y lo que es verdadero es correcto; el universo es moral. Es así como las historias, las ceremonias y la oración dicen la verdad. Todos los aspectos de la expresión humana tienen algo que decirnos sobre la mejor manera en que podemos vivir. Así, todas son filosofía. Y así como en términos occidentales se describe mejor a la medicina india como magia, tal vez sería mejor describir a

54. Ron Eglash, "An Ethnomathematics Comparison of African and Native American Divination Systems", (trabajo presentado en Realities Re-viewed/Revealed: Divination in Sub-Saharan Africa, Museo Nacional de Etnología, Leiden, el 4–5 julio), http://www.ccd.rpi.edu/eglash/papers/eglash_div_paper.doc.

la filosofía como poesía. El conocimiento de la tierra y de su capacidad para hacer crecer las plantas y nutrir a los seres humanos adquiere forma mediante el cuento de las tres hermanas. Este cuento es una expresión del conocimiento de la tierra adquirido a través de muchos años de observación, así como un poema puede ser la expresión de la experiencia que uno tuvo en relación con un determinado paisaje. Como la filosofía, la literatura, la ciencia y la religión son una misma cosa en el pensamiento de los indios norteamericanos, en realidad no podemos divorciar la medicina de la magia ni la filosofía del poema.[55]

8. *El conocimiento es esencial para la vida.* Hay tres tipos de conocimientos básicos, con definiciones muy estrictas, que son valorados profundamente dentro de la comunidad de indios norteamericanos en general: El conocimiento de las tradiciones y el sistema de creencias de la comunidad, el conocimiento del ambiente con miras a la supervivencia y el conocimiento sagrado: la comprensión de los secretos relacionados con las tradiciones espirituales.[56] También en este sentido los indios norteamericanos tienen mucho en común con la visión del mundo de los africanos.

9. *La existencia de una vida después de la muerte es relativa.* La creencia en una vida después de la muerte varía entre los indios norteamericanos. Algunos creen que las personas serán juzgadas por el bien o el mal que hicieron en esta tierra y otros apenas le prestan atención a la vida después de la muerte (los navajos). También es difícil determinar hasta qué punto el cristianismo influyó sobre la formación de ideas dentro de tribus particulares. Algunas creen en la reencarnación y otras en el hecho de que el universo como un todo es moral y por consiguiente se debe vivir la vida sabiendo que seremos castigados después de la muerte.

Chamanismo

El título de *chamán* no es bien recibido, ni siquiera aceptado como una descripción legítima, en la comunidad de indios norteamericanos de hoy. De hecho, es una denominación que la mayoría considera peyorativa y prefieren llamar a los curanderos *personas sagradas, herboristas, sabios, buscadores de visiones* o casi cualquier otra forma que no sea *chamán*.[57] Este modo de pensar se basa en el argumento de que *chamán* es un calificativo utilizado por los hombres blancos y como tal tiene poco significado en la cultura de los

55. Anne Waters y John H. Dufour, ed., *American Indian Thought: A Philosophy Reader,* Blackwell, Oxford, 2003, p. 23.
56. Jerry H. Gill, *Native American Worldviews: An Introduction,* Prometheus, Nueva York, 2003, p. 154.
57. Jack D. Forbes, "Shamanism: New and Old", Universidad de California, Davis, http://nas.ucdavis.edu/Forbes/shamanism.html.

indios norteamericanos. En realidad, la palabra *chamán* tuvo su origen en la palabra alemana del siglo XVII *schamane,* que muy probablemente hacía referencia a sacerdotes de diferentes culturas.[58] Es casi seguro que se refiere a sacerdotes procedentes del mundo entero, puesto que se han encontrado términos muy relacionados con chamán en Asia, África y en múltiples culturas antiguas. La palabra *powwow* refleja con más exactitud las raíces etimológicas de los indios norteamericanos, ya que su origen se remonta directamente hasta las naciones algonquinas. Se le traduce generalmente como «sacerdote, hechicero, ceremonia mágica» o «hacer uso de la adivinación, soñar».[59]

El uso moderno de *chamán* tiene que ver mucho más con las prácticas de curación de la Nueva Era que con cualquier ritual de los indios norteamericanos. Esto se ha convertido recientemente en un punto de fricción entre los dirigentes de los indios norteamericanos y los irresponsables practicantes de la Nueva Era, posiblemente debido al intento de lucro personal de estos últimos mediante el robo de tradiciones sagradas. El indio americano y profesor Jack D. Forbes señala: «"Chamán" es una palabra que ha sido como una línea divisoria; quienes la usan son los no nativos y los antropólogos, o quienes no conocen los sentimientos de los indios norteamericanos».[60] Continúa diciendo: «No existe ninguna religión llamada "chamanismo" puesto que todas las religiones del mundo hacen uso (quizás de la misma manera) de los instrumentos del "chamán"».[61]

Igual que con tantos otros ritos y prácticas antiguos, el movimiento Nueva Era se ha apropiado arbitrariamente de los métodos de los curanderos, presentando la terapia del grito (donde se acuesta a la persona, cubriéndole el rostro con una manta, y se le anima a gritar para liberar la energía negativa), los cristales, los atrapasueños y diversa parafernalia como herramientas legítimas de un chamán.

Históricamente, los hombres sagrados de los indios norteamericanos se interesaron en primer lugar por el bien de la tribu, no por la terapia psicológica personal. Utilizaban el ayuno, las drogas psicotrópicas (peyote), el aislamiento y otras privaciones físicas para provocar un estado de trance y entrar en contacto con el mundo espiritual. Durante estas visiones provocadas por el peyote, con frecuencia tenían contacto con espíritus animales y se ofrecía y se aceptaba la sabiduría secreta relacionada con la vida diaria; algunos curanderos incluso creían que podían transformarse en sus espíritus animales a voluntad para absorber cualquier poder o conocimiento que estos pudieran poseer, a fin

58. Douglas Harper, *Online Etymology Dictionary*, s.v., «shaman», http://www.etymonline.com/index.php?search=shaman&searchmode=none (visitado 3 agosto, 2007). El DRAE dice sobre la etimología del término chamán: «(Del fr. *chaman,* y este del tungús *šaman*)», http://buscon.rae.es/draeI/SrvltGUIBusUsual?TIPO_HTML=2&TIPO_BUS=3&LEMA=cham%C3%A1n.

59. Ibid.

60. Forbes, "Shamanism: New and Old".

61. Ibid.

de traer el bien a la tribu. Las pieles o máscaras de animales se usaban a menudo como parte de estas ceremonias para alentar la creencia y para facilitar la transformación.[62] La frecuencia de estas visiones, la similitud de su contenido y el poder espiritual que daban a los participantes apuntan hacia un sistemático acceso a los poderes ocultos.

En la práctica, los verdaderos hombres sagrados de los indios norteamericanos tenían muy poco en común con los chamanes de la Nueva Era, pero en espíritu comparten una constante búsqueda de poder sobrenatural:

> La Nueva Era tiende a ser un comodín para aquellas personas que practican una serie de técnicas tomadas de los indios norteamericanos, filósofos orientales y la tradición ocultista occidental, y que tienen como objetivo mejorar la conciencia del individuo. Muchas de las mismas técnicas que practican los miembros de la Nueva Era, tales como la proyección astral, la meditación y el envío de energía curativa, también son practicadas por los brujos, los neopaganos y los chamanes. Aunque hay coincidencias importantes, existen, no obstante, diferencias entre estos grupos. Las diferencias más importantes estriban en cómo cada grupo define su actividad. Para la mayoría de los neopaganos y los brujos, el centro de sus prácticas es la celebración de la naturaleza. A la magia se la considera como parte de esa celebración y como una forma de autopotenciación. A los chamanes que no son indios norteamericanos lo que les interesa son más las técnicas de poder y control, y no tanto el sistema espiritual del cual se toman estas técnicas, que abarca mucho más. La Nueva Era es en algunos aspectos el grupo más variado. Algunos miembros apenas se involucran; otros ven sus prácticas como parte de un camino espiritual y un estilo de vida mucho más amplio.[63]

Skinwalkers *y brujos*

El lado oscuro de la espiritualidad de los indios norteamericanos es la brujería, también conocida como «medicina mala». Aunque su práctica se mantiene en secreto para los observadores externos, es bien conocida y temida entre los indios, especialmente entre los navajos.

> Los brujos entrenan intensamente en sus propios escenarios muy aislados y seguros. Según las leyes tradicionales de los navajos, a un brujo conocido, uno

62. Michael Webster, "Shamans and Shamanism", Universidad de Grand Valley State, http://faculty.gvsu.edu/websterm/Shamans.htm.

63. Helen A. Berger, ed., *Witchcraft and Magic: Contemporary North America,* University of Pennsylvania Press, Filadelfia, 2005, p. 3.

que ha perdido su estatus como humano, se le puede dar muerte y esto, por supuesto, se aplica a un tipo de brujo muy involucrado en estas tareas, los *skinwalkers.* Se trata de navajos profundamente desviados que viajan de noche con propósitos malignos y que, según se cree, tienen la capacidad de transformarse en distintos animales. Por supuesto, se visten con la piel de sus respectivos animales. Estos brujos y los muy relacionados *skinwalkers* no son la clase de cosas de las que uno deba hablar mucho.[64]

Muchos navajos creen que las personas pueden transformarse en animales para hacer daño. Es el lado más oscuro de la brujería de los navajos, tan oscuro que muy pocos se atreven a hablar del tema y la mayoría ni siquiera pronuncia la palabra *skinwalker* en su idioma. Abundan las historias de testigos oculares de algunos encuentros amenazadores con los *skinwalkers,* susurradas en la oscuridad y colocadas en Internet de manera anónima. En vista de la demoníaca materialización descrita por Daniel D. Home y otros médiums físicos, estas historias no pueden ser completamente descartadas como cuentos o mitos.[65] Los fenómenos paranormales ocurren en este mundo, los reconozca o no nuestra cultura, pero se desconoce en qué medida este poder es capaz de afectar a las personas rendidas a él. El mundo del ocultismo es poderoso y ofrece ese poder a quienes lo buscan. Pero nosotros, como cristianos, no tenemos que temerle. Nuestra victoria está segura en la muerte y resurrección de Jesús: somos coherederos con Cristo y juzgaremos a los ángeles (Ro. 8.17; 1 Co. 6.3).

Una cosa es segura: El Dios de la Biblia dejó bien claro que Él no tiene nada que ver con ritos ocultistas, adivinación ni magia, por lo que solo puede haber otra fuente para este poder sobrenatural… y a esa fuente no le interesa la autopotenciación del ser humano. Solo le interesa su destrucción.

Respuesta bíblica

Existe hoy el espíritu divino de la verdad y su potente opuesto, el espíritu del error. Tenemos el cristianismo, fundamentado sobre la Palabra de Dios, y las religiones tradicionales, impregnadas por el ocultismo; no pueden ambos tener la razón, alguien está

64. University of Utah Economics, Marxism Archive, "Witchcraft: Skinwalkers and Witches", http://archives.econ.utah.edu/archives/marxism/2004w32/msg00262.htm. Para mayor información sobre los *skinwalkers* navajos véase Clyde Kluckhohn, *Navajo Witchcraft,* Beacon Press, Boston, 1963.

65. No existen pruebas científicas de que un *skinwalker* pueda transformarse físicamente; lo que demostraron Dr. Charles Richet y Sir William Crookes es el poder de los seres espirituales (demonios) para transformarse en seres casi físicos con características específicas durante períodos cortos de tiempo. Véase el capítulo 9, «Herramientas del ocultismo».

equivocado y más vale que los cristianos estén preparados para demostrar las razones de su fe. La iglesia se ha engañado muchos años creyendo que lo único que tenemos que hacer para cumplir con nuestra obligación como cristianos es ir por el mundo diciéndoles a las personas que Jesús las ama. Una vez hecho esto, pensamos que ya cumplimos con nuestra tarea. Pero esto no es teología del Nuevo Testamento y no proviene del Espíritu Santo. Si usted lee el Nuevo Testamento, descubrirá el hecho sorprendente de que casi la mitad de él es un documento *apologético.* Los hombres que hablan lo hacen en defensa de la fe, exponiendo las razones por las que creen en Jesucristo.

Cuando a nuestro Señor lo interrogaron los fariseos, los saduceos, lo seguidores de Herodes y otras personas que estaban constantemente tratando de hacerlo caer en una trampa, Jesús no se volvió y les dijo: «Dios los ama. El Señor los bendiga; vayan en paz. Todo estará bien. Recuerden, ámense unos a otros». Usted no encontrará esa teología en el Nuevo Testamento. Jesús se tomó su tiempo para responder a sus preguntas, se tomó su tiempo para desaprobar y reprender sus palabras, porque ellos estaban tergiversando la verdad de Dios. Algunas de las palabras más mordaces jamás escuchadas en este planeta fueron pronunciadas por el hombre que dijo: «Dejad a los niños venir a mí, y no se lo impidáis; porque de los tales es el reino de los cielos» (Mt. 19.14).

El mundo está siempre dispuesto a aceptar al Jesús de la barba clara, cabello largo, rasgos nórdicos y teología indulgente. Siempre recibirá bien a este Jesús, pero nunca respaldará al Jesús que dijo: «Apartaos de mí, malditos, al fuego eterno preparado para el diablo y sus ángeles» (Mt. 25.41). El mundo tolerará el amor de Dios, pero no quiere saber nada de la justicia de Dios.

Es una tergiversación extraña que cuando los cristianos defienden su fe sean acusados de atacar al mundo. Lo cierto es que cuando los cristianos se defienden están *emulando* a su Maestro. Están haciendo precisamente lo que Cristo y sus apóstoles hicieron. Las personas dicen que esto es muy cerrado y dogmático, insisten en que tenemos que ser más *amorosos.* Pero Jesucristo, quien era el amor hecho carne, un hecho que nadie negará, dijo a los fariseos: «¡Serpientes, generación de víboras! ¿Cómo escaparéis de la condenación del infierno?» (Mt. 23.33). El amor hecho carne pudo invocar el juicio divino y, si emulamos a Jesús, entonces *nosotros* también podemos. El amor hecho carne habló de la justicia divina y nosotros también debemos hacerlo. No podemos tener un evangelio esquizofrénico que les diga a las personas cuánto las ama Dios e ignore deliberadamente el terrible precio que pagarán si le dan la espalda a ese amor.

El Goliat al que muchos cristianos se enfrentan hoy, al lidiar con el dilema de las religiones tradicionales, es el fantasma de la ideología progresista. La visión del mundo imperante de «vive y deja vivir» alza reiteradamente su horrible cabeza (incluso entre algunos miembros de la iglesia), burlándose de los creyentes igual que el arrogante Goliat se burló de los israelitas, con el constante mantra espiritual de que «todas las creencias son válidas». Estos son los cimientos del reino del ocultismo: todas las creencias son legítimas y merecen respeto. Todas las religiones son válidas, y ¿quiénes somos nosotros para decir que no lo son? En nuestra sociedad, atacar la religión de los demás es el colmo de la intolerancia, lo que funciona para ti puede que no funcione para otros y viceversa, por lo que debemos vivir y dejar vivir.

Desgraciadamente para el mundo (y para algunas personas que creen que son cristianos), Jesús les tiene esta respuesta: «Yo soy el camino, y la verdad, y la vida; nadie viene al Padre, sino por mí» (Jn. 14.6). También dijo: «Yo soy la puerta de las ovejas. Todos los que antes de mí vinieron, ladrones son y salteadores» (Jn. 10.7-8) y «Yo y el Padre uno somos» (Jn. 10.30).

Solo hay un Dios eterno, revelado en su Palabra como tres personas: El Padre, el Hijo y Salvador Jesucristo, y el Espíritu Santo. Con estas breves declaraciones, Jesús destruye la legitimidad de cualquier religión del mundo que no sea el cristianismo. Al afirmar que es Dios, Jesús manifiesta en esencia la misma autoridad y exige el mismo respeto que el Señor Dios Jehová, *Elohim*, Creador de todas las cosas.

La Trinidad en las Escrituras

No hay otros dioses, no hay diosas, y todos los ancestros de la raza humana están o en el cielo o en el infierno. Ellos no ejercen ninguna influencia en la vida de los seres humanos. Cualquier otro ser o cosa que no sea el Dios único y eterno es una falsificación ideada expresamente para distraer y destruir. El Dios de la Biblia es el único Dios, quien se revela a la humanidad como Padre, Hijo y Espíritu Santo. La doctrina cristiana de la Trinidad no «comenzó» en el Concilio de Nicea, ni derivó de las «influencias paganas». Aunque es cierto que las religiones paganas de los egipcios, caldeos, hindúes y otros incorporan supuestas trinidades, estas no se parecen en nada a la doctrina cristiana, que es excepcional y está libre de cualquier rareza cultural pagana. Según el cristianismo, la doctrina de la Trinidad enseña que en la unidad de la única Deidad hay tres Personas distintas que son análogas en poder, naturaleza y eternidad. Esta enseñanza procede de la clara enseñanza de las Escrituras desde el primer capítulo del primer libro. En Génesis, en los albores de la creación, tiene lugar una conversación muy interesante: «*Hagamos* al hombre a *nuestra* imagen, conforme a *nuestra* semejanza» (Gn. 1.26).

El uso del plural aquí es importante. O bien Dios estaba hablando consigo mismo (una conjetura que hasta los comentadores judíos rechazan), o bien con los ángeles, o con otras personas, que con toda intención se dejan sin identificar. Está claro que no hablaba con los ángeles porque en el siguiente versículo, refiriéndose a la creación del hombre, declara: «a imagen de Dios lo creó» (v. 27). Dios no creó al hombre a imagen de los ángeles, sino a imagen *divina*. En Génesis 1.26, el Padre se dirigía a su Hijo y al Espíritu Santo. Ninguna otra explicación se ajusta al contexto.

En Génesis 3.22, después que Adán pecó, Dios declaró: «He aquí el hombre es como uno de nosotros». Más tarde, en relación con la torre de Babel, Dios dijo: «Ahora, pues, descendamos, y confundamos allí su lengua» (Gn. 11.7). En ambos ejemplos, la misteriosa pluralidad surge nuevamente. Más adelante, los profetas del Antiguo Testamento dieron a entender esta misma misteriosa relación dentro de Dios. Al narrar su llamado al oficio profético, Isaías cuenta que Dios preguntó: «¿A quién enviaré, y quién irá por nosotros?» (Is. 6.8). ¿Por qué diría Dios *nosotros* en lugar de *mí*? La respuesta es obvia: Dios deseaba dar testimonio de su triple existencia y naturaleza.

En Zacarías, Jehová habló proféticamente de la crucifixión y de la segunda venida del Mesías con estas palabras: «Y derramaré sobre la casa de David, y sobre los moradores de Jerusalén, espíritu de gracia y de oración; y mirarán a mí, a quien traspasaron, y llorarán como se llora por hijo unigénito, afligiéndose por él como quien se aflige por el primogénito» (Zac. 12.10). No pase por alto la importancia de la palabra *mí* ni de *él*. Claramente es el Señor Dios quien habla, sin embargo Él mismo cambia el uso de la primera persona y de *mí* por *él*, y habla de ser «traspasado». Deja poco espacio para las dudas. Dios Padre está hablando de su Hijo amado, la segunda persona de la Trinidad, aquel que comparte la naturaleza divina, aquel que fue hecho pecado por nosotros.

Con frecuencia, las personas se hacen la siguiente pregunta: «¿Cómo puede ser Dios uno y a la vez tres?» o «¿Cómo puede la suma de tres dar uno?» Para comprender esto, debemos darnos cuenta de que Dios no es triple sino *trino*. Él está más allá de las leyes de las matemáticas finitas. La propia palabra *uno* tiene distintos significados en el Antiguo Testamento. En Deuteronomio 6.4, Moisés declaró a Israel: «Oye, Israel: Jehová nuestro Dios, Jehová uno es». Muchas personas esgrimen este texto como argumento supuestamente «irrebatible» contra la doctrina de la Trinidad. Ellos dicen: «Aquí la Biblia dice que Dios es uno. Si es uno, ¿cómo puede también ser tres, o tres en uno?»

El Dios único

Pero ¿qué significa la palabra *uno*? ¿Siempre indica una existencia solitaria? Génesis 2.24 narra que Dios dijo que Adán y Eva serían «una sola carne». Dios no quiso decir que Adán se convertiría en Eva o viceversa; más bien quiso decir que en la unión del matrimonio las dos personas son *como una sola* ante Él. Vemos entonces que el mismo Dios reconoció la unidad de una personalidad *compuesta* como algo que existía dentro del mundo que Él había creado. El mismo Señor Jesucristo reconoció la unidad compuesta cuando declaró sobre las personas unidas en matrimonio que «los dos serán una sola carne» (Mc. 10.8).

En Números 13.23-24, encontramos otro uso de la palabra *uno*, donde los espías que regresan de la tierra de Canaán hablaron de «un racimo de uvas», con el único significado posible de que muchas uvas colgaban de *un* mismo tallo, aunque todas obtenían la vida de la misma fuente. Podemos ver entonces que la palabra «uno» puede referirse a una unidad compuesta y no meramente a un «uno» solitario.

Si Estados Unidos fuera atacado por una potencia extranjera, todos los norteamericanos se «levantarían como uno solo» en defensa de la patria. Sin embargo, nadie diría que todos se han convertido instantáneamente en «una misma persona». Más bien seríamos uno en una unidad compuesta, uno en nuestro propósito o nuestra voluntad de trabajar por un objetivo común. Las Escrituras, no obstante, indican que la doctrina de la Trinidad de Dios está muy por encima de la idea de una mera concordancia en cuanto a voluntad o fin; es la unidad de la naturaleza bíblica básica de la sustancia, y esa sustancia es Dios (Jn. 4.24; Heb. 1.3). Cuando hablamos de ser «uno en fe y doctrina» o de «resistir como una sola persona» en tiempos de crisis, no estamos violando el sentido de la palabra. ¿Por qué no podemos aceptar entonces la unidad compuesta en lo tocante a la naturaleza de Dios? Desde luego, las Escrituras no prohíben tal visión.

La doctrina de la Trinidad surge de las Escrituras del Nuevo Testamento en varios ejemplos.

1. *La encarnación*: El nacimiento del Señor Jesucristo, según se describe en los relatos de Mateo y Lucas, muestra que la doctrina de la Trinidad no fue una invención posterior de los teólogos. Lucas cuenta: «El *Espíritu Santo* vendrá sobre ti, y el poder del *Altísimo* te cubrirá con su sombra; por lo cual también el Santo Ser que nacerá, será llamado *Hijo* de Dios» (Lc. 1.35; énfasis añadido).

Debido a que otros pasajes de las Escrituras revelan que el término «Altísimo» hace referencia a Dios Padre, tenemos en Lucas un ejemplo concreto del Espíritu Santo, el Padre y el Hijo mencionados todos juntos en el acontecimiento sobrenatural de la encarnación.

2. *El bautismo de nuestro Señor*: cuando Jesucristo fue bautizado, los cielos se abrieron y «descendió el *Espíritu Santo* sobre él en forma corporal, como paloma, y vino una voz del cielo que decía: Tú eres *mi Hijo amado*; en ti [*yo*] tengo complacencia» (Lc. 3.21-22; énfasis añadido).

En estos versículos vemos al Hijo que es bautizado, al Espíritu descendiendo sobre Él y al Padre dando testimonio.

3. *Disertaciones de Cristo*: En Juan 14 y 15, Cristo les cuenta a sus discípulos sobre la preeminencia de la naturaleza de Dios y la unidad de la composición trinitaria. Jesús declaró: «Y yo rogaré al *Padre*, y os dará otro *Consolador*, para que esté con vosotros para siempre: El *Espíritu de verdad*, al cual el mundo no puede recibir, porque no le ve, ni le conoce; pero vosotros le conocéis, porque mora con vosotros, y estará en vosotros» (Jn. 14.16-17; énfasis añadido). Nuestro Señor le ruega aquí al Padre por el Espíritu, y su conocimiento de la Trinidad resulta bastante evidente. En Juan 14.26 y 15.26, Cristo utiliza la misma fórmula, mencionando a las tres personas de Dios e indicando su unidad, no solo de propósito sino también de naturaleza básica.

4. *Las epístolas de Pablo*: El apóstol Pablo estaba sin duda al tanto de la naturaleza trinitaria de Dios. Escribió: «La gracia del Señor Jesucristo, el amor de Dios, y la comunión del Espíritu Santo sean con todos vosotros. Amén» (2 Co. 13.14). Habría sido difícil para Pablo dar esta bendición si el Padre, el Hijo y el Espíritu Santo no fueran iguales. Pablo también describe a Cristo como «Porque en él habita corporalmente toda la plenitud de la Deidad» (Col. 2.9) y como poseedor de la propia naturaleza de Dios (Fil. 2.10; Is. 45.23).

5. *La Gran Comisión*: En Mateo 28.18-20, el Señor Jesús encarga a los discípulos a salir y predicar el evangelio y hacer discípulos de todas las personas. También les ordena bautizar: «Por tanto, id, y haced discípulos a todas las naciones, bautizándolos en el nombre del Padre, y del Hijo, y del Espíritu Santo». Conjuntamente con otros pasajes relacionados con este tema, esta declaración de Jesús es un argumento muy poderoso para la doctrina cristiana de la Trinidad.

6. *Creación*: Aunque la Biblia no nos explica cómo las tres personas de la Trinidad son el Dios único, nos dice de la manera más enfática que el Espíritu de Dios creó el mundo (Gn. 1.2), que el Padre creó el mundo (Heb. 1.2) y que el Hijo creó el mundo (Col. 1.16). Si revisamos las referencias a la creación en el Nuevo Testamento, veremos que estas referencias en particular son reafirmadas por varias otras que enseñan lo mismo.

El apóstol Pablo declaró en Hechos 17.24: «El Dios que hizo el mundo y todas las cosas que en él hay, siendo Señor del cielo y de la tierra, no habita en templos hechos por manos humanas». Esto nos obliga a llegar a una conclusión inexorable: Puesto que la creación ha sido atribuida al Padre, al Hijo y al Espíritu Santo por separado y en conjunto, *ellos son el Dios único*. No puede haber tres dioses. Las Escrituras declaran: «Mirad a mí, y sed salvos, todos los términos de la tierra, porque yo soy Dios, y no hay más» (Is. 45.22). Hay unidad en la Trinidad y Trinidad en la unidad.

7. *La resurrección de Cristo*: Un ejemplo final de énfasis en la Trinidad es el de la resurrección de nuestro Señor. En Juan 2, Cristo declaró a los judíos: «Destruid este

templo, y en tres días lo levantaré» (v. 19). Juan se apresura a decirnos que Jesús hablaba de la resurrección de su cuerpo terrenal (v. 21). Otros pasajes de las Escrituras declaran que Cristo fue levantado de los muertos por mediación del Espíritu Santo (Ro. 8.11) y Pedro dice que el Padre levantó al Hijo (Hch. 3.26), así que nuevamente la palabra de Dios afirma la existencia trinitaria.

Sin embargo, algunos que creen en la personalidad del Padre y del Hijo tienen dudas acerca de la personalidad del Espíritu Santo. No tienen por qué tenerlas. La Biblia indica con claridad que la obra del Espíritu Santo sólo puede hacerla una persona. Por ejemplo, en Juan 16.13-15, al Espíritu se le llama el guía que nos conducirá a toda verdad. En Romanos 8.27, *intercede* por los santos; en Efesios 4.30, se *contrista*; en Hechos 21, *ordena y profetiza*; y en Hechos 5.3-4, Pedro lo llama *Dios*. Sin duda, su afirmación de igualdad y personalidad es tan real como la del Padre y el Hijo.

Puede que no comprendamos del todo la gran verdad de la Trinidad. Sin embargo, podemos ver los rayos de luz que emanan de la Palabra de Dios y nos enseñan que, de un modo misterioso y más allá de la comprensión de la mente finita del hombre, Dios es *uno* en su naturaleza, pero tres en persona y manifestación. Dios es capaz de ser y hacer lo que la mente del hombre no puede entender. Pero, con reverencia, el hombre tiene aún el privilegio de adorarlo.

En el mundo de la química es posible que una sustancia exista simultáneamente en tres formas independientes y diferentes y aún así siga siendo una sola en estructura o naturaleza. El agua, por ejemplo, bajo presión y al vacío a una determinada temperatura bajo cero existe *simultáneamente* como líquido, gas y hielo; mas siempre se la puede identificar como agua (H_2O), su naturaleza básica. Esto se conoce en física como «el punto triple del agua» y se relaciona con estudio de la termodinámica.

Quienes gritan «imposible» cuando se trata de la Trinidad de Dios o de un acontecimiento similar sobrenatural deben comparar su paralelo químico en el mundo natural. ¿Por qué no pueden concebir que el autor del «punto triple» sea sobrenaturalmente trinitario en su naturaleza? Si algo es cierto de la creación de Dios, ¿no puede ser también cierto del Creador? Si nuestro Creador puede crear un «punto triple del agua», con toda seguridad puede ser trino Él mismo y con toda seguridad puede vivir en nosotros y cuidarnos.

La Biblia nos asegura que esto es así y nosotros aceptamos esta enseñanza porque «es necesario que el que se acerca a Dios crea que le hay, y que es galardonador de los que le buscan» (Heb. 11.6). Desde los padres de la iglesia, pasando por los reformadores y hasta el presente, el cristianismo histórico sigue haciéndose eco del testimonio de los profetas y apóstoles de antaño.

Nadie puede explicar del todo la Trinidad, aunque en todas las épocas los estudiosos han propuesto teorías y presentado hipótesis para explorar esta misteriosa enseñanza bíblica. Sin embargo, a pesar de los encomiables esfuerzos de estos estudiosos, la Trinidad sigue siendo en gran parte incomprensible para la mente del hombre.

Quizás la razón principal de ello sea que la Trinidad es «alógica», es decir, está más allá de la lógica. Por tanto, no puede ser objeto de la lógica o de la razón humana. Por este motivo, quienes se oponen a la doctrina alegan que la idea de la Trinidad debe rechazarse como indefendible. Sin embargo, esta forma de pensar convierte al corrupto argumento humano en el único criterio para determinar la veracidad de la revelación divina. El hombre no puede juzgar a Dios, ni la explicación del hombre puede reemplazar a la revelación de Dios; y es en la revelación de Dios donde encontramos la evidencia extraordinaria de la Trinidad en la fe cristiana.

Las religiones tradicionales surgieron creyendo en el único Creador hasta que el politeísmo fue penetrando poco a poco como resultado del pecado y de la actividad de Satanás. Corrompió la verdad del Dios único y su amor inmutable tergiversándola para presentar un mundo supervisado por un Dios solitario e inalcanzable; un mundo de miedo controlado por despiadados seres espirituales aplacados solo mediante el sacrificio, la adivinación y la magia. En el mundo del ocultismo hay poder (poder satánico), pero nunca puede compararse con el formidable poder del Dios único y verdadero.

Conclusión

¿De dónde saca el ocultismo su celo y poder? ¿Quién le infunde energía al reino del ocultismo? Pablo nos dice en Romanos 10 que hay un celo no conforme a ciencia, por lo que no tenemos que ir muy lejos para encontrarle una explicación al entusiasmo sincero que muestran las personas inmersas en el ocultismo. Los judíos lo tenían, las sectas lo tienen; todo tipo de personas tienen celo no conforme a ciencia. El problema que hay que explicar es el *poder*. ¿Qué energía impulsa a estos sistemas por el mundo?

El apóstol Pablo revela exactamente lo que necesitamos saber sobre la energía que se mueve en el mundo hoy. Habla del otro Jesús, del otro espíritu y del otro evangelio, y advierte de falsos apóstoles y falsos obreros. «Porque estos son falsos apóstoles, obreros fraudulentos, que se disfrazan como apóstoles de Cristo. Y no es maravilla, porque el mismo Satanás se disfraza como ángel de luz. Así que, no es extraño si también sus ministros se disfrazan como ministros de justicia; cuyo fin será conforme a sus obras» (2 Co. 11.13-15). Fíjese en la progresión de la revelación divina en este capítulo: hay otro Jesús, hay otro espíritu, hay otro evangelio, hay falsos apóstoles. La fuente de su poder es el propio Satanás, que disfraza lo maligno para que aparente ser bueno (v. 13). El apóstol Pablo esperaba esto (v. 15). No es una gran sorpresa que Satanás haga que sus seguidores se parezcan a nosotros para engañar al mundo.

Es vital que los cristianos se conviertan en *expertos* en Jesucristo para que nunca nadie los engañe. Son las personas desinformadas las que entran encantados al mundo del ocultismo, y eso les sucede a cristianos y no cristianos por igual. Hay bautistas, metodistas, luteranos y episcopales, todo matiz y clase de personas nacidas de nuevo, que se sumergieron en el ocultismo hasta que el Señor en su misericordia los volvió a sacar, pero no sin pasar por momentos de sufrimiento y de gran angustia espiritual. El versículo de la Segunda Epístola a los Corintios 11.3 está tan vigente hoy como cuando Pablo lo dijo por primera vez: «Pero temo que como la serpiente con su astucia engañó a Eva, vuestros sentidos sean de alguna manera extraviados de la sincera fidelidad a Cristo».

Como creyentes en Cristo, tenemos una gran responsabilidad. Nuestra responsabilidad es dar a conocer a Cristo al mundo. Puede que usted nunca conozca a un aborigen australiano, a un zulú o a un yoruba, pero su iglesia puede apoyar a misioneros por todo el mundo. Además, Estados Unidos esta lleno de equivalentes a los aborígenes australianos, zulúes y yorubas en forma de paganos y espiritistas (como usted quiera llamarlos). Ellos están perdidos en la misma oscuridad que cualquiera de esas personas diseminadas por el mundo.

No es crueldad, descortesía ni intolerancia hablar de esta oscuridad. Así es como la llama Dios. La tarea del cristiano es recordar que Dios amó al mundo y envió a Cristo a este para salvar al hombre de él. Nuestra tarea es dar a conocer a Cristo y el amor de Cristo al mundo. Si al decirles la verdad debemos ofenderlos, entonces recordemos que Jesucristo es la mayor de todas las ofensas.

El libro de Hebreos nos dice que Jesús padeció fuera de la puerta y nosotros debemos padecer con Él (13.12-13). Él se salió de la estructura religiosa establecida. Se salió de las estructuras del poder político. Se salió de todos los valores de su sociedad y de su cultura y murió como un criminal común. El escritor de Hebreos dice que debemos salir con Él cargando los estigmas, llevando la marca o el vituperio de la cruz. Nos va a costar algo andar con Jesucristo. Nos va a costar algo decirle al mundo que lo rechaza, un mundo que vive en la oscuridad espiritual, que sin Él están perdidos.

Pablo habla con mucha claridad al respecto en un pasaje de las Escrituras que la mayoría de los cristianos raramente, si alguna vez, se detienen a considerar. «Pero si nuestro evangelio está aún encubierto, entre los que se pierden está encubierto; en los cuales el dios de este siglo cegó el entendimiento de los incrédulos, para que no les resplandezca la luz del evangelio de la gloria de Cristo, el cual es la imagen de Dios» (2 Co. 4.3-4).

El reino del ocultismo está en tinieblas porque el dios de este siglo lo ha cegado. Esas personas no son responsables de lo que Satanás les ha hecho: *son responsables de no responder a la gracia de Dios.* Nuestra tarea es llevar esa gracia a las vidas de aquellos que están atados a la oscuridad. Sin profecía, el pueblo se desenfrena (Pr. 29.18). La iglesia debe tener la visión, la compasión y el amor por quienes están perdidos en el oscuro laberinto de las religiones tradicionales, personas que viven en el temor y la ansiedad, dependientes y desesperados ante dioses falsos sin misericordia. «Vosotros sois la luz del mundo; una ciudad asentada sobre un monte no se puede esconder» (Mt. 5.14).

Recursos recomendados

1. Bowden, Henry Warner. *American Indians and Christian Missions: Studies in Cultural Conflict* [Los indios norteamericanos y las misiones cristianas: Estudios sobre los conflictos culturales]. Chicago: University of Chicago Press, 1985.
2. Olupona, Jacob K., ed. *African Spirituality: Forms, Meanings and Expressions* [Espiritualidad africana: Formas, significados y expresiones]. Nueva York: Crossroad, 2000.
3. Nichols, Larry, George Mather y Alvin Schmidt. *Diccionario de creencias, religiones, sectas y ocultismo.* Barcelona: Clie, 2005.
4. *Blue Letter Bible*, http://www.blueletterbible.org/.

Breves apuntes acerca de la posesión demoníaca y el exorcismo

- Satanás es el poder que hay tras todos los fenómenos parapsicológicos ocultistas; su propósito es engañar a la humanidad y alejar de Dios a las personas.
- La Biblia enseña que la posesión demoníaca es un suceso común, no un fenómeno raro.
- El exorcismo, usado con cuidado y atención, libra del mal a las personas y trae sanidad.
- Jesús dio ejemplos de cómo tratar el exorcismo y la iglesia cristiana debe seguir su dirección.
- No se debe entrar en batalla contra el mundo de lo oculto sin oración.

14

Posesión demoníaca y exorcismo

Antes de adentrarse en el dominio de las tinieblas es importante comprender la naturaleza de Satanás. Él es el adversario de la iglesia de Jesucristo y el espíritu que controla este mundo; es el príncipe de la potestad del aire. La Biblia lo describe como un espíritu orgulloso, una entidad creada en otra dimensión por un ser todopoderoso: el Dios de la Biblia, el Dios y Padre del Señor Jesucristo, el Dios de los profetas y de Moisés, y el Dios de la revelación bíblica. Satanás fue creado para servir al Señor, pero también le fue dado libre albedrío. Satanás ejerció ese libre albedrío por decisión propia *contra* la soberanía de Dios y, debido a esta rebelión, cayó de su posición de gloria.[1]

Satanás, un ser creado y maravilloso mensajero de luz (Ez. 28), en otro tiempo se llamaba Lucero, que quiere decir «portador de la luz». Ocupaba un cargo asombroso de responsabilidad en el reino de los cielos hasta que se rebeló, junto a un segmento numeroso de seguidores, contra el trono de Dios. No quiso ser Dios sino ser *como* Dios, compartir las características y el poder de Dios. El Evangelio de Lucas repite la declaración de Ezequiel de que fue arrojado del cielo, expulsado por el arcángel Miguel (el primero de las huestes angélicas).

Lucero, a quien Dios le cambió el nombre por Satanás, o «adversario», conquistó la tierra introduciéndose en el paraíso del Edén y haciendo que Adán y Eva pecaran. Conquistó a nuestros primeros padres, corrompió la tierra, e hizo que el mal penetrara a la raza humana y la estructura del cosmos entero. Un simple estudio de la historia de la humanidad revela que Satanás está vivo y coleando; sigue prosperando y con poder en el planeta Tierra. Hay que enfrentarse a ese enemigo a la luz de las Escrituras y mediante el poder que Dios le ha dado a la iglesia de Jesucristo.

La actividad satánica no es un mal corporativo sido un mal *personal:* violento, sutil, engañoso y maligno. Satanás no es una ilusión o proyección del mal humano. Es una entidad, un ego, un «yo» al que Jesucristo se enfrentó y derrotó de manera total y absoluta en la cruz. La realidad de la derrota de Satanás culminará cuando sea arrojado al

1. Véanse capítulo 1: «El ocultismo y su reino» y capítulo 2: «La revolución ocultista».

lago que la Biblia describe como que arde por toda la eternidad (Ap. 20.10). Él y los que le siguieron, le adoraron y le reconocieron como su dios, los que rehusaron reconocer a Dios mismo y los que negaron al Mesías de Dios hallarán entonces que el juicio divino es una realidad.

Los poderes de las tinieblas

La Biblia revela que Satanás tiene el poder de obrar milagros. Según Éxodo 7.10-12 puede transformar la materia. «Vinieron, pues, Moisés y Aarón a Faraón, e hicieron como Jehová lo había mandado. Y echó Aarón su vara delante de Faraón y de sus siervos, y se hizo culebra. Entonces llamó también Faraón sabios y hechiceros, e hicieron también lo mismo los hechiceros de Egipto con sus encantamientos; pues echó cada uno su vara, las cuales se volvieron culebras; mas la vara de Aarón devoró las varas de ellos». Dios dejó en nada la obra de las serpientes de Satanás, pero es interesante ver lo que Satanás logró aquí: *la transmutación de la materia.*[2] No hay duda de que el poder de Satanás se extiende al ámbito de lo material.

El libro de Job añade detalles para conocer el poder de Satanás. Tiene autoridad para manipular los elementos, como el torbellino y los rayos, e influir en las naciones de modo que se levanten y hagan guerra contra los que él desea (Job 1). Es posible que Satanás revele, en un momento dado, cosas que existen a gran distancia; y que lo haga con detalle. La tentación de Jesucristo es un ejemplo excelente de esto. «Otra vez le llevó el diablo a un monte muy alto, y le mostró todos los reinos del mundo y la gloria de ellos, y le dijo: Todo esto te daré, si postrado me adorares» (Mt. 4.8-9). Satanás le mostró a Jesús todos los reinos del mundo y toda su gloria, en apenas un instante.

Job también revela que Satanás tiene poder para afectar a las vidas de los hombres. Se presenta ante Dios y acusa a las personas (Job 1.6-9; 2.1-4). Su poder puede afectar a las finanzas (Job 1.14-17); puede hostigar con enfermedad, infligir dolor y sufrimiento, e incluso causar la muerte (Job 1.18-19; 2.7; 1 Co. 5.5). Tiene poder para influir en los eventos del mundo (Dn. 10.13); acontecimientos políticos (Éx. 1; Mt. 2; Ap. 12); y las relaciones personales, como las amistades y el matrimonio (Job 1-2; Jn. 7). Las personas pueden con certeza tomar decisiones en la vida, pero son vulnerables a influencias externas manipuladas por el gran engañador, así que estas decisiones tal vez no siempre sean las mejores, lo que deja la puerta abierta para incluso más ataques satánicos.

Las buenas noticias en todo esto son que Dios tiene la última palabra sobre el tema. «Sea bendito el nombre de Dios de siglos en siglos, porque suyos son el poder y la

2. Para más información véase el capítulo 7: «Fenómenos psíquicos o parapsicológicos».

sabiduría. El muda los tiempos y las edades; quita reyes, y pone reyes» (Dn. 2.20-21). Dios tiene el control; Él puede permitirle a Satanás que haga mal en las vidas humanas para que pueda resultar un bien, pero Dios solo le permitirá que vaya hasta cierto punto (Gn. 50.20). El poder de Satanás es formidable y nunca se debe tomar a la ligera, pero Dios ha provisto las armas que la iglesia de Cristo necesita para combatir (Ef. 6) y Jesús ganó la victoria definitiva en la cruz.

El espíritu de esta edad

La guerra sobrenatural que empezó en los lugares celestiales se ha librado en la tierra desde el día en que Dios expulsó a Adán y Eva del huerto del Edén y en ninguna parte se ve tan clara la manifestación de su poder como en el misterioso reino del ocultismo. El poder de Satanás se revela en este mundo de secreto y oscuridad, y ejerce una influencia destructiva en las vidas de hombres y mujeres.

La gente se preocupa y se deja enredar en el ocultismo por muchas razones. En esta edad moderna de maravillas científicas y tecnológicas, el mundo está buscando un Mesías que redima el alma; busca un salvador tecnológico que resuelva los problemas de la expansión económica. Quieren un salvador que resuelva el problema de la hambruna, la guerra y el cáncer. Desean prolongar la vida del ser humano. El mundo está buscando un salvador del alma; está buscando un libertador del cuerpo y un preservador de una utopía mundial todavía por venir.

El paradigma de pensamiento posmodernista, la espiritualidad sin freno, ha producido una revuelta contra la ciencia y la tecnología provocada por el total fracaso de una y otra para atender las necesidades espirituales y físicas de la humanidad. Las personas necesitan saber *por qué* la ciencia y la tecnología no han podido dar al mundo la paz y curar lo incurable. ¿Por qué no se ha logrado? Seguro que llevan mucho tiempo buscándolo. Más bien, todo lo que parece haber hoy es una denigración continúa de la personalidad. Las personas son despersonalizadas; ya no son seres humanos; simplemente números desde el nacimiento, puestos en secuencia dentro de un programa de computadora que recuerda a *Matrix*. La informatización se ha apoderado de las culturas del mundo y la resaca del progreso ha producido una fascinación tremenda por lo misterioso y lo desconocido.

La era moderna, con su abundancia de materiales ocultistas, es prueba clara de esta fascinación. La gente que está ansiosa de algo *real* ya ni siquiera se detiene un momento al filo de la realidad satánica; se lanza de cabeza a las profundidades de la misma, seguros de su mantra: *si es real, está bien.* La gente se entusiasma por el mal y en ese falso sentido de seguridad tienen el catalizador que los impulsa justo al borde del abismo. Satanás siempre ha ofrecido experiencias *reales* con los espíritus malos, y no son solo malos sino letales para el alma. Lo único nuevo en cuanto al poder de lo oculto es su público del día moderno, un terreno fresco de caza a merced de un cazador experimentado.

Hoy existe un equilibrio de poderes que nos envía en busca de algún tipo de realidad alternativa. Las personas se aterran ante estas cosas, pero a la vez buscan en ellas la panacea. La tecnología ha fracasado y con su fracaso ha conducido a una nube nuclear, a ataques terroristas y a desastres de calentamiento global. Millones de personas aterradas están presas de un vacío espiritual, en busca desesperada de una verdad diferente; la clase de verdad que se puede hallar en la misteriosa realidad oculta de otra dimensión.

La influencia de religiones orientales, sectas y parapsicología ha dado el sello de aprobación al mundo del ocultismo. Experimentos científicos, como los realizados por Sir William Crookes a fines del siglo XIX y por las universidades y gobiernos actuales en el ámbito de lo oculto continúan intrigando e influyendo en las mentes de muchos. Este tipo de investigación pseudocientífica de parapsicología pavimenta el camino para el interés en lo oculto y en los poderes que tiene detrás.

Finalmente, la Biblia ha sido reemplazada como autoridad hoy, cuando ella es la única que puede proporcionar un lugar sólido como roca segura cuando las personas se ven amenazadas por las fuerzas invisibles de otra dimensión. Al abandonar la Biblia y empujar a Dios a un lado, no solo en los temas de vida, moralidad, ética y salvación, sino también en cuanto al mundo de las tinieblas y los demonios, los seres humanos se han salido de la zona de seguridad. El resultado aterrador de este rechazo es que todo hombre, mujer y niño ahora se convierte en presa de los poderes de las tinieblas. Al rechazar a Dios, han rechazado su única defensa y no tienen autoridad para resistir a Satanás y sus demonios.

Posesión demoníaca: ayer y hoy

No hay duda de que lo sobrenatural ha jugado un papel significativo en toda la larga y variada historia del hombre. El *Manual de historia comparada de las religiones* del padre Wilhelm Schmidt, detalla minuciosamente el progreso de la religión de monoteísta a politeísta, con lo que apoya la evaluación que da el Antiguo Testamento del politeísmo como una forma tardía de espiritualidad. La conclusión de Schmidt recibe más credibilidad de parte de los argumentos de Ninian Smart en *Las religiones del mundo: tradiciones antiguas y transformaciones modernas*:

En la mayoría, si no en todas las culturas indígenas de África hay una creencia en un espíritu supremo que gobierna o da forma a los espíritus y dioses menores. Gobierna sobre las fuerzas naturales, mora en lo alto, es inexplicable, crea las almas, a los hombres y todas las cosas. Si bien los espíritus y deidades inferiores son más familiares e íntimos... para muchos africanos tal Dios existe y no se le descuida por completo en la adoración y oración.

Así, gobernando sobre el mundo que rebosa de divinidades y fuerzas sagradas, hay, muy arriba en el cielo, pero aparte del cielo, algún tipo de Ser supremo. Entre muchos pueblos primitivos fuera de África se atestigua una creencia similar.[3]

Originalmente monoteísta, el hombre se alejó de Dios y adoró a ídolos que las Escrituras identifican como demonios. «Y nunca más sacrificarán sus sacrificios a los demonios, tras de los cuales han fornicado» (Lv. 17.7). Siglos de evidencia arqueológica confirman una variedad de objetos religiosos que indican temor o veneración a seres espirituales. Hay grabados de Mesopotamia (aprox. 2000 A.C.) que muestran a Shutu, demonio del viento del suroeste, y dibujos en las cuevas etruscas antiguas de seres espirituales perversos en la Tumba de los Demonios Azules (Italia aprox. 400 A.C.). Estos son apenas dos ejemplos de los miles que reflejan el temor de las civilizaciones antiguas a los seres espirituales malignos.

Demonios italianos, demonios chinos, demonios de la India y pinturas de criaturas espirituales o deidades por todo el mundo y por toda la historia antigua; todo parece señalar al reconocimiento innato del hombre de un poder muy superior al suyo. E. R. Dodds hablar del poder subyacente de lo que llama lo «Irracional» en su obra clásica *Los griegos y lo irracional*:

Los hombres que produjeron el primer racionalismo europeo nunca fueron, hasta la era helenista, «meros» racionalistas: es decir, eran profunda e imaginativamente conscientes del poder, el asombro y el peligro de lo Irracional. Pero pudieron describir lo que tenía lugar por debajo del umbral de la conciencia solo en lenguaje mitológico o simbólico; no tenían instrumentos para entenderlo, mucho menos para controlarlo; y en la era helenista demasiados de ellos cometieron el fatal error de pensar que podían ignorarlo.[4]

3. Ninian Smart, *Las religiones del mundo: Tradiciones antiguas y transformaciones modernas,* Akal Ediciones, Madrid, 2000 (p. 53 del original en inglés).
4. Dodds, *Los griegos y lo irracional* (p. 254 del original en inglés).

Este error fatal todavía se comete hoy en la evaluación de la realidad e intervención de los seres espirituales. La negación de miles de años de historia humana, simplemente porque no encaja en una cosmovisión personal, se muestra perjudicial. El doctor Kurt Koch, ministro luterano con más de cuarenta años de experiencia de lucha con éxito en el campo de lo oculto, nota que en los mundos de la ciencia y la medicina lo sobrenatural es *imposible.* Y, si no hay demonios, no hay posesión. «La posesión no existe; ¡y no puede existir! ¡Menuda objetividad científica!»[5]

La iglesia inicial

La iglesia inicial consideraba la posesión demoníaca una realidad peligrosa. Trató con ella consistente y efectivamente, y sus esfuerzos quedaron para la posteridad. Justino Mártir, (aprox. 150 A.D.) dijo en su *Diálogo con Trifón*: «Porque le llamamos (a Jesús) Ayudador y Redentor, el poder de cuyo nombre incluso los demonios temen; y hasta este día cuando se los exorciza en el nombre de Jesucristo, crucificado bajo Poncio Pilato, gobernador de Judea, son vencidos».[6] Ireneo (aprox. 190 A.D.) anotó esto respecto a los cristianos: «Porque algunos en efecto cierta y verdaderamente expulsan diablos, así que los que así han sido limpiados de espíritus malos frecuentemente creen [en Cristo] y se unen a la iglesia».[7] Tertuliano (aprox. 200 A.D.) habla del bien conocido conflicto de los cristianos y los demonios con Escápula, procónsul de África. «En cuanto a los demonios, no debemos solo aborrecerlos, sino que los vencemos y los sacamos diariamente, y los expulsamos de los hombres, como lo saben muchos de ustedes».[8]

La adoración a los demonios crecía desenfrenada en el mundo antiguo; la abundancia de deidades disponibles para adoración en la esfera grecorromana era aturdidora. Además del panteón romano oficial de dioses y diosas, había divinidades infiltradas de gran cantidad de culturas conquistadas bajo la égida de Roma. La iglesia cristiana contestó a la amenaza de estas religiones llamándolas por lo que eran: adoración organizada a los demonios. Un ejemplo de esto es la crítica de Justino Mártir del culto de Mitra, cuyos ritos secretos incluían la imitación de la Cena del Señor cristiana:

---

5. Kurt Koch, *Ocultismo y cura de almas,* Clie, Barcelona, 1990 (p. 11 de la traducción inglesa).
6. Justino Máritr, *Diálogo con Trifón* (Christian Classic Ethereal Library, 2006) cap. 30, http://www.ccel.org/fathers2/ANF-01/anf01-48.htm#P4288_866334. En español, Justino Mártir, ed. Alfonso Ropero, *Lo mejor de Justino mártir,* Clie, Terrassa, 2004.
7. Ireneo, *Irenaeus Against Heresies* (Christian Classic Ethereal Library, 2007), Book II, 32: p. 4; véase también Libro II, 31:2, http://www.ccel.org/ccel/schaff/anf01.ix.i.html. En español se encuentra, por ejemplo, el libro *Contra las herejías,* P. Compactos, Barcelona, 1993.
8. David Dalrymple, trad. al inglés, *The Address of Tertullian of Carthage to Scapula, Proconsul of Africa,* Murray & Cochrane, Edinburgo, 1790, http://www.tertullian.org/articles/dalrymple_scapula.htm.

> Porque los apóstoles, en las memorias que compusieron, llamadas evangelios, nos han entregado lo que se les mandó; que Jesús tomó pan y, después de haber dado gracias, dijo, «Haced esto en memoria de mí, esto es mi cuerpo»; y que, del mismo modo, habiendo tomado la copa y dado gracias, dijo, «esto es mi sangre»; y se la dio a ellos. Esto lo han imitado los pérfidos diablos en los misterios de Mitra, mandando que se haga lo mismo. Porque ustedes mismos saben o pueden aprender cómo en los ritos místicos de iniciación colocan pan y una copa de agua con ciertos encantamientos.[9]

La historia revela una creencia ampliamente extendida en los poderes y los seres sobrenaturales. Detalla batallas reales y constantes contra las fuerzas de la oscuridad, batallas que resultaron en consecuentes victorias.

La iglesia moderna

En el mundo occidental del siglo XX, la mayoría de individuos fueron educados desde la niñez para considerar absurdo todo fenómeno sobrenatural, relegando la realidad de los demonios y de la posesión al ámbito de la ignorancia supersticiosa. El mundo no cristiano no podía admitir en su mente científica la noción de que seres espirituales de alguna clase pudieran tal vez existir. Incluso un porcentaje significativo de cristianos se echaba para atrás ante la idea de que la posesión demoníaca fuera real (mucho menos un problema digno de subrayar) en el mundo moderno.

Bien asentados sobre el pináculo de la autoridad absoluta, científicos, médicos, filósofos y teólogos de ideología liberal trabajaron por sistema para borrar a Dios, apoyándose persistentemente en la falsa premisa de que la ciencia *niega* lo espiritual. Y si se atrevieron a desterrar a Dios, era inevitable que también aplicaran la misma metodología de arrogancia e ignorancia al diablo, para a la larga relegarlo al ámbito de los cuentos de hadas. Si no hay diablo, no puede haber posesión demoníaca y, por consiguiente, hay que minimizar sus síntomas. «Para el psiquiatra no cristiano, la posesión simplemente no existe. En el mejor de los casos, es solamente una forma avanzada de histeria».[10] Sin embargo, conforme avanzaba el siglo XX, una nueva oleada de pensamiento se infiltró en la escena intelectual, impactando para siempre a la cultura occidental con su ataque persistente contra las fortalezas del poder e influencia científicos.

---

9. Justino Mártir, *First Apology*, Early Christian Writings, 2006, http://www.earlychristianwritings.com/text/justinmartyr-firstapolog.html.
10. Koch, *Ocultismo y cura de almas* (p. 57 de la traducción inglesa).

A finales de los sesenta y principios de los setenta se vio el nacimiento del movimiento Nueva Era y el rechazo lento pero resuelto por parte de millones del rígido mantra científico: *La ciencia está por encima de todo.* Esta era posmodernista de espiritualidad permisiva evolucionó para llenar el vacío dejado por un marco científico mental frío, impávido y reglamentado. De repente, *proyección astral, chakras* y *energía* se convirtieron en vocabulario de todos los días. La fascinante narración personal de la actriz Shirley MacLaine, *Lo que sé de mí,* introdujo la reencarnación en las salas de todo Estados Unidos y por todo el mundo.[11] La regresión a la vida pasada se convirtió en tema de documentales de televisión y de libros como *La búsqueda de Bridey Murphy.*[12] Actores famosos de Hollywood, como Glenn Ford, proclamaron la realidad de sus vidas pasadas para todos los que quisieran oír y ver. *El exorcista,* de William Peter Blatty, sacudió Estados Unidos y todo el mundo con fuerza de tsunami, abriendo el camino para películas como *Poltergeist* y *El proyecto de la bruja de Blair.*[13]Aunque teológicamente incorrecto en muchos puntos, el libro de Blatty contenía unas pocas muestras de verdad, tal vez porque se basó en una experiencia verdadera.[14]

Encontrando lo imposible

El autor William Peter Blatty describe la güija como una forma perfectamente normal de diversión: un entretenimiento. Pero Regan, una muchacha de catorce años, después de jugar con ese tablero y encontrar a un espíritu llamado Capitán Howdy, ve que su vida cambia de repente. Es el espíritu de este tablero, el capitán Howdy, el que invade la casa y con el tiempo invade a la muchacha.

Aquí está, entonces, la primera lección que nos enseña *El exorcista:* el espíritu malo responde como resultado directo del contacto inicial de la muchacha. Ella penetró en la dimensión de las tinieblas usando una herramienta sencilla, la tabla güija, y se encontró con el mal. Los que promueven el pensamiento Nueva Era suelen afirmar que existen tanto los buenos espíritus como los malos y que, cuando se busca el contacto, es posible encontrar a unos y a otros. Este punto de vista contradice directamente a las Escrituras, que enseñan que la persona que muere pasa inmediatamente al cielo o al Hades (Lc. 16.23; 23.40). Aunque los guías de la Nueva Era advierten a las personas de los peligros de tratar de comunicarse con «el otro lado», no ofrecen garantía de que sus ritos de

11. Shirley MacLaine, *Lo que sé de mí,* Plaza y Janés, Barcelona, 1984.
12. Morey Bernstein, *La búsqueda de Bridey Murphy,* Mr Ediciones, Madrid, 1978.
13. William Peter Blatty, *El exorcista,* Ediciones B, Barcelona, 2005.
14. Véase Mark Opasnick, *The Real Story Behind the Exorcist,* Xlibris, Filadelfia, 2006.

protección tengan poder alguno sobre los espíritus malos. Pero el nombre de Jesús sí tiene registrado un largo legado histórico de poder.

Nuevas personalidades, nuevas voces, nuevos lenguajes

Una segunda verdad que se puede hallar en las manifestaciones demoníacas que se muestran en *El exorcista* es que el poseído por un espíritu demoníaco exhibirá una nueva personalidad. Esta personalidad (o personalidades) se puede revelar en voces múltiples; a veces en diferentes idiomas. El cambio en los patrones vocales y las expresiones faciales conforme profundizaba la posesión de la muchacha son perfectamente conherentes con la demonología bíblica; y el lenguaje soez, usado primordialmente para impresionar, también es coherente con los antiguos poderes demoníacos que han ejercido su autoridad sobre personas desde el Tíbet hasta Estados Unidos. Estos síntomas siempre deben suscitar preocupación y hacer que se investigue. En la película *El exorcista* (y en la vida real) un psiquiatra trató de persuadir a la familia de que este era un caso de esquizofrenia, hasta que el poder sobrenatural que exhibía la muchacha los convenció de que no podían apoyarse en la psiquiatría. En su lugar acudieron al antiguo rito del exorcismo.

Blasfemia y fuerza sobrenatural

La blasfemia contra Dios y Jesucristo suele manifestar la presencia de un espíritu demoníaco, así como el fenómeno de una fuerza sobrenatural. La industria del entretenimiento de los incrédulos lo retrata con precisión. La blasfemia puede incluir furia desatada o puede manifestarse en mofa o en un reposado espíritu de rebelión, con renuencia a orar o a leer la Palabra de Dios.[15]

En *El exorcista* la muchacha ataca a uno de los neurocirujanos que está tratando de demostrar que ella tiene algún tipo de afección en el lóbulo temporal del cerebro. Cuando un médico llega para ponerle una inyección, la muchacha de catorce años le da un golpe en la cara con tanta fuerza que sale despedido como a unos tres metros. Este tipo de fuerza física es un factor común en la posesión demoníaca, que a menudo requiere varios hombres para participar en un solo exorcismo. Esta fuerza, combinada con la furia de la blasfemia, ha convertido a más de un escéptico en creyente.

15. Este no es un síntoma «que se sostenga por sí solo», puesto que muchos blasfeman y muestran renuencia a orar y a leer la Biblia. Se debe considerar señal de posesión solo si se halla en combinación con los síntomas descritos aquí.

Levitación

Hay una escena de la película que es particularmente poderosa y le hace a la teología cristiana un gran servicio. En esta escena la madre de Regan entra en el dormitorio para ver cómo está su hija, la muchacha la golpea y entonces transforma el cuarto en un mar de objetos que vuelan: discos, frazadas y toda clase de fragmentos y piezas en suspensión. Es un efecto especial fantástico que consigue recalcar otra verdad importante: el poder demoníaco es real y puede manipular y mover la materia. Hay también una presentación visible de levitación en la cual el poder de Satanás levanta de la cama al cuerpo de la joven y ella solo vuelve a la normalidad cuando se invoca el nombre de Jesús. Estas cosas suceden en el mundo moderno y son consistentes con la teología bíblica.

Hedor y conducta autodestructiva

Otra señal de influencia demoníaca es la presencia de pestilencia que emana del cuerpo o que lo rodea. Los relatos clásicos de posesión demoníaca respaldan este tipo de manifestación. La profanación de objetos sagrados, como estatuas, con símbolos sexuales es otra tarjeta de presentación demoníaca.

Una vez que Regan tomó la güija y giró el picaporte de la puerta a otra dimensión, las fuerzas destructivas de las tinieblas inundaron su vida. Los intentos de la muchacha por desfigurarse y destruirse son una horrorosa realidad que Hollywood pintó con precisión escalofriante. Muy a menudo, el objetivo de las fuerzas demoníacas es dejar cicatrices y destruir. Al final de la película, la joven parece estar totalmente dominada por Satanás.

El peligro de la película *El exorcista* (y muchas otras parecidas) es que la gente puede creer las cosas inexactas que pinta y, al creerlas, tal vez no vean a Cristo como triunfador y conquistador. Más bien, pueden fomentar una fascinación por el mal o un temor del mismo. Aunque este peligro existe, y *El exorcista* ha impactado a personas de muchas maneras negativas, es importante notar que también ha contribuido a algo positivo y poderoso. Ha educado a las masas y las ha hecho darse cuenta de la presencia de Satanás, la realidad de la posesión y el hecho de que el nombre de Jesucristo es sinónimo de victoria. Cuando Cristo exorciza, los demonios *salen,* porque Jesús es Señor de todo. En Marcos 1.24 los demonios clamaron: «¡Ah! ¿qué tienes con nosotros, Jesús nazareno? ¿Has venido para destruirnos? Sé quién eres, el Santo de Dios». Los demonios no pueden resistir contra el poder de Jesucristo. Él es mayor que cualquier poder de las tinieblas y por medio de Él la iglesia ya los ha vencido. Esta es la victoria de Dios.

La posesión demoníaca es una enfermedad espiritual que invade el cuerpo como un virus invisible y letal; es el ataque de una entidad invisible *no de este mundo.* Si se la reconoce como tal, no hay esperanza para la víctima. El doctor Kurt Koch detalla los síntomas de la posesión demoníaca, partiendo del ministerio de Jesús:

Ocho marcas de posesión demoníaca

En Lucas 8.26-33, 38, 39 hallamos el relato del endemoniado gadareno. Si examinamos el relato para descubrir si hay alguna característica típica de la posesión, hallamos ocho marcas o síntomas que indican la distinción entre la posesión demoníaca y las enfermedades mentales o nerviosas.

A. El primer hecho que enfrentamos es que en la posesión demoníaca los demonios residen en la persona afectada. Marcos los describe como espíritus malos. El fenómeno opuesto es el Espíritu Santo que mora en el creyente.

B. La segunda señal de posesión es la inusitada fuerza que exhibió el poseído. El endemoniado gadareno podía romper las cuerdas y cadenas con que le ataban.

C. La tercera señal es el conflicto visible en el poseído... En el caso del gadareno, por un lado le vemos acudiendo a Jesús, al parecer buscando ayuda, y por otro lado reacciona de súbito con temor y le suplica que no lo atormente.

D. Luego tenemos el fenómeno de la resistencia, la oposición a las cosas de Dios. «¡Ah! ¿qué tienes con nosotros?» gritó el gadareno.

E. La quinta señal es la clarividencia. El gadareno supo quién era Jesús tan pronto como le vio, aunque nunca antes le había visto. Reconoció también que Jesús tenía el poder de librarlo y de expulsar fuera a los demonios.

F. La siguiente marca de posesión es la capacidad de la persona para hablar con voces que no son la suya... Ninguna persona mentalmente enferma o histérica puede de repente empezar a hablar en un idioma extranjero que nunca ha aprendido.

G. La séptima marca o señal de que una persona está poseída por un demonio es la súbita liberación que es posible... Los poseídos... pueden ser liberados casi instantáneamente cuando entran en contacto con el Señor Jesucristo.

H. La última característica... es la transferencia. Cuando el gadareno fue liberado, unos dos mil cerdos enloquecieron y se precipitaron de cabeza al mar. Cosas así no ocurren en la medicina.[16]

El espectro del escepticismo

El mal es fascinante y las personas se sienten atraídas por naturaleza a él. En cuanto alguien acepta la realidad de seres sobrenaturales, comienza a intrigarle la búsqueda de

16. Kurt Koch, *Demonology Past and Present,* Kregel, Grand Rapids, 1973, pp. 136–140.

comunicación con ellos. Por eso se realizan hoy más sesiones de espiritismo que nunca y por esos cientos de millones de personas por todo el mundo participan en algún tipo de religión espiritista.[17] El surgimiento del ocultismo en Estados Unidos durante los años sesenta y setenta produjo un tremendo interés en todos los aspectos del espiritismo, incluyendo la clarividencia y la telequinesia. Es un interés que sentían millones y, como tal, exigía algo de investigación.

En la resaca de esta oleada de pensamiento Nueva Era, la élite científica se halló de repente convertida en un campo de batalla de ideologías. Rodeada por la persuasiva filosofía Nueva Era y por las evidencias de la experiencia, y asediada por no lograr darle al mundo las tan necesarias respuestas a la guerra, la hambruna, la pobreza y la brutalidad, no pudo explicar los extraños fenómenos asociados con lo sobrenatural ni su ocasional resultado: la posesión. La sencilla investigación de relatos personales proveyó cada vez más evidencias de la realidad de los seres espirituales y su posible opresión sobre los seres humanos. Era un fenómeno observable; un experimento repetible; y, como tal, no fácilmente descartable.

Hoy, los miembros de la Nueva Era que defienden los encuentros con espíritus insisten en que es mucho más probable que la mayoría de espíritus sean amistosos. Incluso así, la regla general es proceder con cautela cuando se trata de buscar contacto con cualquier ser sobrenatural. Los seguidores de la Nueva Era entienden lo que la ciencia no entiende: los espíritus sensibles, espirituales, existen e impactan poderosamente en las vidas de los individuos.

El doctor Stafford Betty, profesor de estudios religiosos de la California State University Bakersfield, ofrece una solución al dilema científico de la posesión en un artículo reciente titulado "The Growing Evidence for Demonic Possession: What Should Psychiatry's Response Be?" [La creciente evidencia de posesión demoníaca: ¿Cuál debería ser la respuesta de la psiquiatría?]. Él propone que los psiquiatras dejen a un lado toda definición religiosa perjudicial de posesión demoníaca y den lugar a la posibilidad (basada en la evidencia creciente) de la existencia de seres malignos, no humanos, que oprimen y poseen «a los desprevenidos, los débiles, los no preparados, los desafortunados o los seleccionados».[18] El doctor Betty no piensa que estos espíritus malos estén en alguna manera relacionados con los demonios bíblicos. Los define como «seres inteligentes,

17. Central Intelligence Agency, The World Factbook, "Indigenous, eclectic, Voodoo and other", https://www.cia.gov/cia/publications/factbook/fields/2122.html.
18. Stafford Betty, "The Growing Evidence for Demonic Possession: What Should Psychiatry's Response Be?", en *Journal of Religion and Health* 44 (2005): pp. 13–30.

insensibles a nosotros, con voluntad propia, que parecen fastidiarnos u oprimirnos o, en casos raros, poseer totalmente nuestros cuerpos».[19]

El doctor Betty acierta al confirmar la existencia de estos espíritus, aunque niega toda evaluación bíblica o religiosa de ellos. En esencia, extiende una mano a los vecinos del mundo científico y ofrece un acomodo bajo pretexto de compasión: *considere esto sin religión, por amor al que sufre.* Si se saca de la ecuación a la religión, tal vez la realidad de seres etéreos pueda ser más tragable. Es una posición interesante y puede que acabe causando algún impacto en el campo científico. Betty concluye su argumento sugiriendo que las personas luchen contra la presuposición automática de los psiquiatras de que la enfermedad mental puede ser resultado solo de «química cerebral defectuosa».[20] Más bien, debemos evaluar la evidencia relativa a fenómenos paranormales, «para determinar si las herramientas y métodos del exorcista y del ministro de liberación funcionan mejor que las medicinas o terapias del psiquiatra».[21]

Los resultados de tal estudio serían impresionantes, especialmente si el poder del nombre de Jesucristo se registrara clínicamente, como se ha registrado en la historia durante dos mil años. El registro bíblico de la existencia, poder y propósito de estos espíritus malos es muy claro: existen los seres sobrenaturales malignos y trabajan para destruir las vidas de los individuos.

El proceso de la posesión

El resultado final del ataque demoníaco es cambiar la vida. Por lo general ese es el punto de atención principal cuando se trata del tema de la posesión. Pero al principio de la misma es también de importancia vital, puesto que estar familiarizados con su inicio puede ayudar a prevenir esos episodios que cambian la vida.

¿Exactamente cuáles síntomas señalan el peligroso inicio de la posesión? Uno de los patrones más fascinantes al respecto se puede seguir en la vida de Daniel D. Home (1833-1866), tal vez el médium físico más importante de la historia reciente. Home exhibió un poder formidable y consistente en sus sesiones. A continuación se relata cómo empezó este poder.

---

19. Ibid.
20. Ibid., p. 30.
21. Ibid.

Caso real

Daniel D. Home

Mi madre fue vidente toda su vida. Dejó este mundo en 1850, a los cuarenta y dos años de edad. Tenía lo que se conocía en Escocia como la segunda vista, y en muchas ocasiones vio cosas que después se supo que habían ocurrido a distancia, tal como ella las había descrito. También previó muchos eventos que ocurrieron en la familia y predijo la muerte de parientes. Finalmente, predijo la suya propia con cuatro meses de antelación...

Unos pocos meses después de que mi madre hubiera partido de este mundo, al irme a la cama una noche oí tres golpes fuertes en la cabecera de mi cama, como martillazos. Mi primera impresión fue que alguien debía de haberse escondido en mi cuarto para asustarme. Se repitieron y, mientras resonaban en mis oídos, la impresión que primero me vino fue que no eran de la tierra. Después de unos pocos momentos de silencio se oyeron de nuevo y, aunque pasé la noche sin dormir, ya no sentí ni oí más. Mi tía era miembro de la Iglesia de Escocia y, dos años antes, para gran disgusto suyo, yo me había hecho miembro del cuerpo wesleyano. Pero su oposición fue tan violenta que yo lo dejé para unirme a los congregacionalistas. Al ir a desayunar por la mañana, ella notó mi apariencia demacrada y me hostigó diciendo que estaba perturbado por algunas de mis reuniones de oración. Yo estaba a punto de sentarme a la mesa del desayuno, cuando nuestros oídos fueron asaltados por una clara lluvia de golpes sobre toda la mesa. Me detuve casi aterrado al oír de nuevo esos sonidos que surgían sin ninguna causa visible; pero pronto regresé a las realidades de la vida por la exclamación de horror de mi tía: «¿Así que has traído al diablo a mi casa, no?» Debo indicar aquí que había habido alguna charla de la familia Fox acerca de los llamados golpes de Rochester, pero, aparte de oírlos en forma casual, yo no les había prestado atención; ni siquiera sabía lo que significaban. Mi tía, por el contrario, había oído de ellos de parte de algunos vecinos y los consideraba como obra del maligno. En su cólera incontrolable, ella echó mano de una silla y me la lanzó. Al saberme yo del todo inocente de la causa de su cólera, mis sentimientos quedaron profundamente heridos por su violencia y al mismo tiempo me afirmé en mi determinación de descubrir la causa de estas perturbaciones de nuestra comida matutina.

Había en la población tres ministros: uno congregacionalista, uno bautista y el otro wesleyano. Esa tarde, mi tía, que por un momento había aparcado sus prejuicios de rivalidad denominacional gracias a su cólera contra mí, envió a buscar a los tres ministros para que hablaran con ella y oraran por mí, para librarme de tales visitaciones. El ministro bautista, el Sr. Mussey, llegó primero.

Me preguntó cómo me había acarreado yo estas cosas y, al ver que no podía darle ninguna explicación, quiso que oráramos juntos para que cesaran. Mientras nos dedicamos así a la oración, a cada mención de los nombres santos de Dios y de Jesús, se producían golpes suaves en su silla y en diferentes partes del cuarto; a cada expresión de un deseo por que la misericordia del amor de Dios se mostrara a nosotros y a nuestros semejantes, sonaban fuertes golpes, como si se unieran a nuestras fervientes oraciones. Yo quedé tan apabullado y tan impresionado por esto que allí y entonces, de rodillas, resolví ponerme por entero a disposición de Dios y seguir las direcciones de eso que entonces sentí que debía de ser bueno y verdadero, ¿o por qué si no habría mostrado su gozo en esas porciones especiales de la oración? Ese fue el momento decisivo de mi vida y nunca he tenido motivo para lamentar ni por un instante mi determinación, aunque había sido llamado a sufrir profundamente durante muchos años al ponerla en práctica. Se ha puesto en tela de juicio mi honor, se me ha herido en mi orgullo, mis primeras ilusiones se han arruinado. Y yo mismo fui expulsado de casa y de la familia a los dieciocho años, sin importarles que, por lo delicado de mi salud, era todavía un niño, que no tenía ni un amigo y que contaba con tres niños menores a los que mantener. De los otros dos clérigos, el congregacionalista ni siquiera quiso tocar el tema, diciendo que no veía razón por la que un muchacho de mente pura debía ser perseguido por lo que él no era responsable de prevenir o causar; y el metodista fue tan cruel, atribuyéndolo al diablo, que de él no obtuve ningún consuelo.

Pese a las visitas de estos ministros y al continuado horror de mi tía, que no hacía más que aumentar con cada manifestación, los golpes continuaron y los muebles ahora empezaron a moverse sin ninguna causa visible. La primera vez que esto sucedió yo estaba en mi cuarto, peinándome ante el espejo. En el espejo vi una silla que estaba entre la puerta y yo, moviéndose lentamente hacia mí. Mi primer sentimiento fue de intenso temor y miré alrededor para ver cómo salir huyendo; pero allí estaba la silla entre la puerta y yo, moviéndose hacia mí mientras yo continuaba mirándola. Cuando estuvo como a medio metro de mí se detuvo y en ese momento yo salté por encima de ella, corrí escaleras abajo, tomé mi sombrero en el corredor y salí para preguntarme sobre este asombroso fenómeno.

Después de esto, estando sentado tranquilamente en el cuarto con mis tíos, la mesa, y a veces las sillas y otros muebles, se movían por cuenta propia de una manera singular, para gran disgusto y sorpresa de mis parientes. En una ocasión, mientras la mesa se movía sola, mi tía trajo la Biblia de la familia, la puso sobre la mesa y dijo: «Ya está. Esto expulsara a los demonios». Pero, para su asombro, la mesa solo se movió de una manera más viva, como si estuviera complacida de llevar tal carga. Viendo esto, se enfureció mucho y, decidida a detenerlo, puso con enojo todo su peso sobre la mesa; y la mesa la levantó, con todo su peso, del piso. Mi único consuelo en ese tiempo fue otra tía, viuda, que vivía cerca y cuya sincera simpatía me trajo gran alegría y consuelo. En su casa, cuando la visitaba, sucedían los mismos fenómenos. Entonces empezamos a hacer preguntas y a recibir respuestas inteligentes. En su casa, el espíritu de mi madre nos comunicó lo siguiente: «Daniel, no temas, hijo mío. Dios está contigo, y ¿quién estará contra ti? Busca hacer el bien; sé veraz y ama la verdad y prosperarás, hijo mío. La tuya es una misión gloriosa; convencerás a los infieles, curarás a los enfermos y consolarás a los que lloran». Esta fue la primera comunicación que recibí y llegó dentro de la primera semana de estas visitaciones. Lo recuerdo bien. Nunca lo he olvidado, ni podré olvidarlo mientras tenga vida y entendimiento. Tengo razón para recordarlo también porque fue la última semana que pasé en la casa de la tía que me había adoptado, porque ella no pudo aguantar que siguieran esos fenómenos que angustiaban tanto sus convicciones religiosas. Así que ella sintió que su deber era invitarme a dejar la casa, lo que hice...

Relato estos detalles no para revivir o causar recuerdos dolorosos a nadie, sino para mostrar la historia de mi calidad de médium y las obras misteriosas de la Providencia al lanzarme de este modo ante el público. Si no hubiera sido por esta cadena de circunstancias, estas verdades tal vez no se conocerían tan ampliamente como ahora.[22]

Engaño

Daniel Home fue engañado para que creyera que su poder venía de Dios. Esto sucede con frecuencia en el mundo del ocultismo, donde los demonios hacen todo lo que pueden para engañar a las personas para que piensen que Dios es la fuente de los fenómenos ocultos. No es raro que en las *séances* los demonios toquen himnos con diferentes instrumentos y abran la Biblia con manos corpóreas y señalen con los dedos versículos específicos como prueba de su influencia divina. Esto queda claramente ilustrado en otra sesión de Home:

> Unas pocas noches después, la mesa estaba cerca de la ventana. Estábamos en penumbra. Se oyeron cantos en el acordeón. La tonada era nueva para nosotros, se nos dijo que era el «Canto de los ángeles de los que lamentaban». Le siguió un himno que se había tocado antes con frecuencia. Fue deletreado mediante sonidos en la mesa, *algunos te mostrarán sus manos esta noche*. La mesa se levantó suavemente y se elevó varias veces; apareció una mano sobre la mesa, tomó del

22. Home, *Incidents in My Life*, pp. 20–27.

> vestido de una de las presentes un broche en miniatura y lo entregó a varios de los que estaban a la mesa. Todos los que estaban a la mesa veían y distinguían las manos y los brazos con diferentes formas y tamaños: a veces cruzadas como en oración, otras veces señalando hacia arriba... Una mano de espíritu tomó una Biblia de sobre la mesa y la abrió. Todos lo vieron. Una hoja fue doblada, la mano tomó un lápiz y marcó los versículos 16 y 17 del capítulo 13 de San Mateo: «Pero bienaventurados vuestros ojos, porque ven; y vuestros oídos, porque oyen. Porque de cierto os digo, que muchos profetas y justos desearon ver lo que veis, y no lo vieron; y oír lo que oís, y no lo oyeron».
>
> En ese tiempo todos los que estaban a la mesa vieron y sintieron una y otra vez manos y brazos. Se podían distinguir como si fueran manos y brazos de mortales vivos y en muchas ocasiones les estrechaban las manos de manera tan real y material como la estrechan dos hombres.[23]

El proceso de posesión incluye contacto directo con los demonios; a veces este contacto puede llevar a posesión plena, como en el caso de Daniel Home, y otras veces no tiene lugar la posesión. La abrumadora evidencia fielmente registrada por los que han asistido a una sesión tras otra revela que los demonios disfrazan su verdadera naturaleza bajo los atavíos de la religión y la espiritualidad, dependiendo del siglo, inventándose a conciencia una máscara de espiritualidad positiva para ganarse la confianza de los que han seleccionado.

Estrategia

Satanás y sus demonios son criaturas antiguas muy familiarizadas con la naturaleza de Adán y Eva. Tienen a sus espaldas la experiencia de millones de años: experiencia en luchar contra Dios, sus ángeles y su creación más amada, los seres humanos. Solo cabe esperar que esos antiguos y feroces luchadores hayan diseñado una estrategia contra el enemigo basada en conocimiento detallado.

A la luz de este hecho es vital que los cristianos reconozcan al enemigo y sus métodos *antes* de entrar en la guerra espiritual. Los más grandes generales de la historia planearon sus batallas con detalles minuciosos, basándose en un conocimiento cabal de sus enemigos. Si la iglesia no se centra exactamente en quién es el enemigo, sus estrategias, sus métodos, sus éxitos y fracasos pasados, nunca podrá combatirlo con eficacia.

Sin lugar a dudas, las personas son el blanco del engaño. La guerra espiritual, según se enseña en la Biblia, es guerra *personal* (Ef. 6.12). Siempre es sabio conocer al enemigo

23. Ibid., pp. 105–106.

y, en su contacto con los seres humanos, los demonios han revelado mucho en cuanto a sí mismos. Es obvio, partiendo de los múltiples relatos históricos de sesiones espiritistas registrados por fuentes creíbles, que los demonios toman nota de los detalles. El enemigo toma nota de todos los aspectos de las vidas individuales de los seres humanos y los preserva para el momento en que los necesite para engañar.

La base de datos demoníaca incluye:

- nombres.
- miembros de la familia.
- fechas de nacimiento.
- descripciones físicas (calidad DVD).
- lugares geográficos.
- ropa (calidad DVD).
- patrones de voz (calidad estéreo).
- conversaciones.
- modales personales (calidad DVD).
- preferencias personales: perfumes o colonias, tabaco y alcohol (incluyendo el aroma físico de estos artículos).
- actividades diarias (incluyendo lugares y fechas).
- experiencias de la vida (nacimientos, romances, pecados, matrimonios, muertes).

Estos elementos de la base de datos demoníaca se pueden ver en varios otros ejemplos descritos por Daniel Home.

> Fui a Springfield, Massachusetts, donde era un completo extraño, pero habá oído de un médium de allí, el Sr. Henry Gordon. Pregunté y me dirigieron a su casa. Me recibió con la mayor amabilidad, dijo que estaba a punto de tener una *séance* esa noche y me pidió que me uniera a ellos... Los que estaban allí tuvieron que salir temprano y el Sr. Gordon los acompañó, dejándome mientras tanto con cinco o seis de sus amigos que habían venido. Entre ellos estaban el Sr. y la Sra. Elmer, el primero era creyente, pero la Sra. Elmer se oponía violentamente a esto. Entré en un trance, que me hizo sentarme junto a ella y

decirle los nombres de su madre, padre, hermanos y hermanas; y luego de sus hijos, todos los cuales estaban en el mundo espiritual; y le repetí las últimas palabras de dos de sus hijos. Volviéndome a una señora mayor en el cuarto, hice lo mismo, y así con todos los que estaban presentes. El Sr. y la Sra. Elmer han sido desde entonces mis amigos y en su casa han ocurrido algunas de las manifestaciones más asombrosas.[24]

El doctor Hallock contó algunas asombrosas descripciones personales de espíritus por medio del Sr. Home, que ocurrieron aquella misma noche. Se describió a un espíritu al que aquí se había conocido por el nombre de «Elizabeth». Se describió su persona y sus rasgos prominentes de carácter así como también la enfermedad de la cual murió; todo ello con tanta precisión que un caballero presente la conoció al instante por la descripción. La única imprecisión que se pudo señalar fue la de su color de pelo, que se había descrito como café, cuando en realidad era habano claro. En la explicación de lo que el Sr. Home dijo: «Cuando miré a su frente, que estaba muy blanca (lo que era un hecho), el pelo me pareció color café».[25]

En agosto fui a visitar al Sr. Cheney, en South Manchester, Connecticut. Fue en su casa donde por primera vez fui elevado en el aire, manifestación que desde entonces me ha ocurrido frecuentemente tanto en Inglaterra como en Francia.

Lo que sigue es la descripción de la noche, en las palabras de un caballero que estuvo presente.

«En el octavo instante, en compañía de tres caballeros de esta ciudad, el escritor fue a visitar a Ward Cheney, residente en Manchester, en cuya casa el señor Daniel D. Home se había detenido temporalmente. Se formó un círculo y pronto hubo las ya conocidas vibraciones, fuertes y distinguibles... Entre otros [mensajes]... vino un mensaje de dos marineros perdidos en el mar, parientes de uno de los presentes; un extraño para la mayoría de los asistentes. Estos espíritus se anunciaron, de manera más bien inesperada, inclinando la sólida y maciza mesa y haciéndola girar como por una violenta tempestad. Acompañó esta demostración un violento *crujido* como el de las cuerdas de una nave en una tormenta en el mar. De un lado u otro surgía también el crujir de los maderos y de los mástiles del barco y todos lo oyeron claramente. Luego vino el rugido

24. Ibid., p. 43.
25. Ibid., p. 56.

hosco y regular de las olas al golpear contra las entrañas del barco sentenciado. Todo este tiempo la mesa seguía su movimiento de oscilación. ¡Y ahora la mesa grande fue volteada sobre el piso! Todo esto se hizo sin que nadie tocara la mesa y mientras dos, por lo menos, de nuestro grupo mantenían un escrutinio detenido y constante de los hechos. Estos dos marineros, cuyos nombres y edades se dieron, parecían perder su vida por el vuelco de un barco, según se representaba. Y tengo buenas razones para saber que ni el Sr. Home ni nadie más del grupo podía haber conocido este hecho, excepto yo mismo».[26]

Recuerdo bien a un pobre hombre presente una noche cuando llegó el espíritu de una niñita con el siguiente mensaje: «Padre querido, tu pequeña María estuvo presente el miércoles pasado y Dios le dio el poder para evitar que hicieras lo que querías hacer. Si hubieras hecho eso, no habrías podido venir a donde están tu pequeña María y su madre. Prométeme que nunca volverás a pensar en una cosa tan horrible». Todos nos miramos aturdidos, pero no podíamos entender a quién aludía ella. Con todo, se hizo evidente que el pobre padre lo sabía demasiado bien, porque se puso de rodillas y dijo, mientras las lágrimas le corrían por las mejillas: «Es verdad, todo es cierto, el miércoles yo había decidido cortarme el cuello; pero cuando tomé la cuchilla de afeitar para hacerlo, sentí que si mi hija hubiera estado viva se hubiera alejado de mí con horror, y este mismo pensamiento fue mi salvación».[27]

Caso real

Sir Arthur Conan Doyle

El doctor Guthrie contó lo siguiente... con la Sra. Blake [la médium] en que la información suplida no era conocida por los presentes ni la podía haber sabido la médium.

«Un conocido mío, de una importante familia de este lado del estado, cuyo abuelo había sido hallado sin vida y con el cráneo destrozado al pie de un alto puente, visitó a la Sra. Blake hace unos pocos años. Él no estaba pensando en su abuelo en ese momento. Se sorprendió mucho de que el «espíritu» de su abuelo le dijera que no se había caído del puente estando borracho, como se había presumido en ese tiempo, sino que había sido asesinado por dos hombres que le salieron

26. Ibid., pp. 62–64.
27. Ibid., p. 84.

al encuentro en un carretón y le habían amenazado, para después quitarle todos sus artículos de valor y arrojarlo desde el puente. El «espíritu» procedió entonces a describir minuciosamente la apariencia de los dos hombres que lo habían asesinado y dio tanta información que condujo al arresto y condena de uno o ambos de los individuos».[28]

Respuesta bíblica

La máxima autoridad sobre posesión demoníaca y exorcismo es Jesucristo. Aunque su ministerio duró solo tres años y se escribió en apenas cuatro libros del Nuevo Testamento, estos Evangelios de testigos oculares incluyen veintisiete pasajes que detallan las enseñanzas de Jesús sobre los demonios, la posesión demoníaca y el exorcismo. El número de pasajes que tratan de los mismos incidentes recalca la interacción de Jesús con los demonios: una interacción que fue a la vez frecuente y confrontacional.

Demonios, posesión y exorcismo en el ministerio de Jesucristo

Mateo 8.28-9.1	Marcos 3.13-19	Lucas 8.26-39
Mateo 9.32-34	Marcos 5.1-20	Lucas 9.1-2
Mateo 10.8	Marcos 6.12-13	Lucas 9.37-45
Mateo 12.22-30	Marcos 9.14-29	Lucas 9.49-50
Mateo 12.43-45	Marcos 9.38-41	Lucas 10.17-20
Mateo 17.14-21	Marcos 16.9-11	Lucas 11.14-26
Marcos 7.24-30	Marcos 16.17-18	Lucas 13.31-33
Marcos 1.23-28	Lucas 4.31-37	
Marcos 1.32-34	Lucas 4.40-41	
Marcos 1.39	Lucas 8.1-3	

28. Arthur Conan Doyle, *The History of Spiritism*, Arno, Nueva York, 1975, pp. 163–164.

Dios determinó que se dedicase una buena parte de la Biblia a la existencia, intención y estrategia de seres malvados inteligentes Su ejemplo confirma que la posesión demoníaca no es un fenómeno raro sino un suceso común. Jesús enseñó el exorcismo mediante el ejemplo; se enfrentó al mal regularmente, revelando información clave en cuanto al enemigo y demostrando su autoridad y poder sobre ellos.

Un pasaje en particular revela detalles asombrosos en cuanto a los demonios y sus relaciones con los seres humanos. «Cuando el espíritu inmundo sale del hombre, anda por lugares secos, buscando reposo, y no lo halla. Entonces dice: Volveré a mi casa de donde salí; y cuando llega, la halla desocupada, barrida y adornada. Entonces va, y toma consigo otros siete espíritus peores que él, y entrados, moran allí; y el postrer estado de aquel hombre viene a ser peor que el primero. Así también acontecerá a esta mala generación» (Mateo 12.43-45). Jesús enseñó estas cosas desde un lugar de autoridad: era el único en posición de *saber* los hechos. Sus palabras forman el cimiento de la guerra espiritual y, como tales, se las debe analizar y asimilar.

Escrituras	Información estratégica
Cuando el espíritu inmundo sale del hombre,	Los demonios tienen la capacidad de ocupar o compartir espacio (como parásitos) dentro de un cuerpo humano.
anda por lugares secos,	Los demonios son viajeros multidimensionales; cuando salen de alguien, dejan esta dimensión y entran en una dimensión cuya atmósfera (por implicación) no es acogedora; *lugares secos* (sin agua).
buscando reposo,	El griego traduce «receso; por implicación, esparcimiento».[29] La naturaleza demoníaca requiere alguna forma de *reposo;* un intermedio de los lugares secos.
y no lo halla.	Los demonios no pueden hallar descanso en lugares secos, así que entran en la dimensión de la tierra para buscar reposo dentro de los seres humanos; hallan un receso de sus peregrinajes y una forma de esparcimiento cuando ocupan a un individuo.
Entonces dice: Volveré a mi casa de donde salí;	Los demonios son criaturas racionales en busca de reposo y *una casa:* al no hallar reposo en los lugares secos, razonan que es mejor volver a la persona de la que salieron; una vida humana puede ser *una casa.* Los demonios son

29. Griego: *anapausis,* NT:372, *Nueva concordancia Strong exhaustiva.*

	posesivos de su casa: «*Volveré a* mi casa»; consideran que la persona que dejaron es su *casa.*
y cuando llega, la halla desocupada,	El griego traduce la palabra *desocupada* como «dedicada a la diversión; vacante».[30] Los seres humanos están *vacantes;* vacíos si el Espíritu Santo no vive en ellos.
barrida	La vida humana puede ser «barrida»; así como uno tomaría una escoba y barrería la suciedad de una casa, los seres humanos pueden ser «limpiados» de la suciedad que contamina una vida.
y adornada.	El griego traduce esto como *adornado* o «puesto en orden y decorado».[31] Todo parece perfectamente hermoso desde afuera, pero la casa está vacía.
Entonces va, y toma consigo otros siete espíritus peores que él, y entrados, moran allí;[32]	Una casa vacía siempre está indefensa y, *como tal, vulnerable,* pero es más difícil que un solo demonio posea o vuelva a posesionarse de una casa arreglada; necesita buscar ayuda. Los seres humanos cuyas vidas están dañadas (por sí mismos o por otros) son más vulnerables que las personas que mantienen sus vidas «barridas y adornadas». Cuando lo necesiten, los demonios unirán fuerzas y trabajarán juntos para derrotar a los seres humanos. Hay niveles de mal en el ámbito demoníaco; algunos demonios son más perversos que otros. Cuanto más perverso es un demonio, más *poderoso* es; las actividades de la vida y el embellecimiento del cuerpo y el espíritu no ofrecen protección contra la invasión de seres malignos. Dentro de un ser humano pueden vivir múltiples demonios.
y el postrer estado de aquel hombre viene a ser peor que el primero.	Una vez que múltiples demonios vuelven a una casa vacía, el individuo se vuelve más perverso que antes.

Un cristiano no puede ser poseído por un demonio

La posesión es un tema difícil, tanto desde el punto de vista de su amenaza como de la aceptación de la misma como realidad. Algunos tiemblan a la mención de los demonios;

30. Griego: *sjolázo;* de 4981; tomar vacaciones, i.e. estar en descanso para (por impl. dedicarse uno mismo por completo a); fig. estar vacante (de una casa), Ibid.
31. Griego: *kosméo;* de 2889; poner en orden propio, i.e. decorar (lit. o fig.), Ibid.
32. El regreso del espíritu con otros siete peores que él se refiere solamente al cuerpo humano y no a ningún edificio ni lugar.

otros se ríen como si fueran un mito. Pero el registro bíblico enseña que los demonios existen y la amenaza para el que no es cristiano sigue siendo una realidad peligrosa.

Hay un lugar dentro del ser humano que está para ser llenado con algo fuera de sí mismo: algo *sobrenatural*. El que recibe a Cristo en su corazón es llenado de inmediato con el Espíritu Santo. Todo el que rechaza a Dios sigue *vacante*, presa de los seres sobrenaturales malditos conocidos como demonios. Se entiende que si en uno habita el Espíritu Santo, Dios mismo, no puede también ser poseído por un demonio. Algunos dicen que el espíritu humano es como un complejo de apartamentos, con diferentes espíritus ocupando diferentes pisos (lo cual deja a los cristianos vulnerables a la posesión), pero este razonamiento solo conduce a la confusión y a la conclusión errónea de que Dios no es todopoderoso. La Biblia no menciona nada de «niveles» individuales dentro del espíritu humano. Y si la psiquis humana tiene diferentes «niveles», ¿cuántos *pisos* hay dentro de cada individuo? ¿Es un número uniforme, o varía de persona a persona? La confusión generada por esta analogía sin respaldo solo puede hacer daño a la fe de los creyentes y producir un temor innecesario. Dios es omnipotente y todopoderoso. Si Él no puede «limpiar la casa» y expulsar instantáneamente a los seres malignos, no es lo que dice ser. El argumento para que los cristianos sean poseídos por demonios tiene serios fallos en muchos aspectos, como lo demuestra un simple examen de la vida y ministerio de Jesús. Los demonios viven en absoluto terror de Jesucristo y, con unas pocas palabras sencillas, *siempre* se someterán a Él. No hay espacio para la cohabitación.

La Biblia no enseña que el que es verdaderamente siervo de Jesucristo pueda ser poseído por los demonios. La posesión por las fuerzas demoníacas, incluso si alguien pudiera decir «Ven a mí», sería algo opuesto a la teología bíblica. Esto nunca puede suceder en la demonología bíblica, por muchas razones. En 1 Corintios 6.19-20 se nos dice que nuestros cuerpos son el templo del Espíritu Santo. Cualquier cosa que intente profanar el templo de Dios, Dios la destruirá.

Dios les ha dado a sus hijos su *protección*. «¿O ignoráis que vuestro cuerpo es templo del Espíritu Santo, el cual está en vosotros, el cual tenéis de Dios, y que no sois vuestros? Porque habéis sido comprados por precio; glorificad, pues, a Dios en vuestro cuerpo y en vuestro espíritu, los cuales son de Dios». Al cristiano lo posee el Espíritu Santo; no nos pertenecemos a nosotros mismos. Le pertenecemos a Dios. Si uno es propiedad de Dios, los demonios no pueden invadirlo porque el Señor es el que vive allí, ¡y Él no va a permitir que el apartamento se convierta en una vivienda doble! Él no está viviendo en el piso superior con los demonios en el de abajo. Eso no es teología bíblica.

Dios es muy claro en cuanto a lo que Él ha hecho por nosotros en Jesucristo:

> No os unáis en yugo desigual con los incrédulos; porque ¿qué compañerismo tiene la justicia con la injusticia? ¿Y qué comunión la luz con las tinieblas? ¿Y qué concordia Cristo con Belial? ¿O qué parte el creyente con el incrédulo? ¿Y qué acuerdo hay entre el templo de Dios y los ídolos? Porque vosotros sois el templo del Dios viviente, como Dios dijo:
> Habitaré y andaré entre ellos,
> Y seré su Dios,
> Y ellos serán mi pueblo.
> Por lo cual,
> Salid de en medio de ellos, y apartaos, dice el Señor,
> Y no toquéis lo inmundo;
> Y yo os recibiré,
> Y seré para vosotros por Padre,
> Y vosotros me seréis hijos e hijas, dice el Señor Todopoderoso
> (2 Co. 6.14-17).

Las Escrituras son contundentes: Cristo no tiene concordia con Satanás. El templo de Dios no tiene concordia con el templo de los ídolos y se nos ordena recordar que el creyente no tiene comunión con los incrédulos; tampoco la justicia con la injusticia. Es obvio al leer la Palabra de Dios que, si somos el templo de Dios, entonces nuestros templos no tienen tregua alguna, de ninguna manera, con los ídolos. Debemos aceptar la Palabra de Dios como verdadera cuando dice que los gentiles sacrifican a los demonios (1 Co. 10.20). Así que las oraciones de los no creyentes y los sacrificios de los no creyentes se dirigen a los demonios y no a Dios. A Dios se le debe adorar en espíritu y en verdad, por medio del Espíritu Santo y con la verdad. Y si una persona quiere adorar Dios en espíritu y en verdad, primero debe nacer de nuevo espiritualmente (Jn. 4.24).

Algunos que están en el ministerio de «liberación» suelen afirmar que han visto a muchos cristianos librados de demonios. La respuesta a esto es sencilla: lo que han visto son la *cizaña* en el campo de trigo. Estas personas parecen cristianos, actúan como cristianos, saben todo el vocabulario de los que andan con Cristo, pero en lo más íntimo de su corazón no le han rendido sus vidas al Espíritu Santo. Si un pastor está orando por alguien así y se manifiestan voces que no pertenecen al individuo, es una buena indicación de una cizaña, puesto que bíblicamente es imposible que los verdaderos hijos de Dios sean poseídos por demonios.[33]

---

33. También es posible que el individuo esté lidiando con una enfermedad mental, o respondiendo según su inmadurez espiritual al error doctrinal enseñado por algunos que participan en los ministerios de «liberación».

También es posible en algunos casos que un cristiano vulnerable pueda responder a la presión de un pastor o asesor y reaccione para agradar a esa persona gritando o clamando que está luchando contra «Jezabel, el demonio del control».[34] Esto puede ser un problema difícil de diagnosticar, por eso se necesita una fuerte red de trabajo de liderazgo; no solo en denominaciones particulares, sino en toda la iglesia cristiana. La comunicación entre los líderes de la iglesia y los laicos es esencial para la evaluación sabia de casos difíciles.

Los cristianos son el templo de Dios. Si usted es cristiano, el espíritu de Dios mora en usted. A usted lo posee el Espíritu Santo y usted nunca puede llegar a ser el templo de ídolos o el templo de los demonios. «Hijitos, vosotros sois de Dios, y los habéis vencido; porque mayor es el que está en vosotros, que el que está en el mundo» (1 Jn. 4.4). La iglesia ha vencido a las fuerzas de Satanás en el mundo mediante el sacrificio del Señor Jesucristo en la cruz. Nuestra protección descansa en la autoridad de Jesucristo en la vida del creyente. «Sabemos que todo aquel que ha nacido de Dios, no practica el pecado, pues Aquel que fue engendrado por Dios le guarda, y el maligno no le toca» (1 Jn. 5.18). De acuerdo al griego, es Cristo el que está «guardando» y el maligno no puede tocarnos. «Porque él dijo: No te desampararé, ni te dejaré; de manera que podemos decir confiadamente: El Señor es mi ayudador; no temeré Lo que me pueda hacer el hombre» (Heb. 13.5-6).

Cómo luchar contra la opresión demoníaca

El cristiano no puede ser poseído, pero sí puede ser *oprimido* por los poderes de las tinieblas. La diferencia es que la posesión se manifiesta desde *adentro* y la opresión se manifiesta desde *afuera*. Esta es la realidad de la guerra espiritual: Satanás usará toda arma a su disposición para herir, debilitar, confundir y paralizar al creyente. Lo segundo mejor después de un incrédulo es un cristiano herido, yaciendo en el campo de batalla espiritual, *paralizado* por pecados, fracasos e inseguridades pasados. Esta parálisis es el resultado de la *opresión*, que a menudo se manifiesta en un espíritu de continuo peso, desesperanza o depresión.[35] Puede llevar a un sentido de desesperanza y una actitud de apatía. Puede tener sus raíces en el pecado: una decisión errada exacerbada por la culpa. Puede ser consecuencia de la rebelión. Puede ser resultado de no *obedecer* a Dios estudiando su Palabra y pasando tiempo en oración. Si los cristianos no se preocupan

34. Para más información sobre el «espíritu de Jezabel» véase capítulo 17, «La orientación cristiana y el ocultismo».

35. Hay algunas formas de depresión que tienen razones médicas y los remedios a veces son necesarios para llevar una vida equilibrada y productiva. A esta decisión se puede llegar solo después de consultar con el médico y el pastor.

lo suficiente como para ponerse diariamente su armadura espiritual, no pueden resistir contra los ataques *diarios* de Satanás y sus demonios.

Se lidia mejor con la opresión mediante el arrepentimiento, la oración y, a veces, el ayuno. Rededicar la vida a Jesús y obedecerle es el primer paso para derrotar y echar fuera la opresión. La comunión entre creyentes también provee enorme protección para los que están firmemente dentro de su círculo. La oración constante elevada por hermanos y hermanas en Cristo proporciona una poderosa protección. «Confesaos vuestras ofensas unos a otros, y orad unos por otros, para que seáis sanados. La oración eficaz del justo puede mucho» (Stg. 5.16).

Jesús prometió que estaría con nosotros hasta la consumación de los siglos (Mt. 28.20) y le dijo a la iglesia que las puertas del infierno no prevalecerán contra nosotros (Mt. 16.18). El Señor Jesucristo nos ha dado su palabra y sabemos que el Hijo de Dios ha venido y nos ha dado entendimiento para que podamos saber quién es verdadero (Heb. 13.20). Él nos ha librado de los poderes de las tinieblas. Estamos en el que es verdadero, su Hijo, Jesucristo. Este es el verdadero Dios; esta es la vida eterna.

Cómo luchar contra la posesión

¿Qué deben los cristianos hacer frente a la posesión demoníaca? Las Escrituras enseñan que es imperativo ponernos toda la armadura de Dios y resistir al diablo (Ef. 6.11; Stg. 4.7). ¡Resistirle! Santiago dice que si uno resiste el diablo huirá; no se irá caminando, *huirá*. El apóstol Pedro advirtió que nuestro adversario el diablo anda acechando como león rugiente, buscando a quien devorar (1 P. 5.8), pero Jesucristo encontró a Satanás y lo expulsó usando la Palabra de Dios: «Respondiendo Jesús, le dijo: Vete de mí, Satanás, porque escrito está: Al Señor tu Dios adorarás, y a él solo servirás» (Lc. 4.8). Es el poder del Espíritu Santo de Dios, manifestado con gran autoridad, quien vence a Satanás (Heb. 2.4, 14). Jesucristo se manifestó para deshacer las obras del diablo (1 Jn. 3.8). Y cuando Jesús entró en el mundo, murió por nuestros pecados y resucitó de los muertos, triunfó sobre Satanás. Las Escrituras revelan que Jesús le quitó a Satanás el poder de la muerte y liberó a los que temían a ella. La muerte fue sorbida en la vida de resurrección; el temor fue conquistado con amor eterno. El temor atormenta, pero el amor perfecto echa fuera el temor (1 Jn 4.18).

Cómo evaluar la posibilidad de posesión

La posesión demoníaca siempre está relacionada con la exposición a algún tipo de actividad de ocultismo. Ya sea la experimentación personal con el tablero güija o la participación de un pariente o amigo en hechicería, las consecuencias de explorar el mundo de lo oculto pueden ser de largo alcance y muy nocivas.

Siempre que se sospeche de posesión demoníaca en amigos o familiares, basándose en los síntomas evidentes en la vida de la persona, es imperativo pedir que un ministro o ministerio de confianza evalúe la situación.[36] A menudo la esquizofrenia va asociada con la posesión demoníaca y, en estos casos, los remedios farmacéuticos serán de escasa ayuda para el individuo. Esto es una señal clara de que hay implicado algo más. Es posible tener una enfermedad mental y estar poseído por un demonio, como también es posible *parecer* que se tiene una enfermedad mental como resultado de posesión demoníaca. Una manera sencilla de determinar la diferencia es usar el nombre y la autoridad de Jesucristo. Su poder supremo desenmascara lo que algunos han llamado la etapa de «simulación» de posesión, en la que el individuo puede esconder la presencia del demonio. Es común que alguien que está poseído por un demonio exhiba arrogancia y desprecio por todo lo relacionado con Dios, Jesucristo o el cristianismo. Algunos pueden tener dificultades para orar y no quieren tener nada que ver con la iglesia. Si se sospecha de posesión, una sesión breve de preguntas y respuestas incluyendo el nombre de Jesucristo suele ser iluminadora.

Una vez que se ha escogido un asesor y se ha determinado y aceptado el hecho de la posesión demoníaca, Dr. Kurt Koch ofrece los siguientes pasos para la liberación:

1. La liberación es posible solo por medio de Cristo.
2. Todo objeto de hechicería debe ser destruido.
3. Se deben romper los contactos de médiums y amistades.
4. Confesión [de pecado].
5. Oración de renuncia [pedir perdón por todo contacto personal o familiar con lo oculto].
6. Perdón de pecados.
7. Liberarse de los poderes de las tinieblas [ordenar a los demonios que se vayan].
8. Grupo de oración [puede tener lugar durante y después el exorcismo].
9. Oración y ayuno [de nuevo, puede tener lugar durante o después del exorcismo].
10. Protección de la sangre de Cristo.

36. Para más información sobre asesoramiento véase capítulo 17, «La orientación cristiana y el ocultismo».

11. Ordenar en el nombre de Jesús.
12. Los medios de la gracia.
13. El retorno de los espíritus malos [una advertencia bíblica explicando lo que puede suceder si la persona rechaza a Jesucristo].
14. Las armas de esta guerra.
15. Reconocer la victoria.
16. Rendición completa.[37]

El exorcismo es un proceso de liberación y sanidad, demostrado por Jesucristo en su ministerio y practicado regularmente por la iglesia inicial. A la luz del ejemplo bíblico nunca se lo debe evadir ni descartar por temor o escepticismo. Las fuerzas demoníacas respetan y temen la cruz de Cristo, y se sujetan a ella. Cuando se invoca el nombre de Jesucristo de Nazaret y se dice: «¡Cállate!» se quedan en silencio y permanecen así. Puede haber ocasiones en que los cristianos encuentren fuerzas demoníacas que no respondan al exorcismo normal, como Jesús reveló en Mateo 17.16; estos son demonios que solo saldrán con oración y ayuno. Pero si se encuentra con este caso, es importante recordar que cuando los discípulos, o Pablo, encontraron demonios la autoridad de Cristo triunfó inevitablemente (Hch. 16.16-18). Satanás ha sido vencido por la cruz y la gloria de la resurrección.

La Biblia enseña claramente que los demonios creen y tiemblan. «Y clamaron diciendo: ¿Qué tienes con nosotros, Jesús, Hijo de Dios? ¿Has venido acá para atormentarnos antes de tiempo?» (Mt. 8.29). Cuando Cristo encontró a Satanás en Lucas 4, Satanás creía que Jesús era el Cristo, el Hijo de Dios. Incluso Satanás reconoció la autoridad de Jesús y le hizo frente con autoridad. «Otra vez le llevó el diablo a un monte muy alto, y le mostró todos los reinos del mundo y la gloria de ellos, y le dijo: Todo esto te daré, si postrado me adorares» (Mt. 4.8-9). Los poderes de las tinieblas siempre deben generar un saludable respeto en todo encuentro, pero permanecerán en sujeción a la iglesia por el poder de Cristo.

---

37. Koch, *Ocultismo y cura de almas* (pp. 89–127 de la traducción inglesa). Para una explicación más detallada del proceso de exorcismo véase el capítulo 17: «La orientación cristiana y el ocultismo».

CONCLUSIÓN

La demonología bíblica le da al cristiano una posición muy fuerte en la guerra espiritual. Las Escrituras revelan que cuando los discípulos de nuestro Señor encontraron fuerzas demoníacas tuvieron autoridad sobre ellas y las echaron fuera. A los hijos de Dios se les ha dado un enorme poder, pero con el mismo viene una advertencia: «Pero no os regocijéis de que los espíritus se os sujetan, sino regocijaos de que vuestros nombres están escritos en los cielos» (Lc. 10.20).

No tenga temor de la opresión demoníaca. Jesucristo es el gran libertador; clame a Él. Si usted conoce a Jesucristo como su Salvador, usted es templo de Dios y no tiene que tener miedo de la posesión. Si no es un creyente en el Señor Jesucristo y no descansa en la autoridad de la Palabra de Dios, entonces oiga la palabra del Señor: «Y todo aquel que invocare el nombre del Señor, será salvo» (Hch. 2.21). La victoria sobre las fuerzas de las tinieblas es una victoria sustentada por el Espíritu Santo de Dios. «No con ejército, ni con fuerza, sino con mi Espíritu, ha dicho Jehová de los ejércitos» (Zac. 4.6).

El mundo está bajo el dominio del príncipe de las tinieblas. El apóstol Juan nos recuerda que todo el mundo languidece en el regazo del maligno. Nunca olvide el poder del enemigo, ni lo subestime. Los demonios llevan registro de los detalles; la Biblia tiene sus razones para llamarlos «espíritus familiares». El mundo de lo oculto ofrece misterio y poder en miles de formas diferentes, pero tanto si se trata del tarot, como de la misa negra o el horóscopo diario, es la misma fuerza. Al lidiar con estas cosas, debemos aprender sobre la naturaleza del adversario y tener cuidado.

El apóstol Juan advirtió a la iglesia para guardar sus corazones y guardarse de los ídolos (1 Jn. 5.21). Un ídolo es una representación de un *demonio;* un engaño peligroso en el que algunos pueden caer si no están preparados. La palabra *guardarse* viene del griego *fulasso,* que quiere decir «estar en guardia».[38] *Hijitos, guárdense.* Guárdense de los demonios manteniéndose lejos de los ídolos, reconociendo el lugar que ustedes tienen en Jesucristo y poniéndose la armadura completa de Dios. «Vestíos de toda la armadura de Dios, para que podáis estar firmes contra las asechanzas del diablo. Porque no tenemos lucha contra sangre y carne, sino contra principados, contra potestades, contra los gobernadores de las tinieblas de este siglo, contra huestes espirituales de maldad en las regiones celestes» (Ef. 6.11-12).

Jesús conocía la dificultad de esta lucha y oró por la iglesia. «No ruego que los quites del mundo, sino que los guardes del mal» (Jn. 17.15). Dios ha puesto a su iglesia

38. NT:5442, *fulásso*; prob. de NT:5443 mediante la idea de aislamiento; vigilar, i.e. estar de guardia (lit. o fig.); por impl. preservar, obedecer, evadir (*Nueva concordancia Strong exhaustiva*).

en este mundo con un propósito: plantar cara a las fuerzas de las tinieblas por el poder del Señor Jesucristo.

Recursos recomendados

1. Koch, Kurt. *Ocultismo y cura de almas.* Barcelona: Clie, 1990.
2. Koch, Kurt. *Occult Practices and Beliefs* [Prácticas y creencias ocultistas]. Grand Rapids: Kregel, 1971.
3. Martin, Walter. *Evil and Human Suffering* [El mal y el sufrimiento humano]. CD o cinta de audio, Walter Martin Ministries, www.waltermartin.com.
4. Martin, Walter. *Growing in the Spirit* [Crecer en el espíritu]. CD o cinta de audio, Walter Martin Ministries, www.waltermartin.com.

Breves apuntes acerca del Jesús del ocultismo

- Los que participan en el ocultismo niegan la verdadera historia y persona de Jesucristo; generalmente la añaden a las prácticas de lo oculto para añadir credibilidad.
- El «Cristo» del ocultismo no es un ser único; no es el único Cristo.
- Jesús es un hombre que descubrió principios que se pueden imitar.
- El nombre de Jesús puede invocarse en algunas prácticas ocultistas para añadir poder o autoridad.

15

El Jesús del ocultismo

Dios ha establecido la Biblia como la regla para medir la verdad; revela todo lo esencial en cuanto a la persona, naturaleza y obra de su Hijo, Jesucristo. Sin embargo, a pesar de las advertencias bíblicas que prohíben toda alteración o manipulación de la Palabra de Dios, siempre hay quienes cruzan la línea y producen una falsa imagen de Jesús.[1] Esta redefinición de Jesucristo, elaborada para que se ajuste a fines personales, no es otra cosa que una nueva presentación de las mismas complejas mentiras producidas y promovidas por los gnósticos durante los tiempos de la iglesia inicial.

Durante toda su vida, el apóstol Juan observó cómo se infiltraban en la iglesia falsas enseñanzas en cuanto a Jesús y respondió con fuerza a la herejía gnóstica, ofreciendo la prueba de su testimonio presencial de la verdadera persona de Jesucristo:

> Lo que era desde el principio, lo que hemos oído, lo que hemos visto con nuestros ojos, lo que hemos contemplado, y palparon nuestras manos tocante al Verbo de vida (porque la vida fue manifestada, y la hemos visto, y testificamos, y os anunciamos la vida eterna, la cual estaba con el Padre, y se nos manifestó) (1 Jn. 1.1-2).

Al concluir su Evangelio señaló que el mundo no podría contener los libros que se escribieran con veracidad en cuanto a Jesús, así que es probable que supiera que el mundo haría todo lo posible para escribir las mentiras. «Y hay también otras muchas cosas que hizo Jesús, las cuales si se escribieran una por una, pienso que ni aun en el mundo cabrían los libros que se habrían de escribir» (Jn. 21.25). No es coincidencia, entonces, que la teosofía y otras creencias basadas en el ocultismo hablen en términos deslumbrantes del culto antiguo del gnosticismo, que prosperó en los primeros tres siglos de la era cristiana y casi consiguió hacer un daño irreparable a la fe cristiana histórica. Los eruditos bíblicos reconocen la Epístola de Pablo a los Colosenses y la Primera Epístola de Juan como esfuerzos apologéticos directos contra las enseñanzas que brotaron de esta

1. «No añadas a sus palabras» (Pr. 30.6).

secta: la espiritualización (por metáfora) del Antiguo Testamento, la redefinición de la terminología cristiana contemporánea, la sustitución por un dios impersonal del Dios de la revelación y la reducción de Jesucristo a un semidios o a una emanación panteísta de una esencia divina incognoscible.[2] Desdichadamente, estas herejías tempranas escribieron muchas falsedades sobre Jesús que se las han arreglado para sobrevivir durante dos mil años de historia tumultuosa. Hoy, la iglesia cristiana batalla contra la misma oposición sectaria y ocultista contra la que los apóstoles lucharon en tiempos antiguos. Es cierto que los seguidores de Jesús dejaron innumerables libros escritos para gloria de Cristo, pero los escritos del enemigo todavía se las arreglan para confundir y abrumar a los desprevenidos.

LA IDENTIDAD DE JESÚS

Jesús enseñó a sus discípulos que los engañadores siempre alteran su identidad, así que les preguntó: «¿Quién dicen los hombres que es el Hijo del Hombre?» La respuesta de los discípulos revela cómo los hombres no regenerados trataban desesperadamente de explicar a Jesucristo: «Unos, Juan el Bautista; otros, Elías; y otros, Jeremías, o alguno de los profetas». Jesús entonces les preguntó a sus discípulos su comprensión: «Y vosotros, ¿quién decís que soy yo? Respondiendo Simón Pedro, dijo: Tú eres el Cristo, el Hijo del Dios viviente» (Mt. 16.13-16).

La curiosidad insatisfecha del alma de la humanidad, en su condición perdida, exige que se explique a Jesús. Incluso los que tuvieron acceso al ministerio terrenal de Cristo falsamente concluyeron que era Juan el Bautista, Elías, Jeremías o alguno de los profetas. Uno de ellos fue Herodes. En Mateo 14.1-2, hallamos que «En aquel tiempo Herodes el tetrarca oyó la fama de Jesús, y dijo a sus criados: Este es Juan el Bautista; ha resucitado de los muertos, y por eso actúan en él estos poderes». Es inaudito que los que tuvieron acceso a Jesucristo y su obra no conocieran su verdadera identidad. Estas personas solo tenían que escuchar a Jesús y creer lo que decía cuando se llamaba Hijo de Dios (Jn. 10.36). No es sorpresa, entonces, que otros desde ese tiempo han tratado de moldear una imagen distorsionada de Cristo. Esta es la naturaleza del ocultismo; es lo que los ocultistas hacen con la persona, naturaleza, obra e historia de Cristo.

La literatura del mundo rebosa de textos especulativos en cuanto a Jesucristo. Sus enemigos cubren todos los siglos e incluyen sobre filósofos seculares, fanáticos de la religión y ocultistas. Estos volúmenes denigran al Cristo bíblico y lo reinventan de modo que el personaje al que presentan como Jesús es un «cristo» falso e irreconocible. Esto

2. Martin, *Kingdom of the Cults* (1965), p. 222.

coincide perfectamente con lo que el apóstol Pablo escribió en 2 Corintios 11.4 en cuanto a los que predican a otro Jesús: «Porque si viene alguno predicando a otro Jesús que el que os hemos predicado, o si recibís otro espíritu que el que habéis recibido, u otro evangelio que el que habéis aceptado, bien lo toleráis». Avisó a la iglesia cristiana de que otros usarían el nombre de Jesús, pero que el Jesús que ellos predicaban no era el que Pablo predicaba. Las palabras tienen significado y no podemos permitir que la gente redefina a Jesús y al cristianismo a capricho. Debemos demostrar al verdadero Jesús de la Biblia la misma fidelidad que demostraron sus discípulos. La antítesis de la enseñanza de los apóstoles está claro que es el Jesús falso.

Algunos tal vez se pregunten por qué alguien que niega la verdadera persona del Cristo bíblico se molestaría en escribir acerca de Él o incluir su nombre en sus obras. Para los sectarios y ocultistas, sin embargo, la conexión del nombre de Jesús con sus creencias y prácticas les da la ilusión de credibilidad, puesto que muchos han oído de Cristo. Pero cuando las Escrituras prueban al Jesús de ellos, ese personaje se queda miserablemente lejos de la verdad de Dios; nunca es su figura central ni la esencia de su fe. Jesús es algo incidental y periférico, insertado en donde quiera que ellos lo consideren beneficioso o aceptable. Su sistema de auto exaltación existe sin Cristo.

Los no creyentes a menudo tratan a Jesús como un mito o una figura mística y su concepto del Jesús histórico influye sobre su dirección espiritual. Hay quienes niegan la fiabilidad de la historia del Nuevo Testamento y se acercan a Jesús como a un mito, de la misma manera que considerarían a Krishna, Tor o Neptuno. Para ellos, el nombre de Jesús no tiene nada que ver con un Salvador personal. Más bien, Jesús es un medio hacia un fin: el poder personal cósmico necesario para lograr una tarea. Al relegar a Jesús al mito, pueden reescribir y reinventar su vida para que encaje cómodamente dentro de su cosmovisión. Son minimalistas en lo referente a aceptar al Jesús histórico, conceden una venia tácita a su existencia en tanto que niegan toda certeza de la misma. Esto abre la puerta de par en par a la deconstrucción de la verdad y la invención de error.

Para complicar las cosas, el siglo pasado, con sus escritores ocultistas, se nutrió de una dieta continua de negativas respecto a Cristo de parte de los que afirmaban representar al cristianismo: los teólogos liberales que comenzaron en el siglo XIX. Abriendo el camino a los tiempos modernos estuvo la desmitologización de los evangelios hecha por el teólogo luterano liberal Rudolf Bultmann, cuya premisa daba por sentado el carácter mítico de los evangelios. La crítica de la forma de Bultmann culminó en la tristemente célebre debacle del Seminario de Jesús en la década de los noventa, durante el cual se cuestionó cada palabra de Cristo bajo votación de sí y no por parte de los eruditos. Este fondo estimuló a los escritores ocultistas a reinterpretar la historia de Cristo a voluntad, produciendo así una persona de Jesús muy diferente de la que presentan las Escrituras: un Jesús compuesto de mito y misticismo, que existe en algún punto más allá de la historia. Fue una reinvención que elevó a todos los que la fabricaron muy por encima de los estudios históricos serios. Este es el Jesús del ocultismo. Muchos tratan de justificar esta cosmovisión aduciendo que Jesús enseñó teorías similares a las de ellos; aceptan la ilusión de un Jesús histórico mientras que al mismo tiempo lo alteran para que encaje en sus teorías o perspectivas.

Un ejemplo de esto se halla entre los seguidores de la cienciología, que afirman, sin ninguna evidencia, que «Jesús fue un miembro de la secta de los esenios, que creían en la reencarnación». Así implican que Jesús, como ellos, creía en la reencarnación.[3] L. Ron Hubbard, fundador de la cienciología, se limitó a revender su conexión con ocultistas como Aleister Crowley y Jack Parsons y mezcló prácticas ocultistas con sus teorías.[4] Aunque a veces trataba a Jesús como figura histórica, Hubbard escribió en otras ocasiones sobre Cristo en términos mitológicos, dejándole como una leyenda: «Hallarás... la leyenda de Cristo como un implante en preclaros hace un millón de años».[5] En la cienciología solo hay una ilusión del Jesús histórico y no está basada en los documentos históricos del Nuevo Testamento.

El comentario de Hubbard sobre la mitología y la oración es revelador: «La maldición del pasado ha sido una simulación de conocimiento. Hemos tenido una adoración de una fábula. Hemos tenido oraciones elevadas a un mito».[6] El cristianismo tiene una larga historia de distinciones entre fábulas o mitos y la *verdad* verificable de manera histórica. Irónicamente, el apóstol Pedro usó la palabra griega *mutos* (mito) para refutar una insensatez semejante en el primer siglo: «Porque no os hemos dado a conocer el poder y la venida de nuestro Señor Jesucristo siguiendo fábulas [mitos] artificiosas, sino como habiendo visto con nuestros propios ojos su majestad» (2 P. 1.6). Pedro hizo énfasis en el cimiento histórico y factual del cristianismo.

---

3. Véase *Scientology: A World Religion Emerges in the Space Age*, Church of Scientology of California, Los Ángeles, 1979, p. 15.
4. Detalles de esto se pueden hallar en Martin, *Kingdom of the Cults* (2003), p. 350.
5. L. Ron Hubbard, *Professional Auditor's Bulletin 31*, citado por Kevin Anderson, *Report of the Board of Inquiry into Scientology*, Australia Parliament Government Printer, Melbourne, 1965, p. 150.
6. L. Ron Hubbard, *A New Slant on Life*, Publications Organization, Los Ángeles, 1952, p. 59.

Algunos escritores del ocultismo aceptan la existencia histórica de Jesús y sin embargo lo tratan como una figura mística, un hombre que aprendió cómo usar los poderes latentes que ellos desean. Al transformar a Jesús en un místico judío, cambian su carácter, añaden arbitrariamente falsos atributos que sirven a sus propósitos. La fluidez del misticismo les permite *formar* a Jesús a su imagen personal, en lugar de *conformarse* a la imagen bíblica de Jesús.

Es difícil para personas como estas creer que están haciendo algo inmoral o dañino al cambiar la imagen de Jesús, puesto que no ven ninguna retribución futura por sus acciones. Elizabeth Clare Prophet, una mística ocultista, usa este tipo de razonamiento creativo en sus enseñanzas sobre el descubrimiento del «yo» interior. La mayoría de sus seguidores solo tienen un conocimiento superficial de Jesús, así que ella puede usarlo como un catalizador en sus escritos, instando a sus seguidores a hacer lo que ella aduce que Jesús hizo: aprender el yo es Cristo.[7] Muy al contrario, la Biblia enseña que Jesús no descubrió el yo para ser Cristo; Él es el único y solo Cristo; un Ser único. De acuerdo con el apóstol Juan, cualquiera que niega que Jesús es el Cristo, es un mentiroso (1 Jn. 2.22).

La Sra. Prophet trata de separar a *Jesús* de *el Cristo*. Este error lo cometen muchos ocultistas en cuanto a Jesucristo y es una vieja herejía gnóstica que Juan enfrentó hace dos mil años. Los maestros del ocultismo mantienen que Jesús ejerció la conciencia del Cristo, descubrió al Cristo, fue bautizado con el Cristo, o manifestó al Cristo; cualquier cosa para diferenciarle de *el Cristo*. Para los escritores ocultistas, Jesús no puede ser *el* Cristo, puesto que «Cristo» es una entidad etérea invisible que cualquiera puede exhibir; Jesús simplemente descubrió cómo demostrarla con más éxito del que otros habían podido tener hasta ese momento.

Evangelio acuariano de Jesús, el cristo de la era de piscis es un libro que pinta a Jesús como un individuo atraído por el ocultismo, y enseña la herejía gnóstica de que Jesús no es el Cristo. Es más, mantiene que Jesús supuestamente reveló esto: «Los hombres me llaman el Cristo, y Dios ha reconocido el nombre; pero Cristo no es un hombre... Miren al Cristo interior que será formado en cada uno de ustedes, como se ha formado en mí».[8] Este motivo recurrente de negar a Jesús como el Cristo corre con fuerza por la literatura ocultista. Frente a esta herejía, los cristianos no pueden conformarse con menos que la confesión de Pedro: «Tú eres el Cristo, el Hijo del Dios viviente» (Mt. 16.16).

---

7. Elizabeth Clare Prophet, *Inner Perspectives*, Summit University Press, Livingston, MT, 2003, p. 2.
8. Levi H. Dowling, *Evangelio acuariano de Jesús, el cristo de la era de piscis*, Hojas de Luz, Málaga, España, 2006 (p. 8 del original en inglés).

La redefinición de Jesús

Los ocultistas alteran la naturaleza de Jesús de múltiples maneras, puesto que no hay una superestructura organizacional ni exigencia de uniformidad. No parece preocuparles que Jesús difiera en naturaleza de un grupo a otro o de un libro a otro. Sin embargo, en toda la historia se ha fijado el precedente de que las palabras deben tener un significado específico. Las definiciones existen para aclarar y evitar confusión. Un riñón no se puede redefinir como corazón, ni un corazón como riñón simplemente porque un grupo de personas insiste en hacerlo. De la misma manera, a Jesús no se lo puede redefinir como una idea en lugar de como una persona simplemente para dar acomodo a algún sistema particular de creencias.

En defensa de la fe es importante rastrear, identificar y refutar este tipo de error en donde quiera que ocurra. Hay que defender al Jesús bíblico; su identidad no puede ser suplantada por cualquier idea preconcebida de un escritor basada en la cosmología, la epistemología, la filosofía, la teología o la psicología. El apóstol Pablo advirtió en cuanto a este error: «Mirad que nadie os engañe por medio de filosofías y huecas sutilezas, según las tradiciones de los hombres, conforme a los rudimentos del mundo, y no según Cristo» (Col. 2.8). El Jesús bíblico es el estándar mediante el cual se deben medir todas las filosofías o principios de este mundo; y no a la inversa.

El nombre *Jesús* es la única similitud entre el Jesús bíblico y el *otro* Jesús que redefinen las enseñanzas del ocultismo. Por ejemplo, el Jesús que predica el espiritismo, un grupo ocultista que realice *séances*, canalización de espíritus y métodos variados para contactar con los muertos, es un médium avanzado en la sexta esfera del plano astral.[9] Los espiritualistas, o espiritistas, son médiums que contactan con los muertos, así que ven a Jesús como un médium que hacía lo mismo. También remplazan el cielo con seis esferas de proyección astral, así que Jesús mora en la sexta esfera de proyección astral.

Este es el mundo de las sectas y el ocultismo: en definitiva amalgaman a Jesús en cualquiera o en toda mezcla de falsa doctrina. Lo que marca la separación entre ellos y el cristianismo es un término teológico: *cristología*, la persona, naturaleza y obra de Jesucristo. La pregunta más importante que se debe hacer a alguien perdido en el ocultismo es esta: «¿Qué piensas tú de Cristo?» No discuta con los espiritistas en cuanto a fenómenos y percepción extrasensorial, o con los grupos de la Nueva Era y los seguidores de la Ciencia Cristiana en cuanto a cómo existe la materia. Olvídese de argumentar con teólogos liberales y unitarios en cuanto a la historicidad del evangelio y los rollos del Mar Muerto. Más bien, ahonde a la única pregunta importante: ¿Quién es Jesús de Nazaret? Si es el

9. Para un análisis exhaustivo del espiritismo, véase Martin, *Kingdom of the Cults* (2003), p. 261.

Dios eterno en forma humana, el cimiento del reino del ocultismo se desintegra, porque todo se basa en una premisa: Jesús no es verdaderamente Dios en forma humana.

El Jesús bíblico reveló su verdadera identidad cuando dijo: «Porque si no creéis que yo soy, en vuestros pecados moriréis» (Jn. 8.24). El Jesús del ocultismo no es el Jesús de la Biblia.

Los escritores ocultistas y Jesús[10]

Durante el siglo XIX, el movimiento del espiritismo estadounidense produjo un intenso interés público en lo oculto gracias al relato de ocultismo sensacionalista de las hermanas Fox de Rochester, Nueva York (1848). La Sociedad Teosófica, abiertamente ocultista, las seguía de cerca con revelaciones de contactos espirituales con el otro lado (1875). Brotaron rápidamente grupos escindidos de la teosofía y nuevas organizaciones bajo los rótulos de Ciencia Mental, Nuevo Pensamiento y grupos de investigación psíquica, que se extendieron prolíficamente, proveyendo toda una hueste de autores que escribieron literatura ocultista del estilo «hágalo usted mismo» que pondrían el cimiento de los grupos Nueva Era de los años ochenta. Estos movimientos y los escritos de sus líderes ejercerían un profundo impacto en el mundo que los rodeaba:

El Jesús mágiko antiguo

Johannes Trithemius (1462-1516), mago esotérico ocultista y mentor de Heinrich Cornelio Agrippa. Se dedicó a escribir sobre la magia angelical e integró a Jesús en sus invocaciones mágicas. Esta invocación, tomada de su libro *The Art of Drawing Spirits into Crystals* [El arte de atraer los espíritus a los cristales], usa la Trinidad y el nombre de Jesús para ritos mágicos: «Tomando tu anillo y un pentáculo, ponte el anillo en el meñique de tu mano derecha; cuelga el pentáculo alrededor de tu cuello... toma tu varita mágica de ébano negro, con letras doradas, y traza el círculo, diciendo: "En el nombre de la bendita Trinidad, consagro este pedazo de terreno... por Jesucristo nuestro Señor"».[11] Jesús, entonces, se convierte en parte de una invocación de magiak, lo que es contrario a su santidad y justicia.

10. Cada cita incluye una sinopsis del grupo o escritor que promueve la afirmación, así que el cristiano puede hablar con más inteligencia en la evangelización. Se selecciona a cada escritor específicamente por afirmar algo en cuanto a Jesús, ya sea un enunciado representativo de un grupo de ocultismo o algo que se obtuvo mediante medios ocultistas, como la canalización de espíritus.

11. Trithemius, *The Art of Drawing Spirits into Crystals*, según se cita en Francis Barrett, trad. de la version en inglés, *The Magus*, libro II, N.P., Londres, 1801, pp. 135ss. Edición en Internet: www.esotericarchives.com/tritheim/trchryst.htm.

Arbatel of Magick (1655), libro anónimo, que fue publicado en latín en 1575 y traducido al inglés en 1625. Contenía, como su subtítulo dice, «la sabiduría espiritual de los antiguos». Se presenta a Jesucristo en los párrafos iniciales como el que bendice la magia y las invocaciones mágicas. «En el nombre del Creador de toda las cosas... que reveló sus misterios de los tesoros a los que lo invocan; y... concedió sus secretos sobre nosotros sin medida. Que nos concedas a nosotros, por su hijo unigénito Jesucristo nuestro Señor, sus espíritus ministradores, los reveladores de sus secretos, que podamos escribir este *Libro de Arbatel,* respecto a los más grandes secretos que es lícito al hombre conocer».[12]

El Jesús místico cabalista

Enrique Cornelio Agrippa (1846-1535), influyente filósofo alemán, escritor y conferenciante universitario sobre la magia, el ocultismo y la cábala. Su educación católico-romana le capacitó para parecer muy ortodoxo en cuanto a la Trinidad y a Jesucristo, pero se apartó de la ortodoxia aduciendo que había magia particular en el nombre de Jesús, especialmente en las cuatro letras cabalísticas de Jehová que él transformó en Jesús o *Jesu.*

Agripa escribió:

> En la iglesia, sobre la cual el nombre del Cordero tiene influencia, es decir, el nombre de Jesús, en el cual está toda la vertud (*sic*) del nombre de cuatro letras; viendo que *Jehová* el Padre le ha dado a él todas las cosas. Por consiguiente, los cielos recibieron de los ángeles eso que ellos arrojaron; pero los ángeles del gran nombre de Dios y *Jesú,* la virtud del cual está primero en Dios... siendo traducida en el nombre de Jesús, en el único en el cual se hacen los milagros... De aquí que hoy ningún favor se puede derivar de los cielos a menos que intervenga la autoridad, favor y consentimiento del nombre de *Jesú.*[13]

El Jesús de Júpiter y Marte

Emanuel Swedenborg (1688-1772), fundador de la Iglesia de la Nueva Jerusalén, que adujo revelación mediante proyección astral, contacto de espíritus y otros medios ocultistas. En sus revelaciones, Swedenborg dejó su cuerpo y viajó por el sistema solar, comunicándose con los espíritus que habitan de Venus hasta Júpiter, respecto a lo cual escribió

---

12. Robert Turner, trad. de la version en inglés, *Arbatel of Magick*, Londres, 1655. Edición digital con prólogo de Joseph H. Peterson (1997), www.esotericarchives.com/solomon/arbatel.htm.
13. Henry Cornelius Agrippa, *Three Books of Occult Philosophy or Magic, Book Three—Ceremonial Magic*, Gregory Moule, Londres, 1651, cap. 4. Edición digital por Joseph H. Peterson (2000) disponible en www.esotericarchives.com/agrippa/agrippa3.htm.

obras voluminosas. Enseñó que Jesús gobierna la comunicación de los espíritus con el hombre: «El hombre es muy ignorante de que está gobernado por el Señor por medio de ángeles y espíritus, y que con un hombre hay por lo menos dos espíritus y dos ángeles. Por los espíritus se efectúa una comunicación del hombre con el mundo de los espíritus; y por los ángeles con el cielo».[14]

En *Earths in the Universe* [Tierras en el universo] de Swedenborg leemos que Jesús apareció en Júpiter: «Los espíritus y ángeles que son de la tierra Júpiter... reconocen a nuestro Señor... Se les preguntó si sabían que el único Señor es un hombre. Ellos replicaron que sabían que es un hombre, porque en su mundo muchos lo habían visto como hombre».[15] En Marte se adora a Jesús: «Los espíritus de Marte están entre los mejores de todas las tierras del sistema solar, porque son los hombres más celestiales... Reconocen y adoran a nuestro Señor... que el Señor gobierna tanto los cielos y el universo es una verdad conocida también por los cristianos en esta tierra».[16]

El Jesús maestro ascendido

Helena Petrovna Blavatsky (1831-1891), cofundadora de la teosofía, que llegó a ser la organización madre de muchos grupos ocultistas, esotéricos y de la Nueva Era. Blavatsky, autora de *Isis sin velo* (1877), *La doctrina secreta* (1888), y numerosas publicaciones teosóficas, enseñaba la existencia de una jerarquía de maestros ascendidos en el cielo. Jesús es uno de ellos. Enseñan la ley del karma y la reencarnación que, según ellos, Jesús enseñó y a la que también estuvo sujeto. En un claro estilo gnóstico, Blavatsky dijo que Jesús no es el Cristo: «Porque Cristo, el verdadero Salvador esotérico, no es hombre sino el PRINCIPIO DIVINO en todo ser humano».[17]

El Cristo a tiempo parcial de Acuario

Levi H. Dowling (1824-1911), predicador que se hizo médico. Tenía una visión recurrente sobre «construir una ciudad blanca» que le llevó a sendas esotéricas y del ocultismo. La ciudad que buscaba llegó a ser la «traducción» de un libro de sus visiones de ocultismo de los registros akásicos de los maestros de Acuario, el *Evangelio acuariano de Jesús, el cristo de la era de piscis* (1907). Imitó a los antiguos gnósticos al hacer separación

14. Emmanuel Swedenborg, *Arcana Coelestia,* n. 50, citado en Julian K. Smyth y William F. Wunsch, comps., *The Gist of Swedenborg,* Iungerich Publication Fund, Filadelfia, 1920, http://www.sacred-texts.com/chr/swe/gos.htm.
15. Emmanuel Swedenborg, *Earths in the Universe,* trad. al inglés por John Whitehead (1892), www.sacredtexts.com/swd/eiu/eiu02.htm (acceso obtenido 2 junio 2007).
16. Swedenborg, *Arcana Coelestia,* pp.745–778.
17. Helena Blavatsky, *Estudio sobre ocultismo,* Asociación Nueva Acrópolis, Madrid, 1989 (p. 134 de la edición en inglés).

entre Jesús y Cristo. Dowling enseñaba que hay muchos cristos, y que uno es enviado a «todo mundo y estrella y luna y sol».[18]

El libro revela los casi dieciocho años perdidos de la vida de Jesús, en los que Dowling lo pone en la India, el Tíbet, Persia, Asiria, Grecia y Egipto. El *Evangelio acuariano* dice: «Cuando decimos "Jesús el Cristo" nos referimos al hombre y a su oficio; tal como cuando decimos Eduardo el rey, o Lincoln el presidente. Eduardo no siempre fue rey, ni Lincoln fue siempre presidente, y Jesús no siempre fue Cristo. Jesús ganó su calidad crística por medio de una vida difícil».[19] Al parecer, Dowling se perdió Lucas 2.11, donde Jesús «es» Cristo al nacer: «que os ha nacido hoy, en la ciudad de David, un Salvador, que es Cristo el Señor»).

El Jesús de la luna llena

Alice Bailey (1880-1949), teósofa que por medios ocultistas de escritura automática y mediúmnicos contactó con un espíritu llamado Djwhal Khul, también conocido como *el tibetano.* Escribió veintiséis libros con las revelaciones del tibetano y fundó el Lucis Trust, la Arcane School y World Goodwill. Su primera revelación de Cristo vino en junio de 1945, durante «la luna llena del Cristo, así como la luna llena de mayo es la de Buda».[20] Recibió una invocación (oración) que sus seguidores repiten a diario y les comunicó que Jesucristo y la jerarquía de maestros ascendidos también la repiten a diario.[21] En la jerarquía, Buda y Cristo serán exaltados juntos: «Buda y el Cristo pasarán juntos ante el Padre... y con el tiempo pasarán a un servicio más alto de una naturaleza y calibre desconocido para nosotros».[22] Sobre la reencarnación escribió que «Cristo enseñará la ley del renacimiento» en su reaparición.[23]

El Jesús masón

Masonería libre, logias de varios órdenes existen en todo el mundo. Como miembros de una logia secreta, los masones juran no revelar sus ritos ceremoniales, bajo pena de muerte, pero hay muchos libros escritos por ex masones de alto grado que siguen siendo la mejor fuente de información. Muchos de los ritos de la masonería libre se consideran ocultistas (secretos u ocultos), e integran junto a la Biblia y Jesucristo ideas gnósticas, el zodíaco y otras creencias.

18. Dowling, *Evangelio acuariano* (p. 12 de la edición en inglés).
19. Ibid., p. 14.
20. Alice Bailey *La reaparición de Cristo,* Sirio, Málaga, España, 1999 (p. 31 de la edición en inglés).
21. Ibid., p. 34.
22. Ibid., p. 40.
23. Ibid., p. 115.

Los masones enseñan que pueden llegar a ser cristos: «Es mucho más importante que los hombres procuren llegar a ser cristos que el que deban creer que Jesús fue Cristo... Jesús no es menos divino porque todos los hombres puedan llegar a la misma perfección divina».[24] Albert Pike, oficial confederado y masón de grado 33, reveló que a Jesús se lo consideraba de la misma categoría que otros líderes religiosos: «Eso reverencia a todos los grandes reformadores. Ve en Moisés, el legislador de los judíos, en Confucio y Zoroastro, en Jesús de Nazaret, y en el iconoclasta árabe, grandes maestros de moralidad y reformadores eminentes, si acaso no más: y permite a todo hermano de la orden asignar a cada uno tan alto, incluso divino, carácter como su credo y verdad requiera».[25] También ponía en tela de juicio si Jesús era el único redentor: «Él redimirá y regenerará al mundo, y el Principio, el Poder y la existencia del mal entonces cesarán; que esto sea realizado por los medios e instrumentos que él escoja emplear; sea por los méritos de un Redentor que ya ha aparecido, o por un Mesías que todavía hay que esperar, por una encarnación de sí mismo, o por un profeta inspirado, eso no nos toca decidirlo a nosotros como masones».[26]

El Jesús de la Gran Hermandad Blanca

Guy Ballard (1878-1939) y ***Edna Ballard*** (1886-1971), fundaron una organización popular de maestros ascendidos fuera de la Sociedad Teosófica, llamada el Movimiento YO SOY y la Fundación Saint Germain.[27] Guy creía que era Ricardo Corazón de León, el rey Enrique V y Jorge Washington reencarnados. Edna creía que ella era Benjamín Franklin y Juana de Arco. Sumergidos en el ocultismo, los Ballard hicieron a Jesucristo uno de los miembros de la Gran Hermandad Blanca de maestros ascendidos, que es una jerarquía de seres celestiales (muy parecida a la teosófica). A la Jerarquía, como se la llama, también se la conoce como la Logia Blanca, la Gran Logia Blanca y la Hermandad. Escribiendo bajo el seudónimo de Godfré Ray King, Guy Ballard describió cómo recibió al Cristo esotérico: «El siguiente paso es el reconocimiento: "Ahora acepto con gozo la Plenitud de la Poderosa Presencia de Dios, al Cristo Puro". Siente el Gran Brillo de la "Luz" intensificada en todas las células de tu cuerpo por lo menos diez minutos más».[28]

---

24. Jirah Dewey Buck, *Mystic Masonry,* Regan Publishing Corporation, Chicago, 1925, p. 62.
25. Albert Pike, *Morals and Dogma of the Ancient and Accepted Rite of Freemasonry,* L. H. Jenkins Book, Richmond, VA, 1958, p. 525.
26. Ibid., p. 308. Similarmente, en la página 525, Pike dice: «Ni si el Redentor, esperado y anhelado por todas las naciones, ha aparecido en Judea, o está todavía por venir».
27. La Fundación de Saint Germain tiene treinta y cuatro nombres de subentidades, siendo la más común el Poderoso YO SOY y la Actividad YO SOY.
28. King, *Unveiled Mysteries,* p. 11.

El Jesús místico de la rosacruz

Harvey Spencer Lewis (1883-1931) y ***Max Heindel*** (1865-1903). Lewis fue el fundador de la Antigua y Mística Orden Rosacruz (AMORC) y Heindel fundó la orden rival, la Hermandad Rosacruz. Estos grupos estadounidenses popularizaron ampliamente el rosacrucianismo, pero otros remontan su historia hasta un grupo pequeño de seguidores del siglo XIV.[29] Lewis afirmaba que Jesús no era judío: «Jesús nació de padres gentiles por cuyas venas corría sangre aria»:[30] y no murió en la cruz, «Jesús no estuvo muerto. La sangre que brotó de sus heridas demostró que su cuerpo no estaba sin vida».[31] En lugar de ello, Jesús se retiró al monasterio del Carmelo [donde] vivió muchos años y realizó misiones secretas con sus apóstoles».[32]

Heindel atribuía un misticismo ocultista a Jesús: «El fundador de la religión cristiana dio una máxima ocultista [en] (Marcos 10.15). Todos los ocultistas reconocen la trascendental importancia de esta enseñanza de Cristo».[33] En términos gnósticos, Heindel escribió: «El Cristo espíritu que entró en el cuerpo de Jesús cuando el mismo Jesús lo vació fue un rayo del Cristo cósmico. Es posible hacer un seguimiento de Jesús en sus previas encarnaciones y rastrear su crecimiento hasta el presente día».[34]

El Jesús del profeta durmiente

Edgar Cayce (1877-1945), conocido como el «profeta durmiente» porque parecía estar dormido mientras daba «lecturas» en un estado de trance. Tiene seguidores por todo el mundo. Fundó la organización la Asociación para la Investigación y la iluminación Espiritual (ARE, por sus siglas en inglés). Entre sus catorce mil lecturas a menudo habló de Dios y Jesucristo, puesto que en un tiempo fue maestro de una escuela dominical protestante y había leído la Biblia completa unas cincuenta veces, pero sus enseñanzas adoptaban una mezcla de teosofía y ocultismo.[35]

Cayce enseñaba que Jesús y Cristo son entidades distintas: «¡Cristo no es un hombre! ¡Jesús fue el hombre! ¡Cristo fue el mensajero! ... ¡El Cristo de todas las eras!»[36] Jesús fue

29. De hecho, en Europa brotaron varias organizaciones rosacruces en el siglo XVIII, pero a menudo estuvieron limitadas a membresía de masones, como la sociedad de Wenworth Little, Societas Rosicruciana (1866).
30. Harvey Spencer Lewis, *The Mystical Life of Jesus*, Rosicrucian, San José, CA, 1948, p. 53.
31. Ibid., p. 265
32. Ibid., p. 289.
33. Max Heindel, *The Rosicrucian Cosmo-conception or Mystic Christianity*, Rosicrucian Fellowship, Oceanside, CA, 1937, p. 5.
34. Max Heindel, *The Rosicrucian Philosophy in Questions and Answers*, Rosicrucian Fellowship, Oceanside, CA, 1941, p. 181.
35. Véase Noel Langley y Hugh Lynn Cayce, *Edgar Cayce on Reincarnation*, Paperback Library, Nueva York, 1967, pp. 51-52 y 364-365 por ejemplos de los registros akásicos, astrología y los espíritus de la Gran Hermandad Blanca que guiaban a Cayce.
36. Ibid., p. 157.

un hombre que se había reencarnado como «Amilius, como Adán, como Melquisedec, como Zend, como Ur, como Asaf, como Jesúa o José (Josué) o Jesús».[37] Si se reencarnó como Adán, entonces, el futuro Jesús también es el que pecó en Edén, «P: ¿Cuándo le vino a Jesús el conocimiento de que él iba ser Salvador del mundo? R: Cuando cayó, en Edén».[38] En sus primeros años Jesús enseñó «los enunciados de la [Gran] Hermandad [Blanca]», estudió astrología y se educó en Esenia, la India, Persia y Egipto».[39]

El Jesús de la energía pura

Dolores Ashcroft-Nowicki (n. 1929), directora de la Servants of the Light School [Escuela de los Siervos de la Luz], grupo europeo de Nueva Era. Ashcroft-Nowicki tiene diecisiete libros en su haber que incluyen una redefinición de la resurrección según la cual Jesús resucitó como una sobrecargada forma oculta de energía y no con un cuerpo humano resucitado. Ella interpretó la afirmación de Jesús en Juan 20.17, «No me toques, porque aún no he subido a mi Padre», como que tenía un cuerpo de protomateria que consistía en energía pura. También indicó que una oleada de energía podía haber matado a María si le hubiera tocado, puesto que el contacto habría desestabilizado la supuesta forma del cuerpo de Jesús.[40]

El Cristo que está ya aquí

Benjamin Creme (n. 1922), seguidor de la Nueva Era y estudioso de la teosofía. Sorprendió al mundo en 1982 al colocar en diecisiete de los periódicos más grandes del mundo el anuncio de que «el Cristo está ya aquí». Cuando se le preguntó cómo lo sabía, Creme reveló que había recibido mensajes psíquicos telepáticos de un tibetano (como Alice Bailey) a quien nunca había visto o conocido. Fundó el TARA Center, una organización Nueva Era. Creme enseñaba:

> Dios siempre trabaja mediante agentes... El Cristo es un agente. El Cristo no es Dios... El Cristo es el Maestro de todos los maestros, pero no es Dios, y nunca afirmó ser Dios. Es un Hijo de Dios, pero también lo somos nosotros... Para mí, Dios es la suma total de todo lo que existe en el total del universo manifiesto y no manifiesto... Esa energía, porque es una energía (no hay nada más), no es

---

37. Jeffrey Furst, *Edgar Cayce's Story of Jesus*, Berkley, Nueva York, 1968, pp. 39-40. A Enoc también se lo añade a la encarnación de Jesús, p. 71.
38. Ibid., p. 47.
39. Ibid., pp. 188-191.
40. Dolores Ashcroft-Nowicki y J. H. Brennan, *Magical Use of Thought Forms: A Proven System of Mental and Spiritual Empowerment*, Llewellyn, Woodbury, MN, 2001, p. 137.

un hombre, sino que se manifiesta por los hombres. Maitreya, el Cristo, es la incorporación de Ese Principio en este planeta.[41]

El Jesús Cristo e Hijo de los astrólogos

Linda Goodman, cuyo nombre de nacimiento era ***Mary Alice Kemrey*** (1925-1995), astróloga zodiacal cuyos populares libros mantienen su fuerte influencia mucho después de su muerte. Los astrólogos de hoy llevan una variedad de ideas de la Nueva Era con distintos grados de flexibilidad, como karma, reencarnación, almas gemelas, almas compañeras y Dios como una vibración impersonal que impregna el universo (tal vez Brahma), aunque algunos astrólogos, como Jeane Dixon, personalizan a Dios.

Goodman decía ser cristiana, pero escribió que Jesús estaba casado y tenía un «alma gemela».[42] Todo el mundo puede ser «el Cristo», como Jesús lo fue, puesto que «Cristo es sencillamente otro término para el Espíritu Santo, que puede entrar en cualquiera».[43] En cuanto a Jesús y la Trinidad, escribió: «El Cero vibratorio de Plutón también contiene el misterio secreto de la Santa Trinidad del cristianismo. "Padre-Hijo-Espíritu Santo". El "hijo" (humanos de ambos sexos) es *energía masculina.* El "Espíritu Santo" (espíritu de Cristo) es la *energía femenina*».[44] Goodman afirmaba ser cristiana, como hacen muchos escritores de ocultismo, pero la prueba de la verdad es si sus obras concuerdan con la Palabra de Dios. Ella cambió por completo la naturaleza de la Trinidad en algo irreconocible en las Escrituras.

Jesús en el curso errado

Helen Schucman (1909-1981), profesora de la Universidad Columbia y psicóloga clínica que invadió Estados Unidos con su éxito de librería *Un curso de milagros* (1975); canalizada por una voz interior afirmó que era Jesucristo. Mediante estas experiencias de médium, el libro de Schucman pretendía corregir los errores del cristianismo ortodoxo, lo que resultó en una redefinición de muchos aspectos del cristianismo. El libro tiene tres partes. La primera representa a Jesús diciendo una nueva revelación para corregir donde los apóstoles entendieron mal la crucifixión: «El mensaje de la crucifixión es perfectamente claro... Enseña solo amor... Si uno interpreta la crucifixión de cualquier otra manera, está usándola como arma para ataque antes que como el llamado a la paz que tenía como propósito. Los apóstoles a menudo lo malentendieron».[45]

---

41. Creme, *The Reappearance of the Christ and the Masters of Wisdom*, p. 115.
42. Linda Goodman, *Linda Goodman's Love Signs*, Fawcett Columbine, Nueva York, 1978, p. 7.
43. Ibid.
44. Ibid., p. 17.
45. Helen Schucman, *Curso de milagros*, Fundacion para la Paz Interior, Mill Valley, CA, 1992 (1:87 de la edición inglesa).

Schucman presentó a un Cristo gnóstico: «El nombre de Jesús es el nombre del que fue hombre pero vio la cara de Cristo... llegó a identificarse con Cristo, ya no hombre... El hombre era una ilusión... ¿Es él el Cristo? Oh sí, junto contigo».[46]

El Jesús despertado de Spangler

David Spangler (n. 1945), ampliamente conocido entre los seguidores de la Nueva Era como promotor entusiasta de sus experiencias paranormales y ocultistas. Encuentros con experiencias fuera del cuerpo, seres espirituales, canalización y ovnis condujeron a Spangler a abrazar los escritos y la educación esotéricos, lo que se refleja en sus comentarios sobre distinguir a Jesús del Cristo: «El verdadero nacimiento de Cristo no fue el nacimiento de Jesús. Jesús fue un individuo que por sí mismo tuvo que recapitular ciertas etapas. Él edificó sobre el patrón que Buda había establecido... Él mismo tuvo que despertar. Tenía que tocar, en su conciencia, este modelo de Cristo».[47]

El Cristo psíquico fuera del cuerpo

Jane Roberts (1929-1984), médium canalizadora por trance para un espíritu llamado Set. Roberts escribió una serie de libros llamados *El material Seth,* basados en sus encuentros con esta entidad. Sus comunicaciones con espíritus vinieron mediante las experiencias fuera del cuerpo, la güija, la canalización en trance y la escritura automática. Según la idea de Roberts, el Cristo no es solo Jesús, sino un grupo de personas, principalmente Jesús, Juan y Pablo. De este último dijo: «La tercera personalidad de Cristo será en verdad conocida como un gran psíquico».[48] Ella puso en duda que Jesús fuese crucificado, y se refería a la crucifixión como un «evento psíquico».[49]

El Jesús cósmico del mantra

Elizabeth Clare Prophet (n. 1939), ocultista teósofa y de la Nueva Era que encabeza la Summit Lighthouse [El faro de la cumbre] y la Iglesia Universal y Triunfante. Autora prolífica con más de setenta y cinco libros, ha sido médium en trance para varios maestros ascendidos que hablan por ella. Prophet ha reunido un elevado número de seguidores al combinar los principales postulados de las fes del mundo en su sistema. «Los estudiantes que vienen a Summit Lighthouse hallan en nuestro altar una estatua de Buda, una estatua de la madre María, una pintura imponente del Señor Jesucristo y

---

46. Ibid., 3: p. 83
47. David Spangler, *Reflections on the Christ,* Findhorn, Moray, Escocia, 1978, p. 6.
48. Jane Roberts, *Habla Seth: La eterna validez del alma,* Luciérnaga, Barcelona, 1999 (p. 329 del original en inglés). Roberts también dijo que a Jesús, Juan y Pablo colectivamente se les llama «la entidad Cristo», p. 339.
49. Ibid., p. 206.

una pintura de Saint Germain, el maestro de la Era de Acuario. Así, la combinación de nuestros espíritus en oriente y occidente ha producido una meditación sobre la madre, el Cristo y el Buda».[50] Sobre mantras y meditaciones, Prophet escribió: «Jesús usó mantras y los enseñó a sus discípulos en el aposento alto, pero mucho de esto no está registrado en las Escrituras».[51] En sus oraciones los seguidores de Prophet invocan al Cristo cósmico: «Invoco la gran luz de entendimiento del Cristo cósmico, Señor Maitreya; de Jesucristo y Kutumí, los maestros del mundo; de Gautama Buda y todos los que están sirviendo con las evoluciones de la tierra por el avance de la conciencia».[52]

El Jesús del alma viajera

Paul Twitchell (1918-1971), ocultista que fundó Eckankar, organización religiosa que practica el viaje esotérico del alma, en el cual el individuo deja el cuerpo para viajar a planos espirituales enseñados por Eckankar. La perspectiva teológica de Twitchell reemplazó la palabra *Dios* por el nombre sagrado *Sugmad*, a quien describió como la divinidad presente en todas las formas de vida. *ECK* es el Espíritu Divino. Los maestros ECK han emergido en ocasiones en la historia; la ocasión número 971 es Twitchell. Como maestro ECK, el Jesucristo reencarnado viajó en el alma y ayudó a otros a hacer lo mismo. Cristo es en realidad un maestro ECK del 3000 a.c. «El cristiano tiende a vestirse con sentimientos y pensamientos del Cristo, y todo se ve en ese contexto. Años después estos individuos en particular hallan que no se trataba en absoluto de Jesús: era el maestro ECK Gopal Das».[53] A Gopal Das, al que aquí se identifica como Jesucristo, también se atribuye la fundación de las sectas mistéricas de Osiris e Isis.

El Jesús de los ovnis

***Charles Boyd Gentzel* «El-Morya»** (1922-1981) y ***Pauline Sharpe* «Nada-Yolanda»** (1925-2005), fundadores de Mark-Age, Inc., grupo ocultista que mezcla los ovnis con ideas teosóficas. Gentzel y Sharpe recibieron mensajes de ovnis extraterrestres y «maestros etéreos» vía escritura automática y enseñaron que Jesús era el Cristo o *Sananda*, que giraba en órbita sobre la tierra en un ovni como comandante de una flota de ovnis que en ocasiones aterrizaban para demostrar su realidad a los terrícolas.[54]

---

50. Prophet, *Inner Perspectives*, p. 32.
51. Ibid., p. 10.
52. Ibid., p. 44.
53. Sri Harold Klemp, "Paul Twitchell's Spiritual Search", www.eckankar.org/Masters/Peddar/hisSearch.html. Klemp, maestro ECK 973, remplazó a Darwin Gross, quien remplazó a Twitchell.
54. Nada-Yolanda, *Visitors from Other Planets*, Mark-Age, Miami, 1974, p. 1ss.

Claude Vorilhon (n. 1946), también conocido como Rael, es el fundador de la secta ufológica Movimiento Raeliano (1987). Aparecieron en las noticias internacionales en el 2002 afirmando haber clonado el primer bebé humano. Esto captó la atención de los medios internacionales de comunicación y de investigación, pero Rael presentó ante las preguntas de los medios de comunicación un muro de silencio. Rael, que abiertamente se llama a sí mismo el Mesías, el último profeta de Dios y el cumplimiento del retorno de Cristo, tiene comunicaciones mediúmnicas con seres extraterrestres que él piensa que son científicos humanos extraterrestres, nuestros creadores, que revelan secretos esotéricos.[55] Su «mensaje» por Internet dice que estos creadores extraterrestres fueron malentendidos como «dioses» y que originaron nuestras principales religiones, es decir, «a Jesús, cuyo padre fue Eloha, le fue dada la tarea de esparcir estos mensajes [los mensajes de Rael] por todo el mundo».[56] También se afirmaba que Jesús, Moisés, Buda y Mahoma estaban vivos en planetas extraterrestres gracias a técnicas avanzadas de clonación, la que ellos afirman que es «el secreto de la vida eterna».[57]

Jesús como Miguel

William S. Sadler (1897—1969), médico que participó en la formación de la Fundación Urantia (1955) y la transcripción y publicación de *El libro de Urantia.* Se calcula que la fundación tiene unos 250,000 seguidores que creen que *El libro de Urantia* es escritura sagrada. El libro afirma ser revelación de seres sobrehumanos intergalácticos que llaman a la tierra Urantia (uno de los diez millones de planetas habitados en nuestro universo local, y existen otros seis universos). Estos superseres dieron una historia del universo a dos escribas como dictado de una persona anónima en un estado de sueño, similar a los métodos ocultistas empleados por los canalizadores. El libro corrige varios supuestos errores de la Biblia y suple la información que falta sobre Jesucristo.

En *El libro de Urantia* la Trinidad del paraíso consta de «el Padre Universal, el Hijo Eterno y el Espíritu Infinito».[58] Ellos crearon «hijos creadores» llamados «Migueles».[59] Los Migueles creadores crearon unos siete billones de planetas habitados (incluyendo la tierra),[60] en donde «son creadores y dioses».[61] Miguel del Nebadón es el creador de Urantia (Tierra). La encarnación de Jesús se describe como sigue: «El Hijo Eterno vino al hombre mortal en Urantia cuando la personalidad divina de su Hijo, Miguel

55. Movimiento Raeliano, http://es.rael.org/rael_content/intro.php.
56. http://es.rael.org/rael_content/rael_summary.php.
57. http://es.rael.org/e107_plugins/vstore/showpic.php?id=31&cat=8.
58. *El libro de Urantia* (p. 1141 en el inglés original).
59. Ibid., p. 335. A Jesús también se le llama el «Cristo Miguel» en varios lugares (p. 341).
60. Ibid., pp. 164, 167.
61. Ibid., p. 241.

de Nebadón, se encarnó en la naturaleza humana de Jesús de Nazaret».[62] Negando la resurrección corporal de Jesús, el libro dice: «Su cuerpo material o físico no fue parte de la personalidad resucitada. Cuando Jesús salió de la tumba, su cuerpo de carne permaneció intacto en el sepulcro».[63]

El tablero güija y Jesús el maestro ocultista

Chelsea Quinn Yarbro (n. 1942), autora de cuatro libros sobre el contacto mediante güija con un espíritu llamado Michael: *Mensajes de Michael* (1979), *More Messages from Michael* [Más mensajes de Michael] (1986), *Michael's People* [Pueblo de Michael] (1988), y *Michael for the Millennium* [Michael para el milenio] (1995). Yarbro popularizó los grupos de enseñanza de Michael, y autores subsiguientes han publicado más de una docena de libros adicionales que contienen «las enseñanzas de Michael» de varios grupos de Michael de Estados Unidos de América. La premisa de la enseñanza espiritual de Michael es típica de la Nueva Era y afirma que somos seres reencarnados. Michael, mediante el tablero güija, dijo: «El pensamiento griego ejerció mucha influencia sobre el hombre Jesús, particularmente Epicuro... Jesús fue un maestro ocultista... El hombre que tú llamas Jesús no murió en la cruz, murió más tarde».[64] Michael reveló después que Jesús no nació de una virgen y que se casó.

Jesús el brujo

La hechicería, sistema de creencias libremente entretejido, todavía tiene enseñanzas y maestros representativos. ***Patrica Crowther*** (n. 1927), sumo sacerdotisa bruja y portavoz de la brujería, dijo esto de Jesús: «Pienso que él era un brujo. Obró milagros y lo que nosotros llamaríamos magia, curó a personas e hizo la mayoría de cosas que se espera de un brujo. Tenía su propio *coven* de trece».[65]

Jesús el psíquico

Jeane Dixon (1904-1927), psíquica y astróloga mundialmente famosa que afirmó haber predicho el asesinato del presidente John F. Kennedy mediante poderes psíquicos.[66] Dixon afirmaba que sus dones psíquicos venían del Señor: «Es un sentimiento asombroso

---

62. Ibid., p. 86.
63. Ibid., p. 2021.
64. Chelsea Quinn Yarbro, *Mensajes de Michael: Una voz espiritual hace contacto con nosotros*, Grijalbo Mondadori, Barcelona, 2002 (pp. 176-177 del original en inglés).
65. Crowther y Crowther, *The Secrets of Ancient Witchcraft*, p. 164.
66. Véase sobre las explicaciones de Jeane Dixon en el capítulo 9, bajo el subtítulo «Bola de cristal».

e inspirador ser una obrera del Señor», y, «se me han dado ciertos dones psíquicos que yo he estado procurando desarrollar y usar de acuerdo a la voluntad de Dios».[67]

Mary T. Browne (n.f.), psíquica afincada en Nueva York y autora de éxitos de librería que tiene más de cinco mil clientes de Wall Street y profesionales de clase alta que apoyan sus carreras en las capacidades psíquicas de ella. Browne dijo de Cristo: «Jesús fue un psíquico. Le dijo a Tomás: "Antes de que el gallo cante, me negarás tres veces". Dígame, ¿no es eso una predicción psíquica?»[68] De alguna manera, la *psíquica* Browne se perdió el hecho de que Jesús le dijo esto a *Pedro*, no a Tomás.

Jesús el redentor loco y sin poder

Anton Szandor LaVey, cuyo nombre de nacimiento era ***Howard Stanton Levey*** (1930-1997), autor de *La biblia satánica* (1969) y fundador de la Iglesia de Satán (1966). Aunque los escépticos se burlaron de su mofa del cristianismo, su permanencia y firmes seguidores demandan seria atención. *La biblia satánica* habla poco de Jesucristo, puesto que ese no es el tema; sin embargo, las siguientes líneas llaman a Jesús «redentor loco» e impotente y se burlan de su crucifixión: «Yo mojo mi dedo índice en la sangre aguada de tu redentor loco impotente y escribo sobre su frente destrozada por las espinas; ¡el VERDADERO príncipe del mal; rey de los esclavos!»[69]

El Jesús de Ramtha que se salvó a sí mismo.

Judy Zebra Knight (J. Z. Knight), cuyo nombre de nacimiento era ***Judith Darlene Hampton*** (n. 1926), canalizadora de trance profundo para un espíritu de 35,000 años llamado Ramtha; es la fundadora de la Escuela de Iluminación de Ramtha (1987). J. Z. Knight es una médium de la Nueva Era popular y solicitada, con seguidores por todo el mundo. Knight escribió que Jesús era un Dios, tal como otros humanos lo son, lo que lo coloca en el estatus de hermano y no de salvador. También afirmó que Jesús llegó a ser un Cristo, tal como otros humanos lo han hecho, y que Jesús no es responsable de nuestra salvación, porque él estaba salvándose a sí mismo mediante el descubrimiento de que él era Dios.[70]

---

67. Rene Noorbergen, *Jeane Dixon: My Life and Prophecies,* William Morrow, Nueva York, 1969, pp. 57, 65.
68. "Confessions of a Psychic", *Psychology Today* (noviembre y diciembre 1994), http://psychologytoday.com/articles/pto-19941101-000020.html.
69. LaVey, *La biblia satánica* (p. 30 del original en inglés).
70. Judy Zebra Knight, *El libro blanco,* Arkano, Madrid, 2008 (pp. 63-64 del original en inglés).

Respuesta bíblica

Jesucristo, en la verdadera esencia de su ser, no puede ser cambiado por los deseos caprichosos y veleidosos del hombre. La doctrina de la inmutabilidad de Cristo, que refuta todos los cambios que el hombre hace a su naturaleza, se expone claramente en Hebreos 1.8-12:

> Mas del Hijo dice:
> Tu trono, oh Dios, por el siglo del siglo;
> Cetro de equidad es el cetro de tu reino.
> Has amado la justicia, y aborrecido la maldad,
> Por lo cual te ungió Dios, el Dios tuyo,
> Con óleo de alegría más que a tus compañeros.
> Y:
> Tú, oh Señor, en el principio fundaste la tierra,
> Y los cielos son obra de tus manos.
> Ellos perecerán, mas tú permaneces;
> Y todos ellos se envejecerán como una vestidura,
> Y como un vestido los envolverás, y serán mudados;
> Pero tú eres el mismo,
> Y tus años no acabarán.

El Padre dirigió estas afirmaciones a Jesucristo. Citó Salmo 102.25-27, aplicando directamente estas palabras a Jesucristo. Estaba diciendo que Jesús creó los cielos y la tierra, permanece, es el mismo y sus años no acabarán. Estos hechos, junto con Hebreos 13.8: «Jesucristo es el mismo ayer, y hoy, y por los siglos», dan amplio respaldo a la inmutabilidad de la naturaleza de Cristo. Cuando los que pertenecen a las sectas, el ocultismo o a las religiones del mundo reinterpretan a Jesús, contradicen directamente las Escrituras.

El cristiano que comprende la cristología, cimentada en los textos del Nuevo Testamento, no debe tener dificultad en exponer los errores del Jesús tergiversado por el hombre. Hay solo un Jesús verdadero, así que a cualquier «otro Jesús» se le debe marcar como falso. Al fabricar su imagen corrupta de él, esos falsos maestros se traicionan a sí mismos y revelan que no saben nada del Señor Jesucristo.

Las siguientes doctrinas cristianas se levantan para refutar todas las fuerzas que se alzan contra nuestro Salvador:

- Existe un Dios, no hay ningún otro.
- Jesucristo preexistía como Dios, segunda Persona de la Trinidad, coigual con el Padre y el Espíritu Santo.
- Jesucristo se hizo Dios encarnado en la tierra mediante la concepción milagrosa en la virgen María y fue declarado Señor y Cristo cuando nació.
- Jesús es Cristo, nadie más puede ser «un Cristo». Vivió una vida sin pecado. Expió vicariamente nuestros pecados por su muerte en la cruz. Resucitó de los muertos en el mismo cuerpo con que fue crucificado, y sin embargo resucitó con un cuerpo inmortal glorificado. Ascendió a los cielos para sentarse a la diestra de la gloria de Dios. Volverá en persona por su iglesia de la misma manera en que se fue.

Solo un Dios

La Biblia enseña explícitamente que no existe ningún otro dios más que el Dios vivo y verdadero. Deuteronomio 6.4 dice: «Oye, Israel: Jehová nuestro Dios, Jehová uno es». Isaías añadió que ningún Dios existió ni antes ni después de él: «Antes de mí no fue formado dios, ni lo será después de mí» (43.10). El salmista expresó la misma doctrina: «Sólo tú eres Dios» (Salmo 86.10).[71] Los ocultistas suelen pintar a Jesús como uno entre muchos dioses, pero podemos descansar seguros en el testimonio bíblico de que hay solo un Dios.

Dios es una Trinidad de Personas

Dios es personal, lo que quiere decir que tiene todas las características que configuran a una persona y así se comunica por todas las Escrituras.[72] El hecho de que Padre, Hijo y Espíritu Santo se comuniquen entre sí como personas confirma su distinción personal. Las tres personas han coexistido eternamente en perfecta unidad, armonía y amor en su naturaleza como Dios.

Es importante notar que la palabra *uno* no necesariamente indica una existencia *solitaria.* Dios dijo a Adán y Eva que llegarían a ser «una carne» en Génesis 2.24; la unión de dos personas que llegaron a ser una delante de Dios. Dios mismo reconoce la unidad de un carácter compuesto como algo que existe dentro del mundo que Él creó.[73]

---

71. Otros versículos para consultar son Dt. 4.39; Is. 44.8; Mc. 12.32; y Stg. 2.19.
72. Norman Geisler lo dice de esta manera: «Cada miembro individual de la Trinidad es una persona, puesto que a cada uno se le menciona como persona (yo, quien). Cada uno tiene todos los elementos básicos o poderes de la personalidad: mente, voluntad y sentimiento» (Geisler, *Systematic Theology,* 2: p. 287).
73. Walter Martin, *Essential Christianity* (libro electrónico), p. 25, www.waltermartin.com.

Dios es una persona llamada el Padre. Esto se demuestra fácilmente partiendo de muchos pasajes bíblicos, tales como Romanos 1.7: «Gracia y paz a vosotros, de Dios nuestro Padre y del Señor Jesucristo». No hay duda de que el Padre es una persona, y es Dios.

Dios es una persona llamada el Hijo. Hebreos 1.8 lo dice con claridad: «Mas del Hijo dice: Tu trono, oh Dios, por el siglo del siglo». Dios Padre le habló a otra persona, el Hijo, dirigiéndose a Él como Dios. Está claro en las Escrituras que existe solo un Dios, pero ahora vemos a dos personas como Dios.

Dios es una persona llamada el Espíritu Santo. En 2 Samuel 23.2-3 David escribió (como introducción de su última profecía): «El Espíritu de Jehová ha hablado por mí... El Dios de Israel ha dicho...». La introducción de David muestra que el Espíritu Santo es el que habla, una persona, y que esa misma persona es el Dios de Israel.

Cuando se examina la evidencia bíblica, revela tres personas divinas como un Dios trino.[74] Cientos de versículos proveen un fuerte cimiento bíblico para la doctrina de la Trinidad. Los escritores ocultistas a menudo niegan que Dios sea un ser personal, mucho menos un ser tripersonal, optando más bien por una entidad panteísta, impersonal, que lo impregna todo, que es tanto roca como agua o aire. Algunos escritores ocultistas asemejan a su dios a una fuerza de energía impersonal parecida al monismo: *todo en uno*, a veces llamada mente, fuerza, conciencia o energía universal. En cualquier caso, la naturaleza personal de Dios, incluso la naturaleza tripersonal de Dios, según se enseña en las Escrituras, corrige su error. La naturaleza de Jesús como Dios es la de la persona eterna verdadera de Dios, la segunda persona de la Trinidad. Cuando los maestros ocultistas altera la deidad de Jesús y le hacen menos que el Dios verdadero, han roto una barrera prohibida y pervertido la naturaleza del Hijo de Dios.

Jesús es Dios encarnado

Los cristianos hablan de la encarnación de Jesucristo con la confianza del testimonio directo del Antiguo y Nuevo Testamento. Hacerse hombre no cambió la naturaleza de Jesús como Dios y su naturaleza como Dios encarnado no alteró su humanidad. Ni su deidad ni su humanidad sufrieron cambio en cuanto a la unión de sus dos naturalezas en la persona única de Jesucristo. Una afirmación particular de Pablo ilustra con claridad esto:

74. Es inestimable el poder de Mt. 28.19 para demostrar la Trinidad en las enseñanzas de Jesús: «bautizándolos en el nombre del Padre, y del Hijo, y del Espíritu Santo». Norman Geisler dice: «otra ilustración útil es que Dios es como uno a la tercera potencia (1 X 1 X 1 = 1). Dios es tres en Uno; Él no es 1+1+1=3. Esta es la herejía del triteísmo que sostienen que hay tres dioses diferentes y no solo un Dios» (Geisler, *Systematic Theology*, 2: p. 294).

> El cual [Jesucristo], siendo en forma de Dios, no estimó el ser igual a Dios como cosa a que aferrarse, sino que se despojó a sí mismo, tomando forma de siervo, hecho semejante a los hombres; y estando en la condición de hombre, se humilló a sí mismo, haciéndose obediente hasta la muerte, y muerte de cruz (Fil. 2.6-8).

En este asombroso pasaje hallamos que Jesús preexistía en «forma de Dios». El reputado erudito griego A. T. Robertson amplía el significado del griego: «en forma de Dios *en morfei theou. Morfé* se refiere a los atributos esenciales según se muestran en la forma. En su estado preencarnado, Cristo poseía los atributos de Dios y así se presentaba a los moradores del cielo que le veían. Esta es una clara afirmación de Pablo de la deidad de Cristo».[75] El verbo que se traduce «siendo» es un participio activo presente (*huparjon*), que demuestra acción continua.[76] Jesús siempre fue y es continuamente en la forma (atributos) de Dios. Él no consideró «cosa a que aferrarse» ser igual a Dios, puesto que existía como Verbo eterno de Dios (Jn. 1.1) antes de su encarnación (Jn. 1.14) y como tal participaba de todas las prerrogativas y atributos del Padre. Jesús no tuvo el deseo ni la necesidad de esforzarse por lograr lo que era suyo por naturaleza y herencia.[77]

Pablo nos dice que Jesús, como Dios, se hizo hombre tomando sobre sí otra «forma» (la misma palabra griega, *morfé*), la «forma de siervo... semejante a los hombres» (Fil. 2.7). Este pasaje bíblico da a los cristianos razón plena y sólida para enseñar que Jesucristo es totalmente Dios y completamente hombre unido singularmente en una persona. Otros pasajes que demuestran directamente la deidad de Cristo son Isaías 9.6; Mateo 1.23; Juan 1.1-14; 5.18; 8.58; 20.28; Hechos 20.28; Colosenses 2.9; Hebreos 1.8-12 y 1 Juan 5.20.

Jesús es el Cristo

Un factor común presente en los escritos ocultistas es la herejía gnóstica que separa a Jesús del Cristo. Para ellos, el Cristo es la idea espiritual, mente, principio, esencia, conciencia, chispa, energía, fuerza o alguna otra entidad del «espíritu de Cristo» que entró o vino sobre Jesús y puede de igual manera entrar o venir sobre cualquier otra persona.

Bíblicamente, la palabra *Cristo* es simplemente la traducción griega del término hebreo *Mesías.* Los escritores del Nuevo Testamento siguieron a los traductores hebreos de la Septuaginta y reemplazaron consistentemente la palabra hebrea «Mesías» por el

75. Robertson, *Imágenes verbales del Nuevo Testamento,* 4: p. 444.
76. De las conferencias dictadas por Walter Martin, según las anotó Kurt Van Gorden.
77. Martin, *Kingdom of the Cults* (2003), p. 89.

griego *jristos* (Cristo), que procede de la palabra *jrío,* que quiere decir *ungir.* Este es el equivalente de *Mesías* o *el Ungido* del hebreo. El apóstol Juan entendió esto y afirmó que los que niegan que Jesús es «el Cristo» son mentirosos. Él escribió: «¿Quién es el mentiroso sino el que niega que Jesús es el Cristo?» (1 Jn. 2.22). Juan dijo con rotundidad que la razón por la que escribió el evangelio es que creamos en Jesús como «el Cristo»: «Pero éstas se han escrito para que creáis que Jesús es el Cristo, el Hijo de Dios, y para que creyendo, tengáis vida en su nombre» (Jn. 20.31).

Es interesante notar que en ninguna parte del Nuevo Testamento hallamos a Jesús como «*un* Cristo», como si hubiera muchos, sino que a Jesús siempre se le llama «el Cristo»[78] o simplemente «Cristo», «Jesucristo», y «Cristo Jesús». Nadie más tiene ese título. Ningún espíritu de Cristo, ni conciencia, ni ninguna otra entidad vino sobre Jesús durante su vida; Él ya era Cristo y Señor cuando nació. «Que os ha nacido hoy, en la ciudad de David, un Salvador, que es Cristo el Señor» (Lc. 2.11).

Jesús se señaló a sí mismo como el único Cristo. En sus enseñanzas sobre las señales de advertencia que ocurrirán antes de su regreso, dijo: «Porque vendrán muchos en mi nombre, diciendo: Yo soy el Cristo; y a muchos engañarán» (Mt. 24.5). Toda insistencia es poca acerca de que en los últimos días habrá muchos que afirmarán ser «el Cristo», pero Jesús los llamó engañadores y eso es lo que son. Esto es una fuerte acusación contra los teosofistas, los seguidores de la Nueva Era, los cabalistas, los del grupo de la Ciencia Mental, y todos los ocultistas que se llaman cristos y que hacen del carácter crístico una meta que hay que alcanzar.

Los creyentes ocultistas afirman que el poder de *cristo* está disponible para muchos; precisamente lo que Jesús dijo que no debíamos hacer: «Entonces, si alguno os dijere: Mirad, aquí está el Cristo, o mirad, allí está, no lo creáis» (Mt. 24.23). En el mundo del ocultismo hay un cristo aquí, allá y en todas partes. Un espíritu de cristo o conciencia de cristo mora en ellos; hace que llegar a ser un cristo sea uno de sus objetivos. Cualquier grupo centrado en el ocultismo puede señalar a alguno de sus seguidores y decir: «aquí está el cristo» como «ahí hay un cristo». Elizabeth Clare Prophet, Helena Blavatsky, Alice Bailey, Anne Besant, Charles Filmore y L. Ron Hubbard son unos cuantos de los muchos que lo han hecho en forma impresa, *cumpliendo* las palabras de Jesús, para su propia destrucción. Jesús claramente dijo: «¡No lo crean!» Sin embargo, millones de sus seguidores creen en vano. Jesús dijo con toda claridad que Él es el único Cristo. La primera señal de un impostor es cuando afirma ser un cristo o enseña que todo ser humano es un cristo. *No se lo crea.*

---

78. Otros ejemplos en los escritos de Juan son Jn. 1.41; 4.42; 6.69; 11.27 y 1 Jn. 5.1.

Finalmente, en Mateo 24.24 Jesús dijo: «Porque se levantarán falsos Cristos, y falsos profetas, y harán grandes señales y prodigios, de tal manera que engañarán, si fuere posible, aun a los escogidos». No se asombre y se deje persuadir cuando los ocultistas y seguidores de la Nueva Era alegan señales y prodigios. Es de esperar que esto ocurra antes de que Jesús regrese y las Escrituras advierten a la iglesia para estar alerta en cuanto a esto. Jesús se destacó como el verdadero Cristo porque sus señales y prodigios fueron marcadores genuinos que testificaban de su persona, naturaleza y obra. Los falsos cristos y falsos profetas exhiben sus señales y prodigios mediante engaño y para engaño, pero Jesús, por su naturaleza como Dios encarnado, lo hizo para glorificar a Dios.

Jesús como el obrador de milagros y sin pecado

Varios escritores del ocultismo presentan a Jesús como meramente un hombre que descubrió una conciencia superior. Con ello implican que los milagros que Jesús realizó fueron resultado de poderes universales disponibles para todo el que descubre los mismos secretos que Jesús descubrió. Sin embargo, la doctrina cristiana de la vida sin pecado de Jesús refuta esto. Si Jesús no hizo los milagros específicos que se le atribuyen, entonces mintió a la gente. Si Jesús mintió, no sería una persona justa, sino un engañador y mentiroso. En contraste directo, el Nuevo Testamento muestra que Jesús es sin pecado y, por consiguiente, no puede ser un mentiroso. La autoridad de las Escrituras permite que los cristianos confíen en que los milagros de Jesús sucedieron exactamente como Él dijo que sucedieron.

La impecabilidad de Jesús se halla en su propio testimonio y el de los que lo conocieron. Jesús dijo que en Él no había ninguna injusticia (Jn. 7.18). También ofreció la oportunidad a todo el que estaba oyéndole para que señalase algún pecado en Él: «¿Quién de vosotros me redarguye de pecado?» (Jn. 8.46). Nadie contestó al reto que Jesús presentó porque nadie podía hallar ningún pecado en Jesús. Un mero hombre hubiera manifestado algún pecado, como el resto de la humanidad. Pero Pablo dijo que Jesús «no conoció pecado» (2 Co. 5.21); Pedro dijo que Él «no hizo pecado» (1 P. 2.22); y el testimonio de Juan es que «no hay pecado en él» (1 Jn. 3.5). El escritor de Hebreos confirmó esto con «Porque no tenemos un sumo sacerdote que no pueda compadecerse de nuestras debilidades, sino uno que fue tentado en todo según nuestra semejanza, pero sin pecado» (Heb. 4.15). La rectitud de Jesús no era algo obtenido mediante trabajo; era inherente en Él desde su concepción como el verdadero Hijo de Dios.

Los milagros de Jesús no son resultado de descubrir una conciencia de cristo y lograr magiak o la ilusión de sobrenaturalidad para enmascarar leyes naturales. Jesús llevó a cabo cosas sobrenaturales verdaderas porque era Dios encarnado y pasó por alto las leyes naturales con milagros.[79] Ni uno solo de los dirigentes ocultistas o sus seguidores se ha acercado jamás al calibre de la vida de Jesús. Jesús es verdaderamente *el Cristo incomparable*.

Jesús resucitado, ascendido y volviendo pero no reencarnado

Jesús se hizo hombre solo una vez (la encarnación). Filipenses 2.5-8 confirma esto y niega que Él sea nadie más que Dios:

> Haya, pues, en vosotros este sentir que hubo también en Cristo Jesús, el cual, siendo en forma de Dios, no estimó el ser igual a Dios como cosa a que aferrarse, sino que se despojó a sí mismo, tomando forma de siervo, hecho semejante a los hombres; y estando en la condición de hombre, se humilló a sí mismo, haciéndose obediente hasta la muerte, y muerte de cruz.

Jesús no fue Adán, Moisés, Buda, o alguna otra persona reencarnada; Él era Dios, la segunda persona de la santa Trinidad. Jesús dijo claramente que solo Él vino de arriba y todos los demás vienen del mundo. «Y les dijo: Vosotros sois de abajo, yo soy de arriba; vosotros sois de este mundo, yo no soy de este mundo» (Jn. 8.23). Nótese que Jesús no es de esta tierra y por consiguiente no es la reencarnación de seres humanos que vivieron anteriormente. Él era Dios, que se encarnó en hombre, pero no hombre que volvió como hombre.[80]

Jesús no enseñó la reencarnación. No hay evidencias de que haya estado asociado con los esenios, mucho menos que ellos le hayan enseñado. Todo lo que leemos de su vida en el Nuevo Testamento niega la reencarnación y respalda su resurrección corporal. Lucas anotó la respuesta de Jesús a los que afirmaban que había resucitado de los muertos como cuerpo etéreo, un cuerpo ligero, un cuerpo espíritu, o cualquier otra cosa que no fuera cuerpo humano verdaderamente glorificado e inmortalizado: «Mirad mis manos y mis pies, que yo mismo soy; palpad, y ved; porque un espíritu no tiene carne ni huesos, como veis que yo tengo» (Lc. 24.39). Jesús ofreció como prueba el mismo cuerpo que ellos vieron crucificado; un cuerpo en el que permanecían las huellas de los clavos y que sin embargo era glorificado como inmortal y resucitado en carne y huesos.

En Juan 3.13 Jesús refuta la reencarnación y los supuestos maestros ascendidos: «Nadie subió al cielo, sino el que descendió del cielo; el Hijo del Hombre, que está en

79. Dar de comer a siete mil y a cinco mil con unos pocos panes, andar sobre el agua, levantar a la gente de entre los muertos (después de cuatro días), y resucitar de entre los muertos son unos pocos ejemplos que desafían la explicación natural sin rotular a Jesús como un engañador.

80. Heb. 9.27 también se yergue contra la reencarnación, diciendo: «Está establecido que los seres humanos mueran una sola vez, y después venga el juicio».

el cielo». *Nadie ha subido al cielo,* palabras de Cristo que, por tanto, demuestran que son falsos todos los grupos relacionados con la Teosofía que sostienen la existencia de un ejército de maestros ascendidos. Jesús, después de su resurrección, es el único que ha ascendido. Se usa el singular «el»; y no el plural «ellos»; como si hubiera otros. Jesús hizo una afirmación excluyente en esta categoría. No hay reencarnación, de acuerdo a las palabras de Cristo, ni tampoco maestros ascendidos.

Jesús vuelve a la tierra en su cuerpo resucitado de carne y hueso; el mismo cuerpo con el que dejó la tierra: «Varones galileos, ¿por qué estáis mirando al cielo? Este mismo Jesús, que ha sido tomado de vosotros al cielo, así vendrá como le habéis visto ir al cielo» (Hch. 1.11). Algunos escritores ocultistas aducen que Jesús volverá a nacer en la tierra como niño, para ser revelado posteriormente como una Maitreya, Buda o algún maestro mundial. Pero las Escrituras prometen que será el *Jesús incomparable* que vuelve en las nubes; no se le conocerá con ningún otro nombre.

Caso real

Walter Martin

Un domingo se me acercó una señora después de mi estudio bíblico, me entregó una gruesa pila de papeles y me preguntó si alguna vez yo había visto su poesía metafísica.

—No, creo que no la he visto —le dije sonriendo.

—Pasé once o doce años de mi vida componiendo esta chatarra —respondió—. Yo era miembro de uno de los grupos de ciencia mental. Pensaba que estaba en un plano más elevado que el pobre cristiano promedio. Me sentía tan orgullosa de lo que había hallado en mi secta que yo miraba por encima del hombro espiritual a todos los demás. Yo estaba encantada de escribir mi poesía: «La música de las esferas celestiales». Entonces —prosiguió—, Jesús vino y lo arruinó todo. Después de que nací de nuevo empecé a leer estas perogrulladas y pensé: «Ay, Dios querido, ¿cómo me aguantaste? ¿Cómo pude yo haber escrito una basura así?» Tan pronto como la luz del evangelio entró en mi vida, no pude seguir pensando de la misma manera y sabía que lo que yo había estado haciendo era el más grotesco de los males. Pero si usted me hubiera dicho eso el día antes, jamás lo hubiera creído.

Esta es una ilustración perfecta de un hecho muy importante: las personas con quienes usted hablará son incapaces de comprender la verdad del evangelio aparte del Espíritu Santo de Dios obrando por medio suyo y en ellos, para abrirles los ojos. Usted debe estar constantemente orando: «Señor, abre sus ojos. Señor, permíteles ver. Señor, dales apenas un breve vislumbre de ti mismo. Señor, mantenme fuera del paso. Señor, que vean a Cristo». ¿Sabe usted lo que sucede [cuando usted hace esto]? Cosas asombrosas y maravillosas empiezan a ocurrir.

Cuando empezamos hace casi treinta años en este ministerio que el Señor me dio, todos mis colegas del mundo cristiano me decían que era muy negativo. No debes salir y defender el cristianismo. La verdad es como un león. «Déjala suelta», decían, «y se defenderá a sí misma». Pues bien, yo he visto a la verdad convertida en un gatito tan rápido que uno ni se entera. La verdad sin el conocimiento para defenderla, sin el Espíritu de Dios para guiarla y aplicarla, no llegará muy lejos frente a un sectario o un ocultista».[81]

Conclusión

Al proclamar las buenas nuevas del evangelio es de primordial importancia que los cristianos *definan los términos.* Nunca es seguro dar por sentado que el nombre de Jesús, pronunciado por alguien perdido en el ocultismo, es el mismo Jesús del que se habla en las Escrituras. Como hemos visto, el ocultismo predica muchos falsos conceptos de Jesús, pero hay un solo Jesucristo verdadero. El reino del ocultismo crece diariamente en número, hecho terrible que nos da toda razón para presentar el evangelio de Jesucristo con una pertinencia contundente. Debemos hacer que el mensaje de Jesús sea significativo para ellos distinguiendo entre el cristo falso y el Cristo verdadero; debemos revelar a Cristo en forma elocuente como el único y solo camino, plantando la semilla del evangelio de acuerdo a la voluntad de Dios.

Un examen del *otro Jesús* debe estimular una percepción innata inextricablemente ligada al nombre de Jesucristo. Los apóstoles recalcaron el hecho de que no toda imagen de Jesús o Cristo es igual. El Jesús del ocultismo se queda terriblemente lejos de la verdad de Dios según se halla en su Palabra. Debemos ver a los perdidos con los ojos de Jesús, como cuando les preguntó a sus discípulos: «Y ustedes, ¿quién dicen que soy yo?» La respuesta correcta viene solo cuando se conoce al Jesús correcto. Toda rama del ocultismo ofrece a un Jesús falso que lleva al alma a una condenación eterna al sustituir al Jesús verdadero y al Cristo verdadero con uno falso. El amor nos impulsa a hablarle al mundo del ocultismo del verdadero Jesús; es un amor que Dios pone en nuestros corazones; un amor

81. Walter Martin, *Evangelizing the Cults and Occult,* www.waltermartin.com.

lleno de gracia y paciencia que crece hasta desbordarse, buscando cualquier oportunidad para conducir a las almas perdidas al verdadero Maestro y Salvador, Jesucristo.

Recursos recomendados

1. Green, Michael. *¿Quién es este Jesús?* Nashville, TN: Grupo Nelson®, 1994.
2. Gomes, Alan. *Truth and Error* [Verdad y error]. Grand Rapids: Zondervan, 1995.
3. Martin, Walter. *Essential Christianity* [Cristianismo esencial] (libro electrónico) www.waltermartin.com.
4. Martin, Walter. *Kingdom of the Cults* [El reino de las sectas]. Minneapolis: Bethany House, 2005.
5. McGrath, Alister. *Understanding Jesus: Who Jesus Christ Is and Why He Matters* [Entender a Jesús: quién es y por qué importa]. Grand Rapids: Academe, 1987.

Breves apuntes acerca de la guerra espiritual

- El ámbito sobrenatural del ocultismo se centra en el reino de Satanás y su poder es dispensado directamente por sus siervos demoníacos dentro de los límites de su dominio.
- El ámbito humano del ocultismo se centra en la naturaleza pecadora de la humanidad, que busca poder sobre sí misma, sobre otros seres y sobre las circunstancias.
- Los cristianos luchan en dos frentes de guerra espiritual: directamente contra los poderes de Satanás y contra el poder del pecado.
- Dios ha provisto para los cristianos autoridad, poder y victoria sobre Satanás y sus representantes, sean demoníacos o humanos.

16

Guerra espiritual

La diversidad de religiones, sectas, cultos, espiritualidades y gente que practica el ocultismo en todo el mundo demuestra los intentos de la humanidad para lidiar con el mal, el pecado y el sufrimiento, así como el esfuerzo por explicar nuestra existencia.[1] El cristianismo del Nuevo Testamento enseña que a la humanidad se le ofrece un plan de salvación personal. Lo ofrece la gracia de Dios por medio de la fe y de creer solo en la persona y obra de Jesucristo, en su sangre derramada como propiciación ante la ira de Dios contra nuestros pecados y en su victoriosa resurrección corporal que conquistó la muerte, el infierno y el poder del pecado. Jesús enseñó que sus seguidores deben «nacer de lo alto», lo que comúnmente se traduce como «nacer de nuevo» para poder ver el reino de Dios (Jn. 3.3). Cuando una persona entra en el reino de Dios, el príncipe de las tinieblas incurre en una pérdida inmediata y entonces se marca el objetivo de atormentar al nuevo creyente a cada oportunidad. A esa intervención de Satanás, su poder, sus obras o sus demonios se la llama la guerra espiritual.[2]

Dos elementos conflictivos definen esta guerra en la vida cristiana individual: uno consiste en los maravillosos beneficios de la vida abundante prometida por Jesús en Juan 10.10, repleta de milagros, sanidades, poder, señales, prodigios y al parecer ilimitadas bendiciones y gozo; el otro elemento trae tribulación, pruebas, tentaciones, adversidades, frustraciones, aflicciones, enfermedades y guerra espiritual. La mayoría de cristianos experimentan ambos lados de este conflicto, aunque algunos soportan más de uno que del otro. El cómo y por qué de esta división en las vidas individuales es mejor dejarlo a la sabiduría de Dios, que tiene poder para cambiar todas las circunstancias. Jesús dijo: «Para Dios todo es posible» (Mt. 19.26), pero nos postramos ante su trono en aceptación humilde de la vida que Él nos ha dado a cada uno de nosotros. Jesús enseñó que la vida

1. Los argumentos para la superioridad de Jesucristo y el cristianismo sobre las demás religiones caen fuera de esta obra, pero recomendamos los mensajes de Walter Martin titulados «Seven Campus Curses», «Reasons for Faith» y «Existence of God» (casetes), disponibles en http://www.waltermartin.com/prodserv.html. Recomendamos las obras apologéticas de Walter R. Martin, Josh McDowell, Norman Geisler, Alvin Plantinga, Ravi Zacharias, Francis A. Schaffer, Os Guiness, A. B. Bruce y Wilbur Smith.
2. Dos libros de gran eficacia para ofrecer perspectivas sobre la forma en que Satanás y sus demonios maquinan contra los cristianos son *Cartas del diablo a su sobrino* de C. S. Lewis y *Screwtape Writes Again* de Walter R. Martin, Vision House, Santa Ana, CA, 1975.

siempre tendrá sus problemas: «Así que, no os afanéis por el día de mañana, porque el día de mañana traerá su afán. Basta a cada día su propio mal» (Mt. 6.34).

Lo positivo de las dificultades de la vida es que también sabemos que Dios no permitirá más problema o tentación de lo que podemos soportar. «No os ha sobrevenido ninguna tentación que no sea humana; pero fiel es Dios, que no os dejará ser tentados más de lo que podéis resistir, sino que dará también juntamente con la tentación la salida, para que podáis soportar» (1 Co. 10.13). El camino de salida del que se habla aquí es solo un vislumbre del poder disponible para los cristianos en la guerra espiritual, pero la triste verdad es que no ejercemos lo suficiente este poder para la gloria de Dios en nuestras vidas individuales. Demasiado a menudo la gente se deja absorber por la autocompasión y se olvida de invocar al Espíritu Santo: el *Consolador.* A muchos no se les ha enseñado cómo ejercer apropiadamente su fe en tiempos de necesidad. Satanás se deleita en cristianos débiles que tal vez no se han educado en la poderosa Palabra de Dios, una espada que tiene el propósito de que los cristianos la usen a diario. «Porque la palabra de Dios es viva y eficaz, y más cortante que toda espada de dos filos; y penetra hasta partir el alma y el espíritu, las coyunturas y los tuétanos, y discierne los pensamientos y las intenciones del corazón» (Heb. 4.12).

Jesús usó el poder de la Palabra de Dios escrita para vencer las tentaciones de Satanás durante su tiempo de prueba en el desierto (Lc. 4.1-3). Este es uno de los muchos ejemplos que se hallan en el Nuevo Testamento que revelan exactamente cómo el cristiano puede emerger victorioso en la guerra espiritual. El fin glorioso de este relato es que Jesús derrotó las pruebas de Satanás en el desierto. «Y cuando el diablo hubo acabado toda tentación, se apartó de él por un tiempo» (Lc. 4.13). Satanás se va cuando se le confronta con el poder de la Palabra de Dios, pero solo para esperar otra oportunidad de atacar.

Este es un punto que los cristianos harían bien en recordar, porque demuestra la estrategia del enemigo: Satanás puede retroceder por un tiempo, pero siempre vuelve. Por eso el apóstol Pedro advirtió al cuerpo de Cristo que nuestro enemigo «como león rugiente, anda alrededor buscando a quien devorar» (1 P. 5.8). No nos atrevemos a quitar nuestra vista de un enemigo al acecho. Siempre está buscando *a quien devorar.* Siempre está acusando a los hermanos, día y noche (Ap. 12.10). No es amigo de Cristo, ni amigo de los cristianos, ni amigo de la iglesia cristiana. Los cristianos no batallan contra uno, sino contra un *ejército* de enemigos en el mundo invisible, que a veces se manifiestan a sí mismos o a sus obras en el mundo visible, y todos se deleitan al ver a los cristianos angustiados o derrotados.

La iglesia cristiana no está sujeta a sus órdenes, puesto que el poder de Dios es mayor que todas las obras de las tinieblas, pero son un enemigo que hay que reconocer. El apóstol Juan ofreció este gran estímulo en la lucha: «Hijitos, vosotros sois de Dios, y los habéis vencido; porque mayor es el que está en vosotros, que el que está en el mundo» (1 Jn. 4.4).

La guerra espiritual: ayer y hoy

La guerra espiritual no empezó con la raza humana; empezó con la rebelión de los ángeles. Estos poderosos e imponentes seres creados poseen intelecto y voluntad similares a los de los seres humanos pero difieren de ellos en un aspecto vital: el hombre está hecho en forma única a imagen y semejanza de Dios. Los ángeles son criaturas especiales, puesto que moran en el cielo y fueron creados como espíritus ministradores, pero exclusivamente los seres humanos son hijos de Dios, puesto que llevan su imagen (Heb. 1.7). Las personas son importantes para Dios, de lo contrario Él nos hubiera abandonado a la destrucción que tanto nos merecemos como castigo por nuestra rebelión. Pero, en lugar de destruir al hombre, Dios proveyó un camino de escape.

Un vasto número de ángeles se rebeló contra Dios, pero, con lo importantes que son los ángeles en el universo de Dios, no proveyó redención para ellos. Están juzgados y condenados al tormento eterno por su rebelión de pecado. «Dios no perdonó a los ángeles que pecaron, sino que arrojándolos al infierno los entregó a prisiones de oscuridad, para ser reservados al juicio» (2 P. 2.4). Judas anotó: «Y a los ángeles que no guardaron su dignidad, sino que abandonaron su propia morada, los ha guardado bajo oscuridad, en prisiones eternas, para el juicio del gran día» (v. 6). Este vislumbre del destino de los ángeles caídos no da indicación de que se les haya ofrecido redención. Pero en el amor de Dios por la raza humana, deberíamos estar por siempre agradecidos por su misericordia y gracia, gracia que compró a la iglesia «por su propia sangre» (Hch. 20.28).

Rebelión celestial y castigo

El primer relato de la creación de los ángeles se halla en Génesis 2.1: «Fueron, pues, acabados los cielos y la tierra, y todo el ejército de ellos». En algún momento de los seis días de creación, Dios hizo a los ángeles, que están incluidos en la referencia de «todo el ejército de ellos», es decir, todo el ejército de los ámbitos de los cielos, tal como los animales, peces, aves y seres humanos están incluidos en todo el ejército de la tierra.

Ezequiel 28.12-19 compara a Lucero con el rey de Tiro; por medio de esta asociación tenemos un vislumbre de la creación de Lucero. Él era lleno de sabiduría, belleza, poder y santidad hasta que la corrupción del orgullo y la contaminación del pecado destruyeron su perfección y lo transformaron en un «horror»:

> Hijo de hombre, levanta endechas sobre el rey de Tiro, y dile: Así ha dicho Jehová el Señor: Tú eras el sello de la perfección, lleno de sabiduría, y acabado de hermosura. En Edén, en el huerto de Dios estuviste; de toda piedra preciosa era tu vestidura; de cornerina, topacio, jaspe, crisólito, berilo y ónice; de zafiro, carbunclo, esmeralda y oro; los primores de tus tamboriles y flautas estuvieron preparados para ti en el día de tu creación. Tú, querubín grande, protector, yo te puse en el santo monte de Dios, allí estuviste; en medio de las piedras de fuego te paseabas. Perfecto eras en todos tus caminos desde el día que fuiste creado, hasta que se halló en ti maldad. A causa de la multitud de tus contrataciones fuiste lleno de iniquidad, y pecaste; por lo que yo te eché del monte de Dios, y te arrojé de entre las piedras del fuego, oh querubín protector. Se enalteció tu corazón a causa de tu hermosura, corrompiste tu sabiduría a causa de tu esplendor; yo te arrojaré por tierra; delante de los reyes te pondré para que miren en ti. Con la multitud de tus maldades y con la iniquidad de tus contrataciones profanaste tu santuario; yo, pues, saqué fuego de en medio de ti, el cual te consumió, y te puse en ceniza sobre la tierra a los ojos de todos los que te miran. Todos los que te conocieron de entre los pueblos se maravillarán sobre ti; espanto serás, y para siempre dejarás de ser.

Isaías 14.12-15 habla más de la caída de Lucero; es el único pasaje bíblico que lo llama por su nombre. Aquí, él elevó su voluntad y orgullo contra Dios e intentó usurpar el trono y el poder de Dios, pero Dios lo arrojó de los cielos por ello:

> ¡Cómo caíste del cielo, oh Lucero, hijo de la mañana! Cortado fuiste por tierra, tú que debilitabas a las naciones. Tú que decías en tu corazón: Subiré al cielo; en lo alto, junto a las estrellas de Dios, levantaré mi trono, y en el monte del testimonio me sentaré, a los lados del norte; sobre las alturas de las nubes subiré, y seré semejante al Altísimo. Mas tú derribado eres hasta el Seol, a los lados del abismo.

Estos dos pasajes bíblicos dan importante información sobre el origen de Lucero, su caída y su labor de corrupción de las naciones. Jesús confirmó saber cosas de Satanás antes de su encarnación. «Yo veía a Satanás caer del cielo como un rayo» (Lc. 10.18). No sabemos con exactitud cuándo tuvo lugar esto, pero se nos provee suficiente información para asegurarnos que sucedió.

Cuando Lucero cayó en pecado, un inmenso número de ángeles se puso del lado de él en la batalla contra el arcángel Miguel y sus ángeles. En la victoria de Miguel, los ángeles rebeldes también fueron arrojados del cielo junto con Satanás. Apocalipsis 12.7-9 dice:

> Después hubo una gran batalla en el cielo: Miguel y sus ángeles luchaban contra el dragón; y luchaban el dragón y sus ángeles; pero no prevalecieron, ni se halló ya lugar para ellos en el cielo. Y fue lanzado fuera el gran dragón, la serpiente antigua, que se llama diablo y Satanás, el cual engaña al mundo entero; fue arrojado a la tierra, y sus ángeles fueron arrojados con él.

No se sabe el número exacto de ángeles que se rebelaron y fueron arrojados, pero el apóstol Juan revela que fue un tercio de todos los ángeles del cielo (Ap. 12.4). La Biblia enseña que estos ángeles caídos son enemigos tanto de Dios como del hombre. Dios creó seres santos que escogieron rebelarse contra Él y el hecho de que todavía existan los ángeles justos prueba que podrían haber escogido seguir siendo justos. Lucero y los ángeles caídos no fueron creados como seres malignos, sino que se volvieron malos mediante un acto de su propia voluntad. Dios, por consiguiente, no es el autor del mal, como algunos filósofos han sugerido, ni creó el mal. El mal del universo no es una parte dualista del ser de Dios, según lo presentan algunas culturas y religiones falsas.

La rebelión que Satanás empezó en el cielo todavía tiene lugar contra Dios y contra la raza humana. La fuerza contra la que batallamos en la guerra espiritual es un enemigo poderoso, invisible, que a menudo escoge manifestar su poder a nivel físico. Satanás nos detesta y aborrece porque somos los redimidos del Señor. Comprados con la sangre preciosa del Cordero, escapamos de la ira de Dios y pasamos a encontrar y soportar la ira de Satanás, que aborrece con toda su fuerza a los hijos de Dios. Pablo revela en su Primera Carta a los Corintios por qué existe este odio: «¿O no sabéis que hemos de juzgar a los ángeles?» (6.3). Dios, debido a su gran amor, no solo redimió a los hombres y mujeres, sino que los *elevó* a la posición de jueces sobre todo ángel caído, puesto que los ángeles justos no necesitan juicio. Los ángeles rebeldes pecaron y Dios preservó parte del honor de su juicio a los redimidos del Señor. ¿Por qué iba a otorgar Dios un deber tan asombroso a sus hijos? Una razón pudiera ser que juzgaremos a los mismos demonios que nos tentaron, atormentaron y angustiaron durante los tiempos de debilidad. Nuestra fuerza será plenamente triunfante al fin, cuando Dios nos conceda el privilegio celestial de juzgar a esos ángeles caídos.

Rebelión terrenal y juicio

La guerra espiritual en la tierra empezó en el huerto del Edén. Satanás, que se apareció a Eva como serpiente, presentó la primera tentación y, según el apóstol Pablo, engañó a Eva: «Pero temo que como la serpiente con su astucia engañó a Eva, vuestros sentidos sean de alguna manera extraviados de la sincera fidelidad a Cristo» (2 Co. 11.3). El arma de esta primera batalla espiritual fue el intelecto de Satanás. Aunque en un tiempo estuvo lleno de sabiduría, escogió envidiar a Dios y cambió su sabiduría por mentiras. Jesús dijo: «Él ha sido homicida desde el principio, y no ha permanecido en la verdad, porque no hay verdad en él. Cuando habla mentira, de suyo habla; porque es mentiroso, y padre de mentira» (Jn. 8.44). Las mentiras de Satanás, preparadas a conciencia, hicieron que los primeros seres humanos perdieran su posición ante Dios. La guerra espiritual comenzó en esa separación de los primeros seres humanos, Adán y Eva, de su Creador.

En toda la historia de Israel hubo batallas que ocurrieron en la carne y en el espíritu; Satanás estaba entre bastidores, atizando el problema. En el éxodo de los israelitas por el desierto los demonios estaban relacionados con la idolatría de Israel (Lv. 17.7). Un espíritu malo entró en el rey Saúl cuando él dirigía la nación y trajo problemas para David e Israel (1 S. 16.14-23). En el Nuevo Testamento hallamos a personas en varios lugares que provocaban problemas y acabamos descubriendo al fin que cada una tenía un demonio. Encontramos tres ejemplos de esto en las Escrituras: dos hombres de los gergesenos, el hombre en los sepulcros con una legión de demonios y la muchacha poseída por un espíritu de adivinación (Mc. 5.2-20; Mt. 8.28-32; Hch. 16.16). La guerra espiritual nunca es contra la persona poseída, sino contra las fuerzas espirituales que la poseen. En cada uno de estos casos bíblicos a los espíritus malos que poseían a los individuos se les hizo frente apropiadamente con una batalla espiritual, para que generación tras generación se vean las victorias sobre el mal en el ámbito natural.

Los demonios no pueden resistir al poder de Dios. Creen en un Dios (monoteísmo) y tiemblan al pensar en Él. Santiago nos dice: «Tú crees que Dios es uno; bien haces. También los demonios creen, y tiemblan» (Stg. 2.19). Debido a este conocimiento de la verdadera naturaleza de Dios los demonios hacen todo lo posible para llevar a la humanidad a las doctrinas falsas que a menudo adoptan muchos dioses (politeísmo). Las Escrituras señalan que estos ídolos, dioses y diosas representan *demonios.* Moisés dijo claramente que los sacrificios a cualquier Dios que no sea Jehová son sacrificios hechos a los demonios. «Sacrificaron a los demonios, y no a Dios; a dioses que no habían conocido, a nuevos dioses venidos de cerca, que no habían temido vuestros padres» (Dt. 32.17). Pablo llevó la misma verdad a todo el ámbito del Nuevo Testamento. «Antes digo que lo que los gentiles sacrifican, a los demonios lo sacrifican, y no a Dios; y no quiero que vosotros os hagáis partícipes con los demonios» (1 Co. 10.20).

Las falsas doctrinas politeístas se originan en los demonios, pero la rebelión del hombre contra Dios provee el conducto perfecto para diseminar su dogma. Las batallas que se libran en la tierra son a menudo alimentadas desde el ámbito espiritual. Al evaluar la situación siempre hay que bregar con la naturaleza mala del hombre, pero restarle importancia a la dimensión de la oscuridad es invitar el desastre. Los demonios fueron en un tiempo una parte del ejército celestial de ángeles y saben a ciencia cierta que existe solo un Dios. Sin embargo trabajan para engañar al mundo a creer en *cualquier* Dios aparte de Elohim, Señor de toda la creación. Saben que no escaparán del juicio por esto, y tiemblan ante el Dios asombroso que redimió a la humanidad por la sangre de su Hijo y por su gracia, y tiemblan ante sus hijos, que a la larga los juzgarán.

La doctrina de los demonios

La doctrina de los demonios es cualquier doctrina que se opone a la verdad de Dios. Entre ellas están las religiones del mundo, cada una edificada sobre los esfuerzos del hombre para agradar a un dios mediante una serie de obras humanas. Pero las personas no tienen que postrarse ante un ídolo para participar en doctrinas falsas o en una religión falsa, porque algunas religiones que evitan ídolos, tales como la bahai o el islam, son tan falsas como la idolatría. Rechazan la Biblia como la palabra definitiva de Dios a la humanidad, rechazan a Jesús como la solución divina al pecado y para la salvación personal, y rechazan la exclusividad de Dios que establece que no hay otro camino de salvación excepto Jesucristo.[3]

La doctrina de los demonios prevalece entre estas sectas, la Nueva Era y las religiones falsas. La manera más segura de detectar una posición herética (que impedirá que el que la sigue obtenga la verdadera salvación) es familiarizarse por completo con la doctrina bíblica. Los concilios de la iglesia inicial hicieron distinción entre la herejía y el cristianismo genuino al prohibir comunión con los que sostenían doctrinas contrarias a la Trinidad (un Dios que existe eternamente como Padre, Hijo y Espíritu Santo), la resurrección, la expiación, la justificación y la salvación por gracia.[4] Estas doctrinas no

3. Esta posición bíblica, que los no cristianos a menudo llaman ofensiva, no se puede sacar de la Biblia sin trastornar todo el plan de salvación. Aparte de su implícito entrelazamiento con la vida impecable de Cristo, su expiación y su resurrección corporal, hay afirmaciones explícitas, directas, sobre esto de parte de Jesús y sus apóstoles (Jn. 8.24; Jn. 14.6; y Hch. 4.12).

4. La mayoría de estas las explican los teólogos sistemáticos, pero para una lectura general véase Martin, *Essential Christianity.*

son escogidas arbitrariamente, sino derivadas de varias afirmaciones de las Escrituras que las destacan como esenciales para el plan de salvación.

Las doctrinas demoníacas atacan estas posiciones bíblicas de frente, siempre cambiándolas o eliminándolas mediante negativas abiertas o alteraciones sutiles y sin embargo significativas. Los grupos ocultistas y sus practicantes abrazan la falsa doctrina y ritos que no hallan paralelo en la Biblia, pero que no son por eso menos demoníacamente inspiradas. Estas prácticas, que incluyen símbolos ocultistas, rituales de círculo y pentagrama, cánticos repetidos, encantamientos, conjuros, pociones y amuletos, derivan su autoridad de las doctrinas de los demonios y se forjan a conciencia para mantener a la gente interesada en el ocultismo y *lejos* del Dios vivo y verdadero.

Satanás y sus demonios tienen siglos de experiencia en la tentación de miles de millones de personas, así que sencillamente no somos dignos rivales para ellos sin el Padre, el Hijo y Espíritu Santo. Solo con Dios y por medio de Él pueden entender los cristianos a su enemigo y ver victoria en sus vidas personales. La victoria personal de Pablo vino mediante su toma de conciencia de las maquinaciones de Satanás: «No ignoramos sus maquinaciones» (2 Co. 2.11).

Ejemplos bíblicos de la doctrina de los demonios

La Biblia provee muchos ejemplos de la estrategia de Satanás y sus demonios. Tales ejemplos deben hacernos más conscientes y ayudarnos a entender la clase de artificios que usa.

1 Timoteo 4.1: «Pero el Espíritu dice claramente que en los postreros tiempos algunos apostatarán de la fe, escuchando a espíritus engañadores y a doctrinas de demonios». Este versículo habla de dos obras de los demonios: espíritus seductores o engañadores y la iniciación de falsas doctrinas entre los hombres. Estas dos obras están directamente ligadas al ocultismo. Todas las prácticas ocultistas son engañosas y todas sus doctrinas son falsas. A veces los productos ocultistas más engañosos vienen en los paquetes de apariencia más inocente, tales como juegos al estilo de la güija, Dragones y mazmorras y otros juegos de protagonistas de fantasía que invocan poderes, encantamientos o conjuros. Abundan los libros atractivos y populares que enseñan el cómo del vampirismo, la Wicca, el satanismo, la demonología, la adivinación, la hechicería y la cábala, las PES, el horóscopo, la astrología, las sesiones espiritistas, la canalización de espíritus, la Nueva Era, los ovnis y mucho más. Los padres dan estos artículos como regalos a sus hijos; los amigos los comparten con otros, todos sin pensar ni por un momento en el poder (o consecuencias) del engaño espiritual. El espíritu que hay detrás de estos artículos ha estado trabajando en la raza humana desde sus inicios y el Nuevo Testamento nos advierte a mantenernos lejos de su influencia.

2 Tesalonicenses 2.9-10: «Inicuo cuyo advenimiento es por obra de Satanás, con gran poder y señales y prodigios mentirosos, y con todo engaño de iniquidad para los que se pierden». La fuerza de este pasaje está en su advertencia contra las obras de Satanás, según las revela Juan en Apocalipsis 13: habrá un falso profeta, que trabaja para Satanás engañando a la mayoría del mundo mediante grandes señales y prodigios, tales como hacer que baje fuego del cielo. Satanás puede producir poderosas señales y prodigios mentirosos. Moisés se mantuvo valiente y firme contra esto en su enfrentamiento con los magos de la corte del faraón, que falsificaron los milagros que Dios había hecho por medio de Moisés. El ataque del faraón contra el poder de Dios se detalla en Éxodo 7.11: «Entonces llamó también Faraón sabios y hechiceros, e hicieron también lo mismo los hechiceros de Egipto con sus encantamientos». El hecho de que la vara de Aarón, que Dios convirtió en culebra, se tragara a las culebras de los magos del faraón debería haber enviado un mensaje claro de que de Dios nadie se burla y que Él siempre tiene la última palabra. La clara diferencia entre Moisés y los magos es que estos últimos obraron con «encantamientos», en tanto que Dios obró por medio de Moisés.

Deuteronomio 18.10-11: «No sea hallado en ti quien haga pasar a su hijo o a su hija por el fuego, ni quien practique adivinación, ni agorero, ni sortílego, ni hechicero, ni encantador, ni adivino, ni mago, ni quien consulte a los muertos». Las personas procuran con ansia cada una de estas nueve prácticas ocultistas, unos 3,500 años después de que Moisés escribiera Deuteronomio, y sin embargo se consideran muy avanzadas en su pensamiento, tecnología y sabiduría. Estas prácticas ocultistas son reales y permanecen como legado de miles de millones de personas que las han practicado durante miles de años y las han trasmitido a sus hijos; todo el camino hasta nuestra edad moderna.

- *«pasar a su hijo o a su hija por el fuego»:* Esto estaba ligado directamente a la adoración cananea del dios Moloc, pero puede referirse a tres rituales ocultistas factibles.[5] Hoy hay rituales de fuego que practican los ocultistas en varios niveles. El escritor Nueva Era Tony Robbins era uno de los muchos que tenían para sus seminarios de conciencia personal un ritual iniciático de caminar por fuego. La creencia de que la participación en tales rituales libera el poder personal es un punto partida para el ocultismo. Existen varios rituales de fuego dentro de los grupos ocultistas, desde danzantes desnudas ante fogatas hasta el Festival del

5. Duane L. Christensen explica brevemente tres posiciones plausibles, véase Christensen, *Word Biblical Commentary: Deuteronomy* (CD-ROM), Thomas Nelson, Nashville, 2001, s.v. «Deuteronomy 18:10 11».

Hombre Ardiente en Nevada, pasando por los ritos de los aquelarres de brujas hasta el satanismo, en el cual se representa a Satanás por el fuego.[6]

- *«ni quien practique adivinación»:* La palabra adivinación también se puede traducir «hechicería». La adivinación es la práctica de adivinar conocimiento o información respecto al pasado, presente o futuro. Los métodos ocultistas son numerosos y a veces varían según la cultura, pero los más comúnmente conocidos son decir la suerte mediante tarot, lectura de la palma de la mano, lectura de las hojas de té, lectura del poso del café, bolas de cristal, contemplar los espejos, contemplar el agua, contemplar cristales y lectura de la cera), PES, precognición, telepatía, clarividencia, güija, oscilación del péndulo, varitas de zahorí, interpretación de sueños, golpes en la mesa, numerología, oráculos de I Ching, lanzar las runas y psicometría (ilusionistas que leen objetos que pertenecen a un sujeto).
- *«ni agorero»:* Uno que predice el futuro para un individuo o nación. Esta palabra también se puede traducir como «que observa los tiempos». Esto se halla entre los practicantes actuales del ocultismo mediante astrología, horóscopos y rituales de conjuros de acuerdo a ciertos tiempos y estaciones.
- *«ni sortílego»:* La práctica ocultista de adquirir poder o conocimiento mediante varios augurios o señales. Estas señales se pueden leer en el cielo, como un cometa que pasa, o en la naturaleza, como cuando cierto animal se cruza en el camino del lector. Muchas sociedades antiguas, incluyendo los romanos, también practicaban el sacrificio de animales, durante los cuales se leían las entrañas u órganos de los animales en búsqueda de augurios.
- *«ni hechicero»:* Este es el que practica la inducción de fórmulas, pociones o encantamientos para ayudar a adquirir poder sobre una persona o evento. En el Nuevo Testamento, Pablo se refiere a esto en Gálatas 5.22 con la palabra griega *farmakia,* lo que incluye drogas ilícitas para la percepción espiritual, promovidas por él tristemente famoso Timothy Leary y otros. Richard N. Longnecker destaca que *farmakia* «también adquirió dos connotaciones negativas: el uso de drogas para envenenar a personas y el uso de drogas en hechicería o brujería».[7]

6. Nichols, Mather y Schmidt, *Diccionario de creencias, religiones, sectas y ocultismo* (p. 395 de la edición en inglés).
7. Richard N. Longnecker, *Word Biblical Commentary: Galatians* (CD-ROM), Word, 1990, s.v. «Galatians 5:22».

- *«ni encantador»:* Se refiere a los ocultistas, brujas y satanistas que piensan que pueden cambiar los eventos lanzando encantamientos. Esta descripción también incluye el uso de amuletos, talismanes, fetiches y «piezas de buena suerte», todo lo cual se puede usar para bien o para mal.
- *«ni adivino, ni mago»:* alguien que afirma poder contactar con seres espirituales, ya sean fallecidos, seres extraterrestres (ovnis), guías espirituales, ángeles o demonios, a menudo mediante manifestaciones externas tales como golpes o repiqueteos en la mesa, ectoplasma, psicometría o el movimiento de objetos como *poltergeist* atribuido a los muertos. La canalización en trance y la canalización de espíritus propia de la Nueva Era caen en esta categoría.
- *«ni quien consulte a los muertos»:* un médium o nigromante; el que hace contacto con difuntos y les permite hablar por boca de él mismo, a veces manifestados mediante escritura automática, mecanografía automática (como en los libros de Ruth Montgomery), o canalizando la voz del espíritu mediante la voz del nigromante. La «consulta a los muertos» se exhibe más a menudo durante las modernas sesiones espiritistas, donde se busca contacto con un individuo fallecido mencionado específicamente por nombre.

Dios prohíbe todas estas prácticas y las llama abominación a su vista. El ocultismo es un tema muy amplio, con muchos tentáculos de largo alcance, pero la lista que obtenemos mediante este pasaje bíblico sirve como recordatorio en contra de la participación en cualquiera de estas prácticas y otras relacionadas.

En la guerra espiritual, nuestro conocimiento de cómo Satanás y sus demonios trabajan es vital para identificar apropiadamente estas obras y lidiar con ellas cuando las encontramos. Saber lo que la Biblia dice sobre el tema ayuda al reconocimiento de las armas del enemigo y a desarmarlo a él y a sus secuaces. Todo cristiano debe participar en la oración, la orientación bíblica, la defensa del evangelio y el trabajo para traer victoria en las vidas de las personas atrapadas por el ocultismo. Pablo aconseja bien a la iglesia en cuanto a la condición de los que viven en tal esclavitud, «y escapen del lazo del diablo, en que están cautivos a voluntad de él» (2 Ti. 2.26).

Caso real

Merrill F. Unger

El doctor Merrill F. Unger, reputado profesor de estudios del Antiguo Testamento en el Seminario Teológico de Dallas, anotó el siguiente caso sobre posesión ocultista de demonios y liberación en su libro *Los demonios en el mundo moderno:*

Se debe recordar que los poderes demoníacos tratan de impedir que la víctima del ocultismo crea en Dios y confíe en Cristo, quien ellos saben (Ro. 10.9-10) que los liberará de su esclavitud (Stg. 4.7; 1 P. 5.9), trayendo la luz y poder de la salvación de Dios. A veces, cuando el paciente está severamente oprimido y no hay duda de que viven en él uno o más demonios, antes de cualquier liberación hará falta la oración prolongada. Hay que invocar la eficacia de la sangre de Jesús y librar una incesante batalla incesantemente para que la víctima pueda elaborar una confesión de fe con sus labios y ver cómo la fe se genera en su corazón.

El Rvdo. J. A. MacMillan presenta un relato de una liberación actual de opresión demoníaca muy severa, o posesión demoníaca real, puesto que la paciente sufría períodos de inconsciencia (coma) en los cuales sus sentidos quedaban atados y los espíritus malos residentes se apoderaban de ella y hablaban por su cuerpo... Debido a la relativamente reciente muerte de su madre, [ella] había buscado los servicios de una médium espiritista. En su ingenuidad, creía que esto era bueno y podía ayudarla a comunicarse con su difunto ser querido. Ni siquiera se daba cuenta de que estaba quebrantando directamente los mandamientos de Dios (Éx. 20.3-5; Lv. 19.31; 20.6; Dt. 18.10, 11) y abriéndose a la esclavitud de lo oculto.

La médium descubrió en seguida que su visitante tenía grandes capacidades parapsicológicas. Antes de que pasara mucho le pidió que se uniera a ella en ciertas experiencias de trance y más tarde obtuvo su cooperación en sus sesiones espiritistas, induciéndola a someterse a la voluntad de los espíritus. Fue entonces cuando la mujer se halló atada en el ocultismo y en serios problemas psíquicos. Ella buscó ayuda espiritual de su pastor, que reunió a un grupo de cristianos para que orasen por la liberación de esta mujer.

La lucha duró varios meses, con siete noches pasadas en oración. La paciente era incapaz de invocar la ayuda del Señor por sí misma, con el intenso temor que le paralizaba la mente. A intervalos, cuando se estaba librando la lucha en oración, ella salía brevemente del coma en el cual sus sentidos estaban atados. Cuando se le instaba a que confesara el nombre de Jesús y alabara a Dios, ella trataba de hacerlo pero de inmediato los espíritus usaban las propias manos de la víctima en un feroz esfuerzo por estrangularla. Dos fuertes cristianos estaban constantemente alerta a su lado para sostenerla cuando se ponía violenta. En otros momentos ella intentaba morder a los que estaban cerca, como un perro furioso.

Durante las varias batallas de oración, más de una veintena de espíritus inmundos salieron de la mujer, identificándose cada uno por nombre al salir. Este es un fenómeno bien conocido de posesión, no una experiencia rara en la historia de la manifestación demoníaca. Finalmente la mujer quedó completa y gozosamente liberada. Todos los intentos de los espíritus por recuperar la posesión fueron trastornados por la oración persistente y la resistencia. La lengua de la mujer fue soltada para que confesara y alabara el Nombre de Jesucristo como Salvador y Libertador.[8]

Respuesta bíblica

La guerra espiritual, desde la posición del creyente, se estudia mejor al examinar la armadura espiritual que se halla en Efesios 6.10-12. Pablo pintó aquí un cuadro eficaz de la guerra espiritual y de su impacto en la vida cristiana. Esta guerra empieza en el umbral de la experiencia de nacer de nuevo y se produce continuamente toda la vida:

> Por lo demás, hermanos míos, fortaleceos en el Señor, y en el poder de su fuerza. Vestíos de toda la armadura de Dios, para que podáis estar firmes contra las asechanzas del diablo. Porque no tenemos lucha contra sangre y carne, sino contra principados, contra potestades, contra los gobernadores de las tinieblas de este siglo, contra huestes espirituales de maldad en las regiones celestes.

La guerra espiritual es un hecho en la vida cristiana, pero, desdichadamente, algunos cristianos hacen todo lo posible por ignorarla, pensando que no tendrá efecto sobre ellos. Las condiciones adversas suelen tratarse como sucesos comunes o descartarse

8. Merrill F. Unger, *Los demonios y el mundo moderno,* Logoi, Barcelona, 1974 (pp. 193–195 del original en inglés).

con indiferencia considerándolas cualquier cosa excepto un ataque demoníaco. Pero el conflicto espiritual es un método que Dios usa para captar nuestra atención: es real y los cristianos deben lidiar apropiadamente con eso. La Biblia nos advierte claramente en cuanto a la realidad de la guerra espiritual. Estamos en conflicto contra el mundo, en conflicto contra nuestra naturaleza carnal, en conflicto contra el diablo. Y viviremos en ese conflicto y moriremos en él, a menos que Jesucristo vuelva durante nuestra vida.

Tomar las armas

Las armas para nuestra guerra no son carnales (2 Co. 10.4-5), así que la realidad de la guerra espiritual es bíblica: «Porque las armas de nuestra milicia no son carnales, sino poderosas en Dios para la destrucción de fortalezas, derribando argumentos y toda altivez que se levanta contra el conocimiento de Dios, y llevando cautivo todo pensamiento a la obediencia a Cristo». Nótese que son las armas de *nuestra* guerra, en verdad, es *nuestra* guerra; es una guerra personal.

Estas armas tienen el poder divino de destruir fortalezas, de derribar argumentos, de literalmente diezmar toda altivez que se alce contra el trono de Dios y de llevar todo pensamiento cautivo al Señor Jesucristo. La guerra espiritual contra el cristianismo tiene lugar aquí y ahora, y no desaparecerá simplemente por ignorarla. Esta es la verdad de la guerra espiritual: nuestro verdadero enemigo no es el ser humano que se opone a Cristo sino los gobernadores de las tinieblas de este siglo que manipulan a las personas como en un gran tablero de ajedrez, y las fuerzas están dispuestas contra la iglesia cristiana. En 1 Timoteo 1.18 Pablo escribió: «Este mandamiento, hijo Timoteo, te encargo, para que conforme a las profecías que se hicieron antes en cuanto a ti, milites por ellas la buena milicia». Otra manera de traducir esa última frase es «libres la guerra».[9] Pablo usó la palabra más fuerte imaginable, *strateian*, que es la palabra griega traducible como «estrategia». La estrategia: la logística del combate, enfrentamiento, *guerra*. Sobre esto, William D. Mounce escribió: «La terminología es militar, describe a un soldado en guerra».[10] Es un hecho ineludible que el cristiano está destinado a la guerra espiritual.

Hay que evitar distracciones

Todo el que Dios ha escogido para que sea un soldado no se enreda o se deja doblegar por tareas civiles. «Ninguno que milita se enreda en los negocios de la vida, a fin de agradar a aquel que lo tomó por soldado» (2 Ti. 2.4). En otras palabras, cuando Dios lo llamó a la

9. Véase también Robertson, *Imágenes verbales del Nuevo Testamento,* en 1 Timoteo 1.18, donde él lo traduce como «libra la buena guerra».
10. William D. Mounce, *Word Biblical Commentary: Pastoral Epistles* (CD-ROM), Word, 2002, s.v. «1 Timothy 1:18».

iglesia de Jesucristo, usted se alistó en el ejército de Dios. Usted puede con toda verdad coincidir con el himno del siglo XIX que dice: «Firmes y adelante, huestes de la fe», porque usted está en guerra. En la analogía de la batalla que da Pablo, él recalcó los peligros de las distracciones. No permita que nada se interponga en su concentración y enfoque, o eso afectará a su supervivencia.

En el fragor de la batalla es un error mortal preocuparse con cualquier cosa que no sea la misma batalla. Las distracciones causan heridas y diferentes niveles de heridas producen diferentes niveles de dolor. Para evitar el dolor, es necesario prestar atención a la batalla; agradar al Señor quiere decir mantener sus ojos en el premio.

Hay que reconocer la batalla

Uno de los mejores trucos de Satanás es neutralizar a los cristianos haciéndoles pensar que no hay ni guerra ni batalla espiritual. En *Screwtape Writes Again* [Escrutopo escribe de nuevo] hallamos una valiosa idea de cómo los cristianos a veces se dejan engañar. El libro presenta a un demonio maestro, Escrutopo, que escribe a su sobrino demonio, Orugario, aconsejándole: «Si no puedes convencerlos, entonces confúndelos; lo mejor después de un alma condenada es un cristiano neutralizado».[11] A algunos cristianos se les ha enseñado erróneamente a creer en las cosas positivas de la vida excluyendo todo lo negativo, a causa de lo cual a veces niegan la existencia de Satanás, los demonios o el infierno. Parecen tan proclives hacia el pensamiento empírico que niegan la existencia de las batallas espirituales o incluso el hecho de que una guerra espiritual tenga lugar. Las ilusiones o la simple negativa no cambian los hechos bíblicos en cuanto a la existencia de la guerra espiritual. El mundo entero está trastornado y no hay espacio para pretender que todo está bien y no está sucediendo nada. Está aquí y continuará, porque en el momento en que usted se alista en el ejército de Dios, se convierte personalmente en blanco de los enemigos de Dios: Satanás y sus demonios. Usted está marcado en la lista satánica, esté dispuesto a admitirlo o no. Y, si usted es realmente un cristiano que vive y anda con Jesucristo, ellos están persiguiéndolo.

Hay que guardarse contra el mal residual de cada uno

Jesús dijo: «No hablaré ya mucho con vosotros; porque viene el príncipe de este mundo, y él nada tiene en mí» (Jn. 14.30). Aquí a Satanás se le llama el príncipe de este mundo. Pablo le llamó «el dios de este siglo» (2 Co. 4.4). En el Evangelio de Juan, Jesús dijo que cuando Satanás viene, no halla nada en Él. Por desgracia, no se puede decir lo mismo del resto de la raza humana. El doctor Donald Barnhouse lo expresa así: «El príncipe de

11. Martin, *Screwtape Writes Again*, p. 10.

este mundo viene y halla *bastante* en nosotros».[12] Hay un mal residual en todos nosotros al que Satanás puede apelar. Entonces usa ese mal para manipularnos y usarnos a unos contra otros e incluso contra la iglesia de Cristo. Los cristianos hacen una parte del peor daño infligido a la iglesia cristiana al rendirse a Satanás; a menudo sin reconocerlo.[13] El resultado directo de esto es el trastorno del cuerpo de Cristo. Estas personas están en todas partes hoy, trastornando el reino de Dios y presentando oposición a los que se levantan por el reino de Dios.

Hay que buscar sanidad

La guerra espiritual es parte de la vida cuando uno se alista en el ejército de Dios. Si usted no lucha en el ejército de Dios, entonces el Señor le disciplinará hasta que se coloque en el lugar en el que va a luchar, porque usted recibirá tantos ataques que a la larga tendrá que hacer algo. Esto es una advertencia y también teología bíblica. Usted está en medio de una guerra espiritual. Las personas que andan en medio de la guerra actuando como si no hubiera guerra se llaman *víctimas*. Hay personas por todo el panorama que son ineficaces en sus vidas cristianas, neutralizadas en su testimonio cristiano y paralizadas en sus actividades cristianas simplemente porque no se dan cuenta de que son víctimas. Deben recibir de Dios la restauración para poder volver a la batalla.

Hay que enfrentar los hechos

No es casual que la guerra espiritual sea teología bíblica. Las personas aprenden a enfrentar la oposición en cada faceta de la vida, desde los deportes de contacto al entrenamiento militar. En el combate espiritual también es necesario intervenir. Los cristianos nunca tuvieron el propósito de yacer en el campo de batalla como si fueran basura; fueron diseñados para levantarse y pelear la buena batalla de la fe. El hecho de que estamos en guerra espiritual no va a desaparecer. La iglesia es el ejército de Dios y todo cristiano está diseñado para luchar con las armas de la guerra espiritual, los argumentos de Dios, los textos de las Escrituras y el poder del Espíritu.

¿Contra quiénes luchamos? La Biblia dice muy claramente que estamos luchando contra el poder satánico. Estamos luchando contra los dominios del mundo y estamos luchando contra nuestra naturaleza carnal. «Porque no tenemos lucha contra sangre y carne, sino contra principados, contra potestades, contra los gobernadores de las tinieblas de este siglo, contra huestes espirituales de maldad en las regiones celestes» (Ef. 6.12). Este versículo describe al diablo y sus demonios.

12. Dr. Barnhouse fue maestro y mentor de Walter Martin.
13. Este sometimiento no es posesión; la Biblia enseña que el cristiano no puede ser poseído (1 Co. 6.19).

Pedro también nos recuerda: «Sed sobrios, y velad; porque vuestro adversario el diablo, como león rugiente, anda alrededor buscando a quien devorar; al cual resistid firmes en la fe» (1 P. 5.8-9). Pedro pintó un cuadro perfecto de nuestro enemigo como león rugiente que acecha a su presa. No duerme. Siempre está acechando a los cristianos, procurando devorarnos, pero Pedro y Santiago nos dicen que somos capaces de resistirle, firmes en la fe. «Someteos, pues, a Dios; resistid al diablo, y huirá de vosotros» (Stg. 4.7). Santiago también nos da la clave para el plan divino de victoria. Primero someternos a Dios y después resistir al diablo, y este huirá. La única manera de resistirle es con oración, súplica, acción de gracias y vistiéndose para el combate.

Hay que evaluar al enemigo

El primer enemigo del cristianismo es *Satanás,* junto con los *poderes demoníacos,* pero estos no son los únicos enemigos de la iglesia cristiana. Otro enemigo del que hay que guardarse en la guerra espiritual es el *sistema del mundo,* según enseña Santiago 4.1-4:

> ¿De dónde vienen las guerras y los pleitos entre vosotros? ¿No es de vuestras pasiones, las cuales combaten en vuestros miembros? Codiciáis, y no tenéis; matáis y ardéis de envidia, y no podéis alcanzar; combatís y lucháis, pero no tenéis lo que deseáis, porque no pedís. Pedís, y no recibís, porque pedís mal, para gastar en vuestros deleites.¡Oh almas adúlteras! ¿No sabéis que la amistad del mundo es enemistad contra Dios? Cualquiera, pues, que quiera ser amigo del mundo, se constituye enemigo de Dios.

Santiago dice con gran claridad que el mundo y sus placeres son nuestros enemigos. Parte de nuestra guerra espiritual es contra el sistema del mundo en el cual vivimos.

Todavía hay otro enemigo, según 1 Pedro 4.1-4, que es nuestra propia carne:

> Puesto que Cristo ha padecido por nosotros en la carne, vosotros también armaos del mismo pensamiento; pues quien ha padecido en la carne, terminó con el pecado, para no vivir el tiempo que resta en la carne, conforme a las concupiscencias de los hombres, sino conforme a la voluntad de Dios. Baste ya el tiempo pasado para haber hecho lo que agrada a los gentiles, andando en lascivias, concupiscencias, embriagueces, orgías, disipación y abominables idolatrías. A éstos les parece cosa extraña que vosotros no corráis con ellos en el mismo desenfreno de disolución, y os ultrajan.

Nuestros enemigos son el diablo, el poder demoníaco, la presión del mundo y los deseos de la carne. Los soldados no pueden librar una guerra si no saben quién es el enemigo, y, de la misma manera, los cristianos no podemos librar batallas espirituales si no reconocemos a nuestros enemigos. Para estar adecuadamente preparado para la batalla espiritual, debemos conocer las tácticas del enemigo. Si no se conoce la estrategia del enemigo, entonces no se puede combatir con éxito. Solo cuando uno se da cuenta lo que tiene en contra puede resistirlo efectivamente.

Pablo instruyó a la iglesia de Éfeso a que pelease la buena batalla de la fe. Efesios 6.18 nos da una de nuestras *armas secretas* en la batalla: «orando en todo tiempo... en el Espíritu». Es sabio pedir que el Espíritu de Dios le capacite a uno para reconocer efectivamente a los enemigos y hacerles frente.

Hay que ponerse en forma

El creyente debe ponerse en la mejor condición espiritual posible para librar la batalla. «Tú, pues, sufre penalidades como buen soldado de Jesucristo» (2 Ti. 2.3). Para ser un buen soldado, hay que ponerse en forma. La única manera de librar el combate mano a mano es estar en las mejores condiciones físicas. Una persona fuera de forma, holgazana, será derrotada por el enemigo siempre. Así como el soldado se somete a entrenamiento para ponerse en buena forma física, resistente, los cristianos deben recibir entrenamiento bíblico para resistir al enemigo. Estar listo para la batalla requiere la capacidad de resistir y luchar en cualquier momento, pero el cristiano que no está en condiciones de luchar, pronto llega a ser una víctima en el campo de batalla. Es así de sencillo. Uno debe o bien responder en el combate espiritual o bien quedar herido espiritualmente, gimiendo y lamentándose por las cosas malas que han sucedido en la vida.

Hay que ponerse toda la armadura de Dios

Dios quiere que los suyos resistan estas adversidades y, de acuerdo al apóstol Pedro, sean sobrios y vigilantes (1 P. 5.8). La palabra *sobrio* quiere decir alerta. No hay ningún soldado dormilón que sea triunfador. El soldado dormilón no tiene éxito. Dios nos dice que estemos alerta, porque estamos librando una guerra espiritual.

Pedro también nos recuerda que seamos vigilantes porque nuestro adversario, el diablo, anda alrededor como león rugiente, buscando a quien devorar. Hay solo una manera de convertir a ese león en un gatito: es resistirle, firme en la fe de Cristo. Los que no lo hacen son soldados vencidos y por eso hay tantos cristianos que son débiles e ineficaces. No combaten contra el enemigo. No han luchado como siervos de Dios.

Los cristianos efectivos reconocen el *hecho* de la guerra espiritual. Los cristianos efectivos están en buenas condiciones y listos para la batalla. La última parte del entrenamiento es vestirse apropiadamente para el combate, seguros en la fuerza de sus armas. Efesios 6 demuestra que nadie sale a la guerra desnudo. El soldado entrenado lleva como quince o veinte kilos de equipo una vez que se ha vestido para el combate. Pero hay cristianos por todas partes corriendo desnudos y sin estar preparados, tratando de librar la guerra espiritual contra el enemigo, y no comprenden por qué los dardos de fuego del maligno los hieren. La solución es estar adecuadamente equipado para la batalla: «Procura con diligencia presentarte a Dios aprobado, como obrero que no tiene de qué avergonzarse, que usa bien la palabra de verdad» (2 Ti. 2.15). Ignorar la Biblia es ignorar al Señor Jesucristo. Ignorar a Cristo es ignorar la propia defensa. Uno no puede protegerse a menos que esté andando en la luz con Él (1 Jn. 1.7). El consejo de Pablo en Efesios 6.10-12 sigue vigente hoy. *Pónganse toda la armadura de Dios,* para que puedan resistir contra los métodos del diablo. Usted *puede* resistir contra Satanás. Usted *puede* ser victorioso. Usted *puede* conocer la victoria final. La victoria final en la guerra espiritual es algo que Dios nos ha prometido en el Señor Jesús.

Hay que luchar de modo victorioso

El cristiano victorioso debe tener el poder de Dios para conquistar a sus enemigos. El poder conquistador de Dios deriva de una verdad bíblica sencilla que muchos cristianos consideran simplista y por eso la pasan por alto o la ignoran. El poder que hay tras la conquista final se ve en 1 Juan 5.4: «Esta es la victoria que ha vencido al mundo, nuestra fe». La palabra *vencer* quiere decir conquistar, así que: «Esta es la victoria que ha *conquistado* al mundo, nuestra fe». Esto no es algo nuevo y asombroso. Juan lo dio a la iglesia del primer siglo. ¿Qué es fe? Fe, según Hebreos 11.1, es estar seguro de lo que se espera y tener *certeza absoluta* de lo que no se ve. La esperanza y absoluta certeza de lo que no se ve solo puede venir por medio de Dios, que da a cada cristiano una medida de la fe (Ro. 12.3). No es en proporción a los esfuerzos del cristiano, sino que es Dios quien da la medida de la fe a cada persona como a Él le place. El Señor Jesucristo nos dio el fundamento último de la fe y la clave es: «Confiad, yo he vencido al mundo» (Jn. 16.33).

La promesa de Dios es lo más sencillo de aceptar del mundo pero algo de lo más difícil de lograr para la humanidad. Las personas luchan por hacerlo todo por sí solas en lugar de permitir que Dios libre las batallas por medio de nosotros. Los cristianos no pueden ganar conflictos en la fuerza de la carne; debemos doblar nuestras rodillas ante el Salvador y al hacerlo descubrimos que la guerra espiritual, y la victoria final, se consiguen con facilidad.

CASO REAL

Walter Martin

Cuando me convertí en cristiano no sabía nada de la Biblia. Conocía mi catecismo; sabía mi religión. No sabía gran cosa de las Escrituras, pero conocía a Jesucristo como mi Salvador. Solía despertarme todas las mañanas en la secundaria, como nuevo creyente con una Biblia flamante, sin hallarle pies ni cabeza. Lo primero que salía de mi boca por la mañana era un himno:

Cuando la mañana dora los cielos mi corazón despertándose clama:
¡Alabado sea Jesucristo!
Igualmente en el trabajo y en la oración, a Jesús acudo:
¡Alabado sea Jesucristo!

Sea este, mientras la vida es mía, mi cántico divino:
¡Alabado sea Jesucristo!
Canta este canto eterno por todos los siglos:
¡Alabado sea Jesucristo![14]

La victoria es de Aquel a quien se alaba. «Confíen», dijo Jesús, «yo he vencido al mundo». Esta es nuestra victoria en la guerra espiritual. Enfrente el hecho de que está allí; enfrente al enemigo que representa. Enfrente la necesidad de ponerse en buena forma espiritual mediante el estudio de la Palabra de Dios en sumisión al Espíritu Santo y creyendo en Jesucristo.

He estado librando esta batalla espiritual desde 1944 y puedo decirle con absoluta certeza que la clave para la conquista espiritual es el reconocimiento de que Jesucristo es el Señor, para gloria de Dios Padre. Ahora bien, ¿cómo se hace? Póngase toda la armadura de Dios. Póngase el casco de la salvación; es un don. Póngase la coraza de justicia; es un don. Póngase el cinturón de la verdad; es un don. Póngase la preparación para predicar el evangelio; es un don. Tome el escudo de la fe; es un don. Tome la espada del Espíritu, que es la Palabra de Dios; es un don. Tome los dones de Dios para la conquista de Dios y vístase

14. Edward Caswall, trad. al inglés, «When Morning Gilds the Sky», en Formby, *Catholic Hymns*, Londres, 1854, del Katholisches Gesangbuch, Würzburg, Alemania, aprox. 1744. Música de Joseph Barnby. Véase http://www.cyberhymnal.org/htm/w/h/e/whenmgts.htm.

para la batalla. Cada pieza de la armadura de Efesios 6 es para la parte frontal del cuerpo. No hay ni una sola pieza para la espalda. Los soldados no se dan la vuelta en medio del combate; van hacia adelante.

La razón por la que muchos cristianos han quedado inefectivos, débiles y agotados; la razón por la que están tirados por el campo de batalla y estorbando a todos es porque en medio del conflicto y el combate no confían en Jesucristo. Se dan la vuelta y salen huyendo, con los dardos de fuego del maligno firmemente ensartados en sus espaldas espirituales. Si usted se ve a sí mismo en este escenario, hay solo una manera de recuperar la fuerza: póngase de rodillas, confiese sus pecados y pídale a Jesucristo que le saque los dardos. Afirme lo que Cristo le dijo: «Confía; ¡yo he vencido al mundo!» y esta es la victoria; esta es su conquista. Aférrese a esta promesa con fe y Dios le abrirá las ventanas de los cielos y le bendecirá. Le dará su victoria y le guiará por sendas de justicia por amor a su nombre.

La victoria es nuestra. La conquista final es su reconocimiento de que Jesucristo es la fuente de la fe; el autor y consumador de su fe. Él es «el Alfa y la Omega, principio y fin... el que es y que era y que ha de venir» (Ap. 1.8). *Confiad, yo he vencido al mundo* (Jn. 16.33). «Esta es la victoria que ha vencido al mundo, nuestra fe» (1 Jn. 5.4).

Conclusión

Cristo derrotó a Satanás en la cruz. Le derrotó en la gloria de su resurrección e imparte esa capacidad victoriosa a nuestras vidas todos los días en que estamos dispuestos a creer en Él. Los cristianos pueden despertarse por la mañana y decir con confianza: «Señor Jesús: Creo que tú has vencido al mundo; conquista por medio de mí. Creo en ti; dame la victoria. Quítame las dudas; quítame los temores. Dame la medida de fe que es necesaria para que yo sobreviva hoy. Dame la fe para confiar en ti para vencer hoy a Satanás. Dame la fe para triunfar sobre las fuerzas de las tinieblas. Dame la victoria sobre el mundo; esa victoria que es un don tuyo». La clave para la conquista espiritual es el reconocimiento de que Jesucristo es el Señor, para gloria de Dios Padre (Fil. 2.11).

Recursos recomendados

1. Barnhouse, Donald Grey. *La guerra invisible: Panorama del continuo conflicto entre el bien y el mal.* Miami, FL: Vida, 2002.
2. DeWaay, Bob. *Critical Issues Commentary,* www.cicministry.org.
3. Lewis, C. S. *Cartas del diablo a su sobrino.* Madrid: Rialp, 2007.
4. Martin, Walter R. *Screwtape Writes Again* [Escrutopo escribe de nuevo]. Santa Ana, CA: Vision House, 1975.
5. Unger, Merrill F. *Los demonios y el mundo moderno.* Barcelona: Logoi, 1974.

Breves apuntes acerca de la orientación cristiana y el ocultismo

- La exploración del mundo del ocultismo expone al individuo a seres sobrenaturales malignos.
- Los no cristianos introducidos en el ocultismo se hacen vulnerables a la posesión y opresión demoníacas.
- Los cristianos *no* pueden ser poseídos por ningún tipo de demonio, pero sí pueden ser molestados u oprimidos.
- El nombre de Jesús y el poder de su Santo Espíritu son las únicas autoridades en la tierra a quienes los demonios temen y obedecen; Jesús puede liberar a toda persona de la posesión o la opresión.
- Los ministerios de orientación y liberación, basados en principios bíblicos sólidos, son algo muy necesario en la iglesia de hoy.

17

La orientación cristiana y el ocultismo

El mundo del ocultismo es una peligrosa realidad, pero Dios ha prometido en su Palabra que los cristianos están bien preparados para combatirlo. Hoy día, la iglesia tiene una apremiante necesidad de contar con orientadores capacitados que comprendan y acepten la realidad de la posesión y la opresión demoníacas y que estén dispuestos a luchar activamente contra ellas. La visión racional del mundo tan extendida en nuestros tiempos trata de negar y ridiculizar cualquier fenómeno fuera de los cinco sentidos, pero la iglesia reconoce la realidad del poder sobrenatural de Jesucristo y, por consiguiente, la innegable existencia de su enemigo sobrenatural: Satanás. Cualquiera, cristiano o no, que niegue estos hechos contradice al propio Jesucristo.

Dios decidió incluir en el Nuevo Testamento determinados acontecimientos por un motivo e hizo hincapié en la posesión demoníaca y la liberación. El ministerio de Jesús duró solo tres años y quedó registrado en solo cuatro libros del Nuevo Testamento, pero los relatos de testigos presenciales incluyen *veintisiete* pasajes distintos que describen las enseñanzas de Jesús sobre el tema de los demonios, la posesión demoníaca y el exorcismo. La iglesia debe seguir el ejemplo de Jesucristo; debe resistirse al espíritu de esta época, es decir, al espíritu de duda, y proporcionar alternativas bíblicas y disciplinadas a quienes las necesiten.

El resurgimiento de las ideas de la Nueva Era ha acentuado la natural curiosidad humana y aumentado sustancialmente el interés por los poderes sobrenaturales, por lo que es inevitable que la industria del entretenimiento tienda a acercarse a esta fuente de lucro, produciendo películas, programas de televisión y libros sobre brujería, hechicería y posesión demoníaca que reflejan los intereses de las personas. El público existe, está ávido de conocimientos y la experiencia que genera esos conocimientos tiene consecuencias eternas.

Requisitos de un orientador

Orientar a las personas que practican el ocultismo es una guerra espiritual difícil y peligrosa. Para lograr ayudar de forma efectiva a esos individuos sin riesgo de que quien ayude salga lastimado, es importante seguir los principios bíblicos para luchar contra el enemigo. No hay demonios detrás de cada hecho malvado (el hombre cuenta con suficiente mal residual dentro de sí mismo como para cometer infinidad de horrores), pero la Biblia enseña expresamente que los demonios existen y que interfieren regularmente en las vidas humanas. La posesión puede que no sea cosa de todos los días, pero siempre es una posibilidad.

La orientación cristiana directamente relacionada con el ocultismo es una tarea peligrosa y como tal, nadie debe llevarla a cabo si no reúne los requisitos siguientes:

1. Una relación personal con Jesucristo (Jn. 15)
2. Madurez espiritual evidenciada por una manifestación constante de los frutos del Espíritu en su vida; una entrega seria a la lectura de las Escrituras y a la oración; ser miembro y asistir con regularidad a una iglesia cristiana doctrinalmente sólida (Gl. 5.16-22; Heb. 10.25)[1]
3. Reconocimiento del poder del Espíritu Santo (1 Co. 2.14)
4. Un llamado a servir (Jn. 17.18).
5. Conocimiento, preparación y experiencia en los métodos, análisis y solución bíblicos de los fenómenos ocultistas (2 P. 1.5; Col. 1.10; 2 Ti. 2.15).[2]

Casos reales

Son muy pocos los orientadores preparados para valorar y tratar con el ocultismo, por lo que los ejemplos reales de casos, conjuntamente con la orientación dada en cada uno de esos casos, resultan inestimables para quienes lo necesitan. Como en cualquier situación de aprendizaje, los estudios fidedignos son esenciales y ofrecen la vía más rápida para poder evaluar un método de valoración y aplicarlo. Los siguientes estudios de casos se basan en historias reales en los que se han cambiado los nombres y las circunstancias para proteger la privacidad de las personas.

---

1. Según Dr. Kurt Koch, un pastor con cuarenta años de experiencia respecto al ocultismo, las personas que son jóvenes *físicamente* y espiritualmente no deben participar en la instrucción sobre ocultismo.
2. Véase en el capítulo 14 un gráfico que describe «Demonios, posesión y exorcismo en el ministerio de Jesucristo».

Dragones y mazmorras

Ejemplo: Una joven cristiana llamada Lisa, en un momento de recaída de su fe, se casó con un hombre llamado Craig, que no era cristiano. Después de varios años de matrimonio, Craig empezó a participar en un juego de rol por Internet, imbuido en el ocultismo, llamado *Dragones y mazmorras*, y no pasó mucho tiempo antes de que el juego comenzara a robarle gran cantidad de tiempo. Las hijas de Lisa, de tres y cinco años de edad, se volvieron más retraídas por aquella época, diciéndole en reiteradas ocasiones cosas extrañas a su madre, como «Las personas que están en mi cuarto son muy agradables, mami. Una es bonita y la otra fea, pero me gusta hablar con ellas» y «Mami, ¿por qué las personas del sótano te odian?» Preocupada y asustada por los cambios que veía que estaban ocurriendo en sus hijas, Lisa enfrentó a Craig y le dijo que el juego de *Dragones y mazmorras* se tenía que acabar. Craig se negó. Lisa acudió a su pastor y le pidió que orara, pero nada pareció cambiar. Comenzó a sentirse cada vez más disgustada por la participación de su esposo en ese juego, hasta que un día en que él no estaba en casa, recorrió la casa y oró en cada una de las habitaciones pidiendo la protección de Dios para su casa y su familia. Casi al final de sus oraciones, las ventanas de la sala comenzaron a sonar fuertemente y, aterrada, recogió a las niñas y huyó. Ahora Lisa está desalentada, deprimida y muy asustada. Siente que no puede hacer nada para cambiar la situación.

Análisis: Primero, no parece haber ningún indicio aquí de enfermedad mental en Lisa, Craig, ni sus dos niñas. Ninguno toma medicamentos con regularidad y tanto los padres como los hijos responden normalmente a las situaciones cotidianas. Segundo, aquí se ve claramente que ha habido un contacto con el ocultismo. El juego *Dragones y mazmorras* incluye personajes demoníacos, hechiceros, encantamientos y miles de otras criaturas y prácticas ocultistas; por lo tanto, es un hecho que esta casa se abrió al mundo del ocultismo. Tercero, en claro incumplimiento de las Escrituras, Lisa se casó con una persona que no era cristiana. Pablo advirtió a la iglesia sobre esto en 2 Corintios 6.14-18:

> No os unáis en yugo desigual con los incrédulos; porque ¿qué compañerismo tiene la justicia con la injusticia? ¿Y qué comunión la luz con las tinieblas? ¿Y qué concordia Cristo con Belial? ¿O qué parte el creyente con el incrédulo? ¿Y qué acuerdo hay entre el templo de Dios y los ídolos? Porque vosotros sois el templo del Dios viviente, como Dios dijo:
> «Habitaré

y andaré entre ellos,
y seré su Dios,
y ellos serán mi pueblo».

Por lo que,

«Salid de en medio de ellos,
y apartaos, dice el Señor,
y no toquéis lo inmundo;
y yo os recibiré,
y seré para vosotros por Padre,
y vosotros me seréis hijos e hijas,
dice el Señor Todopoderoso».

Contrario a la actitud indiferente que prevalece en la iglesia cristiana actual, Dios no desea que sus hijos se unan a los incrédulos (ya sea en matrimonio, en asociaciones empresariales o en hechos religiosos). La amistad no tiene nada de malo, pero debemos analizar con cuidado nuestras relaciones de noviazgo, matrimonio y otros compromisos formales antes de tomar parte en ellos. Lisa desobedeció a las Escrituras y quedó vulnerable a los ataques espirituales. Esto no quiere decir que Dios la abandonase; significa sencillamente que ella estropeó una pieza vital de la armadura espiritual, la coraza de justicia (Ef. 6.14) y decidió no repararla. Ser justo ante Dios es obedecerlo y andar con Él.[3] Satanás descubre rápidamente al cristiano con problemas y se aprovecha al máximo de ello. Cuarto, las hijas pequeñas de Lisa describen un patrón clásico de contacto con los demonios. Algo *que no es de este mundo* habla con ellas y una cosa es segura: No se detendrá. Según las niñas, ese algo siente odio por Lisa, la única cristiana adulta de la casa. Quinto, se ha podido observar un fenómeno físico real que no tiene una explicación racional. Las ventanas no suenan de manera incontrolable en respuesta a las oraciones a menos que algo las haga sonar y, en este caso, no fue el viento.

3. Albert Barnes define *justicia* como «integridad, santidad, pureza en la vida, sinceridad en la devoción. La coraza defendía las partes vitales del cuerpo; y la idea aquí puede ser que la integridad en la vida y la justicia en el carácter son tan necesarias para defendernos de los ataques de Satanás como lo era la cota de malla para proteger el corazón de las flechas de un enemigo». *Coraza*: «La palabra que aquí se traduce como coraza *thoorax* (NT:2382) denota el "peto", lat.: *lorica*, o cota de malla; esto es, la armadura que cubría el cuerpo desde el cuello hasta los muslos y que constaba de dos partes, una que cubría el frente y otra la espalda. Estaba compuesta por anillos, o en forma de escamas o láminas lo suficientemente unidas como para que fuera flexible y a la vez protegiera al cuerpo contra una espada, lanza o flecha» *(Barnes' Notes)*.

Resolución: Primero, Lisa puede corregir su relación personal con Jesucristo simplemente pidiéndole que la perdone. «Si confesamos nuestros pecados, él es fiel y justo para perdonar nuestros pecados, y limpiarnos de toda maldad» (1 Jn. 1.9). La coraza de justicia se puede reparar con el poder del Espíritu Santo. Segundo, Lisa debe tomar una decisión para protegerse a sí misma y a sus hijas de cualquier otro daño. Si Craig estuviera prendiendo fuego por toda la casa, ella no se lo permitiría. En este caso, él está prendiendo un fuego espiritual que llegará a lastimarlos a todos. Lisa tiene que buscar la orientación de su pastor y luego hacerle frente a su esposo y expresarle sus temores. Tercero, Lisa no es impotente; es sumamente *poderosa*. Ella está autorizada por las Escrituras a utilizar el nombre de Jesucristo para limpiar su hogar y liberar a su familia. Lisa debe buscar el apoyo de otros cristianos y seguir orando por su hogar y su familia en el nombre de Jesús, ordenándoles a los demonios que se vayan. Siempre que sea posible, ella debe eliminar de la casa todo lo relacionado con el ocultismo. A veces puede que sea necesario ayunar y orar durante un determinado período de tiempo, pero los demonios al final *tendrán* que obedecer. Lisa puede pedirle al Señor que proteja y libre a toda su familia «porque el marido incrédulo es santificado en la mujer, y la mujer incrédula en el marido; pues de otra manera vuestros hijos serían inmundos, mientras que ahora son santos» (1 Co. 7.14). Los demonios a los que Lisa teme, en realidad le tienen terror a *ella* y huirán de cualquier cristiano porque «hijitos, vosotros sois de Dios, y los habéis vencido; porque mayor es el que está en vosotros, que el que está en el mundo» (1 Jn. 4.4). Lisa tiene el inmenso poder, por medio de Jesucristo, de defender su hogar.

Posesión demoníaca

Ejemplo: Un joven llamado Kyle adoró a Satanás durante su adolescencia. Escuchaba día tras día música *heavy metal*, participaba en ceremonias satánicas y se pasaba todo el tiempo con amigos que también eran seguidores de Satanás. Cuando llegó a la adultez, a Kyle dejó de interesarle el satanismo y hasta comenzó a ir a la iglesia, aunque no manifestaba ser cristiano. Poco tiempo después de que Kyle cumpliera los veintiún años, su familia comenzó a notar en él un marcado cambio de personalidad. La depresión se apoderó de él, junto a una hostilidad extraña hacia su padre y su hermana, ambos cristianos convencidos. Cualquier mención de Dios o de cosas relacionadas con Él tenía como resultado una respuesta maliciosa y burlona (generalmente con una voz que no sonaba para nada como la de Kyle) que con frecuencia incluía la blasfemia. Muy pronto, una «nueva» personalidad pareció ensombrecer al antiguo Kyle y este comenzó a amenazar la vida de su padre y de su hermana. Estuvo de acuerdo con ir a ver a un psiquiatra, quien le diagnosticó que padecía de trastorno bipolar. Kyle comenzó de inmediato a tomar medicamentos, pero su comportamiento apenas cambió. Su padre, desconsolado y profundamente apenado por la «pérdida» de su hijo, comenzó a sospechar una posesión demoníaca.

Análisis: Primero se le hizo un diagnóstico de enfermedad mental. Se le prescribieron medicamentos que tomó diariamente. A Kyle lo ve regularmente un médico y regula la toma de medicamentos como corresponde. No obstante, se aprecian pocos cambios en su conducta o actitud. Segundo, hay antecedentes de exposición al ocultismo. Al adorar a Satanás, Kyle abrió su vida al poder y a la presencia de seres sobrenaturales malignos. Tercero, Kyle adoró a Satanás (lo que Satanás más desea de los humanos) y nunca renunció a su dedicación. Luego trató de *retirarse* de la adoración al príncipe de la potestad del aire sin aceptar jamás al único capaz de liberarlo de Satanás: Jesucristo. Cuarto, Kyle muestra la conducta clásica de una persona poseída. Su actitud y hasta su voz han cambiado y odia cualquier cosa o persona relacionada con Dios.

Resolución: Primero, era imprescindible que el padre de Kyle buscara un pastor local que orara con ellos y realizara una valoración y un exorcismo, si fuera necesario. Intentó hacerlo pero por todas partes encontró escepticismo. No era que esos hombres no creyeran en la posesión demoníaca, sino que no creían que sucediera hoy en día. Incluso algunos ministerios apologéticos cristianos constituidos para defender la fe dudaron de que ocurrieran posesiones demoníacas en el siglo XXI. Bíblicamente, ellos creían que podía suceder, pero en la práctica lo consideraban un «fenómeno raro» y por lo tanto no querían verse involucrados en evaluaciones ni en liberaciones. Desesperado, el padre de Kyle localizó finalmente a alguien de otro ministerio conocido y le suplicó que lo ayudara. Este ministerio lo remitió, no sin dificultades, a otro ministerio de su zona, ya que existen tan pocos de confianza. Segundo, fue necesario hacer una valoración del caso para determinar si Kyle necesitaba un exorcismo. Afortunadamente, estos dos pasos fueron satisfactorios y se realizó el exorcismo. Actualmente, Kyle es una persona nueva entregada a Jesucristo. Todavía sigue bajo tratamiento médico, pero parece que ahora sí lo está ayudando a afrontar la vida.

Encuentro a través de la güija

Ejemplo: A una joven llamada Rose le regalaron una güija cuando cumplió los quince años. Al principio se reía de la güija, pero no pasó mucho tiempo antes de que comenzaran a suceder cosas extrañas y el tablero comenzara a comunicarse con ella y con un grupo de amigas. A veces, las palabras eran deletreadas con tal rapidez que no podían sujetar el puntero (conocido técnicamente como *planchette*). Otra amiga, Renee, que por coincidencia era cristiana, vino una noche mientras ellas estaban jugando con el tablero. Ella sabía que estaba mal participar, pero tenía tanta curiosidad que decidió intentarlo. Quiso asegurarse de que nadie estaba guiando el puntero por el tablero, así que colocó sus dedos levemente sobre él y, para su sorpresa, el puntero se movió sin esfuerzo alguno por parte de ella ni de su amiga que estaba sentada en frente. El espíritu les dijo lo siguiente:

- Que su nombre era Jared Peterson y que había muerto en el año 1974 (de algo demasiado obsceno como para citarlo).
- Que conocía secretos sobre las personas presentes en la habitación y pasó a demostrarlo.
- Que era su amigo y quería ayudarlas.

Renee decidió poner a prueba al espíritu de esta güija para demostrarles a sus amigas que se trataba de un demonio y no del espíritu de alguien fallecido. Le preguntó al tablero:

—En el nombre de Jesús, ¿eres un demonio?

—¡Sí!— le contestó el demonio.

—En el nombre de Jesús, ¿es Jesucristo el Hijo de Dios?

—¡Sí!— respondió el demonio.

—En el nombre de Jesús, ¿estuviste en la crucifixión?

—¡Sí!

—¿Qué sentiste?

—Miedo.

La velocidad del puntero había aumentado tanto que parecía que el demonio estaba muy agitado. Renee decidió que ya era hora de que se fuera.

—Sabemos lo que eres. ¡En el nombre de Jesucristo, te ordeno que te vayas y no regreses!

—¡No!— respondió el demonio.

Tres veces le ordenó Renee que se fuera en el nombre de Jesús y, a la tercera, el demonio dijo: «¡M… seas!» y el puntero salió volando del tablero y cayó al suelo. Se había ido. Al día siguiente, Rose quemó la güija.

Análisis: Primero, una güija no es un juguete; es un medio de comunicación diseñado específicamente para contactar con los espíritus. Puede que no siempre funcione con todo el mundo, pero sí funciona con algunos. Estas adolescentes que decidieron usarla terminaron haciendo escarceos con el ocultismo. Segundo, los padres de Rose, que son católicos, no conocían de la advertencia bíblica y estaban ajenos al hecho de que al darle aquel tablero a su hija, la exponían a ella y a toda la familia al mundo del ocultismo. Ellos ni siquiera sabían que el tablero había funcionado realmente. Su participación en la vida de su hija era mínima y eso pudo haber tenido resultados desastrosos. Tercero, aunque Renee desobedeció las Escrituras al usar la güija, rápidamente comprendió lo peligroso de la situación, dejó de jugar con ella y comenzó a defenderse ella y a sus amigas contra esta.

Resolución: Para todas las personas que estaban en la habitación con la güija estaba claro que algo no humano estaba utilizando el tablero para comunicarse. La falta de criterio por parte de los padres hizo vulnerable a la niña y sus amigas. Afortunadamente, una joven familiarizada con la realidad de la guerra espiritual valoró la situación y siguió el método bíblico de enfrentamiento. El demonio se vio obligado a responderle a Renee reiteradamente y con la verdad, en el nombre de Jesús. En cuestión de instantes, el personaje cuidadosamente elaborado tras el cual se escondía el demonio quedó desbaratado. Un espíritu maligno tan antiguo que estuvo presente cuando Lucero cayó del cielo no pudo hacer *nada* contra una niña de quince años llena del poder del Espíritu Santo. Él *tuvo* que obedecerla. Esta es nuestra herencia en Cristo. «¿O no sabéis que hemos de juzgar a los ángeles?» (1 Co. 6.3).

Acoso demoníaco

Ejemplo 1: Robert, estudiante de la universidad local, estaba acostado en la cama una noche, solo en casa de sus padres. Hijo de un pastor, había oído hablar de la realidad de la guerra espiritual, pero rara vez la había experimentado. Era casi medianoche cuando escuchó por primera vez que tocaban con fuerza la puerta del clóset: *tan tata-tan tan… tan tan.* Sonaba exactamente como salido de un dibujo animado, *muy alto* y con una estructura explícita, aunque él sabía que la casa estaba vacía.

Ejemplo 2: Una joven llamada Lani se encontraba sola en su casa una noche, preparándose para acostarse, cuando escuchó un fuerte ruido de pasos en el piso de abajo y el sonido de estantes abriéndose y cerrándose en la cocina. Vacilante, salió sigilosamente del baño hasta la escalera y miró para abajo hacia la cocina por entre las barandas. ¡Horrorizada y llena de pánico, vio que todas las puertas de los estantes de la cocina estaban abriéndose y cerrándose al azar sin ayuda humana! Mientras miraba desde arriba, las puertas finalmente se cerraron de golpe y unos pasos fuertes atravesaron la cocina en dirección a la entrada que quedaba debajo de ella, pero ningún cuerpo humano se paró donde se detuvieron los pasos.

Ejemplo 3: Danny, de treinta años, se despertó sobresaltado en medio de la noche y se encontró con los ojos fijos en una figura sentada sobre el extremo de la cama. Se había despertado antes por una sensación asfixiante de presión en el pecho y la impresión de algo muy malo en la habitación, pero esta vez pudo ver realmente una forma humana en la habitación con él. Mientras miraba, con el corazón latiéndole con fuerza, la figura sentada en el extremo de la cama se volvió hacia él y a la luz de la luna pudo ver su rostro. Era extraordinariamente hermosa, pero a Danny se le pusieron los pelos de punta y de pronto tuvo miedo.

Ejemplo 4: Lynn, madre de dos hijos, ya no puede más. Hace ya varias semanas que su hija más joven tiene terribles pesadillas. Sueños que parecen ser mucho más que simplemente «malos sueños». Su hija de ocho años se despertó de un sueño profundo completamente aterrorizada, temblando tan fuerte que le castañeteaban los dientes y salió corriendo por el corredor a decirle que había luces volando alrededor de su habitación. Unas noches después, volvió a suceder lo mismo, solo que esta vez se trataba de una criatura grande con ojos rojos sentada al lado del tocador, hablando con ella. Ella tiene miedo de estar sola en su habitación.

Ejemplo 5: Desirée, una niña de seis años, lleva meses quejándose a sus padres de que la «oveja negra» está por la noche en su habitación. Al principio, lo ignoraron como un caso típico de «hay un monstruo debajo de la cama», pero, a medida que pasaron los meses y Desirée comenzó a tener más y más miedo de irse a la cama, sus padres comenzaron a preguntarse qué estaba pasando. Un día, Desirée inocentemente se volvió hacia su madre y le dijo: «Mami, la oveja negra me está hablando y tiene los ojos rojos». Paralizada, se volvió hacia su hijita y le preguntó: «¿Qué es lo que te dice la oveja negra, mi vida?» Desirée miró a su mamá y le dijo: «Me dice que mate a mis padres».

Análisis: Todos estos ejemplos son reales y les sucedieron a cristianos. Primero, no existen antecedentes de enfermedad mental en ninguno de estos casos. Segundo, es importante recalcar que no hay ningún demonio detrás de cada poste del alumbrado, ni los demonios son responsables de todo lo malo que sucede en la vida, pero sí existen numerosos antecedentes históricos de acoso a los seres humanos. La manera más rápida de distinguir entre un fenómeno humano y uno demoníaco es usando el nombre de Jesús. Si es demoníaco, usted notará una inmediata mejoría o un cambio en las circunstancias. Tercero, todas las personas implicadas en estos encuentros reconocieron las señales del acoso demoníaco: Ruido de toques o golpes, pesadillas graves y recurrentes, luces de colores que se mueven por la habitación, ojos rojos, apariciones y objetos que se mueven sin ayuda humana. Cuarto, tan pronto como reconocieron la fuente de los problemas, cada uno de ellos oró y le ordenó a la presencia que se fuera, en el nombre de Jesucristo. En el último ejemplo, es interesante y triste apuntar que a los cuatro años del incidente, vendieron la casa a otra familia y poco tiempo después tuvo lugar allí un incendio que destruyó a esa familia. Murieron dos adultos y un niño de ocho años; el único sobreviviente fue un muchacho de doce años. La policía sospechaba que se trataba de un homicidio pero no pudieron probarlo. Siempre quedará la duda de si este hecho horrible tuvo algo que ver con algo demoníaco, pero la violencia ligada a las muertes es una coincidencia extraña y se sabe que en los hogares atribulados por la actividad demoníaca ocurren incendios.

Resolución: A pesar del escepticismo de nuestra cultura occidental, las puertas no se tocan solas, los estantes no se abren y se cierran solos, no hay pasos sin pies y no hay apariciones con ojos rojos diciendo cosas terribles a no ser que haya algo *sobrenatural* en juego. Y ese *algo* en concreto está interesado en hacerles la vida difícil a los seres humanos. A veces, el acoso demoníaco es resultado directo de un pecado no resuelto; otras veces sucede porque un cristiano (u otro familiar) está envuelto en la guerra espiritual o *estará* envuelto en algún momento en el futuro (este es el caso en dos de los ejemplos anteriores) y otras veces el acoso se debe a la participación en algún tipo de actividad ocultista, ya sea en el pasado o el presente. Este último no era el caso de los ejemplos anteriores, pero sucede con bastante frecuencia. En todos estos casos de acoso demoníaco, los cristianos implicados valoraron la situación, reconocieron lo extraordinario de las circunstancias e inmediatamente fueron a enfrentar al enemigo invisible. El nombre de Jesús resultó efectivo para poner fin a todos los acosos. En algunos casos, volvió a suceder semanas o meses más tarde, pero cesaron final y definitivamente después de constante oración.

Curación psíquica
Ejemplo: Mary Ettie V. Smith (1841)

Cuando yo tenía diez años, [mi padre]... compró una gran extensión de tierra y poco después murió accidentalmente mientras arrastraba un tronco al aserradero. Dejó su negocio en muy malas condiciones y a mi madre con nueve hijos, dos de los cuales eran menores que yo. Con su muerte en enero de 1841, comenzó una sucesión terrible de calamidades de cuya historia saldrá el contenido de las siguientes páginas.

Por esta época, un anciano mormón visitó a mi madre. Él había estado celebrando reuniones por la zona y le dijo que los Santos de los Últimos Días afirmaban poder sanar a los enfermos. Si ella accedía a ser bautizada, la sordera que padecía (y que se había convertido en una gran molestia para ella) desaparecería en muy poco tiempo y ella volvería a oír. Dispuesta a hacer el experimento, se bautizó. El agua estaba muy fría e inmediatamente después del bautismo su audición mejoró y pronto la recobró completamente.

Creo que es mi deber ser justo con mi madre y exponer esta circunstancia tan extraordinaria, puesto que fue el verdadero fundamento de su conversión al mormonismo y la base de su fe incondicional en Joseph Smith como profeta de Dios. Esta fe nunca flaqueó hasta años después, cuando se vio recluida en Utah, presa y testigo involuntario de abominaciones que se han mantenido encubiertas en Estados Unidos.[4]

Análisis: Primero, ¿se trataba de un verdadero problema de sordera? Este parece ser el caso, a juzgar por el profundo efecto que tuvo la curación para toda la familia. Segundo, ya que recuperó la audición, ¿cuál fue la fuente de poder que curó a la madre de Mary Ettie? La doctrina de los mormones enseña que el Jesús de los mormones fue concebido mediante el sexo físico entre Dios Padre, un hombre que había alcanzado la exaltación, y la virgen María.[5] Tanto Joseph Smith como Brigham Young enseñaron que Jesús no fue concebido por el Espíritu Santo.[6] El mormonismo es, por tanto, un espíritu diferente y un evangelio diferente, por lo que el poder que lo respalda no es el del Dios de la Biblia. Tercero, Satanás tiene poder para curar. Dondequiera que haya un original, usted encontrará una falsificación y este es sin duda el caso de la curación. Era de conocimiento general que la madre de Mary no podía oír muy bien antes del bautismo mormón y el testimonio de algunos testigos oculares confirmó que ella recobró la audición después del bautismo. Dios no cura cuando la persona que está orando cree en un Jesús distinto, por lo que este poder de curación solo puede tener otro origen. No hay dudas de que la curación de la sordera de la madre de Mary Ettie tenía un propósito, puesto que la familia entera se convirtió al mormonismo después de aquel hecho.

4. Mary Ettie V. Smith, *Fifteen Years Among the Mormons*, Charles Scribner, Nueva York, 1858, pp. 18–19.
5. Véase Brigham Young y G. D. Watt, *Journal of Discourses by Brigham Young V8, His Two Counsellors, the Twelve Apostles, and Others*, Kessinger, Whitefish, MT, 2006, 8: p. 116, 8: p. 211, 8: p. 115; y Bruce R. McConkie, *Doctrina mormona*, Deseret Sudamérica, Buenos Aires, 1993 (pp. 546–547 de la edición inglesa de 1966).
6. Young y Watt, *Journal of Discourses*, 1: pp. 50–51. Según Brigham Young, «La pregunta ha sido, y se hace con frecuencia, quién engendró al Hijo de la Virgen María... Cuando la Virgen María concibió al niño Jesús, el Padre lo había engendrado a su semejanza. Él *no* fue engendrado por el Espíritu Santo... Ahora, recuerden a partir de este momento y para siempre que Jesucristo no fue engendrado por el Espíritu Santo».

Resolución: Dios tiene sus propias razones para curar y permite que Satanás realice algunas curaciones por motivos desconocidos. Lo cierto es que esa curación fue tan extraordinaria que hizo que una mujer acaudalada como la madre de Mary lo entregara todo a la iglesia mormona y se hiciera dependiente de su caridad. Mary, que era amiga de confianza de la familia de Brigham Young, tuvo la oportunidad de aprender el lado oscuro del mormonismo. No fue hasta años más tarde cuando ella y su familia comprendieron lo que era exactamente el mormonismo y para ese entonces eran prácticamente prisioneros en Salt Lake City. Las curaciones psíquicas como esta suelen afectar la vida durante años después de ocurridas. Pueden llevar a una opresión y depresión que solo termina cuando tiene lugar una entrega a Jesucristo. Años después de esta curación y tras una dolorosa lucha contra la poligamia, Mary Ettie escapó de Salt Lake City con parte de su familia y llegó a descubrir la diferencia entre el Jesús mormón y el Jesús de la Biblia.

Opresión demoníaca
Ejemplo: (Documentado por Dr. Kurt Koch)

Un conocido pastor y evangelista me contó de una rara experiencia que él me ha permitido hacer pública. Cuando era un pastor joven, a nuestro narrador le asignaron una parroquia nada religiosa. Los vecinos sentían poco respeto hacia la Palabra de Dios. En cambio, tenían todo tipo de costumbres supersticiosas. Al hechicero le tenían en mayor estima que al veterinario. El hipnotizador tenía más trabajo que el médico. El echador de cartas del pueblo recibía más visitas que el ayuntamiento o la casa del párroco. Al principio, el joven pastor no se sintió feliz en su nueva área de trabajo. En la casa parroquial sucederían varias cosas extraordinarias que no podrían explicarse de manera racional. Reiteradamente la esposa del pastor le dijo a su esposo que había algo extraño en la casa. El esposo le restaba importancia a esto riendo: «No hay nada de eso. Todo es patraña y engaño. O nuestros sentidos nos están jugando una mala pasada, o un "amigo" especial del pastor le está gastando una broma». Este hombre, completamente sensato, inteligente y de buen juicio, no le prestó más atención a los sucesos en la casa parroquial. Pero una noche un incidente extraordinario lo obligó a prestar atención a los extraños acontecimientos. Su bebé, que dormía en la habitación contigua a la de ellos, comenzó de repente a llorar de la manera más horrible. La joven esposa se apresuró a entrar por la puerta abierta a la habitación contigua a consolar al niño. Pero se detuvo sobresaltada y estupefacta y llamó a su esposo. Los padres vieron cómo le habían quitado las sábanas al niño y lo habían cambiado de posición en la cuna. Sobre su cuerpo había huellas de dedos manchados de sangre. Lo primero que pensó el hombre es que debía tratarse de algún truco de mal gusto. Revisó cuidadosamente los cierres de las ventanas y las puertas del corredor y luego registró toda la habitación con una linterna. Después revisaron con cuidado la ropa y los pañales del niño en busca de la causa de las heridas. Pero los padres no encontraron la más mínima pista que explicara este acontecimiento tan doloroso.

La madre volvió a acomodar al niño en la cuna y lo tranquilizó. Luego regresaron a la cama. Pero casi de inmediato se volvieron a oír los terribles gritos y gemidos. Los padres corrieron a la habitación. El bebé estaba otra vez destapado, despojado de sus ropas, y le habían dado vuelta en la cuna. El pequeño cuerpo mostraba nuevos indicios de haber sido tomado violentamente, con las marcas típicas de una mano humana. La pareja tenía ahora una rara sensación. Se llevaron al bebé con ellos a la cama y el esposo le dijo a su mujer: «Parece ser que algo misterioso está sucediendo. Ven, vamos a orar». La pareja oró de todo corazón por la protección de Dios y en fe se entregaron de manera consciente a su cuidado. Se acostaron a descansar y no fueron molestados más durante el sueño.

A la mañana siguiente otra sorpresa los espera. El pastor vio cómo salían llamas de la ventana de la casa de su vecino, un granjero. Él y su esposa fueron corriendo a darles una mano con el incendio. ¡Qué sorprendidos quedaron cuando hallaron que todo estaba tranquilo en la casa de sus vecinos! La apariencia de incendio se había desvanecido. Desconcertados, regresaron a su casa. Durante un tiempo, todo estuvo tranquilo. Entonces, hubo una nueva alarma. El granjero, profundamente trastornado, acudió al pastor para decirle que su hija tenía un ataque de locura, estaba dando golpes desenfrenadamente y se encontraba fuera de sí. El pastor acompañó al hombre atribulado a su casa y vio a la muchacha enloquecida. Ahora ya estaba casi convencido de que algo no andaba bien en la casa parroquial y en la casa del granjero. Sin embargo, aún no tenía ni idea de lo que podría ser.

Transcurrieron unos cuantos meses. En la casa parroquial y en la del granjero, de nuevo reinaba la tranquilidad, aunque, lamentablemente, a la hija del granjero tuvieron que llevarla a un hospital psiquiátrico. El pastor había evitado a propósito hablar en el pueblo sobre aquellos hechos extraños, pero en secreto continuó buscando una explicación a esos sucesos misteriosos. Entonces, un día, un anciano miembro del consejo de la iglesia arrojó un poco de luz sobre el problema. El anciano le contó en confidencia que el pastor anterior, quien había sido el guía espiritual del pueblo durante casi toda una vida, mantuvo durante veintiocho años a un grupo espiritista en la casa parroquial y experimentaba con cosas ocultistas. Al principio, el joven pastor no vio relación alguna entre aquellos experimentos en el campo del ocultismo y los extraños sucesos que había observado en su casa.

Como muchas otras personas, él era un hombre instruido que no aceptaba tales supersticiones, sino que las consideraba, cuando más, como un truco interesante. Sin embargo, durante su ministerio y al ser invitado a realizar distintas campañas evangélicas, llegó a tener una percepción profunda de ese misterioso reino.[7]

Análisis: (evaluado por Dr. Kurt Koch) Esta experiencia, garantizada por la sinceridad y el acertado criterio de quien la relata, sin duda exige un gran esfuerzo mental. Luego, debemos hacernos la pregunta de cómo podemos evaluar lo sucedido en las dos casas. En relación con este caso, debemos analizar las siguientes preguntas:

¿La familia del pastor fue víctima de un engaño burdo de los sentidos? ¿Las llamas que se vieron en la ventana de la casa vecina fueron meramente una alucinación? ¿Las diez marcas de dedos manchados de sangre fueron meramente picaduras de insectos?

¿El niño se destapó y se dio vuelta debido al dolor causado por las picaduras de insectos? ¿Las llamas que salían de la ventana de la casa vecina no serían tal vez un reflejo de la salida del sol o el chisporreteo del fuego en la chimenea del granjero? La distribución de las edificaciones y las habitaciones hace insostenible esta teoría…

¿Había alguna relación entre los acontecimientos en la casa parroquial y la locura de la hija del granjero? ¿Existe la transferencia de una persona a otra en el campo del ocultismo? ¿Las actividades fantasmales saltan de un lugar a otro?

¿Pueden las personas ser atacadas física o psíquicamente por poderes desconocidos para nosotros? ¿Existe la persecución psíquica o mágica?

¿Las prácticas ocultistas del pastor anterior fueron la causa de los extraños sucesos en la casa parroquial?

¿Los experimentos ocultistas dejan efectos extraños tras la muerte de quien los realizaba?

¿Existen realmente las casas embrujadas?

¿No debemos descartar todas estas apariciones como meras patrañas, o es posible que haya *una* explicación racional para todos estos fenómenos?

¿Todas las apariciones ocultistas entrañan simplemente una activación de los poderes mentales presentes en el hombre o existe alguna invasión de poderes del más allá? En otras palabras, ¿cuál hipótesis es válida, la animista o la espiritista, o existe alguna otra perspectiva?

7. Koch, *Ocultismo y cura de almas* (pp. 174–178 de la traducción inglesa).

¿Se pueden explicar las alteraciones en la casa parroquial como una disociación de ciertos poderes psíquicos, que llevan una existencia misteriosa e independiente? Esto implicaría el problema de la despersonalización o disociación psíquica. En este caso, se excluye esta posibilidad porque la joven familia la formaban personas equilibradas y estables desde el punto de vista emocional.

Si les fuéramos a dar a estas apariciones ocultistas una auténtica validez, ¿existe entonces alguna salvaguarda o liberación en esta esfera?

Para el observador entrenado en psicología y parapsicología, le queda claro, a partir de esas experiencias fantasmales, que esos fenómenos no se pueden encasillar en un molde dentro del marco de la racionalidad.[8]

Resolución: (Resumida por Dr. Kurt Koch)

Desde el punto de vista *pastoral*, está claro que esta experiencia constituyó una dura prueba para la familia del pastor, algo que no se pudieron explicar fácilmente. Pero, entre el mar de preguntas, existe algo que sobresale sin lugar a dudas: que la fe en Jesucristo les proporcionó ayuda en su aflicción. En este hecho, donde se experimentó una liberación de sucesos misteriosos, vemos reflejada con claridad una verdad del Nuevo Testamento. Es el mensaje que Mateo refiere como palabras del Señor (Mt. 28.18): «Toda potestad me es dada en el cielo y en la tierra». Cristo tiene el dominio final de todas las esferas del cosmos. Él es Señor sobre todo el poder de las tinieblas.[9]

Comentario: La opresión y el acoso demoníacos muestran los mismos fenómenos en miles de casos distintos: ruidos extraños, aire frío, hedor, fuego, objetos que se mueven, ojos rojos, apariciones, luces de colores que se mueven, sensación intensa de miedo, depresión prolongada y marcas visibles en personas u objetos (arañazos, una pezuña hendida que aparece en la pared) son algunos de los fenómenos, pero no todos. La cultura occidental ridiculiza estos casos reales por distintas razones, pero todo el escepticismo del mundo no impide que ocurran. La Biblia enseña que luchamos contra lo invisible, no contra lo que se ve. A lo largo de su ministerio de cuarenta años, Dr. Koch llevó un registro meticuloso y documentado de sus encuentros con los fenómenos ocultos. Esos registros, repletos de nombres, fechas y testigos, siguen siendo difíciles de refutar.

8. Ibid.
9. Ibid.

El espíritu de Jezabel

Ejemplo: Una joven madre llamada Kate decidió acudir a una importante iglesia local en busca de consejo espiritual. Ella provenía de una larga serie de médiums y, como nueva convertida, sintió que la historia pasada de su familia estaba causando problemas en su nueva relación con Cristo. Se sentía angustiada y triste, y esperaba poder precisar por qué nada le salía bien en la vida. El orientador cristiano, un señor mayor, comenzó su entrevista con Kate escuchando en silencio mientras ella le hacía un recuento de todas las situaciones difíciles en su vida y luego le preguntó a Kate si quería orar con él. Durante la oración, el orientador reprendió el espíritu de Jezabel en la vida de Kate y luego le pidió a ella que renunciara a él. Confundida (y preguntándose: *¿Quién es Jezabel?*), Kate hizo lo que se le pidió, pero no sintió que con ello se pacificara su espíritu. Se marchó después de la sesión y no regresó de nuevo a aquella iglesia en busca de consejo.

Análisis: Algunos creyentes advierten a las personas en busca de una verdadera orientación bíblica que un demonio llamado Jezabel, llamado comúnmente espíritu de rebeldía, deambula por la tierra acosando a las personas. Este demonio, que muestra los mismos rasgos de carácter que la antigua reina bíblica Jezabel, puede supuestamente habitar en cualquiera, incluidos los cristianos. Mas el espíritu de Jezabel es una enseñanza falsa, una creación de la teología de la Lluvia Tardía o Dominio (también conocida como teología Reino Ahora, una herejía rechazada por la Iglesia de las Asambleas de Dios hace más de cincuenta años).[10] La teología de la Lluvia Tardía también produjo la herejía de los Hijos Manifiestos de Dios, que promueve la elevación de un grupo selecto de cristianos en los días postreros, quienes podrían (entre otras cosas) convertirse en divinos y juzgar a los apóstatas. Estos cristianos, de algún modo superiores a los demás cristianos, se supone que podrían producir señales asombrosas. Actualmente, el renacer de la teología de la Lluvia Tardía ha generado la moda del demonio Jezabel y muchas iglesias la están abrazando en vez de examinar las Escrituras para cerciorarse de su veracidad. No existe evidencia bíblica alguna de la existencia de un demonio llamado Jezabel; es una mentira nacida en el reino de las falsas doctrinas. Los cristianos no pueden estar poseídos

10. El movimiento de la Lluvia Tardía toma su nombre de Joel 2.23, en la creencia de que en los días postreros Dios derramará nuevamente una «lluvia» de su poder sobre ciertos individuos clave. Sus enseñanzas sobre Jezabel se pueden encontrar en http://latter-rain.com/eschae/jezebel.htm. Para un análisis cristiano del movimiento de la Lluvia Tardía véase Apologetics Index, "An Examination of Kingdom Theology Part 1/3", http://www.apologeticsindiex.org/105.html; y Robert Bowman, "The Faulty Foundation of the Five-Fold Ministry", http://www.apologeticsindex.org/f09.html.

por ningún demonio, porque el Espíritu Santo habita dentro de ellos.[11] El alma humana no es un complejo de apartamentos; no existe fundamento bíblico de la existencia de niveles múltiples dentro del alma humana ni hay enseñanza alguna de que el Espíritu Santo tolere demonios *jamás*. Al contrario, todos los ejemplos bíblicos prueban que a los demonios les aterroriza el poder de Dios y huyen de él.[12] No obstante, esta enseñanza falsa ha invadido las iglesias a lo largo de Estados Unidos.

Resolución: La conducta que algunos orientadores cristianos catalogan de «Jezabel» se debe a una naturaleza pecadora (aunque la enfermedad mental puede en ocasiones ser un factor). También podría estar relacionada con influencias ocultas, pero de ser diagnosticada alguna posesión (en el caso de quienes no son cristianos) o alguna opresión, esta no tendría nada que ver con un demonio llamado Jezabel. Los cristianos pueden seguir firmes y seguros del hecho de que ellos pertenecen a su Salvador, Jesucristo, y Él defendió victorioso a las personas contra los demonios durante todo su ministerio. Jesús sólo tenía que decir: «¡Fuera!» y todos los demonios huían aterrorizados de Él. Los orientadores que ponen nombres a los demonios y enseñan que los cristianos pueden ser víctimas de posesiones demoníacas están en un error; tal vez tengan el mayor interés en ayudar a la persona a quien aconsejan, pero sus enseñanzas carecen de precedente bíblico. En este caso, lo mejor es evitar cualquier interacción posterior con ellos y buscar orientación en otra parte.

Malditos hasta la tercera o cuarta generación
Ejemplo: (Documentado por Dr. Kurt Koch)

Fue en Hesse, en el año 1938, donde tuve una de mis más memorables experiencias como orientador. Teníamos allí una misión cuando un joven vino a desahogarse conmigo. Su caso era tan típico que le dije de inmediato que o él o su familia habían estado involucrados en prácticas ocultas. Él lo admitió sin reparos y lo que a continuación me confesó quedó profundamente grabado en mi memoria…

Desde niño, el joven había padecido de depresión y había tenido pensamientos suicidas y otros trastornos psíquicos. Desde temprana edad, había oído ruidos en la noche y había sido testigo ocasional de apariciones fantasmagóricas, las cuales habían emitido ruidos de crujidos y silbidos. Un psiquiatra quizás habría

11. Para una argumentación bíblica detallada en defensa de esto, véase Bob DeWaay, "The Bondage Makers: How Deliverance Ministries Lead People to Bondage", *Critical Issues Commentary*, septiembre/octubre 2003, http://cicministry.org/commentary/issue78.pdf.

12. Para más detalles sobre el tema, véase el capítulo 14, «Posesión demoníaca y exorcismo» y el capítulo 17, «La orientación cristiana y el ocultismo».

diagnosticado estas experiencias como psiconeurosis, pero eso no explicaría la causa de las alteraciones. Sin embargo, el origen se aclara cuando uno va a los antecedentes familiares.

La bisabuela del joven había sido una hechicera. Había sanado tanto a animales como a personas por medio de sus hechizos. Además de esto, también había pertenecido a un círculo espiritista que practicaba la comunicación con los espíritus de los difuntos. Su participación en los fenómenos ocultos fue lo que provocó la trágica perdición de la familia.

Las prácticas de hechicería de la bisabuela habían sido transmitidas a su hijo y a su hija, quienes a su vez habían hechizado tanto a animales como a personas, valiéndose de los libros sexto y séptimo de Moisés. También habían establecido comunicación con los muertos y practicado el uso del péndulo y las cartas como medios de adivinación. Ambos murieron de forma espantosa. Por las noches, la mujer había visto fantasmas en su habitación y había tenido la sensación de que había espíritus malignos que constantemente trataban de taparle la nariz y la boca. Esto continuó durante muchos años, hasta que finalmente fue internada en un manicomio. Pero como en realidad lo que tenía no era una enfermedad mental, le dieron de alta a los seis meses. Su hermano murió más tarde en una terrible agonía a pesar de que había pedido que quemaran todos sus libros de hechicería o que los arrojaran fuera de la casa. Incluso había pedido una Biblia para leer, pero no pudo entenderla. Cuando finalmente murió, lleno de dolores, un hedor repugnante se esparció por toda la casa.

A los nietos no les fue mejor. Una nieta solía tener ataques de histeria durante los cuales tiraba muebles por todas partes o a veces se acostaba en medio de la calle gritando de manera casi insoportable. También la llevaron al manicomio. Otra nieta oía el ya mencionado ruido de toques durante la noche y estaba tan trastornada emocionalmente que un día se mató junto con sus dos hijos saltando con ellos de un acantilado. Un nieto se hizo médium para una sesión de espiritismo y padeció también de manía persecutoria hasta que terminó en un hospital psiquiátrico.

Entre los bisnietos, una de las muchachas siguió tirando las cartas y con la tradición de la hechicería. Más tarde murió cuando aún era bastante joven. Su familia afirma que ella todavía ronda la casa en que viven en forma de un *poltergeist*.[13]

13. Koch, *Entre Cristo y Satanás* (pp. 157–160 de la edición inglesa).

Análisis: (realizado por Dr. Kurt Koch) El que vino a mí en busca de orientación era uno de los hermanos de esta muchacha. Me dijo que estaba absolutamente convencido de que el origen de todos los terribles trastornos psíquicos en la historia de su familia se remontaba al contacto de ellos con el ocultismo. Aquí vemos evidenciado el castigo del pecado que se menciona en el segundo mandamiento: «...que visito la maldad de los padres sobre los hijos hasta la tercera y cuarta generación de los que me aborrecen». Y este no es un caso aislado. En mi labor misionera he escuchado muchas historias de familia similares mientras he estado brindando orientación a las personas. Es penoso ver lo poco que los psiquiatras y los orientadores cristianos conocen el poder de Satanás. El ambiente actual de pensamiento racionalista ha ocasionado que estas cosas sean consideradas a la ligera como si no existieran. Pero si es nuestro deseo ayudar a las personas entonces debemos tomar en serio a estas fuerzas satánicas. El hombre se halla en medio de una batalla entre Cristo y Satanás. Cuando las personas piensan en Satanás meramente como un hombre con cola y cuernos y solo se burlan de la idea de un diablo real, cometen un terrible error y así le permiten a Satanás atrapar y atacar a sus víctimas sin ningún inconveniente. El área más peligrosa de la seducción satánica es la hechicería, porque es aquí donde las personas participan conscientemente en la obra de Satanás, aunque este se esconda tras el camuflaje de las ceremonias religiosas.[14]

Resolución: (resumido por Dr. Kurt Koch) Gracias a Dios que Satanás no tiene la última palabra en este asunto. Jesucristo vino a deshacer las obras del diablo (1 Jn. 3.8). Tenemos un enemigo poderoso pero un Amigo todopoderoso, como solía decir el difunto evangelista alemán Ernst Modersohn. La diestra del Señor hace proezas en cualquier circunstancia, incluso en el caso de una persona que ha sido arrastrada a una dependencia directa del diablo mediante las actividades con cosas ocultas. Este hecho se reveló en el caso del joven cuya historia acabo de contar. Cristo le proporcionó gozo y también libertad. Los baluartes de las tinieblas cedieron ante la mano todopoderosa del Vencedor del Calvario. Jesucristo sigue siendo hoy el Salvador del mundo.[15]

Comentario: Es importante señalar aquí que muchos orientadores de «liberación» ignoran la segunda mitad de Éxodo 20.5-6: «Porque yo soy Jehová tu Dios, fuerte, celoso, que visito la maldad de los padres sobre los hijos hasta la tercera y cuarta generación de los que me aborrecen, *y hago misericordia a millares, a los que me aman y guardan mis mandamientos*» (sin subrayar en el original). Dios prometió misericordia *inmediata* a

14. Ibid.
15. Ibid.

todos los que lo aman. Esta misericordia es dada en el momento en que tiene lugar la salvación por gracia y el Espíritu Santo entra en el corazón del creyente. Jeremías 32.18-19, que se refiere a una maldición generacional, *no* se aplica a los cristianos. El hebreo recalca la misericordia de Dios, no su ira, y hace referencia a una ***responsabilidad individual***; solo aquellos que escojan seguir en el pecado de sus ancestros serán castigados. El doctor Koch documentó muchos casos en los que las habilidades psíquicas se transmitieron de generación en generación, infligiendo horribles penalidades a quienes las practicaban, pero esas personas no eran cristianas. Cuando una persona entrega su vida entera y verdaderamente al Señor Jesucristo, todo su pecado es inmediatamente perdonado y recibe misericordia en lo concerniente a cualquier castigo relacionado con ese pecado o con sus pecados anteriores. «Así que, si el Hijo os libertare, seréis verdaderamente libres» (Jn. 8.36). La idea de que los cristianos necesitan ser liberados de las maldiciones generacionales no tiene fundamento en las Escrituras.[16]

Influencia demoníaca

Ejemplo: Un artículo reciente arrojó un poco de luz sobre circunstancias de la vida de la actriz Sharon Tate poco tiempo antes de que muriera. Resulta revelador (aunque especulativo) y apunta hacia la posibilidad de algún tipo de actividad ocultista o influencia demoníaca en su vida.

El actor Christopher Jones afirma que tuvo una relación con Sharon Tate en el año 1969 después del matrimonio de ella con Roman Polanski, que solo duró un año. Durante su relación, Jones recuerda cómo Tate hablaba de su creencia en la reencarnación y de que estaba segura de haber vivido anteriormente como un niño de nueve años que murió trágicamente en un incendio. Jones recuerda: «En el momento en que ella dijo eso, las puertas del restaurante se abrieron solas, a pesar de que no corría ningún viento, y ella pareció estar realmente horrorizada».[17] Continuó diciendo que una vez, estando con ella, él sintió de repente la fuerte sensación de que ella iba a morir. En otra ocasión, le preguntó en qué estaba pensando y ella dijo: «El diablo es hermoso. La mayoría de las personas creen que es feo, pero no es así».[18] Christopher Jones finalmente le pidió a Sharon Tate que dejara de hablarle de cosas como esas porque lo ponían nervioso.

16. Para una argumentación bíblica detallada en defensa de esto, véase Bob DeWaay, "Generational Curses", *Critical Issues Commentary*, enero/febrero 2002, http://cicministry.org/commentary/issue68.pdf.
17. Lina Das, "The Final Affair of Roman Polanski's Murdered Wife Sharon Tage", *Daily Mail*, 31 agosto 2007, http://www.dailymail.co.uk/pages/live/femail/article.html?in_article_id=478867&in_page_id=1879.
18. Ibid.

Análisis: Primero, no parece que la salud mental sea un asunto a discutir aquí en relación con la credibilidad del testigo. Aunque Jones afirma que las drogas formaban parte del estilo de vida de Tate, él no admite que las consumía. Segundo, si su memoria es veraz en lo esencial, la ingenua conversación de Christopher Jones con Sharon Tate nos revela a una mujer joven influida por las creencias ocultistas. Cuando menos, su participación en películas en las que aparecen la brujería y el satanismo, su creencia en la reencarnación y su actitud hacia el diablo apuntan hacia alguien que se encontraba en grave rebeldía contra Dios. Tercero, desde luego no es algo común que una mujer de veintiséis años considere al diablo hermoso, y es poco corriente que una puerta se abra sola sin viento (especialmente durante un debate sobre reencarnación ocultista).

Resolución: Tal vez no resulte tan sorprendente después de todo que Sharon Tate estuviera influida por la ideología ocultista si tenemos en cuenta que ella había estado muy involucrada en las películas ocultistas de su esposo, *El baile de los vampiros* y *El bebé de Rosemary* (en España, *La semilla del Diablo*), siendo esta una película sobre la brujería y la adoración a Satanás que terminaba con el diablo fecundando a una joven.[19] No se puede descartar un vínculo con el ocultismo en la vida de Sharon Tate, pero se desconoce cuánto tuvo esto que ver con su muerte.[20] Lo cierto es que para esta joven no hubo caso resuelto.

Caso real

Kurt Van Gorden

En el año 1979 yo era el ayudante docente de Walter Martin en su seminario y sus clases sobre la Biblia y, de vez en cuando, alguna persona pedía orientación después de la clase. Un domingo se me acercó un hombre y me preguntó si el doctor Martin podía atenderlo por una posesión demoníaca y hacer un exorcismo. Le pregunté quién era el que tenía el demonio y me dijo que él mismo, que él tenía un demonio.

Yo tenía muy escasa experiencia sobre la posesión demoníaca en aquella época, por lo que le pedí al hombre que hablara para yo poder hacerle algunas preguntas antes de llevar el asunto al Dr. Martin. Como cuestión de rutina, Dr. Martin nos enseñó que algunas de las señales de posesión demoníaca, según aparece en las

19. Sharon Tate estaba casada con Roman Polanski. La película *Eye of the Devil* presenta a Tate como una bruja malvada de mil años de edad. Circularon rumores acerca de su iniciación por Alex Sanders en un aquelarre real mientras trabajaba en *La danza de los vampiros* (llamada también *El baile de los vampiros*), de Polanski, pero esto aún no ha sido probado. Sanders, llamado «el Rey de las Brujos» tuvo una gran influencia en la brujería británica.
20. Véase el trabajo de la reportera investigadora Maura Terry, *The Ultimate Evil*, Grafton, Los Ángeles, 1988, para conocer algunas especulaciones sobre la participación de Tate en el ocultismo.

Escrituras, son que la persona intenta mutilarse o suicidarse. Esto está tomado de Mateo 17.15, donde un joven endemoniado se tiraba al fuego o al agua, y de Marcos 5.4-5, donde el hombre de los sepulcros se volvió violento, fiero, excesivamente fuerte, daba voces en las noches y se hería y mutilaba con piedras. Le pregunté al hombre si él había nacido de nuevo en Cristo, y sobre tendencias de mutilación o suicidio. Él reconoció que había aceptado a Jesús como su salvador, pero también había intentado suicidarse.

Le expuse el caso al Dr. Martin y me dijo que vería al hombre. Entonces me preguntó si alguna vez había participado en un exorcismo y yo le contesté que no.

—Bueno —dijo—, comienza a orar, porque estás a punto de realizar el primero.

El doctor Martin dijo que como este hombre había proclamado a Cristo como su salvador, o bien se trataba de un falso testimonio de salvación y él sólo había imitado las palabras que alguien le pidió que repitiera o bien era realmente salvo y se trataba de un cristiano atribulado, que solo creía tener un demonio, ya que, como dijo Dr. Martin, «un demonio no puede tomar posesión de un verdadero cristiano que es propiedad del Espíritu Santo».

—Hay algo más, Kurt —continuó diciendo—. Si no tiene un demonio, entonces podemos recomendarlo al centro de orientación de aquí de la iglesia. Puede que sea un cristiano que necesita orientación espiritual o psicológica. Si tiene un demonio, prepárate para aguantarlo si me ataca. Ahora oremos juntos antes de que lo hagas pasar.

Yo estaba nervioso por la incertidumbre y no obstante ansioso por ver qué sucedería. Me sudaban las manos, pero recobré la calma orando mientras regresaba a decirle que Dr. Martin lo recibiría con gusto en unos instantes. Durante el tiempo que pasamos juntos, le hice un par de preguntas más que me había dado Dr. Martin: «¿Alguien le dijo que usted tiene un demonio o usted mismo se dio cuenta?» y «¿Ha sido liberado de algún demonio anteriormente?» Le hice estas preguntas porque la mayoría de las personas que están poseídas por el demonio no lo admiten y en este caso podríamos estar tratando con un cristiano trastornado. Si alguien le dijo al hombre que tenía un demonio, entonces podría ser que él se creyera el cruel comentario y estuviera atribulado por ello. La otra pregunta era para saber si el hombre tenía la costumbre de asistir a sesiones de liberación de demonios donde se cree que los cristianos pueden estar poseídos por demonios. El hombre me dijo que el suyo era «un demonio del deseo».

Entramos a una habitación y yo puse al Dr. Martin al tanto de la nueva información mientras los presentaba. El doctor Martin le hizo las mismas preguntas y solo agregó: «Ya veo. Por favor, incline su cabeza en oración».

Inclinamos nuestras cabezas, pero admito que mantuve un ojo abierto mientras Dr. Martin dirigía la oración para estar limpio primero él mismo ante el Señor antes de entrar en la batalla. Después me agarró la mano y la colocó sobre la cabeza del hombre junto con la suya y simplemente dijo con voz potente: «Te ordeno en el nombre de Jesucristo, si hay un demonio en este hombre, habla».

No pasó nada, excepto que mis ojos estaban totalmente abiertos y yo estaba orando y tratando de no temblar. El doctor Martin repitió lo mismo con la misma energía, pero tampoco esta vez sucedió nada. Esperamos unos segundos y Dr. Martin le dijo al hombre: «Me alegra decirle, hermano, que usted no tiene ningún demonio». El hombre levantó la vista y dijo: «¿Qué?»

El doctor Martin continúo explicándole que si él era cristiano, entonces ningún demonio podía habitar en él. «Usted no es una casa de dos plantas, con Dios viviendo en el piso de arriba de su corazón y el diablo abajo. Usted o es de Dios o no lo es».

El hombre afirmó que él sabía que tenía un demonio. Entonces Dr. Martin lo siguió orientando y le explicó que no todo el deseo proviene de Satanás, que está el deseo de la carne y el deseo de los ojos, que son del hombre (1 Jn. 2.16). Lo que seguidamente le dijo Dr. Martin ha permanecido conmigo todos estos años: «Joven, sé positivamente que usted no tiene ningún demonio porque oré primero y luego le ordené al demonio que hablara y nada habló. Bajo la autoridad de Dios, cuando un siervo de Dios le ordena a un demonio que hable, este tiene que hablar. Nada respondió cuando yo le ordené hablar, así que usted no tiene un demonio. Lo que usted tiene es una batalla carnal con el deseo y le recomiendo que busque orientación para eso. No puedo echar fuera su carne, y es con su carne con la que usted está luchando, no con un demonio». El doctor Martin siguió hablando con el hombre sobre el problema del deseo y citó varios pasajes bíblicos para asegurarle que a lo que se enfrentaba era a su carne y no a un demonio.

Lo más importante que aprendí aquel día fue que aquel hombre quería exorcizar un demonio que no existía. Desde entonces he predicado esto en varias ocasiones como parte de mi sermón «El demonio que no existía». También he aplicado esta lección en mi ministerio desde aquel día. El doctor Martin le dijo al hombre que él no creía en un exorcismo prolongado. El tiempo que pasamos orando con aquel hombre probablemente fue de veinte o treinta segundos y ahí terminó. Él no tenía ningún demonio, a pesar de su queja, y al final siguió el consejo del doctor Martin y buscó orientación. Cuando lo vi después en varias ocasiones, le iba bastante bien.

RESPUESTA BÍBLICA

Cuando tratamos con el mundo del ocultismo, no hay sustituto para el poder del Espíritu Santo. Es una herramienta vital, indispensable en la guerra espiritual ligada a la orientación sobre el ocultismo. En su libro *Secret Power* [El poder secreto], D. L. Moody describe el ministerio, la plenitud y la unción del poder secreto del Espíritu Santo. Kurt Koch señala:

> Solo el Espíritu Santo puede llevarnos al entendimiento supremo del hombre y de sus trastornos mentales… Lo esencial en la orientación cristiana es el equipamiento carismático. Eso significa que la orientación cristiana en su esencia no puede aprenderse… El carisma es un don espiritual que proviene de aquel que confiere el Espíritu. Solo hay una puerta que abre el camino a esto: «Pedid, y se os dará». Para esta oración tenemos la promesa de Lucas 11.13: «¿Cuánto más *vuestro* Padre celestial dará el Espíritu Santo a los que se lo pidan?»[21]

El Nuevo Testamento habla de «dones» dados por Dios el Espíritu Santo a la iglesia de Jesucristo; dones que sirven de ayuda en la guerra espiritual. En Romanos 12.6, el apóstol Pablo enseñó que cada miembro de la iglesia o cuerpo de Cristo posee distintos dones «según la gracia que nos es dada». En Efesios 4.8, Pablo también escribió que Dios «dio dones a los hombres», y en 1 Corintios 12.1 agregó: «No quiero, hermanos, que ignoréis acerca de los dones espirituales».

A lo largo de la historia de la iglesia, los cristianos reconocieron estos dones de una manera u otra y, más allá de toda duda razonable, creyeron que estos eran parte determinante de la herencia espiritual de todos los verdaderos cristianos. Está claro que estos dones existían en la iglesia primitiva y no hay razón lógica, histórica ni exegética para suponer que *no* deban existir en mayor o menor medida en tanto la iglesia perdure sobre la tierra.

El apóstol Pablo recalcó con bastante fuerza la importancia de los dones espirituales, en particular los conocidos como dones carismáticos o *dones de gracia*:

> Porque a éste es dada por el Espíritu palabra de sabiduría; a otro, palabra de ciencia según el mismo Espíritu; a otro, fe por el mismo Espíritu; y a otro, dones de sanidades por el mismo Espíritu. A otro, el hacer milagros; a otro, profecía; a otro, discernimiento de espíritus; a otro, diversos géneros de lenguas;

21. Koch, *Ocultismo y cura de almas* (pp. 303–304 de la traducción en inglés).

> y a otro, interpretación de lenguas. Pero todas estas cosas las hace uno y el mismo Espíritu, repartiendo a cada uno en particular como él quiere (1 Co. 12.8-11).

Pablo no solo anunció que hay dones espirituales revelados por el Espíritu Santo, también enseñó que hay diversidad de dones (v. 4), diversidad de ministerios (v. 5) y diversidad de operaciones en relación con estos dones (v. 6), y que la manifestación del Espíritu es dada para provecho de toda la iglesia o cuerpo (v. 7). Pablo prosiguió y declaró que todas estas manifestaciones son del mismo Espíritu y se manifiestan a través de un mismo cuerpo, el de la iglesia.

Claro que ha habido y sigue habiendo abusos de dones espirituales por parte de algunos creyentes, así como hay descuido de estos dones por parte de otros creyentes. Sin embargo, ni el descuido ni el abuso niegan que el Espíritu se mueve, porque en virtud de su omnipotencia puede hacer hoy cualquier cosa que haya hecho en el pasado.

Que estos dones pueden descuidarse está claro en 1 Timoteo 4.14: «No descuides el don que hay en ti, que te fue dado mediante profecía con la imposición de las manos del presbiterio»; y en 2 Timoteo 1.6: «Por lo cual te aconsejo que avives el fuego del don de Dios que está en ti por la imposición de mis manos». Pero descuido *no* es rechazo, y es el rechazo lo que nos preocupa más que nada.

Frutos y dones

A fin de evitar una confusión en la terminología, debemos comprender la diferencia entre «el fruto del Espíritu» y «los dones del Espíritu». En Gálatas 5, Pablo distinguió cuidadosamente entre el fruto del Espíritu y los dones del Espíritu por una razón muy importante: «Mas el fruto del Espíritu es amor, gozo, paz, paciencia, benignidad, bondad, fe, mansedumbre, templanza» (vv. 22-23); pero también comentó que «el fruto del Espíritu es en toda bondad, justicia y verdad» (Ef. 5.9-10).

El «fruto del Espíritu» ha de evidenciarse en la vida de *todo* creyente como prueba del poder transformador del nuevo nacimiento. En cambio, los dones del Espíritu se conceden según la voluntad del Espíritu y no todos los creyentes reciben los mismos dones. Esta distinción se mantiene cuidadosamente a través de todas las referencias del Nuevo Testamento relacionadas con el tema.

Como 1 Corintios 12, en conjunción con Romanos 11.29, enseña la perpetuidad de los dones de Dios, algunos grupos cristianos sostienen que tienen el derecho a reclamar esos dones, pero lo hacen sobre lo que lamentablemente llega a ser una base exclusivista. Como no podemos en justicia cuestionar la posibilidad de las manifestaciones de dones como la *profecía*, debemos comprender con claridad lo que significa en griego la palabra traducida como «profecía». Su significado primario es el de predecir un hecho determinado como resultado del conocimiento trasmitido por Dios. Piense, por ejemplo, en las profecías del Antiguo Testamento relacionadas con el nacimiento, la muerte y la resurrección de nuestro Señor. Pero la palabra también significa proclamar o reiterar algo que Dios ha dicho en el pasado con una aplicación contemporánea inspirada por el Espíritu. Este pensamiento lo encontramos por toda la Biblia en conformidad con la clara revelación de Dios. Aunque las personas tienen derecho a aceptar el «don de la profecía», no es necesario que la iglesia en pleno acepte nada sin ponerlo a prueba y asiéndonos firmemente a la verdad.

Se necesita del poder de Dios para llevar a cabo una orientación exitosa a quienes están introducidos en el mundo del ocultismo. Debemos poner a prueba tanto los dones como a quienes manifiestan poseerlos, según los estándares bíblicos de doctrina y fruto sólido. No debemos olvidar el mandato del apóstol de procurar los dones espirituales como un medio de poder en la vida cristiana (1 Co. 14.1) para que Dios pueda ministrarnos a través del Espíritu en la mayor medida posible: «Pero todas estas cosas las hace uno y el mismo Espíritu, repartiendo a cada uno en particular como él quiere... Además, el cuerpo no es un solo miembro, sino muchos... Mas ahora Dios ha colocado los miembros cada uno de ellos en el cuerpo, como él quiso... para que no haya desavenencia en el cuerpo, sino que los miembros todos se preocupen los unos por los otros... Vosotros, pues, sois el cuerpo de Cristo, y miembros cada uno en particular» (1 Co. 12.11, 14, 18, 25, 27).

Ciertamente, el abuso de los dones del Espíritu puede causar una gran confusión, pero debemos mantener una mentalidad abierta y equilibrada sobre este tema de los «carismas» o dones espirituales, recordando, por supuesto, el imperativo supremo del amor (1 Co. 13.13). Es esto lo que nos impulsa, como nuestro primer deber, a amarnos los unos a los otros como Cristo nos amó y a preservar la unidad del cuerpo «para que no haya desavenencia en el cuerpo, sino que los miembros todos se preocupen los unos por los otros» (1 Co. 12.25). En nuestra opinión, esta es la clave para poder comprender la relación del cristiano con todos los dones del Espíritu.

El mundo del ocultismo es una dimensión real, es poderoso, y *puede* pasar a través de esa puerta y llegar hasta usted si se lo permite; puede afectar su vida y, si usted no es un creyente, puede posesionarse de usted de forma tal que usted deje de ser usted mismo y el poder de Dios tendrá que liberarlo. El hombre con experiencia le lleva una gran ventaja al hombre que tiene una teoría. Usted puede tener una teoría sobre el ocultismo, pero muchos tienen la experiencia; muchos hombres de Dios han visto de qué se trata a lo largo de toda la historia de la iglesia, con muchos testigos para probarlo.[22]

La perspectiva de Dios sobre el ocultismo es la siguiente:

> Cuando entres a la tierra que Jehová tu Dios te da, no aprenderás a hacer según las abominaciones de aquellas naciones. No sea hallado en ti quien haga pasar a su hijo o a su hija por el fuego, ni quien practique adivinación, ni agorero, ni sortílego, ni hechicero, ni encantador, ni adivino, ni mago, ni quien consulte a los muertos. Porque es abominación para con Jehová cualquiera que hace estas cosas, y por estas abominaciones Jehová tu Dios echa estas naciones de delante de ti (Dt. 18.9-12).

En Levítico 19.31, Dios dijo: «No os volváis a los encantadores ni a los adivinos; no los consultéis, contaminándoos con ellos. Yo Jehová vuestro Dios». La palabra traducida en este versículo como «contaminándoos» es una de las más fuertes posibles en el idioma hebreo. En el Antiguo Testamento, si usted era miembro de una familia y otro miembro de la misma moría, Dios prohibía que usted tocara el cuerpo después de muerto. Tocar el cuerpo significaba contaminarse con él y, si usted lo hacía, tenía que ir y hacerle una ofrenda al Señor para que le permitiera entrar al tabernáculo a adorarlo. Ese es el uso que tiene la palabra aquí: corrompido o contaminado.

También en Levítico 20.26-27, Dios habló del mismo tema, advirtiéndole a Israel: «Yo Jehová soy santo, y os he apartado de los pueblos para que seáis míos. Y el hombre o la mujer que evocare espíritus de muertos o se entregare a la adivinación, ha de morir; serán apedreados; su sangre será sobre ellos». En otras palabras, el contacto con el ocultismo es una ofensa capital: Dios considera que quien la comete se ha contaminado y su castigo es la muerte.

En Levítico 20.6, Dios dijo: «Y la persona que atendiere a encantadores o adivinos, para prostituirse tras de ellos, yo pondré mi rostro contra la tal persona, y la cortaré de entre su pueblo». Dios puso las relaciones sexuales con una prostituta como el equivalente a tener contacto con el mundo del ocultismo. El cuerpo de una prostituta contamina; el contacto con la brujería o cualquier otra faceta del ocultismo también contamina. Cada una de estas contaminaciones es para Dios una ofensa capital.

Hay muchos otros pasajes a lo largo de las Escrituras que revelan claramente la posición de Dios con respecto al ocultismo y aun así siempre hay quienes alegan: «Bueno,

---

22. Algunos de estos testigos eran hombres de medicina muy competentes. Véase Walter R. Martin, *Revival of the Occult* (CD/cinta de audio), Walter Martin Ministries, www.waltermartin.com.

sí, pero todo eso es en el Antiguo Testamento. Nosotros no estamos bajo la ley, estamos bajo la gracia». Es sorprendente cómo las personas recurren a la gracia cuando han sido condenadas por la ley. Dios no ha cambiado su forma de pensar en lo más mínimo. Eso le molesta tanto ahora como hace miles de años. En el libro de Hechos, Pablo le ordenó a un demonio salir de una muchacha, en el nombre de Jesucristo, y como resultado la muchacha fue liberada (16.16-18). Después que Pablo predicara en Éfeso, las personas le trajeron todas sus obras ocultistas y las quemaron: Libros por valor de cincuenta mil piezas de plata. «Asimismo muchos de los que habían practicado la magia trajeron los libros y los quemaron delante de todos; y hecha la cuenta de su precio, hallaron que era cincuenta mil piezas de plata» (Hch. 19.19-20). Hoy día, el equivalente sería de doce mil dólares. Lo quemaron todo para gloria de Dios y la Palabra de Dios creció y prevaleció.

Jesucristo trató una y otra vez la cuestión del ocultismo y hay muchos ejemplos a lo largo de la Biblia sobre la actitud de Dios al respecto. Jesús daba órdenes a los demonios y estos lo obedecían, y Él le dio el mismo poder a su iglesia. Usted puede darles órdenes a los demonios en el nombre de Jesús y ellos lo obedecerán, pero más le vale andar con Dios si lo hace. Más le vale no tener ningún pecado sin confesar en su vida, porque los demonios le recitarán en voz alta todos sus pecados. Muchos hombres que han tratado de realizar exorcismos han sido abochornados por los demonios que les han dicho que dejen de decirles que salgan de esos cuerpos cuando ellos mismos estaban pecando. Por tanto, si usted realiza algún exorcismo como cristiano, asegúrese de que no quede ningún pecado sin confesar en su vida y asegúrese de que usted anda con el Señor. No querrá usted que lo llamen hipócrita frente a testigos.

Las mujeres no deben participar en exorcismos porque no son ancianos y porque carecen de la fortaleza física necesaria para controlar a un individuo poseso.[23] No juegue con los demonios; están muy bien informados. Saben mucho acerca de usted; cosas que usted piensa que nadie más puede saber. Ellos conocen esos detalles porque Satanás los conoce.

En Hechos 13, Pablo y Bernabé fueron enviados por el Espíritu Santo a predicar el evangelio. Y, siendo enviados por el Espíritu Santo (v. 4), fueron y predicaron en la isla de Chipre. Predicaron en la sinagoga de los judíos y luego fueron a la capital de Chipre, que en aquel entonces era Pafos (v. 6). Cuando llegaron al centro del poder romano en

---

23. No existe ningún mandamiento bíblico en contra de que las mujeres participen en los exorcismos. La pregunta es: *¿Cuál debe ser su función?* Walter Martin creía que las mujeres no podían ejercer el oficio de anciano. Por eso, como diaconisas y maestras bajo la autoridad de pastores y ancianos en la iglesia, no deberían dirigir un exorcismo. Muchas mujeres participan en exorcismos hoy día como intercesoras, orando por todos los que participan en el exorcismo. La seguridad es otra consideración durante un exorcismo, ya que un solo demonio tiene una fuerza tremenda y muchas veces más de un demonio poseen a un individuo.

aquella isla (ahí es donde está el ocultismo generalmente, en el centro de poder político), encontraron a cierto ocultista, un falso profeta y judío cuyo nombre era Barjesús o «hijo de Jesús». Estaba en compañía del procónsul del país, Sergio Paulo, varón prudente que mandó a llamar a Bernabé y a Saulo, deseando oír la Palabra de Dios. He aquí un hombre que buscaba la Palabra de Dios, pero el hechicero Elimas Barjesús les oponía resistencia procurando apartar de la fe al procónsul.

De pronto, el Espíritu Santo llenó a Pablo hasta rebosar (una frase hermosa en griego). Pablo fijó los ojos en Barjesús y le dijo: «¡Oh, lleno de todo engaño y de toda maldad, hijo del diablo, enemigo de toda justicia! ¿No cesarás de trastornar los caminos rectos del Señor? Ahora, pues, he aquí la mano del Señor está contra ti, y serás ciego, y no verás el sol por algún tiempo» (Hch. 13.10-11). Y eso fue exactamente lo que sucedió. Elimas Barjesús se quedó inmediatamente ciego.

El Espíritu Santo define bastante explícitamente la metodología del ocultismo en este pasaje de las Escrituras, y es algo que nunca se debe olvidar:

1. El ocultismo siempre se resiste o se opone al evangelio.
2. El ocultismo siempre busca apartar a las personas de la fe en Jesucristo, nunca acercarlos a la fe.
3. El ocultismo está lleno de todo engaño y de toda maldad.
4. El ocultismo es hijo del diablo.
5. El ocultismo es enemigo de toda justicia.
6. El ocultismo pervierte (o cambia) los caminos rectos del Señor.

Conclusión

Los antiguos cristianos predicaron el evangelio y demostraron el poder sobrenatural del Espíritu Santo, dones repartidos según la voluntad de Dios (Heb. 2.4). No era solo la Palabra la que iba por delante; era el poder el que iba por delante y eso es tan cierto hoy como lo fue en el siglo primero. Dios no solo salva a las personas, sino que se manifiesta en el poder. Él sana mentes, cuerpos, vidas, matrimonios y memorias. Él salva hasta el extremo. Es nuestra historia, nuestra herencia, y nosotros debemos reclamar su posesión.

Los cristianos no pueden crecer con el mismo poder que recibieron del Espíritu Santo el día que se convirtieron en cristianos. Necesitan más poder, más gracia, más dones y más fruto; necesitan más del Espíritu cada día de sus vidas. Una persona llena del Espíritu Santo nunca tiene que temer al ocultismo. Los demonios saben cuándo una persona anda con Dios; los demonios reconocen la presencia del Espíritu de Dios.

«Vestíos de toda la armadura de Dios y estad firmes contra las asechanzas del diablo» (Ef. 6). Dios no lo envía al combate en ropa interior; Él lo envía *preparado* para el combate. Dios dice que si su vida cristiana es coherente usted está armado y listo, pero si su vida cristiana es débil entonces usted es vulnerable. Estudie, ore, sea lleno del Espíritu y predique la Palabra. El Señor conoce a los que son suyos. Él es una fortaleza en los días de tribulación.

Hable alto. Hable claro. Confronte al mal. Resista al diablo; él huirá de usted. Vístase con la armadura de Dios, con una vida cristiana devota, y recuerde: Toda la armadura es para la parte frontal de su cuerpo; ninguna pieza de la armadura le servirá para la espalda. Un soldado siempre se mueve hacia adelante; no da media vuelta para correr. Algunos cristianos han huido del combate y las flechas encendidas del maligno han socavado sus fuerzas desde entonces. El Espíritu Santo puede retirar esas flechas que le causan tanto dolor; lo único que tiene que hacer es pedirlo.

Reclame el gozo de su salvación; vístase con toda la armadura de Dios y permanezca firme contra los métodos del diablo. No estamos peleando contra personas de carne y hueso, sino contra los gobernantes espirituales de las tinieblas de este siglo. Vosotros los habéis vencido, hijitos. Mayor es el que está en vosotros que el que está en el mundo (véase 1 Juan 4.4).

El que tenga oídos para oír, *oiga* lo que el Espíritu le dice a la iglesia y obedézcalo.

Recursos recomendados

1. Koch, Kurt. *Christian Counseling and Occultism* [Orientación cristiana y ocultismo]. Grand Rapids: Kregel, 1981.
2. Korem, Danny y Paul Meier. *The Fakers* [Los imitadores]. Grand Rapids: Baker, 1980.
3. Unger, Merrill. *Biblical Demonology: A Study of Spiritual Forces at Work Today* [Demonología bíblica: un estudio de las fuerzas espirituales en función hoy en día]. Grand Rapids: Kregel, 1994.

Lista de fuentes para la orientación (en inglés)

Kevin y Jill Rische
Walter Martin Ministries
http://www.waltermartin.com

Kurt Van Gorden
Utah Gospel Mission
http://www.jude3missions.org

Los siguientes ministerios actualmente ofrecen orientación (en inglés) a personas envueltas en el ocultismo o atribuladas por él.*

Jeff Harshbarger
Refuge Ministries
http://www.refugeministries.cc/main.asp

Vince McCann
Spotlight Ministries
http://www.spotlightministries.org.uk/index.htm

Ex Occultists for Christ Blogspot
http://exoccultistsforchrist.blogspot.com/

Jay Howard
The Religious Research Project
http://www.dwaddle.com/focus/Pages/home.shtml

Anton y Janet Hein-Hudson
Apologetics Index
http://www.apologeticsindex.org/about02.html

Rafael Martinez
Spiritwatch Ministries
http://spiritwatch.org/
E-mail: joy@spiritwatch.org

Kathi Sharpe
iamhealed.net
E-mail: kathi.sharpe@gmail.com

Jonna Sutherland
Living Lamb Ministries
http://livinglamb.com/

Los puntos de vista y opiniones de estos ministerios no son necesariamente los de los autores o de Thomas Nelson Publishers.

Breves apuntes acerca del evangelismo

- Las personas perdidas en el mundo del ocultismo son almas preciosas por quienes Jesucristo se ofreció a sí mismo; son seres humanos con sus hogares, familias y amigos.[1]
- Evangelismo, en su verdadero sentido bíblico, es un regreso al contenido del evangelio y a los *métodos* de la iglesia neotestamentaria: un intenso esfuerzo personal, casa a casa y vecino a vecino.[2]
- El evangelismo y la apologética van de la mano para conseguir la misma meta: la salvación de las almas.
- Para una comunicación efectiva es vital definir los términos.
- El amor bíblico se arriesga a ser despreciado, con el propósito de decir la verdad a las personas.

1. Martin, *The Kingdom of the Cults, p.* 478.
2. Ibid. Véase también p. 484. Etimología de *evangelista:* «del gr. evangelistes "predicador del evangelio", lit. "portador de buenas noticias", de *evangelizesthai* "llevar buenas noticias", de eu- "bueno" + angellein "anunciar", a su vez de *angelos* "mensajero". En los primeros textos cristianos, la palabra se usaba para referirse a los cuatro autores de los relatos evangélicos narrativos. El significado de "predicador itinerante" también se usaba en la iglesia primitiva y se retomó en la Edad Media (1382)», Douglas Harper, *Online Etymology Dictionary,* s.v., «evangel», http://www.etymonline.com/index.php?search=evangel&searchmode=nl (acceso obtenido 11 septiembre 2007).

18

Evangelismo: Cómo alcanzar los corazones

El gran dilema que la iglesia de Jesucristo enfrenta en la actualidad es cómo comunicar el evangelio sin alejar a la gente de la realidad. Si el corazón del evangelismo es la comunicación, ¿cómo confrontamos a las personas con un evangelio que esencialmente es *confrontativo*? ¿Cómo comunicamos la verdad sin distanciarles?

Cuando surge el tema del evangelismo la gente suele percibir que el mensaje se enreda. A menudo, los cristianos que están tratando de dar énfasis a un punto, descubren que sus palabras son malinterpretadas y se produce una situación confusa que de manera regular sucede a laicos, pastores, apologistas y maestros. Cuando se comienza a comparar y contrastar los puntos de vista, particularmente con alguien involucrado en el reino de lo oculto, las personas tienden a ponerse un poco tensas e incluso puede llegar a convertirse en un enfrentamiento verbal.

Lo más importante es reconocer desde el principio lo siguiente: la confrontación es algo bíblico (2 Ti. 2.25). La iglesia de la era moderna lo ha olvidado. Pensamos que si hablamos a la gente sobre Jesús y lo explicamos en términos del evangelio histórico ya hemos logrado lo que se supone debíamos hacer. Pero la apologética es la compañera del evangelismo. Después de hablar a alguien sobre la verdad de Jesucristo, él o ella esperará algunas respuestas, y con razón. La Biblia instruye a los cristianos a dar a cada persona una respuesta, una razón de la esperanza que hay dentro de nosotros (1 P. 3.15). En nuestros días, la iglesia ha evitado dar respuestas a las preguntas difíciles, porque esto implica enfrentamiento. Muy a menudo, la «mansedumbre y reverencia» de Pedro cancela la «contienda ardiente por la fe» de Judas o la corrección de Pablo a los que se le oponían (1 P. 3.15; Jud. 1.3; 2 Ti. 2.24). Sin embargo, cada comisión apostólica es igualmente verdadera y tiene la misma autoridad, sin conflicto entre ellas. La obligación del cristiano, entonces, es contender por la fe y corregir a los que se oponen, dando respuestas por la esperanza interior en humildad personal y en reverencia a Dios.[3]

3. El doctor Bryce A. Pettit, alumno de Dr. Martin en la Escuela de Teología de Melodyland (1976-1979), contribuyó a la investigación sobre el armstrongianismo realizada por Walter R. Martin, titulada *Rise of the*

En la actualidad, a lo largo de Estados Unidos y alrededor de todo el mundo, los programas radiales con intervención de los oyentes siguen siendo populares porque las personas siguen haciendo preguntas difíciles, y eso significa que no están obteniendo las respuestas a esas preguntas en su iglesia, con su pastor o sus amigos. Las preguntas difíciles inevitablemente conllevan debate, pero es necesario tener controversia no por la controversia en sí misma, sino por la verdad. Benjamin Rush, el gran médico y signatario de la Declaración de Independencia, dijo en una ocasión: «La controversia solo la temen los abogados del error».[4]

En su persuasiva obra, *Lo que el diablo no quiere que sepas*, Ray Comfort señaló una verdad inevitable: «La forma en la que presentamos el evangelio, determina la clase de respuesta que el pecador tiene».[5] En el día de Pentecostés, Pedro no dio un sermón sobre la unidad de todas las religiones, la paternidad de Dios y la hermandad del hombre. No hubo luces suaves, música suave y mucho menos sermones suaves. Él empezó con: «no hay otro nombre bajo el cielo, dado a los hombres, en que podamos ser salvos» (Hch. 4.12). ¿Cuán ofensivo fue *esto* para los escribas, fariseos y saduceos? El enfrentamiento, por su naturaleza, se volverá ofensivo.

Quienes creen que hablar siempre sobre el mismo tema acabará llevando a todos a un solo lugar, nos han conducido por un camino de rosas hacia el pensamiento positivo. Si no nos apartamos del trasfondo común en ningún momento, nunca seremos capaces de advertir a los perdidos sobre la eternidad en el infierno. El movimiento Nueva Era ha infiltrado tanto la estructura de la iglesia con su filosofía de igualdad religiosa que, si se

---

Cults. Dr. Pettit, un misionero especialista en los seguidores de los cultos y el ocultismo, escribió una obra misionera entre los Nuevos Movimientos Religiosos (NRM por sus siglas en inglés) y enfatizó la labor pionera de Walter R. Martin como recopilador del material sobre cultos y ocultismo:

> El interés actual en el efecto que los NRM tienen en las actividades misioneras se inició en 1958 cuando a Walter Martin, un crítico evangélico de las «sectas», se le pidió ser parte de un equipo pastoral de conferenciantes de World Vision Incorporated. Viajó más de 45,000 kilómetros a través de África y Asia hablando con miles de obreros cristianos y reuniendo información del impacto que los NRM estaban teniendo en sus esfuerzos misioneros. En los años siguientes, visitó otros países y continuó reuniendo información relevante sobre la amenaza que estos grupos suponían para el mundo misionero. Su Christian Research Institute se convirtió en el modelo para docenas, y con el tiempo cientos, de otras organizaciones antisectarias a nivel mundial en las cuatro décadas siguientes. (Véase Pettit, "New Religious Movements and Missions", pp. 125-134.)

Dr. Pettit resumió en su artículo lo que nosotros establecemos en un orden cronológico histórico en el capítulo 6, «Misticismo oriental y Nueva Era»: Espiritismo, ocultismo, misticismo, humanismo, Nuevo Pensamiento, grupos de ciencia mental y el Movimiento del Potencial Humano, todos culminan en el movimiento Nueva Era. La importancia de esta clase de investigación para alcanzar a los perdidos para Jesucristo, comienza con Kingdom of the Cults y todas las obras subsecuentes, que no deberían ser subestimadas en el evangelismo.

4. ThinkExist, "Benjamin Rush Quotes", http://thinkexist.com/quotes/benjamin_rush/.
5. Ray Comfort, *Lo que el diablo no quiere que sepas,* Vida, Miami, 1993 (p. 12 del original en inglés).

habla en contra del mal, uno se convierte en el malo de la historia. Ante los ojos de Dios, todas las religiones no son iguales y no tenemos que pretender que lo sean.

La Escritura ofrece un excelente ejemplo de esta clase de pensamiento. El rey Acab, casado con Jezabel, sacerdotisa de Baal y adoradora del diablo, ofendió a Dios tan profundamente que cerró los cielos tres años en respuesta a la oración de Elías. En cuanto Acab se encontró con Elías después de tres años de sequía, dijo: «¿Eres tú el que turbas a Israel?» (1 R. 18.17). Allí está Elías, un profeta de Dios, de pie ante él y el adorador del diablo dice: «Ajá, todo esto es tu culpa». Esta es la actitud de culpa con la que muchos se encuentran en la actualidad por la defensa de su fe.

Los primeros cinco siglos de la era cristiana se conocen como la era de los padres de la iglesia. Estos hombres pasaron su tiempo escribiendo magnífica apologética y excelente teología, y en la actualidad nos beneficiamos de su arduo trabajo. Si Agustín no hubiera inspirado a Lutero a retomar el corazón del evangelio, «el justo por la fe vivirá» (Ro. 1.17), la iglesia no estaría donde está ahora. Lutero estaba comprometido con una reforma de la fe, una fe basada en las enseñanzas de los padres de la iglesia.

Esta lección de historia está ahí para enseñarnos algo. Si la historia inicial de la iglesia se sustenta en aportar razones para la fe y respuestas a las preguntas, entonces la iglesia actual debe continuar con la misma tradición para sobrevivir y tener éxito. La iglesia inicial se enfrentó a cada tema que pudo; nunca se amilanó ante la controversia por amor a la verdad. Pero en la actualidad hemos incurrido en un error al pensar que si confrontamos a alguien con la verdad, carecemos de amor. Esto es una mentira y debemos poner toda atención en identificarla, porque, si fuese cierta, Jesucristo habría sido la persona más carente de amor que jamás haya vivido; y sus apóstoles Pablo y Pedro las personas con menos amor que jamás escribieron, porque está claro que ellos se enfrentaron al mundo.

Un ejemplo perfecto de esta confrontación al estilo de Cristo se encuentra en Mateo 15.12-14, donde los discípulos de Jesús preguntaron: «¿Sabes que los fariseos se ofendieron cuando oyeron esta palabra?» En lugar de disculparse, Jesús respondió: «Toda planta que no plantó mi Padre celestial, será desarraigada. Dejadlos; son ciegos guías de ciegos; y si el ciego guiare al ciego, ambos caerán en el hoyo». Si esa explicación se ofreciera hoy para rebatir a los que se ofenden por el evangelio de Cristo, el evangelista o apologista sería etiquetado de insensible, intolerante, miserable y despiadado, cuando en realidad fue Jesús quien dio este ejemplo.

Habrá ofensas porque la verdad es contundente, pero eso es culpa de quien la *oye*, no de quien la dice. En caso contrario, los críticos antiapologéticos actuales deben igualmente condenar a nuestro Señor y Maestro Jesucristo por sus acciones en este texto.

Definición de términos

Estamos rodeados por las fuerzas de las tinieblas y solo un tonto no analiza la naturaleza del enemigo si quiere ser efectivo al tratar con él. Jesucristo nos advirtió: «Guardaos de los falsos profetas, que vienen a vosotros con vestidos de ovejas, pero por dentro son lobos rapaces. Por sus frutos los conoceréis» (Mt. 7.15-16). Siempre que los cristianos comiencen a defender la fe en el mundo de lo oculto, es vital *definir los términos*, para no terminar hablando al vacío.

¿Qué es el evangelismo? ¿Son meramente concentraciones masivas donde se llevan a cabo las así llamadas decisiones multitudinarias por Cristo? O, por otro lado, ¿es solo tarea de la iglesia local apoyar la responsabilidad de tener una semana o dos de reuniones por el avivamiento cada año? ¿O acaso por evangelismo nos referimos al énfasis masivo a través de la radio, televisión e Internet para comunicar las buenas nuevas de la redención? ¿O es el evangelismo en cierta manera una unión de *todas* estas formas de expresión y aun así, en esencia, no es ninguna de ellas? Para responder a estas preguntas y colocar al evangelismo en su adecuada perspectiva en lo que al desafío de lo oculto se refiere, debemos considerar cuidadosamente el patrón establecido para nosotros en el Nuevo Testamento.[6]

El evangelismo implica tacto. La apologética implica tacto santificado: *Cómo destruir eficazmente los altares de Baal mientras, de manera cuidadosa, se levanta el altar de Jehová.* Debe ser un arte practicado, y así lo es a lo largo del Nuevo Testamento. La palabra *evangelismo* deriva de la palabra griega *euangelizomai*, traducida de manera general como «anunciar las buenas nuevas». El término *apologética* deriva de la palabra griega *apologia*, la cual sencillamente significa dar una defensa razonable de su fe. La apologética es la compañera del evangelismo; es la defensa de la fe con el fin de asegurar su *supervivencia*, para que así pueda proclamar las buenas nuevas de Cristo. Esta defensa de la fe se supone que debe ayudar, no dañar, el proceso del evangelismo. El apóstol Pedro lo expresó en estos términos, para que muy pocos puedan malinterpretarlos: «Santificad a Dios el Señor en vuestros corazones, y estad siempre preparados para presentar defensa con mansedumbre y reverencia ante todo el que os demande razón de la esperanza que hay en vosotros» (1 P. 3.15). El evangelismo y la apologética son inseparables, porque la esperanza está unida a la razón y la razón a la esperanza.

Pero en los últimos días vemos alrededor de nosotros que la defensa de la fe es sacrificada en el altar del ego. Ya están aquí; estamos viviendo con ellos en este momento: «Porque habrá hombres amadores de sí mismos, avaros, vanagloriosos, soberbios, blasfemos,

6. Martin, *The Kingdom of the Cults*, p. 480.

desobedientes a los padres, ingratos, impíos, sin afecto natural, implacables, calumniadores, intemperantes, crueles, aborrecedores de lo bueno, traidores, impetuosos, infatuados, amadores de los deleites más que de Dios, que tendrán apariencia de piedad, pero negarán la eficacia de ella; a éstos evita» (2 Ti. 3.2-5). Este es el exterior de la religiosidad: personas con vidas contradictorias. La religión nos rodea, pero hay una vasta diferencia entre la religión y la verdadera experiencia basada en la revelación. Esta última produce fruto *eterno*, proclamadores acérrimos de la Palabra y defensores de la fe.

En la actualidad, como iglesia sabemos qué creemos, pero muy a menudo no sabemos *por qué;* y ese *por qué* es lo que el mundo quiere saber. Este es un punto tremendamente importante. El mundo quiere saber si lo que creemos es algo trasmitido por parientes o amigos. ¿Alguna vez ha aceptado algo sin examinarlo? El mundo no quiere la fe de sus parientes; no quiere la fe de sus amigos. No desean la fe de su pastor. Ellos quieren saber lo que *usted* cree. Y es posible que usted diga: «Bueno, he tenido una experiencia con Jesucristo. Él vino a mi vida y me tocó. Yo estaba en drogas, alcohol, sexo y Jesús vino y me liberó. ¡Aleluya! Deseo que usted tenga la misma experiencia». Y el sujeto con la cabeza afeitada y una túnica color azafrán, nos mira y da de saltos cantando: «Hare Krishna, Hare Krishna. Quiero decirle lo que Hare Krishna hizo por mí. Yo estaba en drogas, en sexo y tuve una experiencia con Hare Krishna, ¡y ahora toda mi vida ha sido cambiada!»

¿Se fijó en lo que sucedió? Usted sustentó su caso en un razonamiento experiencial y otro simple razonamiento experiencial bastará para desintegrarlo. El cristianismo se sustenta en una autoridad objetiva, demostrable y *empírica*; si no es así, usted está acabado. Esto es precisamente lo que enfrentamos en la actualidad. No hace ningún bien contar una experiencia a alguien, a menos que esa experiencia esté basada en la historicidad de la persona de Cristo resucitado. Es mejor saber cómo moverse en dirección a la demostración de estas cosas porque, sin ello, usted no comunicará nada.

CASO REAL

Walter Martin

Hace pocos años, regresaba en avión desde Miami Beach y mi asiento estaba ubicado junto a un caballero mayor muy simpático. Recuerdo haber pensado en ese momento: *Este sujeto no me va a molestar mucho.* No pensaba en otra cosa que no fuera descansar. Me ubiqué en mi asiento y luego de unos pocos minutos comencé a notar que el hombre estaba terriblemente tenso. Me contó que no había volado mucho y el pobre trataba de explicarme sus temores. Resultó ser un doctor en medicina ¡con miedo a volar! Así que decidí que me tomaría diez minutos para tranquilizarlo antes de ir a dormir.

Le describí las características de seguridad del avión; le dije todos los posibles aspectos positivos que este poseía. Fue el enfoque estilo Norman Vincent Peale a la aerodinámica: el poder del vuelo positivo. Después de terminar de conversar, dijo: «Estoy muy agradecido señor. Muchas gracias».

Yo me recliné en mi asiento, dispuesto a dormir, pero él quería hablar un poco más. Así que comenzamos a hablar nuevamente: él resultó ser un doctor judío casi retirado que vivía en Nueva York y que pasaba temporadas en su casa vacacional en Florida.

—¿A qué se dedica usted? —me preguntó finalmente.

—Soy ministro —respondí.

—¡Oh! —dijo— Quiero hacerle algunas preguntas.

Ese fue el final de mi sueño.

—¿Por qué está el mundo en tan terrible condición en la actualidad? Lo veo todo el tiempo en mi consulta. Las personas ya no son personas, ¡son animales!

Y prosiguió presentándome un panorama del Bronx y de cómo era su vida.

Escuché unos cuantos minutos y luego dije:

—Doc, estoy de acuerdo con usted al ciento por ciento. Yo mismo soy un muchacho de Brooklyn. Sé a lo que se refiere; he estado ahí, y es una miseria. Estoy de acuerdo con usted, el mundo se va cuesta abajo al infierno.

—Si, pero *¿por qué?* —dijo.

—Usted no me lo va a creer si se lo digo —respondí.

—Quiero saber —insistió—. Alguien tiene que decírmelo. Ya no sé lo que está pasando.

—Perfecto, se lo diré —respondí—. Hay una pequeña palabra llamada *pecado* y ha infectado a la raza humana. Uno es capaz de diagnosticarla, pero no de tratarla.

—¡Oh! —replicó.

Revisé las Escrituras: las profecías del Antiguo Testamento y las enseñanzas mesiánicas. Revisamos un versículo tras otro, una línea tras otra, precepto tras precepto.

—Usted está tratando de convertirme —me dijo.

—Usted entendió el mensaje —le sonreí.

—Nunca hablé con nadie como usted antes.

—¡Bien! —le dije—. Hay muchos más de donde vengo. ¿Quiere saber la respuesta a todo esto? Cristo es la respuesta a sus problemas.

Comencé a hablarle a este doctor sobre Cristo: cómo podía cambiar su vida y lo que el evangelio tenía que decir. Hablé sobre la profecía y la restauración de Israel; sobre los hechos y datos bíblicos arqueológicos. Escarbé en todos mis bancos de memoria de los últimos veinte años y arremetí con todo. Me imaginé que solo lo tendría por dos horas. Tenía que darle todo en dos horas.

Llegó nuestra cena y él comió sin siquiera quitar sus ojos de mí. Apenas se alimentó, por tantas preguntas como me hacía.

—Escuche, ¿sabe usted cómo le llamamos en la sinagoga al camino del que usted habla? —me preguntó finalmente.

—¿Cómo? —repliqué.

—El camino del gallina. Si yo tomo el camino de Jesús, es el camino del gallina. Yo ya me estoy acobardando, pero quiero hacerle una pregunta.

—¿Cuál es?

—Usted realmente cree esto, ¿verdad? —me dijo.

—Lo creo porque creo en Moisés y los profetas. ¿No lo hace usted? —le dije.

—¡Sí!

—Entonces usted debe creer que Jesús es el Cristo. ¿De quién habla Isaías 53? —y se lo leí.

—Eso suena a Jesús —me dijo.

—¡Está en lo correcto, Doc! El acercarse a Jesús no significa ser gallina. Se necesita mucho coraje.

Le conté de un amigo mío que era rabino. Él fundó la Comunidad Hebreo Cristiana de Baltimore, Maryland. Tenía una exitosa consulta médica como podólogo, una adorable esposa, un guardarropa lleno, un hermoso apartamento y un buen trabajo en la sinagoga. Un día, estaba leyendo Isaías 53 en hebreo y el Espíritu Santo le dio un golpecito en el hombro y le dijo: «Aquí, estúpido» (esa es la forma en la que él lo cuenta).

Leyó Isaías y dijo: «¿Quién es este?».

El Espíritu le respondió: «Es Jesucristo».

Mi amigo, Jack Buckler, se arrodilló en ese momento y recibió a Jesucristo como su salvador. No hubo evangelistas, ¡fue el poder de la Palabra de Dios! La Palabra del Señor lo atravesó como una espada y él llegó a Cristo.

Se fue a casa y le dijo a su esposa: «Tengo las más maravillosas noticias para ti. ¡Encontré al Mesías!»

«Estás loco, Jack», le respondió ella y se divorció de él.

Lo echaron de la sinagoga, su clientela como podólogo era el 97 por ciento judía, así que, naturalmente, desapareció. Le hicieron un funeral.

Lo perdió todo.

Él dijo: «Lo tengo por basura». Y fue al seminario y se graduó dos años más tarde.

Comenzó a predicar en hebreo y en yidis en Baltimore y construyó una de las más grandes congregaciones que Baltimore jamás haya visto, aparte de la *sinagoga* que hay allí. Iba a la sinagoga y hablaba a la gente sobre Jesucristo. Lo lanzaron por las escaleras un par de ocasiones, pero siempre dijo: «Mientras pueda levantarme y caminar, les hablaré de Cristo».

Jack estaba obsesionado con la persona del Maestro. Había descubierto que era sobre Él sobre quien Moisés, la Ley y los Profetas habían escrito.

—Tuvo agallas —me dijo el doctor judío, luego de mirarme por un minuto.

—Está en lo cierto. ¿Cuántas agallas tiene usted? —le dije.

—Usted no sabe lo que me harían, usted no sabe lo que me dirían.

—Si Jesús de Nazaret es el Mesías de Dios, Él lo vale.

Le di mi tarjeta antes de salir y me dijo:

—Usted no se rinde, ¿verdad?

—No, no me rindo. Le amo por causa del amor a Jesucristo. Es porque usted rechazó a su Mesías que yo, como gentil, he llegado a la vida en Cristo. Yo quiero que usted conozca la misma vida.

—Pensaré al respecto —me dijo.

—¡Ore al respecto! —le dije.

—Oraré al respecto —sonrió.

Este es un ejemplo clásico del hambre del mundo. Este hombre es un profesional que ha visto la vida y la muerte de cerca y *sabe* que hay más que corpúsculos rojos y blancos, hemoglobina y el latir del corazón. Hay algo en el hombre que le da la vida y este estaba hambriento de saber lo que era.

Tenemos algo poderoso a nuestro favor en la apologética. Dios ha grabado dos cosas en la naturaleza del hombre que no pueden ser borradas: el conocimiento de su existencia y la certeza de su juicio (Ro. 1). Esas dos cosas nunca pueden ser erradicadas, podemos apelar a ellas y la gente responde.

Crisis en la iglesia

Hay crisis actualmente en la iglesia por dos razones básicas: Primera, un segmento de cristianos ha intentado divorciarse de la apologética y elevar una filosofía más lucrativa de evangelismo por encima de ella, cuando en realidad estos dos ministerios (no filosofías) están indisolublemente unidos. Da la sensación de que existe una percepción distorsionada de que el evangelismo produce ganancia financiera y la apologética genera pérdidas financieras.

La reverencia a Dios y la defensa de su nombre ocupan ahora un segundo lugar frente al frenesí del evangelismo. Los números significan dinero, un objetivo siempre tentador, y una filosofía de megaiglesia, sensible al buscador, emergente, ha infectado el liderazgo cristiano, hasta el punto de que la reverencia a Dios ocupa un lugar secundario ante las payasadas de entretenimiento diseñadas para atraer a una multitud que produzca dinero. «El temor de Jehová es el principio de la sabiduría, y el conocimiento del Santísimo es la inteligencia» (Pr. 9.10), pero ese temor está faltando en muchas iglesias en la actualidad, al igual que la sabiduría. ¿Dónde está el temor a Dios? ¿Dónde está la humildad en su santa presencia? Y si el Reino de Dios no es sagrado, ¿entonces por qué molestarse en defenderlo? El resultado final del movimiento sensible al buscador es el *rechazo* a la defensa de la fe, descartada por miles de cristianos por ser confrontativa y divisoria. Al final, las megaiglesias producen cinco servicios matinales, diez mil participantes secundarios y muy pocos *discípulos* de Jesucristo. El apremio por los balances ha echado el discipulado al abandono. El reverendo Bill Hull presenta una clara perspectiva sobre esta crisis en su trabajo *New Century Disciplemaking* [Hacer Discípulos en el Nuevo Siglo].

> ¡El plan primario de Dios para la iglesia es que los discípulos de Jesús conviertan a otros hombres y mujeres en discípulos!
>
> Probablemente no existe otro asunto de negligencia en la iglesia presente tan primordial como nuestro fracaso en seguir el mandamiento del Señor de hacer discípulos. Debido a esta enorme negligencia, muchos cristianos se ven como una audiencia a ser entretenida, en lugar de como un ejército listo para marchar. La iglesia del primer siglo, compuesta por un pequeño grupo de personas comprometidas, puso de rodillas al poderoso mundo romano. Sin embargo, en el siglo XX, a menudo parece que nosotros que somos muchos en la iglesia hemos permitido a la cultura del mundo discipularnos de acuerdo a su manera de pensar.[7]

---

7. Bill Hull, *New Century Disciplemaking: Applying Jesus' Ideas for the Future,* Revell, Grand Rapids, 2000, p. 10.

El evangelismo como medio para un fin financiero produce fruto temporal y la exaltación del hombre. Hacer discípulos como resultado de la obediencia a Dios produce fruto eterno y la exaltación de Jesucristo.

La segunda, pero no menos importante, razón tras la crisis actual es el espectro de la *cultura,* que se alza como el fantasma de la corrección política, para convertirse en la fuerza guía de algunos que antes fueron acérrimos defensores de la fe. La apologética cristiana se ha dividido en dos campos distintos: *apologética bíblica* y *apologética cultural.* La apologética bíblica empareja el tacto y la sensibilidad con la verdad del evangelio, sin importar si esa verdad resulta ofensiva o no; la apologética cultural empareja el tacto y la sensibilidad con el espíritu de esta época: *tolerancia.* Ellos absorben este espíritu y lo aplican a la defensa de la fe para que la verdad bíblica sea ahora *sujeta* a la sensibilidad cultural. Si va a ofender, *no lo digan.* Peor que esto, se alían con los enemigos de Jesucristo en un mal guiado intento de persuadirles sin ofenderles jamás. La estrategia misionera de «salir juntos» se ha infiltrado en la defensa de la fe.

Por ejemplo, digamos que usted está hablando de su fe con un mormón y él le dice que su joven esposa mormona murió al dar a luz. Él le pregunta si la volverá a ver si él acepta al Jesús del que usted está predicándole. Como apologista, ¿qué diría?

Un *apologista bíblico* expresa genuina tristeza por la terrible pérdida de este hombre y luego le dice la verdad. Hay una diferencia entre el Jesús de Joseph Smith y el Jesús de la Biblia. Esta diferencia afecta a la eternidad.

El *apologista cultural* expresa genuina tristeza y luego *evita* la verdad con el fin de ser culturalmente sensible a los sentimientos de este mormón en referencia a Joseph Smith, su líder religioso. Él usa *el único momento que jamás tendrá para hablar a este hombre en la tierra* para asegurarle que es posible que vuelva a ver a su esposa algún día.[8]

Los apologistas culturales razonan que si el evangelio no es culturalmente sensible, no persuadirá. Argumentan que el evangelio de Jesucristo puede ser presentado de una manera atractiva. Aquí es donde el error nace y crece a pasos agigantados, porque Jesucristo dijo que Él no vino a traer paz, sino una espada. «No penséis que he venido para traer paz a la tierra; no he venido para traer paz, sino espada. Porque he venido para poner en disensión al hombre contra su padre, a la hija contra su madre, y a la nuera contra su suegra; y los enemigos del hombre serán los de su casa» (Mt. 10.34-36). La Biblia no es la única que contradice este error de la lógica de los apologistas culturales, dos mil años de historia de la iglesia también la refutan. Los grandes padres de la iglesia no se anduvieron con rodeos y muchos llegaron al conocimiento salvador de Cristo.

8. Basado en un encuentro real entre un respetado apologista cristiano y un joven mormón.

El evangelio de Jesucristo es ofensivo al mundo. La apologética bíblica, por su propia naturaleza, es ofensiva. La sensibilidad cultural puede ser una consideración a la hora de alcanzar a otros, pero nunca debería ser la fuerza guía.

La iglesia se salió del camino del evangelismo bíblico en el instante en que condenó la apologética bíblica en favor del espíritu de tolerancia tan predominante en el ocultismo: *el espíritu de esta era.* No estamos en el mundo para participar en un concurso de popularidad. Estamos en el mundo para traer hombres y mujeres a Cristo. Pero si la iglesia no reconoce el hecho de que la asistencia en *número* no tiene significado sin el verdadero compromiso y crecimiento espiritual, no tendrá línea de defensa ante el inevitable asalto del reino del ocultismo. La filosofía sensible al buscador es solamente eso: una filosofía, no un ministerio. Sofoca el crecimiento personal y la madurez, condena la ferviente defensa de la fe, ofrece un jardín de infancia para toda la vida a una iglesia que lucha por su existencia.

Los cristianos deben aceptar la desagradable verdad de que nunca podremos complacer a todo el mundo. El gran error de los evangelistas «sensibles al buscador» y de los apologistas culturales es esta invasiva actitud de apaciguamiento. El intento de separar al evangelismo de su contraparte apologética ha producido un desastre de proporciones épicas. Repentinamente, los *números* se convirtieron en sinónimo de *éxito*, y cualquier controversia es sospechosa y divisoria. El juego se llama complacer a las personas, sin importar el costo.

La Escritura nos instruye a huir de los juegos de cifras; nos advierte que complacer al hombre es imposible. La Palabra de Dios le dice a la iglesia que hay gente que está siempre aprendiendo y nunca es capaz de llegar al conocimiento de la verdad (2 Ti. 3.7). Algunas personas nunca creerán, no importa lo que hagamos. Es probable que las cafeterías en los vestíbulos los atraigan a su iglesia y que los sermones de planificación financiera les intriguen, pero al final no escucharán, así que deje de tratar de complacer al mundo. Si no creen en Jesucristo, si no creen en Juan el Bautista, si no creen en los profetas, ciertamente no creerán en usted. Usted no puede complacer a todo el mundo. Vino Juan el Bautista, que ni comía ni bebía y dijeron: «es un lunático». Vino Jesús, que comía y bebía, y dijeron: «está poseído por el demonio» (Mt. 11.18-19). Juan no pudo complacerlos con la abstinencia y Jesús no pudo complacerlos con la no abstinencia. Usted y yo tampoco los vamos a complacer.

EL MATRIMONIO DEL EVANGELISMO Y LA APOLOGÉTICA

Un pasaje de la Escritura que ilustra la combinación ideal de evangelismo y apologética es Hechos 17.16. Cuando Pablo apareció en Atenas se horrorizó al ver a la ciudad entregada a la idolatría. La Biblia dice: «su espíritu se enardecía».[9] El apóstol sintió que su espíritu ardía cuando vio el despliegue descarado del mal.

¿Cuál es la reacción de *su* espíritu ante la presencia del mal? ¿Le enardece?

Si la iglesia se para en la presencia del mal y se acomoda, si no tiene el sentido de enardecimiento para levantarse y decir «¡Esta no es la verdad!», entonces, ¿cuánto fervor hay en realidad por el evangelismo? La Escritura nos instruye a aborrecer lo que está mal y a aferrarnos tenazmente a lo que está bien (Ro. 12.9). ¿Cómo puede aferrarse a lo que está bien sin corresponder con el aborrecimiento al mal? Pablo se enardeció por lo que vio y obró al respecto. Pablo *discutía* en la sinagoga con los judíos y en el mercado con los piadosos, cada día. La palabra griega traducida «discutir» es *dielégeto*, que significa «argumentar fuertemente». Pablo argumentaba la verdad del evangelio, justo en medio del mercado de Atenas. ¿Cuál fue su reacción tras su enardecimiento? Él se sentía obligado a salir y decirles la verdad.

Pablo practicaba el evangelismo *al mismo tiempo que* ofrecía un diálogo apologético. Este es un importante punto bíblico. Debió de hacerlo bien en su argumento, dado que los filósofos, los epicúreos, los estoicos y todos los demás le rodearon y trataron de silenciarle. Hicieron mofa de él: un hombre que fue estudiante de Gamaliel y maestro de filosofía; pero Pablo no alardeaba de sus credenciales. Él simplemente exponía su caso y respondía a sus preguntas. Al final, ellos se vieron forzados a llevarle al Areópago, que era la corte suprema griega, con el fin de determinar la validez de sus palabras y su derecho a expresarlas.[10]

Pablo nunca hubiera llegado al Areópago y nunca hubiera predicado en la Colina de Marte. Y nosotros no tendríamos Hechos 17 si a Pablo, *en primera instancia*, no se le hubiera enardecido el espíritu como para salir al mercado y discutir por el evangelio. Él llegó a la Colina de Marte por estar por Cristo firme, y no me refiero a cantar la canción, me refiero a *vivirla*. Cuando él llegó allá, se paró en medio de la Colina de Marte y evangelizó.

---

9. La palabra griega es parooxúneto, que significa «provocado».
10. Areios-pagos o *Colina de Marte:* «El Areópago era una colina no muy lejos de la Acrópolis, ya descrita, donde se llevaba a cabo la corte suprema de justicia; una de las cortes más sagradas y de mayor reputación que haya existido en el mundo gentil… La justicia administrada en esta corte era tan estricta e imparcial que generalmente permitía, tanto al demandante como al acusado, salir satisfechos con la decisión. El inocente, cuando comparecía ante ella, se presentaba sin aprehensión; y el culpable, convicto y condenado, se retiraba sin atreverse a murmurar» *(Clarke's Commentary)*.

El evangelismo y la apologética vienen juntos bíblicamente en esta clara ilustración tomada de la vida del apóstol Pablo. Pablo se alzó en la Colina de Marte y le dijo al mundo, tanto antiguo como moderno, que el Dios que hizo el mundo y todas las cosas que en él hay, es el Señor del cielo y la tierra y no habita en templos hechos por manos humanas. Ese es el corazón del evangelismo: el único y verdadero Dios. La presencia de la apologética es revelada en el mismo versículo. Pablo dijo ahí que Dios no vive en templos, y se estaba refiriendo directamente a los templos que rodeaban la colina. Él le dijo a todo el que quería escuchar que estaban perdiendo el tiempo construyéndolos, porque solo hay un Dios vivo y verdadero. A continuación señaló un altar que tenía esculpidas las palabras «AL DIOS NO CONOCIDO» (Hch. 17.23) y les dijo que él (Pablo) era el *representante personal* de Dios, enviado a proclamar todo lo que Él deseaba que supieran. «El Dios que hizo el mundo y todas las cosas que en él hay, siendo Señor del cielo y de la tierra, no habita en templos hechos por manos humanas, ni es honrado por manos de hombres, como si necesitase de algo; pues él es quien da a todos vida y aliento y todas las cosas» (Hch. 17.24-25). Pablo argumentó por la verdad y su argumento abrió la puerta del evangelismo.

Pablo desplegó tacto en su evangelismo, subrayó que sus oyentes eran gente religiosa, para que no pudieran acusarle de ser descortés, pero *al mismo tiempo* deshizo las bases de todos sus templos, diciéndoles que el verdadero Dios viviente no vive en casas. Él es el Creador del universo. Por último, Pablo continuó describiendo punto por punto el evangelio de Jesucristo. Dijo que Dios no ha abandonado a la humanidad y que da vida y salud a todas las cosas (Hch. 17.25). Luego continuó diciendo que Dios nos ha colocado aquí para que le busquemos, sintamos y encontremos. Se usa la palabra *pseelafeésian*, «palpar»; somos ciegos palpando en la oscuridad, tratando de encontrarle. Las buenas nuevas son que Él no está lejos de nosotros.

Razón de la esperanza

La maravilla del evangelismo cristiano es que Dios nos ha bendecido a pesar de nuestra ignorancia y no por ella. Los cristianos tienen en la actualidad una tremenda oportunidad de hacer *algo*, porque el mundo está hambriento. Hay un vacío, un gran vacío, de espíritu y las personas están buscando con qué llenarlo. Si no encuentran a Jesucristo en términos que les resulten significativos, si usted y yo no podemos comunicar, entonces lo llenarán con los cultos y con el ocultismo, haciendo que el último estado sea peor que el primero.

Ante este ataque directo en contra de la verdad bíblica, los cristianos debemos estar listos para presentar *razones* de la fe. El problema es tan presente ante la iglesia que es imposible no captarlo. Debemos saber más que simplemente en *qué* creemos; debemos tener razones para la fe. ¿Por qué el cristianismo se distingue entre todas las religiones de la humanidad? La respuesta a esto es vital y debe ser comunicada con éxito. *¿Por qué* creemos precisamente lo que creemos?

La historia revela que el cristianismo se destacó de toda religión conocida por dos importantes aspectos: la *salvación de la humanidad* y la *revolucionaria doctrina del amor incondicional*. El historiador Michael Grant señaló que el cristianismo, desde su concepción, fue único entre las religiones del imperio romano: «La doctrina trascendente de un sufrimiento redentor —de una vida dada originariamente al hombre, perdida por él, y devuelta por la Redención— era un concepto desconocido de los misterios paganos».[11] También era desconocido en el imperio romano el concepto de generosidad, amor incondicional; amor que se extendía a todos los seres humanos sin importar el género, la edad, el estatus social o la raza. Era una idea revolucionaria: un amor que abarcaba a todos, incluso a los rechazados por la sociedad.

Y además estaba la promesa de vida eterna ofrecida por Jesucristo, un regalo que era fervientemente vivo y lleno de esperanza: el paraíso eterno con Dios. Era un tipo de vida eterna que nunca había estado disponible para la humanidad y Cristo era el único que podía proporcionarla. «Además, el Salvador, no era un ser creado y dotado de forma humana como intermediario entre Dios y el hombre, sino Dios mismo encarnado en hombre».[12] Cristo ofreció al pueblo del imperio romano algo que ellos sencillamente no podían encontrar en ninguna otra parte: una promesa de amor, redención, resurrección y vida eterna en un paraíso mucho más allá de lo que ellos podían imaginar. Esta promesa dura hasta el presente y es la base para el evangelismo y la apologética.

Procure con diligencia presentarse aprobado

Cuando proclama a Jesucristo como Señor, lo siguiente que se le presenta tras una discusión sobre Juan 3.16, Hechos 16.31 y las cuatro leyes espirituales (o cualquier otra cosa a la cual pueda echar mano) es el desafío: «¿Pero qué hay del relativismo cultural?» Y el cristiano promedio dice: «¿El *qué* cultural?» El relativismo cultural enseña que las sociedades particulares no deben ser juzgadas por un único estándar. En otras palabras, no hay absolutos. Lo que está bien para los pigmeos de África, puede no ser correcto para los europeos. La gran falacia de estas filosofías es que transforman a Hitler de frío asesino

11. Grant, *El mundo romano*, p. 222.
12. Ibid. Para más detalles sobre el mito del Salvador, véase capítulo 4, «Paganismo antiguo».

a personaje que simplemente vivió bajo los estándares de su grupo social: los nazis. Este es un argumento al que los cristianos deben estar preparados a responder, y la respuesta solo se encuentra por medio del estudio.

La Biblia nos manda dar una razón de la esperanza que habita en nosotros (1 P. 3.15). Hay que estudiar la Escritura y fuentes con autoridad *aparte* de la Biblia si queremos aportar las respuestas que las personas tan desesperadamente necesitan. «Procura con diligencia presentarte a Dios aprobado, como obrero que no tiene de qué avergonzarse, que usa bien la palabra de verdad» (2 Ti. 2.15).

El apóstol Pablo, educado por Gamaliel, subrayaba su formación y no temía citar fuentes académicas para dejar en claro algún punto (Hch. 17.28). Los cristianos nunca van a adquirir la educación por ósmosis. No hay un atajo para el estudio, usted debe adquirir *disciplina* para ser capaz de comunicarse con una era indisciplinada y rebelde. Si usted no tiene la clase de disciplina que le conduzca al estudio, al trabajo y a buscar las respuestas sin descansar hasta encontrarlas, no tendrá éxito al comunicar.

La era moderna es una sociedad orientada científicamente y juega a un juego que se llama: datos empíricos y ceñidos a los hechos. La única manera de llegar a estas personas es aportando pruebas, hechos e información, que apunten a cosas razonables que les hagan detenerse y pensar. Recuerde, si una persona recibe una pequeña terapia de impacto y se toma un momento para detenerse y pensar, usted tiene una gran oportunidad de comunicar. Dios le honra cuando usted, de manera audaz, defiende el evangelio.

Vístase con toda la armadura de Dios

Ore antes de comunicar. Ore cuando defienda la fe. Aquel que inspiró las Santas Escrituras puede iluminar su mente. Él puede darle las palabras correctas, el contexto correcto. Usted se sorprenderá del gran guerrero que es el Espíritu Santo; dele la oportunidad de convertirle a usted en un guerrero también. «Porque no tenemos lucha contra sangre y carne, sino contra principados, contra potestades, contra los gobernadores de las tinieblas de este siglo, contra huestes espirituales de maldad en las regiones celestes» (Ef. 6.12). A la luz de esta advertencia bíblica, la iglesia *debe* prepararse para la batalla espiritual. «Vestíos de toda la armadura de Dios, para que podáis estar firmes contra las asechanzas del diablo». Se traduce como «asechanzas», pero en realidad la palabra griega es *methodeias*, que significa los métodos de Satanás. En este mundo encontramos la estrategia metódica del demonio y debemos estar preparados para usar la espada del Espíritu contra él. La Escritura nos manda en numerosos lugares defender el evangelio. El apóstol Pablo dijo: «estoy puesto para la defensa del evangelio» (Fil. 1.17). Es obvio que Pablo estaba hablando positivamente. No es negativo defender el evangelio.

Caso real

Walter Martin

Nunca olvidaré cuando mi maestro, Dr. Donald Grey Barnhouse, me contó de un almuerzo que tuvo con Norman Vincent Peale, que entonces se hallaba en el apogeo del poder del pensamiento positivo. El doctor Barnhouse conversó con él unos pocos minutos y Dr. Peale dijo:

—Me gustaría una respuesta honesta, Dr. Barnhouse. Y sé que usted me dará una. ¿Qué es lo que usted en realidad piensa sobre lo que he escrito en referencia al poder del pensamiento positivo?

—Bueno, solo puedo contarle lo que muchos ministros me han dicho —respondió Dr. Barnhouse.

—¿Y qué le han dicho? —preguntó Dr. Peale.

—Pablo gusta, Peale *disgusta* —respondió Barnhouse.

—¿*Qué*? —dijo Dr. Peale, dejando de tomar su sopa.

—Usted ha olvidado la cosa más importante —continuó Barnhouse—. Antes de que nadie pueda pensar en positivo, primero debe pensar en negativo.

—¿Qué quiere decir? —preguntó Peale.

—Fíjese —dijo Barnhouse—, yo soy un pecador. ¿Negativo o positivo?

—Negativo —dijo Peale.

—Soy un pecador perdido. ¿Negativo o positivo?

—Negativo.

—Voy a un juicio eterno. ¿Negativo o positivo?

—Negativo —repitió Peale por tercera ocasión.

—Ahí tiene tres afirmaciones negativas, sin las cuales usted *no puede* pensar positivamente —dijo Barnhouse—. «Cree en el Señor Jesucristo, y serás salvo» (Hechos 16.31). Pero si usted no piensa en las tres primeras, nunca llegará a la cuarta.

—Nunca lo había visto de esa manera —replicó Peale.

—Debe escribir un nuevo libro: *¡El poder del pensamiento negativo!* —dijo Dr. Barnhouse.

—No puedo hacer eso, me arruinaría —dijo Peale.

—Saque la verdad a la luz —replicó Dr. Barnhouse— y el Señor se ocupará de ello.

Peale nunca escribió el libro, pero se le dijo lo que debía hacer. La verdad del asunto es la siguiente: sea cual sea el costo, *diga la verdad*. Diga la verdad en amor, pero, por amor a Cristo, debemos decirla.[13]

13. Walter R. Martin, *Evangelism and Apologetics* (CD/cinta de audio), Walter Martin Ministries, www.waltermartin.com.

Presente una férrea batalla

Otro versículo de la Biblia que es muy desechado en el ministerio del evangelismo es el tercer versículo de Judas: «Amados, por la gran solicitud que tenía de escribiros acerca de nuestra común salvación, me ha sido necesario escribiros exhortándoos que contendáis ardientemente por la fe que ha sido una vez dada a los santos». El Comandante en Jefe del universo nos ha ordenado tomar las armas y *defender* la fe. No es accidental que el apóstol Pablo escribiera: «en mis prisiones, y en la defensa y confirmación del evangelio, todos vosotros sois participantes conmigo de la gracia» (Fil. 1.7). Él estaba hablando sobre la defensa del evangelio. El evangelismo no es el único ministerio que la iglesia ha sido llamada a cultivar.

En la actualidad, los cristianos luchan en dos frentes: la batalla contra del reino de las tinieblas y la batalla contra las fuerzas que ponen en riesgo el interior de la iglesia. Hemos sido absorbidos por la tolerancia a una filosofía completamente extraña: la idea de que únicamente es positivo *predicar* a Cristo y es negativo *defenderlo*. Eso no es verdad. Jesucristo no solo predicó y enseñó, sino que entró en diálogo, enfrentamiento y desacuerdo con sus enemigos y ellos se salieron lamentando haberse enfrascado en una discusión con Él. Se enfrentó a escribas, fariseos, herodianos y saduceos, y los dejó callados. El apóstol Pablo fue un hombre que no dudaba en ir al mercado de Atenas y dar la batalla por el Señor. Una vez dijo: «batallé en Efeso contra fieras» (1 Co. 15.32). En otras palabras, él presentó batalla por el evangelio.

Nunca debemos volvernos agresivos en esta lucha. A diferencia de lo que nos acusan los apologistas culturales, el objetivo es argumentar con audacia por la verdad, pero no enemistarnos con las personas, ya que las armas de nuestra batalla son espirituales. Nunca debemos atacar a las personas; debemos atacar el error espiritual.

Técnicas evangelísticas para el ocultismo

Al enfocar el problema de evangelizar al ocultismo no hay que olvidar un objetivo central: estamos tratando de alcanzar los corazones de las personas. Un evangelismo cercano, personal y con amor es una fuerza poderosa que conducirá a la salvación de las almas. Hay cristianos en el mundo actual que no pueden ni siquiera indicar a un no cristiano entre sus amigos. ¿Cómo podemos esperar influir en las personas si nos negamos a hablar con ellas? El corazón del evangelismo y la apologética es la *comunicación* y es imposible comunicar si usted está a kilómetros de distancia de la persona a la que necesita alcanzar. Primero debe hacer el esfuerzo de conocer a alguien y luego hablar de su visión del mundo desde un contexto de amor.

Al lidiar con creencias ocultistas es importante recordar que algunas personas reconocen la necesidad de algún tipo de salvación, pero otras no. Aquellos que reconocen su necesidad de salvación, han entrado en sus sistemas teológicos de formas, ceremonias, rituales, buenas obras, vidas correctas o sacrificios propios como un medio para obtener algún tipo de justificación que consideran necesario alcanzar. Esto es completamente subjetivo, con una ausencia absoluta de verdad y una eternidad basada en los esfuerzos individuales. Fundamentalmente, la teología de lo oculto es, entonces, una forma de *autosalvación*.

El cristiano debe señalar, a partir de la Escritura y de la historia, el peligro de la pérdida de la verdad absoluta, así como la debilidad del esfuerzo humano como medio para obtener redención espiritual. Debemos siempre recordar que el arrepentimiento, la expiación, la regeneración, la resurrección y la retribución en el sentido bíblico suelen formar parte del vocabulario de algunos que están perdidos en lo oculto, pero *nunca* forma parte de su experiencia personal. El cristiano debe *definir*, *aplicar* y *defender* el significado histórico de esos términos para que sea posible proclamar con eficacia el evangelio. En pocas palabras, uno debe comenzar por el principio: repetir, enfatizar y repetir. Esta es la siembra de la semilla que un día, solo por la gracia de Dios, dará fruto de vida eterna.[14]

Encuentre un denominador común

Nunca nos excederemos en el énfasis si hablamos de la importancia de un denominador común. El acuerdo en que Jesús es un gran maestro puede convertirse en el denominador común que conduzca a un debate sobre *por qué* Él es el más grande de todos los maestros y mucho más. Su argumento debe siempre sustentar sus puntos y nunca debe haber espacio para argumentos *ad hominem* o ataques personales. Como señala la escritora Kathy Duffin, el nivel básico de la argumentación requiere la razón. «Argumentar implica tensión, pero no fuego de combate. Esta tensión proviene de la asimetría fundamental entre el que desea persuadir y los que deben ser persuadidos. El denominador común que comparten es la razón. Su objetivo es construir un caso para que cualquier persona razonable pueda ser convencida de la racionalidad de su tesis».[15] El denominador común de la razón en sí mismo es un poderoso campo de batalla.

Usted encontrará antagonismo, pero no es hacia usted personalmente; el antagonismo es hacia lo que usted está diciendo. El odio no es hacia usted; es hacia el evangelio. Si

14. Adaptado de Martin, *The Kingdom of the Cults*, pp. 486-487.
15. Kathy Duffin, "Overview of the Academic Essay", Writing Center de la Universidad de Harvard, http://www.fas.harvard.edu/~wricntr/documents/Overvu.html.

usted es el embajador de Cristo, usted presenta sus credenciales y busca un denominador común para la conversación. Si alguien le lanza las credenciales en la cara, no es su problema, es el problema de esa persona. Usted debe decirle a ese individuo la verdad.

Defina y aplique sus términos

El denominador común ofrece a los cristianos una oportunidad de definir los términos y *aplicar* sus significados teológicos e históricos de manera coherente y reiterada. Siempre que se habla de la fe, es vital definir sus términos y luego repetir, enfatizar y repetir las definiciones. En la perspectiva ocultista, Dios es una unidad cósmica, Jesús es un gran Maestro y el diablo a menudo no existe. Si los cristianos no discuten las *definiciones* antes de proceder a una conversación sobre diferentes perspectivas, entonces se convierten en un ciego guiando a otro ciego.

Para definir sus términos, usted debe saber lo que cree y por qué cree en ello. Debe llevar la Escritura en la punta de los dedos y debe estar muy enterado de las creencias básicas del ocultismo. El mundo de lo oculto se construye sobre esta base: *no hay una sola verdad.* Toda verdad está sujeta a la experiencia personal y no hay una única realidad. Si la realidad es diferente para cada persona, ¿cómo hablar de su fe en Jesucristo? ¿Por qué es su fe más válida que cualquier otra?

Es en este punto donde los cristianos podemos ofrecer la verdad de la *singularidad* de Cristo. Cristo ofreció al pueblo del imperio romano algo que ellos simplemente no podían encontrar en ninguna otra parte, y ofrece la misma esperanza en la actualidad: una promesa de amor, redención, resurrección y vida eterna, en un paraíso mucho más allá de lo imaginable.

La gran debilidad de la teología de lo oculto es esta: no promete *nada* a sus seguidores después de toda una vida de creer en ella. La mejor recompensa que un ocultista puede esperar para la eternidad es perder la única cosa que le importa sobre sí mismo, con el fin de llegar a ser uno con la conciencia cósmica. Esta *unidad* significa la *nada,* la personalidad individual se desvanece en la absorción final. Es un perturbador y temible final para la vida como la conocemos y resulta preocupante para los que entregan toda su vida al así llamado camino del amor. En contraste, Jesucristo nos atesora como sus hijos. Él creó individuos distintos y murió para salvarles. En la respetuosa definición de términos y discusión de diferencias claves, los cristianos serán capaces de comunicar la verdad eterna.

Debata temas clave

Es importante debatir con toda clase de gente: ocultistas, ateos, gnósticos, escépticos, miembros de la Nueva Era; todos los que se levanten para desafiar el evangelio de Cristo. Si no los enfrentamos de manera directa, asumirán nuestro silencio como una señal de acuerdo. ¡Muchos cristianos olvidan que pueden ofender a Dios si no hacen absolutamente nada! Se llama pecado de *omisión.* Los hombres pueden ir al infierno tan rápido por este pecado como por cualquier pecado de *comisión* que hayan realizado. Dios lo dejó bastante claro en Ezequiel 33-34: si uno se calla cuando debe hablar, Dios lo juzgará por ello. «Cuando yo dijere al impío: Impío, de cierto morirás; si tú no hablares para que se guarde el impío de su camino, el impío morirá por su pecado, pero su sangre yo la demandaré de tu mano» (Ez. 33.8). Hoy en día, la iglesia es culpable exactamente de eso. Los medios de comunicación cristianos se están hundiendo en el mar de la censura, donde si usted dice algo confrontativo o controversial, todos le persiguen.

La respuesta a esto es sencilla: no le venda su integridad a nadie. Si usted evita la confrontación por la comunicación, ha perdido su integridad. Sigue vigente la pregunta: ¿Qué precio pagaría por esa integridad? Las voces controversiales provocan interés. Hacen que la adrenalina fluya y estimulan el pensamiento.

Si usted cree que tiene razón en algo, entonces dígalo o escríbalo en la forma en que usted lo cree y expréselo de tal manera que la gente pueda entenderlo. Sea firme en la causa de Cristo y hágalo en un espíritu de amor cristiano, pero, por amor a Él, no se venda. Si lo hace, no tendrá nada que decir que signifique *nada* para nadie. Shakespeare lo dijo de manera poética: «Y sobre todo, sé fiel a ti mismo».[16] Aférrese a sus convicciones y defienda su fe contra todos los provocadores.

Respuesta bíblica

El enfoque de Pablo para comunicar el evangelio, conocido como metodología paulista, es perfectamente coherente con Cristo y con toda la enseñanza del Nuevo Testamento. Pablo era la encarnación del amor cuando escribió a los corintios y les dijo cuánto se preocupaba por ellos y cómo debían vivir. Pero él no dudó, en medio de su amor, en reprocharles incisivamente por las maldades y excesos que estaban practicando. Él dijo: «Esto no hace santos». Él los amaba, pero les dijo la verdad y no tuvo ninguna inhibición al hacerlo. Pablo fue sin duda uno de los más exitosos escritores de todos los tiempos. Los cristianos pueden aprender mucho de sus palabras. Tanto en el evangelismo como

---

16. William Shakespeare, Hamlet, citado en Literature Network, "Acto 1, Escena III", http://www.online-literature.com/shakespeare/hamlet/4/.

en la apologética, usted debe comunicar un sentido bíblico de generosidad. Pablo lo hizo. Él dijo: «No tomé nada de ustedes. Yo no los exploté. No traté de obtener algo de ustedes. Trabajé entre ustedes haciendo tiendas; pagué con lo mío. Todo lo que quiero es que aprendan que Dios desea que ustedes *me* sigan como un ejemplo de cómo deben tratarse unos a otros. Si ustedes no tienen nada de dinero y no pueden trabajar, la iglesia debe ayudarles. Pero si ustedes sienten que son demasiado espirituales para trabajar, que están tan llenos del Espíritu Santo que deben permanecer desempleados y pasar su tiempo de un lugar a otro dando testimonio a todo el mundo, viviendo del trabajo duro de otra gente, ustedes no tienen parte en el ministerio cristiano. De hecho, ustedes son un estorbo para este».[17]

Pablo ejemplificó el altruismo. Describió los peligros sufridos, recordó su persecución y habló de su cuidado por las iglesias. Les contó de lo que tuvo que pasar por ser un siervo de Dios. Él dijo: «Verán, no tengo nada que ganar con todo esto» (véase 2 Co. 11.22-12.1).

No debemos dudar en usar lo biográfico y anecdótico en nuestro testimonio y defensa de la fe. Sea muy cuidadoso en cómo lo hace; sazone con sal y espolvoree con humor. No tema hacer un chiste a su gusto y permita que la gente que lo escuche y lea entienda que usted no es demasiado serio. La única diferencia entre usted y ellos es que usted tuvo la oportunidad y el privilegio de conocer a Cristo primero y es probable que ellos lleguen a conocerle más tarde. Pablo usó sus escritos para comunicar su espíritu altruista. Si una persona percibe que usted tiene un interés personal, puede olvidarse del mensaje. En ese caso, cualquier persona inteligente dejará de escuchar, y hará bien. Y si alguien le escucha es porque no está pensando. Donald Barnhouse dijo una vez: «Cuando dos personas piensan exactamente igual, ¡una de ellas no está pensando!»

Sea *usted* mismo y comunique en sus propias palabras lo que tenga que decir. Incorpore conceptos y documentación de otras personas en su enfoque. Haga su parte y exprésese; sea usted mismo y ningún otro. Su fe es *su* fe, no la fe de su padre o la fe de su madre. Las experiencias que usted tiene son suyas (el dolor, el gozo), no importa cuáles sean, son suyas.

Muéstreles que usted ha andado por el mismo camino. Solo porque usted sea cristiano no significa que no haya estado en el valle en el que ellos pueden estar. Permítales identificarse con usted y, si sus experiencias son significativas, espiritualmente motivadoras y edificantes, entonces serán bendecidas.

17. Para más de estas enseñanzas de Pablo, véanse 1 Ts. 2 y 2 Co. 11.

Finalmente, usted debe hacer algo bastante difícil. Al hablar y escribir de manera confrontativa, usted debe aprender a *hacer* en la práctica lo que Pablo dijo y eso conlleva un riesgo. *Redargüir, reprender, exhortar.* «Porque vendrá tiempo cuando no sufrirán la sana doctrina, sino que, teniendo comezón de oír, se amontonarán maestros conforme a sus propias concupiscencias, y apartarán de la verdad el oído y se volverán a las fábulas» (2 Ti. 4.3-4). ¿Qué le dice Pablo a la iglesia? «Te encarezco delante de Dios y del Señor Jesucristo, que juzgará a los vivos y a los muertos en su manifestación y en su reino, que prediques la palabra; que instes a tiempo y fuera de tiempo; redarguye, reprende, exhorta con toda paciencia y doctrina» (2 Ti. 4.1-2).

La opción que usted tiene es la siguiente: usted puede exhortar a las personas de tal manera que saquen las antorchas dispuestas a quemarle vivo, o puede usted redargüir, reprender y exhortar de una manera caritativa y amorosa. Si usted elige este método, verán que está enseñándoles algo que puede ser beneficioso para ellos, porque ha sido beneficioso para usted. Cuando Pablo redargüía, reprendía y exhortaba a la gente, él siempre lo equilibraba enfatizando su preocupación por ellos, su motivación detrás de esto. Exponga sus motivaciones. La gente no entiende la motivación automáticamente. Atenúe la claridad con la paciencia, dado que algunos solamente escucharán lo que *quieren* escuchar, sobre la base de su propia motivación. Es muy importante revisar sus hechos y ser honesto al presentar el *contexto.* Si usted practica esto cuando redarguye, reprende y exhorta, lo hará desde una posición de autoridad y amor.

Una buena cimentación en las Escrituras es básica para que no abra la boca para intercambiar imposiciones. Recuerde siempre que quien le escuche será influenciado por lo que le diga. Si no es cuidadoso, es probable que algún día sus propias palabras regresen a usted del revés, porque no las dijo lo suficientemente claras o con la suficiente fortaleza.

El amor firme es decir a las personas la verdad. Es probable que no les guste, pero usted les está diciendo la verdad. Jesús dio un ejemplo magnífico del amor firme cuando habló con la mujer en el pozo, tal como se registra en Juan 4. Su enfoque ante ella no fue considerarla como una mujer inmoral, que sí lo era; su enfoque fue el amor. Fue: «Te voy a enseñar algo». Él entonces la guió por un diálogo y le explicó algunas cosas. Él respondió sus preguntas de una manera amorosa y paciente. Y, finalmente, la confrontó. Le dijo como si nada: «Ve a llamar a tu esposo». ¿Qué podría desarmarla mejor? Estaba siendo amable con ella.

Ella dijo: «No tengo marido».

Y Jesús respondió: «Ahora hemos llegado al núcleo de este asunto. Tú has tenido cinco esposos y el que tienes ahora no es tu marido. En eso has dicho la verdad». Esa pobre mujer no sabía qué decir. «Sabemos que cuando el Mesías venga, él nos dirá todo». Esto es confrontación: «Yo soy, el que habla contigo». Y ella corrió al pueblo y regresó con una multitud.

Jesús es la ilustración perfecta del amor que puede ser duro. Justo en medio de su conversación, la dejó helada. Cuando usted habla de Jesucristo y lo defiende, debe dar a las personas una razón por la cual deban creer en usted. Sus palabras y acciones deben mostrar que usted ha hecho su tarea. Debe ser elocuente y expresivo y comunicar sus convicciones. La gente le respetará si *usted* tiene esa clase de respeto por sí mismo, e incluso es probable que usted no les guste o no les guste lo que diga o escriba, pero le escucharán.

Caso real

Walter Martin

Yo experimenté la verdad de primera mano, cuando traté de publicar mi libro *Jehova the Watchtower* [Jehová el Atalaya]. Fue el primer libro escrito en profundidad sobre los Testigos de Jehová, en 1950, sobre su historia, su teología y con respuestas clave a sus argumentos. Terminé la obra cuando era estudiante de los primeros años de universidad y luego anduve tres años dando vueltas tratando de que lo publicaran. Un editor cristiano tras otro, sin temor alguno a su defensa de la fe, todos me dijeron lo mismo: «Es demasiado controvertido».

Un editor, al que nunca olvidaré, tenía un gran letrero sobre su puerta que decía: «Si Dios es su socio, haga grandes planes».

—No puedo publicar su libro porque puede molestar a alguien —me dijo.

—Dios no es su socio. Es el mío, pero no el suyo. Usted no se arriesgará. Usted no dirá la verdad —le dije.

—Bueno, la gente no lo compraría —me respondió.

Jehova the Watchtower acaba de cumplir sus veinticinco años de publicación, gracias a Dios, y ha sido traducido a muchos idiomas. Y todavía sigue en uso. De vez en cuando, me siento y pienso que debería enviar una tarjeta a este editor que diga: «¡Sorpresa, bodas de plata!»

Al final, me dirigí a Wilbur Smith para pedirle ayuda para publicar mi libro. Él ya había leído el manuscrito y estaba esperando para hablar conmigo sobre la necesidad de publicarlo inmediatamente. Él puso de su propio dinero y estaba dispuesto a gastar quinientos dólares, una considerable cantidad de dinero en aquella época. Robert Van Kampen tuvo el valor de publicarlo en Van Kampen Press Luego lo tomaron Zondervan y Bethany, y el resto es historia.

Las buenas noticias son: *hay* hombres de valor que ven el enfrentamiento como un mandamiento de Dios. Ellos fueron mis mentores: Wilbur M. Smith, profesor de Biblia Inglesa en el Seminario Teológico Fuller; Frank Gaebelein, de la Escuela Stonybrook; y Donald Barnhouse, mi maestro. Todos ellos me enseñaron el mismo principio: dígalo con elocuencia, dígalo a la fuerza, pero *dígalo.* No se quede sentado, dígalo.

Wilbur Smith decía: «¡Tenemos que hablar!», por lo tanto, *sea firme.*

No cambie sus pensamientos para que concuerden con los pensamientos de alguien más o usted perderá su integridad. ¿Qué precio pagaría por esa integridad? Usted tiene derecho a tener sus propios pensamientos y a expresarlos. No cambie su mensaje bajo presión o usted se *perderá,* y es lo único que tiene. Sus palabras son usted, a menos que sean signos de dólar. Si está escribiendo por signos de dólar, usted no tiene parte en la defensa de la fe.[18]

Conclusión

La motivación de la iglesia siempre debe ser la de alcanzar a las personas, confrontarlas y presentarles los hechos. El Espíritu Santo debe dar vida a su comunicación. Él debe dar vida por medio suyo y en usted. Él debe ayudarle. Recuerde lo siguiente: todas las cosas que el Espíritu Santo hizo hace dos mil años, las puede hacer ahora, porque Él es Dios, ¡el Espíritu Santo!

Lo más importante en el mundo es comunicar la verdad primordial de que Cristo murió por los impíos, que resucitó de entre los muertos, ascendió al cielo y regresará de nuevo. La salvación es por gracia por medio de la fe. Ese es el mensaje del evangelio: la invariable e infalible Palabra.

Al tratar con las religiones involucradas con el ocultismo, los cristianos deben tener un conocimiento profundo de cómo se relacionan las doctrinas de estas religiones con la revelación histórica cristiana. Es absurdo pretender discutir doctrinas cristianas con quienes no reconocen la autoridad de las Escrituras. Al mismo tiempo, el evangelismo dirigido al reino de lo oculto nunca debe dejar de enfatizar que Cristo y los discípulos enseñaron ciertas doctrinas irrevocables, así como una ética y moral consistentes.[19]

El conocimiento es poder y, cuando usted evangeliza y defiende la fe, también debe comunicar su preocupación; usted debe mostrar su amor. Hay que traducirlo a la *vida diaria.* ¡Eso es lo que la iglesia necesita desesperadamente! Tenemos la doctrina sana,

18. Walter R. Martin, *Advice to Writers* (CD/cinta de audio), Walter Martin Ministries, www.waltermartin.com.
19. Martin, *The Kingdom of the Cults,* p. 491.

pero el amor es trasladar la doctrina a la experiencia y, si el amor no está presente, ¿por qué debería nadie creer en su doctrina? Si usted no ama como Cristo dijo, ¿qué más da que usted entienda la Trinidad, la deidad de Cristo, la concepción virginal, la expiación, la resurrección, la segunda venida? Nada de eso vale nada comparado con la esencia de la encarnación: Dios mostrándose en carne y hueso. Él hace que todo el resto cobre vida, sea determinante y verdadero. Todo se vuelve hojarasca si gira en torno a usted. Usted debe mostrar a las personas que es terminante en lo que cree y que ama a la persona a quien está tratando de alcanzar. De lo contrario, ¿por qué debería creerle nadie? Yo no creería en mí, de no ser por el amor divino.

Haga lo que Pablo hizo: motive a sus oyentes sin insultar su inteligencia. Ámelos y déjelos ver su verdadero yo. «Lo que ven es lo que hay» debería ser nuestro credo en referencia a la comunicación. No estamos escondiendo cosas ni tenemos propósitos secretos. Simplemente estamos ahí para ministrar y queremos que Dios nos ayude.

La gente estará en desacuerdo con usted, pero su apoyo en la Palabra de Dios y su conocimiento sobre el tema le resultarán muy útiles. Usted debería saber siempre de qué está hablando. Si alguien comunica un mensaje desde la perspectiva de *maestro*, debe saber más que las personas a las que está tratando de alcanzar. Investigue, estudie y comunique con precisión.

Finalmente, no tenga miedo de recurrir al sarcasmo bíblico cuando sea necesario. El término *reprensión* lo encontrará usted a todo lo largo de las Escrituras. Jesús era un maestro a la hora de expresarse. Y es lógico, como inventor del lenguaje. Jesús se ponía a conversar con los fariseos, los saduceos y los escribas, y no eran una audiencia amistosa.

Él les dijo: «¡Guías ciegos, que coláis el mosquito, y tragáis el camello!» (Mt. 23.24). Eso no solo era humor, era sarcasmo. Los fariseos colaban mosquitos (pequeñeces teológicas que no significaban nada en el esquema de la eternidad), pero se tragaban el camello de su propia ignorancia y ceguera.

O piense en el relato de Elías en el monte Carmelo. Pocos son capaces de leerlo en hebreo, si uno lo puede hacer resulta demoledor. Elías se enfrentó a los profetas de Baal y se burló de ellos: «Gritad en alta voz, porque dios es; quizá está meditando, o tiene algún trabajo, o va de camino; tal vez duerme, y hay que despertarle» (1 R. 18.27).

Esto es sarcasmo, puro y simple. Y entonces Elías clamó por el fuego de Dios y este lo quemó todo, ¡incluyendo el agua y las rocas! Él ejecutó a los profetas de Baal porque eran adoradores del demonio. Elías usó puro sarcasmo, ¿con qué propósito? Comunicación. Lo hizo en beneficio de los judíos, no de los profetas de Baal. Él sabía lo que iba a suceder; Dios respondería y ellos morirían. Esencialmente, les estaba diciendo a los judíos. «¿De qué tienen miedo? No existe Baal. No hay una religión pagana. ¡Solo hay un Dios! Yo puedo decir lo que quiera». Y lo demostró.

El apóstol Pablo se vuelve tan sarcástico que resulta difícil creer que pueda ser el mismo hombre que habla con tanto amor en Filemón. Cuando habla de los falsos apóstoles que pretendían engañar a la iglesia, se burla de ellos: «Porque de buena gana toleráis a los necios, siendo vosotros cuerdos» (2 Co. 11.19). La reprensión a veces implica principios bíblicos y Pablo podía hacerlo de tal manera que las personas aprendieran gracias a ello. El sarcasmo puede a veces enseñar algo que puede ser recibido positivamente por los oyentes y fomentar la madurez en su servicio a Dios.

Hay ocasiones en que usted debe decir cosas que resultan difíciles de decir. Los lectores del sermón de Jonathan Edwards «Pecadores en manos de un Dios airado», saben que él no podría predicar en la actualidad en la Catedral de Cristal. La reprensión es difícil de llevar, pero la persona que se aleja de la reprensión, endurece su cerviz y habría que retirarla inmediatamente y sin remedio; no se rendirá. En los tiempos de los apóstoles, había personas exactamente así. Estas personas se negaban a creer en la resurrección de Jesucristo, aunque hubiera evidencias en todas partes a su alrededor. Jesús estaba *ahí*, pero eso no les importaba. Esa es la razón por la que él dijo que algunos no creerían aunque alguien se levantara de entre los muertos (Lc. 16.31).

Resulta muy difícil ser fructífero y comunicativo en medio de la confrontación. Tiene que hacerse en el espíritu del amor cristiano que se basa en la autoridad bíblica. Usted debe motivar a las personas cuando sea necesario y enfatizar que su motivación es altruista. Es prudente dar muchos ejemplos. Una buena ilustración vale más que mil palabras.

Y, por último, usted debe estar dispuesto a usar cualquier herramienta que sea necesaria para redargüir, reprender y exhortar a quienes no le escuchan, recordando que es Dios quien aplicará la verdad a sus corazones. Usted debe exhortar a las personas a llegar a una conclusión centrada en la Biblia; algo que pueda ser usado de manera práctica en sus vidas. La exhortación da lugar a la *acción*.

En palabras del que probablemente sea el más grande maestro en ilustraciones bíblicas de la historia de la iglesia, Dr. Donald Barnhouse: «Si usted quiere tener éxito, saque el heno del granero y póngalo en el piso, donde las vacas puedan comerlo». No hable o escriba para impresionar a la gente con lo que usted es, su instrucción o lo que usted sabe. Exalte al Señor Jesucristo y deje que ellos lo vean. Eso es todo lo que se necesita para triunfar. Usted debe comunicar quién es y en qué cree, y ponerlo en términos en que una persona pueda entender, apreciar, aplicar y usar.

En la actualidad, los jóvenes de todo el mundo se siguen preguntando lo mismo en infinidad de idiomas: «Díganme qué significa en realidad la vida. Quiero saber. No quiero patrañas, quiero lo real». Están buscando realidad espiritual. Es en esta coyuntura en la que el evangelio de Jesucristo se mantiene firme y listo donde ningún otro poder sobre la tierra lo está, dado que Jesús es la realidad suprema. Él no es uno entre muchos caminos igualmente buenos, un aspecto de la verdad o un fragmento de la vida. Él es el camino, la verdad y la vida (Jn. 14.6) y no compartirá su gloria y su autoridad con nadie. Los hombres tratan de colocar a Jesús en igualdad de condiciones que Zoroastro, Confucio y Mahoma, una pequeña y agradable homogenización ecuménica, en la que todo el mundo está de acuerdo a partir de la abundancia de su ignorancia sobre la *verdad.* Como Creador del universo, Salvador y Señor, Jesucristo está muy por encima de todos ellos.

La controversia por la controversia es pecado, la controversia por amor a la verdad es un mandamiento divino. La verdad debe exponerse públicamente. Debe provocar respuesta. Debe estar centrada en Cristo. Debe dar honra al Señor. Debe estar dentro del contexto de la moral y ética cristianas, pero debe incluir la capacidad de un amor firme. Debe incluir su disposición personal a ser vulnerable y dejar que la gente le conozca como en realidad es, algo más que un nombre, un libro, un artículo o algo así.

La hermenéutica no es una canción ni un excéntrico grupo de rock al que se trae para una actuación especial. Es conocimiento, y el conocimiento es poder. La ignorancia no es una bendición cuando se trata de la eternidad. Es por ello que hay tantas personas hoy en conflicto con la historia de la iglesia, básicamente porque no conocen la historia de la iglesia. Enseñan herejía, blasfemia, mal y error y al minuto siguiente cantan una canción que dice: «Aclamad el Poder del Nombre de Jesús». Este es el conflicto. Los cristianos informados tienen la oportunidad de hacer algo al respecto si ven los problemas y tienen un deseo de comunicar. Es vital conocer lo que usted cree y por qué lo cree; y luego usted debe *decírselo a la gente.*

La Escritura enseña que la consumación de los tiempos está marcada por eventos específicos y nosotros estamos viviendo la aceleración de esos eventos. Hay mucha gente que habla mucho sobre el hecho de que nos estamos acercando al final de los tiempos, cuando Jesucristo regresará a la tierra. Es probable que sea una terrible impresión para esas personas saber que 1 Juan 2 revela que llevamos por casi dos mil años en los últimos días. Estos no se están acercando a la iglesia justo ahora, estamos viviendo y toda la historia de la iglesia ha sido *escrita en los últimos días,* hasta la fecha.

Pedro dice que se espera de nosotros que santifiquemos al Señor Dios en nuestros corazones y estemos siempre listos para dar, a todo aquel que nos pregunte, una respuesta de la esperanza que yace en nuestro interior. Pero el problema de la iglesia actual a la hora de dar testimonio y comunicar es que hemos olvidado que el evangelismo tiene su adjunto natural, *la apologética.* A menos que los cristianos se aferren con vehemencia a la defensa de la fe, a la vez que a su proclamación, no habrá nadie preparado para hacer frente a los ataques del reino del ocultismo.

Recursos recomendados

1. Comfort, Ray. *Lo que el diablo no quiere que sepas.* Miami: Vida, 1993.
2. DeWaay, Bob. *Redefining Christianity —Understanding the Purpose Driven Movement* [Redefinir el Cristianismo — Comprendiendo el Movimiento Conducidos con Propósito]. Springfield, MO: 21st Century Press, 2006, www.cicministry.org.
3. Green, Michael. *Evangelización en la iglesia primitiva.* St. Monclair, CA: Pan de Vida, 2004.
4. Hull, Bill. *New Century Disciplemaking: Applying Jesus' Ideas for the Future* [Hacer Discípulos en el Nuevo Siglo: Aplicando las Ideas de Jesús para el Futuro]. Grand Rapids: Revell, 2000.
5. Litz, Dwayna. *Lighting the Way Worldwide* [Iluminando el Camino en todo el Mundo], www.lightingthewayworldwide.org/.
6. Martin, Walter. *The Spirit of the Age* [El Espíritu de la Época]. CD/cinta de audio, Walter Martin Ministries, www.waltermartin.com.

Apéndice A:

Preguntas y respuestas sobre el ocultismo

Walter Martin

Pregunta nº 1: ¿Qué debo hacer si tengo una maestra en mi colegio que está metida en el ocultismo y hace que los alumnos asistan a las sesiones que ella hace todos los sábados por la noche?

Respuesta: Debes ir al colegio, con tus padres y con un grupo de pastores de la comunidad, y señalar que ella está haciendo proselitismo religioso. La brujería y el satanismo son religiones, y las sesiones son espiritismo, que también es una religión. Sugiero que reaccionen con fuerza: enfréntenla, sin andarse por las ramas y eso la detendrá para que no reclute muchachos para sus sesiones. Es preciso darlo a conocer a las autoridades. Es una clara violación de la separación entre iglesia y estado; y tiene que ser resuelta a ese nivel. El mal a veces se multiplica con tanto éxito porque no hacemos nada al respecto. Así que, levántese y haga algo al respecto, y se detendrá.

Pregunta nº 2: Si uno participa en el ocultismo, ¿lo aceptará Dios a uno si lo deja?

Respuesta: Ah, con toda certeza. Yo asistí a Explo'72 y tuve allí una asombrosa experiencia.[1] Un joven me llamó aparte y dijo:

—Viejo, tengo que decirle algo.

—¿De qué se trata? —le dije.

—No son más que palabras —contestó—. No puedo llegar a Dios; Él no me escucha. No puedo alcanzarlo.

Se sentó y se echó a llorar. Era un muchacho de buena presencia y todo su cuerpo temblaba. Había como veinte o treinta muchachos sentados cerca orando por él todo

1. Llamada «la Woodstock de Jesús» por la revista *Time,* Explo '72 fue, «un Congreso de Estudiantes Internacionales sobre Evangelización» auspiciado por Campus Crusade for Christ que atrajo a setenta mil personas. Para mayor información sobre Explo '72, véase "The Jesus Woodstock", *Time,* 26 junio 1972, http://www.time.com/time/magazine/article/0,9171,906107,00.html.

el tiempo mientras yo hablaba con él en la parte de atrás de la carpa. Después de un momento, le dije:

—Pues bien, tengamos una palabra de oración y veamos qué va a hacer el Señor.

—No puedo orar —dijo él.

El Señor me habló al corazón y le dije:

—Entonces hay algo mal que no me estás diciendo, que no quieres que yo sepa. Pero si no se lo dices todo a Dios, no vas a llegar a ninguna parte.

Se quedó mirándome por un momento y se deshizo en lágrimas de nuevo.

—Sí —dijo—, hay algo. Yo adoraba a Satanás. Me enredé con una muchacha y ella usó el sexo para llevarme a la adoración de Satanás. Estuve metido en eso hasta las orejas. Ahora simplemente no puedo orar; no puedo usar el nombre de Jesús. No sé qué hacer; ¡no puedo hablar con Dios!

—Pues bien, si ese es tu único problema, ya está resuelto —le dije.

—¿Resuelto?

—Por supuesto, ¿por qué no me lo dijiste al principio? Así es como nos libraremos de esto en un minuto. Inclina tu cabeza y repite conmigo: Renuncio a ti, Satanás, y a todas tus obras; todas mis promesas, todos mis pecados y todo lo que hecho mal, en el nombre de Jesucristo de Nazaret.

Él lo repitió lentamente después de mí, y de repente gritó: «¡Aahhh!» y bajó la cabeza y empezó a llorar incluso más fuerte.

—¡Puedo orar! —dijo.

—Sé que puedes orar. ¿Cómo puedes alcanzar a Dios con una mano y aferrarte al diablo con la otra? No puedes hacer eso; tienes que soltarlo y aferrarte a Jesús. Ahora, ¿quieres recibir a Jesús como tu Salvador?

—¡Por supuesto, viejo!

—Bien —dije.

Se arrodilló allí mismo y le entregó su corazón a Cristo.

Como ve, la gente no siempre dice la verdad, y eso es parte del problema con el que estamos lidiando en el ocultismo. Es peligroso, pero si uno está dispuesto a renunciar al mal, recibe a Cristo, y se entrega a Él por completo, Dios dice que lo lavará y lo dejará blanco como la nieve. Así que hay perdón y hay restauración. Satanás no tiene poder en la presencia de Jesucristo. No lo olvide.

Escuche, este es un punto importante: los demonios le temen *a usted*; usted no tiene por qué tenerles miedo. Usted es templo del Dios viviente y tiene en usted viviendo al mismo Espíritu de Dios. Cualquier cosa que contamine el templo de Dios, Dios lo destruirá, dice el apóstol Pablo (1 Co. 3.17). Ellos no quieren nada con usted; usted es puro veneno para ellos. Ellos quieren al no creyente, así que no les tenga miedo, ni tampoco se ponga a buscarlos. Hay suficientes de ellos a su alrededor, pero no les tenga miedo. «Hijitos, vosotros sois de Dios, y los habéis vencido; porque mayor es el que está en vosotros, que el que está en el mundo» (1 Jn. 4.4-5).

Pregunta nº 3: ¿Es válido hoy echar fuera demonios?

Respuesta: Con toda certeza, porque todavía andan por aquí. No se esfuerce por buscarlos, pero no les tenga miedo. Desde luego que es un ejercicio válido hoy. Yo mismo lo he practicado.

Pregunta nº 4: Si se supone que no debemos tenerles miedo y que tenemos más poder que los demonios, ¿por qué un grupo de personas que participaban en un culto satánico asesinaron a una joven cristiana?

Respuesta: No hay absolutamente ninguna garantía en las Escrituras de que usted y yo no seremos mártires; tenemos toda clase de mártires antes de nosotros. El temor del que estoy hablando es el temor de la posesión espiritual, temor de que los demonios puedan *hacerle* algo a uno. Los que asesinaron a la muchacha no fueron los demonios; manos humanas cometieron el acto. No estamos hablando de eso. Las manos humanas bien pueden matarnos a todos nosotros, porque no hay garantía de que usted y yo sobreviviremos en esta tierra. Después de todo, nuestros antepasados fueron echados a los leones, hervidos en aceite y crucificados cabeza abajo; así que, ¿usted espera llegar al cielo en un lecho de rosas? ¡Ni en sueños! Bien puede suceder que algo venga buscándonos algún día. ¡No hay garantía de que uno vaya a salir de este mundo vivo!

Pregunta nº 5: ¿Es cierto que un cienciólogo puede crear materia de la nada?

Respuesta: Si están metidos en el ocultismo, pueden hacer cosas peculiares con la materia, tal como moverla, o posiblemente reducirla. Pero, ¿crear materia? No; no hay la más mínima evidencia de eso.

Pregunta nº 6: ¿Hablan los demonios por medio de personas en las sesiones espiritistas?

Respuesta: Sí, los demonios *en efecto* hablan por medio de personas. Esto puede suceder, y de hecho sucede, en las sesiones cuando la persona queda poseída. Los síntomas de la posesión demoníaca incluyen a menudo la manifestación de voces diferentes. También pueden parecer alguna forma de enfermedad mental, así que hay que ir más allá de la investigación normal. Hay más actividades de naturaleza demoníaca en nuestros recintos universitarios y por todo este mundo de lo que nadie podría soñar. No estoy diciendo que hay un diablo debajo de cada pupitre o detrás de cada poste, pero debemos enfrentar la realidad de su existencia y hacerle frente.

Pregunta nº 7: ¿Es posible exorcizar a alguien sin su permiso?

Respuesta: Desde luego. Hechos 16 es una ilustración clásica. Había una muchacha que seguía al apóstol Pablo, él se volvió y exorcizó al demonio de ella; sin permiso de ella. Se puede hacer.

Pregunta nº 8: ¿Produce la posesión demoníaca alguna enfermedad mental?

Respuesta: Tengo amigos psiquiatras y ellos piensan que sí. Es más, en otro tiempo trabajé con un psicólogo aquí en el sur de California que estuvo presente durante un exorcismo. Él puede testificar que los síntomas eran de enfermedad mental. Resultó que la muchacha estaba poseída por múltiples demonios.

Pregunta nº 9: Cuando se exorcizan demonios de una persona en el nombre de Cristo, ¿están los cristianos en peligro de ser poseídos por esos demonios?

Respuesta: No hay ni la más ligera brizna de evidencia bíblica de que algún creyente pueda alguna vez ser poseído por los demonios; ni la más mínima. Algunos escritores cristianos hoy están haciendo mucho daño con las cosas que escriben sobre el tema, pero la Palabra de Dios está claramente contra eso. El Espíritu Santo vive en el creyente; el creyente es templo de Dios. ¡Dios no va a compartir un dúplex con los demonios! Las Escrituras lo contradicen y no hay ni un solo versículo en la Biblia que lo enseñe. Esto es por inferencia, es discutible, es deductivo, y es derivado de todo lo que yo llamo el gran pozo de experiencia humana.

Por ejemplo, alguien se me acerca y me dice: «Conozco un caso...», y luego me suelta el cuento. Se pueden tomar todos los casos y echarlos a la basura si contradicen a las Sagradas Escrituras. La Biblia juzga toda la experiencia; nunca a la inversa. Algunos hablan de ejemplos de cristianos poseídos por demonios, pero la Biblia se opone absolutamente a la idea de que el creyente pueda ser poseído por el diablo. Qué horror decirle a los cristianos que, como representantes de Jesucristo, todavía tienen que preocuparse por el resto de sus vidas de que de una manera u otra, al desempeñar el ministerio cristiano, Satanás pueda *poseerlos*. ¿Qué clase de teología es esta? Es una teología de experiencia; no es teología de revelación. Me opongo rotundamente a esto, y los que lo están divulgando en su mayor parte son personas que no han tenido capacitación o experiencia. Han oído al respecto de un tercero y eso me hace desconfiar.

Pregunta nº 10: ¿Puede uno venderle el alma al diablo? Y si es así, ¿es posible recuperarla?

Respuesta: No hay ni la más mínima evidencia en la Biblia de que alguien jamás le haya vendido el alma al diablo. Uno puede entregarle el alma al adorarlo; puede ignorar los métodos de Dios para salvar a los hombres, la redención por Jesucristo, y así perder el alma, pero no hay evidencia de que Satanás esté en el negocio de empeño. Esto constituye un maravilloso tema de ficción en relatos como *The Devil and Daniel Webster* [El diablo y Daniel Webster], y las legendarias luchas de Fausto, pero no es un tema bíblico para nada, y no voy a desperdiciar el tiempo en eso.

Pregunta nº 11: En Mateo 16.23 Jesús reprendió a Pedro: «¡Quítate de delante de mí, Satanás!; me eres tropiezo, porque no pones la mira en las cosas de Dios, sino en las de los hombres». ¿Por qué reprendió a Pedro? ¿Y qué significa eso?

Respuesta: Jesús reveló aquí que Satanás es capaz de comunicarse con nuestra mente. Exactamente cómo nos pone él una idea en la cabeza, como el caso de Pedro, no lo sabemos. Lo que sí sabemos es que Satanás es un espíritu y se comunica a nivel espiritual. Cuando Jesús dijo que iba a Jerusalén para morir, Pedro respondió diciendo: «Señor, ten compasión de ti; en ninguna manera esto te acontezca». Jesús de inmediato reconoció una voz diferente *detrás* de la voz de Pedro. Él no dijo: «¡Quítate de delante de mí, Pedro!». El dijo: «¡Quítate de delante de mí, Satanás!». Este es un punto muy importante. El origen de la idea de Pedro fue una comunicación directa a la mente de Pedro de parte de Satanás, y Jesús lo confirmó al dirigirse a Satanás y no a Pedro. ¿Cómo recibió Pedro ese mensaje? No fue audible. Si Satanás es un espíritu, y lo es, él debe comunicarse en niveles diferentes de en los que usted y yo nos comunicamos como hombres. Por ejemplo, si usted toca un silbato de alta frecuencia cerca de un doberman *pinscher* que ha sido entrenado por la unidad canina del ejército, el perro se acercará a usted y o le lamerá la mano o se la arrancará. El perro está entrenado por el silbato.

Estoy convencido de que Satanás, como espíritu, se comunica a nivel del espíritu y que la mente y el espíritu están entrelazados porque el hombre es una unidad. Él no susurra audiblemente en nuestras orejas; sus comunicaciones llegan en un plano más alto que el de los sentidos naturales. Tal como el perro puede oír el silbato que los humanos no pueden, su espíritu y su mente pueden oír sugerencias satánicas. Satanás no puede leer lo que uno tiene en la mente, pero sí puede sembrar sugerencias.

Por consiguiente, cuando Jesús nos enseñó a orar, incluyó deliberadamente la frase: «Y no nos metas en tentación, mas líbranos del mal» (Mt. 6.13). Esta debe ser su oración constante. Si no eleva el Padre Nuestro todos los días, está descuidando su propia defensa. ¿Líbranos de quién? ¡Del maligno! El griego dice *el maligno.* Jesús le dice que ore para ser librado de Satanás y de la tentación. Yo elevo esa oración todos los días.

Satanás se comunica en otro nivel, así que esté alerta. Martín Lutero dijo una vez: «No soy responsable de que los pájaros vuelen sobre mi cabeza. Solo soy responsable del que construye su nido en mi pelo».[2] Así que si usted tiene pensamientos o deseos malos, pueden originarse en su naturaleza carnal, o Satanás puede hacer la apelación en otro nivel. Esté en guardia ante influencias como estas y la próxima vez que algo llegue a su mente o su espíritu, y usted sepa que es ajeno a su pensamiento, será el momento de decir: «Señor Jesús, líbrame de esto, de Satanás y de todo lo conectado con él». Yo lo he hecho y desaparece como si nunca hubiera estado allí.

Estoy convencido de que el mal se comunica con nosotros todos los días de nuestra vida. Recuerde el silbato y el perro; Satanás es la fuente de muchas de nuestras tentaciones. Usted tal vez no perciba audiblemente sus sugerencias, pero están allí.

Pregunta nº 12: Igual que se equiparó a Hitler con el diablo como personificación del mal, ¿piensa usted que el comunismo es una personificación de Satanás?

Respuesta: Pienso que todas estas cosas son anti-Cristo. Hay solo un gran Anticristo que vendrá, pero estos son anti-Cristos; y debemos reconocerlos por lo que son. Adolfo Hitler estuvo poseído. Los relatos de su vida dados por sus médicos indican que él tenía todo síntoma clásico de posesión demoníaca.

Svetlana Alliluyeva, hija de José Stalin, da un relato de la muerte de Stalin que es particularmente escalofriante. Él había estado en coma, y de repente salió totalmente del mismo. «[Él] dio una mirada a todos en la habitación. Fue una mirada terrible, de locura o tal vez colérica y llena del temor de la muerte».[3]

Ella dijo que en el último momento su padre recuperó la conciencia, toda su cara cambió. Esa es una de las indicaciones clásicas de posesión demoníaca; la cara de la persona cambia. Es algo extraño a la vista y, si se toma un retrato de ellos en ese momento, no se puede identificar a esa persona quince minutos después. Si alguna vez hubo un caso de posesión, ese fue Stalin.

2. Martín Lutero, *Vitae Patrum, Patrologia, Series Latina,* LXXIII, p. 940, *Logos.*
3. Svetlana Alliluyeva, *Twenty Letters to a Friend,* HarperCollins, Nueva York, 1967, p. 10.

Pregunta nº 13: ¿Puede el diablo imitar el hablar en lenguas?

Respuesta: Sin la más mínima duda. Es más, he grabado casos de eso. Tengo un caso de una muchacha en Florida, en un centro de recuperación de adicción a drogas; era una adoradora de Satanás poseída por múltiples demonios. Insistí en que nos dijeran sus nombres y cuántos eran, y los anotamos. Finalmente, para esquivar el tener que responder a las preguntas, ¡los demonios empezaron a hablar en *múltiples* lenguas! Uno de los presentes con nosotros en el salón reconoció uno de los idiomas. Les dije que les dijeran a los demonios en el nombre de Jesucristo de Nazaret que hablaran en inglés; y lo hicieron. Los demonios fueron exorcizados y hoy la muchacha es una cristiana nacida de nuevo.

Satanás puede imitar cualquiera de los dones del Espíritu Santo. Él no estaría atareado falsificando el don de lenguas si el original no existiera hoy. Pablo específicamente dice en Romanos que los *dones de gracia* (carisma) y el llamamiento de Dios son irrevocables. Cualquier cosa que Dios quiera hacer con el poder de su Espíritu Santo, lo hará; pero hay el peligro de tomar cualquiera de los dones y convertirlo en una *prueba* de la presencia del Espíritu. Los dones del Espíritu fueron dados para unificar y edificar a la iglesia cristiana, no para dividirnos. Por consiguiente, tengamos sumo cuidado. El apóstol Pablo nos advierte que no prohibamos hablar en lenguas, pero que todo se debe hacer decentemente y con orden. Las personas no deben ser consideradas como ciudadanos de segunda clase en la iglesia de Jesucristo debido a que no tengan un don o experiencia específicos. Esa es una forma peligrosa del fariseísmo que se debe reprender de inmediato como divisiva para el cuerpo de Cristo.[4]

---

4. Walter R. Martin, *Questions and Answers from Walter Martin, Evangelism and Apologetics* (CD y cinta de audio), disponible en Walter Martin Ministries, www.waltermartin.com. Walter Martin: «He investigador el movimiento carismático por siete años y sé lo que pasa por su mente. *¿Habla él en lenguas? ¿Es uno de ellos?* Está bien, soy un bautista carismático; tal como Calvino, Lutero, Zuinglio, Knox, todos los reformadores. Creo que los dones del Espíritu Santo están aquí hasta que Jesucristo vuelva. Soy un verdadero carismático. No soy un carismático pentecostal. Nunca he hablado en lenguas pero estoy dispuesto a recibir del Espíritu Santo cualquier don que él quiera darme, y cualquiera que no lo esté, es un cristiano extremadamente necio». Para más información sobre esto véase Walter R. Martin, *Charisma: Cultic, Occultic or Christian?* (CD y cinta de audio), disponible en at www.waltermartin.com.

Apéndice B

Hoja de evaluación para asesoramiento

1. Fecha:

2. Nombre de la persona:

3. Nombre del contacto:

4. Lugar:

5. Número de teléfono:

6: E-mail:

7. ¿Ha orado por esta persona un pastor o ancianos?

8. ¿Está esta persona dispuesta a buscar orientación cristiana?

9. ¿Cuál es el trasfondo religioso de esta persona?

10. ¿Algún médico ha diagnosticado una enfermedad mental?

11. ¿Está esta persona siendo atendida actualmente por un médico o psicólogo?

12. ¿Está esta persona tomando algún medicamento recetado?

13. ¿Ha habido algún uso de drogas alucinógenas? Si es así, ¿cuáles drogas se han usado y cuándo las tomó por última vez?

14. ¿Alguna vez esta persona buscó orientación por uso de alcohol o drogas?

15. ¿Tiene esta persona algún historial criminal?

16. ¿Alguna vez ha participado esta persona en actividades de ocultismo? ¿Tiene esta persona algún pariente o amigo íntimo que haya intervenido en el ocultismo? Si es así, ¿qué actividad y cuándo?

17. ¿Qué fenómenos paranormales han sido experimentados o se han observado?

____ Luces extrañas en la habitación

____ Golpes o toques en las paredes

____ Pesadillas

____ Voces extrañas o presencia visible

____ Puntos fríos u olores extraños

____ Uso de un idioma extranjero que no ha aprendido

____ Cambios de personalidad

____ Otros

18. ¿Ocurren todavía? ¿Con qué frecuencia?

19. ¿Parecen centrarse en alguna persona en particular?

20. ¿Ha tenido esta persona un cambio notable en la personalidad (p. ej., actitud hostil o amenazadora incluyendo, pero no limitada a, insultos soeces o amenazas de muerte)?

21. ¿Ha practicado alguna vez esta persona la automutilación o ha tratado de suicidarse?

22. ¿Tiene esta persona una aversión obvia y desprecio hacia Dios, Jesús, parientes cristianos, pastores o amigos?

23. ¿Alguna vez ha solicitado esta persona un exorcismo?

24. ¿Está esta persona dispuesta a participar en orientación de seguimiento si se realiza un exorcismo?

Bibliografía

Abelson, J. *Jewish Mysticism.* Nueva York: Dover, 2001.

Adare, Viscount. Experiences in Spiritism with Mc. D. D. Home. Nueva York: Arno, 1976.

The Age. "Faith or Fad?" 12 agosto 2004, http://www.rickross.com/reference/kabbalah/kabbalah92.html.

Agrippa, Hienrich Cornelius. *Three Books of Occult Philosophy or Magic, Book Three—Ceremonial Magic.* Londres: Gregory Moule, 1651, www.esotericarchives.com/agrippa/agrippa3.htm.

Albanese, Catherine L. "Physic and Metaphysic in Nineteenth-Century America: Medical Sectarians and Religious Healing". *Church History* 55 (1986): pp. 493-494.

Albig, William. *Public Opinion.* Nueva York: McGraw-Hill, 1939.

Alliluyeva, Svetlana. *Twenty Letters to a Friend.* Nueva York: HarperCollins, 1967.

Anderson, Kevin. *Report of the Board of Inquiry into Scientology.* Melbourne: Australia Parliament Government Printer, 1965.

Ankerberg, John y John Weldon. *The Encyclopedia of New Age Beliefs.* Portland: Harvest House, 1996.

Applewhite, Mark. "Son of Heaven's Gate Cult Leader has the Answer". *Connection Magazine,* junio 1998.

Aquino, Michael A. *The Temple of Set.* San Francisco: Xeper, 2006.

Arbatel of Magick. Traducido al inglés por Robert Turner. Londres: 1655. Edición digital con prefacio por Joseph H. Petersen (1997), http://www.esotericarchives.com/solomon/arbatel.htm.

Archer, Gleason. *A Survey of Old Testament Introduction*. Chicago: Moody Press, 1964 [*Reseña crítica de una introducción al Antiguo Testamento*. Grand Rapids: Portavoz, 1981].

Ashcroft-Nowicki, Dolores y J. H. Brennan. *Magical Use of Thought Forms: A Proven System of Mental and Spiritual Empowerment*. Woodbury, MN: Llewellyn, 2001.

Australian Family and Community Development Committee. *Inquiry into the Effects of Television and Multimedia on Children and Families* (East Melbourne, Victoria: Parliament of Victoria), capítulo 3, "Television and Multimedia Violence", http://www.parliament.vic.gov.au/fcdc/PDF%20Files/TV%20&%20MM/3%20-%20Television%20and%20Multimedia%20Violence%20pg%2067-96.pdf.

Bach, Marcus. *They Have Found a Faith*. Nueva York: Bobbs-Merrill, 1946.

Bahrani, Zainab. *The Graven Image: Representation in Babylonia and Assyria*. Philadelphia: University of Pennsylvania Press, 2003.

Bailey, Alice A. *The Externalisation of the Hierarchy*. Nueva York: Lucis Trust, 1943 [*Exteriorización de la jerarquía*. Málaga, España: Sirio, 2000].

———. *The Reappearance of the Christ*. Nueva York: Lucis Trust, 1979 [*La reaparición de Cristo*. Málaga, España: Sirio, 1999].

———. *The Unfinished Autobiography*. Nueva York: Lucis Trust, 1951 [*Autobiografía inconclusa*. Málaga, España: Sirio, 1998].

Bair, Deirdre. *Jung: A Biography*. Nueva York: Bay Back, 2003.

Balch, Robert W. "Waiting for the Ships: Disillusionment and the Revitalization of Faith in Bo and Peep's UFO Cult". En *The Gods Have Landed:*

New Religions from Other Planets. Editado por James R. Lewis. Albany: SUNY, 1995, pp. 141-142.

Barrett, Leonard E. *The Rastafarians*. Boston: Beacon, 1997.

Barton, Tamsyn. *Ancient Astrology*. Londres: Routledge, 1994.

Behar, Richard. "The Thriving Cult of Greed and Power". *Time*, 6 mayo 1991.

Benski, Claude, Dominique Caudron, Yves Galifret, Jean-Paul Krivine, Jean-Claude Pecker, Michel Rouzé y Evry Schatzman. *The "Mars Effect," A French Test of Over 1,000 Sports Champions*. Buffalo, NY: Prometheus, 1996.

Berg, P. S. *The Essential Zohar*. Nueva York: Harmony/Bell Tower, 2004.

———. *Immortality: The Inevitability of Eternal Life*. Los Ángeles: Kabbalah, 2000 [*Inmortalidad: La inevitabilidad de la vida eterna*. Los Ángeles: Kabbalah, 2006].

———. *Wheels of a Soul: Reincarnation and Kabbalah*. Los Ángeles: Kabbalah, 2005 [*Las ruedas de un alma: La reencarnación y la Kabbalah*. Los Ángeles: Kabbalah, 2005].

Berg, Yehuda. *The Power of Kabbalah*. Nueva York: Kabbalah Centre International, 2004 [*El poder de la Kabbalah*. Los Ángeles: Kabbalah, 2004].

Berger, Helen A. ed. *Witchcraft and Magic: Contemporary North America*. Philadelphia: University of Pennsylvania Press, 2005.

Besant, Annie. *The Seven Principles of Man*. Point Loma, CA: Aryan Theosophical Press, 1907.

Betty, Stafford. "The Growing Evidence for Demonic Possession: What Should Psychiatry's Response Be?" *Journal of Religion and Health* 44 (2005): pp. 13-30.

Bjornstad, James. *Twentieth Century Prophecy, Jeane Dixon, Edgar Cayce.* Minneapolis: Dimension Books, 1969.

Blakely, Thomas D., Walter E. A. van Beek y Dennis L. Thomson, ed. *Religion in Africa.* Londres: James Curry, 1994.

Blavatsky, Helena P. *Isis Unveiled*, vol. 2. Nueva York: Theosophical Publishing, 1888 [*Isis sin velo*, vol. 2. Málaga, España: Sirio, 1988].

———. *Secret Doctrine.* Londres: The Theosophical Society, 1893 [*La doctrina secreta.* Málaga, España: Sirio, s.f.].

———. *Studies in Occultism.* Pasadena: Theosophical University Press, 1973 [*Estudio sobre ocultismo.* Madrid: Asociación Nueva Acrópolis, 1989].

Blot, Thomas. *The Man from Mars: His Morals, Politics, and Religion.* San Francisco: Bacon, 1891.

Bock, Barbara. "An Esoteric Babylonian Commentary Revisited". *The Journal of the American Oriental Society* 120 (2000).

Boeft, J. Den. *Calcidus on Demons.* Editado por W. J. Verdenius y J. C. M. Van Winden. Vol XXXIII. Leiden, los Países Bajos: E. J. Brill, 1977.

Bok, Bart J. y Lawrence E. Jerome. *Objections to Astrology.* Buffalo, NY: Prometheus, 1975.

Bopp, Judie, Michel Bopp, Lee Brown y Phil Lane, Jr. *The Sacred Tree.* Twin Lakes, WI: Lotus Light Publications, 1985 [*El árbol sagrado.* Twin Lakes, WI: Lotus Press, 2003].

Boyce, Mary. "On Mithra's Part in Zoroastrianism". *Bulletin of the School of Oriental and African Studies, Universidad de London* 32, no.1 (1969): pp. 10-34, http://links.jstor.org/sici?sici=0041-977X%281969%2932%3A1%3C10%3AOMPIZ%3E2.0.CO%3B2-A.

———. *Textual Sources for the Study of Zoroastrianism: Textual Sources for the Study of Religion.* Chicago: University of Chicago Press, 1984.

———. *Zoroastrians: Their Religious Beliefs and Practices.* Londres: Routledge, 1979.

Braden, Charles. *These Also Believe.* Nueva York: Macmillan, 1949.

Branham, William. *Conduct, Order, Doctrine of the Church.* Jeffersonville, IN: Voice of God Recordings, 1991.

Bromiley, Geoffrey W., ed. *The International Standard Bible Encyclopedia.* Grand Rapids: Eerdmans, 1979.

Brown, Brian. *The Wisdom of the Egyptians.* Nueva York: Brentano's, 1923, capítulo 2, p. 43, http://www.sacred-texts.com/egy/woe/index.htm.

Bruce, Robert y C. E. Lindgren. *Astral Dynamics: A New Approach to Out-of-Body Experiences.* Charlottesville, VA: Hampton Roads, 1999.

Buck, Jirah Dewey. *Mystic Masonry.* Chicago: Regan Publishing Corporation, 1925.

Budge, E. A. Wallace. *Amulets and Talismans.* Nueva York: University Books, 1961.

Carey, Benedict. "A Princeton Lab on ESP Plans to Close Its Doors". *New York Times,* 10 febrero 2007, http://www.nytimes.com/2007/02/10/science/10princeton.html?ex=1328763600&en=2f8f7bdba3ac59f1&ei=5090&partner=rssuserland&emc=rss.

The Catholic Encyclopedia. Nueva York: The Encyclopedia Press, 1917.

Cavendish, Richard, ed. *Man, Myth and Magic.* Nueva York: Marshall Cavendish Corporation, 1970.

Cayce, Edgar y Jeffrey Furst. *Edgar Cayce's Story of Jesus.* Nueva York: Berkley, 1976.

Ching, Julia. *Chinese Religions.* Londres: Macmillan, 1993.

Chopra, Deepak. *The Path to Love: Spiritual Strategies for Healing.* Nueva York: Three Rivers Press, 1998 [*El camino hacia el amor.* Barcelona: Ediciones B, 2007].

Christensen, Duane L. *Word Biblical Commentary: Deuteronomy.* CD-ROM, Thomas Nelson, 2001.

Clark, Jerome. *The UFO Book: Encyclopedia of the Extraterrestrial.* Nueva York: Visible Ink, 1998.

Clarke, Adam. *Clarke's Commentary.* Nashville: Abington, 1977.

Clarke, Peter B., ed. *New Trends and Developments in African Religions.* Westport, CT: Greenwood, 1998.

Clement, Stephanie J. *What Astrology Can Do for You.* Woodbury, MN: Llewellyn Worldwide, 2004.

Comfort, Ray. *Hell's Best Kept Secret.* New Kensington, PA: Whitaker House, 2002.

"Confessions of a Psychic". *Psychology Today* (noviembre/diciembre 1994), http://psychologytoday.com/articles/pto-19941101-000020.html.

Cooper, John Charles. *Religion in the Age of Aquarius.* Philadelphia: Westminster, 1971.

Copans, Laurie. "Spell May Comprise Oldest Semitic Text". Associated Press. 23 enero 2007, http://news.yahoo.com/s/ap/20070123/ap_on_sc/israel_ancient_spell_1.

Crawford, Michael y David Whitehead. *Archaic and Classical Greece: A Collection of Ancient Stories.* Cambridge: Cambridge University Press, 1983.

Creme, Benjamin. "The Christ is Now Here". *Los Angeles Times,* 25 abril 1982, p. 31; y *London Times,* 25 abril 1982, p. 5.

———. *The Reappearance of the Christ and the Masters of Wisdom.* North Hollywood, CA: Tara Center, 1980 [*La reaparición del Cristo y los maestros de la sabiduría.* Barcelona: 1994].

Crowley, Aleister. *The Book of the Law.* Newburyport, MA: Wiser, 1997. Internet Sacred Text Archive, 2006. http://www.sacred-texts.com/oto/engccxx.htm. [*El libro de la ley.* Barcelona: Humanitas, 1992]

———. *The Book of Thoth: A Short Essay on the Tarot of the Egyptians.* Londres: O. T. O., 1944 [*El libro de Thoth.* Madrid: Luis Cárcamo, 1985].

———. *The Book of Thoth: A Short Essay on the Tarot of the Egyptians, Being the Equinox,* vol. 3, no. 5. Newburyport, MA: Red Wheel, 1974.

———. *Magick: Liber ABA.* Newburyport, MA: Wiser, 1997.

———. *Magick Without Tears.* Hampton, NJ: Thelema, 1954.

Crowther, Arnold y Patricia Crowther. *The Secrets of Ancient Witchcraft with the Witches Tarot.* Secaucus, NJ: University Books, 1974 [*Los secretos de la antigua brujería.* Madrid: Edaf, 1991].

Cullen, Lisa Takeuchi. "Stretching for Jesus". *Time Magazine,* 29 agosto 2005, http://www.time.com/time/magazine/article/0,9171,1098937,00.html.

Cumont, Franz. *Astrology and Religion among the Greeks and Romans.* Nueva York: Dover, 1960 [*Astrología y religión en el mundo grecorromano.* Barcelona: RBA Coleccionables, 2004].

———. *The Mysteries of Mithra.* Internet Sacred Text Archive, 2007. http://www.sacred-texts.com/cla/mom/index.htm.

Curtis, Edward S. *The North American Indian; Being a Series of Volumes Picturing and Describing the Indians of the United States, and Alaska.* Project Gutenberg, http://www.gutenberg.org/files/19449/19449-0.txt, 2006.

Dahood, Michael. *Are the Ebla Tablets Relevant to Biblical Research?* Biblical Archaeological Society, http://members.bib-arch.org/nph-proxy.

pl/000000A/http/www.basarchive.org/bswbSearch.asp=3fPubID=3dBSBA&Volume=3d6&Issue=3d5&ArticleID=3d6&UserID=3d0&.

Dalrymple, Sir David, traductor. *The Address of Tertullian of Carthage to Scapula, Proconsul of Africa* (1790). http://www.tertullian.org/articles/dalrymple_scapula.htm.

Dean, Geoffrey. *Recent Advances in Natal Astrology: A Critical Review 1900-1976.* Subiaco, Australia: Analogic, 1977.

De Camp, Lyon Sprague y Catherine Crook De Camp. *Ancient Ruins and Archaeology.* Nueva York: Doubleday, 1964.

Dickie, Matt. W. *Magic and Magicians in the Greco-Roman World.* Londres: Routledge, 2001.

Dodds, E. R. *The Greeks and the Irrational.* Berkeley: University of California Press, 1951 [*Los griegos y lo irracional.* Madrid: Alianza, 2008].

Donnerstein, E. y D. Lintz. "Mass Media Sexual Violence and Male Viewers: Current Theory and Research". *American Behavioral Scientist* 29 (1986): pp. 601-618.

Dowling, Levi H. *The Aquarian Gospel of Jesus, the Christ of the Piscean Age.* Santa Monica, CA: DeVorss, 1907 [*Evangelio acuariano de Jesús, el cristo de la era de piscis.* Málaga, España: Hojas de Luz, 2006].

Doyle, Sir Arthur Conan. *The History of Spiritism.* Nueva York: Arno, 1975 [*Historia del espiritismo.* Madrid: Eyras, 1983].

———. *Wanderings of a Spiritist.* Nueva York: George H. Doran, 1921.

DuQuette, Lon Milo. *The Magick of Aleister Crowley: A Handbook of the Rituals of Thelema.* Newburyport, MA: Weiser, 2004.

Eck, Diane L. *A New Religious America: How a "Christian Country" Has Become the World's Most Religiously Diverse Nation.* San Francisco: Harper, 1997.

Eddy, Mary Baker. *Science and Health with Key to the Scriptures.* Boston: Trustees Under the Will of Mary Baker Eddy, 1934 (reimpreso 1975) [*Ciencia y salud con clave de las Escrituras.* Writings of Mary Baker Eddy, 2000].

Eglash, Ron. "An Ethnomathematics Comparison of African and Native American Divination Systems", ensayo presentado en Realities Reviewed/Revealed: Divination in Sub-Saharan Africa, National Museum of Ethnology, Leiden, 4-5 julio. Center for Cultural Design, Rensselaer Polytechnic Institute, http://www.ccd.rpi.edu/eglash/papers/eglash_div_paper.doc.

Elwell, Walter A., ed. *Baker Encyclopedia of the Bible.* Grand Rapids: Baker, 1988. 2 vols.

———. *Baker's Evangelical Dictionary of Biblical Theology.* Grand Rapids: Baker, 2006.

———. *Diccionario teológico de la Biblia.* Nashville, TN: Grupo Nelson®, 2005.

Encyclopaedia Britannica 2007 Deluxe Edition. Chicago: Encyclopaedia Britannica, 2007.

Eshman, Richard. "Center of Controversy".http://www.rickross.com/reference/kabbalah/kabbalah10.html.

Evans, Christopher. *Cults of Unreason.* Nueva York: Dell, 1975.

Fenton, John. "Biographical Myths; Illustrated from the Lives of Buddha and Muhammad". Londres: Taylor & Francis, 1880. *The Folk-Lore Record* 3, no. 1 (1880). http://www.jstor.org/pss/1252368.

Fillmore, Charles. *Jesus Christ Heals.* Lee Summit, MO: Unity School of Christianity, 1944.

Fishbein, Aynat. "The Cabal of the Kabbalah Centre Exposed: New Relations". Tel Aviv Magazine, septiembre 1994, http://www.rickross.com/reference/kabbalah/Kabbalah1.html.

Fleurant, Gerdes. *Dancing Spirits: Rhythms and Rituals of Haitian Vodun, the Rada Rite.* Westport, CT: Greenwood, 1996.

Flom, George T. "Sun-Symbols of the Tomb-Sculptures at Loughcrew, Ireland, Illustrated by Similar Figures in Scandinavian Rock-Tracings". *American Anthropologist* 26, no. 2 (abril-junio 1924), http://www.jstor.org/pss/660393.

Flournoy, Theodore. *India to the Planet Mars.* Nueva York: Harper and Brothers, 1899.

Fordham University. *Medieval Sourcebook.* "The Correspondence of St. Boniface". http://www.fordham.edu/halsall/basis/boniface-letters.html.

Forsyth, J. S. *Demonologia or Natural Knowledge Revealed.* Londres: A. K. Newman and Co., 1831.

Frazer, James George. *The Golden Bough: A Study in Magic and Religion.* Nueva York: Macmillian, 1922 [*La rama dorada: Magia y religión.* Madrid: Fondo de Cultura Económica de España, 2005].

Frederickson, Bruce G. *Satanism.* St. Louis: Concordia, 1995.

Freedland, Nat. *The Occult Explosion: From Magic to ESP—The People Who Made the New Occultism.* Nueva York: G. P. Putnam's Sons, 1972.

Frey, Sylvia R. y Betty Wood. *Come Shouting to Zion: African American Protestantism in the American South and British Caribbean to 1830.* Chapel Hill y Londres: University of North Carolina Press, 1998.

Fritscher, Jack. "STRAIGHT FROM THE WITCH'S MOUTH: An Interview with Anton Szandor LaVey, High Priest and Founder of The Church of Satan". http://www.jackfritscher.com/Non-Fiction/Witchcraft/Straight%20Witches%20Mouth.html.

Furst, Jeffrey. *Edgar Cayce's Story of Jesus.* Nueva York: Berkley, 1968.

Gabel, W. Creighton. "European Secondary Neolithic Cultures: A Study of Prehistoric Culture Contact". *The Journal of the Royal Anthropological Institute of Great Britain and Ireland* 88, no. 1 (enero-junio, 1958). http://links.jstor.org/sici?sici=0307-3114%218 95801% 2F06%2988%3A1%3C97%3AESNCAS%3E2.0.C0%3B2-2.

Gager, John G. ed. *Curse Tablets and Binding Spells from the Ancient World.* Nueva York: Oxford University Press, 1992.

Gallagher, Ann-Marie. *The Wicca Bible.* Nueva York: Octopus, 2005.

Gallagher, Eugene V. *The New Religious Movements Experience in America.* Westport, CT: Greenwood Press, 2004.

Gardner, Gerald, *The Meaning of Witchcraft.* Newburyport, MA: Red Wheel, 2004.

Gardner, Martin. *The New Age: Notes of a Fringe Watcher.* Buffalo, NY: Prometheus, 1991 [*La Nueva Era: Notas de un observador de lo marginal.* Madrid: Alianza, 2007].

Garratt, G. T. *The Legacy of India.* Oxford: Clarendon, 1937.

Geisler, Norman L. *Baker Encyclopedia of Christian Apologetics.* Grand Rapids: Baker, 1999.

———. "Primitive Monotheism". *Christian Apologetics Journal* 1, no. 1 (1998).

———. *Systematic Theology,* vol. 2. Minneapolis: Bethany House, 2003.

———. *Systematic Theology,* vol. 3. Minneapolis: Bethany House, 2004.

Gill, Jerry H. *Native American Worldview: An Introduction.* Nueva York: Prometheus, 2003.

Giller, Rabbi Pinchas. "God in Kabbalah". American Jewish University, Ziegler School of Rabbinic Studies, s.f., http://www.ajula.edu/content/html/other/god.unit%207.pdf.

Glotzer, Leonard R. *The Fundamentals of Jewish Mysticism: The Book of Creation and Its Commentaries.* Amsterdam: Aronson, 1992.

Glover, T. R. *The Conflict of Religions in the Early Roman Empire.* Boston: Beacon, 1960.

Godwin, John. *Occult America.* Garden City, NY: Doubleday, 1972.

Goetz, William R. *UFOs: Friend, Foe or Fantasy?* Camp Hill, PA: Horizon, 1997.

Golb, Norman. *The Origins of the Dead Sea Scrolls: The Search for the Secret of Qumran.* Nueva York: Scribner, 1995.

Gooding, Susan Staiger. "At the Boundaries of Religious Identity: Native American Religions and American Legal Culture". *Numen* 43, no. 2 (mayo 1996). http://www.jstor.org/pss/3270345.

Goodman, Linda. *Linda Goodman's Love Signs.* Nueva York: Fawcett Columbine, 1978 [*Los signos del zodiaco y el amor.* Barcelona: Urano, 1988].

———. *Linda Goodman's Sun Signs.* Nueva York: Bantam, 1968.

Gordon, Cyrus H. *The Common Background of Greek and Hebrew Civilizations.* Nueva York: Norton, 1965.

Gordon, Jacob U. "Yoruba Cosmology and Culture in Brazil: A Study of African Survivals in the New World". *Journal of Black Studies* 10, no. 2 (diciembre 1979), http://links.jstor.org/sici?sici=0021-9347%28197912%2910%3A2%3C231%3AYCACIB%3E2.0.CO%3B2-I.

Grant, Michael. *Eros in Pompeii: The Secret Rooms of the National Museum of Naples.* Nueva York: William Morrow, 1975 [*Eros en Pompeya.* Barcelona: Manuel Tamayo Daimon, 1976].

———. *The World of Rome.* Nueva York: World, 1960.

Green, Miranda J. *The World of the Druids.* Londres: Thames and Hudson, 1997.

Guinness, Os. *The Dust of Death.* Downers Grove, IL: InterVarsity, 1973.

Hadden, Jeffrey K. y Anson Shupe, eds. *Prophetic Religions and Politics: Religion and the Political Order*, vol. 1. Nueva York: Paragon, 1988.

Hale, George Ellery. *Beyond the Milky Way.* Nueva York: Charles Scribner's Sons, 1926.

Hall, Elvina M., "Jesus Paid It All", sin editorial, 1865.

Hames, Harvey J. *Exotericism and Esotericism in Thirteenth Century Kabbalah*, Ben Gurion University, http://www.esoteric.msu.edu/VolumeVI/KabbalahHames.htm.

Haskins, Jim. *Voodoo and Hoodoo.* Nueva York: Scarborough, 1981.

Hanegraaff, Wouter J., ed., Antoine Faivre, Roelof van den Brock y Jean-Pierre Brach. *Dictionary of Gnosis and Western Esotericism.* Leiden: Brill, 2006.

Heathcote-James, Emma. *They Walk Among Us.* Londres: Metro, 2004.

Hecker, Raquel. "Give Me Back My Old Madonna". *Observer,* 31 octubre 2004, http://arts.guardian.co.uk/features/story/0,,1340389,00.html.

Heindel, Max. *The Rosicrucian Cosmo-conception or Mystic Christianity.* Oceanside, CA: Rosicrucian Fellowship, 1937 [*Concepto Rosacruz del cosmos.* Fraternidad Rosacruz, 2007].

———. *The Rosicrucian Philosophy in Questions and Answers.* Oceanside, CA: Rosicrucian Fellowship, 1941 [*Filosofía Rosacruz en preguntas y respuestas.* Buenos Aires: Kier, 1995].

Herodotus, *Historia*, vol. 1.

Hettena, Seth. "Five years after Heaven's Gate mass suicide, last member still keeping faith". *San Diego Union-Tribune*, 26 marzo 2002, http://www.signonsandiego.com/news/northcounty/20020326-0138-heavensgate.html.

Hexham, Irving y Karla Poewe. *New Religions as Global Cultures: Making the Human Sacred.* Boulder, CO: Westview, 1997.

Hippolytus, *Philosophumena*, vol. 1 (c. 1921). Traducido al inglés por F. Legge. Harvard College Library.

Holzer, Hans. *Ghosts: True Encounters with the World Beyond.* Nueva York: Black Dog & Leventhal, 2004.

Home, D. D. *Incidents in My Life.* Nueva York: Carleton, 1863.

Hooke, S. H. *Babylonian and Assyrian Religion.* Tulsa: University of Oklahoma Press, 1963.

Hornung, Eric. David Lorton, traductor. *The Secret Lore of Egypt: Its Impact on the West.* Ithaca, NY: Cornell University Press, 2002.

Houdini, Harry y Joseph Dunninger. *Magic and Mystery.* Nueva York: Weathervane, 1967.

Hubbard, L. Ron. *A New Slant on Life.* Los Ángeles: Publications Organization, 1952.

Hughes, Hayden y Brad Steiger, ed. *UFO Missionaries Extraordinary.* Nueva York: Pocket, 1976.

Hull, Bill. *New Century Disciplemaking: Applying Jesus' Ideas for the Future.* Grand Rapids: Revell, 2000.

Hutton, Ronald. "Paganism and Polemic: The Debate over the Origins of Modern Pagan Witchcraft". *Folklore Journal* 111 (2000).

———. *The Pagan Religions of the Ancient British Isles.* Oxford: Blackwell, 1991.

———. *The Triumph of the Moon: A History of Modern Pagan Witchcraft.* Nueva York: Oxford University Press, 2001.

Hynek, J. Allen. "Categories of UFO Reports". *The Encyclopedia of UFOs.* Editado por Ronald D. Story. Garden City, NJ: Dolphin, 1980.

———. *The Hynek UFO Report.* Nueva York: Dell, 1977.

International Raelian Movement, http://es.rael.org/rael_content/index.php.

Irenaeus, *Irenaeus Against Heresies.* Christian Classics Ethereal Library, 2007. http://www.ccel.org/ccel/schaff/anf01.ix.i.html.

Israel Insider Staff and Partners, "Kabbalist Rabbi Yitzhak Kaduri Dies in Jerusalem". *Israel Insider.* http://web.israelinsider.com/Articles/Culture/7665.htm, 28 enero 2006.

Jencson, Linda. "Neopaganism and the Great Mother Goddess". *Anthropology Today* 5, no. 2 (1989), http://links.jstor.org/sici?sici=0268-540X%28198904%295%3A2%3C2%3ANATGMG%3E2.0.CO%3B2-%23.

Jones, Prudence y Nigel Pennick. *A History of Pagan Europe.* Londres: Routledge, 1995.

Jordan, Michael. *Witches: An Encyclopedia of Paganism and Magic.* Londres: Kile Cathie Limited, 1996.

Joseph, Isya. *Devil Worship: The Sacred Books and Traditions of the Yezidis.* Boston: Badger, 1919 [*Adoradores del diablo: Los libros sagrados de los Yazidíes.* Barcelona: Humanitas, 2003].

Kahaner, Larry. *Cults That Kill.* Nueva York: Warner, 1988.

Kamara, Gibreel M. "Regaining Our African Aesthetics and Essence through Our African Traditional Religion". *Journal of Black Studies* 30, no. 4 (marzo 2000), http://links.jstor.org/sici?sici=0021-9347%28200003%2930%3A4%3C502%3AROAAAE%3E2.0.CO%3B2-C.

Karade, Baba Ifa. *The Handbook of Yoruba Religious Concepts.* Newburyport, MA: Weiser, 1994 [*Manual de conceptos religiosos yoruba.* Madrid: RCR, 1995].

Katz, Morris. *The Journey.* Victoria, BC: Trafford Publishing, 2004.

Kawasaki, Guy. *Selling the Dream.* Nueva York: HarperCollins, 1991 [*Venda su sueño.* McGraw-Hill, 1996].

Kelley, David Humiston, Anthony F. Aveni y Eugene F. Milone. *Exploring Ancient Skies: An Encyclopedic Survey of Archaeoastronomy.* Nueva York: Springer, 2005.

King, Godfré Ray. *Unveiled Mysteries.* Chicago: Saint Germain, 1934.

Kippenberg, Hans G. "Comparing Ancient Religions". *Numen* 39, no. 2 (diciembre 1992): p. 221.

Klemp, Sri Harold. "Paul Twitchell's Spiritual Search". http://www.eckankar.org/Masters/Peddar/hisSearch.html.

Knight, Judy Zebra. *Ramtha: The White Book.* Yelm, WA: JZK, 2005 [*El libro blanco.* Madrid: Arkano, 2008].

Koch, Kurt E. *Between Christ and Satan.* Grand Rapids: Kregel, 1970 [*Entre Cristo y Satanás.* Barcelona: Clie, 1991].

———. *Christian Counseling and Occultism.* Grand Rapids: Kregel, 1981.

———. *Demonology Past and Present.* Grand Rapids: Kregel, 1973.

———. *Occult ABC.* Germany: Literature Mission Aglasterhausen, 1978 [*El diccionario del diablo.* Barcelona: Clie, 1988].

———. *Occult ABC: Exposing Occult Practices and Ideologies.* Grand Rapids: Kregel, 1986.

———. *Occult Bondage and Deliverance.* Grand Rapids: Kregel, 1973 [*Ocultismo y cura de almas.* Barcelona: Clie, 1990].

Ladd, George Eldon. *The Presence of the Future: The Eschatology of Biblical Realism.* Grand Rapids: Eerdmans, 1996.

Laing, Gordon J. *Survivals of Roman Religion.* Nueva York: Longmans, Green and Co., 1951.

Lamb, David. *The Search for Extraterrestrial Intelligence: A Philosophical Inquiry.* Nueva York: Routledge, 2001.

Langley, Noel y Hugh Lynn Cayce. *Edgar Cayce on Reincarnation.* Nueva York: Paperback Library, 1967 [*Edgar Cayce: Sobre la reencarnación.* Madrid: Mirach, 1994].

Lattin, Don. "Satan's Den in Great Disrepair". *San Francisco Chronicle,* 25 enero 1999.

LaVey, Anton Szandor. "Creator of the Church of Satan". *MF Magazine,* no. 3, en la página web de Shane y Amy Bugbee, The Doctor Is In. http://www.churchofsatan.com/Pages/MFInterview.html.

———. *The Satanic Bible.* Nueva York: Avon, 1966, 1969 [*La biblia satánica.* México: Roca, 1975].

———. *Satanic Rituals.* San Francisco: Harper Collins, 1976.

Lewis, C. S. *God in the Dock: Essays on Theology and Ethics.* Grand Rapids: Eerdmans, 1994 [*Dios en el banquillo.* Madrid: Rialp, 2008].

———. *The Screwtape Letters.* Londres: Geoffrey Bles, 1948 [*Cartas del diablo a su sobrino.* Madrid: Rialp, 2007].

———. *Shall We Lose God in Outer Space?* Londres: SPCK, 1959.

Lewis, Harvey Spencer. *The Mystical Life of Jesus.* San Jose, CA: Rosicrucian, 1948.

Lewis, James R. "Diabolical Authority: Anton LaVey, The Satanic Bible, and the Satanist 'Tradition'". *Marburg Journal of Religion* 7, no. 1 (septiembre 2002).

———, ed. *The Gods Have Landed: New Religions from Other Planets.* Albany: SUNY, 1995.

———. *Legitimating New Religions.* New Brunswick, NJ: Rutgers University Press, 2003.

———. *Odd Gods: New Religions and the Cult Controversy.* Amherst, NY: Prometheus, 2001.

Longnecker, Richard N. *Word Biblical Commentary: Galatians.* CD-ROM. Word, 1990.

Luck, Georg. *Arcana Mundi: Magic and the Occult in the Greek and Roman Worlds.* Baltimore: Johns Hopkins University Press, 1985 [*Arcana mundi: Magia y ciencias ocultas en el mundo griego y romano.* Madrid: Gredos, 1995].

Lundberg, Zaid. *Lights of Irfan: Papers Presented at the 'Irfán Colloquia and Seminars.* Wilmette, IL: Irfan Colloquia, 2000.

Luria, Isaac ben Solomon. *Kabbalah of Creation: The Mysticism of Isaac Luria, Founder of Modern Kabbalah.* Traducido al inglés y editado por Eliahu Klein. Berkeley, CA: Atlantic Books, 2005.

Luther, Martin. *Vitae Patrum, Patrologia, Series Latina,* LXXIII, p. 940. CD-ROM. *Logos,* 2006.

Lyons, Delphine C. *Everyday Witchcraft: Love Magic, Charms, and Spells, Fortunetelling: Everything You Need to Know to Enjoy Occult Power.* Nueva York: Dell, 1972.

McDowell, Josh. *The New Evidence That Demands a Verdict.* Nashville: Thomas Nelson, 1999. [*Evidencia que exige un veredicto II.* Barcelona: Clie, 2004].

———, Don Stewart, con Kurt Van Gorden. *The Occult: The Authority of the Believer over the Powers of Darkness.* Nashville: Thomas Nelson, 1992.

MacDonald-Baine, M. *Beyond the Himalayas.* Londres: Fowler and Co., s.f. http://www.soilandhealth.org/03sov/0304spiritpsych/030418.beyond.himalayas.pdf.

Mackenzie, Donald A. *Myths of Babylonia and Assyria.* Project Gutenberg, 2005. http://www.gutenberg.org/files/16653/16653-h/16653-h.htm.

Makkai, Ellen. "Harry the Wiz Is the Wrong Biz". *WorldNet Daily* (26 noviembre 2001), http://www.wnd.com/news/article.asp?ARTICLE_ID=25446.

Martin, Walter R. *Advice to Writers.* CD/cinta de audio, Walter Martin Ministries, www.waltermartin.com.

———. *Astrology.* CD/cinta de audio, Walter Martin Ministries, www.waltermartin.com.

———. *Chariots of the Who?* CD/cinta de audio, Walter Martin Ministries. www.waltermartin.com.

———. *Church of Satan.* CD/cinta de audio, Walter Martin Ministries, www.waltermartin.com.

———. *Doctrine of the Demons.* CD/cinta de audio, Walter Martin Ministries, www.waltermartin.com.

———. *ESP and Parapsychology.* CD/cinta de audio, Walter Martin Ministries, www.waltermartin.com.

———. *Essential Christianity.* Walter Martin Ministries, Walter Martin Ministries e-Book, 2000.

———. *Evangelism and Apologetics.* CD/cinta de audio, Walter Martin Ministries, www.waltermartin.com.

———. *Evangelizing People in the Cults and Occult.* Cinta de audio. Melodyland Christian Center, Anaheim, CA, 1978.

———. *Evil and Human Suffering.* CD/cinta de audio, Walter Martin Ministries, www.waltermartin.com.

———. *Exorcism.* CD/cinta de audio, Walter Martin Ministries, www.waltermartin.com.

———. *Growing in the Spirit.* CD/cinta de audio, Walter Martin Ministries, www.waltermartin.com.

———. *Hermeneutics. Pt. 1-6,* CD/cinta de audio, Walter Martin Ministries, www.waltermartin.com.

———. *Hypnotism.* CD/cinta de audio, Walter Martin Ministries, www.waltermartin.com.

———. *Inspiration of Scripture.* CD/cinta de audio, Walter Martin Ministries, www.waltermartin.com.

———. *Introduction to the Cults.* CD/cinta de audio, Walter Martin Ministries, www.waltermartin.com.

———. *Jeane Dixon and Edgar Cayce: 20th Century Prophets.* CD/cinta de audio, Walter Martin Ministries, www.waltermartin.com.

———. *Jesus: God, Man or Myth?* CD/cinta de audio, Walter Martin Ministries, www.waltermartin.com.

———. *The Kingdom of the Cults.* Minneapolis: Bethany House, 1965 (reimpreso 2003).

———. *Martin Library Tapes 1-20.* CD/cinta de audio, Walter Martin Ministries, www.waltermartin.com.

———. *Modern Scribes and Pharisees.* CD/cinta de audio, Walter Martin Ministries, www.waltermartin.com.

———. *The New Age Cult.* Minneapolis: Bethany House, 1989 [*La Nueva Era.* Nashville: Grupo Nelson®, 1992].

———. *New Age Movement.* CD/cinta de audio, Walter Martin Ministries, www.waltermartin.com.

———. *The New Cults.* Santa Ana, CA: Vision House, 1980.

———. *Occult Revolution.* CD/cinta de audio, Walter Martin Ministries, www.waltermartin.com.

———. *Psychic Phenomena.* CD/cinta de audio, Walter Martin Ministries, www.waltermartin.com.

———. *Reasons for Faith.* CD/cinta de audio, Walter Martin Ministries, www.waltermartin.com.

———. *Revival of the Occult.* CD/cinta de audio, Walter Martin Ministries, www.waltermartin.com.

———. *Riddle of Reincarnation.* CD/cinta de audio, Walter Martin Ministries, www.waltermartin.com.

———. *Robert Schuller and the Cult of Self-Esteem.* CD/cinta de audio, Walter Martin Ministries, www.waltermartin.com.

———. *Rosicrucians and Theosophy.* CD/cinta de audio, Walter Martin Ministries, www.waltermartin.com.

———. *Screwtape Writes Again.* Santa Ana, CA: Vision House, 1980.

———. *Secret of Apologetics.* DVD/cinta de audio, Walter Martin Ministries, www.waltermartin.com.

———. *Spirit of the Age.* CD/cinta de audio, Walter Martin Ministries, www.waltermartin.com.

———. *Spiritism.* CD/cinta de audio, Walter Martin Ministries, www.waltermartin.com.

———. *Spiritual Warfare.* CD/cinta de audio, Walter Martin Ministries, www.waltermartin.com.

———. *Tools of the Occult.* CD/cinta de audio, Walter Martin Ministries, www.waltermartin.com.

———. *UFOs: Friend, Foe or Fantasy?* CD/cinta de audio, Walter Martin Ministries, www.waltermartin.com.

———. *Witchcraft and Satanism.* CD/cinta de audio, Walter Martin Ministries, www.waltermartin.com.

Martyr, Justin. *Apology I.* Christian Classics Ethereal Library, 2007. http://www.ccel.org/fathers2/ANF-01/anf01-46.htm#P3935_744654.

———. *Dialogue with Trypho, a Jew.* Christian Classics Ethereal Library, 2007. http://www.ccel.org/fathers2/ANF-01/anf01-48.htm#P4288_866334.

———. *First Apology.* Early Christian Writings, 2006. http://www.earlychristianwritings.com/text/justinmartyr-firstapology.html.

May, Edwin C. y Larissa Vilenskaya. "Overview of Current Parapsychology Research in the Former Soviet Union". *Laboratories for Fundamental Research*, http://www.lfr.org/LFR/csl/library/Fsu1.pdf.

Mbiti, John S. *African Religions and Philosophy.* Nueva York: Praeger, 1969.

Medway, Gareth J. *Lure of the Sinister: The Unnatural History of Satanism.* Nueva York: Nueva York University Press, 2001.

Meier, Samuel A. *Baker's Evangelical Dictionary of Biblical Theology.* Grand Rapids: Baker, 1996.

Melton, J. Gordon. *Encyclopedic Handbook of Cults in America.* Nueva York: Garland, 1992.

———, Jerome Clark y Aidan A. Kelly. *New Age Almanac.* Nueva York: Visible Ink, 1991.

Menzies, Allen, ed. *The Ante-Nicene Fathers*, vol. 3. Grand Rapids: Eerdmans, 1978.

Mettinger, Tryggve N. D. *Riddle of Resurrection: "Dying and Rising Gods" in the Ancient Near East.* Philadelphia: Coronet Books, 2001.

Michaelson, Johanna. *The Beautiful Side of Evil.* Eugene, OR: Harvest House, 1982.

Michaelsen, Robert S. "Cherokee Nation: 17. The Significance of the American Indian Religious Freedom Act of 1978". *Journal of the American Academy of Religion* 52, no. 1 (marzo 1984), http://links.jstor.org/sici?sici=0002-7189%28198403%2952%3A1%3C93%3ATSOTAI%3E2.0.CO%3B2-C.

Miracle Distribution Center. *A Course in Miracles: Combined Volume.* Glen Ellen, CA: Foundation for Inner Peace, 1987.

Miller, Russell. *Bare-Faced Messiah: The True Story of L. Ron Hubbard.* Nueva York: Henry Holt, 1987.

Mjagkij, Nina, ed. *Organizing Black America.* Nueva York: Garland, 2001.

Montgomery, Ruth. *A Gift of Prophecy: The Phenomenal Jeane Dixon.* Nueva York: William Morrow, 1965 [*La bola de cristal: La fenomenal Jeane Dixon.* Barcelona: Grijalbo, 1966].

Moore, Brian L. y Michele A. Johnson. *Neither Led nor Driven: Contesting British Cultural Imperialism in Jamaica, 1865-1920.* Kingston, Jamaica: University of the West Indies Press, 2004.

Moore, David W. "Three in Four Americans Believe in Paranormal". Gallup, 16 junio 2005, http://www.gallup.com/poll/16915/Three-Four-Americans-Believe-Paranormal.aspx.

Mounce, William D. *Word Biblical Commentary: Pastoral Epistles.* CD-ROM. Word, 2002.

Muller-Ebeling, Claudia, Christian Ratsch y Wolf-Dieter Storl. *Witchcraft Medicine: Healing Arts, Shamanic Practices, and Forbidden Plants.* Rochester: Inner Traditions, 1998.

Murphy, Joseph M. *Working the Spirit: Ceremonies of the African Diaspora.* Boston: Beacon, 1995.

Nada-Yolanda. *Visitors from Other Planets.* Miami: Mark-Age, 1974.

Nelson's Complete Book of Bible Maps & Charts: Old and New Testaments. Rev. and updated ed. CD-ROM. Thomas Nelson, 1996.

Nichols, Larry A., George A. Mather y Alvin J. Schmidt, con Kurt Van Gorden, *Encyclopedic Dictionary of Cults, Sects, and World Religions.* Grand Rapids: Zondervan, 2006 [*Diccionario de creencias, religiones, sectas y ocultismo.* Barcelona: Clie, 2005].

Nietzsche, Friedrich. *The Antichrist.* Traducido al inglés por H. L. Mencken, sección 35. Friedrich Nietzsche Society, http://www.fns.org.uk/ac.htm, 1920 [*El anticristo.* Madrid: Jorge A. Mestas, 2007].

Nigosian, S. A. *The Zoroastrian Faith: Tradition and Modern Research.* Montreal: McGill-Queens University Press, 1993.

Noblitt, James Randall y Pamela Sue Perskin. *Cult and Ritual Abuse: Its History, Anthropology, and Recent Discovery in Contemporary America.* Westport, CT: Praeger, 2000.

Noorbergen, Rene. *Jeane Dixon: My Life and Prophecies.* Nueva York: William Morrow, 1969.

———. *The Soul Hustlers.* Grand Rapids: Zondervan, 1976.

Norman, Eric. *Gods and Devils from Outer Space.* Nueva York: Lancer, 1973 [*Dioses, demonios y ovnis.* Barcelona: Pomaire, 1978].

O'Hara, Maureen, con John Nicoletti. *'Tis Herself: A Memoir.* Nueva York: Simon & Schuster, 2004.

Olupona, Jacob K., ed. *African Spirituality: Forms, Meanings and Expressions.* Nueva York: Crossroad Publishing Company, 2000.

———. *African Traditional Religions in Contemporary Society.* Nueva York: Paragon, 1991.

Orr, James, ed. *International Standard Bible Encyclopedia.* Chicago: Howard-Severence, 1915.

Ortiz de Montellano, Bernard R. *Aztec Medicine, Health, and Nutrition.* New Brunswick, NJ: Rutgers University Press, 1990.

Partridge, Christopher Hugh, ed. *UFO Religions.* Oxford: Routledge, 2003.

Peck, M. Scott. *People of the Lie.* Nueva York: Simon & Schuster, 1983.

Peeples, Curtis. *Watch The Skies! A Chronicle of the Flying Saucer Myth.* Nueva York: Berkley, 1994.

Pentecost, J. Dwight. *The Words and Works of Jesus Christ: A Study of the Life of Christ.* Grand Rapids: Zondervan, 2000.

Petersen, William J. *Those Curious New Cults in the 80s.* New Canaan, CT: Keats, 1982.

Petrie, W. M. Flinders. *Personal Religion in Egypt Before Christianity.* Londres: Harper and Brothers, 1912.

Petrowsky, Marc y William W. Zellner, eds. *Sects, Cults, and Spiritual Communities: A Sociological Analysis.* Westport, CT: Praeger, 1998.

Pettit, Bryce A. "New Religious Movements and Missions". *International Journal of Frontier Missions* 15 (1998): pp. 125-134.

Phillips, J. B. *Your God Is Too Small.* Londres: Wyvern, 1952.

Phillips, Rebecca. "Kabbalah for Everyone". Beliefnet (2007), http://www.beliefnet.com/story/158/story_15886_1.html.

Pierre, Roland. "Caribbean Religion: The Voodoo Case". *Sociological Analysis* 38, no. 1 (primavera 1977), http://www.jstor.org/pss/3709834.

Pike, Albert. *Morals and Dogma of the Ancient and Accepted Rite of Freemasonry.* Richmond, VA: L. H. Jenkins Book, 1958.

Pollock, Sheldon I. *The Language of the Gods in the World of Men: Sanskrit, Culture, and Power in Premodern India.* Berkeley, CA: University of California Press, 2006.

Prophet, Elizabeth Clare. *Inner Perspectives.* Livingston, MT: Summit University Press, 2003.

Rabinovitch, Dina. "Fallen Idol". *The Guardian,* 22 junio 2005, http://books.guardian.co.uk/news/articles/0,6109,1511663,00.html.

Radar Online, "The Kabbalah Chronicles: Inside Hollywood's Hottest Cult". 17 junio 2005, http://www.radaronline.com/web-only/the-kabbalah-chronicles/2005/06/inside-hollywoods-hottest-cult-ii.php.

Radin, D. I. y R. D. Nelson. "Evidence for Consciousness-Related Anomalies in Random Physical Systems". *Foundations of Physics* 19, no. 12 (diciembre 1989), http://www.springerlink.com/content/n0576p6352g84158/.

Rael. *The True Face of God.* Montreal: The Raelian Religion, 1998.

"Raising the Devil". *Time Magazine,* 13 marzo, 1972, http://www.time.com/time/magazine/article/0,9171,903361,00.html.

Ramsland, Katherine. *Ghost: Investigating the Other Side.* Nueva York: Thomas Dunne, 2001.

Randles, Jenny y Peter Hough. *The Complete Book of UFOs.* Nueva York: Sterling, 1996.

Reid, Audley G. *Community Formation: A Study of the "Village" in Postemancipation Jamaica.* Kingston, Jamaica: Canoe, 2000.

Regardie, Israel. *The Tree of Life: A Study in Magic.* York Beach, ME: Weiser, 2000 [*El árbol de la vida.* Ciudad de México: Grupo Tomo, 2008].

Reuchlin, Johann. *On the Art of the Kabbalah.* Lincoln, NE: University of Nebraska Press, 1993.

Reynolds, John Lawrence. *Secret Societies: Inside the World's Most Notorious Organizations.* Nueva York: Arcade Publishing, 2006.

Rhodes, Ron. *Alien Obsession.* Eugene, OR: Harvest House, 1998.

Richet, Charles y Stanley Debrath. *Thirty Years of Psychical Research.* Whitefish, MO: Kessinger, 2003.

Roberts, Alexander y James Donaldson, eds. *Ante-Nicene Fathers, Volume 7: Fathers of the Third and Fourth Centuries.* Grand Rapids: Eerdmans, 1886.

Roberts, Jane. *Seth Speaks: The Eternal Validity of the Soul.* San Rafael, CA: Amber-Allen, 1994 [*Habla Seth: La eterna validez del alma.* Barcelona: Luciérnaga, 1999].

——— y Susan M. Watkins. *The God of Jane: A Psychic Manifesto.* Needham, MA: Moment Point Press, 2000.

Robertson, A. T. *Word Pictures of the New Testament.* Nashville: Broadman, 1932 (reimpreso 1933, 1938) [*Imágenes verbales en el Nuevo Testamento.* Terrasa: Editorial Clie, 1989].

Ross, Hugh, Kenneth Samples y Mark Clark. *Lights in the Sky and Little Green Men.* Colorado Springs: NavPress, 2002.

Ross, Rick A. Sitio web del Rick A. Ross Institute for the Study of Destructive Cults, Controversial Groups and Movements, http://www.rickross.com/.

Russell, Jeffrey Burton. *The Devil: Perceptions of Evil from Antiquity to Primitive Christianity.* Ithaca, NY: Cornell University Press, 1987 [*El diablo: Concepciones del mal, desde la antigüedad al cristianismo primitivo.* Barcelona: Laertes, 1995].

———. *Witchcraft in the Middle Ages.* Ithaca, NY: Cornwell University Press, 1984 (reimpreso 1995).

——— y Brooks Alexander. *A History of Witchcraft: Sorcerers, Heretics & Pagans.* Londres: Thames & Hudson, 2007 [*Historia de la brujería: Hechiceros, herejes y paganos.* Barcelona: Paidós Ibérica, 1998].

Schneider, Lisa. "Spirituality in a Material World". Beliefnet, http://www.beliefnet.com/story/154/story_15474_2.html.

Scholem, Gershom. *Kabbalah.* Nueva York: Penguin Group, 1978.

———. *Major Trends in Jewish Mysticism.* Nueva York: Schocken, 1961 [*Las grandes tendencias de la mística judía.* Madrid: Siruela, 2006].

Schreck, Zeena y Nikolas Schreck. *Anton LaVey: Legend and Reality.* www.churchofsatan.org/aslv.html.

Schucman, Helen. *A Course in Miracles.* Nueva York: Foundation for Inner Peace, 1975.

Scientology: A World Religion Emerges in the Space Age. Los Ángeles: Church of Scientology of California, 1979.

Seznac, Jean. *The Survival of the Pagan Gods.* Nueva York: Pantheon, 1953.

Smart, Ninian. *The Religious Experience of Mankind.* Nueva York: Scribner, 1976. [*Las religiones del mundo: tradiciones antiguas y transformaciones modernas.* Madrid: Akal Ediciones, 2000].

Smith, Henry Goodwin. "Persian Dualism". *The American Journal of Theology* 8, no. 3 (julio 1904), http://www.jstor.org/pss/3153882.

Smith, Mary Ettie V. *Fifteen Years Among the Mormons.* Nueva York: Charles Scribner, 1858.

Smith, Robert J. *Fortune-Tellers and Philosophers: Divination in Traditional Chinese Society.* Boulder, CO: Westview, 1991.

Smith, Wilbur. *Therefore Stand: Christian Apologetics.* Grand Rapids: Baker, 1965.

Snodgrass, Mary Ellen. *Signs of the Zodiac: A Reference Guide to Historical, Mythological, and Cultural Associations.* Westport, CT: Greenwood, 1997.

Spangler, David. *Reflections on the Christ.* Moray, Scotland: Findhorn, 1978.

Sproul, R. C. *Chosen by God.* Carol Stream, IL: Tyndale, 1986 [*Escogidos por Dios.* Ciudad de México: Faro de Gracia, 2005].

Starhawk, Diane Baker, Anne Hill y Sara Ceres Boore. *Circle Round: Raising Children in Goddess Traditions.* Nueva York: Bantam, 1998.

Stavish, Mark. "Kabbalah and the Hermetic Tradition". http://www.hermetic.com/stavish/essays/kabbalah-hermetic.html.

Steiner, Rudolf. *Goddess: From Natura to the Divine Sophia.* Londres: Rudolf Steiner, 2002.

Story, Ronald D., ed. *The Encyclopedia of UFOs.* Garden City, NJ: Dolphin, 1980.

Swedenborg, Emanuel. *Arcana Coelestia* n. 50, http://www.sacred-texts.com/swd/ac/index.htm, citado en Smyth, Julian K. y William F. Wunsch, compiladores, *The Gist of Swedenborg.* Philadelphia: Iungerich Publication Fund, 1920, http://www.sacred-texts.com/chr/swe/gos.htm.

———. *Earths in the Universe.* Traducido al inglés por John Whitehead. Internet Sacred Text Archive, 2007. www.sacred-texts.com/swd/eiu/eiu02.htm.

Tacitus. *Histories.* The Internet Classics Archive, 2000. http://classics.mit.edu/Tacitus/histories.1.i.html [*Historias.* Madrid: Cátedra, 2006].

Taylor, Robert Jonathan. *An Analysis of Celestial Omina in the Light of Mesopotamian Cosmology and Mythos.* Nashville: Vanderbilt, 2006.

Tenney, Merril C., ed. *The Zondervan Pictorial Encyclopedia of the Bible.* Grand Rapids: Zondervan, 1976.

Trithemius. *The Magus,* libro II. Traducido al inglés por Francis Barrett. Londres, sin editorial, 1801, http://www.esotericarchives.com/tritheim/trchryst.htm.

Trobe, Kala. *Magic of Qabalah.* St. Paul, MN: Llewellyn, 2001.

Tunnicliffe, K. C. *Aztec Astrology.* Essex, Gran Bretaña: L. N. Fowler, 1979.

Unger, Merrill F. *Biblical Demonology.* Wheaton, IL: Scripture Press, 1952.

———. *Biblical Demonology: A Study of Spiritual Forces at Work Today.* Grand Rapids: Kregel, 1994.

———. *Demons in the World Today.* Carol Stream, IL: Tyndale, 1972.

The Urantia Book. Chicago: Urantia Foundation, 1955 [*El libro de Urantia.* Chicago: Urantia Foundation, 1999].

USA Today, Talk Today, 27 mayo 2007, http://cgi1.usatoday.com/mchat/20040526006/tscript.htm.

Valantasis, Richard, ed. *Religions of Late Antiquity in Practice.* Princeton: Princeton University Press, 2000.

Varner, William. "The Christian Use of Jewish Numerology". *The Master's Seminary Journal* (1TMSJ 8/1), http://www.tms.edu/tmsj/tmsj8c.pdf.

Veno, A. y P. Pammunt. "Astrological Factors and Personality: A Southern Hemisphere Replication". *Journal of Psychology* 101 (1979).

Von Daniken, Erich. *According to the Evidence: My Proof of Man's Extraterrestrial Origins.* Nueva York: Bantam, 1978.

———. *Chariots of the Gods?* Nueva York: Putnam, 1969.

———. *Gods from Outer Space.* Nueva York: Putnam, 1970.

———. *Gold of the God.* Nueva York: Bantam, 1973 [*El oro de los dioses.* México: Roca, 1974].

———. *In Search of Ancient Gods.* Nueva York: Putnam, 1973.

———. *Miracles of the Gods.* Nueva York: Dell, 1976.

Ward, Charles A. *Oracles of Nostradamus.* Internet Sacred Text Archive, 2007. http://www.sacred-texts.com/nos/oon/oon05.htm.

Warren, Ed y Lorraine Warren. *Ghost Hunters: True Stories from the World's Most Famous Demonologists.* Nueva York: St. Martin's, 1989.

Waters, Anne y John H. Dufour, eds. *American Indian Thought: A Philosophy Reader.* Oxford: Blackwell, 2003.

Weldon, John. "Dowsing: Divine Gift, Human Ability, or Occult Power?" *Christian Research Journal Article* 8 (primavera 1992), http://www.iclnet.org/pub/resources/text/cri/cri-jrnl/web/crj0099a.html.

———, con Zola Levitt. *UFOs: What on Earth is Happening? The Coming Invasion.* Nueva York: Bantam, 1976 [*Ovnis: ¿Qué está sucediendo en la tierra?* Barcelona: Clie, 1990].

Wilson, Clifford. *Alien Agenda.* Nueva York: Signet, 1975.

———. *The Chariots Still Crash.* Nueva York: Signet, 1975.

———. *Close Encounters: A Better Explanation.* San Diego: Master, 1978.

———. *Crash Go the Chariots.* Nueva York: Lancer, 1972.

———. *UFOs and Their Mission Impossible.* Nueva York: Signet, 1975.

———. *War of the Chariots.* Nueva York: Signet, 1978.

Wineman, Aryeh, ed. *Mystic Tales from the Zohar.* Philadelphia: Jewish Publishing Society, 1997.

Wolfe, Tom. *Mauve Gloves & Madmen, Clutter & Vine.* Nueva York: Farrar Straus Giroux, 1976.

Wolpe, Rabbi David. "False Promises in Berg's 'Becoming'". *Jewish Journal* (17 diciembre 2004), http://www.jewishjournal.com/home/preview.php?id=13394.

Yarbro, Chelsea Quinn. *Messages from Michael.* Nueva York: Berkeley, 1980 [*Mensajes de Michael: Una voz espiritual hace contacto con nosotros.* Grijalbo Mondador, 2002].

Yoke, Ho Peng. *Li, Qi, and Shu: An Introduction to Science and Civilization in China.* Hong Kong: Hong Kong University Press, 1985.

Yoseloff, Thomas. *A Fellow of Infinite Jest.* Nueva York: Prentice Hall, 1945.

Zaehner, R. C. *The Dawn and Twilight of Zoroastrianism.* Nueva York: Putnam, 1961.

Zell-Ravenheart, Oberon. *Grimoire for the Apprentice Wizard.* Franklin Lakes: New Page, 2004.

Índice

Q

R

S

Acerca de los autores

Walter Martin, M.A., Ph.D es recordado con cariño y respeto como el padre del moderno movimiento cristiano contra las sectas. Considerado una autoridad mundial en el tema de sectas y ocultismo, ha obtenido cuatro títulos universitarios, impartido miles de conferencias y escrito doce libros y numerosos artículos durante sus cuarenta años de ministerio. Fue el fundador y director del internacionalmente respetado Christian Research Institute y del programa radiofónico *The Bible Answer Man,* uno de los más veteranos y populares programas con intervención de los oyentes, emitido por todo el país. El Dr. Martin pasó a la presencia del Señor el 26 de junio de 1989.

Jill Martin Rische, B.A., M.A. (candidata), es la hija mayor del doctor Walter Martin. Es autora de *Through the Windows of Heaven* y de *Jack Star and the Secret Door.* Jill es cofundadora y directora de Walter Martin Ministries (waltermartin.com), gerente editorial del éxito de ventas *The Kingdom of the Cults* y productora del programa de radio de ámbito nacional *Essential Christianity.* Es conferenciante por todo Estados Unidos, invitada en distintos medios y columnista de Christian Worldview Network. Jill y su familia viven en Minneapolis, Minesota.

Kurt Van Gorden es un misionero y pastor ordenado que dirige ahora dos misiones: Jude 3 Missions y la UTA Gospel Misión (establecida en 1898). Pasó 30 años trabajando como misionero entre los seguidores de las sectas y del ocultismo. Además de escribir *Mormonism* (Zondervan, 1995), ha ayudado en varias obras de Walter R. Martin, Ronald Enroth, Josh McDowell, Alan Gomes, Norman Geisler y otros apologistas cristianos.